# 孟子文獻集成

孟子文獻集成編纂委員會 編纂

山東人民出版社

**圖書在版編目（CIP）數據**

孟子文獻集成. 第一五七卷 / 《孟子文獻集成》編纂委員會編. --濟南 : 山東人民出版社, 2020.1
ISBN 978-7-209-12443-0

Ⅰ. ①孟… Ⅱ. ①孟… Ⅲ. ①儒家 ②《孟子》- 研究資料 - 匯編 Ⅳ. ①B222.55

中國版本圖書館CIP數據核字(2019)第243477號

項目統籌: 胡長青
責任編輯: 楊雲雲
裝幀設計: 武　斌
項目完成: 文化藝術編輯室

**孟子文獻集成（第一五七卷）**
《孟子文獻集成》編纂委員會 編

主管單位　山東出版傳媒股份有限公司
出版發行　山東人民出版社
社　　址　濟南市英雄山路165號
郵　　編　250002
電　　話　總編室（0531）82098914
　　　　　市場部（0531）82098027
網　　址　http://www.sd-book.com.cn
印　　裝　山東新華印務有限責任公司
經　　銷　新華書店

規　　格　16開（210mm×285mm）
印　　張　62.5
字　　數　500千字
版　　次　2020年1月第1版
印　　次　2020年1月第1次
印　　數　1-200
ISBN 978-7-209-12443-0
定　　價　900.00圓

# 《孟子文獻集成》編纂委員會

**學術顧問** 杜維明 張豈之 李學勤 牟鍾鑒

**學術委員會**

主　　任 陳　來

副 主 任 郭齊勇 李存山

委　　員 王　傑 王中江 王志民 王其俊 王鈞林 王漢東 孔德立 杜澤遜 李存山
李景林 吴　婧 袁汝旭 徐洪興 高兆波 郭齊勇 陳　來 孫明霞 梁　樞
梁　濤 董洪利 曾振宇 楊海文 楊朝明 趙　勇 鄭傑文 劉瑾輝 顔世安
顔炳罡 龔鵬程

（按姓氏筆畫排序）

**編纂委員會**

主　　編 王志民

副 主 編 杜澤遜 梁　濤 胡長青 李梅訓

委　　員 王　路 王恒柱 李西寧 李振聚 李國慶 黄顯功 張　勇 張志清 趙永和
趙紅彦 劉　晨

（按姓氏筆畫排序）

編　　務　劉　晨　楊雲雲　孫　姣　李　濤　劉嬌嬌　張艷艷
趙　菲　呂士遠

**組織實施**
中國孟子研究院
山東人民出版社

# 序

《孟子文獻集成》是在孟子故里鄒城市委市政府鼎力支持下，由中國孟子研究院、山東人民出版社協同合作，共同致力完成的一項大型儒家文獻的搜集、整理、出版學術工程。

## 一

孟子是中國歷史上偉大的思想家、政治家、教育家，是僅次於孔子的儒家學派重要代表人物。戰國時期，戰爭頻仍，『角戰英雄，六經泥蟠，百家飆駭』（《文心雕龍·時序》），孔學既黜，儒道中衰。孟子遵夫子之道，批邪説，正人心，發揚光大孔子學説，復興儒學，成爲孔子之後最重要的儒家傳人和先秦原始儒學理論體系的主要奠基人。韓愈論儒家道統由堯、舜、禹、湯、文、武、周公代代相傳，言及『文、武、周公傳之孔子，孔子傳之孟軻。軻之死，不得其傳焉』（《原道》），又説『自孔子没，群弟子莫不有書，獨孟軻氏之傳得其宗』（《送王塤秀才序》）。可見，後世尊孟子爲『亞聖』，稱儒學爲『孔孟之道』，實爲孟子歷史地位使然！

《孟子》一書，是孟子及其弟子編著的全面反映孟子思想的儒家經典著作。漢文帝時，即曾設立《孟子》學博士，全國推闡。六朝時期，玄學、佛學興盛，儒學式微，《孟子》亦受冷落，但唐宋以後，隨着孟子地位的大幅提昇，《孟子》一書越來越受到統治者和學者文人的廣泛重視。唐代大儒韓愈倡論中國文化道統，其《原道》之説，影響甚大，已掀『孟子熱』；北宋時期，《孟子》與《論語》俱列入『十三經』之數；南宋朱熹作《四書章句集注》，将《孟子》列『四書』之中。南宋統治者更將其正式列入官方之學，設爲科舉考試科目，欽定爲必讀經典，學孟子、讀《孟子》，蔚然而成社會風氣。此後，孟子地位進一步提昇：元文宗封孟子爲『亞聖公』，尊其爲『百世之師』；明清兩朝更大推『四書』，地位儼然超越『五經』。《孟子》與《論語》並行，上自帝王，下至百姓，家有之，户誦之，『所研究者惟「四書」，所辨訂者亦惟「四書」』（《四庫全書總目·四書大全提要》語）。孟子思想，深入人心；《孟子》之學，遍佈各地；《孟子》

文獻，汗牛充棟。

根據我們的初步調查，歷代《孟子》文獻有兩千種之多。這些文獻，依孟子學史的發展，大致形成了以下幾点較鮮明的時代特徵：宋元文獻多義理闡發，以朱熹《孟子章句集注》爲代表；明代以王夫之《讀四書大全説》爲代表，多從心性之學挖掘孟子豐富的思想内涵；清代孟子學最盛，不僅産生了以乾嘉學者戴震《孟子字義疏證》、崔述《孟子事實録》爲代表的大量考據、辨僞著作，還出現了集前人研究成果之大成的焦循《孟子正義》。大致可以説，以東漢趙岐《孟子章句》爲發端，歷代學者多所闡釋研究。尤其宋元以來，孟學實爲千年『顯學』。《孟子》文獻内容所涉注釋訓詁、義理闡發、思想挖掘、考證辨僞等所有方面，其對孟子及《孟子》文本的研究廣度、深度可謂前無古人，後難爲繼。尤爲重要的是，歷代學者秉持儒家人生理念，一生所繫，立德立言，以『爲往聖繼絶學』爲生命追求之本，往往傾一生之力終注一經。孟子文獻不僅真實地展示了孟學及儒學發展的歷史，也留下了代代學者治學的心路，實在是應該认真进行挖掘整理的傳統文化瑰寶。

然而，毋庸諱言，孟子文獻的收集整理向未受到應有的重視。這固然與二十世紀以來，儒學命運多舛有關：批孔之時，孟子亦受其累；近數十年來，『孔子熱』不斷升温，孟子受冷落的現象却未有大的改觀，歷代孟子文獻迄未收集整理即是一例。據我們不完全統計，包括臺灣在内的中國圖書館，現存宋元至清代的刻本與鈔本計有一千二百餘種之多。由於各種原因，百分之九十餘未曾整理出版，而百分之七十以上仍處於人所罕见的塵封狀態。歷史的責任，現實的需要，未來的期盼，都在呼唤能有一套《孟子文献集成》的編纂出版。

## 二

二〇一三年四月底，孟子研究院在孟子故里山東省鄒城市正式成立。時值一年一度的『孟母文化節』，同時進行的還有由鄒城市、《光明日報》國學版、山東師範大學山東省齊魯文化研究院共同策劃主辦的『孟子公開課』開講儀式。來自國内各著名高校的部分主講學者和與會專家對孟子研究院成立後的學術規劃提出了許多建設性意見，多位專家提出了編纂《孟子文獻集成》的建議。

同年十月二十九日至三十日，孟子研究院學術委員會第二次會議在主任陳來先生主持下於鄒城召開。會議就《集成》的立項和編纂事宜進行了認真深入地討論，參閱審查了初選孟子文獻書目，形成了以下四點共識：一是孟子文獻的搜集、整理向稱薄弱，絶大多數迄未面世，影響了孟學研究的深度和廣度。編纂《集成》，填補空白，意義重大。二是要在廣泛搜集、精心選編的基礎上，力求將《集成》做成收羅全、質量高、權威性强的精品學術工程。三是应制定具体工作規劃，選編文獻时代可由遠及近；文獻收集範圍，宜先國内後國外，分段完成，穩步推進，確保質量。四是在孟子研究院學術委員會基礎上，应增加部分孟子研究專家，充實到《集成》學術委員會；選聘孟學研究、版本目録、館藏出版等方面專家，組建高層次、有效率的編纂部和工作班子，扎實有效開展工作。

在經過編纂部四次召開籌備會議和系列籌備工作基礎上，二〇一四年五月，在濟南召開了特邀專家選目審查論證會。來自北京大學、中國人民大學、山東大學等全國各地的十餘位孟子和孟學史專家就編纂部提供的《集成》選編總目（國内）進行了認真研析、讨论審查。這次會議的召開更堅定了大家对編纂《集成》的信心和認識，許多專家從長期孟學研究的切身感受中充分肯定編纂《集成》的重大意義，一致認爲：這是一項立足當前又澤被後世的重大學術工程；目前国内編成的經典文獻集成中唯獨没有孟子文獻集成，这不僅是文化建設的一种缺憾，也从多个方面影響了孟子研究的深入和拓展，从这个意義上説，該項目的实施确是一項填補空白、意義深遠的學術工程。專家們特別指出，這項重大學術工程，由山東，特别是孟子故里鄒城市支持，由孟子研究院、山東省齊魯文化研究院牽頭承擔，正是歷史責任與當前文化建設的最佳選擇。相信《集成》的出版，對於提昇孟學研究、促進孟子研究院發展、推动山東文化强省建設，贡献巨大，意義深遠。會議還就選目原則形成以下共識：一是《集成》應當是一套研究孟子文獻的集大成之作，所收以獨立成書的研究《孟子》專書爲主，兼顧其他，儘量收全。對孟子文獻的含義可以放得寬一些，對書名没有『孟子』的，例如以『四書』『諸子』爲書名的，也要注意在考察辨析基礎上做好，要高標準、高質量。二是《集成》應兼顧古籍的重要性與稀見性，做到常見書精選善本，重要文獻不遺漏。三是海外孟子文獻應作爲一個工作目標，與海外學者合作，广匯博收，規劃編纂。四是時代大致截止到清末，現代部分可作爲『附編』或單獨列編收集出版，部分難以收入文獻應附列存目。這次專家會議的意見，得到二〇一四年六月五日召開的孟子研究院第二次學術委員會的重視和確認。

在籌備、啓動《集成》的整個過程中，得到鄒城市主要領導及社會各界鼎力支持。山東人民出版社主動、積極地參與了各項工作。二〇一四年八月二十八日，在山東省第五届文博會上，省有關領導和衆多媒體記者見證了孟子研究院與山東人民出版社共同簽訂《〈孟子文獻集成〉編纂出版協議書》的过程。

經過編纂委員會及有關方面的共同努力和各相關圖書館的大力支持，宋元時期傳世文獻已基本全部收録，共四十八種，分裝十四册，已於二〇一六年初首批出版發行。其中，收録宋元刻本十四種，海外善本四種，第一次影印的即有十六種，屬於披沙揀金的珍本，將爲孟子文獻及思想研究提供寶貴資料。

第二輯精選明代孟子文獻八十一種，分裝爲三十二册影印，已經於二〇一七年三月出版。

第三輯爲明代文獻的第二批，共收入著作四十五種，分裝爲二十册影印，其中五種來自日本，三種來自美國；其他部分也多爲稀見的珍本和善本，已經於二〇一八年三月出版。

第四輯，共收録著作六十二種。其中，明代著作四十八種，分裝爲二十四册；清代著作十四種，分裝爲十册。共出版三十四册。底本皆爲精選珍本善本，其中，明代刻本四十種，清代刻本二十二種。又有二十三種來自日本，多爲國内未見，彌足珍貴。

本次出版爲《孟子文獻集成》第五輯，清代文獻之第二部分，也是《集成》編纂以來，收録文獻最多的一輯。共收入著作三百六十八種，分裝爲一百册；至此，自康熙朝至清末絶大部分與《孟子》相關文獻已基本囊括。其中：來自日本的珍稀文獻八種；稿抄本二十六種；孤本二十二種，國内未出版者達三分之二以上。

編纂出版《孟子文獻集成》，既有利於深入挖掘孟子思想精髓，洞見《孟子》世代傳承的歷史場景，又有利於珍貴文獻的保護、傳承和共享、共用，是惠及當代、澤被後世的文化善舉。值此共出版二百册之際，我們對國内外各有關圖書館和學界同仁的鼎力支持與真誠合作表達崇高的敬意和誠摯的感謝！

讓我們黽勉同心，共同努力，以期這一重大學術工程的圓滿完成。

**王志民**

**二〇一五年四月十二日第一稿**
**二〇一八年三月八日修改第二稿**
**二〇一八年十二月十二日修改第三稿**
**二〇一九年十月六日修改第四稿**

# 凡例

一、《孟子文獻集成》匯聚歷代關於《孟子》之著述，要其旨歸，不外經學之考證、義理之推闡、文章之批點，故舉凡注釋、析義、批點等書皆酌加收録，大致以著者時代先後爲次，俾經學之大，義理之善與夫文章之美，庶幾由此而知。

二、《孟子文獻集成》選用底本多未經整理，或孤傳海外，或秘庋深閣，學者既不能徧歷中外而窺其概貌，又不能盡探二酉而知其大略，不能無憾焉。今集爲一編，則學者循覽而知《孟子》一經之本末，歷代著述之昇沉。

三、各書或得自日本、美國，或攝自國家圖書館、天津圖書館、上海圖書館、浙江圖書館、山東大學圖書館等。底本皆經選擇，其存世孤秘，列爲首選，而後出佳槧，流佈稀少，亦資採摭。

四、諸書著録書名、卷數、著者時代、姓名、撰著方式及版本，覽者便焉。

五、著者真僞，學者所重，凡有歧異，均於著者前加『題』字，略示區别。

六、諸家解《孟》之作，或爲獨立成書者，或爲總集内别裁而出者，或以『四書』著述總題者，今所匯集，以能獨立析出者爲斷。其單篇零什，概所不收。

七、裁出之書，凡原有題名者，概依原題，而於版本項注其從來；凡無獨立題名者，則仍用大題，而括注『孟子』二字；其不能析離者，則全書收録。

八、是編博訪廣蒐，固難周徧，續有所得，拟輯《補編》，庶免遺珠之憾。伏望博雅君子，匡其不逮，補其未備，是所幸焉。

# 目録

# 四書詮義（孟子）十四卷

清　汪烜纂集

清道光十四年一經堂刻本

汪雙池先生四書詮義序

吾宗清簡公之四世孫曰紱字燦人學
者稱雙池先生守和蚤歲聞諸父師
即知 先生績學力行著述甚富壹以
羽翼朱子爲心名蓋與慎修江先生
埒頃自近年來江氏之書傳播寖廣
且得上充
四庫之藏予既得而讀之而 先生之書則
索而未之獲也重以同宗後進景行曩
喆之私情故索之也彌殷而慕之也尤
至茲奉
命視學皖江校士至歙訪求江氏遺裔聞

序 一

稍衰微而 雙池先生之子孫則自 先
生下世時先後殂沒莫能世其業而守
其書予以是疑善人之後不必有後而古
今道脈相承布護流衍爲爽蕃昌
者之舉非造物者意也夏間暫輟
試事還抵丹陽適升雲洪君命其子
梅坪持 雙池先生所著四書詮義屬
予爲序將先梓以行予因是得讀
先生之書雖猶以未獲究觀爲憾然
鼎臠甫嘗知 先生所學之正實足
爲朱子之功臣其傳世行遠當與慎
修江先生並無疑也 先生述作之指

序 二

多見於其門人篤溪余公所爲行狀中
其於四書也謂朱子集註而後惟勉齋
諸賢能承師說有所發明何王金許
陳胡吳史而下已浸失微言之緒有明
大全之纂當日君若臣皆失其道安
能得聖賢之旨而決策於群儒乃失
之林故朱子所非者或載之所取者復
畔焉或朱子所嘗言而意別有屬者
又援此混附而不能察其言之有因及
姚江龍谿以後多以叛註離經爲事其
歸墨守程朱如蔡林顧劉輩豈言亦
有陰與註背而不自知者於是糾繆



辨謬或詮義一書蓋行狀所述大略如此
夫子則何能更序　先生之書哉顧以數
十年愛慕之殷求索之亟而今乃得奉
其遺編而讀之且先覩之爲快又得以挂
名簡端若有天幸予固不敢安擬於
皇甫士安之序三都李漢之序韓文而
先生之書則必不如草木榮華之
飄風禽獸好音之過耳其遲之而
顯遲之又久而益顯殆如詩之毛公傳
之左氏以晚出而道愈光焉嗚虖此非
同宗後進過譽之私言實天下後世之公
論也已抑予觀行狀所載　先生之書

尚有易詩書詮義春秋集傳禮記章
句或問六禮或問樂經律呂通解樂經
或問孝經章句各若干卷雜著諸書又
若干卷副本具存他日好之而有力者
次第開雕俾 先生一生羽翼朱子之
苦衷深入乎人心大發闡於世斯瓣香

序 五

之遠即食報之豐可知古今來道脈
相承布濩流衍爲奕葉蕃昌者之真有
其不爽也予雖衰老尚將竭炳燭之
微明鼓酌河之有獲其爲愉快更倍
今時然則予固無能序 先生之書也
請姑識數言爲喤引可乎道光丙戌

季冬月翥山後學守和并書

序 六

敘

四子之書六經淵藪也非體會貫通於四子不足以言六經非踐履實得於六經亦未足以詮釋四子則試觀之孔子其跬步無非禮樂也其對邦君論治道無非堯舜之郅隆也其辭命之溫良敦厚卽詩之性情也其一生之進退行藏卽易之時中也惟孔子身備六經故魯論一書于六經先後一揆而大中孟子所以發明孔子之道者又豈有異焉古聖先王以身爲教六經莫非躬行卽以筆之於書亦欲俾後人知有以實踐力行而勿畔於道斯已耳豈空文虛辭之是飾也哉故孔子述而不作非不欲作以六經



已有明訓存也迺粵秦迄漢爭文義於一字一句之閒唐宋以還役心思於縟節繁文之末文辭益盛而於聖賢之道以日晦而不明詮釋日繁而於聖賢之書以益離而益叛賴周程始繼欲絕之緒至朱子則撥雲霧而見青天矣朱子之學居敬以立其本窮理以致其知反躬以踐其實而又恐聖人之道不明於世於是仰包遂古之載籍下摘近世之文獻雖至釋老之學亦必究其歸趣而訂其是非於以相六經而闡四子是蓋心古聖之心言古聖之言行古聖之行而於是有四書集註至純備也至精嚴也亦欲人以經書爲法實踐躬行而非爲後人之虛車飾也迺自

元明以來以四子書命題取士其意非不欲士人之以實得發爲文章而無如士風日薄利祿熏心全不體以躬行祇文辭之是尚其所朝夕鑽研惟博朱紫爲務耳他何知乎是以說經書登講席者衆喙爭鳴災棃禍棗箋解日多層翻疊出類以體朱述朱爲名實則爲舉子業計尒夫舉業莫盛於明然自陽明首標良知之學與朱爲難淪及明季則凡執筆爲文者皆以能叛朱子爲快賴

國朝諸子闢其譌謬漸歸於正不謂無功然非本於體驗躬脩則既失其根源而支流多非本來面目於是疑朱子之言爲有未盡而立言反欲高過朱子是以欲尊朱而或反



背朱非以明經而適以害經者亦已多矣淺陋者又不足數也夫朱子殫一生精力萃於四子之書老而彌篤倘有微疑寧無自失而顧待後賢之更爲擬議邪余甥燦人秉質聰明而制行篤實生平無所不學而銳志研求者祇在六經四書深見夫朱註本顯明也而以深刻叅之則必悖本周到也而以膚淺會之則必疎本包舉也而以一義主之則離宗所以內註無一字可移而圈外則或只旁通其說故其發明經義一宗朱子立言創論不繁不支至於論古則融會左史之全書探典則貫穿三禮之記載樂律則合聲音器數以折衷辯陸王之末塞必析之於疑似之閒

闢佛老之淫邪必明指其源流之失是又欲心朱子之心
言朱子之言行朱子之行以聖賢實詣體備於身而繼往
開來者因不得已而有四書詮義之著繼此乃易書詩各
有詮義於春秋有集傳於孝經禮記有章句於樂有樂經
律呂通解乃又將從事於周禮儀禮又嘗綜六經大旨及
儒先之緒論以爲理學逢原一書歷象坤輿兵農禮樂無
不備攷焉余觀其書大非勦襲浮夸而有實踐躬行脩已
及人之意此非予私好也嗣而公之於人將亦人有同心
焉者矣甥之生平少失怙恃擔簦徒跣飄蓬閩越雖處困
極未嘗不史籍是耽進退取予必揆於義而天姿英勤所



學非有師授其四書及詩書易禮綱目則自孩提受於母
膝也母余姊也姊氏自幼嗜學資質邃美甫六齡明月之
下三夕而學庸習熟圈外小註不遺一字家嚴每不許誦
習每問字雖勉教之必抑之曰汝女子何好學爲迺至字
義無人指示輒以意會而通之先叔祖奇之曰此天授也
及長惟周易及邵子經世書及朱子綱目玩不釋手他若
唐宋詩詞雜書皆不寓目故甥雖無師而有成就如此其
於母教受益良多矣余於捧閱甥書之暇不勝有感因書
此以特著其實事云

乾隆七年歲次壬戌一陽之月望後三日七十四歲老人

蛸城古愚氏江廷鏞敘

## 自敘

朱子曰。亂經爲經之賊。作文爲文之祇。夫亂經本期以明經。而反至於賊經。則經誠不可亂歟。夫聖賢經典。本使人講貫義理。以爲自脩之資。而必非徒務夸多。以勞人思而資其口說。乃章句訓詁之學。則徒拘牽文義。全不反之身心。則卽此記誦之心。已與聖賢爲己之志。全不相似。又安能得聖賢之微言大義。而以爲聖學梯航。是以家有成書。人專一說。講愈紛而經旨愈晦。爲經之賊。其固然矣。歷漢唐及宋千有百年。得朱子興焉。著集註一書。而古人如揭。朱子非好爲亂經以資口說。奈羣說蓁蕪。聖經以晦。以心得爲立教計。則不得已而有言。而當時猶或以理會文義毀之。不亦惑之甚乎。自有朱子集註。學者於經旨已無旁求矣。而元明以來。以八股時文取士。則於是乎復移朱子之說。以役詞章。而講章家亂經。亦多爲八股計。使於八股者收之。不便於八股者棄焉。而投瑕抵隙。講說益繁。嗟乎。自勉齋諸賢。躬承師說。雖閒能有所發明。何王許金陳胡吳史而下。已浸浸乎失微言之緒。況有明大全之纂。上之爲成祖篡弑之君。下之成於胡廣金幼孜諸庸人之手。又安能得聖賢之旨。而決擇於羣言得失之林。以故或朱子所非者。而復載之。或朱子所取者。而復畔焉。又或朱子所



嘗言。而意旨別屬者。又彼此混附。而不察其言之有因。而況其每下焉者。及至陽明龍溪輩出。大暢陸學宗風。卓吾龍江諸妖人。復援爲三教一宗之說。啟禎之世。所號墨士文人。皆莫不以畔傳離經爲事。朱子之道。或幾乎晦矣。卽其號墨守程朱。斤斤遵註。如蔡林顧劉之輩。其所立言。亦或陰與註背而不自知。而他又何望哉。迄至於今。羣喙爭鳴。日新月盛。則又苟利八股。無復道謀。或自相矛盾而不蒙。或俚俗尖纖而不避。經之賊也。不依然在室而不在門也歟。至若爲文。亦本期以傳經義。而士子顯榮在念。則惟恐不以奇拔勝人。衡文者亦第欲觀士才情。於是割裂經言。上牽下搭。遊戲怪險。無所不至。欲以此而期於傳經。不愈離而愈遠哉。卽或遵守矩矱。期得平正。然學者亦方唯求工於文法之不遑。而遑以反之身心。以與聖經印證。是文以祇文。經以賊經。經以文祇。而賊愈甚。雖有朱註。其謂之何。炟自厭棄舉業以來。其於四子之書。體驗有年。雖質本愚蒙。而研求亦幾一得。顧以時下講章。無慮百家。業擅專門。猶將十室。何庸更執一說。以益覆瓿。乃同堂講習之餘。又見夫錯說糾紛。幾使學者茫無所適。遂令鄙見耿耿於懷。爰是不能自已。復會羣言。辨譌糾謬。期見古人之心。以貽躬修之助。初意只鋤繁穢。不爲講家。又以不愜人心。

難於通貫。故於各章亦畧爲挨文順講。文義之細。時復訓釋。而辭旨明白。無他異說者。則亦徑畧之。然是編之成。與時下講章。強半齟齬。況以學究迂言。強聒乎攘臂文壇之耳。南轅北適。不合審矣。顧性非經書。無能消日。營心載籍。復敝筆研。聊以自娛。非問世也。第經賦文秋。吾知自免。古人可起。不易吾言。且文以理生。經從心得。藉使理無少謬。文亦何患不工。而天下只有此理。人心寧遂不同。安在其必不合於時。則學者或取而玩焉。亦未必無當於時文也。顧以時文而講經。則亦終非吾志云。

旹

雍正辛亥小春朔旦新安汪烜序



例言

時下講章。慮無不云遵註矣。顧今日之遵註。非遵註也。但以

功令所著。而不敢不遵云爾。烜見時下講章。每云某說如此。然畔註不可從。某說甚通。但與註異。是其意非眞知朱子之必無不可遵。而異說之必非是也。亦聊依之而已。夫非朱子之必無不可遵。亦安用是遵註爲。愚於此等處。急爲辨析是非。非只衞朱。亦以衞道也。

近二十載以來。學益龐雜。陽朱陰陸者。不勝覼縷。此非文運之事。實道學之禍。人心世道之憂也。耿耿予懷。思之不寐。既事筆研。卽聖學所寄。故凡講章家有涉陸學處。則急爲辨析。非敢阿好朱子。亦以衞道也。

朱子內註。至精至醇。一字無可移易。非心契朱子者。亦未易知。至於外註。則朱子聊備一說。或供採擇。不必盡醇。然要皆有當學者身心。但或非經旨者有之耳。茲既一以治經。故凡講章家有悞因外註而反背內註者。亦急爲辨之。非有阿私。亦以衞註。且衞經也。

凡圈外註。考析事理。間有不能無疵者。如子語魯太師章謝註。要自不能不辨。非敢辨註。正以衞註。且衞經也。

朱子之道德精神。大義微言。畢萃於集註一書。其次則

或問所以翼集註而行。又其次則小註爲之梳櫛。至於語錄則門人所記。有志治經。皆不可以不攷。但語錄出門人之手。聽聞之間。不無差訛。失其本意。又容或有後賢附會己說於其間者。是不能無決擇於其間。猶孔子家語及禮記所載孔子之言。要不能與論語同日語也。至後人所纂集。則更有傳訛者。如博學於文章。勉齋問朱子。謂看來有一貫意。朱子蓋未然其說。而纂大全者。遂以勉齋問語爲朱子之言。承訛至今。莫之或攷。此又其甚也。茲編一主發明集註之意。則語錄有異同處。蓋未暇問。或有摘語錄語而謂予不攷者。烜不敢知。豈敢



畔朱。以衞註也。

四書中多闕文疑義。雖朱子且未有成說。而講章家供八股用。亦必爲之强解。夫非聖過朱子。豈不愚而自用。凡此等處。俱宜只還他疑義。非語而不詳。所以衞經。亦衞道也。

四書六經。相爲經緯。而妄儒有執一說。以非他經者。如毀周禮爲僞經。及據小序而非朱子詩傳之類。茲亦辨析其說。非唯衞四子。且衞他經也。

四子之書。非通於六經及性理羣書者。不能解。且天文地輿鳥獸草木。古今書史。百家名物。衆技羣言。無不有





當士號窮經。安可寘而不問。且窮格得來無非性命。茲於合當考究處。亦備攷其說。非敢夸多。亦以明經。且衞經也。

立經垂教。原爲學者身心。今人治經。專爲時文計。與聖學已逕庭遠矣。而講章者。又復務爲尖纖巧相映帶。則不唯經賊。且文祆矣。茲爲一痛埽之。非好立異。以衞經。亦以衞道也。

佛老異說。聖學戈矛。充塞人心。已非一日。偶言及此。遂不覺爲之痛心疾首。大聲長呼。不能自已。非好辨自雄。亦欲衞人心以衞道也。



茲編都以我說經。不入古人口氣。然古人語意。要亦自無不明。良以說經窮理。豈徒事替代神吻。要以得古人心。無視言爲糟粕耳。非欲擺脫講章蹊徑。亦期以衞經衞道而止也。

茲編以詮義名者。烜實不才。而家世理學。惟
高祖太傅大司農清簡公。實有中詮之著。所以得蒙中詮而有詮義之名。以誌不忘先訓。實則惴惴然惟隕越家學之傳是懼。又是編與時賢多不合。故冠以雙池。使知過在小子一人。不使古人分過也。

星江汪烜再識

## 大學章句序

婺源汪烜雙池纂集

大學之書古之大學所以教人之法也總釋名義蓋自天降生民則既莫不與之以仁義禮智之性矣然其氣質之稟或不能齊是以不能皆有以知其性之所有而全之也仁義禮智性之德也人所同也氣質之稟不齊才也人所異也性者元亨利貞之理而稟者陰陽五行之氣也氣陽氣之所成知覺之類質陰氣之所成運動之類也此言人之所以不能無待於教也一有聰明睿智能盡其性者出於其間則天必命之以爲億兆之君師使之治而教之以復其性此伏羲神農黃帝堯舜所以繼天立極而司徒之職典樂之官所由設也聰明睿智生知之質能盡其性安而行也質稟有不齊而性則無或異故聖人治而教之則皆可以復其性復其性者使之皆有以知其性之所有而全之也



天降生民而與之以仁義禮智之性所謂天命之性率性之道也大學所以教人之法即修道之教也蓋大學所謂明德不外仁義禮智四者而新民則又不過因性而推之則亦即身以立教焉已耳氣質不齊大學之教之所以不能已也聰明睿智能盡其性者至聖至誠之德生知安行者此天之所使以陰隲下民而開道統之原以立萬民之命者也六經言教始於舜典之命契爲司徒命夔典樂教胄子五教即五典五禮而周禮樂德曰中和祗庸孝友蓋與五教相爲表裏禮以節外樂以和內教之大經無以踰此即明德之所由明而從事於新民者亦不能外是也○禮達於百姓民庶而樂只於胄子者禮以節文乎事之所當然而樂則從容和順以漸得乎其所以然蓋大學之成而至善之地故也○禮者天地之序樂者天地之和經禮三百曲禮三千道體物而無不在格物致知格此而已實踐而行之則所謂誠意而涵養此心者亦即在是樂德曰中和祗庸孝友中即大本之中和即中節之和祗即直內之敬庸即方外之義



孝友則性情之最先而眞切者也養心之教莫善于樂○十歲學幼儀灑埽應對進退之節十三學樂誦詩舞勺成童舞象小學便從事禮樂始矣○此段原教之所由起

三代之隆其法寖備然後王宮國都以及閭巷莫不有學人生八歲則自王公以下至於庶人之子弟皆入小學而教之以灑埽應對進退之節禮樂射御書數之文小學以立大學之基朱子必補小學立言欲人知循之有序也詳見或問○小學所教禮樂之夾若禮樂之盡須入大學始能體之及其十有五年則自天子之元子衆子以至公卿大夫元士之適子與凡民之俊秀皆入大學而教

之以窮理正心修已治人之道窮理卽格物致知言正心而可包誠意治人卽治國平天下也此又學校之教大小之節所以分也

此言三代教法之備也唐虞而後言學者始詳於說命至周禮而教官之屬六十大司樂之職亦加詳焉綱舉目張法無不備矣禮記曰古之教者家有塾黨有庠術有序國有學塾蓋小學而國學卽大學也○小學小子之學然非特以其教小子而名之也蓋以灑埽應對進退之節禮樂射御書數之文皆不過儀節之間器數之末只以習其事而閑其德性收其放心而爲事人之事且先立個坯墣未及乎天道之奧



王道之全也大學大人之學非特以其教十五歲以上者而名之也窮理正心修己所以盡乎天德而立治人之本治人所以至於王道而廣修己之量是蓋有以全盡人道而非徒一藝之能已也此意當與或問參看勿因以其對小子而言之一語而遂只以年齒分大小大人之學小子之學須看之學二字○自天子至於庶人職位雖殊而莫不有修已治人之責雖在士庶其應事接物皆與治平初無二理固不待必有天下而後有王道之全也然於修己者有未全則其於治人也無本故大學之道盡人之所當知而

大學亦逮乎民之俊秀而皆教也○大學盡人而皆教未必盡人而皆盡則國家因材器使亦無棄人如三德有家六德有邦若其非俊秀則亦安於農工商賈而已○小大之先後非以其末爲先而傳之非以其本爲後而緩之亦學者所至自有淺深安能以小子而強之以大人之學苟儀節未嫺器數未習而遽語之以天人性命之理則躐等而無功徒以扞格夫學者之心志而已究之則本末不相離道器無二致雖節文度數之末而實已寓乎格致誠正之修易所謂蒙以養正聖功者也故先之小學以裕大學之基



乃繼之以大學而探夫性命之本此學之所爲一貫而無殊教之所以有條而不紊也

夫以學校之設其廣如此教之之術其次第節目之詳又如此而其所以爲教則又皆本之人君躬行心得之餘不待求之民生日用彝倫之外是以當世之人無不學其學焉者無不有以知其性分之所固有職分之所當爲而各俛焉以盡其力性分之所固有天命之性職分之所當爲率性之道知之者格致之功而各盡其力者誠正之事也此古昔盛時所以治隆於上俗美於下而非後世之所能及也

仁義禮智人性之所固有也日用彝倫職分之所當

盡率性而已本之躬行心得之餘則教非徒法因民生之日用彝倫則教非強人以身率人則人有所觀感以人治人則人易從是以人無不學而學者皆有以知其性分之所固有職分之所當爲而各俛焉以盡其力也蓋有以變化氣質而復其性也○自三代之隆以下至此述教之盛

及周之衰賢聖之君不作學校之政不脩教化陵夷風俗頹敗時則有若孔子之聖而不得君師之位以行其政教於是獨取先王之法誦而傳之以詔後世若曲禮少儀內則弟子職諸篇固小學之支流餘裔又補小學入講○傳記雜出而無成書故只曰支流餘裔而已而此篇者則因小學之成功以著大學之明法必曰因小學之成功者非小學之成功則未易以從事于大學也外有以極其規模之大而內有以盡其節目之詳者也本明德以新民至于天下平止至善規模是何等大而八條目逐節用功其節目又何等樣詳三千之徒蓋莫不聞其說想孔門當日亦無他教如論語博文約禮文行忠信等可見而曾氏之傳獨得其宗於是作爲傳義以發其意上大學之明法指經一章言此之作爲傳義則指其傳十章也及孟子沒而其傳泯焉則其書雖存而知者鮮矣體而行之謂得其傳不然則其書雖未嘗泯亦無當于教學也此書原雜于戴禮中

聖人在上則其事行聖人在下則其說長孔子不得位則亦特詳其法以遺之後世而已○此段言教之衰而遂原大學之書之所由作也



自是以來俗儒記誦辭章之習其功倍於小學而無用到底以小學伴講蓋所謂傳得其宗其傳泯焉者不獨大學之傳卽小學之支流餘裔雖有存者而上無賢聖之君下無孔孟之師則小學亦廢知之者鮮所以有俗儒之弊也異端虛無寂滅之教其高過於大學而無實異端之說事事求高過於吾儒如儒者以仁義言道德彼却云道德亡而後有仁義吾儒言寡欲彼却云絕去六根之類至於物理則說人天上地下輪迴受生身心則說向不生不滅不垢不淨功用則說到普渡衆生如如自在故就外觀之似高過于大學其實則妄誕而無據詭異而不可行亦徒爲反道敗德而已何嘗是眞高哉其他權謀術數一切以就功名之說與夫百家衆技之流所以惑世誣民充塞仁義者又紛然雜出乎其間權謀術數如管商申韓孫吳蘇張之徒如漢之雜霸爲治及鼂錯謂人君不可不知術數百家衆技則如後世陰陽青囊星命日者之類皆使人營心福利而敗壞先王之禮樂教化均之爲惑世誣民充塞仁義者也使其君子不幸而不得聞大道之要其小人不幸而不得蒙至治之澤無小學以裕其基又無大學以探其本而誣惑之者又衆此所以爲不幸也晦盲否塞反覆沈痼以及五季之衰而壞亂極矣由聖君之不作道學之傳泯故異說得以爭鳴而壞亂至此也

記誦辭章之習逐末而忘本逐末故繁而忘本則亦并其末而失之故無用虛無寂滅之學求本而遺末求本故過高而遺末則亦并其本而戕之故無實總之吾儒之道本末一原顯微無閒執一以求則未有不流于偏而賊道者至若權謀術數百家衆技之說

則又皆起于人欲之私。與夫私智之鑿。其以視夫格致誠正之修。又正相反矣。此所以均之爲惑世誣民

充塞仁義也。○此段言異說與而正學益晦也。

天運循環。無往不復。宋德隆盛。治教休明。於是河南程氏兩夫子出。而有以接乎孟氏之傳。實始尊信此篇而表章之。既又爲之次其簡編。發其歸趣。然後古者大學教人之法。聖經賢傳之指。粲然復明於世。雖以熹之不敏。亦幸私淑而與有聞焉。

敘此書之所由表章。

顧其爲書猶頗放失。是以忘其固陋。采而輯之。間亦竊



附己意。補其闕畧。以俟後之君子。極知僭踰。無所逃罪。然於 國家化民成俗之意。學者修己治人之方。則未必無小補云。淳熙己酉二月甲子。新安朱熹序。

終敘己所以補傳章句之意。其辭雖謙。而其爲斯道張皇捍衛之心。亦至深且遠矣。乃又輯曲禮少儀內則弟子職諸篇。爲小學全書。以資童蒙講習。而立大學之基。則朱子之道雖未獲大行于當時。而先王教人之法之詳。道德精微之奧。亦至朱子而無復遺憾矣。然章句或問之詳密精醇。雖有目所共睹。而究非淺人俗學之所能喻其精微而不可易者。苟非其人。



道不虛行也。悲夫。

# 四書詮義

婺源汪　烜雙池纂集

## 梁惠王章句上

孟子見梁惠王。節 王曰。叟。不遠千里而來。亦將有以利吾國乎。節 孟子對曰。王。何必曰利。亦有仁義而已矣。節 王曰何以利吾國。大夫曰何以利吾家。士庶人曰何以利吾身。上下交征利。而國危矣。萬乘之國。弑其君者。必千乘之家。千乘之國。弑其君者。必百乘之家。萬取千焉。千取百焉。不爲不多矣。苟爲後義而先利。不奪不饜。節 未有仁而遺其親者也。未有義而後其君者也。節 王亦曰仁義而已矣。何必曰利。

仁義二字。孟子絶大本領。七篇大指不外於此。自其本而言之。人受天地之中以生。其理之一本渾然而藹乎和易者爲仁。其理之萬殊秩然而確乎不易者爲義。故性中只有仁義禮智四者。而仁義又爲禮智之綱。禮卽仁之施。而智卽義之藏。此孟子之所以言性善也。自其發而言之。自愛親以及於仁民愛物。莫非吾仁之用。自敬兄以及於忠君順長。莫非此義之通。禮卽仁義之節文。而樂者仁義之眞意。堯舜之道。孝弟而已。此孟子之所以言孝弟也。自其爲學言之。盡心知性而知天。此窮理之事。精義之道也。存心養性以事天。此戒愼之功。存仁之學也。存仁所以取義。集義正以全仁。此孟子之所以言知言養氣也。自其事功言之。以不忍人之心。行不忍人之政。所以察識而擴充其仁也。而恒產之制。學校之設。莫不秩然有序。各適其宜。是則義之所當然而心之裁制也。墨氏兼愛。則害義而并以亂仁。楊氏爲我。則害仁而并以亂義。孟子之所以闢楊墨也。富國强兵者。顯背於仁義。五霸之驩虞。假託於仁義。孟子之所以惡善戰而黜霸功也。是蓋吾儒自仁義而外無他學術。天下自仁義而外無他事功。宜乎孟子之首發於梁而以之冠七篇之首也。然仁體而義用。仁一本而義萬殊。皆吾性分之所固然。則其實亦非有兩事矣。而已矣者。止此而無他之辭也。顧孟子初見梁王。梁王方以利爲問。而孟子遽曰何必曰利。曰亦有仁義而已矣。恐與時君齟齬。無以曲引當道。故又言求利之害。而仁義未嘗不利。以申首節之意。乃因其求利之心而喻之。使知所擇。所以爲吾道可行之兆耳。非既言利不可爲。而又計仁義之功利也。言求利之害。只言後義而先利者。以利正與義對也。而至於弑君奪國。則又不仁之至矣。言仁義之利。只言厚親急君。亦大槪見個仁義的利處。至施仁行義以爲民倡。而使一國化於仁義。其實心實政則未言及。却可於上節王曰大夫曰士庶人曰對照得之。兩未有字正與而已矣三字應。見不必他求之意也。孔叢子稱孟子問子思曰何以治民。子思曰利之。孟子曰君子不言利。亦有仁義而已矣。子思曰仁義正所以利之也。論與此相似。然孔叢子意指利民。不妨言利。此章著仁義之效。意在君國。意思自別。全不重利上。

○孟子見梁惠王。王立於沼上。顧鴻鴈麋鹿。曰。賢者亦樂此乎。節　孟子對曰。賢者而後樂此。不賢者雖有此不樂也。節　詩云。經始靈臺。經之營之。庶民攻之。不日成之。經始勿亟。庶民子來。王在靈囿。麀鹿攸伏。麀鹿濯濯。白鳥鶴鶴。王在靈沼。於牣魚躍。文王以民力爲臺爲沼。而民歡樂之。謂其臺曰靈臺。謂其沼曰靈沼。樂其有麋鹿魚鼈。古之人與民偕樂。故能樂也。節　湯誓曰。時日害喪。予及女偕亡。民欲與之偕亡。雖有臺池鳥獸。豈能獨樂哉。

以臺沼鳥獸之樂爲引線。以賢不賢爲話柄。以與民偕樂爲主意。以能樂不能樂爲關紐。總之曲引當道以志於仁。全不向臺沼鳥獸之當樂與否作分辨也。與民偕樂者。以民之樂爲樂也。樂民之樂。則必所欲與聚。所惡勿施。聚之不啻如自家受用。施之不啻如自身痛癢。將見民有田宅。不異臺池。民有樹畜。不異鳥獸。民遂其樂。



則君民一體。一國不啻一家。其樂君之樂。亦不啻如自樂其樂焉。所以能樂。樂在臺沼鳥獸。而所以樂。有出於臺沼鳥獸之外者。非斤斤然遊觀之適已也。民欲與偕亡。因其不與民偕樂。而獨樂也。然至於民欲與之偕亡。則亦豈能獨樂。在不賢之君。固未嘗不自以爲樂。而據情理而言。則自是不能樂。喪亡猶後也。與民偕樂。卽賢者也。不能與民偕樂。卽不賢者也。曰而後樂此。曰故能樂也。曰雖有此不樂。曰豈能獨樂哉。樂不樂之故。只繫於賢不賢。然則賢者自樂。不賢者自不樂。其臺沼鳥獸不過點綴生色其間。樂與不樂。全與臺沼鳥獸無關也。此則孟子曲引梁王之意矣。其實玩物喪志。賢君所戒。卽靈臺之詩。亦不過形容文王當日之民情。其樂文王之樂有如此耳。在文王何嘗以靈臺靈沼爲自樂之具。孟子只要時王能與民偕樂。做一個賢者。其言在王。其意在民。爲民起見。不爲王之樂起見。其救時之意。最獨切也。若用一切法言。盡過時君所好。則恐扞格而不相入。無以爲之兆矣。凡孟子所對齊梁之君。若好樂好勇好貨好色之類。其因事曲引之心。大抵如此。

○梁惠王曰。寡人之於國也。盡心焉耳矣。河內凶。則移其民於河東。移其粟於河內。河東凶亦然。察鄰國之政。無如

寡人之用心者鄰國之民不加少寡人之民不加多何也

節　孟子對曰王好戰請以戰喻塡然鼓之兵刃既接棄甲曳兵而走或百步而後止或五十步而後止以五十步笑百步則何如曰不可直不百步耳是亦走也曰王如知此則無望民之多於鄰國也

梁王移民移粟而自以爲盡心且曰無如寡人之用心此正其不能用心民事處其曰民不加多則隱然見儒術迂疎仁義無益意孟子所陳王政逐段逐句俱是用心合始終看來則所謂盡心然敎思无窮容保民无疆則在聖人猶未敢自以爲用心之盡也梁王罪歲全不



自反心且未用何況於盡無笑鄰國意只因梁王之言帶撲意重要王盡心王政不重民多鄰國也章末曰天下之民至焉亦因其所期者而歆動之耳○鼓之動之也謂進兵也之字指士卒言

不違農時穀不可勝食也數罟不入洿池魚鼈不可勝食也斧斤以時入山林材木不可勝用也穀與魚鼈不可勝食材木不可勝用是使民養生喪死無憾也養生喪死無憾王道之始也

孟子敷陳王政意本重制度品節上但孟子之時井田盡壞穀祿不平庠序悉廢異端蠭起而又兵役橫興賦斂無藝民不聊生至矣雖有畎畝難一日安生死無資則不能不殄山竭澤至山澤之利愈竭而民困愈甚民心離散所由來矣王政設施須從何處著脚縱使制其田里而民無力以耕立之庠序而民無暇以及則王政只爲徒法其如此日之民何且法制之詳非一日所能舉民自難以涸轍波臣遙待西江之澤也故且因天地自然之利而撙節愛養之以開其源如天自有時地自有利人自有力穀與魚鼈可食材木可用此天地自然之利也於農時則不違於洿池則數罟不入於山林則斧斤以時此撙節愛養之事也農時四時皆有隙而註



言至冬乃役者以大興作之違時爲甚也數罟不入斧斤以時亦是法制但此只大概設法未及詳備耳時賢幷此亦不肯言法制泥也不可勝食勝用只據事理言下再疊二句乃是食之用之養生喪死無憾王者非以此收拾人心但同民好惡正王者用心於民而有當於民心處又不違不入以時而使民無憾須是從君心不忍不撙節愛養來使民生稍裕民力稍舒則民心有所繫著而法制可從立故此節慘淡經營全爲下節基址故曰王道之始此關雎麟趾之意而經緯之方也然民自有粟則亦無待於移矣

五畝之宅樹之以桑五十者可以衣帛矣雞豚狗彘之畜無失其時七十者可以食肉矣百畝之田勿奪其時數口之家可以無飢矣謹庠序之教申之以孝悌之義頒白者不負戴於道路矣七十者衣帛食肉黎民不飢不寒然而不王者未之有也

此節乃正是王道法制法制之有等有常無過不及處便是品節雙峰慶源分法制品節爲兩項非也五畝之宅百畝之田因上不違農時者而品節之葢不違農時則穀有所出而井地不均則穀祿猶未平也至制其田里而國可無窮民矣雞豚狗彘之畜因上洿池之類而品節之葢洿池魚鼈不過現成物事此則興其家畜之利也樹之以桑因上山林之類而品節之葢材木生於山林而已此則興其家樹之用也勿奪其時較不違亦更細雖蒐苗獮狩亦必待農隙不忍一日奪矣此皆養民之政容保民无疆之心也庠序皆鄉學朱子云致仕大夫致農民俊秀而教之而農民亦以暇日講明義理



紱按州正鄉飲酒黨正蜡賓及月朔讀法亦皆庠序之教也謹之者脩六禮明七教正刑罰一道德及凡不在六藝之科孔子之術若楊墨申韓蘇張之屬者皆禁絶之毋使惑衆也申之以孝悌之義只承庠序之教來庠序之教甚廣孝悌已在其中但孝悌尤重故特要反覆申明之或因此句而將庠序句只作虛說固非然或謂上文七十食肉五十衣帛黎民只言無飢已是孝悌而庠序之教特又申明之亦未是也孝悌二字人都淺看謂只照下頒白不負戴抑知頒白不負戴已見民能用養用勞已非淺淺也謹庠序之教申之以孝悌之義亦從上養生喪死無憾之心而品節之致養終非兩事上文言可以衣帛可以食肉可以無飢只言事理可以如此見其足耳未説到老者衣之食之至七十者衣帛食肉二句乃從申以孝悌之教後民知禮義故七十者則衣帛食肉而黎民亦不飢不寒已自雙收教養時賢以爲只收養民非矣而淺說補教民一層亦不必也註中裁成輔相以左右民語本易泰大象裁成者裁其過輔相者輔其不及法制品節之詳皆所以裁成輔相而裁成輔相正所以左右民此用心之盡也此章言王政至詳要即虞書之三事而已正德利用厚生三事首正德而此詳於厚生以憔悴虐政之餘教無所施而養爲急務故也然孟子言王政未有不言教者不教以復性終非王道之成而富庶無以終保今人都謂教只帶說誤矣



狗彘食人食而不知檢塗有餓莩而不知發人死則曰非

我也歲也是何異於刺人而殺之曰非我也兵也王無罪歲斯天下之民至焉

不知檢不知發而徒以移民移粟爲盡心至以民不加多付之無可如何是歸罪於歲也孟子刺其隱而奪之曰王無罪歲所謂格心之道也夫歲之凶也亦曰天災流行何國蔑有耳抑知夫兵役繁興耕耘失候則無以順天之時民勞於郊室多懸耜則無以盡民之力阡陌既開溝洫斯湮水旱無備民多死亡戶口日耗田野荒蕪則無以收地之利虐政如焚沴氣干和咎徵洊至歲之凶也有由來也書曰王省惟歲得曰歲凶而非予罪哉況不知檢不知發以使餓莩盈塗又親握刺人之刃也無罪歲則自罪自反則知檢知發而王道之始亦可隨行更盡其心以詳法制則王道之成亦可循致矣天下之民至焉即王也○孟子時周室猶尸而孟子遽以王天下望齊梁雖程子已力爲辨白然後人猶或嘵嘵也殊不知天之立王凡以爲民能盡王道則天下君不盡王道無以使民則桀紂之雄且曰獨夫況周室之不振已如斯也湯武之征誅孟子之陳王道皆是爲民起見而體天之心誠不忍以虛位之君而坐視生民塗炭也若夷齊扣馬而諫終是一端之見則斯民之水火或



終莫之或援矣夫湯武征誅不得謂其德之非慙然此有慙處正如周公之誅管蔡其過所當有不當無也惟聖人爲能權孟子亞於聖者也知湯武則亦可知孟子矣○按古者百步爲畝三百步爲里今田二百四十步爲畝三百六十步爲里古今尺步不同而里法長短不易以此算之古者百畝當今田六十畝五畝當今田三畝而農書以爲古百畝當今田二十四畝五分仁山以爲當今田二十五畝蓋以周尺短於今尺今步又多於古畝算之也却不知周尺短而步法長其實誤算耳詳見滕文公問爲國章



○梁惠王曰寡人願安承教節孟子對曰殺人以梃與刃有以異乎曰無以異也節以刃與政有以異乎曰無以異也節曰庖有肥肉廄有肥馬民有飢色野有餓莩此率獸而食人也節獸相食且人惡之爲民父母行政不免於率獸而食人惡在其爲民父母也節仲尼曰始作俑者其無後乎爲其象人而用之也如之何其使斯民飢而死也

孟子首章曰仁義正其趣也次章言與民偕樂致其用也第三章言王政之詳著其法也然徒法不能以自行則必也感發其惻隱之心以爲行政之本故此章承上不知檢發之意而疊喻以啟發其心危言以致其戒語

雖簡而意益深切矣。梁王感仁政之言。而有承教之請。正其本心有轉動處。故孟子之對。比上三章亦較直切。虐政殺人等於梃刃。梁王未嘗不知。乃躬奪民食以飽禽獸。使民飢而死。却至於不知檢發。此物欲之蔽其良心。遂不知殺人之由於我而習以爲常也。孟子切指之曰率獸食人。則雖不仁之人。當且惻然動矣。且人惡之。不只說我率獸食人。恐人惡我亦不忍其相食之慘耳。爲民父母二句。嚮以爲民父母行政作一句。不免於率獸而食人作一句。愚意行政二字當連下句。葢云爲君者非他。乃爲民父母也。爲民父母。而所行之政竟不免



於率獸食人。則所以父母斯民者何在乎。如此則行政政字。正與以刃與政政字相應。而將爲民父母重讀。亦得感悚之神。若將行政二字屬上句。則行政二字未免似落空矣。禮記稱孔子謂爲芻靈者善。謂爲俑者不仁。不殆於用人乎哉。則孔子本意只以用俑爲用人之漸。故惡之。而孟子曰爲其象人而用之也。則不必說到殆於用人方是不仁。只一象人。便有同類之感。便不忍用。象人而忍於用。便是不仁。意更警惕。無後二字。亦借以警梁王也。此章人多重革弊。愚意以爲重發其惻隱者。葢殺人虐政。皆由此心之忍耳。不忍之心一動。則虐政自除也。是革弊尚落下一層。

**○梁惠王曰。晉國天下莫強焉。叟之所知也。及寡人之身。東敗於齊。長子死焉。西喪地於秦七百里。南辱於楚。寡人恥之。願比死者一洒之。如之何則可。**

梁王卑禮厚弊以招賢者。本爲强國之餘。忽至敗兵挫銳。積忿於心。故欲求智能之士。爲之富國强兵。以爲洒恥地耳。仁義王政。全非意念也。及聞孟子之言。雖本心之明。稍稍開轉。而積忿之念。終錮於心。故意謂仁義非不美。王政非不善。但改途易轍。一時實動彈不來。三敗之恥。辱及先人。羞遺朝野。朝夕不能忘。如何等得多時。



若脩仁義而行王政。俟之五七年之久。終是緩不及事。故我欲爲雪恥計。不如暫作近圖。意孟子或有卑近易行之術。可旦夕畫雪恥策者。則梁王發問之意也。願比死者一洒之句。死者當兼指先人。及長子。及戰死之士言。夾崖單指先人。恐未是。惠王侵陵趙韓。以挑齊寇。構怨秦楚。禍敗之來。皆其自取。乃不知反己。而猶欲殘民以逞。爲報怨之師。此所謂不仁之心。然孟子猶惓惓屬望。冀其一悟者。大賢視天下無不可教之人。其於梁王所謂際可之仕者。厚之至也。

**孟子對曰。地方百里而可以王。**節 **王如施仁政於民。省刑**

罰薄稅斂深耕易耨壯者以暇日脩其孝弟忠信入以事其父兄出以事其長上可使制梃以撻秦楚之堅甲利兵矣節 彼奪其民時使不得耕耨以養其父母父母凍餓兄弟妻子離散節 彼陷溺其民王往而征之夫誰與王敵節 故曰仁者無敵王請勿疑

孟子陳事每高一層下筆故梁王言利孟子言仁義之利梁王言樂孟子言賢者而後樂梁王言盡心孟子言盡心於王政此章闡開雪恥仍舊言王王且不難何有於雪恥百里可王何況於全梁所對自非所問也然上章所陳王政備細如此而此章只言省刑罰薄稅斂者



亦以梁王期功旦夕故稍損之云矣蓋當此甘食甘飲之時事半功倍則法制之詳且須慢說即如王今日能以仁心施之政事而省刑罰薄稅斂使民得以盡力於農功便有暇日可以向善便能親上死長便自異於他邦便可無敵於天下德行甚速何待久遠仁義原非迂闊仁政原自易行無容疑也所以益堅梁王之志而破其積忿圖近之私耳又前章言天下之民至焉梁王實有封疆所限孰能與之之疑故此以彼此相較形容出無敵之勢來其啟迪益爲親切矣然將彼奪其民時二節翻一轉看則梁正復不免又何恃以敵人則梁王尤可深惕也究竟果能無疑於仁省刑薄斂則一歸正路王道之全自有隨念設施而不能自已者非仁政之行果止省刑薄斂二事已也此則孟子對梁王意也罰如呂刑之五罰疑刑而罰金也稅者田里所出斂字稍廣凡取於民者皆是不止正稅也當時尉繚之徒在梁以重法繩民故省刑薄斂尤爲當日急務故特言之

○孟子見梁襄王節 出語人曰望之不似人君就之而不見所畏焉卒然問曰天下惡乎定吾對曰定于一節 孰能一之節 對曰不嗜殺人者能一之節 孰能與之節 對曰天下莫不與也王知夫苗乎七八月之閒旱則苗槁矣天油



然作雲沛然下雨則苗浡然興之矣其如是孰能禦之今夫天下之人牧未有不嗜殺人者也如有不嗜殺人者則天下之民皆引領而望之矣誠如是也民歸之由水之就下沛然誰能禦之

通章皆出而語人語亦文章又一變格孟子蓋未嘗以一天下期之襄王但襄王層層問詰孟子亦據理對之耳然其語已足垂世觀法故既出而特述其詳其出而所語之人私存謂爲孟子同志隨行之人是也定于一以勢言不嗜殺人者能一之以理言王問孰能與之指人君言孟子言天下莫不與單以民情言引領而望言

不嗜殺人者之足以繫屬人心如此也。誠如是也。承望之。如是言。望之則歸之。孰能禦之。封疆之界。所不能域刑驅勢迫。所不能止也。顧六國之後。一於强秦。似非不嗜殺人之說矣。然秦究不能一。則不旋踵而失之。漢高非有大德能行王道。只一忠厚長者。入秦約法三章。而天下遂定。厥後創業長久之君。未有非不嗜殺人者。則孟子之言。誠千秋龜鑑也。但古者建邦分國。諸侯分土而治。原未嘗必欲統一於一人。惟德足以均天下。斯政令所由稟。服物采章正朔所由定。則所謂一。孟子所云一。當亦謂禮樂征伐出自一人便是。非必如秦之併六



國而郡邑天下也。顧七國之勢。不得不併。而封建則不可廢耳。抑不嗜殺人。爲言亦淺。葢因對淺人。不足深語而當水火之餘。爲功亦自易耳。若論王道之全。必須如五畝之宅云云。於不嗜殺人中。發出如許經營區畫法制品節之詳。始非徒善。不只一不嗜殺人便了事也。後世不嗜殺人者。則有之。而能行王道者。則未嘗見。是以漢唐苟治。終不能如三代也。

**○齊宣王問曰。齊桓晉文之事。可得聞乎。**節　**孟子對曰。仲尼之徒。無道桓文之事者。是以後世無傳焉。臣未之聞也。無以。則王乎。**節　**曰。德何如。則可以王矣。曰。保民而王。莫之能禦也。**

此章以保民而王句爲通章綱領。此段首黜霸功。而進以王道。歸到保民二字。書曰。若保赤子。易曰。容保民无疆。

**曰。若寡人者。可以保民乎哉。曰。可。曰。何由知吾可也。曰。臣聞之胡齕曰。王坐於堂上。有牽牛而過堂下者。王見之。曰。牛何之。對曰。將以釁鐘。王曰。舍之。吾不忍其觳觫。若無罪而就死地。對曰。然則廢釁鐘與。曰。何可廢也。以羊易之。不識有諸。**節　**曰。有之。曰。是心足以王矣。百姓皆以王爲愛也。臣固知王之不忍也。**



此第二段言保民之政。本於不忍之心。歸宿是心足以王句。末二句又以起下。欲王察識也。齊王不忍一牛。不過婦人之仁。原無所大關繫。且釁鐘用牛。葢是舊禮。不得因一時不忍。而爲之遷就。如必以此爲仁。則當太廟射牲。其亦將曰吾不忍乎。梁武帝以麪爲犧牲。佛氏一切戒殺。此皆輕重倒置。廢禮亂常庸人舉動。不足取也。顧不足取。而孟子亟亟取之。且曰是心足以王矣者何。葢孟子原非取他不忍一牛。只要尋他一個不忍機芽。便好引他上正經大路。且不忍之心。誰則無之。人性同得之天。則人人皆具足王本領者也。何獨齊王。欲將順

齊王。則聊借此牛作話柄可耳。看後面今恩足以及禽獸云云。則孟子原未嘗取他不忍一牛可知。

王曰。然。誠有百姓者。齊國雖褊小。吾何愛一牛。卽不忍其觳觫若無罪而就死地。故以羊易之也。節 曰。王無異於百姓之以王爲愛也。以小易大。彼惡知之。王若隱其無罪而就死地。則牛羊何擇焉。王笑曰。是誠何心哉。我非愛其財而易之以羊也。宜乎百姓之謂我愛也。節 曰。無傷也。是乃仁術也。見牛未見羊也。君子之於禽獸也。見其生。不忍見其死。聞其聲。不忍食其肉。是以君子遠庖廚也。

此第三段啟王以察識。歸注在仁術二字。仁術。卽擴充



之基。見其生數句。又所以動其不忍之初心。而亦爲仁術作證也。夫不忍一牛。本齊王自家從心裏發出。且自家亦曉得是不忍。如何又要他察識。此察識又察識個甚。此意殊難發明。葢一時不忍者。情也。仁之端也。而所以見觳觫之牛。便覺不忍者。此心斷非因牛而有。却是從性而發。卽天命之性也。仁也。以爲一時之情。則於此而動者。或於彼而隱。識得是性中之仁。則不忍當何所不至。以爲因牛而有。則此心似從外得。識得是自性而發。則此中運用何窮。所以要察而識之。今孟子說是不忍。王亦自說是不忍。孟子說百姓以王爲愛。王亦只說百姓以我爲愛。則於本心上全然不著痛癢。其不能卽情見性因體達用可知。故孟子接上愛字。尋出牛羊何擇。故作一難。欲王反思而得之。則可知所以不忍在牛者。乃眞性觸物而動。眞性既動。則必不能遏抑。故不得不設法周旋。見未見之權衡較然。羊易牛之設施有術。此中殊不待於安排察識。得此則擴充亦在。是小之保全一牛者。卽大之可推恩四海。發政施仁。不待孟子之言而可悟矣。王終不知此心乃眞性所發而不能遏抑之心。便只向牛羊上計較。從牛羊上計較。便無解於此心。是不求之內而求之外也。是誠何心哉數句。蒙引謂



我若非愛其財。何故易之以羊。作自詰語。達說又謂單讀愛其財而易之以羊。似自解之辭。然下有宜乎句。則作自疑亦可。說約又云是誠何心哉。一何字。便是擺蕩下兩句。不必又云何故易之以羊添一何字。總是解說不來。說得不順。故轉折參差如此。原序因顧說而云我其實非愛其財而易之以羊也。今却宜乎百姓之謂我愛也。湯子方又謂此斡轉下句。稍覺費力。不如將我非愛其財略頓。輕輕自解。卽將而字轉連下句。作自疑爲得。范紫登并謂權認了愛。姑自伏罪。此數說俱略同蒙引。愚意則取顧劉二說爲近。意不忍牛而忍羊。此心誠

不可解論我心則非愛其財而易之以羊而其事則無解於百姓之謂我愛蓋此心自已且解不得何况百姓解得故曰宜乎語氣甚明諸說俱欠妥

孟子曰此心何心乃性中之仁所感觸而動不可遏抑之心也牛羊何擇擇在見未見乃仁心中自具權衡自然作用之術也曰仁則即情有以見性曰仁術則由體可以達用所欲其察識者亦欲其察識得此而已又言君子之遠庖廚只爲不忍於見以實其說然亦於禽獸則然若在同類之民則必無以爲未見而遂可忍者輕重之衡又已即在言下也但於釁鐘而又不忍一牛



其事與遠庖廚自異孟子只要感發其君之仁心不屑屑於辨其細耳

王說曰詩云他人有心予忖度之夫子之謂也夫我乃行之反而求之不得吾心夫子言之於我心有戚戚焉此心之所以合於王者何也 節 曰有復於王者曰吾力足以舉百鈞而不足以舉一羽明足以察秋毫之末而不見輿薪則王許之乎曰否今恩足以及禽獸而功不至於百姓者獨何與然則一羽之不舉爲不用力焉輿薪之不見爲不用明焉百姓之不見保爲不用恩焉故王之不王不爲也非不能也 節 曰不爲者與不能者之形何以異曰挾太山以超北海語人曰我不能是誠不能也爲長者折枝語人曰我不能是不爲也非不能也故王之不王非挾太山以超北海之類也王之不王是折枝之類也 節 老吾老以及人之老幼吾幼以及人之幼天下可運於掌詩云刑于寡妻至于兄弟以御于家邦言舉斯心加諸彼而已故推恩足以保四海不推恩無以保妻子古之人所以大過人者無他焉善推其所爲而已矣今恩足以及禽獸而功不至於百姓者獨何與 節 權然後知輕重度然後知長短物皆然心爲甚王請度之 節 抑王興甲兵危士臣構怨於諸侯然後快於心與



此第四段啟王以擴充重善推其所爲而已句保民在於用恩用恩只是舉斯心加彼但舉斯加彼須是善推善推須是此心不失權度抑王興甲兵節又以起下大欲之蔽大欲之蔽正此心所以失其權度之病根也王因孟子之言而覺此心不從外得庶幾性端之復萌矣然又問此心之所以合於王者何也則猶未能即一端以察全體而由體以達之用也夫仁民此心仁物亦此心使無力則已有力則何不可舉不明則已有明則何不可見王而性中無此仁心仁術則已有恩則何不能用豈眞仁民反難而愛物反易仁民之心反短而愛物

反長。行仁術以曲全一物。多少煩難而一時發之性否。
且如行所無事。則行仁政以推恩百姓。舉斯加彼。何得
獨難。此孟子所以謂其不爲也。用力以行言。卽影仁心。
用明以知言。卽影仁術。有力以舉之。則能用恩。明足以
察之。則善推恩。葢天下之人。老幼盡之。天下之用。此心
盡之。仁之萬物一體也。由吾老幼以及人之老幼。由刑
寡妻以至兄弟家邦。此中又有遠近親疎先後之序。仁
之萬殊之分也。王不忍一牛。則是有恩矣。而功不至於
百姓。則是不用恩也。王能以羊易牛。則亦能用恩矣。而
不能用恩百姓。只爲不善推恩也。且羊與牛之見未見。

而用恩異焉。則人物之同類不同類。其當何所用恩可
知。人物之同類不同類。而輕重殊焉。則吾老幼及人之
老幼。其當何所後先又可知。人惟不用力。不用明。則雖
妻子之親暱。亦有棄之而不保者。苟其察之。而舉心加
彼。則用恩自吾老幼始。而迭推之家邦天下。裁成輔相
以左右之。委曲以保全之。何患無術。而得曰不能。以仁
術行其仁心。由仁心而發之仁術。此之謂善推。此皆吾
不忍之心中之所素具之理。而自有之功用也。又何疑
于是心之所以合於王哉。夫不忍之心。隨感而發。此吾
性之仁。而事物之分不齊。則必度之以適其宜。此中有

權度焉。是則吾性之義。今王有恩而不用。用恩而不善
推。非此心之本無權度也。未嘗反求而自度之耳。心爲
甚句。小註云度物之輕重長短易。度心之輕重長短難。
度物差。只一時事。心差了。萬事差。蒙引謂心爲甚。只言
心之當度甚於物。非謂心之難度甚於物。且心安得有
輕重長短。愚按註中亦明有輕重長短之難齊云云。則
如何說不是難齊。心之輕重長短。固在應物上見。然應
物物字。與物皆然物字不同。物之輕重長短就物上見。
此輕重長短字實。應物之輕重長短。在心上見。此輕重
長短借言而虛。註明言愛物之心重且長。仁民之心輕

且短。則輕重長短字緊貼心上言。又如何說心無輕重
長短。蔡說非也。葢一本萬殊。雖吾性中自具之理。而事
物至紛。千變萬化。於應事接物之際。若不將義理逐一
稱量看此心之用恩何所當重長。何所當輕短者。則鮮
能不失其宜。此中須要精義。如何不難。惟其難度。所以
要度。若心於當輕者重。當重者輕。則所行無不顛倒。豈
非心差萬事差乎。葢度之仍舊是察識。但此察識在用
處。因齊王前此戚戚之言。只略見得此心之不從外得。
而未能見其體用之全。故此段歸結請王度之。於此理
上察識得精。於行上自擴充得出矣。抑王興甲兵節。乃

推王心失度病根而反托語氣似詰似疑王且不忍一牛豈以興兵結怨爲快試一自度當不其然耳意雖擺下仍是結上○不推恩無以保妻子是連妻子也不顧愛的意思時解謂喪亡而無以保其妻子非是註中衆叛親離亦非說到喪亡也

王曰否吾何快於是將以求吾所大欲也節曰王之所大欲可得聞與王笑而不言曰爲肥甘不足於口與輕煖不足於體與抑爲采色不足視於目與聲音不足聽於耳與便嬖不足使令於前與王之諸臣皆足以供之而王豈爲是哉曰否吾不爲是也曰然則王之所大欲可知已欲辟



土地朝秦楚莅中國而撫四夷也以若所爲求若所欲猶緣木而求魚也節王曰若是其甚與曰殆有甚焉緣木求魚雖不得魚無後災以若所爲求若所欲盡心力而爲之後必有災曰可得聞與曰鄒人與楚人戰則王以爲孰勝曰楚人勝曰然則小固不可以敵大寡固不可以敵衆弱固不可以敵彊海內之地方千里者九齊集有其一以一服八何以異於鄒敵楚哉盍亦反其本矣節今王發政施仁使天下仕者皆欲立於王之朝耕者皆欲耕於王之野商賈皆欲藏於王之市行旅皆欲出於王之塗天下之欲疾其君者皆欲赴愬於王其若是孰能禦之

此第五段言大欲不可力求歸宿發政施仁一句發政施仁即上文所謂推恩仁術之大者也闢土地朝秦楚之欲王天下亦不過如此然欲以力求便求得亦只霸功且必不可得而有災以仁致便是王道以力求而不反本便是私欲故不能用恩而輕重倒置皆職此之由反其本而求之則發政施仁而王天下有必至之效仁民之心宜重且長用恩之道舉斯加彼前已說明但力求以挾其外施仁以服其心得其心斯得民得其民斯得天下故曰保民而王此之謂反本○發政施仁方是擴充之實下制產又發政以施仁之實○千里者九謂



九州州方千里

王曰吾惛不能進於是矣願夫子輔吾志明以教我我雖不敏請嘗試之節曰無恒產而有恒心者惟士爲能若民則無恒產因無恒心苟無恒心放辟邪侈無不爲已及陷於罪然後從而刑之是罔民也焉有仁人在位罔民而可爲也節是故明君制民之產必使仰足以事父母俯足以畜妻子樂歲終身飽凶年免於死亡然後驅而之善故民之從之也輕節今也制民之產仰不足以事父母俯不足以畜妻子樂歲終身苦凶年不免於死亡此惟救死而恐不贍奚暇治禮義哉節王欲行之則盍反其本矣節五畝

之宅。樹之以桑。五十者可以衣帛矣。雞豚狗彘之畜。無失其時。七十者可以食肉矣。百畝之田。勿奪其時。八口之家可以無飢矣。謹庠序之教。申之以孝悌之義。頒白者不負戴於道路矣。老者衣帛食肉。黎民不飢不寒。然而不王者未之有也。

此第六段。言發政施仁之本。在制民恒產。而保民之實盡矣。王政保民。先養後教。故以制民恒產為本。非養無所施教。非教不能全養。教思无窮。即容保民无疆。至意非兩事也。時賢謂孟子言王政。只重養民。教只帶言。非也。觀上文言推恩處。而引思齊之詩。則推恩已非單言



養。此言無恒產而有恒心者。惟士為能。若民則無恒產因無恒心。又曰驅而之善。曰奚暇治禮義。則言養且正為教地矣。蓋民以無恒心而陷罪。何謂保民。不忍民之飢寒。不忍民之陷罪。均此不忍。則制產以厚其生。正德以免其罪。均之保民。養教兼盡。而後保民之事始全。豈可將教字輕帶哉。惟士為能句。非贊士。乃甚見民之不可無產。制產而曰明君者。能察識而權度不差。能擴充而推恩有術之君也。兩制產俱且虛說。今也制民之產只蒙上節制產字面。原是不曾制產。時賢強下註腳。非是。制產為發政施仁之本。謂本始之本。本實之本。與上段本字稍異。孟子前對梁王所言王政。有王道之始一節。而此不言者。蓋梁之救荒。設施較難。齊王頗稍英明。設施較易故也。通章自外推向裏。又自裏推出外。只言王在於保民。保民本於是心。是心人所固有。惟要不失其輕重之衡。而善用善推。能以是心推恩於民。則制民恒產而保民之事盡。可以王矣。但孟子言事。每故作曲折辨詰。人多以為文章波瀾。似孟子有文人氣習。殊不知陳事者一直說盡。人之所得反淺。要必詰難使他自疑。而後自悟。所得乃深。縱不能自悟。也須從疑後點破。始能有得。此進言之法也。只以為文字之佳。則苦心沒



矣。

# 四書詮義

婺源汪　烜雙池纂集

## 梁惠王章句下

莊暴見孟子曰暴見於王王語暴以好樂暴未有以對也曰好樂何如孟子曰王之好樂甚則齊國其庶幾乎節　他日見於王曰王嘗語莊子以好樂有諸王變乎色曰寡人非能好先王之樂也直好世俗之樂耳節　曰王之好樂甚則齊其庶幾乎今之樂由古之樂也節　曰可得聞與曰獨樂樂與人樂樂孰樂曰不若與人曰與少樂樂與衆樂樂孰樂曰不若與衆節　臣請爲王言樂

意重一甚字下文與百姓同樂即好樂甚也其實樂者



樂也離去樂字聲容單言樂之情理不拘拘以鐘鼓管籥爲樂所以可通到百姓身上而今古之異非所論孟子固不是論制禮化民成俗之樂教也若拘拘於樂之聲容則今樂猶古樂與百姓同樂等語都說不去矣以情言故與人樂樂甚於獨樂樂與衆樂樂甚於與少樂樂此好樂必至之情同樂者愈廣好樂之情愈暢是則所謂甚也率斯情以往可以得樂之和統同而合愛矣故繼之曰臣請爲王言樂其實今之樂猶古之樂也此語理終欠足先賢已備其說矣而私存云爲治之初法制未備未可遽以禮樂正天下且當以得民心爲本故姑就今樂以發之此蓋亦得孟子微意然縱使法制未備而淫樂慝禮亦豈所以率民孟子欲引其與民同樂之機故不得已而爲此言看他都無一語說及制度聲容則是姑借樂字作話柄耳今樂與古樂豈眞可同也哉顧孟子而不得用於齊也孟子而得用於齊齊王舉國聽之則孟子朝夕格其非心必有默寓轉移奪其好之不正而與以好之正者古樂之復宜非孟子不爲功也已

今王鼓樂於此百姓聞王鐘鼓之聲管籥之音舉疾首蹙頞而相告曰吾王之好鼓樂夫何使我至於此極也父子



不相見兄弟妻子離散今王田獵於此百姓聞王車馬之音見羽旄之美舉疾首蹙頞而相告曰吾王之好田獵夫何使我至於此極也父子不相見兄弟妻子離散此無他不與民同樂也節　今王鼓樂於此百姓聞王鐘鼓之聲管籥之音舉欣欣然有喜色而相告曰吾王庶幾無疾病與何以能鼓樂也今王田獵於此百姓聞王車馬之音見羽旄之美舉欣欣然有喜色而相告曰吾王庶幾無疾病與何以能田獵也此無他與民同樂也節　今王與百姓同樂則王矣

同一鼓樂田獵乃或聞之而疾首蹙頞由好之不甚而

不能得統同合愛之情也。民至斯極，而王豈獨能樂哉。
或聞之而欣欣色喜，由好之甚，而得統同合愛之情也。
民樂其樂，樂孰加焉。樂不樂，都不在鐘鼓管籥，而何分
乎今古，是與民同樂之爲貴耳。此兩節只說個甚不甚
的樣子，以引喻齊王，結言今王與百姓同樂，即所謂王
之好樂甚，則王矣，即所謂齊其庶幾乎也。○鼓樂鼓字
與鐘鼓鼓字不同。鼓樂之鼓從攴，鐘鼓之鼓從支。鼓，擊也，動之也。或謂
鼓以作爲用，故作樂謂之鼓樂，非是。單出爲聲，聲成文
謂之音。然此只互言耳。籥是舞者所持，而此並言音，蓋
舞者亦時吹之以爲節也。夫何使我至離散，作一氣讀。



不相見，離散正是極處，而意重使我二字。庶幾無疾病
二句，當從存疑連讀，不必於中加不然一轉。
○齊宣王問曰：文王之囿方七十里，有諸？孟子對曰：於傳
有之。節 曰：若是其大乎？曰：民猶以爲小也。曰：寡人之囿方
四十里，民猶以爲大，何也？曰：文王之囿方七十里，芻蕘者
往焉，雉兔者往焉，與民同之，民以爲小，不亦宜乎？節 臣始
至於境，問國之大禁，然後敢入。臣聞郊關之內有囿方四
十里，殺其麋鹿者如殺人之罪，則是方四十里爲阱於國
中，民以爲大，不亦宜乎？
囿爲閒曠之所，蒐田所及，諒文宣皆然。但文囿芻蕘雉

兔可往，而宣囿殺其麋鹿如殺人之罪，爲不同者耳。若
在遊觀園囿，則微獨文王未必七十里，即宣囿亦不當
四十里，不必更問其爲阱。且園囿之麋鹿，民亦無從得
殺也。宣王不忍一牛，而功不至百姓，殺囿之麋鹿如殺
人之罪，其輕重顚倒類然。孟子謂之爲阱者，蓋設阱以
陷猛獸，必置小獸以爲餌。今麋鹿盈囿，而設禁以殺之
者死，只此便與爲阱一般。使民不特不敢取麋鹿爲利，
而且畏傷麋鹿之害，其不便民甚矣，不必待眞以麋鹿
之故殺人而後爲阱也。蒙存謂愚民見利而取，豈知國
之嚴禁，非是。此章總與民公利意。○張敬夫曰：意齊王



欲廣其囿，而諉臣假文王事以逢之者。文王豈崇囿若
是，但其蒐田所及，民以爲王之囿耳。次崖因駁朱註文
王之囿七十里，其亦三分有二之後數，何謂三分有二，
亦是人心屬之，未必土地盡爲所得，安得有七十里之
囿，南軒辨之是也。紱 按南軒何嘗駁朱子，朱註亦明言
四時之田云云，何嘗說是國中之靈囿。如謂文王地方
百里，則七十里之囿去其强半，雖蒐田所及，亦不能閒
曠若是也。文王伐密伐崇，作程遷豐，獻雒西，兼耆邘，迄
今按其輿圖，何啻數百里，安得泥言文王百里乎？三分
有二，固只是人心屬之，然獨不曰三分有二之日，其國

亦已日廣乎次崖眞管見也孟子曰於傅有之其亦必有所據蒙存俱以爲人所附會亦太泥矣

○齊宣王問曰交鄰國有道乎孟子對曰有惟仁者爲能以大事小是故湯事葛文王事昆夷惟智者爲能以小事大故太王事獯鬻句踐事吳節　以大事小者樂天者也以小事大者畏天者也樂天者保天下畏天者保其國節　詩云畏天之威于時保之

照總註分兩截看蓋交鄰除暴常變不同各有當盡之道不必穿鑿掩逗然理自相同本非截然三項蓋仁者全此理智者明於理勇者決以理其學術同也仁者保



天下智者保其國勇者安天下其保民之事功同也齊王問交鄰而曰有道乎自是求交鄰之道虛齋謂其欲息爭求寧亦是好意時賢以商量權術貶之過矣孟子子提出仁智其道豈止交鄰但交鄰不能外是而有他道仁者智者亦非必兩項人但就其字小觀之則見其仁就其事大觀之則見其智仁要於不恭而猶字之愈見智要於見侵而不廢禮益顯註意最精此節舉現成樣子視之而交鄰之道自見句踐事只取其事大種蠡陰謀姑置不論樂天節又推論之以廣王心樂天畏天俱就心體上形容見其一於天理則事小非市恩事大非畏葸所以異於霸圖也保天下保其國雖似推言其效然緊切交鄰說蓋能恤小便是保天下氣象能事大便是保其國規模非云能恤小則能保天下也註於保天下曰氣象氣象字面大須有此氣象方有此事功畏威懷德正其氣象中實際然縱無保天下實事亦自是有此氣象字虛而理實也保其國曰規模者規模字面狹既是小邦自難有大氣象只制節謹度其規模已可久矣又氣象承包含徧覆來規模承制節謹度來朱註無字不細陳介眉謂若泥氣象二字反使保字落空此將氣象二字忒看元虛耳引詩只結保國古人引證例



多如此理之所在不可不順便是天威書曰天明畏是也不必如雙峰說到違天得禍然違天有禍亦是實理

王曰大哉言矣寡人有疾寡人好勇節　對曰王請無好小勇夫撫劍疾視曰彼惡敢當我哉此匹夫之勇敵一人者也王請大之節　詩云王赫斯怒爰整其旅以遏徂莒以篤周祜以對于天下此文王之勇也文王一怒而安天下之民節　書曰天降下民作之君作之師惟曰其助上帝寵之四方有罪無罪惟我在天下曷敢有越厥志一人衡行於天下武王恥之此武王之勇也而武王亦一怒而安天下之民節　今王亦一怒而安天下之民民惟恐王之不好勇

也
血氣之勇當戒凡忿兵怨兵皆小勇類也義理之勇當
法以安天下爲心則其勇大惟其有大勇故能安天下
勇之大小在以理不以理文武之怒怒所當怒已無與
焉所謂義理之勇非以天下故而謂其勇之大也皇矣
之詩曰篤祜曰對天下大勇意已見故直言一怒安民
泰誓之書大勇意未透故接一人衡行於天下二句而
後言其一怒安民怒者勇之發而恥又怒之所以發恥
之正其勇也一人概言而意實暗指紂末節乃以大勇
勉王葢此截因王有好勇之言故又言王果能養大勇



則一怒安民交鄰常法又可不拘也要之曰保曰安總
切切爲民起見耳何叔京云湯之事葛文王之事夷初
慇懃而厚恤之終不可化然後不得已而征伐之不然
是不仁而縱亂也王觀嚋云湯與太王文王平時事大
恤小有事則除暴救民此都欲將上下截打通言雖有
理然孟子對交鄰時只言交鄰未嘗故引湯文事以寓
爲怒安天下張本對好勇時只言大勇非必曰前之仁
智交鄰者後之即怒安天下者也焦氏又分仁者之勇
智者之勇皆屬穿鑿
○齊宣王見孟子於雪宮王曰賢者亦有此樂乎孟子對

曰有人不得則非其上矣節不得而非其上者非也爲民
上而不與民同樂者亦非也節樂民之樂者民亦樂其樂
憂民之憂者民亦憂其憂樂以天下憂以天下然而不王
者未之有也
宣王館孟子於雪宮而就見之雖其辭近誇而意亦頗
厚孟子對引君臣相悅屬望亦甚殷此葢孟子初見齊
王時事也章意亦分兩截前截重與民同樂下截引晏
子事望齊王之納誨然此下截即上截意而深期其聽
從耳非另外一意也註中能與民同樂數句斷依虛齋
解屬人不得句內慶源以此爲釋有字未是又玩註非



但當與賢者共之而已則有字亦說賢者固當有之云
也此段只首節人不得三字以安居言略粘雪宮意至
樂民之樂則推開寬說意與好樂章相似非必以雪宮
與民同并非止樂民之宮室安居已也言樂民之樂而
并言憂民之憂者樂憂非兩情憂民憂正是樂民樂盡
經制力溝洫已飢已溺無非欲民之能遂其樂以爲樂
而已本意只重樂民樂憂民憂而必言民亦樂其樂憂
其憂者爲王字張本亦以歆動齊王也若以君民相通
平說則失主意矣樂以天下二句即樂民之樂四句觀
註自兼君民言然其本在君先之次崖本南軒說而云

憂樂皆不以己則專重君言然玩本節語氣趙注王字則此二句只上下過文不必特重以字也

昔者齊景公問於晏子曰吾欲觀於轉附朝儛遵海而南放於琅邪吾何脩而可以比於先王觀也節　晏子對曰善哉問也天子適諸侯曰巡狩巡狩者巡所守也諸侯朝於天子曰述職述職者述所職也無非事者春省耕而補不足秋省斂而助不給夏諺曰吾王不遊吾何以休吾王不豫吾何以助一遊一豫為諸侯度節　今也不然師行而糧食飢者弗食勞者弗息睊睊胥讒民乃作慝方命虐民飲食若流流連荒亡為諸侯憂節　從流下而忘反謂之流從



流上而忘反謂之連從獸無厭謂之荒樂酒無厭謂之亡節　先王無流連之樂荒亡之行節　惟君所行也節　景公說大戒於國出舍於郊於是始興發補不足召太師曰為我作君臣相說之樂蓋徵招角招是也其詩曰畜君何尤畜君者好君也

晏子善景公之問善其欲比先王觀也至景公遊觀本意則只欲適志未必實欲效先王但晏子之對則示以先王觀而止其逸豫之志并他遊觀都帶向好邊觀其所云無非事者及今也不然二節則止君之意可見也先王巡狩述職省耕省斂何嘗是遊觀只因景公欲以觀比先王故晏子便謂此是先王之觀借端以將順其美而匡救其過正如孟子之云公劉好貨太王好色也云爾晏子首節宜作三層脫卸言先王觀而舉巡狩述職者從大處說起也然先王巡狩非景公事而當時述職典亦久廢此非晏子所重只要逼起無非事者一句耳巡狩述職固無非事矣卽春秋觀於國中亦無非是省耕省斂正見都非佚遊也省耕省斂是勞農勸相審端徑術察勤惰考豐凶二省字中有多少盡心民事處而補助則於省耕省斂特帶行之益見先王愛民無已也蓋先王之事凡以為民巡狩述職亦民事也書曰車



服以庸庸民功也故巡狩述職省耕省斂正憂民憂樂民樂大處若區區以補助為事則王政狹小矣而或謂關係實事處全在補助則益非也惟先王既省耕省斂而又有補助之仁行乎其間則民之所仰賴於先王觀者為益深矣夏諺獨歌補助以此易於見恩也今也不然二節詳言遊觀之弊師行行字卽有無事空行意以師行則征役橫煩師行故糧食糧食則供億多此斷依虛齋主病民說麟士引許白雲說謂師行從君皆裹糧而往故有飢勞不得食息者如其說則弗食弗息只於從君之衆未見民之皆受其虐矣師糧食則民不得食師

從行則民不得息此與補助反睊睊胥讒怨發於面目作慝則讒之存於心此與夏諺之民情反總之則曰方命虐民而與先王巡狩述職之意亦相反矣飲食若流結糧食流連荒亡結師行也再釋流連荒亡所以深著無事空行之弊又曰先王無流連之樂荒亡之行則惟恐景公之蹈其弊也夫如是則宜從先王審矣又曰惟君所行者此句正答吾何脩之問以放鬆法逼拶之上王謂單結先王李衷一亦云臣所言先王之道惟君力行之此於惟字說得去於所字說不去矣註不可易也大戒於國者蓋景公平日之觀每爲民病此番出舍猶



恐百姓驚擾所爲特先示其意也出舍於郊所以省耕省斂而興發之政亦始因以舉行也景公此遊不知在春在秋補不足亦概言君臣相說虛齋只重景公說 愚意相說只君臣一心意而晏子善景公之問亦可言悅君亦不必說到後來也景公欲觀分明將無事空行但又要討個好名色晏子之言流連荒亡分明是影景公身上而進之以先王民事是爲畜君好君宣王雪宮必甚靡麗縱耳目勞民力亦與遊觀一例惟其以此與賢者共之則有可引之使推恩百姓之機正猶景公欲觀而有何脩可比先王一問可引之使出舍興發也因事曲引陳善閉邪非好君之念時刻不忘而何能若此孟子表晏子之好君正所以自表其心而深望齊王之從也好君一言詘然而止迄今猶想見其神味也已○凡樂五音皆備招而獨稱徵角者虛齋云是個大徵角近矣又曰五音還相爲宮意蓋謂姑洗起宮則爲角林鐘起宮則爲徵也 愚按以姑洗爲角林鐘爲徵此黃鐘一宮則然若以姑洗起五宮則姑洗自是宮矣不得仍謂角也考周禮大司樂則韶奏姑洗而歌南呂當是韶樂本有定宮景公亦未得易用林鐘徵蓋樂曲之爲角爲徵不拘何宮但看曲中又何聲較多便爲某調今人不



知考耳○畜君之畜勅六反畜止之義易大畜小畜亦然今人都讀作許六反旭字之音則畜養之義矣誤也

○齊宣王問曰人皆謂我毀明堂毀諸已乎節 孟子對曰夫明堂者王者之堂也王欲行王政則勿毀之矣節 王曰王政可得聞與對曰昔者文王之治岐也耕者九一仕者世祿關市譏而不征澤梁無禁罪人不孥老而無妻曰鰥老而無夫曰寡老而無子曰獨幼而無父曰孤此四者天下之窮民而無告者文王發政施仁必先斯四者詩云哿矣富人哀此煢獨

以明堂作引頭以王政爲實際而與百姓同好又行王

政之實心。不必屑屑拈帶明堂也。許白雲以宣王之間有帝制自爲意。此未可知。顧律以無王。則居之無王。毀之亦無王也。然天下無王久矣。有能行王政以救民者何必輿周。是居之則未遽然。而毀之已可不必矣。王者之堂句。只點出王者。以引起王政。孟子只要王能行王政。全不爲明堂起見。非謂行王政者。必居此堂以行之也。泰山明堂。乃巡守以出政令之所。如協時月正日之事。及慶讓之典之類。行王政。則在平日。勿得相混。但王行王政。留此明堂。可以顧名思義。孟子直欲將明堂作一部尚書看耳。許氏謂行王政。則副王之名。可行王者



之制。殆未是也。行王政而引文王治岐者。艮以文王治岐。亦天下未一時事。見諸侯之自可行王政。非必以天子之政爲王政耳。耕者九一。註以徹法言。私存謂文王當猶循七十而助之制。註偶未檢。然助徹要皆九一。而公劉之詩已云徹田爲糧。則周之由來用徹。殆未可知也。耕者九一五句。厚農養士。惠商。公利。省刑。王政之大綱。鰥寡孤獨四者。却是上五事所不能施到處。故又抽出言之。王制云。鰥寡孤獨天民之窮而無告者。皆有常餼。則所謂必先者。蓋設法區處。或官養之也。發政施仁大概言。上文所言。莫非仁政。而政之細密處。正不只此就中則尤亟亟加意於窮民。蒙引說甚好。若作先後之先看。則誤也。引詩只結煢獨。亦是偶拈以証一端。前章引我將。只證畏天。中庸引蒸民。只證足以容。皆如此

王曰善哉言乎。曰王如善之。則何爲不行。王曰寡人有疾寡人好貨。對曰昔者公劉好貨。詩云乃積乃倉。乃裹餱糧于橐于囊。思戢用光。弓矢斯張。干戈戚揚。爰方啟行。故居者有積倉。行者有裹糧也。然後可以爰方啟行。王如好貨與百姓同之。於王何有。節　王曰寡人有疾。寡人好色。對曰昔者大王好色。愛厥妃。詩云古公亶父。來朝走馬。率西水滸。至于岐下。爰及姜女。聿來胥宇。當是時也。內無怨女。外



無曠夫。王如好色。與百姓同之。於王何有。

公劉太王。原非好貨好色。孟子只借以引君當道。此意人皆知之。然未盡也。飲食男女。人之大欲存焉。必謂賢君不好貨好色。反屬矯情。惟其好貨好色。故能推此心以及民。借使大異乎人情。則與人不同類。將如釋氏之幻萬有棄人倫。天下當不賴有此賢君也。然則公劉好貨。太王好色。亦正不爲過耳。公劉遷豳。虛齋以爲避西戎之擾。而時解顧謂公劉遷豳。在平定安集之後。故以完聚爲先。太王遷岐。在流離播散之餘。故以室家爲務。抑思既平定安集。何故勞民以遷。而所云思戢者。其又

謂何更可笑者平定完積聚豈流離反可無積聚播散務室家豈平定遂不務室家乎要知公劉未嘗不好色但因積倉之詩而言則只云好貨太王未嘗不好貨但因爰及姜女則只云好色耳何必多爲說也積倉皆民之積倉然公劉務爲聚之則是好貨之推也折衷云啟行下須補公劉遷豳遂開王業意太王節亦然愚謂同民好惡而王天下是有此理何必管公劉太王之王不王太王肇基王迹猶可言王業所基若公劉則與王業遠甚何必因明堂附會況使侯國不王豈遂可不同民好惡乎於王何有亦謂好貨好色無妨於王政抑據齊



時勢而云然耳公劉詩有好貨意緜之詩難見好色意故先點愛厥妃句當是時指遷岐時而完聚民之室家則亦由推恩平日也以好貨之心同民則九一世祿不征無禁之王政自不能已以好色之心同民則必先鰥寡孤獨之王政亦自不能已故兩節與百姓同之尤行仁政之實際也於王何有却在行王政後一層○四嶽及畿內皆有明堂明堂之制爲說不一朱子主小戴說如井田之制與月令合而九室之與考工記五室亦合吳幼清以五小寢當月令之十二月所居援一宗之愚按小寢乃宴息之所何得以爲明堂明堂之制斷從小戴此不能詳辨附見其略

○孟子謂齊宣王曰王之臣有託其妻子於其友而之楚遊者比其反也則凍餒其妻子則如之何王曰棄之節曰士師不能治士則如之何王曰已之節曰四境之內不治則如之何王顧左右而言他

託妻子是養民影子治士是教民影子四境之內不治民不免於凍餒而無辜陷刑也顧左右而言他淺說分以顧左右爲釋其慙言他以亂其辭其實總是語塞而躲閃意態耳○士師司寇之參貳天子國外百里爲郊郊內六鄉郊外六遂鄉遂各有士以主刑而統於士師



○孟子見齊宣王曰所謂故國者非謂有喬木之謂也有世臣之謂也王無親臣矣昔者所進今日不知其亡也節王曰吾何以識其不才而舍之節曰國君進賢如不得已將使卑踰尊疏踰戚可不慎與節左右皆曰賢未可也諸大夫皆曰賢未可也國人皆曰賢然後察之見賢焉然後用之左右皆曰不可勿聽諸大夫皆曰不可勿聽國人皆曰不可然後察之見不可焉然後去之節左右皆曰可殺勿聽諸大夫皆曰可殺勿聽國人皆曰可殺然後察之見可殺焉然後殺之故曰國人殺之也節如此然後可以爲民父母

此章大意當重同民好惡只以故國世臣引起非論故國也同民好惡中尤重用人蓋知人則哲能官人誠非易易而官人正以爲民若徇一已之私則拂乎人情徒乖國體故進退人才必以國人公論也但首節無親臣云云亦因宣王待臣恩禮衰薄而發而信任不專由於用人不慎用人不慎由於任意徇私事一串也進賢二字宜著眼蓋尊者戚者而皆賢者則何必更進正爲尊者戚者未必賢故不得已而進卑者疏者以用之是一言進賢便是將使卑踰尊疏踰戚矣如使今日所進之卑者疏者而果賢則踰尊疏戚自不足怪而尊戚者亦將心服若所進者又未必賢則徒使卑踰尊疏踰戚而後日又將使他卑疏者踰此以進如奕棋然成何國體乎故進賢如不得已六字當一聯讀併本節亦一氣讀末句不可不慎之意始出非以如不得已四字作比擬看也顧惜國體意雖不甚重然在宣王輕於用人似當做沒要緊事豈待尊戚之禮故孟子以此言之亦即無親臣意也此節之意惟摘訓頗得之左右皆曰賢節申明一慎字即進賢如不得已意所云去不可則王所謂識其不才而舍之者耳凡國人之論非賢則不可非不可則賢去之謂不用耳私存以用賢貼卑疏以去不可



貼尊戚則太泥矣國人好惡而猶必察者惟恐好惡未真正如不得已苦心亦即同民好惡至意且必自知之而後爲真知而後能克宅由繹不當人云我云已也又因用人而言及用刑南軒新安謂不可之甚者則殺之夫不可只不足用耳何至於殺非也但天命天討皆不可私補用刑言以完足同民好惡意耳末節雙結用人用刑只言爲民父母全不照管故國意孟子原只爲救民起見非私爲齊王畫久遠之策故國二字只借以歆動齊王非主意也然既可以爲民父母國未有不久遠者

**○齊宣王問曰湯放桀武王伐紂有諸孟子對曰於傳有之**節 **曰臣弒其君可乎**節 **曰賊仁者謂之賊賊義者謂之殘殘賊之人謂之一夫聞誅一夫紂矣未聞弒君也**

征誅加於一夫則征誅非可輕言矣苟非自爲一夫誰敢誅之時解謂齊王此問便有無君之心抑知無王久矣何待此問齊王亦何嘗肯以湯武自待故孟子此答只以深警齊王且警天下後世之爲君者可無疑其言之過也

**○孟子見齊宣王曰爲巨室則必使工師求大木工師得大木則王喜以爲能勝其任也匠人斲而小之則王怒以**

爲不勝其任矣。夫人幼而學之。壯而欲行之。王曰姑舍女所學而從我。則何如。節 今有璞玉於此。雖萬鎰。必使玉人彫琢之。至於治國家。則曰姑舍女所學而從我。則何以異於教玉人彫琢玉哉。

任賢不如任木。愛國不如愛玉。喻意兩分。而不知任賢便是不愛國家意。自一串。雖萬鎰當依蒙引作價值之少看。萬鎰非少。對國家則自少矣。太岳麟士俱作價值之多看。雖字似安不下。何以異於教玉人彫琢玉哉。蒙引謂玉人自會琢玉。何須教他。何以異作譬喻看。此本張子答王荆公意。然玩語氣。只是怪而詰問之辭。麟士



云教字只作使字看。何以異言甚緣故不似此。按此則註愛國家不如愛玉正解此句。顧說爲妥。○國語二十四兩爲鎰。朱子承趙註云二十兩。未及改耳。

○齊人伐燕。勝之。節 宣王問曰。或謂寡人勿取。或謂寡人取之。以萬乘之國。伐萬乘之國。五旬而舉之。人力不至於此。不取。必有天殃。取之何如。節 孟子對曰。取之而燕民悅。則取之。古之人有行之者。武王是也。取之而燕民不悅。則勿取。古之人有行之者。文王是也。節 以萬乘之國。伐萬乘之國。簞食壺漿。以迎王師。豈有他哉。避水火也。如水益深。如火益熱。亦運而已矣。

齊王說天。只是私意。孟子言民則可據之天也。倒說文王在後。孟子意在勿取矣。文王豈眞取殷而殷民不悅故不取。亦謂可取不取者。古人有之。必人心不可復挽。而後見天命耳。簞食壺漿以迎。非悅齊也。亦苦燕耳。五旬而舉。亦燕之水火使之然。豈天意哉。燕民未狎齊政。而遽曰水深火熱者。逆知齊王之不能行仁政也。使離虐政之水火。而更罹兵革俘虜之水火。則是益深益熱矣。○叅沇同章看。不但取燕非孟子意。并伐燕亦非孟子意。而史記載孟子云今伐燕文武之時。不可失也。此傳聞之誤矣。又史記伐燕在齊湣王之十年丁未。卽周



赧王元年也。至赧王四年。燕昭始立。呂成公大事記則載赧王元年孟子致爲臣而歸。然則燕人畔孟子猶在齊何也。此年代皆未可據也。獨通鑑以伐燕爲宣王十九年事。則是周顯王之丁酉年。非丁未年矣。雖實事無可考證。要當以孟子之書爲據也。

○齊人伐燕。取之。諸侯將謀救燕。宣王曰。諸侯多謀伐寡人者。何以待之。孟子對曰。臣聞七十里爲政於天下者。湯是也。未聞以千里畏人者也。節 書曰。湯一征。自葛始。天下信之。東面而征。西夷怨。南面而征。北狄怨。曰奚爲後我。民望之。若大旱之望雲霓也。歸市者不止。耕者不變。誅其君

而弔其民若時雨降民大悅書曰徯我后后來其蘇節今燕虐其民王往而征之民以為將拯己於水火之中也簞食壺漿以迎王師若殺其父兄係累其子弟毀其宗廟遷其重器如之何其可也天下固畏齊之彊也今又倍地而不行仁政是動天下之兵也節王速出令反其旄倪止其重器謀於燕眾置君而後去之則猶可及止也

倍地而不行仁政犯天下之不韙人雖未伐心自危疑齊取燕後未聞諸侯有救燕之舉諸侯將謀救燕多是宣王有疑心病耳故孟子譏其畏人也書曰節分兩截看自湯一征至望雲霓一截先引書而後申言之言湯



兵未至而民望之也自歸市至其蘇一截先言民悅湯兵之至而又以書證之徯我后蔡傳云待我后久矣后來其復生乎乃兵至而慶幸之辭也達說以為兼證民望民悅非也齊非伐燕之國已不足取信於天下獨燕民望救之切故簞食壺漿以迎耳然使伐燕之舉能誅其君而弔其民不至更為暴虐則天下之望齊師亦必有如望湯者又何至動天下之兵乃不意燕民之徯齊竟水益深而火益熱是又倍地也倍地而不行仁政也倍地非以自強只益天下之忌而不行仁政又與天下以謀伐之端是動天下之兵也若殺其父兄若字作乃如此行

事看是已然事下文反其旄倪云云蓋俘而未殺者則反之重器未遷者則止之若已殺已毀者則已不可追矣殺其君臣俘其人民毀宗廟遷寶器自是取燕實事慮齊作未然將然看未是齊之不行仁政孟子於勝燕時已預料之故棄燕勿取是孟子本意但初勝燕時猶冀其能行故未敢直言勿取至此而果不能行以動天下之兵則孟子亦索性一滾說出痛懲責他一番末節正了勿取本意不止為待諸侯一策也究之諸侯之兵此時雖尚未動而後來終為喪亡禍根至使湣王走死齊國幾亡孟子真如神為齊畫策至深遠也在世俗固



只見孟子庸庸無策耳孰知其至當不易之理勢焉哉

○鄒與魯鬨穆公問曰吾有司死者三十三人而民莫之死也誅之則不可勝誅不誅則疾視其長上之死而不救如之何則可也節孟子對曰凶年饑歲君之民老弱轉乎溝壑壯者散而之四方者幾千人矣而君之倉廩實府庫充有司莫以告是上慢而殘下也曾子曰戒之戒之出乎爾者反乎爾者也夫民今而後得反之也君無尤焉節君行仁政斯民親其上死其長矣

歸重君行仁政但因鄒君惜有司之死故先言有司上慢殘下有可死之罪曩爾鄒民之疾苦何難周知而必

待有司之告。然有司不告。則罪已在有司。究緣鄒君不仁。故有司皆不仁。此盆水方圓之理也。觀不可勝誅之言。鄒君不仁甚矣。安望其行仁政。顧孟子不敢必君之不能行。則聊復云云。而出爾反爾之言。或亦可警惕其心。以動其悔禍之萌於萬一也。親上死長。只接鄒君疾視長上之死長上二字言。不必以上貼君長貼有司。

○滕文公問曰。滕。小國也。間於齊楚。事齊乎。事楚乎。節 孟子對曰。是謀非吾所能及也。無已。則有一焉。鑿斯池也。築斯城也。與民守之。效死而民弗去。則是可爲也。

是謀非所能及。非自謙。亦非謂齊楚之不當事。但謂事齊事楚。因事度勢。自難決一定之謀。惟君相機而動。至操之自我者。則只有守義愛民一策也。築城鑿池。原不足恃。所恃在與民守之。效死而民弗去。然必先言築城鑿池。方接得與民守之下耳。愛民守義在平日。效死則守義之事。而民弗去。乃愛民之效。此即兵食可去。而信不渝之道也。守義愛民。自有保國之道。縱使國終不保。亦不失其爲仁義。傳所謂滅者亡國之善辭。正此之謂也。況使徒然事齊事楚。僥倖圖存。國亦未必可存。孰若守義愛民。猶有可存之道。聖賢之言。固只論是非。不論利害。然是非正利害之所由生。全不是一席迂談也。





○滕文公問曰。齊人將築薛。吾甚恐。如之何則可。節 孟子對曰。昔者大王居邠。狄人侵之。去之岐山之下居焉。非擇而取之。不得已也。節 苟爲善。後世子孫必有王者矣。君子創業垂統。爲可繼也。若夫成功。則天也。君如彼何哉。彊爲善而已矣。

本意自重彊爲善。然舉大王遷岐爲言。亦對築薛之逼起見。遷國圖存。自是一策。上玉以註中僥倖苟免指遷國言。大非也。春秋之世。諸侯避難遷國者甚多。若衛邢蔡許之類。

滕間齊楚間。其東南境淮海之濱。未嘗無隙地可容方五十里之衆。自許東陽謂滕在中國。介兩大間。無可遷之地。講章家遂皆謂滕實無可遷。引太王只以起下爲善。且又將爲善亦緊照太王遷國立說。抑知單以遷國不爭爲爲善。爲善狹矣。太王爲善。豈只遷國。惟其爲善。故能遷國。若效大王遷國。須效太王爲善。孟子自謂君畏其逼。則行權以遷國。亦古人所有之事。滕自不妨遠遷以避之。但國或以遷而亡。或以遷而興。則爲善不爲善之故。太王爲善。故遷而興。君子不必以存亡爲心。只當脩其在我而已。所爲之善。便是創業。可久可大。便是垂統。不必以遷都立國爲創業垂統也。如必謂滕無可遷。則爲善何必單引太王。正以太王避狄。滕文畏齊。

事迹相類故孟子兩引太王遷岐皆非贅語慎勿爲東陽虛齋所誤可矣且既曰滕無可遷又曰爲善緊照遷國然則勸滕文所爲何善也滕文頗能爲善但未免畏葸或過而爲之不力故加一彊字上玉謂小國爲善有許多難處夫爲善何得罪於大國劉說亦非○薛本仲虺之後任姓然齊威王時田文已封薛則任姓之薛見滅於齊已久此築薛者或復收田文之封或特於此築城以偪滕皆未可知非復任姓之薛

○滕文公問曰滕小國也竭力以事大國則不得免焉如之何則可孟子對曰昔者大王居邠狄人侵之事之以皮幣不得免焉事之以犬馬不得免焉事之以珠玉不得免焉乃屬其耆老而告之曰狄人之所欲者吾土地也吾聞之也君子不以其所以養人者害人二三子何患乎無君我將去之去邠踰梁山邑于岐山之下居焉邠人曰仁人也不可失也從之者如歸市 節 或曰世守也非身之所能爲也效死勿去 節 君請擇於斯二者



問於齊楚章言效死築薛章言遷國此章則兼言之而請其自擇一經一權俱以愛民爲本此盡其在我之實然二策以遷國爲難效死却是易事遷國而不能如太王之仁則民不之從安土重遷雖君亦難之恐自遷自亡只如紀侯大去其國耳行權非賢聖之主不能也若死守則民無遷徙之勞死其故土反易爲力矣時解反以效死爲難而謂遷國一策只逼起效死滕國實無可遷此庸俗之見也試看註中云能如太王則避之不能則謹守常法則經權之難易可知而孟子於遷國一條緊承竭力事大詳述太王之事於死守却云或曰則孟子意非重效死可知君子取法乎上孟子未嘗不以太王望滕但文未能遂如太王故次勉於死守東陽虛齋慶源說皆未是也何患乎無君張敬夫曰不敢必其民之從遷而强以從也說自不差而虛齋次崖上玉覲疇輩皆駁之且謂委民於狄以饜虎狼非仁人之心此乃



率民以遷之辭耳太王實始翦商切勿講作亡國惜別景象 愚按太王在位甚久避狄是初年事基王迹乃末年事不必以翦商爲太王增氣概若作率民以遷語則何患二字及下我將去之我字須添多少註脚語氣殊不順蓋何患乎無君自是兩可之辭從遷則我爲君不從遷則狄亦可爲君南軒不敢必云云是也且狄君亦自有民何謂委民以饜虎狼但從不從聽民自便不作一味訣別語耳仁人就平日愛民說即上章所謂爲善非只感於不以養民者害民之語也但不以養人者害

人已眞是仁人之語

○魯平公將出嬖人臧倉者請曰他日君出則必命有司所之今乘輿已駕矣有司未知所之敢請公曰將見孟子曰何哉君所爲輕身以先於匹夫者以爲賢乎禮義由賢者出而孟子之後喪踰前喪君無見焉公曰諾節 樂正子入見曰君奚爲不見孟軻也曰或告寡人曰孟子之後喪踰前喪是以不往見也曰何哉君所謂踰者前以士後以大夫前以三鼎而後以五鼎與曰否謂棺槨衣衾之美也曰非所謂踰也貧富不同也節 樂正子見孟子曰克告於君君爲來見也嬖人有臧倉者沮君君是以不果來也曰行或使之止或尼之行止非人所能也吾之不遇魯侯天也臧氏之子焉能使予不遇哉



樂正子有忿懥不平氣故孟子以天曉之孟子用舍行藏應不待以天自慰也使之尼之註指人言方有著落或謂行止若或有使之尼之者以爲暗合天字說懸空去不是○五鼎羊豕魚腊膚少牢禮三鼎豕魚腊特豚禮衣衾亦有等級喪大記小斂君錦衾大夫縞士緇衣之稱數亦有多寡但貧則不能具禮容有視禮更減者故平公不以三鼎五鼎爲踰而以衣衾棺槨之美爲踰也

四書詮義

## 公孫丑章句上

婺源汪　烜雙池纂集

公孫丑問曰夫子當路於齊管仲晏子之功可復許乎節 孟子曰子誠齊人也知管仲晏子而已矣節 或問乎曾西曰吾子與子路孰賢曾西蹵然曰吾先子之所畏也曰然則吾子與管仲孰賢曾西艴然不悅曰爾何曾比予於管仲管仲得君如彼其專也行乎國政如彼其久也功烈如彼其卑也爾何曾比予於是節 曰管仲曾西之所不爲也而子爲我願之乎

此章以德爲主以時勢爲輔德者得於心而施之政者



也霸顯些少功勳只緣有時勢可依而功烈之卑則因其無德在管晏亦未嘗全不務德却只是一個假非有得於心焉能施之政一匡九合只憑時借勢稍弄高頭何在見管晏手段故曾西所謂卑乃眞是卑俗士猶不肯貶沒其功乃以伊周較之而後見其卑夫管晏之卑何待與伊周較縱使由賜之徒乘時得勢得有作爲亦必高管晏十倍較人當在根本上豈以利言哉比予於是是字指功烈之卑○晏品却高於管而景不如桓然只一不知孔子本領便看得見

曰管仲以其君霸晏子以其君顯管仲晏子猶不足爲與

節曰以齊王由反手也節曰若是則弟子之惑滋甚且以文王之德百年而後崩猶未洽於天下武王周公繼之然後大行今言王若易然則文王不足法與節曰文王何可當也由湯至於武丁賢聖之君六七作天下歸殷久矣久則難變也武丁朝諸侯有天下猶運之掌也紂之去武丁未久也其故家遺俗流風善政猶有存者又有微子微仲王子比干箕子膠鬲皆賢人也相與輔相之故久而後失之也尺地莫非其有也一民莫非其臣也然而文王猶方百里起是以難也

文王之難非德之不足而時勢之難也然文王卒王則



德行速而時勢不足以限之也由湯至於武丁至久而後失之以時言尺地至百里起以勢言孟子原非必計功謀利憑時借勢而後足以有為時勢二字只因丑有文王一難故不得不推及以明猶反手之故耳○凡然而然則等字皆以然字承上稍頓而字則字轉起下文然則順轉然而反轉亦有順轉者如然而不王者然而文王由方百里起皆而字順轉也○自武丁沒至紂即位中間凡百有二年雖歷祖庚祖甲廩辛庚丁武乙太丁帝乙七君實止四代故曰未久周自東遷至孟子時幾四百年矣

齊人有言曰雖有智慧不如乘勢雖有鎡基不如待時今時則易然也節夏后殷周之盛地未有過千里者也而齊有其地矣雞鳴狗吠相聞而達乎四境而齊有其民矣地不改辟矣民不改聚矣行仁政而王莫之能禦也節且王者之不作未有疏於此時者也民之憔悴於虐政未有甚於此時者也飢者易為食渴者易為飲節孔子曰德之流行速於置郵而傳命節當今之時萬乘之國行仁政民之悅之猶解倒懸也故事半古之人功必倍之惟此時為然

王道異於霸功者先自治而後治人己之德性無不盡則其於天下也知明處當而人物之性亦無不盡故上



之可以格君心之非下之可以立生民之命稍有時勢便一滚做出況時勢之易如齊者哉故曰以齊王猶反手也時勢二字亦不平蓋時盛則勢一於上時衰則勢分於下齊有萬乘之勢以衰周之時為之也故曰惟此時為然

○公孫丑問曰夫子加齊之卿相得行道焉雖由此霸王不異矣如此則動心否乎孟子曰否我四十不動心節曰若是則夫子過孟賁遠矣曰是不難告子先我不動心節曰不動心有道乎曰有節北宮黝之養勇也不膚撓不目逃思以一毫挫於人若撻之於市朝不受於褐寬博亦不

受於萬乘之君視刺萬乘之君若刺褐夫無嚴諸侯惡聲至必反之節孟施舍之所養勇也曰視不勝猶勝也量敵而後進慮勝而後會是畏三軍者也舍豈能爲必勝哉能無懼而已矣節孟施舍似曾子北宮黝似子夏夫二子之勇未知其孰賢然而孟施舍守約也節昔者曾子謂子襄曰子好勇乎吾嘗聞大勇於夫子矣自反而不縮雖褐寬博吾不惴焉自反而縮雖千萬人吾往矣節孟施舍之守氣又不如曾子之守約也

上章見孟子所發此章見孟子所存上章王道此章天德也章內以不動心爲綱以知言養氣爲目知言智也養氣仁也不動心勇也丑因上章之言而旣知孟子之所具矣此章發問第恐天下大任當之者不無有所恐懼疑惑非謂孟子以富貴動心也說約謂不疑惑恐懼此不動心之由在丑未必便知註於丑問中遂入恐懼字面太早非也許氏云恐懼疑惑便是動心是矣又疑註恐懼疑惑而動其心似疑懼又在動心之外抑知註中而字乃總恐懼疑惑四字文法非分兩層不足疑也次節因丑以孟賁爲比故孟子亦引告子爲言黝舍二節又從告子引出丑以孟賁爲比雖是借言畢竟粗淺孟子因言不動心之各有其道從淺說到深以見不動



心之道各各不同亦闢異端意也黝不如舍舍不如曾子步步推向上去至曾子守約主意已見北宮黝節自不膚撓至市朝言其不受挫自不受至無嚴諸侯言其無貴無賤側重貴邊末二句言雖惡聲亦所不受說約分兩截非孟施舍節皆述舍言故加所字似曾子節閒閒比較只以起守約二字而引黝舍又只以起曾子守約務人不如守已守氣不如守理此心上漸得有把握曾子大勇只暗重反身循理爲自已作照非故引曾子以見已不動心之有所傳註中其原葢出於此此是朱子推論耳至曾子所言大勇則以不縮引起縮字自反而縮大勇之本千萬人吾往方是勇之作爲意謂要得大勇必須自反而縮苟自反不縮則理屈氣餒勇何由生惟反身循理自反常直則畏葸之念自不生擔當力量自出方爲大勇語意分明時賢將縮不縮四句合說大勇非是

曰敢問夫子之不動心與告子之不動心可得聞與告子曰不得於言勿求於心不得於心勿求於氣不得於心勿求於氣可不得於言勿求於心不可夫志氣之帥也氣體之充也夫志至焉氣次焉故曰持其志無暴其氣節既曰志至焉氣次焉又曰持其志無暴其氣者何也曰志壹則

動氣氣壹則動志也今夫蹶者趨者是氣也而反動其心

此乃言告子不動心之道而詳言其非也然孟子不動心與曾子大勇一轍而告子不動心與黝舍不同黝務敵人告子不管別人舍專守己告子勿求於氣葢告子與後世釋氏同流今人將告子黝舍混一例看誤矣不得於言註作自己之言看虛齋初疑與下知言之言不同及觀雲峯云理一也告子於己之言且不反求其理何能於天下之言皆求其理然後知其兩不相妨　愚按總之是不肯因言求理但心氣俱是自己的則言亦作自己之言方順自無疑耳言與氣爲外爲末心志爲內



爲本註內外本末交相培養通結本節內中補有因言求理致知慎言一邊意舊說單結持志養氣將註中兩內外字看作兩樣誤也志壹動氣如忿懥恐懼而致於不見不聞不知味者是不可以志壹作好邊說此不持志之病也

敢問夫子惡乎長曰我知言我善養吾浩然之氣

此孟子不動心之道也知言智也養氣仁也不動心勇也而知言養氣工夫則又以持志爲主持志以致知而後能知言持志以集義而後爲善養持志只是敬字知言工夫由格致養氣工夫在集義集義即誠正也知行皆以敬爲主若志先動搖則學問無由進步矣問持志便是守其心使不動否曰然然志是心之動有所向處於所向處把握端正有個定規未能必其心之不動只是工夫如此至不動心便是功效問凡不動心的皆是持志否曰莫非都是持志但會持志的只是孟子孟子持志合下便與諸人不同曰會持志便是守義理之謂乎曰然但理字大約持志甚細密要不外是以理作主如慎獨是將動時持志戒慎不睹恐懼不聞是於靜時持志志是動時然守其靜正所以善其動也博學審問慎思明辨是致知時持志必以集義爲事而勿正勿忘



勿助是力行時持志然必先明諸心知所往然後拏定主意向正路走他岐更搖惑他不得所謂非聖賢之書不敢讀非仁義之志不敢存到得義理日益明志向日益定能知至善之所在則於不動心工夫已得其半然後集義以求自慊而絕其計功謀利之私踐履日熟忽不自知以底於至誠之地則萬理全備於我有是理則有是氣理全乎天地則天地之氣即我之氣更不分稟之清濁厚薄此之謂善養萬理全備於我所謂浩然之氣知至善之所在即所謂知言也不知言不能養氣然非待既能知言然後方去養氣知行並進敬以積累

之此之謂會持志也能知言則心於理無所偏而已自無不得於言故能因天下之言而知其心之病且決其流害之所至邪說又烏得而惑之能復其浩然之氣則剛大之體段全於已而配義與道之實用出焉又何有不得於心而艱大又烏足以懼之此葢幾非在我俟其自化無事乎持志而心已自能不動之詣矣然同此持志孟子則以此志爲致知力行之用而爲王道根基故其究至於知至行盡而心自然不動所謂合下便不同也告子强制其心未嘗不是持志故註亦云急於本但此乃不會持志耳蒙引之說似告子未嘗持志誤也彼



兩個勿求豈非拏定心志如此惟其不會持志故入門便錯伊所持之志只要守得此心外事通可不問不必致知不必力行反似求知求行之足爲心累者故曰勿求勿求此佛氏之法尚應舍何況非法相似黝舍之必勝無懼亦是他所持之志如此即伯夷伊尹亦緣他持志稍偏所以一清一任不如孔子但尹夷終是聖人之倫黝舍持志雖失然亦足當一用不至大害於世惟告子强制其心以義爲外此則生心害政不可不闢故章內辨之尤詳而俗士乃謂告子之不動心勝於黝舍何足與讀書也哉後世陸氏只要理會一心便天地都不

管指誠敬爲妄見爲害心毀著書爲不長進事而於太極無極之辨則堅持已見不知自反豈非不得於言勿求於心不得於心勿求於氣一流人物王陽明門人除草曰去惡當如是陽明曰草何嘗惡門人曰然則何如曰只管做去罷此即不得於言勿求於心也在陸王之嘗不是持志然入於邪而不自知矣妄儒猶因持志爲養氣之本遂代陽明出脫烏乎可哉　清簡公曰向疑釋氏爲無事而忘今思之乃正而助長也夫使無事而忘則庸人皆然何至生心害政正惟他急持此志務要此心如如不動所以至杜絶萬有而一於空寂以同人



於禽獸草木不會持志之害如此可不辨哉曰持志只是敬字敬則直無所失矣而猶有害如此乎曰敬守其志此以言孟子之持志也若陸氏且指敬爲妄見則持志者安得都是敬但象山不言敬未嘗不言立大故曰都是持志

敢問何謂浩然之氣曰難言也節　其爲氣也至大至剛以直養而無害則塞于天地之間節　其爲氣也配義與道無是餒也節　是集義所生者非義襲而取之也行有不慊於心則餒矣我故曰告子未嘗知義以其外之也節　必有事焉而勿正心勿忘勿助長也無若宋人然宋人有閔其苗

之不長而揠之者芒芒然歸謂其人曰今日病矣予助苗長矣其子趨而往視之苗則槁矣天下之不助苗長者寡矣以爲無益而舍之者不耘苗者也助之長者揠苗者也非徒無益而又害之

氣與理爲體人之有生與天地一萬理具備充周不窮則天地之氣即我之氣故至大至剛直養而無害自是兩層下必有事勿忘正應直養勿正勿助長正應無害但事雖兩層工夫自是一片只爲有養之未幾而反害之者故必加無害二字塞于天地之間仍舊是個剛大體段此節雖形容個浩然實以起下養氣工夫不可將



直養句看輕蒙存之說未是塞天地處於配道義始見實際雖未及事爲而塞天地體段自在能直養無害而氣塞天地則此心裁度事宜氣若助其斷制事物當行之道氣若助其勇往舉天下剛常名教小事大事皆足以擔當負荷而無所恐懼動搖不能直養無害則氣不足以充體雖有是志亦不能有行矣顧氣爲理用天地之塞吾其體理爲氣宰天地之帥吾其性理非氣不行氣非理不立故養成之氣配義與道而所以養氣者則其功仍不務於氣而務於理惟從事集義使吾心之理無所不慊則生理日全而本然之氣亦日足故曰是集

義所生兩餒字俱是體不充但上餒字言無以配道義此餒字言氣不生稍異雙峰說未徹蓋事宜雖若在外而其理則具於心心之裁制性之德也故所行不合於義則心必不安而體亦以餒告子以義爲外則必不肯集義而無以養其浩然之氣矣外義則是不知義其病又由於不得於言勿求於心故也必有事焉四句只一必有事可了但人方有事便正不然則忘不然則助長此人之通弊必有事而勿正方是先難後獲勿忘勿助方是自强不息總是專其有事之功而已乃今人未嘗有事却好言勿忘勿助似只要心下空念著個義便是



此則傳習錄所譏不漬水下米專添柴放火也劉蕺山又謂勿忘勿助間適合其宜便是義非以勿忘勿助去集那義則所謂勿忘有事者又是勿忘個甚其說益混也蓋集義所以養氣而一必字三勿字則所謂持志持志以集義養氣方有個主腦持志於集義則所謂善養告子外義則所持之志不在集義而在强制其心乃所謂不會持志入門便錯而終於揠苗也問此章未嘗有以持志爲主者今如子言則孟子告子勦舍之不動心分頭皆在持志然則孟子詳言持志可矣乃言持志反略而言養氣獨詳何也曰此因對告子之勿求於氣而

言也勿求於氣則必暴其氣暴其氣而强持志便是助長天下固未有無徒之帥可以建功無枝之木可以結果孟子持志便為養氣地其所養氣者皆從持志來不是果有兩事耳曰養氣從持志來則專言持志可矣又言無暴其氣何也曰果會持志持志卽以養氣不會持志持志只以暴氣既暴其氣則志亦不能不動故分二事言之細分之則持志有動靜內外之異工夫都不可缺敬以直內持志於靜而該管著動時義以方外持志於動而不淆其靜體敬以直內只是循循涵養無許多工夫可說義以方外則養氣是矣敬直而無義方亦至



無所事事持志工夫只得其半惟又義以方外而後持志之功用漸出故曰持其志無暴其氣顧義亦須是敬以行之方是實落的義有實落的義方有實落的氣不然則義襲而已客氣而已此所謂不誠無物持志養氣終分不得兩件也義以敬行之者何曰於外邊末節細微處都無不敬使之合宜便是義以方外集義養氣從細微處不放過方是如孝弟忠信是大段說而足容不重手容不恭目容不端口容不止便不是義蹶趨暴氣反多由此不慊於心處亦卽在此如此說集義豈非敬之細密處所以孔子言非禮勿視非禮勿聽非禮勿言非禮勿動出門如見大賓使民如承大祭俱是一般說話

**何謂知言曰詖辭知其所蔽淫辭知其所陷邪辭知其所離遁辭知其所窮生於其心害於其政發於其政害於其事聖人復起必從吾言矣**

言為心聲因外可以知內心為事主由源可以知流然須看四所字言之失心之病也心之病失其理也失其理故害於事知之者非察於言也亦精於理而已決以聖人必從者理之不易者也孟子時異端橫行惑人心志而心之所蓄大抵先發於言不能察羣言之謬無以



守道德之正故不曰明理而曰知言所以闢異端也養氣先須知言而此言知言只舉成功不及工夫何也曰朱子曰知言工夫全在致知格物孟子言告子不得於言勿求於心不可又言告子未嘗知義以其外之也已啟知言工夫之端但丑不能詳問工夫故孟子亦未及詳言耳曰丑只問浩然之氣孟子卻詳言養氣丑問知言孟子又何妨詳言致知也曰告子不得於言勿求於心孟子已直斷其不可則凡不得其理者皆當求於心可知豈非致知格物其勿求於氣孟子卻輕放了個可字故當求氣處不得不詳所以要說善養以對他暴字

且不言善養工夫。則浩然不可見。此文氣使之然也。集義有事勿忘勿助。皆知言後事。只因丑將知言問在後。故孟子亦答在後。在孟子原將知言說在前。次崖不察。乃謂知言不言工夫者。由集義功深。自能如此。試思言之是非且不能辨。集的如何得都是義。不格致而先誠正。得無謬乎。又豈可曰誠正功深。自能知至耶。但知行有交進之功。行愈熟。義愈精。則可以云然耳。謂知言由於集義。則烏乎可。

宰我子貢善爲說辭。冉牛閔子顏淵善言德行。孔子兼之。曰。我於辭命。則不能也。然則夫子既聖矣乎。節 曰。惡。是何



言也。昔者子貢問於孔子曰。夫子聖矣乎。孔子曰。聖則吾不能。我學不厭而教不倦也。子貢曰。學不厭。智也。教不倦。仁也。仁且智。夫子既聖矣。夫聖孔子不居。是何言也。節 昔者竊聞之。子夏子游子張皆有聖人之一體。冉牛閔子顏淵則具體而微。敢問所安。節 曰。姑舍是。節 曰。伯夷伊尹何如。曰。不同道。非其君不事。非其民不使。治則進。亂則退。伯夷也。何事非君。何使非民。治亦進。亂亦進。伊尹也。可以仕則仕。可以止則止。可以久則久。可以速則速。孔子也。皆古聖人也。吾未能有行焉。乃所願。則學孔子也。

章意至知言節已盡。此以下只因丑有既聖之問。而孟子不居。又因有所安之請。而言願學孔子。皆與前不動心意不相干涉。姑舍是者。非輕數子。君子所安。必當取法乎上也。又不由夷尹而必願學孔子。擇術之精也。然願學孔子節。就出處事功言。而今人以此句作通章主腦。却不顧本節文義。則不通矣。

伯夷伊尹於孔子。若是班乎。曰。否。自有生民以來。未有孔子也。節 曰。然則有同與。曰。有。得百里之地而君之。皆能以朝諸侯有天下。行一不義。殺一不辜而得天下。皆不爲也。是則同。節 曰。敢問其所以異。曰。宰我子貢有若智足以知聖人。汙不至阿其所好。節 宰我曰。以予觀於夫子。賢於堯



舜遠矣。節 子貢曰。見其禮而知其政。聞其樂而知其德。由百世之後。等百世之王。莫之能違也。自生民以來。未有夫子也。節 有若曰。豈惟民哉。麒麟之於走獸。鳳凰之於飛鳥。太山之於丘垤。河海之於行潦。類也。聖人之於民。亦類也。出於其類。拔乎其萃。自生民以來。未有盛於孔子也。

又明夷尹之所以皆爲聖人。而孔子尤盛。所以見願學之故也。德盛心正。既無不同。而道之不同。又有如上文所云者何。曰。三聖之行不同。要亦歸潔其身而已。顧天莫非理而四時分氣。四時皆盛德也。何私之有。而孔子卽天矣。故曰自有生民以來未有孔子。賢於堯舜。盛於

百王拔萃於古今聖人而夷尹何足班焉見禮知政聞樂知德自是子貢自言只末句乃贊孔子註意甚明稽古論世比方人物正子貢所長非自誇也或欲以見禮知政聞樂知德差等百王屬孔子身上而以此爲孔子之盛以爲闕合知言夫差等百王何足爲孔子異而以此爲盛乎非也又禮樂亦不重子貢意只謂歷考百王皆未有如孔子者耳但百王已遠非禮樂何由等之故從禮樂說起或以禮樂纏孔子身上屑屑與百王比較亦非也自宰我子貢善爲說辭至末只算一章餘波但差等羣聖適尊孔子議論關係不小若今人以此苦纏



知言養氣則大非

○孟子曰以力假仁者霸霸必有大國以德行仁者王王不待大湯以七十里文王以百里節以力服人者非心服也力不贍也以德服人者中心悅而誠服也如七十子之服孔子也詩云自西自東自南自北無思不服此之謂也

王霸之辨在誠僞而已借使管仲桓以有天下亦只是霸湯武終身侯國亦未始非王也霸者亦嘗假仁而仁豈可假其所恃以服人者終在力耳以德行仁者本天德以施王道無所爲而爲之七十子之服孔子言心悅誠服也無思不服乃以言天下之心服於王者也人



多泥看

○孟子曰仁則榮不仁則辱今惡辱而居不仁是猶惡溼而居下也節如惡之莫如貴德而尊士賢者在位能者在職國家閒暇及是時明其政刑雖大國必畏之矣節詩云迨天之未陰雨徹彼桑土綢繆牖戶今此下民或敢侮予孔子曰爲此詩者其知道乎能治其國家誰敢侮之節今國家閒暇及是時般樂怠敖是自求禍也節禍福無不自己求之者節詩云永言配命自求多福太甲曰天作孽猶可違自作孽不可活此之謂也

仁不仁卽上章行仁之仁也貴德尊士以及時而明政



刑所以行仁也貴德卽上章以德行仁之德貴之則所向在是而已德亦日修矣永言配命修德之本也顧脩德行仁而必以禍福榮辱言者歆動之警惕之亦以時君汙下不肯長俊故不得不如此開諭亦衰世之意矣故轉捩在如惡之三字而章末數自字尤親切喫緊

○孟子曰尊賢使能俊傑在位則天下之士皆悅而願立於其朝矣節市廛而不征法而不廛則天下之商皆悅而願藏於其市矣節關譏而不征則天下之旅皆悅而願出於其路矣節耕者助而不稅則天下之農皆悅而願耕於其野矣節廛無夫里之布則天下之民皆悅而願爲之氓

矣節 信能行此五者則鄰國之民仰之若父母矣率其子
弟攻其父母自生民以來未有能濟者也如此則無敵於
天下無敵於天下者天吏也然而不王者未之有也
尊賢使能即上章之貴德尊士市關四條亦明政之大
略也政刑非賢能無與明故莫先於用人而得士心前
五節略舉王政條件而言其有可以感悅天下之理皆
悅而願以悅故願即前章所云心悅誠服也末節乃責
成人君以行之而遂推其效通章重信能行此五者一
句而尤重一信字以實心行實政則所謂以德行仁而
非假仁矣蓋五者非假所能行縱使假之亦未能有無



敵之效不誠無物正王霸之所以分也○周禮載師職
曰凡宅不毛者有里布凡田不耕者出屋粟凡民無職
事者出夫家之征鄭註宅不種桑麻者罰之云云布即
錢也里布如今之口率之稅口者女口也女口稅輕故
使兼出一里之稅以重罰之夫之征一夫百畝之稅其
稅當公田八畝家之征一家力役之征如士從車輦徭
役也夫稅如今糧稅家征如今戶丁之稅蓋一夫百畝
則夫家之征原所當有但他無職事則也要罰他出夫
家之征此雖先王立法所備而不必行然即使有受罰
者亦只正當不至於重妄儒毀周禮爲僞經乃謂以遊

手失業之民而重征非藝豈先王之法苛刻至此夫周
禮之眞僞此未具辨若夫征里布則何謂重征先王亦
曰而職乃事夫布所宜有也而不職乃事夫征里布亦
而出之誰使而不職事者而得曰無夫征乎夫豈嘗加
於額外耶妄儒又謂以證此章當據載師閭師里布夫
布並言夫布如門攤之稅不當據載師全文愚按閭師
職云凡無職者出夫布閭師與載師官職所職略同而
載師爲長然則夫布即夫家之征載師守其法而閭師
徵其稅以統於載師故兩言之與門攤稅無涉蓋無職
之民既不耕田則夫家之征亦只折錢故曰夫布也又



本節廛字與廛而不征廛字不同廛而不征廛宅市肆
地租此廛字即公宮兩傍三區民所居者蓋指居廛之
民言註中市宅之民已賦其廛民廛自皆有地稅周禮
園廛二十而一是也已賦其廛句只以起又令出此夫
里之布句非貼白文廛字讀者勿以辭害志也工賈及
遠人及庶人在官者皆廛民工賈多非土著故曰氓而
氓不只工賈與上惠商條自不爲複
孟子曰人皆有不忍人之心節 先王有不忍人之心斯
有不忍人之政矣以不忍人之心行不忍人之政治天下
可運之掌上節 所以謂人皆有不忍人之心者今人乍見

孺子將入於井皆有怵惕惻隱之心非所以內交於孺子
之父母也非所以要譽於鄉黨朋友也非惡其聲而然也
節 由是觀之無惻隱之心非人也無羞惡之心非人也無
辭讓之心非人也無是非之心非人也 節 惻隱之心仁之
端也羞惡之心義之端也辭讓之心禮之端也是非之心
智之端也 節 人之有是四端也猶其有四體也有是四端
而自謂不能者自賊者也謂其君不能者賊其君者也 節
凡有四端於我者知皆擴而充之矣若火之始然泉之始
達苟能充之足以保四海苟不充之不足以事父母
上章言許多仁政又恐人以爲此外面勉强施行故此



章反諸性情之地而示之以見擧斯加彼初無事於勉
彊也此章大綱在首一句而緊要處尤在知皆擴而充
之先王有不忍人之心斯有不忍人之政此天下至誠
能盡其性自能盡人物之性以參贊天地者也知皆擴
而充之則其次致曲以能有誠而至於能化者也不忍
人之心五字宜會意渾讀葢滿腔惻隱體用一源斷看
不過一毫苦痛事欲立欲達不分人已本懷如是虛齋
單以情言及雙峯忍不住之說俱太泥先王一節是立
個榜樣以見本有此心行仁原非難事但當時言性者
紛紛無言性善者今獨云人皆有不忍人之心則人人

可如先王其誰肯信故以乍見孺子作證乍見之時私
意未萌所發見者一片天真一直流露欲驗性天莫切
於此若稍一轉念便未免私意夾雜非天倪矣人每以
轉念之情來驗性無怪乎將性認左而自謂不能也羞
惡辭讓是非皆不忍人之心所統既有惻隱之心則件
件皆有不必別尋證見心有是理乃有是情若無是理
情從何生譬如果仁不過一點物事而萌芽枝葉花實
成熟之理自無不全備此仁之中其萌芽即仁枝葉即
禮花實即義成熟即智有是理具仁之中故萌芽枝葉
花實成熟隨時而見故有是仁義禮智之性即有是四



端之情而爲人之所必有仁即生理禮即此生理之有
序處義即此生理之合宜處知即此生理之明瑩處總
之只此生理而已謂之端者自內而出之始其倪可見
可引而不窮也自謂不能多因不知不知由於不能察
識如乍見孺子入井時偶發惻隱過時却便冷依舊殘
忍都緣私欲蔽蓄不能反求本心曾不思乍見時惻隱
從何而生一轉念何以便不似亦由他見理不明於殘
忍處且自爲是遂不肯反求此心故須要察識先須明
理然後知此念之發即性之全體所見不但一念不忍
即念念何嘗果然能忍此念既是吾之生理本然則如

何可聽私欲蔽壞了。如此方是察識而知。不只要認得
我有此心已也。知字固有工夫。然知皆擴而充之句。却
一氣連讀不斷。如云曉得都件件推廣出去。而滿其量
也。擴者。推廣此心。擴而充之。則於中設法區處使吾所
發之心。不至遏抑以自快足。則仁義禮智之意藹然腔
裏。而無欠闕仁義禮智之事。洋溢天下。而無不及矣。然
擴充時許多作用云爲。皆以知裕其基。惟其知得眞。方
擴得開。充得滿。故一擴充便有火始然泉始達之勢。日
新又新。不能自已。知皆擴而充之。至始達十六字。作一
氣下。俱言用功。能充方是言成功事。能充。卽有不忍人



之政。足保四海。卽治天下運之掌上。成功一也。不足事
父母非本不能也。只因私欲間隔之至。便父母也不知
愛耳。○四端不言信。如土之寄王。紱 思之無物不然。朋
友以成五倫。睿思以主五事。脾土以養五臟。如此觀物。
眞令人手舞足蹈。

○孟子曰。矢人豈不仁於函人哉。矢人惟恐不傷人。函人
惟恐傷人。巫匠亦然。故術不可不愼也。節 孔子曰。里仁爲
美。擇不處仁。焉得智。夫仁。天之尊爵也。人之安宅也。莫之
禦而不仁。是不智也。節 不仁。不智。無禮。無義。人役也。人役
而恥爲役。由弓人而恥爲弓。矢人而恥爲矢也。節 如恥之。
莫如爲仁。節 仁者如射。射者正己而後發。發而不中。不怨
勝己者。反求諸己而已矣。

上章言凡有四端於我者。知皆擴而充之矣。若火之始
然。泉之始達。亦可見智以開仁之始矣。此章言人之所
以至於不仁。由術之不擇。卽爲所習之私錮蔽而不能
察識者也。擇術之智。卽知之始事。而擴充之基也。擇不
處仁。孔子本言擇居。孟子引之。則以言擇術。尊爵以得
於天言。安宅以存於心言。擇術於仁。則人不得而賤之。
而自處也安。曰尊曰安。所以歆之使知擇也。莫之禦言
爲仁由已也。人役則賤且危。恥爲役。羞惡之端也。因其



恥而遂敎以爲仁。卽由知恥而敎以擇術之智。於此能
察識。卽於此能擴充也。反求諸已。又敎以擴充之方。力
行之道也。術之不可不愼也。術在霸則流於僞。術在王。
則至於誠。術在富强。則殘民征利而不顧。術在大欲。則
興兵結怨而快心。術在兼愛。則不復知愛親。術在爲我。
則不復知有君。術之不愼。則爲此術所蔽。而不能察識
其本心。竟似我性中初無是理也者。惟反求諸已而察
其本然之良。而卽此擴充以求滿其量。則生意油然日
新。浡乎不可遏抑。故擇術者。擇處於仁。卽於仁。擇而反
求諸已。愛人不親反其仁。治人不治反其智。禮人不答

反其敬行有不得者皆反求諸已其身正而天下歸之
如此方是察識如此方是能擴充如此方是王道蓋從
性天言之則仁是源頭禮義智逐節從仁流出從工夫
上達則智是跟脚格物致知乃能精義精義而實踐之
克已復禮則心德復全而爲仁故爲仁自擇術始易傳
曰智崇效天禮卑法地智崇知之事禮卑行之事而成
性存存道義之門則義精仁熟之謂也陸王斥窮理爲
末學於立大良知自謂能察識多見其察識之多所遺
而不能盡心知性矣

○孟子曰子路人告之以有過則喜節 禹聞善言則拜節
大舜有大焉善與人同舍己從人樂取於人以爲善節 自
耕稼陶漁以至爲帝無非取於人者節 取諸人以爲善是
與人爲善者也故君子莫大乎與人爲善

上章言反求於己此章言資善於人聖賢公善之量雖
有淺深大小之殊而樂善忘私之志則一其喜其拜其
舍己其取人皆誠也聞過而喜聞善而拜善與人同皆
其取善於人也皆誠取善於人則皆與人爲善者也大
舜有大焉言取善之大對禹與子路言莫大乎與人爲
善言善之及人統舜禹子路言由禹舜之大小因其在
已之所得有淺深故取善之量因之然章意不重分聖



賢優劣大舜節善與人同句是綱蓋不但資善於人以
裕善於已且但知有善不見其在已在人也舍已從人
而不吝取人於已而非勉分人已以形容其大公無我
之心善與人同之目也其實二句只一事特交互言之
以見聖心表裏無間耳此朱子之說 耕稼陶漁節精神在以
至無非四虛字時解重爲帝邊亦未是

○孟子曰伯夷非其君不事非其友不友不立於惡人之
朝不與惡人言立於惡人之朝與惡人言如以朝衣朝冠
坐於塗炭推惡惡之心思與鄉人立其冠不正望望然去
之若將浼焉是故諸侯雖有善其辭命而至者不受也不
受也者是亦不屑就已節 柳下惠不羞汙君不卑小官進
不隱賢必以其道遺佚而不怨阨窮而不憫故曰爾爲爾
我爲我雖袒裼裸裎於我側爾焉能浼我哉故由由然與
之偕而不自失焉援而止之而止援而止之而止者是亦
不屑去已節 孟子曰伯夷隘柳下惠不恭隘與不恭君子
不由也

前二節形容個隘與不恭模範俱一層深一層不立不
與言嚴於不事不友冠不正而若浼則無一物之可容
矣不怨不憫不惟不羞不卑裸裎焉能浼我則無一人
之足較矣推惡惡之心者推其意故曰云云述其辭也

末節斷以君子不由即願學孔子之意蓋至淸者必險
至和者必不恭說流弊者非也其淸處即險處其和處
即不恭處謂淸而又險和而又不恭亦非也淸和皆屬
偏詣謂在二子自不妨於險與不恭非也不由其險與
不恭便是不由其淸和謂學其淸無學其險學其和無
學其不恭亦非也學得夷之淸亦只是險學得惠之和
亦只是不恭謂恐未得其淸先得其險未得其和先得
其不恭抑亦非也不由夷惠便自有當由處在若謂學
淸之半和之半則夷惠中間無處著脚只成子莫之執
中抑又非也但淸和者其德之至而險不恭即所至之



偏天下固有險而非淸不恭而非和者故朱子曰孟子
恐人以險爲淸以不恭爲和故說險與不恭君子不由
然天下亦未有至淸而不險至和而不不恭者誠以其
偏於一故也故朱子又曰不是流弊蓋二子之高風至
詣自足以起頑懦而警鄙薄故不失爲百世之師君子
之立身要自有中正之軌而不爲已甚不當以成見礙
事偏詣自拘故君子不爲夷惠若乃自遠於險而曰我
以由夷之淸自遠於不恭而曰我以由惠之和則自是
險與不恭何嘗是夷惠此又其每下焉者尤君子之所
深戒矣

四書詮義

公孫丑章句下　　婺源汪　烜雙池纂集

孟子曰天時不如地利地利不如人和（節）三里之城七里
之郭環而攻之而不勝夫環而攻之必有得天時者矣然
而不勝者是天時不如地利也（節）城非不高也池非不深
也兵革非不堅利也米粟非不多也委而去之是地利不
如人和也（節）故曰域民不以封疆之界固國不以山谿之
險威天下不以兵革之利得道者多助失道者寡助寡助
之至親戚畔之多助之至天下順之（節）以天下之所順攻
親戚之所畔故君子有不戰戰必勝矣



通章歸重得道者多助一句多助即人和得道乃所以
致人和之本舊說謂上文言要人和便含得道意不必
更推一層觀故曰二字只承上歸到下節以終上文意
耳（愚）按上兩節本皆是客而天時尤客中之客不如人
和亦且虛說本意只要推到人和因以引之當道地利
既不如人和則封疆山谿兵革舉不足恃而只當脩道
以致人和矣得道者多助亦據現成說未算推一層又
兵家有權謀形勢陰陽技巧四種形勢即地利陰陽即
天時天時不如地利二語尉繚子亦言之吳子亦有四
不和之語孟子異於兵家者只得道二字耳得道二字

豈只以終上節之意。若以得道爲得此人和之道。則道字輕矣。且似王者仁政。專爲收拾人心。則何異霸術之假仁。孫吳之談兵。非孟子意也。況旣曰得人和之道。又曰多助。辭意不已複乎。又蒙引云。故曰節單言人和。不粘地利。則封疆山谿兵革。分明卽上節城郭之類。如何不粘地利來。蒙引說亦未是。大抵首節只目到第三節止。故曰以下。另伸人和之本。而遂著得道之效。道不外仁義。此孟子大本大源不同人處。孟子原非言兵也。○天時之說自古有之。如左傳所稱楚不避晦。三十日。越得歲。木星所在分野。國不可伐。尉繚所辨刑德。三刑子刑卯卯刑午丑刑戌戌刑未未刑丑寅



刑巳巳刑申申刑寅。天德。正丁二坤三壬四辛五乾六甲七癸八艮九丙十乙十一月巽十二月庚。月德。正五九月丙。二七十一月壬。二六十月甲。四八十二月庚。凡值其日之干支與其方皆是。孫武火攻箕壁翼軫。月行於四宿。則其日有風也。皆是也。註時四時日支干孤虛旺相。只撮舉言之耳。陰陽家有年家奇門。月家奇門。日家奇門。時家奇門。孤虛亦然。歲前二支爲歲虛。月前二支爲月虛。甲子旬中空戌亥。甲戌旬中空申酉。甲申旬中空午未。甲午旬中空辰巳。甲辰旬中空寅卯。甲寅旬中空子丑。爲旬虛。凡對虛曰孤。兵法背孤擊虛也。春則木旺火相。夏則火王土相。秋則金王水相。冬則水王木相。對王相爲休囚。用兵則背王相擊休囚也。金仁山將孤虛說反了。蔡虛齋又以孤虛當休囚。皆失所考也。天時虛而無據。李靖以爲詭名近之。若地利則未可盡廢。但非所恃耳。

○孟子將朝王。王使人來曰。寡人如就見者也。有寒疾。不可以風。朝。將視朝。不識可使寡人得見乎。對曰。不幸而有疾。不能造朝。節

明日出弔於東郭氏。公孫丑曰。昔者辭以病。今日弔。或者不可乎。曰。昔者疾。今日愈。如之何不弔。節

王使人問疾。醫來。孟仲子對曰。昔者有王命。有采薪之憂。不能造朝。今病小愈。趨造於朝。我不識能至否乎。使數人要於路。曰。請必無歸而造於朝。

此章多少曲折。只爲要齊王能尊德樂道。孟子辭疾初意。只要齊王自家曉得。覺得不是耳。此意原不欲明言也。乃不意公孫丑孟仲子輩皆紛紛欲代爲周旋。反使孟子本懷湮鬱不見矣。此俗見之難破也。如就見如字。



蒙引作往字看。存疑作若字。禮註作欲字。往字不順。如字亦無欲字之訓。不如且作若字看。然此非大義所係。出弔一節。縱所當弔。何必汲汲於明日。孟子正欲王知其非疾耳。集說謂其非故意警王。非也。

不得已而之景丑氏宿焉。景子曰。內則父子。外則君臣。人之大倫也。父子主恩。君臣主敬。丑見王之敬子也。未見所以敬王也。曰。惡。是何言也。齊人無以仁義與王言者。豈以仁義爲不美也。其心曰。是何足與言仁義也云爾。則不敬莫大乎是。我非堯舜之道。不敢以陳於王前。故齊人莫如我敬王也。

不得已因數人之要而不得已也孟子本意原不欲明言至景丑反說孟子不是孟子乃不得不將本意說明矣時解謂爲託疾本懷借一宿以發之非也使孟子欲發其意則何不發之於公孫丑孟仲子發之於要之之人而必發之於景丑哉然此一問答猶是未肯說明及

景丑再三推駁而孟子乃不得不說矣

景子曰否非此之謂也禮曰父召無諾君命召不俟駕固將朝也聞王命而遂不果宜與夫禮若不相似然節

曰豈謂是與曾子曰晉楚之富不可及也彼以其富我以吾仁彼以其爵我以吾義吾何慊乎哉夫豈不義而曾子言之是或一道也天下有達尊三爵一齒一德一朝廷莫如爵鄉黨莫如齒輔世長民莫如德惡得有其一以慢其二哉節

故將大有爲之君必有所不召之臣欲有謀焉則就之其尊德樂道不如是不足與有爲也

非是之謂也豈謂是與各有各話路頭不對是或一道也欲景子思其道也達尊三朱子曰三者不相値則各伸其尊而無所屈或一相値則通視其尊之所在而致隆焉其說最爲周到正如孟子自往朝王是尊爵也王欲有謀焉則當尊德矣蒙引駁之謬也樂道二字從尊德二字添出有德者卽道之所在樂之則忘勢矣齊王



套數慇懃似有尊德樂道假樣故景丑以爲敬孟子殊不知有謀則就之方算尊德樂道其尊德樂道不如是則不足與有爲矣蒙引只作一層意看亦未是也

故湯之於伊尹學焉而後臣之故不勞而王桓公之於管仲學焉而後臣之故不勞而霸節

今天下地醜德齊莫能相尚無他好臣其所教而不好臣其所受教節

湯之於伊尹桓公之於管仲則不敢召管仲且猶不可召而況不爲管仲者乎

學而後臣非先學後臣惟師之而又任之任者言聽計從正學之之專也所謂尊德樂道也不爲管仲者欲堯舜其君而不肯霸顯其君也夫唐虞盛世堯舜聖君而猶然與禹皋稷契拜稽一堂下若太甲之於阿衡成王之於周公亦無不拜稽受善師事其臣帝王盛節孟子之在齊且無問賓師與否只以孟子之德齊王自當師事況非有官職乎葢使孟子有官職而齊王以官召孟子孟子必無不往他日弔滕之行孟子雖無官職亦且爲齊王使分事任勞則自是爲臣之分今茲之召無因而至是必有謀於孟子矣欲有謀於孟子則是師孟子也既師孟子而可召乎此則孟子雖非賓師孟子亦不肯往矣夫任之以職則其臣所謂朝廷莫如爵也欲有

謀焉則其師。所謂輔世長民莫如德也。欲有謀焉而召之。其尊德者何在。孟子縱不欲高自位置。亦安能以曲踞摯拳之態。而可强聒以所不尊不樂哉。

○陳臻問曰。前日於齊。王餽兼金一百而不受。於宋餽七十鎰而受。於薛餽五十鎰而受。前日之不受是。則今日之受非也。今日之受是。則前日之不受非也。夫子必居一於此矣。節 孟子曰。皆是也。節 當在宋也。予將有遠行。行者必以贐。辭曰餽贐。予何爲不受。節 當在薛也。予有戒心。辭曰聞戒。故爲兵餽之。予何爲不受。節 若於齊。則未有處也。無處而餽之。是貨之也。焉有君子而可以貨取乎。



曰餽贐。曰聞戒。其辭也。行者必以贐。故爲兵餽之。則其處也。餽在贐。在爲兵。則非貨之也。禮之也。無處而餽之。貨之。貨取之也。以財賂市君子之心。而籠絡而縶維之。故曰貨取。焉有君子而可以貨取乎。

○孟子之平陸。謂其大夫曰。子之持戟之士。一日而三失伍。則去之否乎。曰。不待三。節 然則子之失伍也亦多矣。凶年饑歲。子之民。老羸轉於溝壑。壯者散而之四方者。幾千人矣。曰。此非距心之所得爲也。節 曰。今有受人之牛羊而爲之牧之者。則必爲之求牧與芻矣。求牧與芻而不得。則反諸其人乎。抑亦立而視其死與。曰。此則距心之罪也。節

他日見於王曰。王之爲都者。臣知五人焉。知其罪者。惟孔距心。爲王誦之。王曰。此則寡人之罪也。

孟子爲救民起見。不只要齊之君臣知罪。認罪而已。非孟子心也。然大賢論事責人。情理兼到。亦可見矣。前番以四境之內不治告王。王不能自責。而此番能使王認罪者。以有距心認罪過前也。顧知罪亦卽悔過之機。而孟子曲引之心苦矣。○邑有先君之廟曰都。是有此解。然不必泥。

○孟子謂蚳鼃曰。子之辭靈丘而請士師。似也。爲其可以言也。今旣數月矣。未可以言與。節 蚳鼃諫於王而不用。致爲臣而去。節 齊人曰。所以爲蚳鼃則善矣。所以自爲則吾不知也。節 公都子以告。節 曰。吾聞之也。有官守者不得其職則去。有言責者不得其言則去。我無官守。我無言責也。則吾進退豈不綽綽然有餘裕哉。



可久而久。可速而速。是孟子願學孔子處。孟子置身事外。故其進退裕如。然孟子知非爲著要進退裕如以故置身事外。使齊王舉國授孟子。孟子正自有官守言責。尤孟子之深願。但果能如此。則并不必言退。惟齊王不能用孟子。故孟子且置身事外。非本懷矣。乃後世猶或以高目之。是烏知孟子也。但雖不能用孟子。而禮貌未

衰又未嘗有大拂處則孟子自有可留之道自不與蚳鼃一例矣況孟子從容格心又有人不足謫政不足閒者乎顧徵獨孟子處賓師與蚳鼃不同凡人臣去就道皆畧有不同師保與梢臣異大臣與諫司羣臣異親臣世臣與羈旅之臣異不得執一以例人也但齊臣如蚳鼃亦其賢者而此譏孟子之人及尹士輩亦皆自好之士與庸俗輩又已不同也已

〇孟子爲卿於齊出弔於滕王使蓋大夫王驩爲輔行王驩朝暮見反齊滕之路未嘗與之言行事也節公孫丑曰齊卿之位不爲小矣齊滕之路不爲近矣反之而未嘗與言行事何也曰夫既或治之予何言哉



君子之待小人過疾則怨不嚴則兇故須是不惡而嚴然所謂不惡而嚴者只是持已以正處事以禮不至啓其讎怨之端亦不至售其諂諛之術則孔子之於陽貨與孟子此章是矣尤必更有一段和醇不迫處故能內不失已外不失人如此章之朝暮見則一路寒温笑語自不必廢何至絶之已甚而未嘗與言行事則嚴處自存既或治之自是果治若有未治則孟子固不必與驩謀恐難不一言及時解云縱使不治亦不言則其如使事何又麟士謂託辭以謝之此亦不然蓋不歷位踰階



不必言而不言自是正禮自是實事守禮便自嚴何必託辭以謝也

〇孟子自齊葬於魯反於齊止於嬴充虞請曰前日不知虞之不肖使虞敦匠事嚴虞不敢請今願竊有請也木若以美然節曰古者棺椁無度中古棺七寸椁稱之自天子達於庶人非直爲觀美也然後盡於人心節不得不可以爲悅無財不可以爲悅得之爲有財古之人皆用之吾何爲獨不然節且比化者無使土親膚於人心獨無恔乎節吾聞之也君子不以天下儉其親

喪葬厚禮情也上下品節之不同者分也分以明義情



以篤恩先王制禮仁至義盡也若分有所不得爲固所當安而財所不足爲則於心終難恔故貧不厚葬亦以義制權已耳盡於人心而後悅得以爲悅而始恔人子至情所不能已得之爲有財胡爲而不用哉爲天下儉其親非特無愛親之仁抑并亂先王之義也嚴字麟士言喪事匆匆近解又謂孟子哀痛迫切但孟子哀痛所不待言而觀上下文意自以顧說爲順周七寸當今四寸未爲甚厚而虞以已美爲疑是可見當時之薄但檀弓稱孔子制於中都四寸之棺五寸之椁與此又異意者尺度不同耳而檀弓言其不欲速朽則亦是從厚可

知矣。棺槨重數及材木冪翣之飾。上下自有品級。而厚
薄之度。則自天子達於庶人也。恔者悅之遂也。○禮。齊
衰不入國門。故葬於外而反者。止於境上。北面爲壇而
復命。使人以致於君也。待君召之而後敢入。此章止於
嬴是也。今人只說孟子自尊。孰知孟子事君盡禮如是。
○沈同以其私問曰。燕可伐與。孟子曰。可。子噲不得與人
燕。子之不得受燕於子噲。有仕於此。而子悅之。不告於王。
而私與之吾子之祿爵。夫士也。亦無王命而私受之於子。
則可乎。何以異於是。節 齊人伐燕。或問曰。勸齊伐燕。有諸。
曰。未也。沈同問燕可伐與。吾應之曰。可。彼然而伐之也。彼



如曰。孰可以伐之。則將應之曰。爲天吏。則可以伐之。今有
殺人者。或問之曰。人可殺與。則將應之曰。可。彼如曰。孰可
以殺之。則將應之曰。爲士師。則可以殺之。今以燕伐燕。何
爲勸之哉。
從來以上節言燕之不知有王。下節言齊之不知有天。
顧上節言無王。似猶尊周也。下節言天吏。則又似擬代
周也。何哉。蓋王者奉天之命者也。周之不王久矣。有能
爲天吏者。卽王者也。何必在周。若其未能。則改玉改步。
未見於此時。諸侯雖強。依然當謹侯度。私相授受。擅動
干戈。皆王法所必誅。皆無王也。亦皆無天矣。非堯舜不

可言授禪。非湯武不可以征誅。此燕之所以可伐而齊
之不可以伐燕也。然齊之伐燕。與燕之授受。其律又異。
陳恒弑君。孔子請討。在齊與燕鄰。自有可討燕之義。討
燕而誅君弔民。則亦何愧天吏。何必王命。柰齊王非其
人。則未免以燕伐燕之誚耳。夫齊初伐燕。豈嘗遂暴於
燕。而遽知其非天吏。而遽指之曰燕。蓋不能發政施仁
於平日。又安能伐罪弔民於一旦。夫是以燕之伐。其利
燕而非救燕也。不待後矣。顧孟子知齊王之非湯武。而
勝燕之後。復引文武爲言者。則猶望王之或爲湯武也。
望之則容有心。而勸之則誠未矣。史記載孟子之言曰。



今伐燕。湯武之時也。夫非湯武不能爲湯武。孟子雖望
王爲湯武。何遂以王爲湯武而顧勸之曰湯武之時也
哉。此章大旨何如。曰。上節就燕論燕。下節以齊論齊。不
必強撮章旨。大抵齊事爲主。亦白勸齊伐燕之誣耳。
○燕人畔。王曰。吾甚慙於孟子。節 陳賈曰。王無患焉。王自
以爲與周公孰仁且智。王曰。惡。是何言也。曰。周公使管叔
監殷。管叔以殷畔。知而使之。是不仁也。不知而使之。是不
智也。仁智。周公未之盡也。而況於王乎。賈請見而解之。節
見孟子問曰。周公何人也。曰。古聖人也。曰。使管叔監殷。管
叔以殷畔也。有諸。曰。然。曰。周公知其將畔而使之與。曰。不

知也然則聖人且有過與曰周公弟也管叔兄也周公之過不亦宜乎節　且古之君子過則改之今之君子過則順之古之君子其過也如日月之食民皆見之及其更也民皆仰之今之君子豈徒順之又從爲之辭

賈引周公以解王慙亦謂成敗難逆睹耳殊不道燕人亦運而已齊當置君去之孟子早已料及周公不忍逆料其兄何齊王之不忍逆料燕人也況周公待兄以腹心續殷之世祀仁至義盡管叔以殷畔非公致之也齊則殺其父兄係累其子弟以致燕人之畔燕人之畔王實致之而尚得藉口於事難逆睹哉但賈未明言及燕



事故孟子亦第就周公分辨末節古之君子則推開槪說不粘周公周公之過則無可更也○殷畔一事在當日新朝定鼎舉順天人孟津之會八百國焉是武之取殷非武取之天下實尊戴之欲不取而不可得也況湯之代夏事屬已然哉且不斬其祀而使奉先王其忠厚也抑又至焉也或謂文王服事而武也征誅誠非父志管蔡習見父之所行若此而兄之所行若此要自不能無疑故其以殷畔也實則文王服事之心猶朱温之有姪懷光之有子志趣不同焉耳此巧爲管蔡出脫者抑知文王之時獻雒西而除炮烙猶望其有悔心及至武

王卽位十三年矣紂之在位且三十二祀矣惟紂罔有悛心而凶暴日甚擁一夫於虛位而毒痛四海其能忍乎武王自是不得不伐心事何光明正大也故服事征誅迹雖不同而畏天憫人其心則一是以孔子稱其爲繼志述事之孝不得疑武之大異於文矣且管蔡卽志父之志不欲取商亦何不效夷齊之採蕨西山泰伯之遯迹句吳庶全臣節乃計不出此而伐商則與之封殷則監之而猶得曰志父之志乎況流言以謗周公其詭祕又甚焉文王之志肯出是耶管蔡之罪何可逃也後人欲爲管蔡出脫而反敢於朱温懷光乎武周何無忌



憚之甚也獨是三叔同爲文昭太姒所出而三叔獨陷於罪故後人每欲爲曲庇謂異於麟趾之振振故耳抑知賚稟之不齊父不能得之於子所謂振振者亦大槪出於仁厚云爾周公右王康叔司寇而五叔無官則三叔之才之庸可知乃其流言也則武庚實煽惑焉故鴟鴞之詩曰既取我子明乎三叔之爲武庚所陷也夫以成王幼沖周公攝政兄出監國弟也右王在常情不能無疑武庚包藏禍心實以此搖三叔者三叔庸才遂爲所動矣然流言之初意三叔只以搖周公非欲畔也迨乎周公避而鴟鴞詒雷風變而流言白三叔始以懼罪

而出於畔、其陷於惡也、不智之過耳、自無害乎振振之詠也。及至與殷以畔、周室幾搖、則國法自不容以不誅、而恩勤之憫、死喪之懷、則周公有餘悲矣、又周公之處管叔。異於舜之處象。游氏已言之矣。然以弟而處心積慮欲殺其兄。亦大惡矣、何得以其志之不過富貴而恕之、粵考金仁山謂虞氏自幕故有國。至瞍亦無違命、則粗能守其國者也。其欲殺舜。欲殺嫡立幼。象欲殺兄、亦主於奪嫡耳。揆情度勢。金說實通。獨是瞍既有土之君。何難殺嫡。而故託之焚廩浚井。其亦掩耳盜鈴計與。抑其事不足信也。然則象欲殺兄。殆始由於母之私之。繼



出於瞍之惑之、而象亦利其國以謀之也、夫利國奪嫡、亦天討所宜加。惟是殺嫡之事未成、而克諧之漸以見、以大舜之孝。方且自反自盡。以順親得親之不暇。遑暇計弟之殺己、況弟之殺己。成於父母。舜又安忍讎弟以傷父母之心。則以得親順親之心、推而親愛其弟。只此孝念之所成也。管蔡欲隳先緒而兆干戈。上之則爲不孝。下之則爲不仁。其罪已成。是故周公之誅管蔡也。未嘗不愛其兄之至、而天下大義。不容以不伸、舜之處象也。不知有怨怒之藏。而親愛之情。不能自已。一封一殺、其迹不同。而仁至義盡。其心則一。故曰舜誠信而喜象。周公誠信而任管叔、皆天理人情之至也。

○孟子致爲臣而歸。節 王就見孟子曰、前日願見而不可得。得侍同朝甚喜。今又棄寡人而歸。不識可以繼此而得見乎。對曰。不敢請耳。固所願也。節 他日王謂時子曰。我欲中國而授孟子室。養弟子以萬鍾。使諸大夫國人皆有所矜式。子盍爲我言之。節 時子因陳子而以告孟子。陳子以時子之言告孟子。節 孟子曰。然。夫時子惡知其不可也。如使予欲富。辭十萬而受萬。是爲欲富乎。

道之不行久矣。孟子之去志。非一日矣。胡爲至今而後去。是必齊王之有以得罪於孟子者而後去也。道既不



行矣。胡爲待有所得罪而後去也。以微罪行。不欲爲苟去。孟子之願學孔子也。然則孟子之久於齊。及今茲之去齊。其處心良苦矣。以微罪去。則其意益難顯言、而不可復留之情。惟孟子所堪自喻、所謂夫時子惡知其不可也。欲富之非。龍斷之賤。姑爲時子輩言之耳、故此章主意。只有夫時子惡知其不可一句。餘俱託言、將言時子不知、而先曰然。然卽然其宜不我知。非然其有留行之言也。惡知其不可。正註中其義不可復留之意。而孟子不欲顯言。故特借萬鍾爲言。以爲非我所欲。下又以復受其祿。比之龍斷。爲政不用云云。亦以微示之意也。

晧解謂自使予欲富至末。皆申明不可二字之意。似孟子之不可留。專謂不肯求利。反使本衷湮沒矣。○得侍同朝甚喜。得侍二字一讀。言同朝之喜。正以甚已之喜。

或以得侍同朝連看。以甚喜貼王自言。語意不順。

季孫曰。異哉子叔疑。使己爲政。不用。則亦已矣。又使其子弟爲卿。人亦孰不欲富貴。而獨於富貴之中。有私龍斷焉。節 古之爲市者。以其所有易其所無者。有司者治之耳。有賤丈夫焉。必求龍斷而登之。以左右望而罔市利。人皆以爲賤。故從而征之。征商自此賤丈夫始矣。

辭十萬而受萬。已辨明己非欲富。此二節另是一意。不



承辭卿祿言也。註云道既不行。復受其祿。無以異此。甚明。葢齊王已不用我。而復受萬鍾爲矜式。則又似欲借此干進。爲儌幸冀望之志。豈非不得於此而又求得於彼乎。此與馮婦章意同。然不就自己明言。而託之子叔疑。只點不用二字。以微示其意。終不欲將此意說破耳。輔慶源以辭十萬而受萬雖多寡不同。畢竟是失此冀彼。試思祿是孟子自辭。安得比爲政不用。且上節既明說非欲富。此又何必復云龍斷乎。曰富貴。曰罔利。如枉尋直尺而利之利。不必屑屑在萬鍾上較。齊王之留固以萬鍾利誘。而孟子之不可留。不徒非欲富也。孟子不



便明言己意。却又欲他人默喻己意。故其言辭之間。吞吐影射如此。若徒曰大賢不以利爲去就。則於孟子本懷。終未會覷得見。

○孟子去齊。宿於晝。節 有欲爲王留行者。坐而言。不應。隱几而臥。節 客不悅曰。弟子齊宿而後敢言。夫子臥而不聽。請勿復敢見矣。曰。坐。我明語子。昔者魯繆公無人乎子思之側。則不能安子思。泄柳申詳無人乎繆公之側。則不能安其身。節 子爲長者慮。而不及子思。子絕長者乎。長者絕子乎。

孟子而既去矣。乃因一客之留。而遂反駕來齊。其去留



何謂。客只假意代齊王周旋。全不思爲孟子設地。直沒傷僂人。徒惹人厭耳。客以子思待孟子。則其奉王命而留孟子。無王命不當留孟子矣。縱使以泄柳申詳待孟子。亦當言孟子於王以留孟子。不當自留孟子也。即曰將以泄柳申詳待孟子。姑留孟子。而徐以言於王。與而泄柳申詳。豈所以待孟子者。故曰爲長者慮而不及子思也。然此特喻言以婉謝之耳。不應隱几而臥。雖曰絕客。實是去國無聊景況。客非留孟子之人。而孟子一片無聊若衷。亦難以對此沒傷僂之人道也。章末平平詰問。令之自思。索然無味。勿依存疑以上句乎字作也字

看註中先絕我也乃孟子意中語此解書法非順口氣
法也○晝當作晝齊有晝邑
○孟子去齊尹士語人曰不識王之不可以爲湯武則是
不明也識其不可然且至則是干澤也千里而見王不遇
故去三宿而後出晝是何濡滯也士則茲不悅節高子以
告節曰夫尹士惡知予哉千里而見王是予所欲也不遇
故去豈予所欲哉予不得已也節予三宿而出晝於予心
猶以爲速王庶幾改之王如改諸則必反予節夫出晝而
王不予追也予然後浩然有歸志予雖然豈舍王哉王由
足用爲善王如用予則豈徒齊民安天下之民舉安王庶



幾改之予日望之節予豈若是小丈夫然哉諫於其君而
不受則怒悻悻然見於其面去則窮日之力而後宿哉節
尹士聞之曰士誠小人也
此與晨門荷蕢諸章參看足見孔孟合一處聖賢之心
不忍一日忘天下故視天下無不可爲之時無不可化
之人必其理勢人情交迫以不得不去之勢然後不得
已而出於好遯之行與遯世爲高自謂無求自謂知幾
者迥不相似原無所謂不明干澤并濡滯之故亦與千
里見王始終一意殆未易一二與外人道也顧孟子致
仕之日已云不可復留而茲已去之思則又爲予追之

望是則何與蓋孟子原非不可留者萬鍾矜式之留非
實心以留王如改諸則必反予是齊王必有以開罪於
孟子矣以改留孟子而孟子可留矣能以改留孟子則
必追孟子矣王猶足用爲善王如用予則豈徒齊民安
天下之民舉安孟子之心亦爲天下流連繾綣耳豈徒
爲齊王依依繫戀與通章只辨濡滯二字千里而見王
不遇故去皆尹士濡滯一條中語是予所欲也豈予所
欲哉皆緊喚所以遲遲心事濡滯二字辨明而不忍忘
天下之心見則非不明非干澤自不足辨存疑以惡知
予節爲辨干澤二字未是而蒙引謂上二譏都不管亦



未是也王如改諸註明云必指一事而言蓋不因一事
孟子尚無去齊題目而一事能改則通體悔悟之機不
然則王之不用孟子已久何以至今始去上玉謂改其
不用而用之亦未是也既浩然歸矣而猶曰豈舍王哉
曰予日望之則惓惓之情幾若終身矣何止於三宿出
晝而尚曰濡滯云乎哉
○孟子去齊充虞路問曰夫子若有不豫色然前日虞聞
諸夫子曰君子不怨天不尤人節曰彼一時此一時也節
五百年必有王者興其間必有名世者節由周而來七百
有餘歲矣以其數則過矣以其時考之則可矣節夫天未

欲平治天下也如欲平治天下當今之世舍我其誰也吾何爲不豫哉

孟子之不豫非怨尤也而曰彼一時此一時者聊解充虞之問也蓋君子之自修也安土敦仁樂天知命盡其在己之實而無願外之心此不怨不尤之所以爲君子稍有怨尤則自修之念不誠無以爲君子矣乃王者之不作未有疏於此時民之憔悴於虐政未有甚於此時稍有仁心能無蒿目況君子全盡天理則以天地之心爲心視一民一物之失所且不啻痛癢之切膚又何忍以爾我分形骸之度外乎顧明良難覯遇合不常既爲



之兆矣而卒莫之能行則此際之悲天憫人宜何如也蓋君子之無不豫者不以一己之用舍爲憂喜而不能無不豫者不忍視斯世之赤子陷顛連也然則君子之若有不豫而實未嘗不豫者此其心即天地生物至公無我之心故其憂樂之情並行不悖而又何害乎不怨不尤之實哉孟子以名世自處而顧殷然致望於王者者非名世無以輔王者非王者無以用名世二者相需爲功顧其具在我則名世已有其人是王者不患無名世而名世每患無王者此所以揆數度時而殷然爲之冀望數過時可總是明王不興天下孰能宗予之歎以

時而言不能無不豫以已而言則實未嘗不豫通章語意如此時解只知重名世以爲孟子自任却不知五百年必有王者興其意重望王者古有王者而有名世氣數之常今有名世而無王者是値氣數之變也故憂以此樂亦以此而時賢屑屑將王者名世分有之先後俱於章意不著痛癢

○孟子去齊居休公孫丑問曰仕而不受祿古之道乎　節

曰非也於崇吾得見王退而有去志不欲變故不受也　節

繼而有師命不可以請久於齊非我志也

仕不受祿陳氏以高目之愚謂不然孟子不受祿只以



有去志不欲變耳既有去志而何以仕孟子於齊蓋際可之仕頗能以禮相接則且就之使絶之已甚則阻人好賢之心此聖賢與人爲善且不忍料人之必不足以有爲仁之至也而既甚不愜於心則意又不欲苟容故姑即不受祿以自明其志且微示君子之仕仕道而非仕祿抑居尊富而道或不行益足以貽君子羞故其所以自處者如此則義之權也若謂其不受祿爲進退裕如之地而不欲爲時君所縻則是孟子自爲身謀權術作用此貧賤驕人氣習非所以爲孟子矣借使孟子而受齊祿其自處亦斷不少屈其進退亦未嘗不得自由

祿不足縻。無容道也。但久於齊。已非其志。而出晝去後之思。猶曰足用為善。是則何與。曰。退有去志者。知機之智。而惓惓去後者。救世之仁。君子不欲輕與人。亦不忍輕絕人。其有去志者。必以其錮蔽之深。而足用為善者。則以其天資之樸。亦以天下無邦。徒深悲憫。而非人誰與。姑作遲留。二者交迫於心。則欲留不安。欲去不忍。此際心情最為酸楚。要惟不得已以希冀夫吾道可行之機。必不遑以一身去就之私。而預為權謀之智。夫是以迹留心去。兩不相妨。而憂世樂天。並行不悖。聖賢心事。誠非俗士所能窺。而知孟子者其伊誰也夫。



# 四書詮義

婺源汪　烜雙池纂集

## 梁惠王章句上

孟子見梁惠王。節　王曰。叟不遠千里而來。亦將有以利吾國乎。節　孟子對曰。王何必曰利。亦有仁義而已矣。節　王曰何以利吾國。大夫曰何以利吾家。士庶人曰何以利吾身。上下交征利。而國危矣。萬乘之國。弒其君者。必千乘之家。千乘之國。弒其君者。必百乘之家。萬取千焉。千取百焉。不為不多矣。苟為後義而先利。不奪不饜。節　未有仁而遺其親者也。未有義而後其君者也。節　王亦曰仁義而已矣。何必曰利。



仁義二字。孟子絕大本領。七篇大指不外於此。自其本而言之。人受天地之中以生。其理之一本渾然而藹乎和易者為仁。其理之萬殊秩然而確乎不易者為義。故性中只有仁義禮智四者。而仁義又為禮智之綱。禮即仁之施。而智即義之藏。此孟子之所以言性善也。自其發而言之。自愛親以及於仁民愛物。莫非吾仁之用。自敬兄以及於忠君順長。莫非此義之通。禮即仁義之節文。而樂者仁義之眞意。堯舜之道。孝弟而已。此孟子之所以言孝弟也。自其為學言之。盡心知性而知天。此窮理之事。精義之道也。存心養性以事天。此戒慎之功。存也理之在天則曰天道性具於人即人之道不越乎人情事物之間而盡之即其高遠不盡則其卑近千變萬化不能外也惟其道一故彼我舜文皆無所異彼不畏舜可爲文可師而人當勉於用力也成覸節蒙存俱云以證道一而欲世子篤信力行意在言外小註大全則俱以爲鞭策世子麟士兩是之而又以爲證人皆可以爲堯舜意爲多朱乾若又謂只證上文若謂起下則下引書爲贅鄭禹梅又云道既一則只要勇往直前以起下瞑眩不但證道之一愚謂道性善稱堯舜原非兩層稱堯舜要皆所以明性善故此節明道一而堯舜可爲意一滾都出一面證上便可起下一氣直趕到厥疾不瘳引書以致丁寧不得謂贅諸賢執一見以相非均未達也○過宋二字讀住自滕至楚本當道宋不必說迂道也



○滕定公薨世子謂然友曰昔者孟子嘗與我言於宋於心終不忘今也不幸至於大故吾欲使子問於孟子然後行事 節 然友之鄒問於孟子孟子曰不亦善乎親喪固所自盡也曾子曰生事之以禮死葬之以禮祭之以禮可謂孝矣諸侯之禮吾未之學也雖然吾嘗聞之矣三年之喪齊疏之服飦粥之食自天子達於庶人三代共之

此章只親喪固所自盡也一句盡之蓋愛親之心本乎天性而三年之喪齊疏之服飦粥之食則皆心性中自然之節文自盡其情即所以盡禮也按儀禮斬衰裳不緝裳縗苴絰苴有子麻絰一在首一在腰杖用竹絞帶在胸冠繩纓以麻繩爲帽絆菅屨者菅草爲屨父齊衰裳齊緝縗牡麻絰牡麻無子麻也冠布纓削杖用桐布絞絞帶用布疏屨疏布爲屨也三年者齊衰有三年有杖期有不杖期日三年者以別于期者也父卒則爲母父存母卒爲母只杖期父卒爲母乃三年也此當云斬而云齊疏未詳其義疏者斬衰布三升八十縷曰升布幅二尺二寸周尺只用二百四十縷故曰疏禮始死三日不食既殯乃食粥國君五日而殯則亦五日不食此云飦粥之食蓋鄒滕往反殯事已過故只言既殯成服之禮也此章言禮甚略固以發其真性而緩於繁文抑諸侯之禮曰未之學則只得說大略如此而喪禮久廢之餘過詳於節文則恐人有畏難之意不如得禮之意而與以易行朱子集家禮亦從簡略蓋同斯志也



然友反命定爲三年之喪父兄百官皆不欲曰吾宗國魯先君莫之行吾先君亦莫之行也至於子之身而反之不可且志曰喪祭從先祖曰吾有所受之也 節 謂然友曰吾他日未嘗學問好馳馬試劍今也父兄百官不我足也恐其不能盡於大事子爲我問孟子然友復之鄒問孟子孟

子曰。然。不可以他求者也。孔子曰。君薨。聽於冢宰。歠粥。面深墨。即位而哭。百官有司莫敢不哀。先之也。上有好者。下必有甚焉者矣。君子之德風也。小人之德草也。草尚之風。必偃。是在世子。節 然友反命。世子曰。然。是誠在我。五月居廬。未有命戒。百官族人可謂曰知。及至葬。四方來觀之。顏色之戚。哭泣之哀。弔者大悅

喪大記。君之喪。子世子。大夫百官。公子羣子。衆士皆三日不食。子大夫公子食粥。士疏食水飲。既葬。主人疏食水飲。不食菜果。練小祥。而食菜。祥大祥。而食肉。蓋世子爲三年喪。則父兄百官皆從服三年。故不便之而不欲也。不可他求



亦仍舊是教他自盡而已。○文昭之國。管蔡郕霍衛毛聃郜雍曹滕畢原酆郇皆謂魯爲宗國。臣不敢以君爲宗而衆子宗其嫡子之一人。故文昭之國宗周公也

○滕文公問爲國。節 孟子曰。民事不可緩也。詩云。晝爾于茅。宵爾索綯。亟其乘屋。其始播百穀。節 民之爲道也。有恒產者有恒心。無恒產者無恒心。苟無恒心。放辟邪侈。無不爲已。及陷乎罪。然後從而刑之。是罔民也。焉有仁人在位。罔民而可爲也。節 是故賢君必恭儉。禮下。取於民有制。節 陽虎曰。爲富不仁矣。爲仁不富矣。

爲國不外教養二端。非養無以立教之基。故先言民事之不可緩。觀其有恒產者有恒心云云。則養正所以爲教地。而非教無能相保以養。不使民盡復其性。不足以盡仁人之心也。故厚生正德。二者交重。而時解謂重在養民。教只帶言。謬矣。七月之詩。周公告成王。以使知小民之依者。孟子引以告滕文。則亦猶周公意也。教養之政發於外。而教思容保之意根乎心。此心之不忍侮人曰恭。此心之不忍奪人曰儉。恭儉之心。仁也。故孟子將言禮下取民有制之事。而先曰賢君必恭儉。所以格心而立教養之本也。下世祿圭田庠序學校皆禮下之事恭之施也。正經界均井田平穀祿皆取民之制。儉之用



也。然使之親睦別其上下。養也。而教即寓焉。是取民有制。亦禮下之推。而世祿不以剝民。教民即以保富。禮下即同此有制之道。總之不忍罔民於罪。而汲汲民事之心。非截然二事也。時解側重取民有制。殊非語氣。總由其將教邊看輕故耳。但上文方言恒產。而下文亦接言取民之制。故時解欲於平中見側。抑知先養後教。此設施次序固然耳。非特重養也。下文養教二段。有文字繁簡之不同。而意則兩對。無分輕重。

夏后氏五十而貢。殷人七十而助。周人百畝而徹。其實皆什一也。徹者徹也。助者藉也。節 龍子曰。治地莫善於助。莫

不善於貢。貢者校數歲之中以爲常。樂歲粒米狼戾。多取之而不爲虐。則寡取之。凶年糞其田而不足。則必取盈焉。爲民父母。使民盻盻然。將終歲勤動。不得以養其父母。又稱貸而益之。使老稚轉乎溝壑。惡在其爲民父母也。節 夫世祿。滕固行之矣。節 詩云。雨我公田。遂及我私。惟助爲有公田。由此觀之。雖周亦助也。

五十七十百畝。制度之不同。貢助徹。取民之法之不同。實皆什一。則取民有制無不同。實字對數與法言。次崖對名言。未是也。徹者二句。釋名義而著其法。然此節虛提三代並言。以爲下斟酌之端。歸到行助。非詳三代制度也。龍子節決擇於貢助。拋却徹法不言者。助徹名義稍殊。然皆井田。故上節註言徹法都鄙用助。而下文亦云雖周亦助。其不同者只通均之義耳。言貢之不善而助之善可知。言助之善而徹之善亦可知矣。龍子與子思同時。其時蓋已多變徹用貢。故龍子目擊其弊而云云。夏禹之貢。要自不然。朱子已言之矣。晩村謂龍子之言。乃指夏末之弊。抑思夏末之弊。龍子何由知之。其詳如是也。言世祿之行。以起助之不可不行。蓋世祿本取於公田。而當時助法不行。世祿皆取於貢。祿有定額而豐凶不常。是世祿適以取盈於民矣。故行世祿。必行助



法。而始不病民也。乃徹法久廢。人不復詳。故引公田二字。以證周之亦助。蓋周法實亦是助。其九一之制無不同。非孟子先言周徹。而此忽言周助也。亦正以助法之善。而周因之。則今之制産立法。所當必行而無疑也。周本用徹。而必曰亦助者。一則因上文莫善於助之言。一則孟子本意在行助。取助藉之義。君可知稼穡之艱難。而民有助公之義。以別上下之分。不必拘拘於通力合作。斟酌損益之宜也。徹法鄉遂用貢。而統云亦助者。計一國之田。鄉遂不及十之一。餘皆都鄙用助。舉其多者也。自夏后節至此。皆言取民之制。而皆什一句爲綱。助爲尤善。又其決擇細密處。當時用貢不止什一。然即使什一。亦不如助之善。審擇其間。相參而用。不必徹而與徹實無不同。皆本於仁人恭儉之心而行之者也。時解謂勸滕法祖。謂只借詩以勸滕行助。徹法實無公田。皆非。〇三代授田多寡。其說不一。朱子或問中所述陳徐二說。要尚疑義。陳氏曰。夏時洪水方平。可耕地少。至商而寖廣。周乃大備。徐氏曰。古者民約。故田少而用足。後世民侈。故田隨時而加。愚 按田制既加。則經界溝塗皆不能不改。朱子已疑其無是理。則陳徐二說。朱子亦聊備所聞耳。惟萬授一以爲田數無增。而尺步不同。詳引

王制爲證。似爲得之。蓋三代尺度不同。乃王者制度之事。而經界自難更改。今考周尺甚短。當今尺只六寸四分許 則殷夏尺長於周可知。王制曰。古者以周尺八尺爲步。今亦以周尺六尺四寸以爲步。古者百畝。當今東田百四十六畝三十步。古者百里。當今百二十一里六十步四尺二寸二分。據陳雲莊算。古以八寸爲尺。周尺八尺爲步則步六尺四寸。今以周尺六尺四寸爲步。則步五尺一寸二分。古百畝當今田百五十六畝二十五步一寸六分有奇。記數皆誤。然要之古尺短而步長也。授一因指古者爲殷。今步爲周。以證殷七十畝當周百畝。然數亦



不盡合。據此算。則殷七十畝。當周百畝。而餘十畝矣。故不合也 且記云古以周尺。古者自當指周。今字當指漢時。不當於殷時預有周尺也。要以周尺當殷七寸。當夏五寸。則周百畝。即殷七十畝。夏五十畝可耳。

設爲庠序學校以教之。庠者養也。校者教也。序者射也。夏曰校。殷曰序。周曰庠。學則三代共之。皆所以明人倫也。人倫明於上。小民親於下。

庠序學校與貢助徹對。庠者養也三句。與徹者徹也二句對。皆所以明人倫。與皆什一也對。明於上。教以人倫也。親於下。民知盡倫也。但貢助有善否。特爲決擇庠序校學。則聽滕君自擇。故文有詳略不同。然行助未言其效。因前已明言助之善也。言教而遂及其效。正應轉有恒心句。制產立法。與以盡倫之資。設爲學校。教以盡倫之道。方制產時。已期民之親。乃至此而民親於下。以著爲國之成也。此節即禮下之事。亦本仁人恭儉之心而施之者也。○此節三代學名。與古傳記亦不盡合。不必强爲之說。又學記曰。家有塾。黨有庠。術有序。術當作州 大概周監二代。田兼貢助。庠兼校序。亦未可知。此章雖似損益二代。實則周制本然如此。

有王者起。必來取法。是爲王者師也。節 詩云。周雖舊邦。其



命維新。文王之謂也。子力行之。亦以新子之國。

有養有教。而仁人之心盡矣。禮下取民有制之事備矣。此二節則歆動而勸勉之也。力行二字。總收上文。新國二字。語有分寸。不必一定如文王新命說。

使畢戰問井地。孟子曰。子之君將行仁政。選擇而使子。子必勉之。夫仁政必自經界始。經界不正。井地不均。穀祿不平。是故暴君汙吏。必慢其經界。經界既正。分田制祿。可坐而定也。節 夫滕壤地褊小。將爲君子焉。將爲野人焉。無君子莫治野人。無野人莫養君子。節 請野九一而助。國中什一。使自賦。節 卿以下。必有圭田。圭田五十畝。節 餘夫二十

五畝節死徙無出鄉鄉田同井出入相友守望相助疾病相扶持則百姓親睦節方里而井井九百畝其中爲公田八家皆私百畝同養公田公事畢然後敢治私事所以別野人也節此其大略也若夫潤澤之則在君與子矣

滕君有意於仁政而使畢戰問井地孟子因道其詳也然曰仁政必自經界始則仁政自兼敎養而經界其始事耳至於百姓親睦先公後私則養也而敎寓其中矣葢君子野人交相恃賴而穀祿不平則上病其下下怨其上所以必分田制祿而後爲上下無病之道都鄙用助鄉遂用貢卽正經界均井地而平穀祿之道也助貢



兼用本周舊法貢不善而可行於鄉遂者鄉遂田少而地近人君春秋省其耕斂而司稼之官覛年豐凶以上下其斂法不至於取盈則雖貢無不善而適要於什一也王制曰夫圭田無征則圭田餘夫亦周舊制厚於常制之外亦禮下之心也分田制祿既定則民之死徙皆安於鄉而鄉田則同井所以使之相友相助相扶持而能敦親睦之風亦敎之始基也方里而井節詳言助法以別野人則正孟子不言徹而言助之志也潤澤如田有上下則多寡之地有不方則句股之之類○周禮遂人職夫間有遂遂上有徑十夫有溝溝上有畛百夫有洫洫上有涂千夫有澮澮上有道萬夫有川川上有路以達於畿此鄉遂用貢也天子畿內千里則國外百里爲郊郊外爲六遂郊內爲六鄉鄉遂約開方四百里若滕五十里則國外五里爲郊鄉遂約開方十里鄉遂皆在遠郊之內故曰國中家出一兵以立軍制田遂人掌之考工記匠人九夫爲井井間廣四尺深四尺謂之溝方十里爲成成間廣八尺深八尺謂之洫方百里爲同同間廣二尋深二仞謂之澮此都鄙用助也天子之制以六遂之餘田曰甸國外三百里曰稍四百里曰縣五百里曰畺凡大夫采地大都小邑皆在焉故曰都鄙成出車一乘五夫給一兵司空掌之萬氏毀周禮爲僞經乃謂匠人可據遂人變九爲十以示特異實則襲匠人爲文周制皆井田因殷之舊豈獨於鄉遂之地悉更其制無鄉



遂用貢之法也又滕地五十里安能備鄉之制只因井田已壞姑別野與國中之便者爲之制不得以孟子證周禮又謂一井授九夫中無公田徹法歲取其所獲之什一以其通於夏殷且通乎上下故謂之徹詩所云公田以民田非自有授之於公則皆公田耳孟子引之只斷章取義其謂雖周亦助者恐滕疑其非祖制故言此以堅其行也愚按鄉遂之地城郭宮室都會卿大夫士百工商賈之所聚其地自難井授而鄉遂立軍其比五家閭二十五家族百家黨五百家州二千五百家鄉萬二千五百家皆以伍爲數夫盡兵一川之夫出車百乘故不得用九而用十授田

因之以用貢法。勢也。想殷制國中或亦用貢。但無可考。卽溝洫不能無。更而鄉遂只當一國二十之一。不足更之亦不爲勞矣。夫職以遂人名。則其所治野。自是言鄉遂之田。地官兼主田野。而官皆止詳於鄉遂。司空經亡。然周書曰司空掌邦土居四民時地利。則都鄙之田。屬之司空可知。今謂遂人襲匠人爲文。而易九爲十以示特異。吾不知假周禮者。何苦必襲匠人之文。旣襲其文。又何故要示特異也。滕地雖小。其國中郊外。形勢自與有國者同。豈以大小異哉。至於都鄙之出軍。則以井。八夫邑。四井丘。四邑甸。四丘皆以井起數。甸方八里。加二里則成。方十里。蓋一成之間。山林宫室之類。三分去一。不能正十里。故曰成出車一乘。五夫供一兵也。計一甸五百餘夫出車一乘共七十五人輪車二十五人凡百夫也詩噫嘻篇云駿發爾私。終三十里。夫三十里。則正萬夫一川之界。而貢法無公田。故曰駿發爾私。豈非鄉遂用貢之一徵乎。若云亦井田。則安得以三十里爲界也。信南山篇曰。中田有廬。廬卽八家廬舍中田卽公田也。又豈非都鄙用助徹有公田之一徵乎。周禮小司徒井牧四野。九夫爲井。四野謂四郊外之野。正謂都鄙也。其曰九夫爲井者。井九百畝。自可云九夫之田。但實止八夫。蓋中之公田。必有食其祿者。則是亦九夫



矣。鄭氏未察。而誤以九夫實數算之耳。孟子言井九百畝。明是周制。而云八家同井。安得疑周徹之無公田哉。但徹法言通力合作。計畝均收。則宜無勤惰之分。而孟子王制又皆有上農夫上次中下之異。紋初亦不能無疑。細思所謂通力合作者。只如今人大家挐助相換一般。不必通儱耕種也。故終有勤惰之異也。但未敢據章末呂註述張子欲復井田事。蓋深有味乎言之。而深望人之行之也。然未可與俗儒道矣。井田有何不可復顧其人何如耳。儒者之學。寸心千古。悲夫。

○有爲神農之言者許行。自楚之滕。踵門而告文公曰。遠方之人。聞君行仁政。願受一廛而爲氓。文公與之處。其徒數十人。皆衣褐。捆屨織席以爲食。節 陳良之徒陳相。與其弟辛。負耒耜而自宋之滕。曰。聞君行聖人之政。是亦聖人也。願爲聖人氓。節 陳相見許行而大悅。盡棄其學而學焉。陳相見孟子。道許行之言曰。滕君則誠賢君也。雖然。未聞道也。賢者與民並耕而食。饔飧而治。今也滕有倉廩府庫。則是厲民而以自養也。惡得賢。節 孟子曰。許子必種粟而後食乎。曰。然。許子必織布而後衣乎。曰。否。許子衣褐。許子冠乎。曰。冠。曰。奚冠。曰。冠素。曰。自織之與。曰。否。以粟易之。曰。許子奚爲不自織。曰。害於耕。曰。許子以釜甑爨。以鐵耕乎。

曰然自爲之與曰否以粟易之節以粟易械器者不爲厲陶冶陶冶亦以其械器易粟者豈爲厲農夫哉且許子何不爲陶冶舍皆取諸其宮中而用之何爲紛紛然與百工交易何許子之不憚煩曰百工之事固不可耕且爲也節然則治天下獨可耕且爲與有大人之事有小人之事且一人之身而百工之所爲備如必自爲而後用之是率天下而路也故曰或勞心或勞力勞心者治人勞力者治於人治於人者食人治人者食於人天下之通義也

許行所稱神農之言看來皆老莊談唾其所謂並耕者亦謂人各自食其力不相往來枯枝野鹿之風自是三



皇盛治不必煦煦仁政孑孑上下之分而以多事爲也末段齊市價亦剖斗折衡而民不爭意也許子種粟二段往反相詰只要迫出他害於耕與不可耕且爲二句自織且害於耕已可接治天下不可耕且爲意而又以釜甑爨詰之者欲以見自耕而外已無一之可兼營也以粟易械器二句帶便折他厲民二字且許子以下窮之以必不可爲之勢百工之事固不可耕且爲加一固字猶有治民不妨耕且爲意治天下獨可耕且爲與獨字正奪他固字故忙接有大人之事二句言小人有事大人豈獨無事者下堯舜不暇耕勞心治人皆已伏此句下然此處且虛下且一人之身云云則見小人之事且不能相兼況可以大人而責之小人之事乎下不暇耕跟此故曰六句又見上下之相濟處猶農夫陶冶之非相厲通義二字正破他厲民自養之說故此六句只重勞心及治人者食於人二句翼註紛裂不是治人則食於人下不必耕意跟此然二意只是一串勞心治人即大人之事有治人之事故食於人此所以不暇耕不用於耕不必耕也○褐有二種有織者有壓成者陳相云許子衣褐原以逃孟子之詰謂不待織也故孟子再以冠詰之自織之與句當從太岳單承冠說爲是



當堯之時天下猶未平洪水橫流氾濫於天下草木暢茂禽獸繁殖五穀不登禽獸偪人獸蹄鳥跡之道交於中國堯獨憂之舉舜而敷治焉舜使益掌火益烈山澤而焚之禽獸逃匿禹疏九河瀹濟漯而注諸海決汝漢排淮泗而注之江然後中國可得而食也當是時也禹八年於外三過其門而不入雖欲耕得乎節后稷教民稼穡樹藝五穀五穀熟而民人育人之有道也飽食煖衣逸居而無教則近於禽獸聖人有憂之使契爲司徒教以人倫父子有親君臣有義夫婦有別長幼有序朋友有信放勳曰勞之來之匡之直之輔之翼之使自得之又從而振德之聖人之

憂民如此而暇耕乎。

上節已用力折倒並耕之說矣。然陳相本意。顧謂斯民無爲自治。不必分田制祿之勞。故不歷舉古聖勞心治人之不得已處示之。不足以折其心。因遂承勞心治人之事而歷數之也。天下猶未平。猶字。對他言神農而發。彼謂神農始耕。民生已遂。殊不知神農而後。洪水草木鳥獸猶迭出。以交迫乎聖人之憂。使聖人亦務並耕。無暇治人。則雖知耕。如無地可耕何。生民之害。洪水爲主。而草木因之。禽獸又因之。五穀因以不熟。則禽獸之逼爲甚。去害之漸。則先草木而禽獸患除。禽獸逃而水可治。水治而後可耕。此皆除害之事也。教稼以厚生。教人倫以正德。此皆興利之事也。蓋敷治之經營設施如此。然孟子文字錯綜自如。故益以起禹。重禹不重益。雖欲耕得乎一鎖。稷以起契。重契不重稷。直至而暇耕乎又一總鎖。亦以對他並耕云故也。堯獨憂之。聖人有憂之。憂民如此。憂字。俱以見勞心不容已處。而舉舜使益禹稷契得人之仁。又隱隱寓滕文能得我以仁滕民也。至穀熟民育。似乎憂可以已。而又恐無以復民之性。正見民生不只一耕了事也。故重用聖人有憂之一領。聖人兼指堯舜。使契者舜。而誥命之者堯也。輔翼總勞來匡直而申其意。翼註分輔翼一項爲施之介於善惡之人。未是也。勞者力其事。來者有其志。邪者心之離。枉者行之僻。立之使盡其分。行之使由其道。書曰戒之用休。董之用威。是也。勸之以九歌。俾勿壞。即從而振德之之意也。聖人之憂民如此。總結水火養教。以見勞心無已意。虛齋因上節雖欲耕得乎已單結禹事。故謂此而暇耕乎亦只單結放勳一段。抑知上節只是得鎖便鎖。不必板分硬對也。此兩節且只見勞心有不得已而事不能相兼意。然不必耕意已在其中。下三節特又抽出言之。

○汝泗入淮。不入江。江淮各自入海。原不相通。至江淮中通一港。今運道所由者。則吳王夫差所鑿也。在今江北揚州。經高郵至淮安。疏九河數句。只取文字耦對。未暇顧得水道。不必曲爲之說。○近見高頭講章圖畫九河水道。全失形影。雖於本章文義無大關係。然要不可不正也。今特附禹貢水道圖於左以備考。

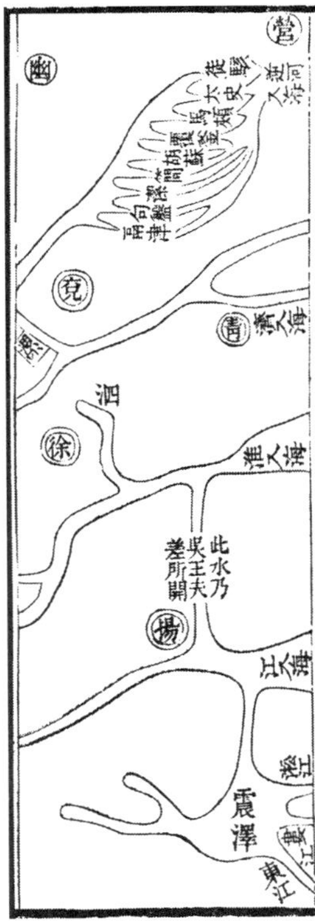

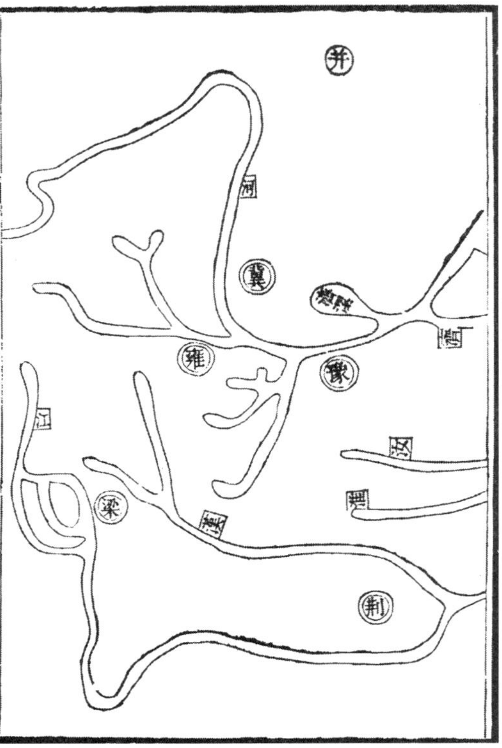




堯以不得舜爲己憂。舜以不得禹皋陶爲己憂。夫以百畝之不易爲己憂者。農夫也。節 分人以財。謂之惠。教人以善。謂之忠。爲天下得人者。謂之仁。是故以天下與人易。爲天下得人難。節 孔子曰。大哉堯之爲君。惟天爲大。惟堯則之。蕩蕩乎。民無能名焉。君哉舜也。巍巍乎。有天下而不與焉。堯舜之治天下。豈無所用其心哉。亦不用於耕耳。

勞心治人。所當憂者不少。而先務莫如得人。若水火工虞事事以爲己憂。則雖大人之事。一身亦不能兼。故知所先務。則得人而外。他非所憂。而何況於百畝。亦誠以小惠小忠。不若得人之仁。覆天下耳。惠照稷以上言。忠照契言。惠忠亦養敎之事。然而小且勞矣。得人而仁覆天下。則天下之耕者。不啻皆聖人爲之耕。而又何必以並耕爲。合天下之憂。而迫爲得人之憂。此其憂於所難。正憂民之大也。蕩蕩無名。巍巍不與。其迹近於清淨無爲者。而蕩巍處皆從勞心中來。特憂其所大所難。故作爲之迹以泯。豈無所用其心哉。緊接無名不與言。一以見堯舜之無名不與。原非清淨無爲。一以見其無事於耕原非肆然民上。厲民自養。不用於耕。卽不必耕。而不用於耕。正所以盡大人之事也。自堯以不得舜爲己憂以下。皆不用於耕意。至此方一句折出。舊說引孔子之言



只以證功業之大。以見其非無所用心而能然。殊覺少味。不若翼註之說爲近。惟堯則之則字。只如論語作準字解。作法天解者亦非。○ 前曰天下之通義。此曰爲天下得人者謂之仁。仁義尤此章絕大主腦。葢萬物一體之心。萬殊秩然之分。蘊之爲天德。施之爲王道。此外別無道德。老子曰。道德亡而後有仁義。宜莊周遂以爲道在螻蟻矢溺矣。閩中狂子。猶欲闡揚老莊。不亦變於夷者乎。

吾聞用夏變夷者。未聞變於夷者也。陳良。楚產也。悅周公仲尼之道。北學於中國。北方之學者。未能或之先也。彼所

謂豪傑之士也子之兄弟事之數十年師死而遂倍之節
昔者孔子沒三年之外門人治任將歸入揖於子貢相嚮
而哭皆失聲然後歸子貢反築室於場獨居三年然後歸
他日子夏子張子游以有若似聖人欲以所事孔子事之
彊曾子曾子曰不可江漢以濯之秋陽以暴之皜皜乎不
可尚已節 今也南蠻鴃舌之人非先王之道子倍子之師
而學之亦異於曾子矣節 吾聞出於幽谷遷于喬木者未
聞下喬木而入於幽谷者節 魯頌曰戎狄是膺荆舒是懲
周公方且膺之子是之學亦爲不善變矣

此段責其倍師一氣歸到不善變蓋師而倍之其心已



忍然所師未善改而他學猶或不失爲遷喬木而陳良
非不善師其似陳良而不如陳良者且將不免曾子之
譏今乃倍陳良而師許行是入幽谷也是變於夷也故
曰不善變南蠻鴃舌夷之人非先王之道即夷之道也
棄君臣無上下是夷之道也非字不必作詆毀解

從許子之道則市賈不貳國中無僞雖使五尺之童適市
莫之或欺布帛長短同則賈相若麻縷絲絮輕重同則賈
相若五穀多寡同則賈相若屨大小同則賈相若節 曰夫
物之不齊物之情也或相倍蓰或相什伯或相千萬子比
而同之是亂天下也巨屨小屨同賈人豈爲之哉從許子
之道相率而爲僞者也惡能治國家

物有不齊亦萬殊之理也聖人因物付物而天下之物
皆得其平異端欲以私意齊物而物反失其情矣是爭
天下也即舉屨言許子之徒織屨故因其所習者以曉
之莊周著齊物論佛氏作平等觀總由其不耐煩世事
不肯循理此皆出於有我之私而欲以此易天下謬矣
聞者徒喜其說之新而不揆之以事物當然之理不亦
惑與 ○ 縷麻之經績者也線也絲之敝者曰絮纅絲之
餘亦曰絮非今之棉絮也

○墨者夷之因徐辟而求見孟子孟子曰吾固願見今吾



尚病病愈我且往見夷子不來節 他日又求見孟子孟子
曰吾今則可以見矣不直則道不見我且直之吾聞夷子
墨者墨之治喪也以薄爲其道也夷子思以易天下豈以
爲非是而不貴也然而夷子葬其親厚則是以所賤事親
也節 徐子以告夷子夷子曰儒者之道古之人若保赤子
此言何謂也之則以爲愛無差等施由親始徐子以告孟
子孟子曰夫夷子信以爲人之親其兄之子爲若親其鄰
之赤子乎彼有取爾也赤子匍匐將入井非赤子之罪也
且天之生物也使之一本而夷子二本故也節 蓋上世嘗
有不葬其親者其親死則舉而委之於壑他日過之狐狸

食之。蠅蚋姑嘬之。其顙有泚。睨而不視。夫泚也。非爲人泚。中心達於面目。蓋歸反虆梩而掩之。掩之誠是也。則孝子仁人之掩其親。亦必有道矣。節 徐子以告夷子。夷子憮然爲閒曰。命之矣。

墨氏兼愛而尙儉。其尙儉自兼愛來。兼愛愛人。尙儉愛物也。其薄親又從兼愛尙儉來。兼愛則親不得獨厚。尙儉則親不得不薄也。吾聞夷子墨者一段。意中本取他厚親。口中却似他不合厚親。以介於不儒不墨之閒。知夷子必有厚親之所以不容已處也。若夷子自察於厚親之所以不容已者。則兼愛之非。不待辨而自明矣。乃



夷子亦默會孟子之意。不肯認錯。以故左遮右掩。其引書言。則謂愛無差等。正儒者若保赤子之道。厚親之與厚人。保赤子之與保天下。皆無彼此分別。但保民曰若保赤子。正如他厚人一如厚親。是施當由親始。厚親與兼愛實無妨礙。然遁却尙儉一邊。此雖一時遁辭。亦由其陷溺於異端已深。不能察識本心至愛親之良。昧不復見。而言若此也。顧旣曰愛無差等。則何必施由親始。但曰施由親始。亦何必便要厚葬。以薄爲道之謂何。且夷子又果能厚天下之人一如厚親否。正如釋氏本無父母。却偏說父母經。使即其言而駁之。其說亦將立窮。

但孟子本非欲屈其辨。只欲啟迪其心。故不必更窮其說。只將書辭解釋。以見吾儒無兼愛之說。再喫緊點出一本。以辨兼愛之非。又推言古者葬親之由。以見厚親之心。本出於天性之自然而不容已。則斷非因欲兼愛而施之始自此始。此皆因其心之未喪而使之察識焉也。察識得此。則墨氏之非可知。而更由此擴充。則一本萬殊。所施不竭。更不必言兼愛。而仁不可勝用矣。蓋論天地生物之心。原自大力包裹。初無形氣之分。故吾儒亦說民吾同胞。而物吾與。然人物之生。斷非從天邊紛紛落下。地下簇簇鑽出。則受生本根。要惟父母。父母又



吾一身所自來之天地也。是以孝愛其親。良心眞切。非由勉強。人所同然。安得等其親於路人。而謂施之始自此始乎。二本二字。舊說謂父母一本。路人又是一本。此欠瑩。翼註謂二者主夷子心下二視之言。據此則二字當作貳。且視親如路人。亦不只是貳心。朱子嘗言此非但二本。直是千萬本。可見二字原不必認煞。只說不是一個根本耳。非貳心之說也。又玩故也二字語氣。蓋云夷子或是二本故。視親如路人也。則正如傅奕所云誂蕭瑀不生於空桑。奈何宗無父之教者。二本二字益不必泥矣。蓋上世一節。眞摯愷惻。越外感動得人。亦必有

道亦使之自思而得之辭。此章孟子不與之見而先與之言者。葢覿面而與之談。反難競辨。未見而先爲啟迪其人。所得自深。朱子云不欲輕接其人交口競辨。以屈吾道之尊是也。後儒如退之之於文暢大顛皆假託文辭以寓潛移默啟之至意。柰錮蔽已深。不能如夷之之質美。則亦終不能悟。若東坡之於佛印。則反爲彼所移者。至俗儒或呶呶與其徒爭辨。而所學却至不儒不釋則宜其淪胥以敗。而反使異端得以藉口反噬。深可哀也。古者士相見禮。必先因人爲紹。待許見而後造門。至造門則又辭。請數往復而後相見。此他日之又求見孟子乃又因徐辟以爲紹耳。夷子未嘗造門。故得以從容辨難。若旣至門外。則亦不得不相見而反先說許多話矣。



四書詮義

滕文公章句下

婺源汪　烜雙池纂集

陳代曰。不見諸侯。宜若小然。今一見之。大則以王。小則以霸。且志曰。枉尺而直尋。宜若可爲也。節 孟子曰。昔齊景公田。招虞人以旌。不至。將殺之。志士不忘在溝壑。勇士不忘喪其元。孔子奚取焉。取非其招不往也。如不待其招而往何哉。節 且夫枉尺而直尋者。以利言也。如以利。則枉尋直尺而利。亦可爲與。節 昔者趙簡子使王良與嬖奚乘。終日而不獲一禽。嬖奚反命曰。天下之賤工也。或以告王良。良曰。請復之。彊而後可。一朝而獲十禽。嬖奚反命曰。天下之良工也。簡子曰。我使掌與女乘。謂王良。良不可。曰。吾爲之範我馳驅。終日不獲一。爲之詭遇。一朝而獲十。詩云。不失其馳。舍矢如破。我不貫與小人乘。請辭。節 御者且羞與射者比。比而得禽獸。雖若丘陵。弗爲也。如枉道而從彼。何也。且子過矣。枉己者。未有能直人者也。

此章重辨他枉尺直尋一句。昔齊景公田節輕提明不可往見之義。且夫節以後皆正其枉尺直尋之非。當時策士曳裾抵掌。不以爲羞。只爲滿腔都是功利。孟子直刺其隱而奪之曰以利言。已盡策士之志矣。王霸似不可謂利。然王霸自君子致之。則大道之行。自枉己求之則功利之私王霸非直可枉已以求而自枉尺者之心言之則固視直尋為利焉已耳非謂計尺尋之多寡而謂以利言也如以利則枉尋直尺而利作一氣讀亦可為與乃反詰之辭枉尋如割烹自鬻因景監見之類直尺言些小富强但有些小功業亦便是以利言既只言利則枉多伸少而有利難道也可為麽蒙引說約原序俱作究其流弊得不償失言未是葢章末枉已者未有能直人者也方是究其流弊此處且未及趙簡子節即伸不可為意弗為也正應亦可為與句至究其流弊則不惟無直尋并無所謂直尺鞅衍儀秦輩何嘗有半點



功業祇汨人國寔耳○御有正法夏書曰御非其馬之正汝不恭命葢範以馳驅不但守正亦以棄法詭遇恐有敗績覆壓之患也御法有逐禽左此驅逆之車猶戎事之衡車從旁疾驅衝逐禽獸使奔射者之左以便於射此非正車御法亦非詭遇車法射者居左御者居中故禽左乃便射射禽皆自左達右非自左達右者不獻其正與車相遇者不射猶戰不殺降周書弗迓克奔之義故易曰王用三驅失前禽也今詭遇而獲是射其與車相遇者非禮矣故謂之小人不但御非其正并射亦非所射也次崖謂凡禽前面驅來我驅車迎而射之非也如次崖所言乃正詭遇者耳

○景春曰公孫衍張儀豈不誠大丈夫哉一怒而諸侯懼安居而天下熄節 孟子曰是焉得為大丈夫乎子未學禮乎丈夫之冠也父命之女子之嫁也母命之往送之門戒之曰往之女家必敬必戒無違夫子以順為正者妾婦之道也節 居天下之廣居立天下之正位行天下之大道得志與民由之不得志獨行其道富貴不能淫貧賤不能移威武不能屈此之謂大丈夫

俗眼每將奸人氣焰看作動地驚天殊不知狐假虎威曾不足以當有道者之一覷古今大抵然矣大丈夫之



實在已不在人在生平不在勢位居仁立禮由義大行不加窮居不損非人所得而屈亦非以此屈人彼儀衍輩所恃在勢位耳并勢位亦非已有只阿諛苟容竊取權勢妾婦本相活現非衣冠所能掩罩也一優者演劇扮唐明皇劇終遂不與衆優共食曰我曾做過皇帝來又衙門胥役倚勢横行動曰我某衙門誰敢不依我彼亦自忘其所以矣學者先須埽去勢利肚腸方可入道窮理以擇夫仁禮義之精循理以踐夫仁禮義之實到得心理渾然便動容周旋中禮泛應曲當浩然氣塞天地為宇宙間第一人物勢利更何處用得著勿以第一

等人物讓別人、傲也。

○周霄問曰、古之君子仕乎。孟子曰、仕。傳曰、孔子三月無君、則皇皇如也。出疆必載質。公明儀曰、古之人三月無君則弔。節 三月無君則弔、不以急乎。節 曰、士之失位也、猶諸侯之失國家也。禮曰、諸侯耕助、以供粢盛。夫人蠶繅、以爲衣服。犧牲不成、粢盛不潔、衣服不備、不敢以祭。惟士無田、則亦不祭。牲殺器皿衣服不備、不敢以祭、則不敢以宴、亦不足弔乎。節 出疆必載質、何也。節 曰、士之仕也、猶農夫之耕也。農夫豈爲出疆舍其耒耜哉。節 曰、晉國亦仕國也、未嘗聞仕如此其急。仕如此其急也、君子之難仕、何也。曰、丈夫



生而願爲之有室、女子生而願爲之有家。父母之心、人皆有之。不待父母之命、媒妁之言、鑽穴隙相窺、踰牆相從、則父母國人皆賤之。古之人未嘗不欲仕也、又惡不由其道。不由其道而往者、與鑽穴隙之類也。

急於仕者行義之心、難仕者自守之正。無田不祭不敢以宴、此只因弔字爲已仕而失位者一端言之耳。君子之仕、不只爲祭也。然孝子之孝、莫大乎尊親養親。卽此一端已見君子欲仕矣。弔自是弔唁之弔。詩曰、不入唁我。翼註謂自己憂戚、未是。出疆載贄、只預備之意。其或招或聘、則因而見之。楚昭聘孔子、孔子先之以子夏、又申之以冉有。其載贄皇皇可見、其審愼不苟亦可見矣。自諸侯耕助至則亦不祭、俱禮文。牲殺器皿以下、乃由禮意而言其不敢自安。田、趙註以爲圭田。失位三月則廢一時之祭。故足弔。以此世之遠遯爲高者、旣忘君臣之義、無濟世之仁、又無顯親揚名報本追遠之念。而趨慕榮祿者、又喪身辱親之不顧。君子於君臣之義、濟世之仁、必不忍廢、而守身之正、斷不少貶。所以不同流合汙、而亦非絕人逃世也。顧居叔季之世、而以正道求合、自是南轅北轍、其能遇鮮矣。但不敢必斯世之必不可行正道、斯以故皇皇不已、而不遇則聽之天、無容强也。



若枉道求合、則鑽穴隙之類、其賤辱甚矣。上章比之妾婦、猶寬言之者耳。

○彭更問曰、後車數十乘、從者數百人、以傳食於諸侯、不以泰乎。孟子曰、非其道、則一簞食不可受於人。如其道、則舜受堯之天下、不以爲泰。子以爲泰乎。節 曰、否。士無事而食、不可也。節 曰、子不通功易事、以羨補不足、則農有餘粟、女有餘布。子如通之、則梓匠輪輿皆得食於子。於此有人焉、入則孝、出則悌、守先王之道、以待後之學者、而不得食於子。子何尊梓匠輪輿、而輕爲仁義者哉。節 曰、梓匠輪輿、其志將以求食也。君子之爲道也、其志亦將以求食與。曰、

子何以其志爲哉。其有功於子。可食而食之矣。且子食志乎。食功乎。曰。食志。節 曰。有人於此。毁瓦畫墁。其志將以求食也。則子食之乎。曰。否。曰。然則子非食志也。食功也。

入孝出弟。守先待後。此頂天立地事業。綱常賴以負荷。天地賴以昭明。世道人心賴以不墜。而國家命脈亦賴以栽培。其陰騭斯民。在不識不知無聲無臭之表。俗眼不知。而以爲無事。不足怪。自孟子言之。而其功顯矣。然時解只見其有功道統。則彭更輩或不知道統何與人國。而亦鮮不疑以爲迂矣。然當時諸侯猶知養賢。固是先王之澤未泯。亦可見秉彝好德之良。人所固有。而更



虧此人學守俱造到至處。所以感動得人。若無此人。則無以動其好德之良。而天理之在人心。或幾乎熄矣。漢之滅也。黨錮獄興。唐之亡也。清流禍烈。宋立黨人之碑。而國以式微。明嚴東林之誅。而宗祧遂隕。理學之關乎國家命脈也有如是。有天下者。其亦當知所鑒矣夫。

○萬章問曰。宋小國也。今將行王政。齊楚惡而伐之。則如之何。節 孟子曰。湯居亳。與葛爲鄰。葛伯放而不祀。湯使人問之曰。何爲不祀。曰。無以供犧牲也。湯使遺之牛羊。葛伯食之。又不以祀。湯又使人問之曰。何爲不祀。曰。無以供粢盛也。湯使亳衆往爲之耕。老弱饋食。葛伯率其民。要其有酒食黍稻者奪之。不授者殺之。有童子以黍肉餉。殺而奪之。書曰。葛伯仇餉。此之謂也。節 爲其殺是童子而征之。四海之內皆曰。非富天下也。爲匹夫匹婦復讎也。節 湯始征自葛載。十一征而無敵於天下。東面而征西夷怨。南面而征北狄怨。曰。奚爲後我。民之望之。若大旱之望雨也。歸市者弗止。芸者不變。誅其君。弔其民。如時雨降。民大悅。書曰。徯我后。后來其無罰。節 有攸不爲臣。東征綏厥士女。匪厥玄黃。紹我周王見休。惟臣附于大邑周。其君子實玄黃于匪。以迎其君子。其小人簞食壺漿。以迎其小人。救民於水火之中。取其殘而已矣。節 太誓曰。我武惟揚。侵于之疆。則



取于殘。殺伐用張。于湯有光。節 不行王政云爾。苟行王政。四海之內皆舉首而望之。欲以爲君。齊楚雖大。何畏焉。

王偃滅滕伐薛。敗齊楚魏之師。想亦必有一番聲罪致討套數。萬章不識王政。而遂云云。夫行王政而致人之惡伐。是王政不可行矣。故不可不辨。引湯武事。而斷宋之不行王政。不使虛名亂實。以阻人爲善之心也。有攸不爲臣至大邑周。與湯始征至奚爲後我對。皆引書辭以見四海引領之望。又夾以己意釋書。而歸到誅君弔民救民取殘。則行王政之實事。泰誓節與徯我后二句對。又皆引書辭爲誅君弔民伐暴取殘之證。而湯居亳

二節則因湯之鄰葛與宋鄰齊楚似而宋之敗齊楚非若湯之征葛故獨詳其事也爲匹夫匹婦復讎緊接爲其殺是童子句下則所稱匹夫匹婦卽指童子父母不爲穿鑿天下二字不必泥且復讎二字緊應讎餉言于湯有光只如註比於湯之伐桀又有光焉說葢武王之聖近於任泰誓語氣要自未醇或謂使湯伐夏救民之心得此而益光明終是曲說

○孟子謂戴不勝曰子欲子之王之善與我明告子有楚大夫於此欲其子之齊語也則使齊人傅諸使楚人傅諸曰使齊人傅之曰一齊人傅之衆楚人咻之雖日撻而求其齊也不可得矣引而置之莊嶽之閒數年雖日撻而求其楚亦不可得矣節子謂薛居州善士也使之居於王所在於王所者長幼卑尊皆薛居州也王誰與爲不善在王所者長幼卑尊皆非薛居州也王誰與爲善一薛居州獨如宋王何



蔡虛齋曰孟子見戴不勝是得宋柄而又有心於國者故欲其旁招俊乂使忠良畢聚以庶幾成正君之功非徒責其爲薦一居州無益也此深得孟子意矣愚又玩此章云云則宋王之不善可知而戴不勝欲之爲善孟子且教之以廣善則宋王亦非不善之至如桀紂也史載其射天拒諫淫虐如紂號爲桀宋葢多溢辭抑齊楚惡之而益加之罪也噫人君其知所鑒矣

○公孫丑問曰不見諸侯何義孟子曰古者不爲臣不見節段干木踰垣而辟之泄柳閉門而不內是皆已甚迫斯可以見矣節陽貨欲見孔子而惡無禮大夫有賜於士不得受於其家則往拜其門陽貨矙孔子之亡也而饋孔子蒸豚孔子亦矙其亡也而往拜之當是時陽貨先豈得不見節曾子曰脅肩諂笑病于夏畦子路曰未同而言觀其色赧赧然非由之所知也由是觀之則君子之所養可知已矣



陳代所問有求利意故孟子深著求利之非其辭罕譬而切此丑所問欲求不見諸侯之義故孟子直告之以不爲臣不見又酌於聖人中正之軌終之以君子之養其辭典法而盡君子指曾子子路而兼照本身所養就平日言理明志定勢位富厚不足以汙其心也

○戴盈之曰什一去關市之征今茲未能請輕之以待來年然後已何如節孟子曰今有人日攘其鄰之雞者或告之曰是非君子之道曰請損之月攘一雞以待來年然後已節如知其非義斯速已矣何待來年

去弊莫如速不知則亦已矣知其非義則不忍一日安

矣盈之之言自謂經營苦心兩全善策殊不知橫征有何難已王政之詳或非一日所能舉去橫征之弊何妨朝令而夕行況斯二者尤民上所不當一日安民生所迫望不及待者乎哀公問用不足有若對以盍徹百姓不足君孰與足國用只當節儉豈在多取於民乎盈之原未嘗存心愛民耳夫豈誠今茲未能也哉今人謂待之來年然後已則來年又必不能已此猶後一層話耳有宋呂范諸公更除安石新法是皆毅然廢革不待踟躕而論者謂其更張大驟以致小人側目終釀紹聖之禍愚意不然夫民苦新法首疾心痗安可一日少待毅然除之仁至義盡也若乃紹聖之變更調停之召亂則以哲宗昏愚狎比羣小所至於更張之驟也何尤但高后聖后元祐諸臣皆賢臣而不能格哲宗之非心當日有一當格心之任如程頤者而蘇軾又輈張嫉之使不能安諸朝則富范司馬諸公於格心之道有未盡耳若謂更張不宜太驟則是必如盈之之說而後可也夫豈然哉○按周禮司關掌國貨賄之節以聯門市司貨賄之出入者掌其治禁與其征廛凡貨不出於關者舉其貨罰其人國凶札則無門關之征而猶幾同譏是關有征也泉府掌市之征布廛人掌斂市絘布總布質布罰布



廛布而入於泉府凡屠者斂其皮角筋骨入於玉府絘布列肆之稅也總布無肆而立地之稅也質布質人所罰犯禁之錢也罰布罰其買賣不平之錢也廛布貨賄諸物邸舍之稅也是市有征也夫農有田稅工給藝事而商賈豈得全無所征故古者取稅於農賦財於商賈不使逐末者得以逃征於上關市之征殆不可謂盡無矣然鄭註五布職於廛人欲知取其物之稅者不得復取其地之稅也又云皮角筋骨以當地稅也則征物稅者不征地稅而征地稅則不征物稅可知與孟子廛而不征之言似異而同矣又周禮司市云國凶荒札喪則市無征而作布鑄錢司關云國凶札則無關門之征猶幾是周禮亦有法而不廛譏而不征時也但周本關市有征而孟子每言不征者蓋以戰國之時民罹凶札甚矣關市之征自所當去也又周禮於市廛則不征征則不廛而戰國時既取其廛又征其貨是重征之也周禮於關只征商賈且聯門市則征於關不征於市征於市不征於關而行旅往來不征其所攜貨賄也而戰國時則或既征於關復征廛市是三征之矣且非商賈而出入者則其私賄亦征及之此則其不當有也明矣故孟子言關市譏而不征自爲時弊言之不必執孟子而非周禮也凡看古聖之書要當平心靜意叅互考究以求其說不當橫

張已見執一廢百何蘧春曰王介甫依託周禮立新法天下騷然胡致堂父子以其病民也遂力詆周禮非周公書噫以釋經之誤而貽天下大患或又廢聖人之全經其失均也斯言也亦可謂知說經者矣

○公都子曰外人皆稱夫子好辯敢問何也孟子曰予豈好辯哉予不得已也節天下之生久矣一治一亂

通章以一治一亂爲經以不得已爲緯以正人心拒揚墨爲主意而氣化人事又一治一亂中之經然重以人事挽回氣化一邊洪水夷狄猛獸邪說暴行又一治一亂中之緯而四提邪說二字又亂中所特重者也



當堯之時水逆行氾濫於中國蛇龍居之民無所定下者爲巢上者爲營窟書曰洚水警余洚水者洪水也節使禹治之禹掘地而注之海驅蛇龍而放之菹水由地中行江淮河漢是也險阻既遠鳥獸之害人者消然後人得平土而居之

治亂中各有賓主佐領前後脈絡照映此一亂洪水爲主龍蛇鳥獸則乘洪水之亂以逞其亂者也堯曰湯湯洪水方割洪水二字出堯典洚水一句乃舜讓位於禹時所追述之言引此一句只因儆余二字見得聖人以天下爲己任而不得已之心非以起下使禹事亦不只以證洪水之亂但恐人不知洚水之即洪水故又釋之耳使禹是舜舉實是堯使治水驅龍蛇分二事言勿謂只以洪水作主水得道而蛇龍自遠險阻鳥獸亦平對說觀下驅虎豹另一事可見也益佐禹者益總之者禹使禹治之句中自該有益烈山澤事

堯舜既沒聖人之道衰暴君代作壞宮室以爲汙池民無所安息棄田以爲園囿使民不得衣食邪說暴行又作園囿汙池沛澤多而禽獸至及紂之身天下又大亂節周公相武王誅紂伐奄三年討其君驅飛廉於海隅而戮之滅國者五十驅虎豹犀象而遠之天下大悅書曰丕顯哉文



王謨丕承哉武王烈佑啓我後人咸以正無缺

此一亂暴君爲主邪說暴行則乘暴君之亂以逞其亂而禽獸又暴君及邪說暴行之所招致也堯舜沒起下暴君道衰起下邪說暴行道者聖人之流澤也無所安息二句對上人得平土而居及爲巢爲營窟邪說暴行又作又字對暴君言邪說從諛之說暴行助惡之行然已作後日楊墨胚胎矣園囿積而爲沛汙池積而爲澤而沛澤又至於多由暴君代作於上邪說暴行又作於下日積而然也禽獸至對上蛇龍自堯舜沒至禽獸至俱包夏商言及紂之身二句方單卸到紂王觀疇說亦

如此天下又大亂又字對暴君代作來紂是臨末一個暴君也存疑以暴行通指上下時解謂又大亂又字即暴行又作又字非也夏桀瑶臺瓊室當時韋顧昆吾不可謂非邪說暴行時解以堯舜沒至不得衣食作一截而以邪說以下作一截連屬之紂亦非也暴君之作夏時爲多桀之爲暴亦未必減於紂蒙引謂湯之伐桀較禹周爲易故略去不言亦未是葢桀之亂湯尹之治與紂亂周治大同故不欲繁述之耳禹周之治本堯舜文武爲主禹周輔之孟子意却以禹周爲主猶自任名世意也誅紂治暴君之亂伐奄戮飛廉滅五十國治邪說



暴行之亂驅猛獸治禽獸之亂也驅之者山虞林衡之官厲治山澤開闢汙萊則禽獸遠避其園囿汙池之屬亦從而復治可知也引書以見一治之盛而意重佑啓後人二句正則邪說不得而間之無缺則邪說不得而入之益見先王之爲後世慮者至深且遠而文武謨烈萬世所當率由矣自此節以下漸側向邪說邊故引書文暗暗振起時解謂重武王能承又宜重周公能輔之俱非孟子引書本旨或又謂周公歸美君父殊不知此穆王命君牙語此目未睹尚書而謬者也

**世衰道微邪說暴行有作臣弑其君者有之子弑其父者有之**節 **孔子懼作春秋春秋天子之事也是故孔子曰知我者其惟春秋乎罪我者其惟春秋乎**

此一亂又邪說暴行爲主而弑君弑父即邪暴之尤者也世衰謂文武成康既沒道微謂王迹熄也平桓釐莊皆庸主故不可謂之暴君而邪說暴行之興則比夏商爲甚有作有字對前節邪說暴行又作來邪暴作於夏商周公治之以正無缺而邪暴熄矣至此則又作也邪說非禮義而假託禮義之說暴行果敢於逆理悖倫之行雖不必盡出弑逆而弑逆實由是出楊墨又於此著其漸矣懼字深於警予之警字同此以天下爲已任之



心而明王不興則以匹夫任世道不能無懼也作春秋討亂賊則閑此文謨武烈之正無缺者以息天下後世之邪說暴行也春秋天子之事言春秋便是天子之事葢春秋以義制權義之所在便是天子之事雖周天子不得與之爭權矣春秋所書多是周公舊典間斷之以己意則如成宋亂宋災故及天王狩於河陽之類皆命討悖庸之大且顯者其或天子失道則王且或不稱天亦何嘗以大權還之王觀濤謂春秋以明天子之事只是以大權還天子蔡晉江謂西周盛時史皆記天子之事其後史書所記只自記諸侯大夫之事無復天子之

政令矣。孔子奉天子之法以褒貶。仍記天子之事。使天子威令復振。非若列國之史。只自記其事而已。故曰天子之事。此皆曲說。小儒總見得託南面之權。與專擅僭竊一例。殊不知南面之權。只是天下公義。非一代天子所得而私。實則匹夫所得而與。且託之筆削。則究只虛存一個治法。有王者作。舉而措之。爲治不難耳。若以此爲僭妄。則是爲匹夫者。不可言治天下之事。而孟子每言王政。亦是僭妄矣。夫豈然哉。朱子曰。孔子筆削春秋。亦何嘗有意用某字使人知勸。用某字使人知懼。用某字甚微辭奧義。使人曉不得。足以褒貶予奪人來。不過



直書其事。善惡瞭然在目。使人知所勸懲耳。然則春秋之褒貶予奪。亦義理所自具。孔子亦明其義耳。豈若後世妄臣作日抄野史以誹謗時事爲哉。知我罪我。所不暇顧。正見不得已苦心。罪我亦暗射好辯之譏。言孔子作春秋。當時亦未嘗便一治。而治法自此已存。其治爲愈大。故註云致治之法。垂於萬世。是亦一治也。

聖王不作。諸侯放恣。處士橫議。楊朱墨翟之言盈天下。天下之言。不歸楊則歸墨。楊氏爲我。是無君也。墨氏兼愛。是無父也。無父無君。是禽獸也。公明儀曰。庖有肥肉。廄有肥馬。民有飢色。野有餓莩。此率獸而食人也。楊墨之道不息。孔子之道不著。是邪說誣民。充塞仁義也。仁義充塞。則率獸食人。人將相食。節 吾爲此懼。閑先聖之道。距楊墨。放淫辭。邪說者不得作。作於其心。害於其事。作於其事。害於其政。聖人復起。不易吾言矣。

聖王不作。仍帶世衰道微來。雖孔子能垂法於下。却無聖王行法於上。故諸侯得以放恣於上。而處士橫議。又乘諸侯之亂。以爲亂於下。如刑名縱橫兵戰。莫非邪說。而楊墨又其尤也。無父無君。合下便是禽獸。爲我兼愛合下便是無父無君。不必言流弊。倡之爲邪說。存之爲暴行。邪說便可包暴行在內。引公明儀之言。見食人者



不必眞禽獸。以起下楊墨之率獸食人。人將相食。蓋展轉相誣。卽是人相食也。亂一層甚一層。洪水蛇龍。只因氣化。夷狄猛獸則生於人事。弒父弒君。無父無君。則夷狄猛獸卽在人心矣。治一代難一代。禹周得君有位。其事得行。孔孟則無君失位。只得託之筆削空言而已。故俱著懼字。閑先聖之道。跟上孔子之道不著來。則先聖指孔子。然章內曰聖人之道衰。曰世衰道微。則道字源流甚遠。蓋經孔子一治之後。則斯道屬之孔子。而實則堯舜禹周公歷聖相傳之道也。拒楊墨三句。一氣連下。言距絕楊墨。而放其淫濫之辭。使他的邪說不得與起。

以誣民害道也。作於其心之作猶動也發也。心字文下文正人心張本。邪說入於人心則害事害政以入於夷狄猛獸。故欲正人心而息邪說。心爲道之所寓。道雖傳之歷聖。實則具之人心。邪說息而人心正。則聖人之道著矣。距楊墨以閑聖道。而距楊墨之言。聖人不易。是可見辨之之心與禹周孔子前後一揆矣。

昔者禹抑洪水而天下平。周公兼夷狄驅猛獸而百姓寧。孔子成春秋而亂臣賊子懼。節 詩云戎狄是膺荊舒是懲。則莫我敢承。無父無君。是周公所膺也。節 我亦欲正人心。息邪說。距詖行。放淫辭。以承三聖者。豈好辯哉。予不得已



也。節 能言距楊墨者。聖人之徒也。

吾爲此懼節。說到本身矣。此又總束三聖之治。復言無父無君之當膺。以起我今日所以欲正人心之故。而再言予豈好辨哉不得已也。束之首尾相應。亦自然章法也。息邪說所以正人心。而息邪說又須以正人心爲本。二句體用相須。孟子道性善稱堯舜。說仁義杜功利。皆所以正人心。而爲息邪說之本也。邪說自在位者行之。則爲暴行。自處士出之則曰詖行。詖暴一也。即無父無君之行也。由邪說詖行而益濫之以暢其言。以簧惑天下。則曰淫辭。距之放之。皆所以息邪說也。末復以距楊墨望之於人。而引之爲聖人之徒。而不得已之苦心乃益迫矣。夫當日者申韓蘇張皆簧鼓天下。而孟子不急爲之辨。而獨言距楊墨者。以害有深淺。抑舉其尤也。老莊依附道德。而後世方術仙釋皆由其濫觴。爲害亦深。而孟子未詳辨者。當時方急功利。而老氏淡泊無爲。不與時合。其流未盛也。然孟子黜霸功。則距管晏矣。言省刑。則闢申韓矣。鄙妾婦則詘縱橫矣。刑善戰則誅孫吳矣。攻許行。斲於陵。則抑黃老矣。故此言距楊墨者。舉其尤耳。孟子之辨邪說其嚴如此。而司馬遷猶以名法儒墨老氏絜長短。班固以儒墨並列九家。則當時實未嘗



有人尊信孟子。而韓子稱其闢之廓如。則以仁義之道由孟子而明。至今賴焉。則其辨之之功也。顧乃遭火於秦。儒統幾絕。漢初尊尚黃老。視儒者爲繁迂之術。惟董子正誼明道。不計功利。諸不在六藝之科孔子之說者絕使勿進。而儒術得以不墜。然則董子亦庶幾一治。不可沒也。漢治不純。眞儒寥落。明帝迎金人而事之。而釋氏遂倡於世。釋氏空寂似老。慈悲似墨。禪定似楊。合數異端而一之。而又言性言心高出乎天地之外。則益迫吾儒而戕其本根。率天下人而歸之槁木死灰。同於滅絕。蓋不待相食而人類自亡矣。邪說之害。未有甚於此

者。韓子力排而痛絶之。欲投之水火。以絶其迹。以自比於孟子之距楊墨焉。後世猶知釋氏之非。則自韓子始也。乃韓子當日受投竄之不暇。而降自五季。干戈擾攘。及有宋興。眞儒雲蔚。周程張邵之徒。羣奮然以聖道爲己任。闡性命之微。繼斯文之統。而孔孟之道。得以大彰。朱子集諸儒之大成。博文約禮而臻其至。吾儒之與邪說。是非燦然。如日月之照羣形。誠吾儒之一大幸矣。昔之題於蜀驛者曰。斯世無仲尼。萬古如長夜。或續之曰。斯世無仲晦。萬古終冥昧。誠哉朱子之功。尤孔子而後之所僅見焉者也。顧明王不興。聖人失位。既不能見之



行事。而徒託於空言。故異端抑而愈熾。邪說窮而益流。則亦終勞吾儒之口舌而不能已焉。而如陸如王者。則陽儒陰釋。陷於邪說而不自知。章句八股之徒。又借儒術以儌顯榮。而茫乎不知所本。是邪說不在門牆之外。而在腹心之內。其爲害也抑又甚矣。況乃佛老形推陰陽術數羣然雜出。惑世誣民。百孔千瘡。膿血流溢。時賢雖有稍知與佛老辨者。而不能先有諸身。則亦浮夸寡當。而創爲不必攻討之說者。又與於邪說之甚焉。

○匡章曰。陳仲子豈不誠廉士哉。居於陵。三日不食。耳無聞。目無見也。井上有李。螬食實者過半矣。匍匐往將食之。



三咽。然後耳有聞。目有見。節 孟子曰。於齊國之士。吾必以仲子爲巨擘焉。雖然。仲子惡能廉。充仲子之操。則蚓而後可者也。節 夫蚓。上食槁壤。下飲黃泉。仲子所居之室。伯夷之所築與。抑亦盜跖之所築與。所食之粟。伯夷之所樹與。抑亦盜跖之所樹與。是未可知也。節 曰。是何傷哉。彼身織屨。妻辟纑。以易之也。節 曰。仲子。齊之世家也。兄戴。蓋祿萬鍾。以兄之祿爲不義之祿而不食也。以兄之室爲不義之室而不居也。辟兄離母。處於於陵。他日歸。則有饋其兄生鵝者。己頻顣曰。惡用是鶃鶃者爲哉。他日。其母殺是鵝也。與之食之。其兄自外至。曰。是鶃鶃之肉也。出而哇之。節 以



母則不食。以妻則食之。以兄之室則弗居。以於陵則居之。是尚爲能充其類也乎。若仲子者。蚓而後充其操者也。

不苟取之謂廉。不取之謂矯。一有所矯。畔道滅倫。無所不至矣。仲子所爲。與釋迦頗相似。只顧他矯情立異。便人倫都不顧。人只驚其苦節自高。以爲非人所能及。亦遂忘人倫之爲重。使人人效之。將至舉世無君無親。淪於禽獸。且將世界滅絶。無復人類。其爲罪莫大焉。俗儒或謂仲子孤介自守。足以風天下之卑汙者。不亦謬乎。以仲子爲巨擘。欲抑而姑揚之。且以甚齊國之無士耳。寧謂仲子可風也哉。但此章匡章方震其廉。故孟子亦

姑辨其不能廉。其於棄倫之大罪。則未暇按律行誅耳。惡能廉。非謂其不廉。直是廉不來。蚓而後可。正所謂惡能也。居室食粟。只要我有當得。原不必問誰築誰樹。而非所論於仲子之操。蓋以爲無傷於義。則世家之室之祿。何嘗傷義。以爲傷義。則於陵之居妻之食。又豈盡義。充其類焉。苟非出於伯夷。則皆不義之類矣。除是不居室食粟。而後能充其操。而如是則除是蚓也。釋迦之棄國違親也。亦謂人有此心只當寂守。豈可以夢幻泡影之身。勞勞事物。而喪吾本來面目。故要棄人倫國家。而遂其空寂之願。又以人物同是一生。豈可獨私父母。所



以慈悲戒殺。無復人我衆生相。然謂六塵（色聲香味觸法）之當絶。則不但國不可有。并飲食衣服亦不當有。并眼耳鼻舌心意亦不可有。如謂色即是空。空即是色也。則不惟色聲之類不必廢。并國家亦只等閒。而又何必棄國。而又何必靈山。謂人物同此佛性。皆不可殺。則草木豈非有生。佛氏必不能并不傷一草一木矣。如謂草木無知。與禽獸異。則人與禽獸蠢靈豈無所異。親之與人。親疎豈無所異。而安得平等。而安可違親。故充佛氏之操。則槁木死灰而後可。而佛又惡能也哉。趙威后對齊使曰。於陵子仲尚存乎。是其人上不臣於天子。下不愛其親。

中不索交諸侯。是率民而出於無用者也。何爲至今不殺乎。夫威后婦人。猶知仲子之可殺。乃今日聰明男子。且相率而膜拜於無君無父悖戾之神。何其身爲男人。而智識反出婦人下也。

四書詮義

離婁章句上　　婺源汪　烜雙池纂集

孟子曰。離婁之明。公輸子之巧。不以規矩。不能成方員。師曠之聰。不以六律。不能正五音。堯舜之道。不以仁政。不能平治天下。節 今有仁心仁聞。而民不被其澤。不可法於後世者。不行先王之道也。節 故曰。徒善不足以爲政。徒法不能以自行。

章分四段。而實一氣摶捖。此段言治不可無法。苟不行先王之道。則雖善亦不足以爲政矣。意且虛講。下段乃正申明此段意也。首節堯舜之道云云。只言雖至聖不



能廢法。不但道字是虛懸。併堯舜二字亦只虛擬。蒙引謂指蘊蓄運用於一心者言。語氣似不穩貼。次節先王之道。却指仁政言。故曰節爲政二字。指平治天下言。徒法法字。卽先王之政也。徒善二句結上。固重上句。然法以人行。下句亦不可輕。蓋非善固無以行法。而既善又當知取法。內外相資意也。○十二律以黃鐘爲本。蔡西山本史記律書法。子黃鐘三分損一。下生丑林鐘。對冲爲未律林鐘三分益一。上生寅大簇。本位太簇三分損一。下生卯南呂。對冲爲酉律南呂三分益一。上生辰姑洗。本位姑洗三分損一。下生巳應鐘。對冲爲亥律應鍾三分益一。上生午蕤



賓。本位蕤賓三分損一。下生未大呂。加一倍對冲爲丑律大呂三分益一。上生申夷則。本位夷則三分損一。下生酉夾鐘。加一倍對冲爲卯律夾鐘三分益一。上生戌無射。本位無射三分損一。下生亥仲呂。加一倍對冲爲巳律其法。陽生陰皆下生。陰生陽皆上生。而陽居本位。陰居對冲。陰在西方。如其本數。陰在東方。則加一倍也。仲呂復三分益一。上生黃鐘。則不及黃鐘本律。而稍短爲變黃鐘。變黃鐘三分損一。下生變林鐘。變林鐘三分益一。上生變太簇。變太簇三分損一。下生變南呂。變南呂三分益一。上生變姑洗。變姑洗三分損一。下生變應鐘。變律止此。以下雖可相生。而無所用



也。京房法以變黃鐘爲執始。展轉相生。終於南事。凡六十律。以正五聲。則十二律皆可起宮。黃鐘一宮。則林鐘爲徵。太簇爲商。南呂爲羽。姑洗爲角。應鐘爲和。變宮蕤賓爲繆。變徵林鐘二宮。則太簇爲徵。半律南呂爲商。姑洗爲羽。半律應鐘爲角。蕤賓爲和。大呂爲繆。半律太簇三宮。則南呂爲徵。姑洗爲商。應鐘爲羽。蕤賓爲角。大呂爲和。半律夷則爲繆。南呂四宮。則姑洗爲徵。半律應鐘爲商。蕤賓爲羽。半律大呂爲角。半律夷則爲和。半律夾鐘爲繆。半律姑洗五宮。則應鐘爲徵。蕤賓爲商。大呂爲羽。半律夷則爲角。夾鐘爲和。半律無射爲繆。應鐘六宮。則蕤賓爲徵。半律大呂爲商。半律夷則爲羽。半律夾鐘爲角。半律無射爲

和。半律仲呂爲繆。半律蕤賓七宮。則大呂爲徵。半律夷則爲商。夾鐘爲羽。半律無射爲角。仲呂爲和。半律黃鐘爲繆。用變黃鐘之半大呂八宮。則夷則爲徵。夾鐘爲商。無射爲羽。仲呂爲角。黃鐘爲和。變半林鐘爲繆。變律夷則九宮。則夾鐘爲徵。半律無射爲商。仲呂爲羽。半律黃鐘爲角。變半林鐘爲和。變半太簇爲繆。變半夾鐘十宮。則無射爲徵。仲呂爲商。黃鐘爲羽。變半林鐘爲角。變律太簇爲和。變半南呂爲繆。變律無射十一宮。則仲呂爲徵。半律黃鐘爲商。變半林鐘爲羽。變半太簇爲角。變半南呂爲和。變半姑洗爲繆。變半仲呂十二宮。則黃鐘爲徵。變半林鐘爲商。變律太簇爲羽。變半南呂爲角。變律姑洗爲和。變半應鐘爲繆。變律此十二律還宮之法也。蓋黃鐘不爲他律役。而商不可陵宮。角不可陵商。徵不可陵角。羽不可陵徵。故自商以下。有用半律者。有用變半律者。五聲之次。以宮三分損一。下生徵。徵三分益一。上生商。商三分損一。下生羽。羽三分益一。上生角。五音已備。角三分損一。下生變宮。即和變宮三分益一。上生變徵。即繆以羽宮之間。相去三律。角徵之間。亦相去三律。其聲難和。故加二變聲以接續之也。五聲上下相生。故有用變律者。然非可泥於宮八十一。徵五十四。商七十二。羽四十八。角六十四。三分餘一數不行之說也。呂氏及淮南子律呂相生法。則黃



鐘下生未林鐘。林鐘上生寅太簇。太簇下生酉南呂。南呂上生辰姑洗。姑洗下生亥應鐘。應鐘上生午蕤賓。蕤賓上生丑大呂。大呂下生申夷則。夷則上生卯夾鐘。夾鐘下生戌無射。無射上生巳仲呂。此則所謂隔八相生法。與史記律書稍異。不必對冲加倍。然律度長短則如一也。蒙引所纂語而未詳。每只說得黃鐘一宮五律。則其餘七律不知何用。故玆特詳考之。樂律最難言。而黃積慶李文利之徒。又全不知音。無知妄作。近毛西河又且謂律呂只以生度量權衡。無關作樂。試問孟子此語又作何說。亦附辨於此。

詩云。不愆不忘。率由舊章。遵先王之法而過者。未之有也。節聖人既竭目力焉。繼之以規矩準繩。以爲方員平直。不可勝用也。既竭耳力焉。繼之以六律正五音。不可勝用也。既竭心思焉。繼之以不忍人之政。而仁覆天下矣。節故曰。爲高必因丘陵。爲下必因川澤。爲政不因先王之道。可謂智乎。

先王之法。即先王之道也。承上段言人君能遵先王之法。則必無愆過遺忘。蓋先王既盡其心。又立之法。以垂天下後世。實天下後世凡爲政者所不能外。而爲政者所必不可不因也。法由心立。心以法行。方員平直五音

本立於法之先。而用顯於法之後。聖人竭耳目之力以察其精。然後卽此以立之法。不忍人之政。亦是聖人心思中所權度斟酌。但以此心見之行事。則民被其澤。可傳後世。所謂不可勝用。仁覆天下。蒙引謂用心思而無法。何從興養立教。先儒無法以繼之。則自聖人而止之說。未是。愚謂先王有心則有政。與徒善者自不同。此云既如彼而又繼之如此。總形容其善而又善。先儒亦設言以見聖人念慮之周。立法之備耳。不必看煞也。又蒙引謂竭耳目心思之聖人。又在堯舜離婁之上。葢彼皆用法之人。此言立法之人也。愚謂自羲黃以至文武。凡



立法者。皆此聖人。不泥定堯舜上下。若認眞。堯舜則立法之人。非用法之人。下章法堯舜可證也。耳力目力究只是陪賓。蒙引俱忒泥煞。又按爲高二句見禮器。則章內四故曰。或皆成語。今人謂只從上文斷說。亦未然。

**是以惟仁者宜在高位。不仁而在高位。是播其惡於衆也。**節 **上無道揆也。下無法守也。朝不信道。工不信度。君子犯義。小人犯刑。國之所存者幸也。**節 **故曰。城郭不完。兵甲不多。非國之災也。田野不辟。貨財不聚。非國之害也。上無禮。下無學。賊民興。喪無日矣。**

仁者有心有聞。而智知所因之人。非徒善亦非徒法者也。無道揆節。卽播惡之實也。上段言能遵先王之法則無過。所謂惟仁者宜在高位。因遂承上段而言不仁播惡之禍。無道揆。卽不遵先王之道而妄作也。道度非兩項。在朝廷立表。則爲道。自有司庶民奉行之。則爲度。無道揆。不信道。皆是上無禮。無法守。不信度。皆是下無學。無之。尚只是不用他。不信。則且從而非毀之矣。對君言。則臣爲下。對官言。則民又爲下。至於犯義犯刑。則賊民興矣。蒙引以下無學專指小民。葢因註無以教民而言。愚意亦不必泥。葢臣民亦皆可統言民也。

**詩曰。天之方蹶。無然泄泄。**節 **泄泄。猶沓沓也。**節 **事君無義。**



**進退無禮。言則非先王之道者。猶沓沓也。**節 **故曰。責難於君謂之恭。陳善閉邪謂之敬。吾君不能謂之賊。**

事君無義。指妾婦容悅之道言。進退無禮。指相窺相從之行言。言則非先王之道。正所謂不信道不信度者。此正所謂泄泄也。承上段言播惡之禍。其君實然。而爲臣者尤不得謝其救過之責也。責難。大概說。陳善閉邪。正責難細密處。仇氏謂責難陳善。須照定本章仁政說。愚謂責難處固兼心政。而責難陳善則格心之道爲多。君心爲行政之本。勿因本章重遵法。而遂偏主行政上也。臣能格其君心之非。則君仁。而行法有本。有仁心而遵

先王之法則宜在高位而平治天下不難矣

○孟子曰規矩方員之至也聖人人倫之至也節欲爲君盡君道欲爲臣盡臣道二者皆法堯舜而已矣不以舜之所以事堯事君不敬其君者也不以堯之所以治民治民賊其民者也節孔子曰道二仁與不仁而已矣節暴其民甚則身弒國亡不甚則身危國削名之曰幽厲雖孝子慈孫百世不能改也節詩云殷鑒不遠在夏后之世此之謂也

前章但言取法先王此章乃指言取法堯舜蓋以人倫爲方員以堯舜爲規矩至也如大學所謂至善欲盡君



道臣道皆法堯舜則知止而可止於至善矣二所以字中有多少治法在雖不外一仁字却不只虛虛一個仁字如六府三事之脩和元首股肱之喜起皆是所以事君治民者但本章只言人倫故從來講家都不及於治法抑思明德新民皆人倫內事且本章云賊其民暴其民寧不兼治法言乎則勿以治法看在人倫外可矣不法堯舜則爲幽厲亦甚言以警人君也前二節兼言君臣後二節單言君孟子本意原重君上即上章末段責臣亦是致望於堯舜其君也孔子曰節只借作中紐或單重此節非是幽厲總承甚不甚二句慶元只承危削邊亦未是○諡法動靜亂常曰幽戮殺無辜曰厲

○孟子曰三代之得天下也以仁其失天下也以不仁節國之所以廢興存亡者亦然節天子不仁不保四海諸侯不仁不保社稷卿大夫不仁不保宗廟士庶人不仁不保四體節今惡死亡而樂不仁是猶惡醉而強酒

承上章而申言不仁之禍又因其惡禍之心而望以改圖也意重諸侯上

○孟子曰愛人不親反其仁治人不治反其智禮人不答反其敬節行有不得者皆反求諸己其身正而天下歸之節詩云永言配命自求多福



上章言不仁之禍此章言爲仁之福也蓋惡死亡則莫如爲仁爲仁者亦反求諸已而已反求非空空是自反便要盡仁盡智盡敬仁智敬是命反求是言配命皆反求諸已是永言配命天下歸是福身正而天下歸是自求多福愛人是大概推心及彼治之禮之無非是成此愛治人則少不得法制品節此中有精義之學知明處當非智不能動民以禮又爲治中之節文細膩處愛人治人禮人在事是仁智敬之施仁智敬却在身心乃愛人治人禮人之本皆反求諸已是反求其本非只反求其所施之事皆字乃鞭緊一步語非推開一層說註云

不得所欲如不親不治不答之類之類二字乃總上三件言亦非推類而言仁智敬三者已包括無遺不必更作推開盡仁則至誠惻怛盡智則知明處當盡敬則周旋中禮其身正矣本無不盡自施無不宜施無不宜自效無不至人無不親無不治無不答而天下歸之矣若其有不得則終是仁智敬之有未盡耳註中自治益詳亦益詳於三者之中非有詳於三者之外雙峯謂上三句包括未盡故下面添一皆字蒙存淺皆因此遂謂上節接人之道此節則言凡應事接物之際皆當反求脩身尚有許多事不推開一步天下亦未必便歸此皆誤



也

○孟子曰人有恒言皆曰天下國家天下之本在國國之本在家家之本在身

上章已見天下本於身意此章又因恒言而推其所言之序以歸本於身重末句不重恒言重本不重序然齊治平各有事功推行步驟亦不可竟畧此與大學古之欲明明德於天下節必先意似而壹是皆以脩身為本其特重自可見

○孟子曰為政不難不得罪於巨室巨室之所慕一國慕之一國之所慕天下慕之故沛然德教溢乎四海

承上章本身而言脩身以治平之效脩身二字在不得罪巨室句中不得罪巨室非曲法奉承惟脩身循理之至乃有以服其心故下文曰慕之若不然者剛則興怨柔則取侮而已何慕之有衞獻立而林父懼魯昭立而叔孫憂皆自得罪巨室始也夫既能修身則是不得罪天下臣民矣何止不得罪巨室要知天下遠而巨室近臣民賤而巨室尊人君舉動稍違其則國人未必知而巨室已敢從而非議之矣巨室慕而國天下皆慕有次序而無推行治平事業則在德教溢乎四海句中德即其本身以加民者教則加民之治法也人心未服德教



亦未易推行所謂未信則以為厲已是也又有勤遠畧而不求諸身者如霸者之假然巨室先有所梗人雖奉承教令亦終不是心服故必足以服巨室一國天下之人心而後德教之施乃沛乎莫禦德教溢乎四海句上著一故字時解將故字換做而字便混矣慕虛而德教溢實虛實須辨德教溢四海正所謂為政不難也

○孟子曰天下有道小德役大德小賢役大賢天下無道小役大弱役強斯二者天也順天者存逆天者亡節齊景公曰既不能令又不受命是絕物也涕出而女於吳節今也小國師大國而恥受命焉是猶弟子而恥受命於先師

也。（節）如恥之，莫若師文王。師文王，大國五年，小國七年，必爲政於天下矣。（節）詩云。商之孫子，其麗不億。上帝既命，侯于周服。侯服于周，天命靡常，殷士膚敏，祼將于京。孔子曰。仁不可爲衆也。夫國君好仁，天下無敵。（節）今也欲無敵於天下而不以仁，是猶執熱而不以濯也。詩云。誰能執熱，逝不以濯。

此章語意曲折。講家頗費周旋。其實意有兩截。總註自明，蓋理勢皆所當順。而自強只在行仁，景公女吳。亦順天之事，不能自強。自不得不順勢，顧同列侯伯。而爲人役，心自不甘，故因其恥。而策以行仁，惟脩德行仁。則天命在我也。究之行仁受命。聽之自天。而理勢所當順。要未嘗敢逆。文王見慍昆夷，受囚羑里。亦未嘗不順勢也。惟戎疾不殄。而烈假不瑕，則終能爲政於天下，若不能自強。而徒欲逆理勢以力爭。則是執熱而不以濯矣。今人苦欲纏首節作串，則自多費周折。○首節德以行言。賢以事言。○夫國君好仁二句。或作孔子語。或作孟子語。未詳孰是。



○孟子曰。不仁者可與言哉。安其危而利其菑。樂其所以亡者。不仁而可與言。則何亡國敗家之有。（節）有孺子歌曰。滄浪之水清兮。可以濯我纓。滄浪之水濁兮。可以濯我足。（節）孔子曰。小子聽之。清斯濯纓。濁斯濯足矣。自取之也。（節）夫人必自侮。然後人侮之。家必自毀。而後人毀之。國必自伐。而後人伐之。（節）太甲曰。天作孽。猶可違。自作孽。不可活。此之謂也。

此章言不仁之危亡。重自取二字。危菑亡，蒙引分三項。一件深一件自好。雙峯以樂亡句總上二句。未是。

○孟子曰。桀紂之失天下也。失其民也。失其民者。失其心也。得天下有道。得其民。斯得天下矣。得其民有道。得其心。斯得民矣。得其心有道。所欲與之聚之。所惡勿施爾也。（節）民之歸仁也。猶水之就下。獸之走壙也。（節）故爲淵敺魚者。獺也。爲叢敺爵者。鸇也。爲湯武敺民者。桀與紂也。（節）今天下之君有好仁者。則諸侯皆爲之敺矣。雖欲無王。不可得已。（節）今之欲王者。猶七年之病求三年之艾也。苟爲不畜。終身不得。苟不志於仁。終身憂辱。以陷於死亡。（節）詩云。其何能淑。載胥及溺。此之謂也。



所欲與聚。所惡勿施。絜矩之道也，此中有實心實政在，卽仁也。仁爲民情所歸。而況有敺之者逼其後。當時諸侯皆鸇獺。獨無淵叢可歸耳。故順民欲而乘時勢。爲功自易。但自爲鸇獺已久。民心已失。志仁非獨王。亦以救禍。收渙散之人心。布方新之政治。約待數年。元氣始復。

是猶求三年之艾也。及今畜之可耳。苟志於仁。則察識其本心。而擴充以行仁政。豈惟救病。王不難也。不然。則亦與當時諸侯同陷死亡而已。望時君急於志仁也。

○孟子曰。自暴者。不可與有言也。自棄者。不可與有爲也。言非禮義。謂之自暴也。吾身不能居仁由義。謂之自棄也。節 仁。人之安宅也。義。人之正路也。節 曠安宅而弗居。舍正路而不由。哀哉。

自暴。愚也。自棄。不肖也。禮。節仁之施。仁。即禮之本。克己復禮爲仁。仁則動容周旋中禮。無禮則心德亡。不仁則亦無禮。故言禮義。仁義其實一也。但禮義在事。仁義在



心。自暴者氣濁質剛。中心錮蔽。而妄敢作爲。故暴在事爲上見。自棄者質柔氣餒。中心雖稍明。而不敢承任。故棄在心體上說。或以禮義二字。只當道理二字。非也。愚不肖雖氣質之偏。而未嘗無仁義之性。一生豈盡無發見處。若肯察識力行。則愚未始不能明。柔未始不能強。奈他非之誘之。以自曠其安宅。舍其正路。所以謂之自暴自棄。所以可哀。然使愚不肖者而肯察識力行。則天下固無愚不肖之人。而自暴自棄之名。亦可不立矣。末二節兼承暴棄言。雙峯單承自棄邊。不是。亦由其於仁義禮義二字看不融會故。

○孟子曰。道在爾而求諸遠。事在易而求諸難。人人親其親。長其長。而天下平。

上章爲愚不肖之不及言。此章爲賢智之過者言。在物曰道。行之曰事。天生蒸民。有物有則。盡倫踐形。初無高遠難行之事。此所謂中庸。然曰親親長長。則人邇之易之。曰天下平。則人遠之難之矣。抑知果人人親其親長其長。則天下無不平。又何必厭近者之易。而馳心以他求其遠且難者哉。此對索隱行怪者言。故愈說得平易。南軒所謂人君率之云云。似反失指點語氣。

○孟子曰。居下位而不獲於上。民不可得而治也。獲於上



有道。不信於友。弗獲於上矣。信於友有道。事親弗悅。弗信於友矣。悅親有道。反身不誠。不悅於親矣。誠身有道。不明乎善。不誠其身矣。節 是故誠者。天之道也。思誠者。人之道也。節 至誠而不動者。未之有也。不誠。未有能動者也。

此章語意雖與中庸稍異。而大旨則無不同。總欲擇善固執。以全其天命之性。而爲王道化成之本也。首節以居下位者逐層推到誠身。推之有序。而歸宿有本。然時解謂中庸此節一句有一個素定。孟子此節要以誠字流貫。則其實不然。中庸言素定。只是素定乎誠。斷不是素定信友悅親諸項。安得云一句一個素定。詳見中庸 獲上

信友悅親都是一誠所感而有尊卑親疏難易遲速之不同故其序如此必以誠字流貫亦隔語氣但到至誠能動時則一齊能動耳次節則與中庸稍異中庸天道本天言而歸之生安此天道則指人人有天命之性言思誠者主於思以誠之先立其大而審機自慊也思字粘誠字與愼思不同只屬行邊不兼知邊孟子固云不明乎善不誠其身矣而後二節只言思誠不復言明善者明善本只爲思誠地如格致只爲要誠正修身故但言思誠而善之不可不明可知非以思誠之思字兼舉明善也顧有未明善而思誠者善既未明誠處亦錯愚



忠愚孝夷淸惠和誠非不至而究未能依乎中庸故朱子總註特標明善爲思誠之本所以闡孟子之意而閑中庸之道意至深遠也蓋思誠即上文誠身但誠身是現成字面思誠是用功字面中庸誠之言固執之力此言思誠是愼獨之機故用字稍別雲峯以思誠兼知行己非朱子之意矣陳介眉又云思即思此善欲其無不明思誠即明善此混賬說也明善須用學問安得只云思乎

○孟子曰伯夷辟紂居北海之濱聞文王作興曰盍歸乎來吾聞西伯善養老者太公辟紂居東海之濱聞文王作興曰盍歸乎來吾聞西伯善養老者 節 二老者天下之大老也而歸之是天下之父歸之也天下之父歸之其子焉往 節 諸侯有行文王之政者七年之內必爲政於天下矣

善養老中有王政之全在非富之則民無以養老非教之則民不知養老非民皆知有以養其老不可謂之善養老故末節直言文王之政二老之歸以同德相孚也二老非輕有所歸者而且歸之天下誰復有不歸者○盍歸乎稍讀來字另讀有神吻

○孟子曰求也爲季氏宰無能改於其德而賦粟倍他日孔子曰求非我徒也小子鳴鼓而攻之可也 節 由此觀之



君不行仁政而富之皆棄於孔子者也況於爲之强戰爭地以戰殺人盈野爭城以戰殺人盈城此所謂率土地而食人肉罪不容於死 節 故善戰者服上刑連諸侯者次之辟草萊任土地者次之

責人臣當輔君以仁不徒作深文之獄也率土地而食人肉句只當會意不必以率字作由字解辟草萊任土地與制民田里異者壞經界殫民力而官收其利其虐民甚也輔桀富桀而爲民賊其罪惟一故連類及之不必多作牽絆

○孟子曰存乎人者莫良於眸子眸子不能掩其惡胷中

正則眸子瞭焉。胷中不正。則眸子眊焉。節 聽其言也。觀其眸子。人焉廋哉。

目睛爲神明之使。神則誠不可掩。所爲良也。觀人以神。其觀微矣。然必帶聽言一句。見不可徒以言觀人。而亦不可盡忽也。

○孟子曰。恭者不侮人。儉者不奪人。侮奪人之君。惟恐不順焉。惡得爲恭儉。恭儉豈可以聲音笑貌爲哉。

恭儉在心。不侮奪在事。以敬勝怠。此心之恭。以義勝欲。此心之儉。恭儉以德。自無侮奪之事。侮奪人之君。其驕泰甚矣。惟恐不順焉。正此心之驕泰也。徒以聲音笑貌



爲恭儉。亦心勞日拙矣。

○淳于髡曰。男女授受不親。禮與。孟子曰。禮也。曰。嫂溺則援之以手乎。曰。嫂溺不援。是豺狼也。男女授受不親。禮也。嫂溺援之以手者。權也。節 曰。今天下溺矣。夫子之不援。何也。節 曰。天下溺。援之以道。嫂溺援之以手。子欲手援天下乎。

權以制中。兩重相犄。則權之而從其尤重。時中之道。古人亦有以權援天下者。湯武征誅是也。孟子說齊梁以王天下。亦是權。然非髡之所能知矣。然髡問亦非泛然者。意以男女之别喻守身之正也。不忍嫂之溺而曲禮不必拘。則不忍天下之溺者。守身之正亦似可不必泥。亦兩重相犄從其尤重也。殊不知援嫂以手。未至失身。若舍先王之道而徇功利之習。則枉己徇人。天下必不可援。是猶自斷其手而欲以援溺。胡可得也。子欲手援天下乎。以髡不足與言權。而姑即其言以折之耳。即使天下枉道可援。亦君子之所不爲。故惟精義之至者爲可與權。

○公孫丑曰。君子之不教子。何也。節 孟子曰。勢不行也。教者必以正。以正不行。繼之以怒。繼之以怒。則反夷矣。夫子教我以正。夫子未出於正也。則是父子相夷也。父子相夷。



則惡矣。節 古者易子而教之。節 父子之閒不責善。責善則離。離則不祥莫大焉。

此爲以責善賊恩者言耳。君子不教子。蓋古有是語。而丑問之也。大抵父非不可教子。而不可如師之督其子。

烜 亦見傷恩者多矣。然此亦概言也。中也養不中。才也養不才。有其道矣。曷嘗必不教。須善會之。

○孟子曰。事孰爲大。事親爲大。守孰爲大。守身爲大。不失其身而能事其親者。吾聞之矣。失其身而能事其親者。吾未之聞也。節 孰不爲事。事親。事之本也。孰不爲守。守身。守之本也。節 曾子養曾晳。必有酒肉。將徹。必請所與。問有餘。

必曰有會晳死曾元養曾子必有酒肉將徹不請所與問有餘曰亡矣將以復進也此所謂養口體者也若曾子則可謂養志也節事親若曾子者可也

此章言守身之孝也非守身無以事親知事親之為大則知守身之大矣大猶云大節失此而他無足觀也本如務本之本天下之道皆原於此也非守身無以事親者人子不失其身親之志也戰兢守身所以養志也養志非止將徹請與舉小節以觀而曾子之先意承志無往不在可見無往而不以父母之志為志則守身亦惕然不敢稍寬矣養曾子節註云雖有曰無雖有二字從



將以復進句看出私存反譏朱註之非謬也末節註人當如曾子是此章本意程註未必章意然意思甚好玩之

○孟子曰人不足與適也政不足間也惟大人為能格君心之非君仁莫不仁君義莫不義君正莫不正一正君而國定矣

官人安民事莫大焉而曰不足適間格心其本故也仁以心之德言本也義以心之制言用也既仁且義則正而無非矣莫不仁莫不義莫不正用人行政皆無私而合宜也用人行政皆無不正則國定矣是一正君而國定也

○孟子曰有不虞之譽有求全之毀

言毀譽不足憑註脩己觀人二條乃所以言此之意也

○孟子曰人之易其言也無責耳矣

以有責為斯人幸以無責為斯人危也也耳矣數虛字慨歎至深因斯言而慮責於早則亦斯言之責之之功也夫

○孟子曰人之患在好為人師

為人師非患患在好之之心

○樂正子從於子敖之齊節樂正子見孟子孟子曰子亦



來見我乎曰先生何為出此言也曰子來幾日矣曰昔者曰昔者則我出此言也不亦宜乎曰舍館未定曰子聞之也舍館定然後求見長者乎節曰克有罪

○孟子謂樂正子曰子之從於子敖來徒餔啜也我不意子學古之道而以餔啜也

上章姑責其不早見次章乃微責其失所從然語意引而不發亦因子敖之不當從固不欲明言耳只一從子敖便有比匪之傷不必推到後來去就之難潔若孔孟則無妨於見惡人又自有道矣

○孟子曰不孝有三無後為大節舜不告而娶為無後也

**君子以爲猶告也**

此爲舜明不告之心不重用權意按四岳薦舜已曰克諧以孝烝烝乂不格姦則在側陋之時瞽瞍已允若矣豈當釐降之日而猶不許其娶朱子曰以事理度之意其未及告而受堯之命耳其後固不容不告而遂娶以歸也然事之有無可無辨而無後之大與告之之禮權之則輕重較然矣父有瞽瞍之頑子有虞舜之孝設有不告而娶君子以爲猶告可也

**〇孟子曰仁之實事親是也義之實從兄是也**節**智之實知斯二者弗去是也禮之實節文斯二者是也樂之實樂斯二者樂則生矣生則惡可已也惡可已則不知足之蹈之手之舞之**



欲人用力於事親從兄與有子其爲人也孝弟章同意首節二實字指性體言後節三實字以用功言總註宜玩蓋人之有生滿腔子無非惻隱而所生之本則惟父母故仁心之發亦莫真切於此次則同本之兄弟而已但父母愛深於敬而兄弟敬勝於愛愛親者體元之仁敬兄者嘉會之序於一本只知有愛及有同本分形者而愛之中敬以生焉故事親主於仁而從兄主於義此愛敬之念發之最先未有枝葉而天真自然無待勉強所謂實也自此而仁民愛物皆愛之推忠君順長皆敬之推而已故曰天下之道皆原於此以性分言仁義禮智皆性之德而仁義爲之綱禮節仁義之秩然有序者智即仁義之瑩然明通者耳故言仁義而禮智統是矣以工夫言則仁義上無處用功而用功只在致知力行致知智也力行禮也孔子曰博學於文約之以禮曰克已復禮仁也易傳曰智崇禮卑崇效天卑法地成性存存道義之門故從事智禮而仁義出焉次節曰知斯二者弗去曰節文斯二者曰樂斯二者皆用力字面也易傳曰貞者事之幹也知而不能守由知之不真故必知



其正而固守之方可謂智人於別事凡百求知而至於事親從兄反無以盡其道既不曉得事親從兄則雖無物不知亦何足爲智是已失其本也故曰智之實在當務工夫惟知斯二者弗去是也行之有序曰節成章曰文節文斯二者謂節其事親從兄而使之中節文其事親從兄而使之成章如事親豈止是一愛便了須是溫凊定省有許多儀節又須有和氣愉色婉容承載此孝思出來凡先意承志諭親於道此中細微曲折須是禮以制之節之文之事親之道始盡而無弊樂斯二者謂體認得真節文得密又不畏其難而喜好以行之也此

句未便是和順從容地位。註中和順從容本是解樂則生矣句，惟喜好去行，便漸漸純熟，眞性日日洋溢出來，乃覺和順從容。所謂生則惡可已也。足蹈手舞，無非天性。便節文都渾化了。久則天，天則神也。由知而弗去，而節文之，以至於此，方完得一箇孝弟，方推得出去以及民物，而盡仁義之量。時解每將五實字混作一例，故云仁義智禮樂之實，皆只是事親從兄，知愛親敬兄無待於勉，此智之實；能事之從之無待於強，此禮之實。此即良知良能之說。抑知良知良能只統在仁義之實中。若只以此爲智禮之實，則守其良知而已，而不復用其致



知力行之功，理有未窮，行有未密。不但舉一廢百，而幷其事親從兄處，亦多率情任意，不合中庸，孝弟且未能盡道，又安能推之天下之道乎。且儒者致知格物，以盡經曲之詳，何在爲身外事。孟子言之，亦爲舍本求末者言之，以使之反求於近耳。若泥此而謂家庭之外遂不必求知求行，則亦守之太狹矣。夫豈孟子意哉。天下之道皆原於此，謂天下之道可自孝弟而推，如孝弟行仁之本云耳。非謂天下之道卽此而盡也。又節文二字，說約以爲節其大過，文其不及。然朱子常云禮者天理之節文，豈天理上亦有太過不及。滄柱辨之是矣。但滄柱

又謂不是把禮去節文他，只就孝弟行去，便有自然之節文。如其說，則孟子當云斯二者之節文是也，不當云節文斯二者是也。其非益甚矣。然玩朱子總註然必然後數字，則後節工夫尤重智上。蓋知而弗去，知已兼行在內。而禮樂以成其終，必智以開其始。世之不務孝弟者，非其不能行，而由其知之不眞也。抑朱子時若子靜兄弟已畔却格致工夫誠敬事業，而只欲徑約，朱子蓋爲慮之，故特重言之，以閑中庸之道也。從來此章舊解，如小註則分一經一緯，黃氏則謂知而弗去，體認操存，節文就纖悉細密言，樂爲成熟結果。虛齋則云仁義之



實是主腦，智禮樂皆所以全此孝弟。次崖則云五實字不同例。從未有以五實字作一例，而作自然無工夫說者。近乃畔入良知之說，其餘姚流毒邪。曩見有斥時下講章者，謂名爲體註而實畔註，名爲述朱而實畔朱也。信哉。

○孟子曰：天下大悅而將歸己，視天下悅而歸己，猶草芥也，惟舜爲然。不得乎親，不可以爲人；不順乎親，不可以爲子。節 舜盡事親之道而瞽瞍厎豫，瞽瞍厎豫而天下化，瞽瞍厎豫而天下之爲父子者定，此之謂大孝。

性分純篤，則勢分不足以動其心。意重上節，下節則推

其效而贊之抑以申明上章事親爲仁之實意也得親順親二句表舜之心最爲切至不可爲人不可爲子天地間且無所容庭幃內且難自活舜方求所以爲人爲子之不暇而何暇於天下之大悅而將歸已順親註云諭親於道其於語氣似不順要知能使親與道爲一則我能與親爲一是之謂順在聖人固不敢謂親之非道而親之不以道使子必子之有未盡道者致親之不順故自盡其道卽所以諭親於道註意似拗而實精若徒作順親說則阿意曲從反是陷親不義矣一心只知要得親順親故負罪引慝其所以盡事親之道者無所不



至而瞽瞍以底豫矣舜盡事親之道而瞽瞍底豫只以言舜之孝非言瞽瞍之能慈至天下化則兼言天下之化於孝慈然亦重舜之能孝以致父慈上天下化於孝慈則天下之爲父子者皆得其道矣故曰定天下之爲父子者定句只作過文以歸到大孝二字以一人之孝而致天下之孝且以一人之孝而致天下之父之慈此舜之孝之所以爲大也○開口說個天下大悅而將歸已何等突兀何等歆動接云視天下悅而歸已猶草芥也將首句說得冰冷孟子文字眞是奇絕而好異者乃求之蒙莊逍遙何異佛說衣內有珠而向鄰家乞食



## 離婁章句下

孟子曰舜生於諸馮遷於負夏卒於鳴條東夷之人也節 文王生於岐周卒於畢郢西夷之人也節 地之相去也千有餘里世之相後也千有餘歲得志行乎中國若合符節節 先聖後聖其揆一也

意重末節先聖後聖事迹不必盡同而度其立心制事之所以然則先後如一也一者道也或曰聖心之權度其道如一亦通

○子產聽鄭國之政以其乘輿濟人於溱洧節 孟子曰惠



而不知爲政節 歲十一月徒杠成十二月輿梁成民未病涉也節 君子平其政行辟人可也焉得人人而濟之節 故爲政者每人而悅之日亦不足矣

惠而不知爲政一句斷下三節漸漸說開卻一層緊一層總見爲政當務大體不重譏子產也○朱子曰子產於先王之政雖有所未盡然其於橋梁之脩蓋有餘力而其澤之及人亦有大餘乘輿之濟者矣意此時偶有故未就又不忍乎冬涉之艱而爲是耳孟子慮後之爲政有廢公道以市私恩違正道而干私譽者故深譏之以警其微亦拔本塞源之意也

〇孟子告齊宣王曰君之視臣如手足則臣視君如腹心
君之視臣如犬馬則臣視君如國人君之視臣如土芥則
臣視君如寇讎節王曰禮爲舊君有服何如斯可爲服矣
節曰諫行言聽膏澤下於民有故而去則君使人導之出
疆又先於其所往去三年不反然後收其田里此之謂三
有禮焉如此則爲之服矣節今也爲臣諫則不行言則不
聽膏澤不下於民有故而去則君搏執之又極之於其所
往去之日遂收其田里此之謂寇讎寇讎何服之有

與子思對繆公無爲戎首之意同而辭意尤爲周悉然
事理之常非過激也去國而三有禮蓋古有是禮而孟
子述之可見古人之忠厚



〇孟子曰無罪而殺士則大夫可以去無罪而戮民則士
可以徙

亦亂邦不居之意非徒以遠害所守宜然也

〇孟子曰君仁莫不仁君義莫不義

皇建極而民歸極也然此端其本耳化民成俗則猶有
其用矣

〇孟子曰非禮之禮非義之義大人弗爲

通書曰禮者理也義者宜也蓋理在事物宜在心禮有
經義有權非禮之禮如閭巷委曲之禮及夫嚴而不泰
和而不節文過其質恭流於卑之類非義之義如矯矯
子子之操仲子之廉尾生之信執中無權過與傷惠之
類也蓋禮者理之不可變者也義者中之因乎時者也
理有常則以變通言禮則爲非禮之禮中無定體以執
一爲義則爲非義之義凡人處常須是守禮註隨事而
順理是也時有當變通處則必權之以義註因時而處
宜是也常人有好言變通者於不可變通處也任意變
通而拘泥者又只是執一皆由其不能察理故耳大人
豈爲之哉雲峯以註中隨事順理貼禮因時處宜貼義
深得朱子之意虛齊以禮亦從宜義莫非理駁胡氏分



貼之非愚按記曰禮從宜只以言節文之可小變者耳
然從宜處便是以義起如貧者斂手足形旋葬懸棺而
窆此只是因時之義耳若禮上則曷嘗有如是之薄來
禮之大體萬世不易制度文章亦有定體君子只隨事
順之而已豈有可變者惟義則有在常禮所推不及到
處故要因時而裁制之以合事理之宜到得合宜時則
亦仍不外此不易之理究未許人變通於理之外也橫
渠時中及北溪不泥陳迹之說只說得非義之義却不
會說得非禮之禮時解皆遵陳說遂使二句蒙混禮義
更分不出兩樣似禮便是義義便是禮其誤久矣且不

泥陳迹之說尤不可訓先王制禮千古爲昭人不患乎難通而先患乎難守禮之維世猶規矩準繩焉而可指爲陳迹乎世之畔禮離經而甘爲非禮之禮者未嘗不以不泥陳迹之言爲藉口也此世道所關予故不得不辨

**○孟子曰中也養不中才也養不才故人樂有賢父兄也如中也棄不中才也棄不才則賢不肖之相去其閒不能以寸**

不曰德曰賢而曰中曰才正以其涵養深粹情性中和有養人之德也不曰教而曰養對棄者而言也養之故



樂不然則教正而相夷者有矣相夷則必棄之矣養者教之而無賊恩之禍愛之而非禽犢之慈仁至義盡也中才者正已而正人者也不能正其子弟而又棄之中才於何有養之而不化奈何曰人性皆善養之未有不化者曰豈堯舜不能養其子者與朱均奈何曰今人好言朱均眼見處心刻薄虞賓德讓丹朱未必以傲終當日終身守土不至滅亡寧非堯有以養之但不足以任天下耳且養之而不化棄之必益甚不待養而善養之必益加奈之何不養不幸而昏弱之甚養之不化父兄亦惟是致其慈愛深爲防閑而不畀之以事任以免敗亡堯舜之不傳子是也何可言棄哉夫或有不可化者亦偶然之事而視爲無不可化者君子之心也君子之於天下也且曰有教無類而況其子弟也乎哉

**○孟子曰人有不爲也而後可以有爲**

有不爲在德行上說有爲在事業上說玩也字而後可三字及註中惟能有所是以安能數字自當從存淺之說註中知所擇在有不爲前一層知以開守之始也麟士不走邪路方能走正路之說本横渠不爲不仁則可以爲仁不爲不義則可以爲義意此只主知所擇一句要之與而後可以語氣欠合横渠之說朱子雖嘗述之



然終有太快語病蓋以理言則道二仁與不仁而已以爲言則爲仁爲義尚有工夫在不只一不爲不仁不義便會了也且爲仁爲義只立身正當事有爲須有功業天下固有有守而不能有爲者必無無守而能有爲者故孟子不曰有不爲則可以有爲而曰人有不爲也而後可以有爲

**○孟子曰言人之不善當如後患何**

好言人之不善者其心已薄不可以忠厚勸之不可以刻薄責之只未必不畏後患也故惕之以此

**○孟子曰仲尼不爲已甚者**

此當就學術言。自包得行事。若就事迹上說。則說向皮膜也。聖人盡性而已。故曰中庸。稍越焉則索隱行怪類也。

○孟子曰。大人者。言不必信。行不必果。惟義所在。

此大人之心虛也。理在事物。制義在心。理卽心而存。制宜則因物而付。若先期信果。則此心中實。安能制義。然不期信果。而中心漫無主張。則又妄人而已。異端而已。惟大人則言不必信。行不必果。惟義所在。然非兩截事。不期信果。正以惟義所在耳。不期信果。惟義所在。此精義後身分不可以此爲精義事。大要只是居敬。



○孟子曰。大人者。不失其赤子之心者也。

此大人之心實也。人之有心。萬物皆備。雖氣禀有異。而本體則同。故自識字讀書以至於物格知至。自愛親敬長以及於均平天下。皆吾心所可學慮而通。則皆吾心所本然自具之理。斷非若禽獸之蔽塞而不可啟迪。此之謂誠者天之道也。惟人爲人欲之私所梏。而亡其本實之理。則心體已空去一邊。而學慮遂似有不可通者。甚焉者本體盡空。生意遂息。此人品大小之所由也。故大人者知至行盡。原非若赤子之屯蒙。然要正惟其能全此赤子之心。故能擴充之以至於盡。而究非於此心之外有所加矣。夫良知良能。赤子所具矣。若夫學慮所至。似非本然知能。而亦曰吾心本然自具之理。吾心既萬物皆備矣。又何以學慮而後通也。曰可學而知。是亦良知。可學而能。是亦良能。禽獸無良。故不可也。木之有火。燧而後出。山之有泉。掘而遂通。非本無火無泉也。不燧不掘則亦已耳。果核之仁。非有根幹枝葉花實。而此理已備。所以萌芽乃成大樹。亦只是能全此核中之仁所至。然須是水土以培灌之。人力以保護之。若此仁先朽蠹。無由得成大樹矣。赤子之心。本具無不知能之體。然却須把外面事理一一印證出來。始有據而能盡。及



印証來時依舊是此心所固有。若不曾印証。則亦不燧不掘不種。火水木無從見矣。是以君子貴察識擴充也。陸王輩將此意錯會。遂謂大人者只要此赤子之心。故言立大良知。似只要一個果核自已罯發萌芽。便算大樹。至流入釋氏去。則并萌芽都算外障。此所以不能盡性。而終於賊道也。問赤子之心。便是天命之性否。曰。赤子之心已不全是天命之性。而天命之性未壞。其未發時無思無慮。其孩笑孺慕純是天眞。此卽中和。終身長如此心。則不失其天性者矣。何以能不失。曰。戒愼不睹恐懼不聞。以愼其獨。

○孟子曰。養生者不足以當大事。惟送死可以當大事。

此親喪固所自盡之意。抑亦有深感云也。世之衰也。異說橫行。慎終禮廢。孟子此言示人知所慎也。於送死而不盡吾誠。吾惡乎盡吾誠。取集註讀之。泫然涕下。

○孟子曰。君子深造之以道。欲其自得之也。自得之。則居之安。居之安。則資之深。資之深。則取之左右逢其原。故君子欲其自得之也。

深造者。日就月將。不以半塗而廢。以道者。優游涵泳。不以躐等而進也。自得者。融會貫通。而非安排勉強。所謂渙然冰釋。怡然理順者也。學非深造不得。深造而不以



道。亦終非自得。道不以道。亦無由能深。深造之以道。則事理皆身親閱歷。而非憑虛臆度。道理皆心相理會。而非口頭記問。遠邇高卑。循序漸進。下學而上達矣。凡出於勉強者則不安。自然而得。則居之安矣。凡待用之具。須從暇豫中出。居不安。則已且失據。何以待用。居之安則資之深矣。取之左右逢其原。所謂一理渾然。泛應曲當也。居安資深。取之逢原。皆自得中自有之效。不分先後層次。然其序却如此。又人有一分得。則有一分安。有一分安。則有一分資。而惟取之逢原。則必大成之候矣。世有不肯深造者。有深造而不以道者。有深造似乎有道而實非其道者。不肯深造者。庸人之苟安。淺嘗浮慕。可無論矣。若乃妄希頓悟。高談直指者。其憑虛捉空之學。莫說他必無所得。縱使從本心靈明之地。覷得見一個依希。亦只是糢糊影子。何以得安。雖渠性崛強。自以爲安。然中無所裕。用何從出。所謂畀之一錢則亂者也。深造似乎以道而實非其道者。今之辭章是也。

○孟子曰。博學而詳說之。將以反說約也。

約者。至要之地。物理之大原也。說約。貫通之而會其大原也。學不博。無以盡物。貫通個甚。博學而不詳說。物理未窮。所學者皆死物事。亦何由貫通。故必博學而詳說



之。物物格到十分。大原自見。但博學詳說而有非以反約者。則誇多鬭靡。全於身心無與。此由其心本向外。亦詳說之非其說也。故孟子指以示人曰。君子博學而詳說之。乃將以反說約耳。謂之反者。道理本自同原。萬物皆備於我。只緣殊途百慮。粗淺應付去了。便至一時融會這本原不來。故須博學詳說。則事理大原。原自不從外得。只要此心向內。故謂之反。不可馳騖向外也。不博而約曰徑約。然與詳說反約者不同。反說約者。一以貫萬。徑約只是約少而已。

○孟子曰。以善服人者。未有能服人者也。以善養人。然後

能服天下天下不心服而王者未之有也

此章直指心術而言把個善去屈服人只一服字便是滿肚私意其善都是假了養者涵煦之意有容保教誨之思焉人字自指諸侯然養人大公心事亦不專是諸侯須是以天下爲量

○孟子曰言無實不祥不祥之實蔽賢者當之

此章且從註前說然語氣終不順

○徐子曰仲尼亟稱於水曰水哉水哉何取於水也節孟子曰原泉混混不舍晝夜盈科而後進放乎四海有本者如是是之取爾節苟爲無本七八月之閒雨集溝澮皆盈



其涸也可立而待也故聲聞過情君子恥之

聖人會心於水意未易知孟子所稱以對徐子言耳然就本章以觀得益自切原泉二字領上節即所謂有本也混混以其湧出之勢言蓋雖始出而已有不已漸進至海之勢矣不舍晝夜深造也盈科後進以道也放乎四海自得之而居安資深逢原也此皆實行中操修不闕聲譽雨則非原泉七八月之間雨集則非不舍晝夜溝澮皆盈則非盈科後進涸可立待則不能放乎四海此正所謂無本乃色取仁而行違居之不疑人影子也雨集皆盈非以比暴得虛譽但既盈則自暴得譽矣涸則露出本相非以比譽之不久然既涸則譽亦隨敗矣聲聞即亟稱於水之稱字在常人未必不以雨集之水與原泉並稱也但無如其涸何耳取則聖賢特眼取有本不取無本不必待其涸而始以爲無足稱恥之恥其無實修其實也

○孟子曰人之所以異於禽獸者幾希庶民去之君子存之節舜明於庶物察於人倫由仁義行非行仁義也

天地生物只有此理而氣機所值不能無明蔽通塞之殊得其明通者爲人則其心體虛靈而仁義禮智之良具焉而無不可通得其蔽塞者爲物則其心昏昧雖亦同此生理而渾濁之氣却尋覓此理不見乘載此理不全所以爲禽獸此理同而氣異故也然有此氣則同有知覺同有運動人與禽獸知覺運動不殊骨肉氣血無異則所恃以別於禽獸者亦只此仁義禮智之具於心耳所謂氣同而理異者孟子特危言之曰幾希所以惕人存之之心而勉於存之之力也人之所以異於禽獸者理而理具於心合理與知覺有心之名知覺與禽獸同者人心之危也理與禽獸異者道心之微也人心道心非有二心知覺非理無所主理非知覺無所著但此物最靈最活纔提起則此心存仁義之良具在纔放下

則形氣用事。而天理不見矣。此理偶失。則此時便是獸身。無時可離。無息可妄。故君子終日乾乾夕惕若。乃得厲而无咎。不然。則不足以爲人也。顧衆人不存。多緣不知。縱稍知之。亦非實見。則庶人君子之分。亦半由氣稟。欲爲存之之君子。須少不得格致工夫。故朱子特加知此二字於存之之上。所以啟入德之門也。幾希只是少字。故昔人謂不可云存此幾希。然謂存幾希則不可。謂存此幾希之良則無害。近解又變云存心。亦稍混。若云存此戰兢惕厲之心。則戰兢惕厲所以存之。而非存此戰兢惕厲。故晚村謂註中並無存心之說。但云存心固



不然。而若云存此心之理。則亦是也。又蔡晉江云。存非君子一身自存。并庶民亦不得去。此意照後孔孟二章固好。但本文存之二字。究是君子自存。惟君子能存之。則庶民實亦賴以不去矣。君子存之句自下數章。則舜亦在此君子數內。但存之二字。究有工夫。而舜則生知安行。故尹註分存者存之者品詣。究竟明庶物察人倫由仁義行非行仁義。只他人視舜則然。在舜則未嘗無戰兢惕厲。舜之告禹。曰人心惟危道心惟微惟精惟一。允執厥中。若非舜自見得要有精一工夫。如何發以告禹。但在舜要非勉強。其戰兢惕厲皆率性而然。如天之

非有所勉而行健不息。此即其生安處。故曰不待存之而自無不存也。先知後行。所言次序。舜則誠無不明。不分知行先後。

**○孟子曰。禹惡旨酒。而好善言。**節 **湯執中。立賢無方。**節 **文王視民如傷。望道而未之見。**節 **武王不泄邇。不忘遠。**節 **周公思兼三王。以施四事。其有不合者。仰而思之。夜以繼日。幸而得之。坐以待旦。**

存理遏欲。行政用人。愛民求道。德盛仁至。致知力行。五聖之德。難以名舉。故各舉一事。以見其憂勤惕厲之心。然雖各舉一事。而發見莫非聖心之全。第禹當日偶有



儀狄作酒之事。又有皋益昌言之拜。人遂見禹爲是惡旨酒而好善言者。湯文之事亦然耳。執中。只就行政言。蓋中只此中。但各分二事。則此與用人對。不得統舉全體也。邇遠。各統事物時地言。不泄邇亦是仁。而於不泄見德盛意多。不忘遠亦是德。而於不忘見仁至意多。禹大抵明決。湯大抵寬平。武大抵嚴密。惟文王獨有純亦不已之妙。自然而然者。亦生安者也。三王四事。蓋人所常言者。朱子曰。此必周公嘗言之也。周公思兼而施之者。三王心體之全。各於其事而見。而公則欲因其事。以會其心體之全也。施四事者。遏欲之必嚴也。受善之必

廣也處事之中庸也官人之如已也愛民之無疆也求道之不息也邇者之必敬也遠者之不遺也四事周公所嘗言則上平迷四事而此歸併周公語脈一氣挽合另尋四事不得其確指上四條之事無疑蒙存謂上事周公宜無不合其不合者又在四事之外如文質三正助徹之類此於上文外另生枝節抑知上四條所包甚廣其有時勢不合者自多不合何必在四事之外滄柱謂文質三正亦不出四事內是也蒙存欲將其有不合其字及註中其事其字皆指周公則上下語脈不接矣周公亦生安之聖而取法往古深思力行有如學利者



此正所謂憂勤惕厲之心而有生之理之所以常存而不失者也此章漸到事上說已有君子自存而存天下意此天理人心之所爲重賴有憂勤惕厲之君子也

○孟子曰王者之迹熄而詩亡詩亡然後春秋作節晉之乘楚之檮杌魯之春秋一也節其事則齊桓晉文其文則史孔子曰其義則丘竊取之矣

春秋惇典庸禮命德討罪維王迹正以存天理也王迹者文武周公之道之所寄春秋紹王迹卽孔子之紹文武周公以遠紹堯舜者也紹王迹而存天理爲天下立人獸大閑此孔子之存之而不忍天下之禽獸卽吾心之仁正已而正天下卽吾心之義存天下亦正君子之自存也已詩雅詩也二雅盛時君臣告誡與典謨訓誥同體卽至稍衰亦刺不忘忠言關國事而六月常武諸篇王迹復張猶足以震疊天下風則民俗歌謠而已非王者之詩也故詩亡自指雅亡平王初年書錄文侯之命而家父諸賢猶有諷刺以冀王迹之復興迨其後終不復興而黍離之痛以深然後詩不復雅故曰王者之迹熄而詩亡蓋君子睹黍離之爲風而深懼天下之無王也天下無王而三綱淪九法斁人幾入於禽獸矣春秋所以作也王魯齋謂變風終於陳靈而孔子作春秋



當敬王之世則詩亡直指全詩抑思陳靈以前全詩未亡其於王迹何係且孔子亦適生全詩亡後耳設孔子生莊釐時全詩未亡春秋寧得不作孔子作春秋以維王迹非以續詩何必以全詩爲說哉詩亡然後春秋作原孔子所以作春秋之由下二節又言魯史春秋本無關王迹而其義則斷之孔子蓋首節承帝王道統以歸於春秋下二節引列國之史而歸重孔子謂非春秋無以紹道統非孔子無以脩春秋也或謂周盛時史書只紀王事列國不得有史至迹熄詩亡而後列國之史皆只自記其事則以首節春秋作亦指未脩之春秋言抑

知列國有史。自古而然。春秋託始隱公。蓋孔子脩之只自此始。未必魯史原自此始也。其義卽惇庸命討之義。不止於討亂賊。竊取者謙辭。與下章私淑語意同。非無位自專意也。

○孟子曰。君子之澤。五世而斬。小人之澤。五世而斬。節 予未得爲孔子徒也。予私淑諸人也

首節概言。不粘孔子。意謂凡君子小人之澤皆必五世而後絶。況聖人流風之遠。而予之於孔子。又未及五世乎。故予雖未得爲孔子徒。而予之私淑者。猶幸以得諸人也。存之之責。不容委矣。時解以孔子無位。亦在小人



之列。此章側重小人邊則孔子亦大夫。非小人。且孔子之澤。何止五世。艾東鄉亦嘗辨此。私淑諸人句。人多疑詩解不順。抑知將私淑二字稍讀斷。則神吻自出。

○孟子曰。可以取。可以無取。取傷廉。可以與。可以無與。與傷惠。可以死。可以無死。死傷勇。

不可。易辨。可之未可。難辨。不及之過。易知。過者之過難知。重傷惠傷勇二條。

○逢蒙學射於羿。盡羿之道。思天下惟羿爲愈己。於是殺羿。孟子曰。是亦羿有罪焉。公明儀曰。宜若無罪焉。曰。薄乎云爾。惡得無罪。節 鄭人使子濯孺子侵衛。衛使庾公之斯追之。子濯孺子曰。今日我疾作。不可以執弓。吾死矣夫。問其僕曰。追我者誰也。其僕曰。庾公之斯也。曰。吾生矣。其僕曰。庾公之斯。衛之善射者也。夫子曰吾生。何謂也。曰。庾公之斯。學射於尹公之他。尹公之他。學射於我。夫尹公之他。端人也。其取友必端矣。庾公之斯至。曰。夫子何爲不執弓。曰。今日我疾作。不可以執弓。曰。小人學射於尹公之他。尹公之他。學射於夫子。我不忍以夫子之道。反害夫子。雖然。今日之事。君事也。我不敢廢。抽矢扣輪。去其金。發乘矢而後反。

謂取友者貴得端人而友之也。然取人以身。則端宜不



獨求之人也。考逢蒙殺羿。由浞所使。未必因愈已之故。子濯孺子事。則與左氏公孫丁事未知是一是二。大概是當時人所傳述而失其眞者。孟子合做一處論例。姑作取友一則耳。節外生論。俱所不必。

○孟子曰。西子蒙不潔。則人皆掩鼻而過之。節 雖有惡人。齊戒沐浴。則可以祀上帝

西子惡人。皆以質言。自棄則美質何足恃。自奮則氣禀不足拘。然卽使好脩有素。而懈於末路。亦至身敗名裂。素行不軌。而自新一旦。亦足以洗前愆。天下總無足恃。亦無不可爲也。勉哉。

〇孟子曰。天下之言性也。則故而已矣。故者以利爲本。節所惡於智者。爲其鑿也。如智者若禹之行水也。則無惡於智矣。禹之行水也。行其所無事也。如智者亦行其所無事。則智亦大矣。節天之高也。星辰之遠也。苟求其故。千歲之日至。可坐而致也。

玩總註事物之理云云。則此章專爲鑿者箴也。蓋事物之理。具於性分。率性而行。則日用事物間。莫不各有自然之道。是之謂故。是之謂利。若於性分之外。稍加毫末。則是索隱行怪。害性非淺。而其差只在知上起。聖學先致知。貞者事之幹也。當日者人多以非利之故言性。而性以不明。則多以不利之故爲性。而性以受害。若告子若老莊若楊若墨。皆其鑿也。故孟子惡之。孟子蓋先有次節意。而因發首節話也。雲峯云。欲言智而先言性。智卽五性中之一也。此說自未瑩。孟子此章。爲入學者正門路。不是單辨性體一件。智字就用智言。不以性體之智言也。首節徵理於故。而要故於利。次節言不可鑿。末節言不必鑿。總是以利之故爲要。陳新安分次節言利。末節言故。亦不是。〇禹之行水。不作喻看。行所無事。正事物當行之道。於水於人。皆爲率性。然因物付物。便是行所無事。若老氏求無爲。佛氏欲無生。則鑿而已。〇歷



家求上元日至。以爲準。已往不差。而後未來方可定。率以上古之甲子年。甲子月。甲子日朔。甲子時冬至。實癸亥年之十一月。日月五星皆子之半。此以纏度言。玄枵虛危之次也。爲歷元。然今多用顓頊十年甲寅歲甲子月。實九年癸丑歲之十一月。甲子日朔。甲子時日至。是爲顓頊甲寅元歷。唐虞三代冬至日在丑。今冬至日在寅箕。此爲歲差。然則甲子元歷文當在堯前三千餘年。只云千歲日至。約言之也。

〇公行子有子之喪。右師往弔。入門。有進而與右師言者。有就右師之位而與右師言者。節孟子不與右師言。右師不悅曰。諸君子皆與驩言。孟子獨不與驩言。是簡驩也。節孟子聞之曰。禮。朝廷不歷位而相與言。不踰階而相揖也。我欲行禮。子敖以我爲簡。不亦異乎。

以禮自重則嚴。非本鄙王驩。而姑託於禮也。勿將大賢巖巖氣象。看作灌夫罵席而可。〇有子之喪。舊說皆以爲父喪。則子之喪者。猶云爲人子之喪也。句法似拗。抑父方卒時。其子未便遂稱公行子而列大夫。則直云喪子之喪爲安。父爲適子。亦喪三年也。〇歷位踰階一串。階卽位之階。客位皆在西階。謂行列也。非東西階之階。與言必相揖。但階非一位。歷位與言。則踰階相揖矣。

〇孟子曰。君子所以異於人者。以其存心也。君子以仁存

心。以禮存心。節 仁者愛人。有禮者敬人。節 愛人者人恆愛之。敬人者人恆敬之。節 有人於此。其待我以橫逆。則君子必自反也。我必不仁也。必無禮也。此物奚宜至哉。節 其自反而仁矣。自反而有禮矣。其橫逆由是也。君子必自反也。我必不忠。節 自反而忠矣。其橫逆由是也。君子曰。此亦妄人也已矣。如此。則與禽獸奚擇哉。於禽獸又何難焉。節 是故君子有終身之憂。無一朝之患也。乃若所憂則有之。舜人也。我亦人也。舜爲法於天下。可傳於後世。我由未免爲鄉人也。是則可憂也。憂之如何。如舜而已矣。若夫君子所患則亡矣。非仁無爲也。非禮無行也。如有一朝之患。則君子不患矣。



此學聖之君子也。以仁禮存心。謂以仁禮存於心而不忘。存於心與存其心不同。存其心者。守住那人心。使不離道心。戒懼愼獨是也。存仁禮於心。提住此道心。使主張人心。參前倚衡是也。其實則一而已。葢未至於聖。未能使心與道爲一。故必將仁禮時時提向心上。念念不忘。始能有以自盡。若稍遇外患。便搖奪了去。則不得爲君子矣。小註謂存心只是處心。上玉因謂立心。如此。而反疑註似以仁禮與心爲兩件了。抑知曰以仁禮存心。以字便非合一。原不必外面捉个仁禮來存。却是要時時提著。若大全所云心卽仁禮。仁禮卽心。此則聖人身分。下此依仁者猶難言之。今爲學者言。寧或亦卽心卽佛與。卽小註處心二字。出本穀梁。亦是有箇念頭存於心。非立心說也。不曰仁義而曰仁禮者。仁義體。仁禮用。此以下文接人言也。仁禮字稍淺。只就愛敬之用言。自會入細。慶源入視聽言動等語。亦未是存心已括通章。以仁禮存心。便自愛人敬人。愛敬因心而施。愛人敬人。便自人愛人敬。此正好驗吾仁禮。人不愛敬。必是我不仁無禮。必是我仁禮未盡。故緊接以三自反。念念只自反。方了得存心事。方是以仁禮存於心而不忘。奚擇何



難。正已而不責人。怨尤之所由絶也。何難只言不足校。蒙引不復被他難及近解不忍校之說。俱忒費周旋。葢此與犯而不校者身分自異。三自反未免用力。非物我無間者也。爲法天下可傳後世。只是仁禮盡處。憂仁禮之未盡。卽終身之憂。憂欲如舜。卽以仁禮存心者求至於舜。以仁禮存心。是學者事。非仁無爲。非禮無行。則其存於心者不忘。涵養熟時。心與仁禮一。便亦是聖人。無一朝之患。仍舊是何難意。到得如舜時。則至誠未有不動者。故終日不患。內省不疚。何憂何懼也。

○禹稷當平世。三過其門而不入。孔子賢之。節 顏子當亂

世居於陋巷一簞食一瓢飲人不堪其憂顏子不改其樂孔子賢之節孟子曰禹稷顏回同道節禹思天下有溺者由己溺之也稷思天下有飢者由己飢之也是以如是其急也節禹稷顏子易地則皆然節今有同室之人鬬者救之雖被髮纓冠而救之可也節鄉鄰有鬬者被髮纓冠而往救之則惑也雖閉戶可也

此言時中之道也一出一處其事不同而各當其理同救民脩己用心不同而心之無私同蓋惟其義精仁熟一理渾然故能不以物喜不以己悲素位而行不願乎外所謂可以仕而仕可以處而處用之則行舍之則藏



者也近解謂孟子以顏子自況故語意側重顏子愚按孟子歷遊齊梁身任名世與顏子之有孔子而得以自樂者又異但未被用於世耳未必以顏子自況也但禹思天下節及末二節語氣似有低昂要以禹稷之賢易知顏子之賢難見故言禹稷乃不得不急者若顏子則只當自樂耳非側重顏子也

○公都子曰匡章通國皆稱不孝焉夫子與之遊又從而禮貌之敢問何也節孟子曰世俗所謂不孝者五惰其四支不顧父母之養一不孝也博奕好飲酒不顧父母之養二不孝也好貨財私妻子不顧父母之養三不孝也從耳目之欲以爲父母戮四不孝也好勇鬬狠以危父母五不孝也章子有一於是乎節夫章子子父責善而不相遇也節責善朋友之道也父子責善賊恩之大者節夫章子豈不欲有夫妻子母之屬哉爲得罪於父不得近出妻屛子終身不養焉其設心以爲不若是是則罪之大者是則章子已矣

子父責善以至賊恩罪也乃出妻屛子大非人情而章子若然其心之獨苦可知此在常人則不察焉而君子則有以諒其心也顧責善之不孝與世俗之不孝大殊科矣又考人物志稱匡章不背死父豈背生君則又不



識世俗之孝者其能然否乎孟子與之遊又從而禮貌之其亦非無謂矣

○曾子居武城有越寇或曰寇至盍去諸曰無寓人於我室毀傷其薪木寇退則曰脩我牆屋我將反寇退曾子反左右曰待先生如此其忠且敬也寇至則先去以爲民望寇退則反殆於不可沈猶行曰是非汝所知也昔沈猶有負芻之禍從先生者七十人未有與焉節子思居於衛有齊寇或曰寇至盍去諸子思曰如伋去君誰與守節孟子曰曾子子思同道曾子師也父兄也子思臣也微也曾子子思易地則皆然

此與禹稷章同旨。其叙處曰先生。曰君誰與守。在案中已伏斷意。

○儲子曰。王使人瞯夫子。果有以異於人乎。孟子曰。何以異於人哉。堯舜與人同耳。

王以異於人窺大賢。便是俗眼。聖賢事事同人。但同此性。而聖人獨能盡性。同此形。而聖人獨能踐形耳。正惟其能盡此與人同者。所以爲聖。以天下只此常理也。若有一事求異於人。則於與人同者。反有不盡。只成其爲異端。不是聖賢矣。

○齊人有一妻一妾而處室者。其良人出。則必饜酒肉而



後反。其妻問所與飲食者。則盡富貴也。其妻告其妾曰。良人出。則必饜酒肉而後反。問其與飲食者。盡富貴也。而未嘗有顯者來。吾將瞯良人之所之也。蚤起。施從良人之所之。徧國中無與立談者。卒之東郭墦間之祭者。乞其餘。不足。又顧而之他。此其爲饜足之道也。其妻歸告其妾曰。良人者。所仰望而終身也。今若此。與其妾訕其良人。而相泣於中庭。而良人未之知也。施施從外來。驕其妻妾。節 由君子觀之。則人之所以求富貴利達者。其妻妾不羞也。而不相泣者。幾希矣。

富貴利達非可羞。求之則可羞。而所以求更可羞可泣。既已求之。則不至若墦間之乞不可得矣。甚矣求之可羞可泣也夫。○今若此三字。統括上文。乃省文法耳。其妻歸至若此。只作一句讀。上玉謂今若此三字有說不出口光景。此夢話也。試思若此二字。壺蘆提妾何由便與訕且泣。豈其妾只聞若此二字。便解得良人是行乞乎。此雖沒要緊處。然足見講家之求巧反拙。不顧文義有不通之甚者也。

婺源汪　烜雙池纂集

## 萬章章句上

萬章問曰舜往于田號泣于旻天何爲其號泣也孟子曰怨慕也節　萬章曰父母愛之喜而不忘父母惡之勞而不怨然則舜怨乎曰長息問於公明高曰舜往于田則吾既得聞命矣號泣于旻天于父母則吾不知也公明高曰是非爾所知也夫公明高以孝子之心爲不若是恝我竭力耕田共爲子職而已矣父母之不我愛於我何哉

按虞書云帝初耕于歷山往于田號泣于旻天于父母負罪引慝祗載見瞽瞍夔夔齊栗瞽瞍亦允若萬章所問即書辭也然問號泣旻天而不理會下負罪引慝數句故以號泣爲疑而謂其不當怨孟子怨慕之答則從負罪引慝處看出聖人之心其曰父母之不我愛於我何哉即負罪引慝意共爲子職亦祗載也但萬章怨乎之問孟子不直答以不若是恝而又多引長息一轉者亦謂舜之怨慕非萬章所得以私意度耳然孟子又欲發出聖人之心故即以公明高意而引伸之不若是恝言怨之不容已而於我何哉則又以明非怨父母也怨慕二字離開不得怨以慕而深故曰不若是恝慕即在怨中故非怨父母而怨已此即前篇不得乎親不可以爲人不順乎親不可以爲子意而怨慕二字情志尤切○竭力耕田只是共爲子職不能得親順親終是子職未盡於我何哉非子職外更有何者



帝使其子九男二女百官牛羊倉廩備以事舜於畎畝之中天下之士多就之者帝將胥天下而遷之焉爲不順於父母如窮人無所歸節　天下之士悅之人之所欲也而不足以解憂好色人之所欲妻帝之二女而不足以解憂富人之所欲富有天下而不足以解憂貴人之所欲貴爲天子而不足以解憂人悅之好色富貴無足以解憂者惟順於父母可以解憂節　人少則慕父母知好色則慕少艾有妻子則慕妻子仕則慕君不得於君則熱中大孝終身慕父母五十而慕者予於大舜見之矣

不若是恝節怨慕意已明以下又張皇聖遇以見其慕之純摯非外物所能動蓋不但于田日也憂字兼怨慕二字按虞書則揚側陋之日瞽瞍已烝乂矣此云攝政之日猶如窮人無所歸豈孟子欲顯舜之至性而未暇實據乎然五十而慕本孔子之言抑聖人之孝於吾親惟恐有幾微之未順而其憂乃終身不解也若一念自足而慕父母之意衰矣○艾訓美好艾草少柔順而老蒼韌故少好曰艾五十亦曰艾美士曰俊艾林西仲解

楚辭九章擁幼艾以幼爲少以艾爲老與朱註分巘近解此章謂少字當上聲艾當訓衰言知好色則慕父母之心已稍衰矣愚按本節慕字皆一例解何得慕少艾句慕字又異只今方語猶有謂美好爲艾者

○萬章問曰詩云娶妻如之何必告父母信斯言也宜莫如舜舜之不告而娶何也孟子曰告則不得娶男女居室人之大倫也如告則廢人之大倫以懟父母是以不告也節萬章曰舜之不告而娶則吾既得聞命矣帝之妻舜而不告何也曰帝亦知告焉則不得妻也

此段言舜處父母之變而曲成其孝下段言舜處兄弟



之變而不改其友俱從至性上發論實事非所暇辨也

以懟父母固不可云讎怨父母但云使父母讎怨於已

亦似牽強要之廢大倫便是讎怨父母不必心怨之也

帝妻舜而不告當日事理亦無實據然全人父子之間亦可見聖人之用心矣

萬章曰父母使舜完廩捐階瞽瞍焚廩使浚井出從而揜之象曰謨蓋都君咸我績牛羊父母倉廩父母干戈朕琴朕弤朕二嫂使治朕棲象往入舜宮舜在牀琴象曰鬱陶思君爾忸怩舜曰惟茲臣庶汝其于予治不識舜不知象之將殺己與曰奚而不知也象憂亦憂象喜亦喜節曰然

則舜僞喜者與曰否昔者有饋生魚於鄭子產子產使校人畜之池校人烹之反命曰始舍之圉圉焉少則洋洋焉攸然而逝子產曰得其所哉得其所哉校人出曰孰謂子產智予既烹而食之曰得其所哉得其所哉故君子可欺以其方難罔以非其道彼以愛兄之道來故誠信而喜之奚僞焉

完廩事有無不足辨眞西山饒雙峯金仁山說之詳矣

今有謂舜之得下得出皆瞽瞍曲有以全之此何異夢中又說夢也最見至性只象憂亦憂象喜亦喜二語亦憂亦喜如今見人哭泣惻然動哀初不必解其憂之何



事見人劇笑不覺頤解亦不問其笑之何因而況同氣同情舜亦不自解也乃眞至性也已

○萬章問曰象日以殺舜爲事立爲天子則放之何也孟子曰封之也或曰放焉節萬章曰舜流共工于幽州放驩兜于崇山殺三苗于三危殛鯀于羽山四罪而天下咸服誅不仁也象至不仁封之有庳有庳之人奚罪焉仁人固如是乎在他人則誅之在弟則封之曰仁人之於弟也不藏怒焉不宿怨焉親愛之而已矣親之欲其貴也愛之欲其富也封之有庳富貴之也身爲天子弟爲匹夫可謂親愛之乎

章疑放之爲罪已輕孟子言封之則恩益厚所對非所問矣章因舉書辭以例而見象之不當封非疑舜不報怨疑刑之失平而害衆也孟子答之仍只向親愛其弟一路雖至性淋漓而辭終似頗然正惟親愛無已則維持調護無所不周必不至陷其弟以罪終而恩義兩全矣象雖至傲然觀其所行則實無才無識原非四凶之比雖謀殺其兄自無辭不仁之誅然舜方至誠愛友以感化之是以奪嫡之事究未及行而蒸蒸乂不格姦象已在所化之中矣何待爲天子日乎舜雖爲天下平刑不私其弟亦安得追念舊惡而罪之況兄弟同氣卒有



不同於他人者哉象志奪嫡雖象之不仁而其志實父母成之舜惟恐不順乎親則亦惟恐不順乎弟故自章言之則曰不仁自孟子言之則只曰怨怒然自舜之心言之則并未嘗有怨怒也此有庳之所以封也

敢問或曰放者何謂也曰象不得有爲於其國天子使吏治其國而納其貢稅焉故謂之放豈得暴彼民哉雖然欲常常而見之故源源而來不及貢以政接于有庳此之謂也

象而不格姦則封庳之時自無暴民之事章自爲過慮耳天子使吏治其國蓋非暴民之憂其謂弟才不足治

國而不欲以政重煩吾弟豈得暴彼民哉姑就章言答之也欲常常而見之則眞聖人之心矣○按舜都平陽（今山西平陽府）蒲坂（今山西蒲州）而鼻亭在道州（今隸湖南永州）南蠻荒服果爾則雖封亦放矣且相隔四千里惡得源源而來然則指鼻亭爲有庳者或未然也○殺三苗書作竄三苗蔡傳謂驅逐而禁錮之四凶俱未至於殺舜誅不仁止於止其惡而止也萬章引之曰殺宜其疑放之所爲私其弟矣上世刑期無刑章讀書得無一字之悞乎

○咸丘蒙問曰語云盛德之士君不得而臣父不得而子舜南面而立堯帥諸侯北面而朝之瞽瞍亦北面而朝之



舜見瞽瞍其容有蹙孔子曰於斯時也天下殆哉岌岌乎不識此語誠然乎哉孟子曰否此非君子之言齊東野人之語也堯老而舜攝也堯典曰二十有八載放勳乃徂落百姓如喪考妣三年四海遏密八音孔子曰天無二日民無二王舜既爲天子矣又帥天下諸侯以爲堯三年喪是二天子矣

蒙之問俚俗至矣然戰國時人無學術不識古人之心而徒欲襲其迹奸臣說士藉以行私而無稽之言愈出故燕王噲授亂於臣趙主父受戕於子皆謂臣可臣君子可臣父則齊東之語之爲害深也故孟子詳辨之盛

德之士云云自依孫疏云士而盛德則君不得而臣之
父不得而子之舜惟盛德故殆而能安此於文意甚順
蒙引謂時人錯解古語而引爲責舜張本則謂士雖盛
德必不得屈君爲臣屈父爲子此與殆哉似相應然屈
父爲子子字終說不去且不識此語誠然乎哉齊東野
人之語也語字皆與語云語字相應則蒙所問通是語
所云不必如蒙引說也天子喪制惟畿內百官族姓三
年故三年二字屬上句存疑謂三年當連下句非是此
言其爲天子喪禮非言民之思堯也諸侯爲天子喪亦
三年堯時方錫土姓諸侯乃有姓故孟子言天下諸侯



咸丘蒙曰舜之不臣堯則吾既得聞命矣詩云普天之下
莫非王土率土之濱莫非王臣而舜既爲天子矣敢問瞽
瞍之非臣如何曰是詩也非是之謂也勞於王事而不得
養父母也曰此莫非王事我獨賢勞也故說詩者不以文
害辭不以辭害志以意逆志是爲得之如以辭而已矣雲
漢之詩曰周餘黎民靡有孑遺信斯言也是周無遺民也
節　孝子之至莫大乎尊親尊親之至莫大乎以天下養爲
天子父尊之至也以天下養養之至也詩曰永言孝思孝
思維則此之謂也　節　書曰祗載見瞽瞍夔夔齊栗瞽瞍亦
允若是爲父不得而子也

舜不臣堯事實可據舜不臣父事無可徵然可即舜之
孝思而斷之以理葢舜固所稱大孝者也孝則必尊親
養親而以天下養則尊養其親之至以舜之孝而身爲
天子必將竭尊養之奉以榮親而惟恐未慊此其以孝
思率天下而天下以之爲則者也而反臣其父則是忘
其孝思無以爲法於天下矣何所成其爲舜乎是可斷
其無臣父之理矣若認煞兩至字則漢祖唐宗俱可云
孝而庶人又何以孝親失之矣是詩也節只辨得說詩
之非孝子之至節乃正辨舜不臣父詩以言志志者心
之所之意者心之所發以意逆志志有定而意無方也



末節引書畧爲語云另開一解亦正以辨臣父之誣耳
○萬章曰堯以天下與舜有諸孟子曰否天子不能以天
下與人　節　然則舜有天下也孰與之曰天與之　節　天與之
者諄諄然命之乎　節　曰否天不言以行與事示之而已矣
節　曰以行與事示之者如之何曰天子能薦人於天不能
使天與之天下諸侯能薦人於天子不能使天子與之諸
侯大夫能薦人於諸侯不能使諸侯與之大夫昔者堯薦
舜於天而天受之暴之於民而民受之故曰天不言以行
與事示之而已矣　節　曰敢問薦之於天而天受之暴之於
民而民受之如何曰使之主祭而百神享之是天受之使

之主事而事治百姓安之是民受之也天與之人與之故曰天子不能以天下與人節 舜相堯二十有八載非人之所能爲也天也堯崩三年之喪畢舜避堯之子於南河之南天下諸侯朝覲者不之堯之子而之舜訟獄者不之堯之子而之舜謳歌者不謳歌堯之子而謳歌舜故曰天也夫然後之中國踐天子位焉而居堯之宮逼堯之子是簒也非天與也節 泰誓曰天視自我民視天聽自我民聽此之謂也

天者理而已耳斯理即時行物生之自然而人之所同得以生者也故天無可徵惟自民心見之使主祭而百



神享寒燠以時庶草蕃廡之類是也享之享其行享其事安之安其行安其事也惟舜之行事純乎天故神民之通如此享之安之是受之也受之即示以與之之意也享之安之者愈久而致民心之歸愈不可離民心之歸也若天實有以使之而天心之與也即可於民心驗之則天與非無所據而姑託之冥冥者矣天子能薦人於天不能使天與之天下此正見天下非天子所能私與諸侯大夫只作引證比例淺說亦貼天言忒泥主祭主事虞書可徵避堯之子事似少據蓋天子崩嗣子諒陰冢宰自當攝政故喪畢而避避如周公居東之類亦事之常也而居堯之宮而字作如字看章內天字亦不必分理氣只以見聖人無私而天下亦非天子所能私所以絕覬覦之心而杜亂賊之門也以此坊民民猶有以竊授禪之名而簒天下者

○萬章問曰人有言至於禹而德衰不傳於賢而傳於子有諸孟子曰否不然也天與賢則與賢天與子則與子昔者舜薦禹於天十有七年舜崩三年之喪畢禹避舜之子於陽城天下之民從之若堯崩之後不從堯之子而從舜也禹薦益於天七年禹崩三年之喪畢益避禹之子於箕山之陰朝覲訟獄者不之益而之啓曰吾君之子也謳歌



者不謳歌益而謳歌啓曰吾君之子也節 丹朱之不肖舜之子亦不肖舜之相堯禹之相舜也歷年多施澤於民久啓賢能敬承繼禹之道益之相禹也歷年少施澤於民未久舜禹益相去久遠其子之賢不肖皆天也非人之所能爲也莫之爲而爲者天也莫之致而至者命也

堯以天下與舜而與舜實非堯之私故答之曰否禹非有私於子而論者以爲德衰謬矣故既曰否又曰不然首節只敘事迹以見禹未嘗有心傳子次節乃推與子而歸之於天禹本薦益而天民與啓啓賢能敬承繼禹之道句見其所以得天下之歸益之相禹云云見天下

之所以不歸。總以歸之於天。或云禹傳子、卽傳賢。此謬說也。主之在上曰天。降之於人曰命。

**匹夫而有天下者。德必若舜禹。而又有天子薦之者。故仲尼不有天下。**

有天德而履帝位。理也。然以匹夫而有天下。非事勢之常。勢有所難。則事亦其偶耳。故與賢者天心之權。不得以舜禹例天下後世。而謂聖人必有天下也。此節賓。

**繼世以有天下。天之所廢。必若桀紂者也。故益伊尹周公不有天下。**節 **伊尹相湯以王於天下。湯崩。太丁未立。外丙二年。仲壬四年。太甲顛覆湯之典刑。伊尹放之於桐三年。**



**太甲悔過。自怨自艾。於桐處仁遷義。三年。以聽伊尹之訓己也。復歸于亳。**節 **周公之不有天下。猶益之於夏。伊尹之於殷也。**

益有聖人之德。而又有薦之者矣。然繼世而有天下。事勢之常。苟有可承。則不廢之。無大故而奪富人之子之家以與其家相。人且難之。而況於天乎。而況於大寶乎。故與子者天理之經。不得以益例舜禹。以啟例朱均。而謂益必當有天下也。此節主。○外丙仲壬之事。斷以趙註爲長。艾千子曰。太甲顛覆。已在太孫之日。尹廢之而立丙壬。及皆不永。而後立太甲。論者徒取邵子經世史



甲子曆。推其無此二君爲證。不知曆紀其年。其年苟合。則世次所畧也。安知其不併叔號於姪年乎。若曰二歲四歲。則孟子此語爲贅。何必妄揣伊尹意中之事。而謂棄其幼哉。舊史稱湯百歲。乃太丁已死。而丙壬僅四歲二歲。何長幼如是懸絕邪。愚 按千子之論。只併叔號於姪年一語未確。餘皆卓爲有見。麟士謂外丙二歲而死。仲壬四歲而死。然則無服之殤耳。更爲贅述矣。集成又謂放桐。借諒陰之制行之。則湯崩而太甲遂立可知。愚 按君父皆喪三年。而繼世則爲之後。則仲壬之卒。太甲正當諒陰。蔡傳之說是矣。桐宮湯墓。安知外丙仲壬之



墓不俱在焉也。史記商世系。原有外丙仲壬二君。惟大紀論。力辨其無舍孫立庶之理。愚 考商世。則多兄終弟及。且箕子尚欲立啟。又何必執立庶爲辨。朱子或問語錄皆長趙註。其有定見矣。

**孔子曰。唐虞禪。夏后殷周繼。其義一也。**

義者因時制宜。以當於理爲歸者也。理者天也。堯舜之薦舜禹。先天而天弗違也。夏后殷周繼世。後天而奉天時也。聖人亦天而已。寧有私意於其間哉。葢天無所謂天。事理之自然當然者卽天。天下大統。繼世爲常。此天人之所安。而事勢之甚順焉者也。舊史神農相傳八世。

至榆罔而始滅。而帝摯帝堯皆高辛氏之子。則唐虞以前。實亦傳子。非至禹而始家天下矣。堯舜傳賢。天人之從。亦以有舜禹之聖。而又值朱均之子。事勢交移。謂與湯武征誅非事之常者同。可耳。此天心之權。聖人寧有容心與。若夫繼世天理之經。必繼世不可繼。而後另以與賢。天亦何爲而廢啟以與益哉。若乃虛慕與賢之名。而棄其世及之常。竊竊神器之私。而託之天心之與。則皆人爲之私而已。卒之天不可違。則私之徒以益禍。可不察哉。夫繼世者天之經。而與賢者天之權。說固然矣。然以堯舜之聖。天乃不默相其子以爲肖子。而遂移之



舜禹。是則何與。曰孟子所謂其子之賢不肖皆天者。謂父不能得之於子。朱均之不肖。及啟之賢。皆非有爲之致之者耳。若朱均之不肖。則朱均自爲之。啟之敬承。太甲之悔過。亦啟太甲之自篤之。豈眞天能使之然哉。嘗考天人相與之際。爲於人者。天無如人何。操於天者。人亦無如天何。天厚人以生。而不能必人之生生。天與人以性。而不能必人之盡性。此無如人何者也。若啟太甲成王之賢。而朱均桀紂之自絶於天。是也。或有利天下之心。而天下不可據。或無私天下之志。而天下不可辭。此無如天何者也。禹未嘗傳子。而天下之民從之。桀紂有命在天。而卒移於湯武。是也。惟朱均不肖。而天乃若默相乎舜禹矣。惟啟能自篤。而天乃益若默篤乎啟矣。其實天者。自然之理勢而已。而天則何心哉。則何爲哉。抑舜禹之際。固變通以久之會。而萬世文明之所由開也。則天下之任。固非庸才所能勝者。此所以寧廢朱均而隮舜禹。此理勢之所以權也與。近世尋行數墨者。固不足與共解此章。而韓退之反謂孟子不得其說而歸之天。其亦異矣。

○**萬章問曰。人有言。伊尹以割烹要湯。有諸。**節 **孟子曰。否。不然。伊尹耕於有莘之野。而樂堯舜之道焉。非其義也。非其道也。祿之以天下。弗顧也。繫馬千駟。弗視也。非其義也。**



**非其道也。一介不以與人。一介不以取諸人。**

耕則非割烹之人。樂道則無要湯之事。在物曰道。制事爲義。體用之謂也。辭受取與之不苟。正以見其樂道之眞。然此其一斑也。只一樂道。而處有守。出有爲。一生事業。無不正大光明矣。

**湯使人以幣聘之。囂囂然曰。我何以湯之聘幣爲哉。我豈若處畎畝之中。由是以樂堯舜之道哉。**

囂囂。非不欲出也。不以聘幣動其心耳。若未審乎出處之宜。而遽以幣聘動。則無所爲樂道矣。易曰。不出戶庭。

无告。

湯三使往聘之。既而幡然改曰。與我處畎畝之中。由是以樂堯舜之道。吾豈若使是君爲堯舜之君哉。吾豈若使是民爲堯舜之民哉。吾豈若於吾身親見之哉。節 天之生此民也。使先知覺後知。使先覺覺後覺也。予天民之先覺者也。予將以斯道覺斯民也。非予覺之而誰也。節 思天下之民匹夫匹婦有不被堯舜之澤者。若己推而內之溝中。其自任以天下之重如此。故就湯而說之以伐夏救民。

幡然非變其無欲自得也。由處而出。其機之速有如此耳。道可行而不行。則亦無貴乎樂道矣。易曰不出門庭。凶。夫君子所性。大行不加。窮居不損。而達可行於天下。則君子又未嘗不樂之。葢君相所以亮天地之功。而新民只以盡明德之量。此濟世之念。君子所不能一日去諸懷也。天命之謂性。率性之謂道。堯舜之道。盡性而已。吾之性。卽堯舜之性。堯舜之道。卽吾性之道。天下之人。莫不同是性。亦莫不有是道。故人皆可以爲堯舜。但知覺有先後之殊者。氣質之偏耳。知覺之者眞則樂之者至。樂之者篤。則知覺益以日眞。將以斯道覺斯民。則本其所獨樂者。以與民由之。所以使君民爲堯舜之君民而於吾身親見之也。使天下之人。皆爲堯舜。則天下之



人。皆被堯舜之澤矣。必欲使天下之人皆被堯舜之澤。則不忍有一夫之不被堯舜之澤。此其身雖畎畝。而心已天下矣。尹所以幡然而應三聘之勤也。伐夏救民則所以堯舜其君民者之實見之行事也。

吾未聞枉己而正人者也。況辱己以正天下者乎。聖人之行不同也。或遠或近。或去或不去。歸潔其身而已矣。

上文言伊尹無割烹要湯之事。此節乃正辨以割烹要湯之非。然亦概言身有堯舜之道。故能堯舜天下之民若辱己則失其道矣。何以正天下乎。君子之出處去就不同。而一於道則一也。



吾聞其以堯舜之道要湯。未聞以割烹也。節 伊訓曰。天誅造攻自牧宮。朕載自亳。

曰堯舜之道。則必不要湯。惟其非要湯。故不妨曰要湯。亦若有以使湯不得不來求者耳。引書以證伐夏救民。卽以證其不枉己。故能正天下也。此兩節總結上文。

○萬章問曰。或謂孔子於衛主癰疽。於齊主侍人瘠環。有諸乎。孟子曰。否。不然也。好事者爲之也。節 於衛主顏讎由。彌子之妻。與子路之妻。兄弟也。彌子謂子路曰。孔子主我。衛卿可得也。子路以告。孔子曰。有命。孔子進以禮。退以義。得之不得。曰有命。而主癰疽與侍人瘠環。是無義無命也。

節 孔子不悅於魯衛遭宋桓司馬將要而殺之微服而過宋是時孔子當阨主司城貞子為陳侯周臣 節 吾聞觀近臣以其所為主觀遠臣以其所主若孔子主癰疽與侍人瘠環何以為孔子

聖人所行無非禮義不待言者命者天之所令也禮義之所在即天之所命非禮義之外又有所謂命者聖人一於禮義則命由己出矣必曰以禮以義曰有命為辨誣言之耳不主幸臣決於退亦其不苟於進無義無命句當從陳氏以義字該禮字蒙引之見自偏此事之誣原不足白而孟子必力辨之者為世道人心辨也



○萬章問曰或曰百里奚自鬻於秦養牲者五羊之皮食牛以要秦穆公信乎孟子曰否不然好事者為之也 節 百里奚虞人也晉人以垂棘之璧與屈產之乘假道於虞以伐虢宮之奇諫百里奚不諫 節 知虞公之不可諫而去之秦年已七十矣曾不知以食牛干秦穆公之為汙也可謂智乎不可諫而不諫可謂不智乎知虞公之將亡而先去之不可謂不智也時舉於秦知穆公之可與有行也而相之可謂不智乎相秦而顯其君於天下可傳於後世不賢而能之乎自鬻以成其君鄉黨自好者不為而謂賢者為之乎

於不諫虞公見其智於相秦功業見其賢既智且賢則必不自鬻以干人主此從無生有文字也前二章誣伊尹孔子孟子力辨之矣百里奚霸佐耳而此亦力為之辨者何曰孟子之黜霸功者以其局量淺而規模狹本不足而仁義不純也然正諸侯而服敵國豈辱已者之所能為霸佐雖異於聖人然與鞅衍儀秦輩則相去遠矣若何而不為之辨百里奚相秦事雖無大表見然觀其對晉人告糴之語及趙良所述治秦之事則學猶醇正蓋其才在管仲下而其品實出管仲上也況使孟子不為管仲矣然或有人以自鬻要齊桓公誣之者孟子



亦不得不為之辨也大賢大公而至正豈有私好惡於其間哉○百里奚事據史記則不諫假道之後晉人執虞公併執百里奚將以媵秦奚恥之亡走宛楚鄙人執之秦穆公聞奚賢以五羊皮贖之立以為相據此則與此章知虞公之不可諫而去之秦句不合且既不諫於前而又不能遠亂於後以待就執不足稱智矣左傳雖有執虞公及其臣井伯以媵秦之文然未嘗言井伯即百里奚或云奚字井伯亦無可據史記多失實自當以孟子為正是百里奚既不諫假道即去虞入秦而秦穆公用之也食牛之事則國策及莊子皆云然則食牛或

其窮時所有之事。其有五羖大夫之號者。或穆公嘗以此聘而舉之也。由此言之。則不但自鬻要秦穆公之爲誣。并媵秦亡走之傳。其亦爲誣之者矣。○小人身爲不肖。而遂以不肖誣古之聖賢。好事之言。殊堪髮指。後世謂韓子脫渡於韓湘。參禪於大顛。朱子迷於野狐。其誣又甚焉也。此本齊東之談。而衣冠者且猶或述之。何不學之甚乎。孟子此篇歷辨堯舜禹及伊尹孔子百里奚之事蹟而揭其心。使聖賢心迹昭於千古。此非深得聖人之心者不能。而立世道人心之閑。其言之所關。尤甚大矣。若只以解書做八股爲事。而又或只以文章之雄



辨視之。則旣虛孟子苦心。而於已亦杳無所得也。良可惜夫。



## 萬章章句下

婺源汪　烜雙池纂集

孟子曰。伯夷目不視惡色。耳不聽惡聲。非其君不事。非其民不使。治則進。亂則退。橫政之所出。橫民之所止。不忍居也。思與鄉人處。如以朝衣朝冠坐於塗炭也。當紂之時。居北海之濱。以待天下之淸也。故聞伯夷之風者。頑夫廉。懦夫有立志。節 伊尹曰。何事非君。何使非民。治亦進。亂亦進。曰。天之生斯民也。使先知覺後知。使先覺覺後覺。予。天民之先覺者也。予將以此道覺此民也。思天下之民匹夫匹婦有不與被堯舜之澤者。若己推而內之溝中。其自任以



天下之重也。節 柳下惠不羞汙君。不辭小官。進不隱賢。必以其道。遺佚而不怨。阨窮而不憫。與鄉人處。由由然不忍去也。爾爲爾。我爲我。雖袒裼裸裎於我側。爾焉能浼我哉。故聞柳下惠之風者。鄙夫寬。薄夫敦。節 孔子之去齊。接淅而行。去魯。曰。遲遲吾行也。去父母國之道也。可以速而速。可以久而久。可以處而處。可以仕而仕。孔子也。

四節敘述每一層深一層。各見其自然。而俱造其至。風者。感人於無形者也。伊尹不言風。功在當時也。孔子不可以風言也。頑廉以知言。懦立以行言。鄙寬以受言。薄敦以施言。不動心章亦言仕止久速。而文小異者。彼因

不動心而言。則字見決斷之勇。此以自然合道言。而字見聖人之大。彼對上進退言。故先言仕止。此承上去齊去魯言。故先言速久也。

孟子曰。伯夷。聖之清者也。伊尹。聖之任者也。柳下惠。聖之和者也。孔子。聖之時者也。

此言四聖皆聖也。而伯夷則聖之清者也。伊尹則聖之任者也。柳下惠則聖之和者也。惟孔子則聖之時者也。葢四聖之行不同。而一於道則一。惡天下之惡。而道以無所雜。覺天下之民。而道以見之行。不戾乎天下之人。而道終不自失。皆天理之至。而非人爲之所矯也。所以



同謂之聖。然皆率其質之所偏。以造其力之所至。故中有所主。則外多所遺。其與時中之聖異矣。惟天之命。於穆不已。而乾道變化。各正性命。君子因物付物。隨時處中。而我無成心於其間。則亦天地而已。故寬裕溫柔足以容天下。而不得名之以和。發强剛毅足以任天下。而不得名之以任。齊莊中正文理密察足以敬別天下。而不得名之以清。以時出之。各當其可。則所謂聖之時者。非孔子其孰克當之。問伊尹何謂終是任的意思。曰。何事非君。何使非民。治亦進。亂亦進。便是任的意思。曰。孔子知其不可而爲之。何以不同。曰。孔子可以處而處。可以仕而仕。伊尹終是有心。若五就湯。五就桀。及放太甲於桐。孔子當不似恁。

孔子之謂集大成。集大成也者。金聲而玉振之也。金聲也者。始條理也。玉振之也者。終條理也。始條理者。智之事也。終條理者。聖之事也。

此節專言孔子之大。而三子之偏自見。言外。比之於樂。歸注在末二句。葢孔子非攷兼三子之理以爲聖。亦非必擇三子之清任和而出之以時。惟聖心之智。已無所不該。而聖德之成。自無所不備。是猶集大成之樂。金之所聲。足以統宣八音。而玉之所振。以無不成耳。此節語



意。已側向智上。但方形容其無不備。而下節乃抽出申明之。集大成。葢卽大合樂之名。葢笙奏工歌皆各自爲成。而八音不具。合樂。則八音並作。而全樂亦以是終也。金。指鎛鐘。鎛。大也。特磬。以玉。特。特懸也。聲。振始終俱用作活字。音樂主於西。金石皆西方。金居兌位。石音屬乾。而器又特貴。故金石爲重。金聲先大後小。故曰始震。動也。詘然戛然而止也。聘義曰。其聲清越以長。其終詘然。是也。玉振之。加一之字。玉之所振。卽振此金之所聲也。鎛鐘特磬。實各十二。以應十二律。但皆特懸。不似編鐘編磬之徧律合簴。合樂雖備八音。然於律只用一宮。假如將奏黃鐘

一宮則聲以黃鐘之鎛鐘而振以黃鐘之特磬奏大呂一宮則聲以大呂之鎛鐘而振以大呂之特磬十二宮皆然是鎛鐘一鳴則衆音皆由是定宮而鐘音宏大又足以震作衆音無所不舉與智足擇中而兼備萬理正相似也樂之中間衆音合奏而編鐘編磬則逐字相和然非以金發逐字之始而以磬收韻編鐘編磬者偏十二律更及清律而合懸一簴其器小以便逐字合律也樂十二律還相爲宮而每宮又各用五律以正五聲詳已見離婁章朱子語錄云六律五聲八音莫不備舉六律二字亦誤葢順口帶言之抑或記者之譌也



**智譬則巧也聖譬則力也由射於百步之外也其至爾力也其中非爾力也**

孔子聖智兼備固已異於三子之小成然智非聖無以成其終而聖非智無以開其始是則孔子之所以異於三子者非聖之異而智之異也聖可力至而聖之時非可力合惟知至至之斯可與幾知終終之可與存義則德之所就固已寓定乎智之所及之中矣非智周萬物而安能德備萬理哉由射於百步之外由字蒙引作猶字解自好葢上文未說出射字故此句重以猶字發之于二譬字自相承而非複蘇氏林氏淺說翼註俱作由此射彼解終覺費力不必從巧字今人多只說目力其實不是射義曰內志正外體直然後持弓矢審固持弓矢審固然後可以言中是志正體直正巧之謂也志正者體直之本體直者志正之用審卽知之明而固則守之固也今人只以對的爲審滿留爲固未盡其義矣今射者發矢或大或小或葢或鑽皆由志先不正無以直體雖外面許多講究終不濟事而體既不直則持弓矢自無定見定力故舍括或差於對的或動於撤放或移於既放命中難矣此非本章要義抑亦窮理之一端也

○此章大意人皆知其爲願學孔子矣然愚謂此章實



喫緊指出一智字以端學聖者入道之門也故首言時者言其用之周也繼言集大成觀其體之備也曰聖者要其終也曰智者原其始也夫孔子聰明睿智固由於生知至誠盡性亦由於安行固非必先知後行以至於聖然人之氣質不能無異而知能之具則無不同惟未嘗從事於格物致知之功則天下之理有未窮而吾心之知有未盡夫是以局於氣質之偏而所學所行皆不能以無弊雖使功之所造至如夷尹且猶有所偏而況其每下者乎苟能窮理以致其知而至於盡心知性知天則孔子之智豈誠孔子之所獨者智可如孔子之智

則聖亦可如孔子之聖下之亦不失爲顔曾思孟矣且孔子生知而亦未嘗不學彼陸王者廢格致而獨言良知則苟非生知寧復有智周萬物者是絶人於聖也學者可不知所先務哉

○北宮錡問曰周室班爵祿也如之何節孟子曰其詳不可得聞也諸侯惡其害己也而皆去其籍然而軻也嘗聞其略也節天子一位公一位侯一位伯一位子男同一位凡五等也君一位卿一位大夫一位上士一位中士一位下士一位凡六等

此章言古制之略只對列國僭竊併吞言而三代大公



之心亦於此可見蓋因德授爵因爵定祿與天下人共治天下以亮天工而無私利天下之志乃經制旣定而天下若網在綱有條不紊是先王之所以爲治也講家或以天子作主或從庶人起例此俱後人所見耳若乃强幹弱枝居重馭輕之論則以後世私心忖度先王其非甚矣天子一位節言班爵之略王制只以公侯伯子男爲五等而此并天子亦在五等內王制只以卿大夫士爲國中五等此以君並列六等俱與王制不合仇滄柱曰秦不師古尊君抑臣故漢儒遂不以天子列五等中孟子以天子亦列班爵上下分嚴而情亦親深得三王公天下之至意封建之大原也愚謂班爵也者天子班之而實自天班之也自天班之則以天子列一位也宜矣當從孟子

天子之制地方千里公侯皆方百里伯七十里子男五十里凡四等不能五十里不達於天子附於諸侯曰附庸

北祿之班於天下者也古先王以天下之大故使諸侯分土而治封建之制原不是班祿但國土大小以爵爲差則謂之班祿可耳庸民功也附庸者以其治民之功附大國而達於天子也按周禮公之國五百里侯之國四百里伯三百里子二百里男一百里此與周禮不合



朱子謂姑闕之黄氏以爲謹之至是矣然朱子云闕之則亦未嘗執此章而非周禮意亦未敢信孟子耳程子謂禮書未可盡信亦以禮章多附會耳究亦未嘗執此章爲足據也近萬經毀周禮爲僞經故只據武成列爵惟五分土惟三之文以爲合於王制孟子愚按武成乃武王初克商而反商政政猶舊時事也武王受命未久而周家禮樂制度皆定於周公何疑武成周禮之異乎鄭註謂武王時周地狹小周公斥大中國而大封諸侯此誠無據然朱子亦嘗云周公封魯太公封齊皆實不止百里蓋周禮兼附庸山林川澤而言廣封之制也又

梁氏曰。王制孟子以所食租稅言之。如後世所謂實封耳。周禮則以封疆言之。而凡貢於天子者及附庸之國皆在其中矣。是亦一說。若必云齊魯始封皆止百里。則試以經傳考之。魯頌曰。奄有龜蒙。遂荒大東。保有鳧嶧。遂荒徐宅。此周公之宇也。今蒙山在曲阜東百數十里。嶧山在曲阜南亦百餘里。其西至商衛且三百餘里。豈直百里哉。奄邦舊在魯北。後成王踐奄。地入於魯。得非斥大廣封之一說。與記言封周公以曲阜之地七百里。必非無據矣。又大國之賦千乘。今百里之國計之。僅容八萬夫。山林川澤城郭宮室三分去一。則實止容五萬二千二百夫。而千乘用十萬人。豈空國而不足乎。故千乘之賦。開方三百十六里。加以山林川澤之類。則正合四五百里國矣。公羊傳。大國三軍。次國二軍。小國一軍。軍制五百里之國。國門外五十里爲近郊。郊內三鄉。郊外三遂。計郊內開方百里。城郭邑居三分去一。田用貢法。可容六萬夫。三軍用三萬七千五百夫。作三軍而有餘。四百里之國。郊內開方八十里。作三軍而不足矣。若百里之國。郊內開方二十里。一軍且不足及半。況三軍乎。若云大國三軍。非周舊制。則費誓篇已明言魯人三郊三遂矣。他若齊之賜履。唐之太原晉水。皆非百里。王



制未盡是。周禮非盡誣也。亦有徵矣。

**天子之卿受地視侯。大夫受地視伯。元士受地視子男。**

此言天子之班祿於國中也。按王制。天子三公之田視公侯。天子之卿視伯。天子之大夫視子男。元士視附庸。此與王制不合。愚按上公九命。天子三公八命。侯伯七命。九卿六命。（六卿三孤合爲九卿）子男五命。大夫四命。士三命。二命。今孟子以卿視侯可矣。至以大夫視伯。則以四命而田祿超同七命。元士視子男。則以二命超同五命。失之矣。王制則九命八命同祿。七命六命同祿。五命四命同祿。王制是也。抑此節猶有未然者。上文言天子之制地方千里。夫方千里。爲方百里者百。今天子之九卿受方百里者九。二十七大夫受方七十里者二十七。約方百里者一十四。八十一元士受方五十里者八十一。約方百里者二十。合之去方百里者四十三矣。況王制所云三公九卿云者。第據建官惟百言耳。周書曰。唐虞稽古。建官惟百。夏商官倍。明堂位曰。周之官三百。則盡王畿之地。不足以祿王官矣。王制作田則田祿云耳。庶乎可通。又王制云。天子之縣內。方百里之國九。七十里之國二十一。五十里之國六十三。名山大澤不以盼。其餘以祿士。以爲閒田。鄭註謂大國九。三公致仕者三。三公國

三。餘三以封王子。已屬臆說。故石梁王氏駁之曰。天子縣內以封者。或三分之一。或半之。又除山澤。奉上幾何。愚按王朝非有功如周召者。畿內安得受封。大槪百官皆制祿耳。必不能如外諸侯之受地也。卽受禾有田。亦不能如公侯之百里七十里。王制亦未足據耳。

大國地方百里。君十卿祿。卿祿四大夫。大夫倍上士。上士倍中士。中士倍下士。下士與庶人在官者同祿。祿足以代其耕也。節　次國地方七十里。君十卿祿。卿祿三大夫。大夫倍上士。上士倍中士。中士倍下士。下士與庶人在官者同祿。祿足以代其耕也。節　小國地方五十里。君十卿祿。卿祿



二大夫。大夫倍上士。上士倍中士。中士倍下士。下士與庶人在官者同祿。祿足以代其耕也。

此言班祿於諸侯國中者也。君十卿祿。君得以自用者也。庶人在官。府史胥徒。府治藏。史掌書。胥爲徒之長。徒卒也。下士與庶人在官者同祿。說約謂下士一位。爲有田者。其無田者。則與庶人在官者同受祿於官。稟給也　愚按受祿於官者。得食九人矣。乃下士之有田者。則公田去二十畝爲八家廬舍。其所收不更少於無田者乎。大約下士皆無田。中士乃有田也。祿以代耕。亦足以見先王制祿之心矣。按此三節。據詹道傳算法。百里之國。爲田九十億畝。山林川澤城郭宮室三分去一。計田六百萬畝。其中公田。計除廬舍外。實收五十三萬三千三百三十三畝。君卿大夫士之田祿。通賦五萬一千九百畝。尙餘四十八萬一千四百三十三畝。以供國用。以備凶荒。故國無九年之蓄曰不足。無六年之蓄曰急。無三年之蓄曰國非其國。愚按道傳所算。凡貢於天子。及朝聘會同。及國家養士。百工公族矇瞽府史胥徒之祿。皆未之及。然所賦一年。已去十之一矣。又安得有九年之蓄。況小國五十里。爲田二百二十五萬畝。去三分之一。只一百四十五萬畝。公田去廬舍。實收十二萬八千八百



八十八畝。君卿大夫士之田祿。通賦二萬九千五百畝。是所餘者且不滿三年之蓄。況國用出之。不已國非其國乎。且王制所云大國次國三卿。小國二卿。至大夫則皆五人。士皆二十七人。夫大國之地倍於次國。小國五十里。僅當大國四之一。而官數皆同。大國豈無廢事。小國不已冗員乎。不可通也。周禮。公之地。其食者半。侯伯之地。食者皆三之一。子男之地。食者四之一。竊意公侯所云百里者。只據郊內作軍之地言。其田適足以供官祿。公地郊內止開方百里。侯國郊內開方八十里。公地。天子食其半。則公所自得者。方百里者十有二。又方七十里者一。除郊內百里。

其餘方百里者十一方七十里者一以供國用備凶荒而附庸亦在焉侯地天子食其三之一則侯所得者方百里者十方八十里者一除郊內八十里其餘方百里者十以供國用備凶荒爲附庸公侯所自賦略相埒是則或實封止百里之說也伯子男算皆可通但小國無附庸也伯之郊內開方六十里子之郊內開方四十里男之郊內開方只二十里至若卿大夫有功受采及世祿之士則受公田於都鄙蓋又不得限以或四或三或倍之數矣總之孟子此章實未足據且孟子已自言其詳不可得聞而何必盡泥乎烜謂封建之制當備於冬官而周禮冬官已亡是諸侯之去其



籍也孟子或未及考周禮亦不足爲孟子病而妄儒必執此以毀周禮則謬矣

耕者之所獲一夫百畝百畝之糞上農夫食九人上次食八人中食七人中次食六人下食五人庶人在官者其祿以是爲差

此以明代耕之說因及庶人在官之祿之差也蓋府視上農史視上中胥視中農徒視下也按此章制度雖未得其詳然班爵制祿下逮庶人差及代耕是可見先王綜理之周而一夫百畝何非班祿蓋井田封建二者交相爲用而爲治者之所必不可廢也漢唐而下謂之何哉

○萬章問曰敢問友孟子曰不挾長不挾貴不挾兄弟而友友也者友其德也不可以有挾也

有所挾則尙德之志不誠矣此節已正答萬章之問

孟獻子百乘之家也有友五人焉樂正裘牧仲其三人則予忘之矣獻子之與此五人者友也無獻子之家者也此五人者亦有獻子之家則不與之友矣節非惟百乘之家爲然也雖小國之君亦有之費惠公曰吾於子思則師之矣吾於顏般則友之矣王順長息則事我者也節非惟小國之君爲然也雖大國之君亦有之晉平公之於亥唐也



入云則入坐云則坐食云則食雖疏食菜羹未嘗不飽蓋不敢不飽也然終於此而已矣弗與共天位也弗與治天職也弗與食天祿也士之尊賢者也非王公之尊賢也節舜尙見帝帝館甥于貳室亦饗舜迭爲賓主是天子而友匹夫也節用下敬上謂之貴貴用上敬下謂之尊賢貴貴尊賢其義一也

人之所挾惟貴爲甚故獨推而言之貴愈甚則不挾愈難故由有家者等而上之言晉平非王公之尊賢所以起堯之友舜也尊賢之心愈摯則勢分愈忘推天位而共之只知有德不知有貴耳此堯舜所以爲人倫之至

也貴而貴之賢而尊之皆天理也義者天理之所宜萬章所問不必及此孟子推言之以廣交道也蓋君臣亦朋友而已詩曰燕及朋友○費國無所考葢魯之季氏後因采邑而自爲附庸也

○萬章問曰敢問交際何心也孟子曰恭也節 曰卻之卻之爲不恭何哉曰尊者賜之曰其所以取之者義乎不義乎而後受之以是爲不恭故弗卻也節 曰請無以辭卻之以心卻之曰其取諸民之不義也而以他辭無受不可乎曰其交也以道其接也以禮斯孔子受之矣

君交於賢爲尊賢賢受其交爲貴貴故曰恭也萬章本



疑君子不當受人君交際故取民不義是萬章主意故孟子曰恭而章遂問卻之何以爲不恭又言以心卻之似無害於恭萬章終以取民不義之餽爲不可受也抑知非人誰與則交際自事之常只在彼有下賢之儀則在我有可受之道又何必問其由來以取不恭之戾苟視舉世皆爲不義而謝絕之則必絕人逃世而操不可充如陳仲子之所行者縱使志潔行芳可以避世亦只成伯夷之清而究非時中之道故君子寧近毋遠不爲已甚也故其交也以道其接也以禮斯孔子受之

萬章曰今有禦人於國門之外者其交也以道其餽也以禮斯可受禦與曰不可康誥曰殺越人于貨閔不畏死凡民罔不譈是不待教而誅者也殷受夏周受殷所不辭也於今爲烈如之何其受之節 曰今之諸侯取之於民也猶禦也苟善其禮際矣斯君子受之敢問何說也曰子以爲有王者作將比今之諸侯而誅之乎其教之不改而後誅之乎夫謂非其有而取之者盜也充類至義之盡也孔子之仕於魯也魯人獵較孔子亦獵較獵較猶可而況受其賜乎

孟子言其交以道其接以禮則不必問所由來故章遂以受禦發問而再以取民猶禦作難萬章終以君子不



當受人君交際耳抑知過取於民自不與盜同科因又生出獵較一轉以見君子亦有委曲從俗處此推廣一類非推深一層也葢不義之甚者君子必不可浼而苟其名猶正其事猶順則君子必不急絕之故麻冕則從衆拜上則違之而南子可見楚昭之聘可往此聖人精義之權衡也萬章葢未足以測之矣殷受夏十四字只直作衍文不必曲解子政兄以爲當在彭更章子以爲泰予之下

曰然則孔子之仕也非事道與曰事道也事道奚獵較也曰孔子先簿正祭器不以四方之食供簿正曰奚不去也

曰爲之兆也兆足以行矣而不行而後去是以未嘗有所終三年淹也

此因孔子亦獵較而有非事道之疑孟子因言此正事道深意葢舉世方疑吾道之迂而復必爲絕俗之爲則人益畏之而不敢近是吾道終無可行之會也故獵較之不遽絕正器之不憚煩正所以小試行道之端以示於人使知吾道之果易行而非不近人情徒爲孤峻也然雖非絕世而究不苟容故未嘗有所終三年淹此段意不粘交際只論事至此不得不盡情發明時解通章以事道作主則孟子初論交際只恭也一語何嘗有事



道意首四節皆就交際論交際耳況事道之言本自萬章發之乎但此與不卻交際事亦頗相類耳

孔子有見行可之仕有際可之仕有公養之仕於季桓子見行可之仕也於衛靈公際可之仕也於衛孝公公養之仕也

見行可收上獵較事際可公養就便應轉交際不卻交際亦事道之心此又另轉出一層意以作結也見行可不言定公而言桓子以桓子執柄且用孔子者桓子也紹聞編謂道行於桓子亦不必從

○孟子曰仕非爲貧也而有時乎爲貧娶妻非爲養也而



有時乎爲養節 爲貧者辭尊居卑辭富居貧節 辭尊居卑辭富居貧惡乎宜乎抱關擊柝節 孔子嘗爲委吏矣曰會計當而已矣嘗爲乘田矣曰牛羊茁壯長而已矣節 位卑而言高罪也立乎人之本朝而道不行恥也

爲爲貧而仕者商酌正爲仕非爲貧惟仕本非爲貧故雖有時爲貧而仕亦只宜居卑居貧葢居卑則不必言高而立朝則必期行道道有時乎不行而祿必非可苟故也苟非道與時違則居尊居富亦君子之所深願矣又安得有爲貧而仕者乎

○萬章曰士之不託諸侯何也孟子曰不敢也諸侯失國



而後託於諸侯禮也士之託於諸侯非禮也節 萬章曰君餽之粟則受之乎曰受之受之何義也曰君之於氓也固周之節 曰周之則受賜之則不受何也曰不敢也曰敢問其不敢何也曰抱關擊柝者皆有常職以食於上無常職而賜於上者以爲不恭也

自我託君曰託自君賜我曰賜總之是有常祿餽粟節上章交際之一端章意以交際可受則祿似亦可受故發問也自我託君則嫌於寄公受君賜我則嫌於無常職犯分則爲非禮苟祿則爲不恭君子引分自安如此此三節但言所以受餽而不受祿之故無責人君以能

舉能養意。

曰君餽之則受之不識可常繼乎曰繆公之於子思也亟問亟餽鼎肉子思不悅於卒也摽使者出諸大門之外北面稽首再拜而不受曰今而後知君之犬馬畜伋蓋自是臺無餽也悅賢而不能舉又不能養也可謂悅賢乎

萬章以難繼爲憂故孟子引繆公之事而言君而餽士必悅其賢也悅賢則貴能舉縱不能舉亦當能養亟且不得爲能養況憂其不繼乎先言能舉高一層下筆實則側向養邊以答常繼之問也子思不悅絕句於卒也帶下句讀自是臺無餽見繆公悔悟自是不復命臺來



餽鼎肉非并粟亦不繼翼註謂絕不復餽則繆公賢君不至如是

曰敢問國君欲養君子如何斯可謂養矣曰以君命將之再拜稽首而受其後廩人繼粟庖人繼肉不以君命將之子思以爲鼎肉使己僕僕爾亟拜也非養君子之道也節堯之於舜也使其子九男事之二女女焉百官牛羊倉廩備以養舜於畎畝之中後舉而加諸上位故曰王公之尊賢者也

又因不能養之言而詳養賢之道繼粟繼肉亦正答他可常繼乎之問始以君命達己誠也繼不以君命不敢勞賢者之拜也然徒養豈君子之志故必如堯之於舜而後爲王公之尊賢此跟養說來以側重舉上見國君之於賢不徒以能養爲貴也此三節皆因一問一答層層剝出時解以能養能舉爲通章大旨則前三節竟無意義反遺萬章發問之初意矣

○萬章曰敢問不見諸侯何義也孟子曰在國曰市井之臣在野曰草莽之臣皆謂庶人庶人不傳質爲臣不敢見於諸侯禮也

通章以禮義作骨固矣然言義處多言禮處少禮以辨上下而主於退遜庶人不傳贄爲臣則不敢上干於君



此節就未召不往見言故言當守庶人之分禮也此意人所易知故章內不復詳辨○不見諸侯何義猶言是甚道理不得與下文義字牽合

萬章曰庶人名之役則往役君欲見之名之則不往見之何也曰往役義也往見不義也

萬章意未爲臣固不當往見若君名之則似可往見矣且庶人名之役則往役而名見反不往見何也孟子答以往見不義則以既名不往見主士當重道言蓋義以制宜而主於決斷君名士而士往見固非犯分而已輕道矣故曰往見不義禮義非有二事而主意自微分也

且君之欲見之也何爲也哉曰爲其多聞也爲其賢也曰爲其多聞也則天子不召師而況諸侯乎爲其賢也則吾未聞欲見賢而召之也 節 繆公亟見於子思曰古千乘之國以友士何如子思不悅曰古之人有言曰事之云乎豈曰友之云乎子思之不悅也豈不曰以位則子君也我臣也何敢與君友也以德則子事我者也奚可以與我友千乘之君求與之友而不可得也而況可召與

往見不義兼君不當召士不當往二意然欲言士之不當往須先從君之不當召說起故此二節歸注而況可召與一句皆深言君之不當召士也○且君之欲見之



節兩曰字自是與萬章問荅存疑以爲孟子自設問答恐未是

齊景公田招虞人以旌不至將殺之志士不忘在溝壑勇士不忘喪其元孔子奚取焉取非其招不往也 節 曰敢問招虞人何以曰以皮冠庶人以旃士以旂大夫以旌 節 以大夫之招招虞人虞人死不敢往以士之招招庶人庶人豈敢往哉況乎以不賢人之招招賢人乎

惟君不當召士故士不當往見此三節重非其招不往句歸注以不賢人之招招賢人句皆以言士之不當應召也自且君之欲見至此總以明往見不義一句蓋召之而不往見此意人所難知故反覆辨之獨詳翼註將往見不義亦混入安庶人之分去非也

欲見賢人而不以其道猶欲其入而閉之門也夫義路也禮門也惟君子能由是路出入是門也詩云周道如底其直如矢君子所履小人所視

此乃統結上文士未爲臣而見君欲見賢而召皆非禮也不以禮待賢故曰閉之門士未爲臣不敢見君非其招不可見範禮而由義也君子之範禮由義養於平時而尤於出處之節見之引詩只證能由是路亦偶舉一端也



萬章曰孔子君命召不俟駕而行然則孔子非與曰孔子當仕有官職而以其官召之也

萬章終疑召不往見之非抑知任職者人臣之分以官召之不俟駕而行猶夫庶人召之役則往役耳欲見賢而召之則師道之尊君不當召師士不可輕道矣蓋禮有定分而事無定衡隨時制中惟義所在孟子出弔於滕則爲之使臣分也託疾召見則終不往師道也其與孔子之不俟駕而行未始有不同者是可見化裁之義矣時解謂有官職三字應轉不傳質爲臣則不然蓋未爲臣不見只主不自通於諸侯言未有召之不往之意

且往役亦有庶人之職。若非其職而欲有謀焉。則雖已爲臣亦不可召。任使之則其臣。欲見之則其師。義不同也。又此章只以明士當自重之義而因言及君人之當重士。晩村專責人君。亦非本旨。○公孫丑陳代二章。皆只主未爲臣不往見一層說。此章因萬章有名之則不往見之之問。故更發出君不當名士。士不當以名而往一層道理。說話各別。故須叅看。

○孟子謂萬章曰。一鄉之善士。斯友一鄉之善士。一國之善士。斯友一國之善士。天下之善士。斯友天下之善士。節以友天下之善士爲未足。又尙論古之人。頌其詩。讀其書。



不知其人可乎。是以論其世也。是尙友也。

此章重已能取友上。葢取友之量無窮。故常存未足之心。然使不務自修。則善士將棄我。我安得而擇善士。善量未全。則善士未孚於我。我安得而盡友善士。人有一善。皆所當取。已有一未善。却不能取也。萬章葢有志於取友者。故孟子教以自修以爲友善之地。言必善葢一鄉。斯一鄉之善士可得而友。由是而能善葢一國。善葢天下。斯一國天下之善士可得而友。其猶以爲未足。則頌詩讀書。所以友古人也。果能論世知人。則古人亦可得而友矣。步步俱從自已身上著脚也。善士修爲言。故蒙引云。孝友文學政事。各有所長。皆可謂善士。而不可謂之一鄉之善士。吾惟兼而有之。則一鄉中之善士。皆聲應氣求。故能友。不然無地以納之也。此最親切。時解謂非必善葢一鄉。方可取友。只言無葢一鄉之識見器量。則我所取之友。不有所偏。必有所遺耳。然則取友只要識見器量。設有識量高而行不善者。善士不肯與友。其如善士何。且註明言善葢一鄉。安得以識見器量當善字也。彼所疑者。亦謂取友以資已善。不應待已善葢一鄉。而後去取友。抑知此章以可得而友言。不以方去取友言也。且以善取友。復以友資善。此人已相須者。而



君子之修身。則豈單靠取資於友哉。不修已而徒欲資人。是無本也。尙論古人。頌詩讀書。此是方去友古人。是尙友也。句。則古可得而友。論世知人。亦不是識見。惟身有古人之善。方能以心合古人之心。精義入神。斯論世非一已之私見。而古人無不可作而見之矣。以友天下之善士爲未足句。只就取善無窮之心作過文。歸重論世上。今人以此句作通章關鍵。遂以取善之量爲章旨。而反昧以身取人之道。失之也。註中進其取友之道云云。其字道字。實有著落。學者宜細玩之。

○齊宣王問卿。孟子曰。王何卿之問也。王曰。卿不同乎。曰。

不同有貴戚之卿有異姓之卿王曰請問貴戚之卿曰君有大過則諫反覆之而不聽則易位節 王勃然變乎色節 曰王勿異也王問臣臣不敢不以正對節 王色定然後請問異姓之卿曰君有過則諫反覆之而不聽則去

最有斟酌處在反覆之三字先儒已言之矣至不得已而易位與去則其事悲而其心苦矣易位尤見忠誠之至然非至公無私不可耳非過激也三仁霍光之事委任權力不同則事勢原有不可必者孟子只言其當然之理而已然則俾貴戚賢卿得以行易位之事者其猶必有先王親親賢賢之遺澤也與



# 四書詮義

婺源汪 烜雙池纂集

## 告子章句上

告子曰性猶杞柳也義猶桮棬也以人性爲仁義猶以杞柳爲桮棬節 孟子曰子能順杞柳之性而以爲桮棬乎將戕賊杞柳而後以爲桮棬也如將戕賊杞柳而以爲桮棬則亦將戕賊人以爲仁義與率天下之人而禍仁義者必子之言夫

爲有不同有順性而爲者有戕賊而爲者杞柳自有性桮棬非性故爲之必須戕賊人自有性仁義卽性故爲之只是順性告子不於杞柳求杞柳之性而直指爲性杞柳桮棬原不相關故孟子從以杞柳爲桮棬處指出戕賊以杞柳爲桮棬喻人爲仁義則是戕賊人爲仁義也時解謂孟子戕賊二字從告子爲字生出則不然仁義固性所本有亦須爲出來始爲盡性但順性而爲非矯揉而爲耳故爲字無大病病在以杞柳爲桮棬之爲喻爲也註天下之人皆以仁義爲害性而不肯爲害性二字卽戕賊人無不畏戕賊者則不肯爲矣以仁義爲害性而不爲老莊之言往往如此如鑿混沌七日而混沌死之類存疑謂既知仁義爲美如何嫌他害性不若云以仁義爲性所本無而不爲爲順殊不不知已與戕賊

巳與戕賊意不接非是。○義猶桮棬句。只取少一仁字順口非重義外邊意。

○告子曰。性。猶湍水也。決諸東方則東流。決諸西方則西流。人性之無分於善不善也。猶水之無分於東西也。節 孟子曰。水信無分於東西。無分於上下乎。人性之善也。猶水之就下也。人無有不善。水無有不下。節 今夫水。搏而躍之。可使過顙。激而行之。可使在山。是豈水之性哉。其勢則然也。人之可使爲不善。其性亦猶是也。

性卽理也。凡物莫不各得乎天地之理以生。則卽其所得之理。卽其所性而有定體。但人得乎理之全。而物得



其理之偏耳。周子曰。五行之生各一其性。是也。水自有水之性。告子不於水求水之性。而直曰性猶湍水。宜乎謂水之無定性而隨所決也。顧決者人。而流者水。人之決水也。必無能決之使上。要必決而下之。而流始流。決諸東。下也。決諸西。亦下也。水本下。無待決。湍水卽未下。而決之可下。是下卽其性。人性本善。善無加於性。人卽未能善。教之可善。是性之本善也。順之而已。若乃水性之移於搏激。人性之移於習染。非誠不可使也。然而逆矣。告子決字無大病。病在以東西喻善不善。孟子只指出水之性下。而天地人物之各有定性可見。至搏激則不只於決矣。時解謂通章辨他一決字。又謂搏激二字對他決字非也。○上章桮棬全失其爲杞柳。故曰戕賊此章東西猶不失其爲水。故只明之曰下。

○告子曰。生之謂性。節 孟子曰。生之謂性也。猶白之謂白與。曰。然。白羽之白也。猶白雪之白。白雪之白。猶白玉之白與。曰。然。節 然則犬之性。猶牛之性。牛之性。猶人之性與。

告子曰。性猶杞柳。性猶湍水。杞柳湍水生也。杞柳之爲杞柳。湍水之爲湍水。則性存焉矣。告子不求其所以爲杞柳湍水者。而第曰性猶是。是直以杞柳湍水爲性也。是皆生之謂性之說也。夫性不出於生之外。生安得非



性。顧離生無性。而不可指生爲性。生。氣也。而理寓焉。有物有則。則性之謂矣。若但以生爲性。則人之性。又何以異於犬牛哉。曰。生氣也。而理寓焉。然則犬牛之生。獨非此理之寓邪。而所以異者。抑又何與。曰。凡物莫不各得乎天地之理以生。而卽其所得以生之理以爲性。有生斯有理。犬牛之生。何莫非理也。顧含氣皆生。而斯理不能無偏全之異。則以氣有通塞。而各得其一端。故不能如人之兼全衆理也。生同而性異也。職是故矣。然則程伯子亦嘗言生之謂性。何也。曰。各有指也。告子曰生之謂性。以氣言也。所謂無善無不善也。孟子曰性善以理

言也仁義禮智非由外鑠我也程子曰生之謂性兼理氣而言也所謂論性不論氣不備論氣不論性不明也孟子指繼善之體言程子以成性之後言告子離乎性之本而言孟子欲人知性之本善而力於爲善程子欲人知性之雜乎氣而變化氣質以全其善程子曰生之謂性猶孟子所云形色天性也告子則以性無仁義而不欲以仁義累其生故外義而强制其心正後世釋氏之旨也告子外義孟子固已知其離性之本而指生爲性矣然恐其說之未定也故以猶白之謂白探之而告子曰然則其離性之本而指生卽性也明矣既謂生卽性則是謂凡有生者同是一性也故再以凡物之白者同謂之白詰之而告子又曰然是犬牛之性之猶夫人之性也告子能謂性無仁義必不能謂人性如犬牛能謂犬牛之生猶人之生必不能謂犬牛之性猶人之性然則性之所以爲性者要自有在而必非生之謂也而既曰生之謂性則終無解於犬牛之性猶人之性而猶不能翻然悟也



〇告子曰食色性也仁內也非外也義外也非內也節孟子曰何以謂仁內義外也曰彼長而我長之非有長於我也猶彼白而我白之從其白於外也故謂之外也節曰異於白馬之白也無以異於白人之白也不識長馬之長也無以異於長人之長與且謂長者義乎長之者義乎節上異於二字衍曰吾弟則愛之秦人之弟則不愛也是以我爲悅者也故謂之內長楚人之長亦長吾之長是以長爲悅者也故謂之外也節曰耆秦人之炙無以異於耆吾炙夫物則亦有然者也然則耆炙亦有外與

食色生也變生而言食色所以稍別人於犬牛也夫食色亦何可謂非性然食色有性存焉而不可指食色爲性食色有當然之則焉是則性矣知食色有當然之則則義之非外明矣而告子直以食色爲性故以爲甘之悅之愛生於我也仁之類也不謂之外焉可也食之悅之而有宜不宜焉宜不宜物也我何與焉義之類矣而安得亦謂之內也是故吾愛吾心而力制之亦從事於仁之類也言有不得事有不安外焉者耳必曰吾性有義而事事求合之無乃違食色之常而傷其性乎獨是既謂之外則微獨長外也白外也卽炙亦外也弟亦外也甘之悅之者我而可甘可悅者皆從其可甘可悅於外也安得於仁而謂之內既謂之內則微獨甘之悅之內也愛之內也則白之亦內也長之亦內也白之長之之心制宜皆由於內矣安得於義而謂之外蓋事至物

交原非吾心所得而主而因物付物要不外以一心而施而告子何足以知之要之仁體義用亦微有內外之殊蓋仁者萬物咸備之中而義者時措咸宜之用然體用一源內外無間故事物之宜雖見於外而裁制之則則本乎中仁義一也告子以食色爲性遂離仁義而二之以爲仁內義外是微特未嘗知義并非所以謂仁也孟子力折其非而獨曰性善使人知仁義之一源而以爲盡倫踐形之本也

○孟季子問公都子曰何以謂義內也節曰行吾敬故謂之內也節鄉人長於伯兄一歲則誰敬曰敬兄酌則誰先



曰先酌鄉人所敬在此所長在彼果在外非由內也節公都子不能答以告孟子孟子曰敬叔父乎敬弟乎彼將曰敬叔父曰弟爲尸則誰敬彼將曰敬弟子曰惡在其敬叔父也彼將曰在位故也子亦曰在位故也庸敬在兄斯須之敬在鄉人節季子聞之曰敬叔父則敬敬弟則敬果在外非由內也公都子曰冬日則飲湯夏日則飲水然則飲食亦在外也

行吾敬之說季子所知也亦以敬無定主因人而行則雖行吾敬而實以人爲悅爲由於外耳所敬在此所長在彼吾之敬不得以吾自主而移於所長是義繫之鄉人之長而不繫吾之敬也孟子明其在位而義不繫之鄉人矣曰庸敬曰斯須之敬則皆吾之敬而因時制宜吾主之也季子曰敬叔父則敬敬弟則敬終以敬移於人而未悟制宜之在我也然謂之外則長外也敬主於外也而湯水之轉移飲食亦外也飲食豈外謂之內則飲之者內也敬之者亦內也因時而制宜制宜之心主於內也知制宜之由中而義之非外明矣夫愛敬之心皆由內出此理人所易明乃於愛之因物而動者則不疑其在外而於敬獨謂其由長而後有何哉蓋愛之情順敬之情嚴畏其嚴而遂若外之有以强我者要以認



氣爲性而不知性之卽理故耳抑知夫喜怒愛敬未發之中未與物感皆寂然耳感而遂通則發皆中節莫非此中之本之隨感而見者雖事物之感若自外來而遂通之機不從外得也藉非吾性中有敬義之理裁制之宜外之長烏能鑠我以敬而轉移其心乎故有志聖學則性天不容以不急講而永叔謂性天非學者急務是烏足與言道也哉

○公都子曰告子曰性無善無不善也節或曰性可以爲善可以爲不善是故文武興則民好善幽厲興則民好暴節或曰有性善有性不善是故以堯爲君而有象以瞽瞍

爲父而有舜。以紂爲兄之子且以爲君。而有微子啓。王子比干。節 今曰性善。然則彼皆非與。

無善。無不善。以知覺運動言性。而遺夫形氣之則者也。可以爲善。可以爲不善。以習染爲性。而忘其有生之初者也。有性善有性不善。以氣稟之異言性。而不識繼善之本者也。

**孟子曰。乃若其情則可以爲善矣。乃所謂善也。節 若夫爲不善。非才之罪也。**

乃若難言之辭。乃若其情云云。亦就不善之人。而驗於乍見之情。以爲性善之證也。可以爲善。謂可以做得個



好人。上接無善無不善可以爲善爲不善。下起若夫爲不善。註意甚明。虛齋以爲字只當謂字看。而以善字指情言。謂情是無意發出。不可云情去爲善。愚按此情字。統有下才思諸字在內。有是情卽有是才。不妨云情去爲善。蒙引說非。乃所謂善。謂性善也。若夫更端於意外之辭。若夫爲不善。承可以爲善言。才。知能也。朱子謂目能明。耳能聰。心能思。手能恭。足能重之類。是副此情以爲善者。非謂能發此情便叫做才。雖與情是一滚出來。然却分兩般物事。情能統才。非才以發情也。虛齋云乍見孺子入井。而惻隱爲情。赴救爲才。是矣。次崖謂能惻

隱便是才。反駁蒙引爲非。誤矣。非其才之罪。如言非是沒能幹做得個好人也。孟子此才字。就好邊說。究竟耳目聰明。而物欲之交。亦自他始。才無定主。亦無定力。須是主之以德性。方無不善。而氣質可化。故朱子於此節云。性既善則才亦善。而總註又引程子之言而贊其密。則以才屬氣質居多。在人要當自勉。不可把才亦認做性情。而反疑孟子之言爲偏執也。立言固各有所主耳。才只一才。安得有發於性發於氣質之異。蓋未生以前。有性之理。無性之名。而更安得有所謂才者。迨氣以成形。則此理已滚在氣質中。指其理而言之。則謂之性。而



決之曰無不善。此所謂天地之性也。若乃視聽言動。則皆氣之所爲。理本虛空。無物不能自行。須是此氣乘載他出來。所謂才者。卽此之謂也。天賦人以理。而又與人以才。本欲人將此才去爲善。以盡性。猶既任之以職而卽副之以權位也。雖所得氣質。有清濁厚薄不同。要之皆可以爲善之具。只有難易而已。柰質性之少薄濁者。却便推諉。却爲善邊。而反將此才去爲不善。人遂因其爲不善爲才之罪。而并以才之爲不善誣性之不善。此孟子所以急白之曰若夫爲不善。非才之罪也。顧才既薄濁。爲善亦自稍難。則有困勉之功在。而繼善之體。人

人所同所謂才有未善無害乎性之本善也故指其爲此性之副言則善人人可爲性善則才亦善也指其爲氣質言則厚薄清濁固有殊矣何以見孟子之言才爲指其發於性者言也曰性是主帥才是卒徒乍見惻隱此時赴救不令而行其才全是從令於性何處得有不善故曰此發於性者也若性體昏昧時才却妄行無主可爲善可爲不善矣雖情亦然情從天眞一直發出四端畢呈無不中節過此一時本體不見則情亦只出於形氣而有不善者是故故者以利爲本非乍見之情則或不足以驗性也



惻隱之心人皆有之羞惡之心人皆有之恭敬之心人皆有之是非之心人皆有之惻隱之心仁也羞惡之心義也恭敬之心禮也是非之心智也仁義禮智非由外鑠我也我固有之也弗思耳矣故曰求則得之舍則失之或相倍蓰而無算者不能盡其才者也

性不可見而驗之情情難自盡而需之才才之能求詎始於思思者心之官而心統性情者也惻隱羞惡恭敬是非人皆有是心不由思慮不待勉強物不能蔽氣不足拘隨感而發所謂乃若其情則可爲善苟非中有仁義禮智之德何以感著便發此情故直指之曰仁義禮智卽所云乃所謂善也此比如一塊石英纔擊著便有火出苟非石之性本有火何故一擊便出可見此火非從外面藏入去的了此卽情驗性斬釘削鐵語折衷云上面情發於外却似在外來的故曰非由外鑠未是思卽察識求而盡其才卽擴充能求本於能思弗思則舍之矣不思不求則私意蔽之私欲累之而心失其職也不能盡其才有才而不用用之而不力也不能盡其才豈才之罪哉曰仁義禮智我固有之則有善而非無善無不善曰求則得之舍則失之則可爲不善由於舍而失之而非性之可以爲不善曰倍蓰無算不能盡其才者也則人之不善由於不盡其才而非有性不善矣



詩曰天生蒸民有物有則民之秉夷好是懿德孔子曰爲此詩者其知道乎故有物必有則民之秉夷也故好是懿德

物則天之命也秉夷卽秉此以爲性也懿德卽物則好之者由性發而爲情也以其有是性所以必有是情仁義禮智我固有之故惻隱羞惡恭敬是非之心人皆有之也此節虛齋重以情善驗性善則好是懿德句特重然玩引孔子兩故字一必字則上節因情驗性此則從天命源頭說下惟性善故情善此說爲合語氣而理更

周密又此節有性字情字意無才字意時解謂能好德便是才非也蓋才字只因人以爲不善歸咎於性故言見人非不能爲善非以才善情善對言也

○孟子曰富歲子弟多賴凶歲子弟多暴非天之降才爾殊也其所以陷溺其心者然也

此章似申明非其才之罪意然通章看來究竟只言人性皆善耳才只是副那性情的若只言才無不善却落後一層也顧首節不言非性殊而曰非才殊者責重人爲意也多賴多暴似殊而實非才殊者艮心之陷溺心之陷溺非其本然故下文以凡同類相形引到人同此



心上至才字後便拋開不說了時解以非天之降才爾殊句作綱而謂下文許多同字俱與殊字對針非也爾如此也才殊非殊只言能爲善不能爲善非說才有善有惡孟子說才字都貼善邊說勿因暴字誤看

今夫麰麥播種而耰之其地同樹之時又同浡然而生至於日至之時皆熟矣雖有不同則地有肥磽雨露之養人事之不齊也 節 故凡同類者舉相似也何獨至於人而疑之聖人與我同類者

今夫二字另提此以物之同類相似證人類之相似也

麰麥性也播種而耰之其生也浡然而生遂其性也日至之時皆熟所謂保合太和乃利貞者其地同其時同天無所私也人有是性而踐形盡性亦猶是矣地有肥磽雨露之養氣稟之厚薄教化之興衰也人事之不齊懈於用力而無以盡其才也其有不同不同而不害其爲同陳新安以爲證非天之降才爾殊非是聖人與我同類者同類則亦相似也相似同也但此處且虛

故龍子曰不知足而爲屨我知其不爲蕢也屨之相似天下之足同也 節 口之於味有同耆也易牙先得我口之所耆者也如使口之於味也其性與人殊若犬馬之與我不同類也則天下何耆皆從易牙之於味也至於味天下期於易牙是天下之口相似也 節 惟耳亦然至於聲天下期於師曠是天下之耳相似也 節 惟目亦然至於子都天下莫不知其姣也不知子都之姣者無目者也



此以人之無不同引起心之同也足粗於口耳目口耳目粗於心步步由粗而反精相似猶言性相近同則指其本言之同口而先得所耆同之有不同也然非如犬馬之與我不同類不同而無不同也不同而無不同故曰相似所以相似者以其有同焉者也

故曰口之於味也有同耆焉耳之於聲也有同聽焉目之於色也有同美焉至於心獨無所同然乎心之所同然者

何也謂理也義也聖人先得我心之所同然耳故理義之悅我心猶芻豢之悅我口

此乃指言人性之同乃心之本然也心之所同然同以爲然即好是懿德也心之渾然者理泛應者義以我制物曰義物之本然曰理理常體義常用理之體靜義之用行也此理此義我與聖人同得之天乃所以爲人者也而聖人獨先得者衆人陷溺而失之不能盡其才以實有諸已也然好德之良則終有不得而沒者故理義之悅心猶芻豢之悅口人做得一事合理心中未嘗不以喫肉見他人好處口中未嘗不覺流涎顧知好之而有不爲者此心中多受邪病變了口味抑鹵莽嚼下亦未嘗細咀滋味出來也此心之本然則安有不同者哉



○孟子曰牛山之木嘗美矣以其郊於大國也斧斤伐之可以爲美乎是其日夜之所息雨露之所潤非無萌蘖之生焉牛羊又從而牧之是以若彼濯濯也人見其濯濯也以爲未嘗有材焉此豈山之性也哉節　雖存乎人者豈無仁義之心哉其所以放其良心者亦猶斧斤之於木也旦旦而伐之可以爲美乎其日夜之所息平旦之氣其好惡與人相近也者幾希則其旦晝之所爲有梏亡之矣梏之反覆則其夜氣不足以存夜氣不足以存則其違禽獸不遠矣人見其禽獸也而以爲未嘗有才焉者是豈人之情也哉

雖字承山木言語氣方順翼註謂從人既放之後追論未是也人性之可以爲善猶山之能生木而雨露夜氣又息之此天之陰騭下民也人之理氣與天地之理氣合一而時相流通凡人視聽言動應事接物都要此氣運用出去然日用而形神得不疲者以有天地之氣息之耳若只有用無生則氣立竭矣氣與理偕氣日至則理亦日生赤子初少知識漸漸能解聰明亦天地之氣日滋而理日長也但赤子交接少而嗜欲薄故爾生息



得來長大來物欲日紛日間受天地理氣不彀費用消磨則所得者只有夜氣涵養得此理在耳氣本以承載此理而氣昏則理反不見故惟平旦之氣得有此理發見然天地之氣那得會昏日夜之所息原是清的只爲物欲攪昏如水原來都清那物欲便是攪動沙泥也朱子井水之喻最切未嘗有才亦就作爲上說謂他不能學好此便是說有性不善情實也謂人之本然實理也

故苟得其養無物不長苟失其養無物不消

上二節皆失養而消者知所以消則知所由長矣

孔子曰操則存舍則亡出入無時莫知其鄉惟心之謂與

長由於得養得養只在操心人心道心非有二也操之
而存則道心爲主而本體瑩明義理昭著舍之而亡則
物欲反爲此心之主而本體昏矣人心之危也存亡俱
主本然之理言論心之作用亦只是氣但此氣最爲靈
明不測晃動無常靜養此間萬理備具動有所逐則只
有所逐之物而此間全昏故敬爲養心第一義敬養不
專在靜時循物無違則交際亦是操存所謂動亦靜靜
亦靜也象山偏於主靜則偶動必失之矣問如此則操
心亦只是守這氣否曰操心非守這氣而以理帥氣所
謂立大提惺這理來作主也且集義卽以養氣而才亦



從生此水既不著沙泥雖流通亦須聦聾去澈矣循理則
氣自清氣清而理益著若人在氣上做工夫却無用也
出入無時二句註原對說舊說以無定處承無定時非
也蓋無定時是直說無定處是橫說也問然則入而在
內之時不已長養乎曰然也然或存或亡之心不可謂
操一息之存不敢放失之梏亡耳此章雖歸重操存之
功實亦以明性善以辨性可以爲不善及有性不善之
說夫性善之說今人所共知也而不能無疑于有性不
善者究往往而是如退之言性有三品而歷引朱均越
椒叔魚食我之事以證之今人猶未嘗不是韓子也愚

謂朱均雖曰不肖然聞韶德讓得非理義之悅心者與
雖禹之告舜曰無若丹朱傲則丹朱固若是不肖矣乃
傳位舜禹而朱均無競心卽封丹商而未聞有違命朱
均未始非見化於堯舜者象之不格姦則固已與瞽瞍
同其蒸乂矣越椒叔魚食我之豺狼貪昧似於生初定
之以有子文及叔向之母之言矣然斯言而中也子文
及叔向之母之不幸也彼三人者獨平生無天理之乍
見哉使不率其氣質之偏以終而或翻然能改其叔其
母能竟以龍蛇豺狼定之夫太甲怨艾而爲賢君莊姜
從訓而爲貞婦周處發憤而除三害李勣悔過而爲善



將彼其初不嘗不善乎而不終不善焉故後世稱之使
四人者亦由其冶容暴戾以終人得毋疑其不善之自
性而已然哉而又烏知其非然也越椒食我率是以終
是其叔其母有伊尹傅母之言而不克收伊尹及莊姜
傅姆之效是其言而中之誠不幸也焉耳且卽使其爲
惡自性成無復天理然古今四千載如此者幾人是如
人之賦形目明耳聰口言身動此理之常乃亦有生而
聾瞽瘖躃者則天地不全之氣或有然耳寧復以生人
之常理論之而固以此例人之性哉
○孟子曰無或乎王之不智也節雖有天下易生之物也

一日暴之十日寒之未有能生者也吾見亦罕矣吾退而寒之者至矣吾如有萌焉何哉節 今夫弈之爲數小數也不專心致志則不得也弈秋通國之善弈者也使弈秋誨二人弈其一人專心致志惟弈秋之爲聽一人雖聽之一心以爲有鴻鵠將至思援弓繳而射之雖與之俱學弗若之矣爲是其智弗若與曰非然也

性無不智從欲則其智昏欲養其智則在親賢親賢者貴乎專心致志專之致之卽操心也此章意似責齊王然通上下章看來則亦言性之本善而欲人操存以復性也王之不智其智弗若皆以爲未嘗有才焉也曰無



或乎曰非然也卽是豈人之情哉云爾將章內智字看作兩樣者非或以專心致志貼智字說益非

○孟子曰魚我所欲也熊掌亦我所欲也二者不可得兼舍魚而取熊掌者也生亦我所欲也義亦我所欲也二者不可得兼舍生而取義者也節 生亦我所欲所欲有甚於生者故不爲苟得也死亦我所惡所惡有甚於死者故患有所不辟也節 如使人之所欲莫甚於生則凡可以得生者何不用也使人之所惡莫甚於死者則凡可以辟患者何不爲也節 由是則生而有不用也由是則可以辟患而有不爲也節 是故所欲有甚於生者所惡有甚於死者非獨賢者有是心也人皆有之賢者能勿喪耳

此提出死生大事以決言人性之善言人之舍生取義者以欲惡有甚於生死也不然則死生亦大矣惟欲惡有甚於生死故生死或有所不計耳而此心則人所同有也

一簞食一豆羹得之則生弗得則死嘑爾而與之行道之人弗受蹴爾而與之乞人不屑也節 萬鍾則不辨禮義而受之萬鍾於我何加焉爲宮室之美妻妾之奉所識窮乏者得我與節 鄉爲身死而不受今爲宮室之美爲之鄉爲身死而不受今爲妻妾之奉爲之鄉爲身死而不受今爲



所識窮乏者得我而爲之是亦不可以已乎此之謂失其本心

舉不受嘑蹴以證人之皆有而言其所以喪之禮以交際言義以事理言義大而禮詳也生死似不可已於我何加則可以已矣山木章歸重操存以章內兼言仁義仁義性之全體操存靜而該動也此章專言義義屬之用故以取舍言而註曰省察然省察不嚴則操存無由以密而操存未密則省察或不能盡明體用一源學者宜交致其功焉而窮理未精則雖有是羞惡之心亦或至義非所義而反失之故下章遂言學問之道也

〇孟子曰。仁。人心也。義。人路也。節 舍其路而弗由。放其心而不知求。哀哉。節 人有雞犬放。則知求之。有放心而不知求。節 學問之道無他。求其放心而已矣。

仁者。心之德也。而曰仁人心。豈神明知覺之心。遂可以當元善長人之理乎。曰。酬酢者。心也。而所以酬酢萬變各當其則者。一理之渾然。仁也。心而非仁。則所以酬酢皆失其道。五官無所檢。七情失其節。能復謂之曰有心。是存仁則有心。不仁則如無心。故直指之曰人心。而仁之爲體可識矣。人心道心非有二心。纔操存便見天理。纔放肆則只見人欲。心逐欲。則心不存。而天理昧矣。只看動作何如。不是豎起這心。放下那心。亦不是將這心去尋那心。此操存之心卽仁。其機如此。眞西山云。心卽仁。仁卽心。則太快語病矣。夫如是則機速矣。而何以必學問也。曰。心之神明不測。得失之易。則保守之難。故非學問無以救其功也。未能窮理。心放於不知。未能實踐。心放於無據。不知愼獨。心放於方動之機。不能主靜。心放於寂然之境。頻放而欲頻收之。頻復之厲也。既放而後能收之。動悔之悔也。是故不學問而言求放心。則異端之虛寂。此心無處安住矣。學問而不知求放心。則末學之支離。此心益馳於物矣。故夫學問之道。則窮理格



物。所以致此心之知。誠意正心。所以實此心之理。優游涵泳。不使吾心放於逡巡。勉勉存存。惟精惟一。使志氣日以淸明。義理自然昭著。至於純熟。則天君泰然。百體從令。泛應曲當。時措咸宜。則此心卽仁。無所於用力。仁全而義出。此上達之詣然也。註中能如是三字。言能以學問求放心。則志氣淸明云云。乃推言能學問以求放心之效。志氣淸明。義理昭著。乃上達之機。非學問之基也。若學問則下學而已。不然二字。言不學問以求放心。則昏昧放逸云云。對末學支離言。所以足之道二字之意也。誤解註意者。則謂是收此心來。好做學問。夫上文仁人心也。是能收放心卽仁矣。而今却只將來做學問。首尾不相應矣。此節之說。黃勉齋最爲得之。次則蔡虛齋看註甚好。然又須知學問與求放心。是二是一。內外相資。不學問無以求放心。不求放心亦無學問。能學問而心不放。心不放而學問乃益有功。故小註有收斂此心。方驗得聖賢之言有歸著之語。亦以對末學言。非如俗解爲要學問故求放心說也。林次崖看勉齋之說不明。故反疑大註小註之非。誤矣。又心字仁字。終是兩樣。仁人心也句。是直指此心渾全之理。惟心不放者。方說得卽是仁。若既有放時。

則心只是心，叫不得仁了。心可言放，仁不可言放也。求放心亦只是求仁，未可言仁。雖曰求仁之心即仁，然非全體也。上達方是仁詣。今人謂章內心字都當仁字看，則終不穩貼。

○孟子曰：今有無名之指，屈而不信，非疾痛害事也，如有能信之者，則不遠秦楚之路，爲指之不若人也。節　指不若人，則知惡之；心不若人，則不知惡，此之謂不知類也。

即上章第三節之意，特拈一惡字，以動人愧恥之心，自此至公都子章，大抵皆求放心意也。

○孟子曰：拱把之桐梓，人苟欲生之，皆知所以養之者。至



於身，而不知所以養之者，豈愛身不若桐梓哉？弗思甚也。

欲人知所以養身之道也。曰弗思者，欲人反身而察識也。

○孟子曰：人之於身也，兼所愛；兼所愛，則兼所養也。無尺寸之膚不愛焉，則無尺寸之膚不養也。所以考其善不善者，豈有他哉？於己取之而已矣。節　體有貴賤，有小大。無以小害大，無以賤害貴。養其小者爲小人，養其大者爲大人。節　今有場師，舍其梧檟，養其樲棘，則爲賤場師焉。節　養其一指而失其肩背，而不知也，則爲狼疾人也。節　飲食之人，則人賤之矣，爲其養小以失大也。節　飲食之人無有失也，

則口腹豈適爲尺寸之膚哉？

承上章而申之。考字從上章思字生來，取則考之而知所擇也。大意養小則必害大，所謂不善也；養大則小者兼得所養，所謂善也。然只言養小之害大，而未言養大之能兼小，意在言外也。

○公都子問曰：鈞是人也，或爲大人，或爲小人，何也？孟子曰：從其大體爲大人，從其小體爲小人。節　曰：鈞是人也，或從其大體，或從其小體，何也？曰：耳目之官不思，而蔽於物，物交物，則引之而已矣。心之官則思，思則得之，不思則不得也。此天之所與我者。先立乎其大者，則其小者不能奪



也，此爲大人而已矣。

此章重立大句。心之官則思，言能思而以思爲職，能思是此心本等，須是以思爲職。劉蕺山云：人心絕無所云思慮未起時，蓋物交物則引之，雖是引耳目去，然豈非此心上思去？只是心思不自做主耳。此心不自做主，由大之未立也。然曰思則得之，不思則不得者，有物有則，此心之理，此二思字須著在理上。彼憧憧不自做主者，其心則蔽其理，則失算不得思。人心操則存，舍則忘，稍一提點，此理自存。從理上一思，事物自無不有定則，是之謂能思。然思則得之之思，又須在立大後一層工夫。

要立起他來爲君把大權交把與他始能責其盡職若不曾立大此心先自無權如何教他盡職其思皆不過憧憧從著耳目原非其不能思而却只是不思不得矣。立大者將此心豎立起來亭亭當當不偏不倚也豎立此心不是能思便算須從格致以盡心知性而將此心性之全體維持涵養著使無一事一念之偏一時一息之忽方謂之立工夫固不外敬以直內而窮理尤所當先陸學不言格致只要立大吾恐心理未全此大直無可立不成一赤子便是大人也邪立大在敬敬該內外慎獨爲要戒懼爲密陸學以天地鑒之鬼神臨之都是



妄見則立個逍遙天子亦忒自在非所以立之適所以放之耳戒懼立大之體而用思則正慎獨時事靜時閑邪以養此心到應接時又須詳察此事物之理一番始無不得不立大無所任思既立大又須要思若臨時不思未免也有錯著而立大之體亦因之有虧矣但果能從窮理養心立大至純熟地位則內外一體亦自不致有不思不得事也大抵吾儒立大將以此心爲有用之心欲此心用無不周故須立之使體無偏倚子靜只要識取此心便天地都不管是立其無用之心立他何用思則得之不是預設此思以待物只是物物須經吾思物物經吾思則小者不能奪矣。

○孟子曰有天爵者有人爵者仁義忠信樂善不倦此天爵也公卿大夫此人爵也「節」古之人脩其天爵而人爵從之「節」今之人脩其天爵以要人爵既得人爵而棄其天爵則惑之甚者也終亦必亡而已矣

天爵性分也人爵勢分也內重則外輕外重則內輕然天命有德則修天爵而人爵從棄天爵而人爵亡有自然之理矣人當誠於盡性而已性中只有仁義此仁義本自無少欠缺無少虛假無少間斷人之盡性亦須使此仁義無所不盡無所不實無所間斷方是天爵在我



曰以要人爵則不忠不信曰棄天爵則倦不忠不信而倦無所爲仁義倦不在棄之日而在不忠不信不樂之心終於棄可知其始之要出於要所以必終於棄今古之分誠僞而已

○孟子曰欲貴者人之同心也人人有貴於己者弗思耳「節」人之所貴者非良貴也趙孟之所貴趙孟能賤之「節」詩云既醉以酒既飽以德言飽乎仁義也所以不願人之膏粱之味也令聞廣譽施於身所以不願人之文繡也

此亦是上章意欲貴以凡所可重者大概言蒙引可從時講主欲人爵之貴言語意欠串仁義卽德言飽乎仁

義句一面說詩一面拖下令聞廣譽亦承德字來引詩作一頭下分兩脚也○天下惟無求最貴著一求字便賤辱無所不至文繡膏粱非不貴也所以至此大難爲情欲求犬馬人先爲人犬馬齊人不自羞羞殺施從者何貴之云奪之猶後耳顧非有得者不能無求放曠自高假求解脫凡心自在解脫不去惟孟子所以不願乃眞天上眞人世界一塵不染貴莫與京也要之仁義在我全盡何難全盡得來受用自見世俗貴賤那得工夫閒閒

**○孟子曰仁之勝不仁也猶水勝火今之爲仁者猶以一**



**杯水救一車薪之火也不熄則謂之水不勝火此又與於不仁之甚者也**節**亦終必亡而已矣**

今之爲仁者三句於喻意中見正意與譬如北辰一例以一杯水便是爲仁不力車薪之火卽見陷溺已深由陷溺已深是以爲仁不力一念回頭打熬不過百欲攻擊其亡立待從此猛回頭用拔山全力庶乎可耳謂之水不勝火虛齋欲作人謂之看然玩語氣只當從南軒作自謂爲順蓋註中而人遂以爲眞不能勝乃暗承此句過下與於不仁句非正解此句也與於不仁之甚句翼註欲作自己不仁看語意終不順自以助他人之不仁說爲是又陳新安以此章指戰國諸侯說則首句仁不仁亦指兩人看說雖可通然通上下章看來終屬一人心體上說意特精密

**○孟子曰五穀者種之美者也苟爲不熟不如荑稗夫仁亦在乎熟之而已矣**

與上章一反一正爲仁不力與不爲一般然一時轉念爲仁自覺心生把持不住棄此他就又斷乎不可熟之二字乃責成人用力之辭也熟則自然熟之須勉强此心是穀種窮理以耕之循理以種之遏欲以耨之涵養以溉之省察以培之用力不急而仁可熟矣



**○孟子曰羿之教人射必志於彀學者亦必志於彀**節**大匠誨人必以規矩學者亦必以規矩**

此爲合下學而希上達者言上章在乎熟之言不可半塗而廢也此章必以規矩言不可躐等而進也○此篇大槪言仁義人性所固有而人以放其心失之能存其心以復性則爲大人而貴莫大焉然爲仁不力則亦不能有成而用力於仁者又不可以廢法循其法以求必至則深造以道而性可復也法如大學之法是已

四書詮義

告子章句下　　婺源汪　烜雙池纂集

任人有問屋廬子曰禮與食孰重曰禮重節色與禮孰重節曰禮重曰以禮食則飢而死不以禮食則得食必以禮乎親迎則不得妻不親迎則得妻必親迎乎節屋廬子不能對明日之鄒以告孟子孟子曰於答是也何有

任人之問葢亦食色性也仁義害性之說屋廬子始終重禮亦篤信孟子者特一時屈於辨耳○按嘉禮中自有食禮禮食如每品必祭三飯告飽之類說約以爲嗟來之類此於飢而死似切却對親迎不過



不揣其本而齊其末方寸之木可使高於岑樓節金重於羽者豈謂一鉤金與一輿羽之謂哉節取食之重者與禮之輕者而比之奚翅食重取色之重者與禮之輕者而比之奚翅色重

兩喻一氣直下言有意擡高食色而故以輕禮較食色之重者也取食之重者節又卽喻意而明言之○孔子曰禮大昏爲大大昏旣至冕而親迎親迎固禮之至重者矣而此曰禮之輕者何哉重親迎所以重大昏重大昏所以重人倫也若因親迎而反廢倫則以末廢本矣然則苟非至必不得妻則親迎斷乎重禮矣是故惟精義之至乃可與權也

往應之曰紾兄之臂而奪之食則得食不紾則不得食則將紾之乎踰東家牆而摟其處子則得妻不摟則不得妻則將摟之乎

死重矣然飢死而兄臂終不可紾不得妻重矣然無後而處子終不可摟葢禮者天理之節文人事之儀則所以範圍天下之事物而制其嗜欲之流蕩者也三百三千莫非至道無大無小學者所當執守而斷乎不可暫違惟或事勢窮迫萬不得已而後有小變通於其間要以期雖稍變通而適合乎天理之正則非精義之至者



未可與權也若不察夫天理之本然而厭禮之嚴謂是無益虛文不便於己而不可行則必至縱欲無厭而天理或幾乎熄矣此輕重之所以必爭也夫

○曹交問曰人皆可以爲堯舜有諸孟子曰然節交聞文王十尺湯九尺今交九尺四寸以長食粟而已如何則可節曰奚有於是亦爲之而已矣有人於此力不能勝一匹雛則爲無力人矣今曰舉百鈞則爲有力人矣然則舉烏獲之任是亦爲烏獲而已矣夫人豈以不勝爲患哉弗爲耳

舉烏獲之任便是烏獲不必形體似烏獲也誇形體而

患不勝只是不爲耳力猶烏獲所獨性則聖凡所同而何患不勝○按春秋哀公八年宋人滅曹孟子時安得有曹君之弟註本趙氏未及考耳

徐行後長者謂之弟疾行先長者謂之不弟夫徐行者豈人所不能哉所不爲也堯舜之道孝弟而已矣節子服堯之服誦堯之言行堯之行是堯而已矣子服桀之服誦桀之言行桀之行是桀而已矣

本曰聖人盡性而已却曰孝弟而已孝弟切於人爲也孝弟豈只徐行甚言其易爲而人不爲耳對淺人不得深說堯舜之道之大孝弟行仁之本此處且說不著矣



然不堯則桀理欲分頭其言雖顯淺其示之則已深矣

曰交得見於鄒君可以假館願留而受業於門節曰夫道若大路然豈難知哉人病不求耳子歸而求之有餘師

弗爲故不勝不求故不知求之有餘師有物有則不待外求也然此亦對曹交言耳豈求道眞不必師顧涇陽謂心在則道在道在則師在語似好聽而多病似卽心卽佛禪諦

○公孫丑問曰高子曰小弁小人之詩也孟子曰何以言之曰怨節曰固哉高叟之爲詩也有人於此越人關弓而射之則己談笑而道之無他疏之也其兄關弓而射之則己垂涕泣而道之無他戚之也小弁之怨親親也親親仁也固矣夫高叟之爲詩也節曰凱風何以不怨節曰凱風親之過小者也小弁親之過大者也親之過大而不怨是愈疏也親之過小而怨是不可磯也愈疏不孝也不可磯亦不孝也節孔子曰舜其至孝矣五十而慕

謂子不當怨父似也謂小弁而猶可無怨固也凱風母欲再嫁事情所時有非賊恩瀆倫之甚也且母尙未去而七子冀有以安之安得而遽怒以妾爲妻而易樹子絕夫婦父子之倫貽天下國家之毒矣況金玦長辭履霜不復而晏然安之人子烏能以若是恝也是以小弁



當怨而凱風不當怨也若以宗社身家較過之大小則後世功利之私矣顧平王何能怨平王而有此親親之念以終則周室安得而東遷王民安得而戍申宗周安得而禾黍平王實恝然而安得更尤小弁也

○宋牼將之楚孟子遇於石丘節曰先生將何之節曰吾聞秦楚搆兵我將見楚王說而罷之楚王不悅我將見秦王說而罷之二王我將有所遇焉節曰軻也請無問其詳願聞其指說之將何如曰我將言其不利也曰先生之志則大矣先生之號則不可節先生以利說秦楚之王秦楚之王悅於利以罷三軍之師是三軍之士樂罷而悅於利

也為人臣者懷利以事其君為人子者懷利以事其父為人弟者懷利以事其兄是君臣父子兄弟終去仁義懷利以相接然而不亡者未之有也節 先生以仁義說秦楚之王秦楚之王悅於仁義而罷三軍之師是三軍之士樂罷而悅於仁義也為人臣者懷仁義以事其君為人子者懷仁義以事其父為人弟者懷仁義以事其兄是君臣父子兄弟去利懷仁義以相接也然而不王者未之有也何必曰利

宋牼志在罷兵與儀秦功利不似其曰我將言其不利亦謂非利不足以動二王而未睹言利之害耳故孟子剖析言之同一君臣父子兄弟之倫見以為理有當然則念念皆仁義見以為此中有利焉則念念皆為利而仁義亡仁義亡而天理滅人道絕矣聖人不言利慮患於微也

○孟子居鄒季任為任處守以幣交受之而不報處於平陸儲子為相以幣交受之而不報節 他日由鄒之任見季子由平陸之齊不見儲子屋廬子喜曰連得閒矣節 問曰夫子之任見季子之齊不見儲子為其為相與節 曰非也書曰享多儀儀不及物曰不享惟不役志于享節 為其不成享也節 屋廬子悅或問之屋廬子曰季子不得之鄒儲子得之平陸



享以志不以物物以將志志見於儀儀者禮意之發見者也如季子不得之鄒而尚以幣交則即幣而儀已多儲子若以幣交而繼之來見則儀亦多矣即儀而見志不役志則曰不享以不役志則不成享故曰不享也儀不及物如今云禮數不到嘗引謂儀字便指禮意不指禮文亦大脫略禮意須儀文上見得

○淳于髡曰先名實者為人也後名實者自為也夫子在三卿之中名實未加於上下而去之仁者固如此乎節 孟子曰居下位不以賢事不肖者伯夷也五就湯五就桀者伊尹也不惡汙君不辭小官者柳下惠也三子者不同道其趨一也一者何也曰仁也君子亦仁而已矣何必同

髡原不識仁字只以事功為仁故譏孟子之名實無加後名實只伴說耳孟子言仁在心何必名實所引夷惠伊尹正對他先後名實之論仁者無私合理嘗引俱就心言自包得事不必如慶源以無私屬心合理屬事但嘗引謂夷惠伊尹不必以先後名實分配則太泥

曰魯繆公之時公儀子為政子柳子思為臣魯之削也滋甚若是乎賢者之無益於國也節 曰虞不用百里奚而亡秦穆公用之而霸不用賢則亡削何可得與

仁之論窮故舍仁言賢謂賢者非不欲名實有加實無能有加也抑知賢者非無益但君不能用耳○魯繆公討田和敗齊師未聞國削髡强辭耳

曰昔者王豹處於淇而河西善謳緜駒處於高唐而齊右善歌華周杞梁之妻善哭其夫而變國俗有諸內必形諸外爲其事而無其功者髡未嘗覩之也是故無賢者也有則髡必識之 節 曰孔子爲魯司寇不用從而祭燔肉不至不稅冕而行不知者以爲爲肉也其知者以爲爲無禮也乃孔子則欲以微罪行不欲爲苟去君子之所爲衆人固不識也



髡言果是賢者要必有益彼無益者皆盜賢者之名耳孟子言賢者非衆人所能知引孔子事遙對在三卿之中數語末二句乃荅髡必識之句也欲以微罪行句斷主大全汪氏以君相微罪言卽指郊不致燔也不欲爲苟去正以微罪行苦心註意言既不欲顯君相之大失又不欲無故苟去故待其微罪而行則去既非無故而君之大過不顯非以不欲顯其君相之失句正解以微罪行也孟子承上燔肉來故先言以微罪行又補不欲爲苟去句以足其意非既有微罪又嫌苟去也蒙存則以微罪屬自已說謂使人咎其以細故去國有爲君任過意語意忒費曲折亦忒看聖人有心矣蓋孟子去齊之事亦必有難於顯言者如齊饑章則孟子既不合而仍留待微罪時也至去齊章云王如改諸云云則改之必有所指明矣衆人烏足以知之

○孟子曰五霸者三王之罪人也今之諸侯五霸之罪人也今之大夫今之諸侯之罪人也 節 天子適諸侯曰巡狩諸侯朝於天子曰述職春省耕而補不足秋省斂而助不給入其疆土地辟田野治養老尊賢俊傑在位則有慶慶以地入其疆土地荒蕪遺老失賢掊克在位則有讓一不朝則貶其爵再不朝則削其地三不朝則六師移之是故



天子討而不伐諸侯伐而不討五霸者摟諸侯以伐諸侯者也故曰五霸者三王之罪人也 節 五霸桓公爲盛葵丘之會諸侯束牲載書而不歃血初命曰誅不孝無易樹子無以妾爲妻再命曰尊賢育才以彰有德三命曰敬老慈幼無忘賓旅四命曰士無世官官事無攝取士必得無專殺大夫五命曰無曲防無遏糴無有封而不告曰凡我同盟之人既盟之後言歸于好今之諸侯皆犯此五禁故曰今之諸侯五霸之罪人也 節 長君之惡其罪小逢君之惡其罪大今之大夫皆逢君之惡故曰今之大夫今諸侯之罪人也

葵丘之會諸侯絕句。此章語意似歸末節。有不勝衰世之感意。○天下無王。而春秋託始。齊僖鄭莊。霸之兆也。至五霸興。而天下只知有霸。世一變矣。昭定以降。天下無霸。紛亂益甚。世之又一變也。孔子有微管仲之思。非予仲也。爲世衰而歎耳。吳省菴曰。王降而霸。猶可言也。霸降而今。不可言也。其得孟子之意乎。雖然今之言富國者。今也言强兵者。今也言橫縱者。今也長君逢君。慢王章而殘民者。今也而開富强之竇者誰乎。擅摟伐之權者誰乎。首畔王章而亂仁義者誰乎。夫非霸爲之邪。非霸佐之逢之長之邪。然則今之諸侯大夫皆效霸之



罪。而復得罪於霸耳。又能不致恨於霸與。且自五霸興。而天下數千年無復王道。漢唐之帝。霸而已耳。則雖迄今日。猶令人不能無恨於霸也。

○魯欲使慎子爲將軍節　孟子曰。不教民而用之。謂之殃民。殃民者。不容於堯舜之世。節　一戰勝齊。遂有南陽。然且不可。

此章意重殃民。尤重末節。引君志仁。違制意不重也。彙解當時齊强魯弱。戰必不勝。徒殃其民。此孟子立言之本意也。過制亦進一步說耳。此深得孟子之意。此二節只一意分兩層。蓋卽一戰勝齊。殃民亦復不少。翼註重過制。非也。苟爲天吏。過制有時可權。殃民則必不可。且大國兼數圻矣。安得獨以過制責之。

慎子勃然不悅曰。此則滑釐所不識也。節　曰。吾明告子。天子之地方千里。不千里。不足以待諸侯。諸侯之地方百里。不百里。不足以守宗廟之典籍。節　周公之封於魯。爲方百里也。地非不足。而儉於百里。太公之封於齊也。亦爲方百里也。地非不足也。而儉於百里。節　今魯方百里者五。子以爲有王者作。則魯在所損乎。在所益乎。節　徒取諸彼以與此。然且仁者不爲。況於殺人以求之乎。

因慎子不悅。而告以過制。乃從不可上更推深一層意。



以甚殃民之不可也。徒取諸彼以與此。然且非制。而仁者不爲。況於殃民以求之乎。殺人以求。正應一戰勝齊。時解謂徒取諸彼。卽一戰勝齊意。豈一戰遂非殺人乎。謬矣。大概首節概言殃民無益之不可。次言縱使一戰勝齊。且不可。況未必勝乎。又言卽使不戰而徒取。且不可。況事戰乎。意凡三層。總見民不可殃也。○所云齊魯始封。皆止百里。實未必然。魯在西周時。必無并吞小國事。東遷以後。則事詳於春秋。凡魯所取國。如項邿須句之類。雖時有所書。然皆封內附庸。餘若杞田曹田之類所得自有限。而魯地之見侵於他國者。亦復有之。安得

謂魯地過制乎。若左傳所云天子一圻諸侯一同者。則子產爲解免於侵陳之詰耳。且時賢每謂左氏浮夸。何獨必徵此一言以爲信也。詳已見班爵祿章。

君子之事君也。務引其君以當道。志於仁而已。

此節作一氣讀。在事曰道。在心曰仁。非衛兩項。仁卽不忍殃民之心也。此節責愼子。尤孟子主意所在。觀上下章自見。陳新安以當道應過制。以志仁應殃民。非是

○孟子曰。今之事君者曰。我能爲君辟土地。充府庫。今之所謂良臣。古之所謂民賊也。君不鄉道。不志於仁。而求富之。是富桀也。節 我能爲君約與國。戰必克。今之所謂良臣



古之所謂民賊也。君不鄉道。不志於仁。而求爲之强戰。是輔桀也。節 由今之道。無變今之俗。雖與之天下。不能一朝居也。

卽上二章末節之意。鄉道志仁。不分兩項。朱子已明言之。或分淺深。非也。志仁則鄉道矣。猶志遊京師。便向北走也。賊民者。無能得天下之理。雖使與之天下。亦不能一朝居。所以深警當世也。由今之道。謂富强之道。俗。卽以此爲良臣之俗。二字只交互言耳。由字。變字。皆屬之君。蒙存說本明。分朝野說者。非是

○白圭曰。吾欲二十而取一。何如。節 孟子曰。子之道。貉道也。節 萬室之國。一人陶。則可乎。曰。不可。器不足用也。節 曰。夫貉。五穀不生。惟黍生之。無城郭宮室宗廟祭祀之禮。無諸侯幣帛饔飧。無百官有司。故二十取一而足也。節 今居中國。去人倫。無君子。如之何其可也。節 陶以寡。且不可以爲國。況無君子乎。節 欲輕之於堯舜之道者。大貉小貉也。欲重之於堯舜之道者。大桀小桀也。

白圭欲輕稅。亦並耕之流。說意以上古之治。原從簡樸後世繁文。皆所不必。誠儉刻自守。與民同苦樂。則二十取一而有餘。而不知已同中國於貉也。二十而稅。國用不足。而國用之所重者。尤在養君子。無君子。則廢人倫。



奈何以寡取故。而同禮義之治於小貉乎。末節以重稅並言。過猶不及之意。時解矯重爲輕。勢必因輕及重貉與桀相因而至。此深文之獄。非孟子意。○什一而稅多桀寡貉。公羊亦有此語。然周禮載師職。國宅無征。鄭註謂官所有宮室園廛二十而一。註謂園少利。廛無穀。愚謂若南方地稅。自當輕於田稅也。近郊十一。遠郊二十而三。甸稍縣都皆無過十二。天子畿內千里。五十里近郊。百里遠郊。二百里曰甸。三百里曰稍。四百里曰縣。五百里曰畺。唯漆林之征二十而五。註云。抑末作也。則稅似多不止於什一者。時儒故疑之。愚按近郊六鄉之地。田用貢法什一。夫盡兵。只衞王畿。他夫役興作。槪所不及。輸將無勞。雖有戎事。不復出粟。是

止於什一也遠郊亦鄉遂之地田用貢夫盡兵而地有餘且官田牛田賞田牧田在焉則正稅之外稍有錯賦總計之約二十而三也甸稍縣都田用九一五夫一兵而非有大故不及甸乘然輸將有費力役有征其有大事則一井出禾二百四十斛芻秉稱之米十六斗（以供所出之卒也）故錯出十二然非其常也鄉遂盡用其人故薄其征稅都鄙不盡用其人故得供錯賦遠近之衡也然則什一而稅者專以田稅言貢徹皆什一也（貢一在什中助一在什外然居宅亦有布縷之征）有不止什一者兼錯額言亦國家之所不能已者其實非有增也古者田皆在官民無私買之費



而耕者出稅故正供如此今則民自買田又供什一之稅且有田者不耕而耕者不出稅田主佃戶分食所入則田主什一之供實為什而供二矣此稅法雖非重而不得其平也

〇白圭曰丹之治水也愈於禹節孟子曰子過矣禹之治水水之道也節是故禹以四海為壑今吾子以鄰國為壑節水逆行謂之洚水洚水者洪水也仁人之所惡也吾子過矣

重水之道句以鄰國為壑則非水之道非水之道則仁人所惡三節一氣轉抗

〇孟子曰君子不亮惡乎執

亮以心言執以事言亮在平日執在臨時貞者事之幹也平時格物窮理使吾心之知無不盡則知之真而信之篤定見具而定力生故臨事有所執持苟見理不真則胸中先無把握狐疑猶豫惡能有所執持哉故天德之貞於人為智信即智之盡也若不智而亮則亦硜硜之亮而已非君子矣

〇魯欲使樂正子為政孟子曰吾聞之喜而不寐節公孫丑曰樂正子強乎曰否有知慮乎曰否多聞識乎曰否節然則奚為喜而不寐節曰其為人也好善節好善足乎節



曰好善優於天下而況魯國乎節夫苟好善則四海之內皆將輕千里而來告之以善節夫苟不好善則人將曰訑訑予既已知之矣訑訑之聲音顏色距人於千里之外士止於千里之外則讒諂面諛之人至矣與讒諂面諛之人居國欲治可得乎

孟子之喜喜道之得行樂正子之道孟子之道也寧第曰優為魯國樂正子得以自見所長已哉丑不喻也則以為樂正子為政夫何所長也丑問樂正子所長孟子亦姑以所長答之然即好善一端固以優於天下休休有容誠相臣量百僚師師其風可想見也若樂正子者

安能旦暮遇之〇則人將曰二句舊說多以予字指不
好善之人以訑訑屬顏色以予既已知之矣句屬聲音
愚意予字當卽人將曰之人自予謂彼之訑訑予既已
知之何必更告以善言下有止於千里之外意訑訑二
字註雖云其貌然貌可該言故下云訑訑之聲音顏色
不必以予既已知之矣句屬聲音也若以予既已知之
矣句亦形容其不好善則上有人將曰三字而下不加
轉語頗難接向訑訑之聲音顏色距人於千里之外句
來理會文義不可不察

〇陳子曰古之君子何如則仕孟子曰所就三所去三節



迎之致敬以有禮言將行其言也則就之禮貌未衰言弗
行也則去之節其次雖未行其言也迎之致敬以有禮則
就之禮貌衰則去之節其下朝不食夕不食飢餓不能出
門戶君聞之曰吾大者不能行其道又不能從其言也使
飢餓於我土地吾恥之周之亦可受也免死而已矣

君子不輕絕人亦不苟就屬望於世者惓惓而要之不
失已也所遇不同總之事道深心若免死而已則亦必
不苟仕矣

〇孟子曰舜發於畎畝之中傅說舉於版築之間膠鬲舉
於魚鹽之中管夷吾舉於士孫叔敖舉於海百里奚舉於
市節故天將降大任於是人也必先苦其心志勞其筋骨
餓其體膚空乏其身行拂亂其所爲所以動心忍性曾益
其所不能節人恆過然後能改困於心衡於慮而後作徵
於色發於聲而後喻節入則無法家拂士出則無敵國外
患者國恆亡節然後知生於憂患而死於安樂也

通章皆言生於憂患古今聖賢不必盡以憂患生然天
之困之亦若實有玉成之理若常人則以憂患生者多
矣動有矜持之意忍卽忍耐之忍動之忍之曾益之皆
若天之爲之也心亦未便指道心但竦動之而能有所
操存則道心生性只是形氣之性而堅忍之則能順則



而不違而天性見故動心者不動心之基而忍性者卽
盡性之本也困心衡慮徵色發聲在有過之後作喻則
能改之機小註云困橫徵發卽恆過作喻卽能改語似
大快然非大病也二者雖有愚柔以已之分然總見憂
患生人非區分人品法家拂士敵國外患皆恐懼脩省
之資勵精圖治之具此節用反託乃文字錯綜處無自
是國家無之或作君心自無則與上二項不一例矣蓋
貧賤憂戚玉女於成孟子欲處憂患者勿以貧賤而敗
其操勿以遇奇音基而隳其志勿以偶失而沮其脩勿以
天之窮予而生怨天之心勿以人之棄予而生尤人之

念正當於此益自奮勵打疊得住得益自多所謂不幸者正吾人之大幸也若處憂患之境而無憂患之心或一味憂患爲心而不知求處憂患之道則碌碌下愚亦未見其生也然則生死不生死於其境而生死於其心夫亦曰存憂患之心則生矣存安樂之心則死矣安樂而能存憂患之心安樂可也雖然富厚之子未涉艱難佚豫習以爲常奉養必如其欲欲其知存憂患之心不可得矣此所以多敗也則誠哉安樂之足以死人夫

○**孟子曰教亦多術矣予不屑之教誨也者是亦教誨之而已矣**

多術如所教者五之類至不屑教誨之亦教誨則術之多益見矣不屑教誨如孔子之於孺悲君子自非無意然必其人能悟方見得君子之教蓋其人不悟君子原未嘗失言其人能悟則亦君子之教之所及故朱子必推出其人若能感此一層不然則以不屑教爲教其說似迂其辭似回護矣王觀疇敢駁註爲落後一層是惡足與讀註



# 四書詮義　婺源汪　烜雙池纂集

## 盡心章句上

**孟子曰盡其心者知其性也知其性則知天矣**

此章卽大學之格致誠正中庸之三達德盡心知性智也存心養性仁也立命勇也首節以成功言智次節於用功言仁者意在知行交關處而行卽終身無盡也首節工夫在知性次節工夫在存心性只是理理出於天具於心而散於事物心之知處而性之理實知性工夫只就日用應事接物間事事物物窮究其當然之則與其所以然之理一一向身心上體驗個精當此卽格物致知事凡起初格物時亦只覺合當如此却未曾見得與心性干涉日日如此工夫不息至窮理得多時會畧畧見得個事理之所以然則便覺此理自心性中流出有內外合一處於此事知所以然於彼事知所以然源源相通則一旦豁然貫通物之理無不格而心之知無不至物格卽知性知至卽盡心也而所謂天者卽理之所以然也物在外性在我物格而曰知性者凡物莫非天理天有是理則人有是性故吾心之中萬物皆備故曰內外合一但人心是有此理而不於事物上一一體驗過則亦未見得實故心具衆理而又須窮理以至於

知天而後此心之知始盡故曰能盡其心者必其能知性者也此節盡心單屬知邊時解以盡心二字冒通章又謂次節是盡心知性著實下手處此皆將道學暗闢入陸王家言謬之甚也○如富家兒承祖遺產田連阡陌但主人少不更事一向不識點究雖家中戶管簽號冊籍稅畝本自具備而失管者已多偶從老者出遊某處見一段田甚肥膴若心羨之老者指示之曰自某至某是汝家業也其人茫然自失歸查簽號地名稅畝徵之界至果是本家故業失管至今始識此之謂格物於外知性於內向後細心查究凡失管者皆被撿出祖產



得無遺失是之謂盡心若吾心之富何啻田連阡陌皆天之所予舊產也學者那得不格物以免失管

**存其心養其性所以事天也**

知以開行之始知未盡無以存心知既盡則心可得而存矣天命之理具之爲性發之爲情而統之者心理不能以自行待心之知覺而行故性之理虛而心之用實存心者先立乎其大而使聲色貨利舉不足以奪之其應事也則主一無適其動幾也則慎獨勿欺其不睹不聞也則不忘戒謹恐懼則至中至和喜怒哀樂之發皆不失其中正之節而日用動靜之際無不合乎天理之

則心存而性得所養矣理命於天順理卽所以順天而盡其職也蓋夫心之爲物至靈至活得失之易而保守之難只操之而存則萬理備具不待外求應接之間自然順則若舍之而亡則亦役於形氣之私而天理遂不可見非復此心之本然而性由是害矣故好善惡惡性也非不知善之當好與惡之當惡而心逐於物欲則明知其善而不能用力明知其惡而反或爲之久之陷溺日深或并忘其好善惡惡之本體此放心而害性之甚焉者也卽使放心未至於甚而涵養稍有未純用情稍有偏倚而細故不撿亦足爲吾性之累如心在忿懥恐



懼好樂憂患而視聽食味皆失其常是亦有害於吾性之物則而非所以全仁也故既求知性以盡心而又務存心以養性知行之用功如是也存養靜而該動人有偏於養靜者一動便會走作而留心在動上者却於靜時未免將迎均之存心未密要須無意無必無固無我動亦靜靜亦靜始得工夫總不外敬以直內知行雖分兩截工夫其實只一串事務知行並進非必待知無不盡然後存養苟必待知無不盡而後存養則當所知未盡之時此心豈遂可放須知學者用功於物上窮得一理便須於事上順此一理於心上知有一分便須把此

心存著一分。則知行相長。步步有進。孟子立言。自不得不以知行分兩節。先後文勢然耳。○善書者作字。先將心事提攝此間。澹如無物。然後展素舒毫。無不如意。一丨丿乀。並有天倪。行墨飛舞。俱中劒法。若此心先未入局。鑽捉此間。則非不用意寫畫。而筆畫生硬。不勝塗黚矣。應事接物。無不皆然。此心之存。無小無大。是知主靜所以立人極也。烜聞之希文江母舅云。

**殀壽不貳。脩身以俟之。所以立命也。**

殀壽不貳。非只聽之氣數之說也。蓋此身惟自盡天之所賦於我者。無一事之敢遺。無一念之敢欺。無一時之



敢息。故樂天知命。以至默契化育。則殀壽亦晝夜寒暑耳。此所以爲知天之至。智之盡也。脩身俟死。非只勉其在己而已也。蓋此心實見夫天之所賦於我者。無一事之可遺。無一端之可諉。無一時之可息。故安土敦仁。即可參贊天地。其自脩亦繼志述事耳。此所以爲事天之盡。仁之至也。不貳。即不貳其事天之心。俟之。即俟其殀壽之至。二句原分不開。然一以知言。一以行言。脈絡各有所承也。立命謂全其天之所賦。固以理言。不涉氣數。然天理在我。則氣數自覺無權。雖殀壽之至。在人見爲氣數。在君子皆是理所順受。氣數亦理。陳新安兼理氣之說。亦無容駁。若不能全此理。則壽固虛壽。殀亦虛殀。氣數皆虛。立於何有。棄天之命。直是天地間不留有此人耳。○天命。如敕命一般。朝廷命官。有職事。有爵位。有祿秩。三者要以職事爲主。爵祿皆爲職事而設。做官者須知朝廷爵我祿我。教我料理何事。自盡其職事。即所以事君。能盡職以事君。則是我克副君命矣。是謂立命。若今人道做官是一塲富貴。此便是不知天。不知天。必不能盡職以事天。豈非委君命於草芥。○此章是性學。勿誤認作心學。盡心。只在知性。存心。亦止以養性。曰天。即性之原。曰命。即天人之際。聖賢傳心學問工夫。皆莫



非期於盡性而已。心。則兼性與知覺而不純乎理。聖人教人存心。須不是要全得此心便罷也。若將此章都說倒了。則謂盡心以知性。不先窮理。而務盡心。恐心落知覺。將性亦落作用。便混入明心見性話去。謂養性以存心。此性無所主張。恐養性誤作靜坐絕物。將心亦落入空寂。便混入波羅密多心去。併所謂殀壽不貳。亦只佛說無壽妖相。而立命亦是不生不滅話頭。豈不大害事。

**○孟子曰。莫非命也。順受其正。**節　**是故知命者。不立乎巖牆之下。**節　**盡其道而死者。正命也。**節　**桎梏死者。非正命也。**

此申上章末句之意。命字。就上章殀壽而推廣之。順受。

卽修身俟死不立巖牆之下正所以順受其正也後二節反復申明一正字此章命字雖屬氣數然謂之正卽氣數亦理莫非命也只言吉凶禍福皆天所命非謂正不正亦都是命人受命有正不正天命原無不正也而或以爲冒通章則亦悞矣吉凶以數至君子以理承君子命於理不命於數故中正以吉理之所吉卽有時過涉而凶亦理所宜凶舜受堯禪富貴理也顏子屢空貧賤亦理也壽逾百歲非出於儌短折死殤無非仁義是吉凶禍福之至在他人視之莫非氣數在君子順理以受之皆見爲理所當然而已是以爲正正卽全其天之



所付不以人爲害之正所謂立命也生死一元之終始正理也聖人豈得不死要惟聖人成得個死盡其道而死猶曰死得是道非辱死耳上玉云盡道不死而乃或死不當死而死云云眞不通語也若不盡道則已自絕於天死固自取非天命之死生亦倖生天未嘗命之生倂算不得是命如何說正故知小人自是無命其曰非正命也只以明正不正之義云爾桎梏而死只作自辱死看其在君子則或桎梏而死亦是正命在小人則不桎梏而死亦非正命程子云脩煉長生得來亦是造化一大盜此亦可證正命之說

**○孟子曰求則得之舍則失之是求有益於得也求在我者也** 節 **求之有道得之有命是求無益於得也求在外者也**

亦申上章之意然又落下一層以對常人言也上節正見當自脩下節正見當俟命意蓋君子脩身順受在人見之猶疑君子迂疎不會營求耳抑知在外營求全屬無益縱求而有得亦原非求之之益何如求其在我此章乃喚人回頭指示門路語

**○孟子曰萬物皆備於我矣**

天人一體天有是理則人有是性凡天下所有之理皆



吾性所具備之物故自飮食男女以至於盡倫踐形自寫字讀書以至於經天緯地道理皆非外鑠皆不過全盡其所本然若性中不備此理外邊道理自藏不入內是不但愛親敬長良知良能而已凡可學慮而知能者則皆吾性之所素具若犬馬不具讀書寫字之理則書字自教不得犬馬故萬物皆備於我乃實理實事非影響夸大語此節言性體天道之本然也

**反身而誠樂莫大焉**

性之所具爲虛人之所履爲實人苟氣拘物蔽而失其本然之理則此理亦無從見得而終歸於消亡此理消

亡。則子臣弟友皆爲虛位。耳目口體皆爲虛器。譬之枯槁之木。生理既亡。枝幹雖存。亦不堪憔悴耳。反身而誠樂莫大焉。將性分所備之理。件件踐履得來。著實渾全。無少欠缺。則涵之爲大本之中。發之爲中節之和。此心快然。多少優游自在。孔子疏水。顏子簞瓢。都只受用得此耳。宇宙間能別有樂事。此節大賢之事。功之已成者。由是而化之。則亦天之道也。

**強恕而行。求仁莫近焉。**

仁卽誠。誠卽仁。全體曰仁。皆實曰誠。其實一也。有私。則僞。僞則生理不全矣。夫視聽言動之則。子臣弟友之倫。



苟率性而行。安往不善。第不能無形氣之私以隔之。則人己無以相通。而失其所同具之理。所以至於僞妄而不仁也。恕者以己譬人。而得其同然之心。然後推己及人。而實其當然之理也。行恕者去私之學。然已經汩沒之人。一時要推己及人。於己身便有許多不便處。故須是勉強行之。將形氣之私。痛自割舍。痛自遏抑。時時如此。事事皆然。所以曰強。此是零碎用功。然日日去私。久則自然私盡。日日勉強。久則自然純熟。故求仁莫近焉。蓋恕卽擇善之術。而強恕則固執之力。工夫雖曰勉強。而實人人之所能行。要只以盡其性分之固然。而非有彊加於性分之外。此其所以爲中庸之道也。此節言求全之功。所謂誠之者。人之道也。○此章意注末節蓋承上章。而示人以求之之方也。次節樂字。有歆動人使知求之之意。

**○孟子曰。行之而不著焉。習矣而不察焉。終身由之而不知其道者。衆也。**

此承上二章。而歎人之不知求。爲學者言。非爲凡民慨也。著察前須有窮理工夫。惟其不著不察。所以終身不知。不著不察。如晚村云。或自以爲已知。或畏難而不窮理。或心粗而不能入。或悞於異端而不求知。皆是。不止



於近而易忽。其說是也。盧齋謂末句總上二句。註所以二字不可深泥。非矣。彼看著察二字無工夫。其悞蓋由於陳新安爲凡民言之之說。抑凡民之不知。孟子當亦無怪焉耳。且學問亦有何凡民學者之分。人自爲凡民耳。非不能著察也。能有一定之凡民乎哉。蓋性分之中。萬物皆備。有物有則。民之秉彝。故身具貌言視聽之官。則當求其肅乂哲謀之則。身處子臣弟友之位。則當明其孝弟忠信之倫。是謂行之而著。既從事於倫則之中。則當深思夫肅乂哲謀之則。何以動於身而不容越。實驗乎孝弟忠信之念。何以發於心而不容強。則心性有

會通之妙、而天人無彼此之隔。是謂習矣而察、夫爲子當孝爲弟當弟、孩提且有良知。人亦誰不曉得、然此不可謂著。須知如何方是孝、如何方是弟、如何似孝弟而非孝弟。如何已孝弟而未盡乎孝弟、方是能明所當然。著字豈可淺看。察字則更深。識其所以然、則知性知天而盡心分位矣。然此理人人所同具。則著察人人所可能。人惟不加著察之功、則終身視聽言動、而所謂肅乂哲謀者何如、亦終身子臣弟友、而孝弟忠信者何在、所謂終身由之者、謂終身在倫物中、而懵然於道。非謂既終身由道、而又不知其道也、以此由之字與民可使由



之作一例看。則亦悞矣。若既其由道。則小民日用不知。而又何可多責哉。此章單就知言。以啟人之求知、合上下章玩之、自見主意。本註尤宜細玩、毋爲時下講章所誤。

〇孟子曰。人不可以無恥、無恥之恥。無恥矣。

此動人羞惡之心。以力於求知求行也。無恥之恥。猶曰豈不自羞。自以爲不羞、正其自羞也、蓋恥辱之事、人亦自羞、但一時知羞而已。而割舍物欲不下、則雖知羞亦自瞞過、終於不羞、惟以不羞爲羞。乃羞之之深、自能奮發自新、而恥辱可免、蒙引以四恥字皆就心言、終覺蒙混。強恕。力行近仁。著察、好學近智。此章、知恥近勇

〇孟子曰。恥之於人。大矣、節 爲機變之巧者、無所用恥焉、節 不恥不若人、何若人有。

與上章一反一正。無所用恥、不以無恥爲恥也、不以無恥爲恥者。物欲陷溺之深也。何若人有、則終身不免於恥也。以機變言者。好行小慧。則不著察於倫物、蔑人自智、而施不恕矣。然此亦激其能用恥。非徒絕之也

〇孟子曰。古之賢王。好善而忘勢、古之賢士。何獨不然。樂其道而忘人之勢、故王公不致敬盡禮、則不得亟見之、見且猶不得亟、而況得而臣之乎



在人曰善、在已曰道、莫非性分之理、樂道者、性分之眞、好善者、好德之情、性情篤、而勢分不足以搖奪之矣、即殀壽不貳、脩身俟死意也、致敬以心言、盡禮以事言、不得而臣、非竟不得臣。惟不致敬盡禮則不惟臣之不得、亟見且不得、若行其道焉則得見亦得臣矣、此章近解側重賢士、則可、翼註重賢王、則非孟子意在兩忘勢上、徒作慨今思古、亦未得主意、

〇孟子謂宋句踐曰、子好遊乎、吾語子遊、節 人知之亦囂囂。人不知亦囂囂、節 曰、何如斯可以囂囂矣。曰。尊德樂義則可以囂囂矣、節 故士窮不失義、達不離道、節 窮不失義。

故士得己焉達不離道故民不失望焉節古之人得志澤加於民不得志脩身見於世窮則獨善其身達則兼善天下

此卽上章樂道忘勢之意而特暢言之故因而類記之也德義莫非性分而有體用之分尊者所存一於德性而無以尙之樂者所行一於義理而不待勉強尊之樂之則有以自得自得則自可以無欲矣德者義之本而於窮時却見得守義居多若伊尹之一介不取與是也得之曰德推而行之曰道不離道正守義之純而於達時却見得設施之道如伊尹以斯道覺斯民是也蒙引



云義字兼德字道字兼德義似是而未融洽澤加於民在不離道而民不失望夾縫中不離道故澤加於民澤加於民故民不失望不失義則身脩而聞望著身脩而聞望著是得已也末二句又總結之故士以下二節迭推迭證總見內重外輕之效直是所性分定則大行不加窮居不損意虛齋以句踐爲遊士中可與語者得之

〇孟子曰待文王而後興者凡民也若夫豪傑之士雖無文王猶興

非爲凡民豪傑分品詣正勉人之能興耳

〇孟子曰附之以韓魏之家如其自視欿然則過人遠矣

只不以勢利入心便是聖賢根器雖進修工夫尙早而此念已不凡若勢利未除便終身無長進日孟子葢深有望乎人也

〇孟子曰以佚道使民雖勞不怨以生道殺民雖死不怨殺者

此示人政刑之則不違道以干譽不咈民以從已卽王者大公之心而非霸者驩虞之治也道字只就事言而王者之心自見註曰本欲佚之本欲生之二欲字正道之本於心也使民殺民所包甚廣小註偶以殺民主用刑言耳以佚道使民卽一勞永佚之道以生道殺民卽



殺一人而生千萬人之道輔氏曰不得已者事爲所當爲者理二語最合事不得不勞殺而理實當然便是道字小註求其生而不可得云云又是推深一意也彙解謂二道字只指心言非一勞永佚殺一人而生千萬人之說以所生之人非所殺之人而本文二不怨卽勞者死者也愚按單指心字反使道字落空何必拘拘問民字同異且所生之人雖非所殺之人而殺之以道死者又安得怨抑所佚之民亦不盡屬所勞之人也

〇孟子曰霸者之民驩虞如也王者之民皞皞如也節殺之而不怨利之而不庸民日遷善而不知爲之者節夫君

子所過者化所存者神上下與天地同流豈曰小補之哉
形容王道之大首尾只借霸者作襯非如他章以王霸
並論也王道之大且就外邊看來皞皞就王民氣象以
形容王者氣象次節又形容所謂皞皞末節乃推本君
子身上而言其化神之妙然於王者之德所以廣運於
天下者却未說出殆亦所謂德無能名意也皞皞廣大
自得俱就民言不怨不庸遷善不知為之民之質矣日
用飲食羣黎百姓徧為爾德都無罣礙不辨爾我所謂
廣大自得陳新安謂王道廣大而民自得非也然廣大
自得者民而使之然者君子若保赤子容保民无疆教

思无窮君子之所存也心所存主而妙用隨之此感彼
應合一不測而無徃非化神矣過亦非必身親經歷只
會經理過此事便是刑期無刑因利利民以人治人即
君子之過也身所經歷而式轂似之正己物正推行有
漸而形迹俱泯化也故防民而民不干有司利民而民
不飢不寒教民而民順帝之則非天下之至神其孰能
與於此而且殺之而不怨利之而不庸民日遷善而不
知為之者所謂惟天下至誠為能化也所存稍在裏然
亦以用言蒙引以過化貼業存神貼德未是此章皆言
業而所本則德也所存所過又一體一用存是起念過



則見之事也天地無心而生物聖人無為而化神即所
謂與天地同流非塞天地配天地等語只天地聖人一
耳然要之有聖人之德而後有聖人之業德無能名只
不顯篤恭而已矣同此政刑同此教養霸者行之都是
私意有一毫私意便狹小王者出之都是大公大公則
無所不至非違道以干譽故不見驩虞之迹非咈民以
從已故百姓安於無事人言他章辨王霸以誠偽此章
辨王霸以大小抑知惟其偽也所以小也惟其誠也所
以大也治不足以利民故市之以小惠德不足以率民
故示之以小善其中不實其發何由能廣君子誠而已

至誠無息而博厚高明悠久王道之大也
○孟子曰仁言不如仁聲之入人深也節善政不如善教
之得民也節善政民畏之善教民愛之善政得民財善教
得民心
仁言不如仁聲欲人務實德也善政不如善教欲人知
本務也二者雖非兩事而有經緯之異故分兩對言但
仁言仁聲入人淺深易知而政教得民之異則不容不
申其詳故末節申言政教節然要亦只對得首節一深
字時解以首節側串次節非語氣也民畏民愛以情言
得財得心以事言不必如翼註分民之應我我得民應

然自是兩項。亦不得以得財承畏得心承愛。善政原不可廢。但須道德齊禮而政以輔之。又須以仁心爲本。

○孟子曰。人之所不學而能者。其良能也。所不慮而知者。其良知也。節 孩提之童。無不知愛其親也。及其長也。無不知敬其兄也。節 親親。仁也。敬長。義也。無他。達之天下也。

此爲外仁義者言之也。於良知指出仁義。非以良知盡仁義。於不學不慮見知能之良。非以良知良能廢學慮。亦不以不學不慮盡知能。達之天下。見率性有同然耳。然豫章之木。始於萌芽。要不得以萌芽作棟梁矣。培植之功。所不能已也。彼專言良知者。不已謬乎。○ 良。易直



也。易而直。即率性之意。故本然之能知曰良。

○孟子曰。舜之居深山之中。與木石居。與鹿豕遊。其所以異於深山之野人者幾希。及其聞一善言。見一善行。若決江河。沛然莫之能禦也。

此以言聖人聰明睿智。純乎天也。居深山云云。只言其無異野人耳。或入至靜無情忘機等語。俱是空山無人水流花開禪諦。即以入時文。亦屬尖纖惡習。恨不能用大筆盡爲一抹。

○孟子曰。無爲其所不爲。無欲其所不欲。如此而已矣。

爲所不爲。欲所不欲。自欺也。無爲其所不爲。無欲其所不欲。必自慊而毋自欺也。故勿軒以爲即大學誠意工夫。是也。凡所不爲不欲。皆必無爲無欲。即擴。決然無爲無欲。而不使少有加乎其身。即充。故註云即所謂擴充。非從無爲無欲後。又别有擴充。不爲不欲。都是羞惡之心省察於念慮云爲。即義以方外之事。故註只言義。蒙引謂不爲不欲。內四德俱有。看未穩貼。

○孟子曰。人之有德慧術知者。恆存乎疢疾。節 獨孤臣孽子。其操心也危。其慮患也深。故達。

事未至而能以理燭幾。曰德之慧。事方至而能處事合理。曰術之知。操心危則德存而慧出。慮患深則術熟而



知生。小慧私智。生於安樂。而能死人。德慧術知。出於疢疾。而能生人。然亦必其人之知自勵也。

○孟子曰。有事君人者。事是君則爲容悅者也。節 有安社稷臣者。以安社稷爲悅者也。節 有天民者。達可行於天下。而後行之者也。節 有大人者。正己而物正者也。

人品之別。內外輕重之間而已。富貴其下焉。功名亦猶外也。天民道德之士矣。大人化之也。正己而物正。固是德盛民化。然過化存神。原非無爲。但無迹耳。時解云。不必諷議。不必號令。則周公孔子。何嘗無諷議號令乎。○ 正己而物正。則用舍無與於己。

○孟子曰君子有三樂而王天下不與存焉節父母俱存兄弟無故一樂也節仰不愧於天俯不怍於人二樂也節得天下英才而教育之三樂也節君子有三樂而王天下不與存焉

事親從兄性分最眞之樂不愧不怍性分克全之樂教育英才性分充廣之樂父母俱存兄弟無故便是樂不必如蒙引入孝弟意蓋既曰君子孝弟不必言正惟其孝弟故以俱存無故爲樂若不孝不友之人則亦不知樂此且謂以孝弟爲樂亦落下一層也卽次節克己亦是推原非樂克己孝弟克己成已俱在三樂前一層事



至林註重第二樂張南軒以不愧不怍爲三樂之本則皆言外推論本章三平說

○孟子曰廣土衆民君子欲之所樂不存焉節中天下而立定四海之民君子樂之所性不存焉節君子所性雖大行不加焉雖窮居不損焉分定故也節君子所性仁義禮智根於心其生色也睟然見於面盎於背施於四體四體不言而喻

樂道之大行亦上章樂得英才而教育之之意而以在性分則有本末之殊新民只以盡明德之量而明德既明則新民之具在我用舍以時於己無與也仁義禮智根於心朱子云如木根著土此喻最妙蓋合性與知覺有心之名知覺原屬形氣形氣薄濁土肉少而瓦礫多此理雖有亦難以生根著土都被瓦礫闌住耳況物欲之累又似鍬鋤時時鍬鋤損傷縱得埋根些少著土亦復剗拔起來無復生氣矣惟氣質清明則如細壤厚土著根自易又無物欲之累則培擁澆灌而無剗拔之傷所以根深蔕固枝葉自然敷榮也根在土中不可得見而枝幹花實之生意莫非藏蓄此根之中幹卽仁之發枝之秩然卽禮之發花之向實卽義之發實之成熟卽貞之發其蒼翠天潤卽睟然也碩大扶疏卽盎然也枝



葉花果無不相似各正性命保合太和則四體不言而喻矣動容周旋中禮者盛德之至也氣質清明此生知也然則生知以下何如而後能此曰只怕難討種子何怕無土可種人人是有此理種子在手瓦礫不妨挑去土肉不妨堆厚致知去瓦礫也力行堆土肉也氣質變化根著土矣時時加以培壅土既磽瘠人力宜勤加功保護不使物欲稍得傷伐何愁此理不生到得根心生色則積盛來與聖人一

○孟子曰伯夷辟紂居北海之濱聞文王作興曰盍歸乎來吾聞西伯善養老者太公辟紂居東海之濱聞文王作

興曰盍歸乎來吾聞西伯善養老者天下有善養老則仁人以爲己歸矣 節 五畝之宅樹牆下以桑匹婦蠶之則老者足以衣帛矣五母雞二母彘無失其時老者足以無失肉矣百畝之田匹夫耕之八口之家可以無飢矣 節 所謂西伯善養老者制其田里教之樹畜導其妻子使養其老五十非帛不煖七十非肉不飽不煖不飽謂之凍餒文王之民無凍餒之老者此之謂也

言養民之政也首節以仁人之歸歆時君以法文王次節實陳文王之政末節言文王之養老所以爲善末節所謂此之謂二謂字首尾相應自所謂至使養其老截



五十至終作一氣讀此之謂此字指制其田里四句○養中已寓教

○孟子曰易其田疇薄其稅斂民可使富也 節 食之以時用之以禮財不可勝用也 節 民非水火不生活昏暮叩人之門戶求水火無弗與者至足矣聖人治天下使有菽粟如水火菽粟如水火而民焉有不仁者乎

上章主言養老此章概言足民亦以足上章之意也易其田疇上使易之也盡力溝洫勿奪其時勞農勸相省耕省斂皆所以使之易也可使富也未必即富財不可勝用則富矣民焉有不仁有恒產而有恒心而教從可施也仁字只依陳氏淺看

○孟子曰孔子登東山而小魯登太山而小天下故觀於海者難爲水遊於聖人之門者難爲言 節 觀水有術必觀其瀾日月有明容光必照焉 節 流水之爲物也不盈科不行君子之志於道也不成章不達

意注末節示人學聖之法不徒夸大聖人也惟聖所造者高故人見聖道之大然聖道大而有本惟善觀者自能得之聖道大而有本故學者必以其漸乃能至通章迭喻駢聯叅錯正意東山太山二句皆借言而觀海一句喻遊聖門一句正觀水二句又皆寓言而流水爲物



一句喻君子志道一句正蒙淺欲以遊聖門句亦作喻言未是遊聖門豈止聽言即所難爲之言亦不止言說若作言語看則淺矣觀瀾知源觀容光必照而知明由用之費知體之微若曾子之忠恕子貢之學識積久而聞一貫虛齋云大即泛應曲當本即一理渾然是也但本者未發之中註中源字明字猶人所可見兩有本方是所以然處於源明外求本固無本可求而虛齋謂源明即本亦未是也盈科成章內俱有個漸字達字尚是上達然上達亦不是一蹴入聖學一事至成章方達一理學十事至成章便達十理逐節見功故次崖云由善

信至美大。節節有個成章。紹聞編云。如積珠玉。小積有小光輝。大積有大光輝。蓋格物至物格。知至。知之成章。知至則達。而不能已於行。誠意而至意誠。是成章。意誠則達。而正心工夫。亦不能自已。正所謂積厚。正所謂以漸也。蒙引謂盈此科。是成章。行彼科。便是入聖。淺說謂成章是下學盡頭工夫。就是大的地位。達是達於聖道。孟子勉人盡力以求其至也。此俱不是。夫曰不盈科不行。行字原非止境。未曾說不盈科不至也。註云必以其漸乃能至。漸字重。至字輕。漸字兼成章而達言。至字則言至於聖道。非以至字解達字。蓋聖道大而有本。則非



外面張皇得似。非一蹴可以捷至。故必須從實地上用功積累。孟子恐人畧見些端倪。便拋却下學工夫而躐等以求神化。故喫緊示人以學之有漸。行字達字俱學中有得次序。非遂言至於聖也。至字乃朱子以補足章意耳。若乃大而能化。固是盡頭一個成章而達。然見卓爾而欲從末由。顏子且然。況其他乎。此所謂過此以往未之或知者。必非今日成章明日便化也。是此達字最爲難言。豈如釋氏棒喝打叅遂傳衣缽也哉。孟子恐人之一蹴求至。而示人以學之有漸。而說者偏欲藏去漸字。用力求至。不惟與孟子朱子之意抵牾。而且悞後學不淺矣。故亟辨之。

○孟子曰。雞鳴而起。孳孳爲善者。舜之徒也。節 雞鳴而起。孳孳爲利者。蹠之徒也。節 欲知舜與蹠之分。無他。利與善之間也。

上章言學聖工夫。其進以漸。此章言聖盜分途。其機至近。蓋學者宜深造以道。以完學聖之全功。又宜決於當機。以立終身之準的也。欲知二字。啟人以察識也。知察則勿以惡小而爲之。勿以善小而不爲。而聖可馴至。間只是相去不遠意。存疑云。二者相並。其中間。曰間。亦忒著迹。此章分間已在爲上。故比愼獨稍後。然此亦從爲



上指示人耳。其實爲發於念。學者要用功把握。仍在愼獨。其分途毫末。則致察不可不精。勿得竟以淺看槩之。

圈外楊註及陳新安之說不可廢也。

○孟子曰。楊子取爲我。拔一毛而利天下。不爲也。節 墨子兼愛。摩頂放踵利天下。爲之。節 子莫執中。執中爲近之。執中無權。猶執一也。節 所惡執一者。爲其賊道也。舉一而廢百也。

此示人時中之道。特重一權字。子莫自非楊墨之倫。中亦較愈於爲我兼愛。只執而不化。爲害已與楊墨等。末節三者交譏。時解重責子莫。非也。仇滄柱亦云。此章無

側重子莫意。

○孟子曰。飢者甘食。渴者甘飲。是未得飲食之正也。飢渴害之也。豈惟口腹有飢渴之害。人心亦皆有害。節 人能無以飢渴之害為心害。則不及人。不為憂矣

首四句。只借飢渴之害味。以引起貧賤之害心。豈惟亦皆數字轉捩。意自有在。朱子會意。指出貧賤不可易也。

次節卽借飢渴字面。代貧賤字。蒙引謂與以安社稷為悅語氣一般是矣。此章與養小失大章意大異。養小失大章飲食之人。孳孳口腹。故飲食便是心害。此甘食甘飲為飢渴之故。非求饜口腹之欲者也。飢渴而甘食甘



飲。卽使賢者困頓。亦復不免。雖失正味。苟非失禮義。不為害心。上玉以養小失大例此章。謂甘食甘飲。正是害心。飲食之於學問。大矣。何必貧賤云云。此不通之論也。君子禮義不踰。然必曰不因飢渴而甘食甘飲。則是矯而已耳。偽而已耳。寧有是學問哉。

○孟子曰。柳下惠不以三公易其介。

因上章不為心害而及之。亦內重外輕意。介卽在和內。

○孟子曰。有為者。辟若掘井。掘井九軔而不及泉。猶為棄井也。

戒人之半塗而廢也。

○孟子曰。堯舜性之也。湯武身之也。五霸假之也。節 久假而不歸。惡知其非有也

重辨五霸之假。久假便是不歸。不必云不歸於眞。不自知其非眞有。以他本不曉得仁義是性中本有。故謂仁義本是假名目。我假得來。便算仁義。所以居之不疑也。

○此章曰身。對假言。下篇曰反。對性言。

○公孫丑曰。伊尹曰。予不狎于不順。放太甲于桐。民大悅。太甲賢。又反之。民大悅。節 賢者之為人臣也。其君不賢。則固可放與。節 孟子曰。有伊尹之志。則可。無伊尹之志。則篡也。



則可者。僅可之辭。有其志者。偶一為之。非常道也。則篡也。斷乎其不可為矣。蓋伊尹之志。白日青天。任天下蒼生之命。孟子之言。秋霜利刃。立萬世臣道之防。均之與日月爭光可也。孰謂孟子而徒氣矜人主哉。○尙書蔡傳解予不狎于不順句。與此異者。蔡傳不使之狎習於近習小人。是伊尹營桐本意。正解也。此章丑引之。只以不順指太甲。與下賢字對。故朱註依丑意解之。

○公孫丑曰。詩曰。不素餐兮。君子之不耕而食。何也。孟子曰。君子居是國也。其君用之。則安富尊榮。其子弟從之。則孝弟忠信。不素餐兮。孰大於是

只言君子有可食之道耳。用不用在人，無傷於君子之宜食也。存疑說約主未仕言，固是。然必謂只用其言非用之爲臣，則太泥。蓋此只言宜食之理，不必作已然看。

○伐檀君子非力不食，其志潔矣，然究亦偏詣。朱子以爲徐穉之流耳。丑欲以此例君子，不知君子矣。

○王子墊問曰：士何事？節 孟子曰：尚志。節 曰：何謂尚志？曰：仁義而已矣。殺一無罪，非仁也；非其有而取之，非義也。居惡在？仁是也。路惡在？義是也。居仁由義，大人之事備矣。

尚志節所謂隱居以求其志，而所求之志仁義盡之。末節都是說志。志在仁義，則正所謂尚所志。在此所守可



知矣。非其有而取之，爲士時或有，若殺一無罪，決非爲士時事。存疑謂非曰他日云云，泥也。

○孟子曰：仲子，不義與之齊國而弗受，人皆信之，是舍簞食豆羹之義也。人莫大焉亡親戚、君臣、上下，以其小者信其大者，奚可哉？

俗眼未有不覩讓齊國爲驚天大節者，此仲子之所以得欺世盜名也。然仲子正亦唯重覩齊國，所以反亡親戚、君臣、上下，而爭此子子之操。若果於義理上看得分明，則當知人倫是性分上事，齊國不過勢分上事。性分重，勢分自輕，其覩不受齊國之義，直等之舍簞食豆羹已耳，何至避兄離母、棄君臣而爲之哉？是故汲汲於富貴者，與必辭富貴而不居者，雖若清濁不同，其未忘勢分而無得於性分，均也。若語夫惑世亂德之罪，則矯情者覩溺情者尤有加焉。贓吏犯法，法存；姦吏弄法，法亡也。仲子罪可勝誅哉？

○桃應問曰：舜爲天子，皋陶爲士，瞽瞍殺人，則如之何？節 孟子曰：執之而已矣。節 然則舜不禁與？節 曰：夫舜惡得而禁之？夫有所受之也。節 然則舜如之何？節 曰：舜覩棄天下猶棄敝蹝也。竊負而逃，遵海濱而處，終身訢然，樂而忘天下。



執法愛親，均之性分之重也。不知天子父之爲尊，不知天下之爲大，均之勢分之輕也。論事至此，眞至乎天理之盡而無一毫人欲之私。後世法官而知此，必無殺人不問之柴守禮；後世人君而知此，必無殺兄之太宗矣。執之而已，直是執瞽瞍。折衷謂只是執法，不必定執瞽瞍，自是曲說。○人只患天理未徹，不患其不知權。守經而未可與權者，正以其於天理上猶有未徹，動時便怕站腳不住故耳。若未知天理之精而妄言權者，則必害理賊道者也。天理爛熟，權自無方。若聖賢論事，且只肯說個定理。今讀此章，先須看孟子意思何如，聖人心事

何如自見言之確乎不易不可代臯陶大舜妄作權宜設處至混入勢利私欲計較

○孟子自范之齊望見齊王之子喟然歎曰居移氣養移體大哉居乎夫非盡人之子與節 孟子曰羨文王子宮室車馬衣服多與人同而王子若彼者其居使之然也況居天下之廣居者乎節 魯君之宋呼於垤澤之門守者曰此非吾君也何其聲之似我君也此無他居相似也

盡心一篇大抵重內輕外意此章忽見王子而興歎豈勢分亦足動人哉知勢分之輕而知性分之重矣知勢分之亦重而知性分之愈重矣居移氣養移體語指勢分意注性分勢分之居公卿大夫勢分之養膏粱文繡性分之居以理為居性分之養順理以養王子不過勢分之居耳且足以移氣體而性分之居又當何如也居相似也居貴者皆移氣體則凡居廣居者亦必移氣體其相似可知也言外有勉人意○呼於垤澤之門必作魯君自呼方切氣體時解謂呵從傳呼則車馬衣服類耳何與魯君氣體但不必謂因門閉而呼蓋適有號令呼於其地也不曰魯某公而曰魯君蓋孟子當時事

○孟子曰食而弗愛豕交之也愛而不敬獸畜之也節 恭敬者幣之未將者也節 恭敬而無實君子不可虛拘



意注末節見君子守身之重時解只責人君未得孟子主意

○孟子曰形色天性也惟聖人然後可以踐形

形色人物所同也有物有則天地之性存焉人所以異於禽獸也有是形色而無以盡其物則五官百骸知覺運動何物無之而何以異於禽獸乎不踐形無以異於禽獸而踐形者惟聖人然則人非聖人未可為人人而不學聖人又將何以為人哉學聖人何踐形而已非禮勿視非禮勿聽非禮勿言非禮勿動先立乎其大者則其小者不能奪也此求以踐形之實功也記曰足容重手容恭目容端口容止聲容靜頭容直氣容肅立容德色容莊孔子曰視思明聽思聰色思溫貌思恭言思忠事思敬疑思問忿思難見得思義踐形之條目亦云盡矣五倫五事相為經緯而踐形尤為盡倫之本蓋事父有事父之貌言視聽事君有事君之貌言視聽若下氣柔聲愉色婉容視無形聽無聲之類五事即經緯於五倫之中也且人之不能盡倫也非其性之不仁也亦物欲有以間之則私已而忘君父耳而物欲之交也則又不外於貌言視聽學者非敬以直內無以立形之主非義以方外無以充形之用敬立而內直義形而外方則

形色皆性命之正而私欲無間以入私欲無間以入則天性熟而於人倫也亦肫肫矣是則盡倫者猶經綸大經達道之用也而踐形所以立本也人於人倫之大猶皆知有所閑而不敢越而形色之際則人鮮不以爲細而忽之孰知形色天性也踐之則爲聖人不踐則將無以異於禽獸其不可忽也有如是夫　先君子有言曰謹小慎微聖人之基也有旨夫

○齊宣王欲短喪公孫丑曰爲朞之喪猶愈於已乎節孟子曰是猶或紾其兄之臂子謂之姑徐徐云爾亦教之孝弟而已矣節王子有其母死者其傅爲之請數月之喪公孫丑曰若此者何如也節曰是欲終之而不可得也雖加一日愈於已謂夫莫之禁而弗爲者也

喪死至情也先王制禮折衷仁義故父母喪必三年所以盡人子之至情且教孝也若嫡在爲其母緦則嫡不可並恩以義屈也乃莫之禁而弗爲與不教以孝而反爲之說者則其皆先王之罪人也矣

○孟子曰君子之所以教者五節有如時雨化之者節有成德者有達財者節有答問者節有私淑艾者節此五者君子之所以教也

莫非教也而人之品詣與其所處不同則亦因材而篤



要使之各遂所求而已君子無容心也然隨其上下遠近而莫不各被君子之風以能有所得則君子之所以教者宏矣道在天下君子無容自私而大道爲公君子與人爲善故也

○公孫丑曰道則高矣美矣宜若登天然似不可及也何不使彼爲可幾及而日孳孳也節孟子曰大匠不爲拙工改廢繩墨羿不爲拙射變其彀率節君子引而不發躍如也中道而立能者從之

因上章君子之教而類及之與論語予欲無言無行不與可相發葢道者形上之理教者下學之法道器不相離理法無二致君子雖一理渾然神妙不測而其實不越於日用事物之間卽夫婦所與知能行者而道在焉矣故其爲教也亦惟是於日用常行之間道以致知力行而已他何術焉而性天之寓於日用事物間則未易一二以言喻也顧未易以言喻而實理實未嘗不活潑踊躍於耳目之前鳶飛魚躍何莫非天作止語默何莫非道斷不能有獨秘之而不以示人者而下學之功未盡性天自未易聞則所得之高下淺深隨夫人之自領亦在乎學之而已又能有他歧哉大道不外於日用事物之間則本非難知難能之事乃稍過焉則流爲隱怪

不及者又廢於半途則中庸之不可能者君子又烏能少貶以徇人故君子之教亦惟是立乎大中之途以俟夫能者之從耳非故祕也故盡乎巳所當然君子之引弓也充其本然之量而不使少有未盡君子之彀也於以應事接物則君子之發矢也及乎時措咸宜則君子之發無不中也引弓之彀率法也非道也發矢之必中事功也亦非道也而其引弓彀率之間有所以發而必中則道隱躍於其間焉註所謂得之之妙是矣得之妙非謂中也乃所以中也而斯道之寓於其間者中以後無可求中以前有可想則道之活潑踊躍者亦惟在君



子之盡乎在巳以應事接物之間精察之而巳耳存疑第以有其事必有其功言躍如淺矣乃反駁小註道理活潑及妙處不容說之說爲非不亦謬乎小註又云引其端而不竟其說者蓋端者始事也示以學之之法啟其入門之路下學之端也若所以得之之妙則上達之究竟未易輕以言竟矣然性天亦非盡不言但非積學之至者未可與言耳蒙引疑此非大註之意亦未看得透也中道而立中字正以道體言公孫丑以道爲高故欲教之少貶孟子易以中字正以見教之不可貶註云無過不及非難非易正卽中庸二字惟道體之中庸故

不可抗不可抑而教之法無所容其改廢矣上玉不欲以中道解作道體恐立字難說因謂只是中途而立不遠不近抑知中道而立者謂君子立教以大中之道一倒提便明不必遷就也此章語簡義深諸解不向道體上理會故紛紛都無一得

○孟子曰天下有道以道殉身天下無道以身殉道節未聞以道殉乎人者也

無問世之有道無道總之身與道俱君子之守也以道殉人烏所謂道此如以安社稷爲悅用字法耳

○公都子曰滕更之在門也若在所禮而不答何也節孟



子曰挾貴而問挾賢而問挾長而問挾有勳勞而問挾故而問皆所不答也滕更有二焉

若在所禮亦著賢貴之見也而不答之故却正以此意既不誠縱答之亦難有得非輕絕人也況不屑教誨固亦正所以教誨之矣

○孟子曰於不可已而已者無所不已於所厚者薄無所不薄也節其進銳者其退速

示人以中之爲貴也執事與人脩已錯舉三事以見不及太過之弊三段各重上截下截之弊只在上截內

○孟子曰君子之於物也愛之而弗仁於民也仁之而弗

親親而仁民仁民而愛物

人得天地生物之心以爲心則人民萬物莫非一體而一本所在則恩莫篤於所生一本萬殊性分之理也墨氏知理一而不知分之殊所以兼愛而無父楊氏知分殊而不知理之一所以爲我而無君後世釋氏之戒殺等物於人也等物於人則非厚物適以薄人出家而言慈悲普救等人於親也等人於親則非厚人適以薄親推恩已無其本仁心亡矣能愛者安在哉此章首二句言分之有等末三句言推之有序也○親親仁民愛物仁也推之有序禮也施之各當義也知所輕重智也自



然無僞信也仁只是一團生意不分此等殺然仁中恰自然有此一定等殺其萬殊便是義仁以統義義以裁仁仁體義用仁卽忠義卽恕○此章正學術亦正事功要明此一本萬殊之理而無疑少不得格致工夫要全盡得此能愛之心少不得誠正工夫盡於已則孝子仁人推得行便是王政天德王道內外合一

○孟子曰知者無不知也當務之爲急仁者無不愛也急親賢之爲務堯舜之知而不徧物急先務也堯舜之仁不徧愛人急親賢也節不能三年之喪而緦小功之察放飯流歠而問無齒決是之謂不知務

無不知無不愛智仁之大用然知所先務則推行有序而務於徧物則散而無緒務於親賢則仁覆天下而務徧愛人則日亦不足矣上章言親親爲仁民愛物之本以性分言也此章言親賢爲愛人之先務以事功言也智仁知行也知卽知所行行卽行所知當務之急不外於知人安民急於親賢卽其知所先務也此章蓋亦臯陶謨之意末節設言一不知務者以警人不知務雙收智仁非單以智言智仁一串事耳蓋智周萬物者智之量道濟天下者仁之施而當務之急卽義之精善與人同卽仁之盡然必合下有包并萬物之畧而後急於當



務則徧物在其中合下有胞與天下之心而後急於親賢則徧愛人在其中惟其心有以識其全體而不域於近小故能義精仁熟而確知先務之所在亦惟其確知先務之所在而不蔽於私累故能智盡仁至而有以充其周萬物濟天下之功不然者執一廢百以爲知要則亦狹矣

四書詮義

盡心章句下　婺源汪　烜雙池纂集

孟子曰不仁哉梁惠王也仁者以其所愛及其所不愛不仁者以其所不愛及其所愛。節 公孫丑曰何謂也梁惠王以土地之故糜爛其民而戰之大敗將復之恐不能勝故驅其所愛子弟以殉之是之謂以其所不愛及其所愛也。

所以不仁者欲蔽之也此及下三章皆深著戰伐之戒。

○孟子曰春秋無義戰彼善於此則有之矣 節 征者上伐下也敵國不相征也

明春秋之義以重著戰伐之罪也彼善於此亦單就戰



言春秋會同之類猶間有善之善者如首止葵丘是也戰二十三伐二百十三則絕無善之善者召陵之師書遂而後書次先貶後予城濮則并無予辭摘訓謂此句不貼戰言非也春秋以後無王而其爲民禍則莫慘於戰末節雖主以明無義戰之旨然即春秋一書而咏歎出之爲哀世悲爲生民愴二也字含情無盡不徒釋經已也

○孟子曰盡信書則不如無書 節 吾於武成取二三策而已矣 節 仁人無敵於天下以至仁伐至不仁而何其血之流杵也

非爲武王辨白其無是事只不許好戰者藉口其有是書也孟子立言垂戒其意仁矣然書辭自有定解亦可見大賢立言殊有用意過當處

○孟子曰有人曰我善爲陳我善爲戰大罪也 節 國君好仁天下無敵焉 節 南面而征北狄怨東面而征西夷怨曰奚爲後我 節 武王之伐殷也革車三百兩虎賁三千人 節 王曰無畏寧爾也非敵百姓也若崩厥角稽首 節 征之爲言正也各欲正己也焉用戰

此篇首章言好戰之不仁次章言戰伐之非義第三章言不得藉口於古人此章則深責戰臣逢君之罪而勉



人君以好仁也引湯武爲好仁無敵之證而末節復申其意○兵刑與禮樂並飭戰陳豈能盡廢而孟子痛絕之者目擊當時戰陳之慘而心傷之也兵凶戰危不得已而用之忍以此自見所長哉○革車三百兩法當用三萬人而爲甲首者九百人步卒二萬一千六百人輜車七千五百人牧誓武王曰司徒司馬司空則是三軍三卿三軍當用車三百七十五乘然則三百兩者舉大數言耳書序作虎賁三百人蓋即其卒長卒長百夫長也車一乘步卒七十二人甲士三人輜車二十五人是一乘百人則卒長而車左之射士也此曰三千人則其千夫之長也與周禮虎賁氏之掌先後王者異不必

引周禮以証此。周禮虎賁氏有下大夫二人。又傳稱武王兵七萬。紂兵七十萬。所謂七萬者。蓋戎蜀羌髳微盧彭濮人皆在。而諸侯之以兵會者。則不在其數也。孟子言此。大抵不尚兵力之意耳。

○孟子曰。梓匠輪輿能與人規矩。不能使人巧。

欲學者自求心得於規矩之中也。

○孟子曰。舜之飯糗茹草也。若將終身焉。及其為天子也。被袗衣。鼓琴。二女果。若固有之。

言聖人所性分定。故大行不加。窮居不損也。○袗衣。冕服也。衣畫裳繡。祭服也。私存以為朝服。非。



○孟子曰。吾今而後知殺人親之重也。殺人之父。人亦殺其父。殺人之兄。人亦殺其兄。然則非自殺之也。一間耳。

亦為好殺者警也。

○孟子曰。古之為關也。將以禦暴。節 今之為關也。將以為暴。

先王良法。後世害藪。古今類然。孟子為衰世歎。意不獨在關也。

○孟子曰。身不行道。不行於妻子。使人不以道。不能行於妻子。

言修身齊家之要也。修身以道。則身足法。立其體之大也。使人以道。則所令恕。盡其用之細也。身不行道者。必不能使人以道。身能行道。使人猶不可不以道。反身者威。如使人若承祭。身無不修。而家齊矣。獨以妻子言。猶不為周南召南。則如正牆面而立之意。

○孟子曰。周于利者。凶年不能殺。周于德者。邪世不能亂。

得之於天謂之德。智仁勇是也。周則智盡仁至勇大。而德性無少欠缺也。能知言養氣以至於不動心。知天事天而至於立命。則德周矣。德有一毫之未周。則邪世可亂之由也。蔡虛齋曰。識不足則眩。荀或之從曹操也。守不足則敗。揚雄之為莽大夫也。氣不足則懾。王坦之之倒持手板也。愚謂識不足。不智也。守不足。不仁也。氣不足。不勇也。夫德亦在乎周之而已。



○孟子曰。好名之人。能讓千乘之國。苟非其人。簞食豆羹見於色。

讓國之人讓以義。義無大小。守之如一。好名之人讓以名。故矯於千乘。而動於簞食豆羹。守義者不知有名。好名者非真知義也。孟子非刻人。亦恐乎偽之亂真耳。偽者真之賊也。而或且曰。三代以後。士惟恐不好名。夫豈然哉。

○孟子曰。不信仁賢。則國空虛。節 無禮義。則上下亂。節 無政事則財用不足。

欲強國者。不當任智術。而當任仁賢。欲定國者。不當恃政刑。而當恃禮義。欲足國者。不當厚稅歛。而當脩政事。語列三平而先後有序。尹註以仁賢爲本。乃言外推論。

○仁全賢分。禮紀義綱。政大事小。

○孟子曰。不仁而得國者有之矣。不仁而得天下。未之有也。

爲當時欲以智力營天下者言也。不仁亦何能得國。其盜國也。要必倚託於仁。以市私惠矣。然其心則不仁也。天下之民心。豈私惠所能市哉。



○孟子曰。民爲貴。社稷次之。君爲輕。節 是故得乎丘民而爲天子。得乎天子爲諸侯。得乎諸侯爲大夫。節 諸侯危社稷。則變置。節 犧牲既成。粢盛既潔。祭祀以時。然而旱乾水溢。則變置社稷。

卽上章意而正言之。見得天下在於得民。社稷只在中夾說。民貴於社稷。況君而可忽之。君輕於社稷。而況比於民乎。要以得乎邱民爲天子一句爲主意。○變置社稷。經傳無考。萬授一以爲水旱之方。變其常祭爲奠。以示滅稷。於理可通。而於變置二字終不合。張奭謂湯以七年之旱而易柱以棄。此亦古今僅事。未可爲變置之證。然授一謂棄爲周祖。祀以爲稷。天下又誰敢易之。則愚意祀棄爲稷。宜只王社大社爲然。若諸侯以下。及城郡置社稷。恐未敢皆祀棄爲稷也。既曰變置社稷。自當作毀壇壝而變置之解。或孟子時有此俗也。古鄉人之賢者死。而食於社。則若易柱以棄之例。更立壇壝自無害。時解謂非變置其神。亦曲說耳。

○孟子曰。聖人。百世之師也。伯夷柳下惠是也。故聞伯夷之風者。頑夫廉。懦夫有立志。聞柳下惠之風者。薄夫敦。鄙夫寬。奮乎百世之上。百世之下。聞者莫不興起也。非聖人而能若是乎。而況於親炙之者乎。



此专以風世言。

○孟子曰。仁也者。人也。合而言之。道也。

此章推原道體。爲當時求道於遠。而陷爲隱怪者發。與中庸首節同旨。蓋人之求道於遠者。只爲不識性體。不識性體。故謂性中無所謂仁。以仁義爲性外之物。則小之而別求所謂無爲無名之道。故孟子推本原以示人曰。仁。非性分之外有所謂仁。卽人所得以生之理也。知仁爲人所得以生之理。則道不待外求矣。率性而行。卽天下之達道。而道豈遠哉。蓋天地間。只此生理。散於事物曰道。具於性分曰仁。性分不可見。而見於應事接物之間人循此性之自然以應事接物則事物莫不各得其所當然所謂體用一源顯微無間故人外無仁仁外無道也此章據現成說無責成人意註云仁者人之所以爲人之理猶曰人之所得以生之理鄭禹梅謂以人責人非語氣矣仁也者人也也者二字有思繹而指以示人意亦猶天命之謂性云也仇滄柱以爲只是字訓則亦非矣言仁之卽人正以見體仁之卽道仁以人行故曰合正解謂不可說合人於仁只是合仁於人亦泥也合字本不著力程註率性之謂道最明白率性便是合字之謂便是言之以人率性非合人於仁乎發皆中



節何嘗有責成人意也註中然仁理也人物也一轉蓋人字終是形氣字面既曰仁也者人也則又恐人認形氣爲性故須剔明方轉得下以仁之理合於人之身而言之乃所謂道與張子合性與知覺有心之名語氣相類只言合理於身謂之道非言人當合仁於身而後爲道鄭禹梅謂上截重人字下截重合字非也通章仁字人字道字皆切實指點無一字可輕看而從性分指出道體意尤歸注道字觀註中乃所謂道也乃所謂三字多少鄭重而又引程子云率性之謂道是也則此章爲明道體語意甚明矣蓋此與仁人心也章旨意大異時賢或重仁字以爲此理本然親切或重人字以爲責人踐形而反謂若重道字則操末求本爲倒說了抑知中庸雖先說天命之謂性然首章究都以明道字豈亦爲倒說乎時賢紛沓都無定解淺也

○孟子曰孔子之去魯曰遲遲吾行也去父母國之道也去齊接淅而行去他國之道也重出

○孟子曰君子之戹於陳蔡之間無上下之交也

見罪在上下於君子無與

○貉稽曰稽大不理於口節孟子曰無傷也士憎茲多口節詩云憂心悄悄慍于羣小孔子也肆不殄厥慍亦不隕



厥問文王也

貉稽言下有尤人意然意亦皎子之士與俯仰從俗者不同但有理口之心則爲已之念未純而所守未免爲人所動矣孟子曰無傷所以慰之也曰孔子文王所以進之也絕其爲人之心而勉以自脩之實忠厚誨人之道也所引二詩卽無傷之證而當自盡意已在言下人如孔文倘不免多口則多口何傷人患不爲孔文則何暇患多口語意兩邊都到蓋稽亦可與言者故孟子以此語之士字卽就稽言但不指稽一人耳孔子文王又士之至軌也時解謂提一士字便見稽不足爲士則熱

譏冷訕非大賢厚道又謂多口乃見士則似士反要多口亦非人情所謂無傷者固不是自反無闕便笑罵由人然要見在人笑罵上較量便於反己自脩上不實人不知而不慍方是君子非有賴於笑罵也憎玆多口只見衆口不足重輕亦非行脩謗興德高毀來之說

○孟子曰賢者以其昭昭使人昭昭今以其昏昏使人昭昭

有怪歎意謂自已昏昏如何使人昭昭也卽所藏乎身不恕之意

○孟子謂高子曰山徑之蹊間介然用之而成路爲間不



用則茅塞之矣今茅塞子之心矣

義理人心所固有然心思以有用而睿智生心志以操存而義理見少有間斷則物欲蔽之矣高子葢見異而遷立志不篤者故以此責之

○高子曰禹之聲尚文王之聲節 孟子曰何以言之曰以追蠡節 曰是奚足哉城門之軌兩馬之力與

執一器以論樂無理殊甚豈其偶見禹一鐘而爲是妄語乎不如闕之

○齊饑陳臻曰國人皆以夫子將復爲發棠殆不可復節 孟子曰是爲馮婦也晉人有馮婦者善搏虎卒爲善士則之野有衆逐虎虎負嵎莫之敢攖望見馮婦趨而迎之馮婦攘臂下車衆皆悅之其爲士者笑之

此葢孟子去志已決而不欲苟去待微罪行日也不然身在齊廷而不一爲民請命豈孟子心哉若王之聽否固非所論耳

○孟子曰口之於味也目之於色也耳之於聲也鼻之於臭也四肢之於安佚也性也有命焉君子不謂性也節 仁之於父子也義之於君臣也禮之於賓主也智之於賢者也聖人之於天道也命也有性焉君子不謂命也

生之謂性凡與生偕來者皆所謂性不獨理也繼之者



善純粹至精然具體而未用待用而未顯而成之者性則以氣載理以理馭氣而此繼善之理已渾於氣質之中五官之具形五常之用顯性之名由是立焉然形氣之私亦緣是起矣是故味色聲臭安佚性也所生之氣也仁義禮智天道性也所生之理也理氣同得於天則皆天之命也口耳目鼻四肢莫不有肅乂哲謀之理仁義禮智天道亦乘於厚薄淸濁之氣理氣不相離性命非二致也然人於所生之氣則以爲性而必求遂之於所生之理則以爲命而顧自諉之此人心所以日危而道心益以日微也故孟子亦姑爲別言而權衡之曰味

色聲臭安佚孰非所得以生者而得謂之非性然天之所以命我者獨此形氣乎則味色聲臭安佚中夫固有理焉分焉所宜盡之而不可過者奈之何其自遂也清濁厚薄之不齊孰非天所以限我者而得謂之非命然我之所得以生者獨此氣稟乎則仁義禮智天道夫固人所同得焉所宜盡之而不容諉者奈之何其自棄也蓋以得之而各足者言之則曰性賦之而有制者言之則曰命天命之謂性非眞有彼此之殊孟子亦非果分性命而二之亦第曰天之命我有是氣亦有是理我之得天有是氣之異亦有是理之同皆性也則皆天之所命也皆命也則皆有同具之性也人當盡其理之所當然而毋徇乎氣焉斯可耳命字程註前節言分後節言稟朱子於前節兼言理小註後節兼言遇須兼此數解然分亦卑尊以陳之理而遇亦同歸之氣故總不外於理氣二端而已夫成性兼乎理氣論理不論氣不備論氣不論理不詳孟子言性善及告子諸章皆因人只以氣爲性故獨指其理以示之以勉人之盡理此章則合理氣以言性命足見所言之非偏而益見此理之當盡矣蒙引於味色聲臭安佚必不肯說是性亦大泥也性兼理氣則氣亦不容不遂矣而所以操之者何道也曰



性原於天而具於心氣以知覺理以主宰知覺與理合爲心體以理馭氣則爲道心以氣役物則爲人心故曰人心惟危道心惟微故朱子曰此章論來只是一箇心性也有命焉是斷制人心欲其不敢過也命也有性焉是擴充道心欲其無不及也然理氣雖有分殊性命只此一心理在氣中不出氣外相與爲體苟非氣有知覺此理之用亦何自而顯故君子亦惟擴充道心以制人心而已非謂形氣可盡無而非吾性命之所本有也若異端只理一心忘却性命至於無眼耳鼻舌心意無色聲香味觸法則其於人心似能制之矣而道心之用安在得非無性無命其自絕於天也不且視逐欲無節者尤爲已甚也哉



**〇浩生不害問曰樂正子何人也孟子曰善人也信人也**節**何謂善何謂信**節**曰可欲之謂善**節**有諸己之謂信**節**充實之謂美**節**充實而有光輝之謂大**節**大而化之之謂聖**節**聖而不可知之之謂神**節**樂正子二之中四之下也**

人性皆善故人之情無不欲善者知其善而力行之以積而至於聖神則皆以盡其性之本善而非有加於性分之外也善人是大概志趣向善者有諸已則實用其力矣充實則盡善矣大概意誠則善有諸已心正而後

善之實充。故小註云。雖其隱微曲折之間。亦能清和純懿。而無不善之雜。乃謂之美。葢美即善之全。所謂含章也。次崖謂小註稍差。何哉。工夫至於美。已是成人地位。其未大者。守已定。而用未宏也。積之者久。則光輝自生。自是而至於聖神。則過此以往。未之或知。涵泳優游俟其自化而已。神則與天同其妙用也。神聖以善爲基。樂正子有其基矣。歷數盡性之全功。許其所能。而勉其所未至也。

○孟子曰。逃墨必歸於楊。逃楊必歸於儒。歸斯受之而已矣。節 今之與楊墨辯者。如追放豚。既入其苙。又從而招之。



人之陷於異端也。未必皆其人之罪也。異說陷之耳。君子辯之。君子實憫之。而思以救之也。不知悔悟。則怙終矣。若其來歸。正君子之所深願者。而又何咎焉。與辯只概說。追咎含喻意中。彼既來歸。又有何辯。追咎既往。乃擯而弗容。責之無已。非與辯也。存疑謂與辯就是追咎。未是也。與辯是合當事。只不合既入笠而又招之耳。

○孟子曰。有布縷之征。粟米之征。力役之征。君子用其一。緩其二。用其二而民有殍。用其三而父子離。

布縷。五畝宅稅。今戶口稅。粟米。百畝田稅。今夏稅麥秋稅米。力役。使民興作。今丁稅。今無兵役而有工役徭役。皆正供也。深仁在一緩字。緩者愛民之深心。然已足國之遠畧。後世摧科政急。而逃逋益多。近儒有言曰。天下酷吏。不消他惡。只急公奉法四字。足以殘殺天下而有餘。言之痛哉。○按王制用民之力。歲不過三日。周禮均人。豐年公旬三日。中年公旬二日。無年公旬一日。凶扎則無力政。條理尤詳。註以旬訓均。葢以家三日爲率。而均勻之。勿使有彼此之參差。至或重役。或未役也。易雖旬无咎。旬亦訓均。則註說爲是。惟何氏以旬訓十日。則役重矣。陳祥道反疑王制非周制。則亦解旬字之訛也。萬經遂謂一旬而用民三日。豈周公之法。噫。其於訓詁胡不一考也。以解經一字之譌。而反敢於毀經。謬哉。



○孟子曰。諸侯之寶三。土地。人民。政事。寶珠玉者。殃必及身。

喜玩好而忘大猷。紈袴常態。孟子借他寶字。而示之以國計也。

○盆成括仕於齊。孟子曰。死矣盆成括。盆成括見殺。門人問曰。夫子何以知其將見殺。曰其爲人也。小有才。未聞君子之大道也。則足以殺其軀而已矣。

見人之當求聞道也。大道者。大才之本。惟其未聞大道。則才小矣。大才本於大道。必不恃才。惟其只小有才。故恃才妄作也既未聞大道則縱不恃才亦只無用漢時解只戒人恃才似未得孟子意彙解謂大有才而未聞道則禍及國家亦不是既未聞道有何大才亂臣賊子亦小有才之所至也但惡有甚不甚時有遇不遇耳脩身及家平均天下此之謂大有才君子之所以仕也聖賢非董五經只據理論事如此在門人輩則事後而驚其言之驗耳

○孟子之滕館於上宮有業屨於牖上館人求之弗得節或問之曰若是乎從者之廋也曰子以是爲竊屨來與曰殆非也夫子之設科也往者不追來者不拒苟以是心至



斯受之而已矣

只取設科數語得聖賢有教無類之心

○孟子曰人皆有所不忍達之於其所忍仁也人皆有所不爲達之於其所爲義也節人能充無欲害人之心而仁不可勝用也人能充無穿窬之心而義不可勝用也節人能充無受爾汝之實無所往而不爲義也節士未可以言而言是以言餂之也可以言而不言是以不言餂之也是皆穿窬之類也

自此推彼曰達譬之此田有水彼田却熯便將此水通向那田去使亦有水達也皆滿其量曰充無所不達則田田皆有水是滿水之量也不忍不爲仁義之端端者性命全體所偶發動處因而達之則全體畢見矣故直指之曰仁義無欲害人無穿窬舉常人所同然而不昧者言之充則有以盡其巨細而守之如一如下云推類是也非仁非義之事雖小不爲則天理流行而仁義自足於我故不可勝用人惟貪昧隱忍故甘受爾汝而不辭此貪昧隱忍已類穿窬慙忿而不肯受之實即羞惡之本心也充無受爾汝之實充其羞惡之心而不使少爲貪昧隱忍則所行必無不義此非教人無受爾汝只借無受爾汝之心以顯羞惡之心耳此節以情言見本



心不可昧下節舉事見例見義類有當察兩節意稍不同不得混看又小註以實對名言此自是另備一說宜從大註末節以言餂以不言餂葢對當時策士言也○章首仁義對舉而後二節皆申言義者不忍不爲皆以用言以用言仁則主於愛而已而義類頭項實多故推類言之教人精義也若仁人心也章則以仁體義用言故其末二節只言仁而體已該用

○孟子曰言近而指遠者善言也守約而施博者善道也君子之言也不下帶而道存焉節君子之守脩其身而天下平節人病舍其田而芸人之田所求於人者重而所以

自任者輕。

重近約邊。然非重近約。重近而遠。約而博。其所以善處在而字夾縫中。然遠博只在近約裏也。言有近而不遠守有約而不博者。粗淺陋隘。其失易見。至若言之務遠行之務博者。則人方駭其宏深遠大。而不知其有末無本。其遠博皆只空腔。且流於虛僞怪誕也。故末節獨申言不守約而務博施之病。守字亦不必忒講用力。只專務在此。便見是守言行亦相因。惟於道理見得明白。則言行本末一貫。

○孟子曰。堯舜。性者也。湯武。反之也。節 動容周旋中禮者。



盛德之至也。哭死而哀。非爲生者也。經德不回。非以干祿也。言語必信。非以正行也。節 君子行法。以俟命而已矣。

不重分安勉之異。只以見成功之同。大意欲人取法於反之者之意居多。容舉一身而言。周旋。則動容之細微曲折處。蒙存以動容屬顏貌。周旋屬步履。恐顏貌步履不當皆指爲細微折束。說爲長通節四項。俱形容其自然盛德之至句。是正面形容法。三非字是反托形容法自然意在各項上句中。下句以足上句之意。下三項都說得盛德之至。而動容却包不得哭死經德言語。故四項當平說。慶源以動容總下三項。未穩。行法俟命。便是無所爲而爲。故是聖人。然要行法。便是由教而入之功。未至於自然而然矣。自然者性也。非有爲而爲。爲復性也。性者所行即法。而非行法。反之者。以聖爲法。是法若由性者立。而反之者行之也。性者德合天地。先天弗違。反之者殀壽不貳而已。蒙引以義制命之說固好。然反之者亦然。尚非命由此出事。

○孟子曰。說大人。則藐之。勿視其巍巍然。節 堂高數仞。榱題數尺。我得志。弗爲也。食前方丈。侍妾數百人。我得志。弗爲也。般樂飲酒。驅騁田獵。後車千乘。我得志。弗爲也。在彼者。皆我所不爲也。在我者。皆古之制也。吾何畏彼哉。



此與尊德樂義。則可以囂囂同意。而語更激昂。勿視其巍巍。正所謂藐之。而所以能藐之者。須是在我者皆古之制。但既曰古制。則進見之際。容貌辭氣。亦必有不卑不抗者。非一味氣矜矣。總之內重外輕。孟子要人將此意看破耳。非專爲遊說者說法也。然雖曰孟子之藐大人。即孔子之畏大人。固同是一理。但語氣之間。終與孔子之溫良恭儉讓有不同者。覺孟子令人起敬。孔子尤令人生愛矣。

○孟子曰。養心莫善於寡欲。其爲人也寡欲。雖有不存焉者寡矣。其爲人也多欲。雖有存焉者寡矣。

惟天生民有欲。口鼻耳目四肢。皆天之所以與我。以食味別聲被色而生者。而秉彝亦卽寓於其中。是故氣依形立。形外無氣。理以氣行。氣外無理。合理於氣。乃謂之性。合氣於形。乃謂之生。性生觸物嗜欲以興矣。性生合體有心之名。心至虛靈。氣之神明。乃統性情。然欲以氣動。而心以理寧。是故形生智發之後。物至知知。七情鑿而嗜欲紛。則此心幾無以自主。欲其得所養而無害於性也。不其難哉。顧必曰杜絕外誘。禁止嗜欲。以比於槁木死灰。則必其無口鼻耳目四肢而後可。然形廢而氣何所依。氣亡而理何所寓。理之用不顯。則無與爲體。而心安得有心。是將以存之。適以廢之。將以養之。適以戕之。故絕欲之與縱欲。二者蓋交譏焉。其害心一也。抑知夫嗜欲之所由動。卽天理之所由存。口鼻耳目四肢。亦莫非天道之所流行。而味臭聲色安佚。皆不可以竟謂之欲。惟情有所偏。以役物而失其天理之正。則欲於是流焉。甚然者放其心以入於禽獸。不甚亦足以爲吾心之累。而天理不能無間斷之憂。苟能於味臭聲色安佚之間。皆有所節制。而不失乎物則之中庸。則口鼻耳目四肢。皆所以養生而輔性。而不謂之欲。而天理於是乎存。神明得以淸寧。更不事求之高遠。以爲絕情矯性之



爲。而可以漸入於聖人之域矣。孟子他章言存心。而此獨言養心者。蓋曰存則用力操持之意。孟子又恐人心生。一時把捉不定。故此曰養心。則優游涵泳以俟其澹定之意也。然言存心。則指以學問之功。而使人有所持循。言養心。則示之以寡欲。以使人知所從事。不曰遏欲而曰寡欲者。欲人漸次閑闌。從容收斂。只要得有個節制。庶天理得長個萌芽。則不至拂人之意。而大遠乎人情。而天理稍存。則性情亦漸漸堅定。自將有得手處。寡之又寡。由粗入精。由表入裏。至天理用事。欲自不流。與克己者之一刀割斷。用力稍不同。故謂之養。程註欲不必沉溺。只有所向便是欲。此說深一層。到得無所向。便可謂之無欲。然非寡欲之功不至此。至於寡之之功。則亦不過一敬。而學問尤不可廢。存則無所失養。養則可以漸存。其實一也。乃孟子言寡欲。通書言無欲。其曰寡之又寡以至於無。則誠立而明通。人幾疑二子之不合。抑知寡欲者用功之始。而無欲者工夫之全。寡欲非謂留不盡之欲。可以無害於心。而顧當陷溺之餘。則姑從寡之以始。無欲非謂其可無口鼻耳目四肢之用而接於味臭聲色動作者。要不可有一毫之偏。寡欲自以無欲爲歸。無欲卽循寡欲而至。其致一也。蒙引因所言之

異。而遂謂孟子所言。指耳目口鼻四肢之欲。周子所言。則指心之流於欲者。時解又因有私欲情欲之分。愚謂欲只一欲。但有甚不甚。無二者之分也。試思夫貪欲貨利。敗理滅倫。私已害人。何一不從聲色味臭安佚之奉起見。而聲色味臭安佚之至害理者。又何一不從耳目口鼻四肢之交以入。人除卻口鼻耳目四肢之於味臭聲色安佚。便無所謂私欲情欲也。七情五欲。相爲經緯。得欲則喜。失欲則哀。拂欲則怒。順欲則樂。欲動則情勝。情偏則欲流而已。而安得有二哉。欲只一欲。然朱子嘗曰。此欲亦是好欲。若不好的欲。不當言寡。得非謂孟子



所言寡者是好欲。周子所言無者是不好的欲與。曰。欲有好不好。卽烜所謂甚不甚。非眞有好欲也。試看人人慕味臭聲色。卻不人人至敗儀滅倫。豈縱欲以至敗儀滅倫之甚者。亦只言寡之可乎。寡欲無欲。俱就中人而有志於學者言。皆略就細密一層說。則未能忘乎味臭聲色。而卻不至縱之以自私之甚者也。則以此視彼。不旣略好與。然卽此未能忘乎味臭聲色。則足以累吾心之德。而爲自私害物之機。外物紛紜。此心惡得所養。所以要寡。如縱欲之甚之欲。則不惟孟子不當言寡。并周子亦只當直言禁絕之。不當復曰寡之又寡。以至於無矣。安在周子所言爲指不好的欲哉。且第無不好的欲。則特亦中人而已。又安能誠立而明通。所以讀書貴精義也。其爲人也二句。舉現成者言。以示的有資學二種人。學力者不必說。亦有生而澹泊者。其心性自與衆異。

〇曾皙嗜羊棗。而曾子不忍食羊棗。節　公孫丑問曰。膾炙與羊棗孰美。孟子曰。膾炙哉。公孫丑曰。然則曾子何爲食膾炙。而不食羊棗。曰。膾炙所同也。羊棗所獨也。諱名不諱姓。姓所同也。名所獨也。

於曾子見慕親之誠。於孟子見精義之辨。

〇萬章問曰。孔子在陳曰。盍歸乎來。吾黨之士狂簡。進取。



不忘其初。孔子在陳。何思魯之狂士。節　孟子曰。孔子不得中道而與之。必也狂獧乎。狂者進取。獧者有所不爲也。孔子豈不欲中道哉。不可必得。故思其次也。節　敢問何如斯可謂狂矣。節　曰。如琴張曾皙牧皮者。孔子之所謂狂矣。節　何以謂之狂也。節　曰。其志嘐嘐然曰。古之人。古之人。夷考其行。而不掩焉者也。

孟子將終篇。而舉孔子之思狂獧惡鄉原。以立言者。孟子之道不行於當時。則亦惟此距楊墨放淫辭以衞斯道統之傳者。亦冀其或有傳人。得以行之於後世。斯其志。亦猶夫孔子之志也云爾。章意白主衞道而道不外

於中。然時解以不得中道而與之中道二字爲通章主腦。則又未是。中道。狂獧皆以質言。中道是質之美者耳。若聖道之大中。則斯道已屬之。何待聖人之與。美質不得聖人之道。亦未必能保其中。欲衞聖道之大中。豈惟衞此中行之美質哉。狂而曰簡者。狂則必簡。簡正其狂。此言脫畧細故。非行不掩言之謂。簡亦是疎漏處。然正大光明處亦正在此。若其行不掩焉。則全是病處矣。進取正其狂簡之實。不忘其初。卽不改其狂簡。時解謂不失本來面目。非也。慶源次崖以進取申狂字。以不忘其初申簡字。以曰古之人明進取。以行不掩焉明不忘其



初。亦未是也。狂者其質雖狂。其志之所期。則亦聖人之道。謂其過中而可進於中行。亦非。但不知所裁。則恐其或陷於異耳。問簡之實何如。曰看曾點莫春之志。便三子禮樂兵農都似夷然不屑。牢曰子云吾不試故藝。其不肯俯學細務可知。此其狂簡。曾點見得到。行未到。乃其行不掩焉。

**狂者又不可得。欲得不屑不潔之士而與之。是獧也。是又其次也。**

　獧次於狂。覬孔子欲兼與狂獧。而在陳只思狂可知。若高明之資自難得於有守者也。然獧者其質雖獧。其所守亦守聖人之道。但規模太狹耳。非所行不及。而廢於半塗也。謂不及中而可進於中行。亦非。狂獧直當學聖。豈學中行之質已哉。

**孔子曰。過我門而不入我室。我不憾焉者。其惟鄉原乎。鄉原德之賊也。曰。何如斯可謂之鄉原矣。**節 **曰。何以是嘐嘐也。言不顧行。行不顧言。則曰古之人。古之人。行何爲踽踽涼涼。生斯世也。爲斯世也。善斯可矣。閹然媚於世也者。是鄉原也。**

　鄉原有似於中。狂獧不合時宜。乃孔子思狂獧而絕鄉原。此意眞令淺人難解。萬章問何思魯之狂士。意下便



有何惡鄉原。而反思狂之疑。但待問狂者之實明。而後問此耳。章疑鄉原可取處。在不狂不獧。而不知鄉原之當絕處。正在非狂非獧。鄉原不狂不獧。非其質之中行。蓋其質本庸流。而又志在善斯可矣。以成閹然媚世之行。故作此不狂不獧模樣耳。節首曰字。便是代鄉原意中之言。管至善斯可矣止。鄉原之志也。閹然媚於世也者。是鄉原也。二句一氣。乃鄉原之行也。行本於志。然此節分兩層形容。不得以是鄉原句作結通節。蓋將鄉原提結在兩頭。志行連寫在中間。孟子每有此文法。

**萬章曰。一鄉皆稱原人焉。無所往而不爲原人。孔子以爲**

德之賊何哉。節 曰非之無舉也刺之無刺也同乎流俗合乎汙世居之似忠信行之似廉潔衆皆悅之自以爲是而不可與入堯舜之道故曰德之賊也節 孔子曰惡似而非者惡莠恐其亂苗也惡佞恐其亂義也惡利口恐其亂信也惡鄭聲恐其亂樂也惡紫恐其亂朱也惡鄉原恐其亂德也

萬章意閹然媚世雖無可取亦無得罪於聖人如何遂惡其賊德以未悟似之亂眞故也故孟子詳言之蓋不狂不猥則無可非刺是其掩已之工而閹然媚世則同流合汙是其媚人之巧掩已工矣而居之似忠信則其



志若近實媚人巧矣而行之似廉潔則其行若近方見若無可非刺實則同流合汙本是同流合汙而又似乎忠信廉潔掩覆愈巧本眞愈離又自以爲是而無所忌憚故終不可與入堯舜之道而徒亂堯舜之道故曰德之賊也夫德者行道而有得於心之謂也道原於天具於性散於事物而備之以一心吾之心能一於性命之正而無人欲之僞以間之則曰忠信及其措諸事物也亦循乎天理之至而不使物欲之累得以汙之則曰廉潔夫是之謂德今鄉原以僞而託於誠以汙而託於潔忠信廉潔似也而人心之德亡矣故莠殖而苗萎鄭聲



作而雅樂亡有不兩立之勢謂人認鄉原爲有德而不復知有眞德此猶後一層話耳時解謂鄉原似中行而實亂中行則淺尤甚也從來所謂異端者皆非必顯與常道反惟其陽竊吾道之貌而陰賊吾道之眞所以惑世誣民而爲聖人之所必絕若顯與道反如不忠不孝不仁不義之行則亦誰不知惡之斯其爲害猶淺也鄉原似德非德墨翟似仁非仁楊朱似義非義老子言道而非道佛氏近理愈甚爲害愈深似之爲害大矣哉孟子距煬墨當時以好辨目之而孰知其爲實循孔子之家法也夫○問既同流合汙如何似忠信廉潔曰如蘇



摸稜胡中庸長樂公爲人便是今世有不得罪一人者其平生却似並無過失明末陳繼儒亦然

君子反經而已矣經正則庶民興庶民興斯無邪慝矣

經即堯舜之道也經本無不正但世衰道微民不興行則倫事之間皆不能有以盡其正於是邪慝得以起而惑之誼陁糾錯沉錮人心誅之不能誅辨之不可勝辨以一人之口思奪天下之好尚難矣反經則盡其常道於身而明其常道於天下使天下知眞者之如此則可悟似者之非眞所謂是非明白無所回互也孟子言性善言仁義所以反經之本言孝弟言王道所以反經之

用言存心言養性所以致反經之功知言養氣則反經於身而作此七篇者將以明經於天下後世非僅虛張脣舌以與楊墨呶呶不置已矣然孟子究未能使庶民盡興者則以不遇於時無化民成俗之權故也顧當時子弟從之孝弟忠信則聞風解惑又豈特夷之之輩已哉其爲斯言也則又不能無望於人君更不能無望於天下後世也云矣韓子曰昔者楊墨塞路孟子辭而闢之廓如也然則孟子反經之功雖未獲大行於當時而猶能以留之於萬世也所憾今之與異端辨者徒拾先儒餘唾以嘵嘵口舌之間而究無反身之實臨文則皆聖賢制行則皆妾婦責禪和以無父無君而已之忠孝節義者安在誑菩薩爲欺天惑世而已之對越上帝者何如是適以滋之反脣又何怪乎愚民之益信彼而反譏此也嗚呼君子而有與於斯道之責也而可以不自勉哉曰後世反經當何如曰制恒產則無遊民歐陽永叔之本論也分諸侯則無異治汪正學之古治也敦仁義則無詖行韓退之之原道也興禮樂則無淫祀邱瓊山之表文公家禮也爲布衣則盡其在已而已矣伊川先生家治喪不用浮屠在洛亦有一二人家化之彼誠盡其在已而已亦以扶世道人心於不墜也



○孟子曰由堯舜至於湯五百有餘歲若禹皋陶則見而知之若湯則聞而知之節由湯至於文王五百有餘歲若伊尹萊朱則見而知之若文王則聞而知之節由文王至於孔子五百有餘歲若太公望散宜生則見而知之若孔子則聞而知之節由孔子而來至於今百有餘歲去聖人之世若此其未遠也近聖人之居若此其甚也然而無有乎爾則亦無有乎爾

章意側重見知蓋論聖聖相傳道同揆一則後聖雖無前聖何難奮起而備道於身然聖人之脩道也豈徒以自淑其身要以大明其道於天下而傳之後世以存天下後世之天理人心所謂經正而庶民興者豈獨遙遙待五百餘歲以期之一人而謂斯道之傳得以不墜哉若謂聞知見知之聖俱只爲一綫之道統計而欲以留之五百年後之一人則遙遙數千年而中間得與於道者只此禹皋湯文諸人而堯舜既沒之後湯文未作之先中間五百餘年斯道又於誰寄乎既曰爲天下後世之天理人心計而不只欲以留之五百年後之一人則可見聞知之聖雖能崛起以爲天下君師而要不能無賴於見知之聖一時並興以爲之羽翼張皇而誕敷其德教闡發其精微始足以廣其道於天下而永其傳於

後世見知之重所可知矣堯舜之以不得禹皋陶爲已憂孔子之思狂獧孟子之私淑孔子而距揚墨放淫辭職斯志也夫至若五百餘歲之間則世遠道微矣而運會之貞元則天亦若特生聖人以任君師之責而立萬民之表而道統又若於是屬焉固非必借徑於見知亦豈真藉賴於聞而知之然仲尼祖述憲章則亦未嘗不以前聖爲師豈必率由實其心契也既曰祖述憲章則敬義之訓夔教之廸亦似有不能不有賴於望散者識大識小孔子且焉不學而況於前聖乎故見聞二字原不必泥只有一聖人爲之倡尤賴數聖人爲之和乃足



以廣其道於天下後世當時之聞知者賴見知以廣其道天下後世之未知者賴見知而聞其風而後之繼起爲聞知者猶賴見知而拾其緒此孟子所以不敢自委而力任夫見知之聖也如只曰聞見並叙而已不必側重見知則歷叙道統之傳只消如韓子所云堯以是傳之舜舜以是傳之禹禹以是傳之湯湯以是傳之文王文王以是傳之孔子可矣又何必以見知聞知配說哉正爲要自任見知故先數禹皋伊萊諸聖以寓自處之地又何必泥禹皋之非待見舜而知也如泥禹皋之不待見然後知則孟子未嘗親見孔子要亦說不得眞是

見知也讀者原不當以辭害意矣問孟子原未嘗親見孔子則何不以聞知自任而必以見知自處其以五百年之期有未合故與曰不然孟子去孔子未遠餘韵猶存然孔子未得君師之位則所留者只此微言大義已使人有唯恐墜失之憂況世亂日滋揚墨塞路故虛齋曰世道之責微孟子任之則孔子之道不百年而墜矣孟子肫肫願學孔子其所身履而口說者實皆如親見孔子之道而篤行而發明之又欲大明其道於當時而因以闡微言於萬世推其意直以孔子爲堯舜湯文之君而已爲禹皋陶伊萊呂散之臣所以翼羽孔子而傳



之將來之苦心非自命以崛起之聖人而欲與孔子文湯比肩論德也所以齊梁不遇退而著此七篇而終之以此其自任綦重而自處亦云審矣豈必區區於歲數之論哉然而無有乎爾則亦無有乎爾亦謂不能明孔子之道於今無以傳孔子之道於後也後聖有作縱非所憂而仁義已充塞矣則自此而後後聖未作其奈天下何況天理人心苟無以維持於百年未遠之時而又安望其常存不死於五百餘年之際乎故自有孟子而楊墨之說息孔子之道明性命之辨詳王道之猷著孔子之道賴孟子以不墜漢唐而後學孔子者借孟子爲

悌航卽後聖如程朱亦賴孟子而尋其緒自任見知不
深有旨哉此章之說　烜亦竊取於族叔祖蘭友先生者
時解徒謂聞知者非必眞借徑見知不思矣又謂章內
數若字原只平提無側重見知意抑知前三節歷叙源
流意實歸注末節故數若字原不必豫見側意但急迭
過到末節輕重自見若字乃撮舉之辭章內言文王而
不及武王言望散而不及周公皆不必細求其故雲峯
一一求而實之原所不必也○集註於此章之末備述
二程題墓之文蓋以程子爲聞知而朱子亦自處見知
也然伯子資高叔子收歛約束　烜謂繼孔子而稱聞知



之聖者究在朱子二程未能或先也朱子自謂某學銖
寸積累而成此亦朱子自覺其然耳本末畢貫大小兼
該智盡仁至非生知安行其孰能與於此至矣哉世有
訾朱子爲非聖人者多見其不知量矣詩有之高山仰
止景行行止雖不能至心向往之噫嘻予何人哉

# 孟子書七卷首一卷

清　馮雲鵷輯

清道光十四年崇川馮氏刻《聖門十六子書》本

道光壬辰敬刊

# 聖門十六書

昌平書院藏板

# 聖門十六子書序

崇川馮集軒明府宰吾邑者六年政成民和風俗淳樸下車之日首以興學校為務士之生斯土者莫不雅歌絃誦濯磨令德雍容揄揚相與有成壬辰秋四氏學學博以兩廡從祀先儒年代先後有失次者具文申請更正余謹擇吉日齋沐敬易詢知皆出於明府攷證是明府有以匡余之不逮則明府學優而仕其本道以為教者裨益於聖門良不少也越日明府來手出其裒集十六子書相質余受而讀之書傳贊則備乎史也詳譜系則本乎志也記言行則通乎教



也蓋自諸子百家以及志乘諸書合之以集其成詳之以補其闕存之以紀其實刪之以刋其誤良由學之博故能擇之精是書也成俾聖賢之片言軼事昭然與語孟並著噫是足傳矣夫學士大夫綱羅散失凡稗官野史衢談巷議即下及婦孺之歌謡其足資勸戒者皆悉心採之以為考鏡又有於殘編蠹簡之中或姓氏之不傳者或世代之無考者或昔傳之而今逸者或昔未傳而今始傳者莫不蒐訪無遺彙為卷帙猶能使後之觀者觸發性靈警惕身世而況聖門也哉而況余之讀是書也哉余不佞固

於見聞曷足以序是書第思世受
國恩恪遵祖訓兢兢罔敢失墜惟願凡為聖
賢之後者不徒以氏族相為炫燿咸當數典
不忘永貽法守庶足無愧吏期士之讀是
書者或奉一言一行皆有以自淑是即明府
興學校之初心即明府之有功於
聖門也易曰多識前言往行以畜其德其
此志也夫
道光十四年歲在甲午春正月下澣闕
里孔慶鎔序並書



# 聖門十六子書

## 凡例

崇川馮雲鵷校刊

一是刻裒集
聖門四配十二哲言行古蹟世系分之各為一書合之為
十六子書良以
聖德高堅無由鑽仰而及門問答隨時指示尋繹義蘊或
可由淺而深因粗及精故語孟而外諸子百家雜記
載不同而有關事實備錄於冊以俟識者論定



一是刻仿史家體例首列傳次論次贊俱采輯舊文其
有異說加謹按於後以示存疑

一四配中惟顏氏所刻陋巷志孟氏所刻三遷志曾氏
所刻武城家乘蒐羅繁富而述聖之後雖有世職並
無成書謹錄孔叢子並繹史所載以補其闕

一顏子書近有諸城張氏所刻十二篇計一百三十二
章每章寥寥數語且擇之不精如縮屋稱貞本顏叔
子事而以之頌復聖何其舛也茲刻概從刪削

一曾子書十篇見大戴記至其後裔校刻全書始以王
言備補入且顛例次序茲刻一依原次而補錄另爲
一卷
一孟子書以三遷志爲主而年譜則依世系譜爲得其
實惟未見外書是其遺憾茲刻抄入以補前人所不
及
一十二哲中閔子家乘年譜頗詳惟事蹟闕如茲刻採
其所長而益其所短爲將來續刻家乘之一助



一冉子三書東原志世系譜宗譜各自爲說不能強同
茲刻紀載各從其舊
一端木氏性道誌年譜事蹟最詳然已錄原文於後故
年譜中稍從節本
一仲里志刻有定本而後人又有刪改不如原本之精
詳茲刻一從原本
一言子文學錄注釋太煩茲刻一槩從刪
一卜子宗譜並無事實茲刻補入

一顓孫氏墉坊志分章詳註頗稱賅洽而是刻集隘不
能備載然提綱挈領已無罣漏
一有子宗譜事蹟甚略而年譜頗詳茲刻節短取長以
昭畫一
一朱子書惟載本傳及言行錄於生平事實已無不包
若語錄詩文無庸贅入
一各書中祠墓古蹟一本闕里誌文獻考山東通志及
河南江南各省通志凡微波榭中藏書搜羅殆遍如



有遺漏隨時補刻
一各書中宗子世表悉依家譜採入或家譜刊刻在前
而世職在後者俱查核卷宗採訪後裔一一登載
以上十八條並據現存書籍載入而見聞未廣遺
漏尚多伏乞
大雅君子錫以瓊瑤俾免淺陋之譏幸甚幸甚道光壬
辰嘉平月崇川後學馮雲鵷謹識

# 聖門十六子書

目錄

崇川馮雲鵷校刊







## 亞聖孟子傳

亞聖孟子名軻字子輿鄒人三歲喪父其母有賢德家貧以女工自給始舍近墓孟子之少也嬉戲爲墓間事踴躍築埋孟母曰此非所以居子也乃去舍市其嬉戲爲賈衒事母曰又非所以居子也遂徙舍學宮之傍其嬉戲乃設俎豆揖讓進退母曰此眞可以居子矣遂居之十五歲就學于魯歸家母方織問曰學何所至矣軻曰自若也母以刀斷織孟子懼問其故母曰子之廢學若吾斷斯織矣夫



君子學以立名問以廣知是以居則安寧動則遠害今而廢之是不免廝役而無以離于禍患也何以異于織績而食中道廢而不爲寧能衣其夫子而長不乏食哉孟子懼旦夕勤學遂成名儒及道既通遊事齊宣王宣王不能用適梁梁惠王不果所言則見以爲迂遠而闊于事情當是之時秦用商鞅富國强兵楚魏用吳起戰勝弱敵齊威王宣王用孫子田忌之徒而諸侯東面朝齊天下方務于合縱連橫以攻伐爲賢而孟子乃述唐虞三代之德是以所

如者不合退而與萬章之徒序詩書述孔子之意作孟子七篇凡二百六十一章三萬四千六百八十五字包羅天地揆叙萬類仁義道德性命禍福燦然靡所不載帝王公侯遵之則可以致隆平頌清廟卿大夫士路之則可以尊君父立忠信守志厲操者儀之則可以崇高節抗浮雲唐韓愈推其功以爲不在禹下者信不誣矣卒年八十有四宋仁宗元豐六年十月戊子封鄒國公立廟縣南郭七年五月壬戌詔配享孔子廟庭位次顏子元文宗至順二年九月加贈鄒國亞聖公明洪武二年太祖高皇帝覽孟子土芥寇讐謂非人臣之所宜言詔去其配享有諫者以不敬論且命金吾射之象山縣錢唐爲刑部尚書抗疏入諫輿櫬自隨袒胸受箭且曰臣得爲孟軻死死有餘榮太祖覽其情詞剴切爲之感動遂復孟子祭仍命太醫院療錢唐箭瘡焉至嘉靖九年十月改稱亞聖孟子闕里誌



韓子曰孔子之道大而能博門弟子不能遍觀而盡識也故學焉而皆得其性之所近其後離散分處諸侯之國又各以其所能授弟子源遠而末益分惟孟子師子思而子思之學出于曾子自孔子没獨孟氏之傳得其宗故求觀聖人之道者必自孟子始向無孟氏則皆服左衽而言侏離矣故愈嘗推尊孟氏以爲功不在禹下者爲此也

道術分裂諸子爲書既極而合篤生真儒詆訶楊墨皇極是扶較功論德三聖之徒宋高宗贊

謹按金孫弼謁祠記云孟子後孔子三十五年而生周定王三十七年也元張頣記又以爲孟子之生去孔子未百年要一均鄒志云孟子後孔子百有四年而生時周烈王四年己酉也其説不一近有崇明施氏考之謂周敬王四十一年壬戌孔子卒至烈王四年己酉四月初二日孟子生計百有七年又以歷法推之是年丁卯月戊午朔二日己未説與孟子世家譜合益定論也道光壬辰嘉平月祟川後學馮雲鵷謹識

孟子書

年譜　崇川馮雲鵷校刊

周威烈王四年魯共公五年己酉四月二日己未即今二月二日孟子生

孟子諱軻字子車一字子輿系出魯桓公桓公子四長莊公次公子慶父慶父生穆伯敖敖生文伯穀穀生獻子蔑蔑生莊子速速生孝伯羯羯生僖子貜貜生懿子何忌何忌生武伯彘彘生敬子捷捷生子敏



廬墓不仕子敏生激字公宜娶仉氏魏公子仉背女居魯鄒興鄉今名凫村故宅池泉仍在

三遷志云孟子生卒古書不載家世相傳謂其卒于赧王之二十六年年八十有四留青日札聽雨紀談皆然獨其生之歲二書皆言在周定王三十七年近黃梅瞿九思謂定王崩後三十餘年孔子乃生年次甚左若以定王爲貞定王則去孟子卒時爲百四十餘歲又與八十四之數不合且貞定在位止二十八年安得云三十七年哉因定以爲烈王四年今從之

庚戌二歲

辛亥三歲父卒母仉氏卜葬魯鄒興鄉馬鞍山麓今在鄒縣城北二十五里凫村東偏

壬子四歲

周顯王元年癸丑五歲

甲寅六歲

乙卯七歲



丙辰八歲見東家殺豚問母曰東家殺豚何爲母曰欲啖汝既而悔曰吾妊是子席不正不坐割不正不食今始有知而欺之是教之不信也乃買東家豚肉以食之

丁巳九歲居近墓側因嬉戲爲墓間事母曰此非所以居子也移居鄒東郭近市爲賈衒事母曰亦非所以居子也又去之乃徙舍學宫傍嬉戲設俎豆揖讓進退之儀母曰此眞可以居子矣遂居之

戊午十歲

己未十一歲請見於子思子子思子見之甚悅

庚申十二歲

辛酉十三歲

壬戌十四歲謁子思子請爲弟子

癸亥十五歲歸家母方績問曰學何所至矣對曰自若也母以刀斷織懼問其故母曰子之廢學若吾斷斯織矣由是懼而勤學旦夕不輟



甲子十六歲

乙丑十七歲母爲求婚於田氏

丙寅十八歲

丁卯十九歲母爲娶田氏

是歲爲魯康公元年

戊辰二十歲

己巳二十一歲學益進子思禮敬甚崇命子上侍坐焉子上不願也子上請曰白聞士無介不見女無媒不嫁孟孺子無介而見大人悅而敬之白也未諭敢問子思曰然吾昔從夫子於郯遇程子於塗傾蓋而語終日而別命子路將束帛贈焉以其道同於君子也今孟子車孺子也言稱堯舜性樂仁義世所希有也事之猶可況加敬乎非爾所及也

庚午二十二歲將入私室婦袒而在內不悅遂去不入母知召而謂之曰夫禮將上堂聲必揚所以戒人也將入戶視必下恐見人過也今子不察於禮而責人



不亦遠乎

辛未二十三歲問子思牧民何先子思曰先利之曰君子之所以教民亦仁義耳子思曰仁義固所以利之也上不仁則下不得其所上不義則樂爲亂也此爲不利大矣故易曰利者義之和也又曰利用安身以崇德也此皆利之大者也

壬申二十四歲問子思堯舜文武之道可力而致乎子思曰彼人也我人也稱其言履其行夜思之晝行之

孳孳焉汲汲焉如農之趨時商之趨利惡有不至者
乎
癸酉二十五歲子思謂孟子曰自大而不修其所以大
不大矣自異而不修其所以異不異矣故君子高其
行則人莫能階矣遠其志則人莫能及也禮接於人
不敢慢辭交於人不敢侮其惟高遠乎
甲戌二十六歲仲子生
乙亥二十七歲子思子卒乃訪於孔門諸賢爲私淑之



學
丙子二十八歲
是歲爲魯景公元年
丁丑二十九歲
戊寅三十歲
己卯三十一歲
庚辰三十二歲
辛巳三十三歲

壬午三十四歲講學於鄒魯之間樂克等請爲弟子
癸未三十五歲萬章徐辟之徒俱來學弟子益進
甲申三十六歲齊人公孫丑曹君弟交滕君弟更等請
爲弟子鄰國來學者日益衆至數百人
乙酉三十七歲梁惠王數敗于軍卑禮厚幣以招賢者
以幣交于孟子因報禮至梁
丙戌三十八歲在梁
丁亥三十九歲在梁惠王卒子襄王立



戊子四十歲見襄王不合卽去遂歸鄒
己丑四十一歲遊齊時宣王在下邑崇地就見遂延至
國館于雪宫
是歲齊宣王二年
庚寅四十二歲在齊爲客卿
辛卯四十三歲在齊
壬辰四十四歲迎母仉氏就養於齊
癸巳四十五歲在齊

甲午四十六歲在齊
乙未四十七歲在齊
丙申四十八歲在齊
丁酉四十九歲在齊
戊戌五十歲在齊
己亥五十一歲在齊
庚子五十二歲齊饑勸王發棠賑之不果行
周慎靚王元年辛丑五十三歲



壬寅五十四歲齊復饑國人望復勸王發棠以馮婦等
語告之
癸卯五十五歲在齊
甲辰五十六歲在齊
乙巳五十七歲在齊有憂色擁楹而歎母見曰子擁楹
而歎若有憂色何也對曰軻聞之君子稱身而正位
不爲苟得而受責不貪榮祿今道不用於齊願行而
母老是以憂也母曰婦人之禮精五飯羃酒漿養姑

舅經衣裳而已故有閨內之修而無境外之志易曰
在中饋無攸遂詩曰無非無儀惟酒食是議以言婦
人無擅制之義而有三從之道也故年少從乎父母
出嫁則從乎夫夫死則從乎子禮也今子成人也而
我老矣子行乎子義我行乎我禮子何憂乎遂決去
齊之志未及行而母疾病不果行
是歲魯平公元年
丙午五十八歲母卒於齊扶喪歸魯合葬於鄒與鄉馬



鞍山麓
周赧王元年丁未五十九歲在鄒居喪
戊申六十歲在鄒居喪
己酉六十一歲返齊
庚戌六十二歲適魯以不遇魯侯歸
辛亥六十三歲居鄒魯平公與齊宣王會於凫繹山下
樂克備道於平公曰孟子私淑孔子其德輔世長民
其道發政施仁君何爲不見乎及欲見而嬖人臧倉

沮之

壬子六十四歲之宋

癸丑六十五歲在宋

甲寅六十六歲去宋將之薛宋餽七十鎰受之

乙卯六十七歲在薛遇聱餽五十鎰受之反於鄒

丙辰六十八歲在鄒講學延外傳教仲子

丁巳六十九歲在鄒滕定公薨世子遣其傅然友問喪禮



戊午七十歲滕文公以幣聘之滕館於上宮

己未七十一歲在滕

庚申七十二歲在鄒

辛酉七十三歲魯欲使樂克爲相聞之甚喜

壬戌七十四歲在鄒是歲鄒與魯戰敗績

癸亥七十五歲

甲子七十六歲

乙丑七十七歲高子問曰夫嫁娶者非已所自親也衛女何以得編於詩也曰有衛女之志則可無衛女之志則怠若伊尹放太甲有伊尹之志則可無伊尹之志則簒夫道二常之爲經變之爲權懷其常道挾其變權乃得謂賢夫衛女行中孝慮中聖權如之何詩曰既不我嘉不能旋反視爾不臧我思不遠

、是歲魯潛公元年

丙寅七十八歲講學鄒魯問謂諸弟子曰人知以食愈飢莫知以學愈愚夫學者崇名立身之本也儀狀齊



等而飾貌者好賢性同倫而學問者智是故砥礪琢磨非金也而可以利金詩書辟立非我也而可以礪心弟子問爲學之道曰靜然後虛使良心不汩于欲傾然後會使良知不誘于物則道之章微析妙罕不解矣此學之道也

丁卯七十九歲謂諸弟子曰人皆知糞其田而莫知糞其心糞田者不過利苗得粟糞心易行而得所欲何謂糞心博學多聞何謂易行一欲止淫

戊辰八十歲道終不行乃述二帝三王見聞之統有由
堯舜至湯五百餘歲由孔子至今百有餘歲之語
己巳八十一歲教學不輟門人述其言論爲孟子七篇
以垂教後世
庚午八十二歲夫人田氏卒卜葬於四基山麓命仲子
治喪歸葬在今鄒城東北三十里
辛未八十三歲有疾諸弟子侍亦如孔門諸賢尊師至
意



周赧王二十六年魯湣公八年壬申八十四歲正月十五
日卒今相承以十一月十五日爲忌辰是日冬至鄒
人因哭孟子而廢賀冬之禮遂以成俗仲子治喪合
葬於四基山麓
孟子世家譜姓源篇云孟激字公宜娶仉氏夢神人
乘雲攀龍自泰山來將止於嶧母凝視久之忽見片
雲墜而寤時閭巷皆見五色雲覆孟氏居而孟子生
焉孟子居貧轗軻故以軻名軻車接軸也故字子輿
亦字子車卒師子思以傳其道
謹按孟子世家譜首載
亞聖年表詳哉其言之也近代考孟子書者如江氏之
羣經補義侯氏之四書彙辨梁氏之志疑俱各有所
發明而集其成者莫如施氏之讀孟質疑一書反覆
辨論可謂精益求精矣第其書博徵繁引獨不及孟
譜一語豈未之見耶抑見而以爲不足據耶考書中
多引曹一均鄒志不知鄒志乃孟譜之濫觴而三遷



志又孟譜之尾閭也舍其本而求其末烏乎可惟宗
譜載大宗以下二十戸爲家藏秘笈非外人所能窺
玆特錄出以公同好庶幾後之學者得以飲水而思
源也道光壬辰嘉平月崇川後學馮雲鵷謹識

孟子書

崇川馮雲鵷校刊

## 祖德

孟子之先出自黃帝黃帝四傳至后稷始教稼穡以粒烝民堯封之邰十六世爲周文王再傳爲武王遂克商而有天下武王封弟周公旦於魯留輔王室其子伯禽就封之國八傳至桓公桓公生莊公莊公三弟長慶父次叔牙次季友慶父之後爲仲孫氏蓋以莊公爲孟也禮庶子自爲長少不敢祖諸侯故仲孫亦稱孟孫氏今春秋經文皆書仲孫而左氏傳皆書孟孫故知並稱也孟氏之嫡孫主宗祀者則稱孟孫左傳孟莊子疾豐點謂孝伯曰從余言必爲孟孫是也其他支子則止稱孟左氏傳有孟椒孟之側論語有孟公綽是也至宗卿之死若國人以族稱亦止稱孟傳記所載孟獻莊諸子及孟氏季氏之類是也叔牙之後爲叔孫氏季友之後爲季孫氏與孟孫並稱三家以皆桓公出也亦曰三桓三桓之後世顯於魯季孫僭逆見惡聖門叔孫間有賢者要未大著獨孟孫世有令德獻子忠



孝恭儉左傳戴記及說苑諸書燗焉可述不一而足莊子之孝孔曾亟稱焉其尤難者孟僖子將沒之時孔子年甫踰壯名位未彰乃能屬其二子使從學夫子以定其位其後懿子敬叔並師事孔子而敬叔遂爲孔門高弟且歸以兄子下逮武伯亦屢有問答曾子有疾敬子躬問以至之反公綽皆爲夫子所推由是攷之孟氏之於孔子其推尊歷數世如一日矣天眷明德至孟激字公宜者娶仉氏而孟子生焉卒師子思以昌其道嗚呼宋有弗父何正考父孔父嘉之賢而開尼父魯有獻子莊子僖子敬叔之賢而肇子輿一爲元王成湯微子之裔一爲后稷文王周公之裔豈偶然哉傳曰善遠而後興宜矣

## 母教

孟子生三歲而父孟激卒母仉氏有賢德挾子以居始舍近墓孟子之少也嬉戲爲墓間事踴躍築埋母曰此非所以居子也乃去舍市其嬉戲爲賈衒事母曰又非所以居子也遂徙舍學宮之傍其嬉戲乃設俎豆揖讓進退母曰

此眞可以居子也遂居之
孟子少時東家殺豚孟子問其母曰東家殺豚何為母曰欲啖汝其母自悔而言曰吾懷娠是子席不正不坐割不正不食胎教之也今適有知而欺之是教之不信也乃買東家豚肉以食之明不欺也
孟子少誦其母方績孟輟然中止乃復進其母知其諠也呼而問之曰何為中止對曰有所失復得其母引刀裂其織以此誡之自是之後孟子不復諠矣

孟子既長就學而歸孟母方績問曰學何至矣孟子曰自若也母以刀斷織孟子懼問其故母曰子之廢學若吾斷斯織矣夫君子學以立名問以廣知是以居則安寧動則遠害今而廢之是不免於厮役而無以離於禍患也何以異於織績而食中道廢而不為寧能衣其夫子而長不乏糧食哉女則廢其所食男則惰於修德不為竊盜則為虜役矣孟子懼旦夕勤學不息遂成天下之名儒
孟子既娶將入私室其婦袒而在內孟子不悅遂去不入婦辭孟母而求去曰妾聞夫婦之道私室不與焉今者妾竊惰在室而夫子見妾勃然不悅是客妾也婦人之義蓋不客宿請歸父母於是孟母召孟子而謂之曰夫禮將上堂聲必揚所以戒人也將入戶視必下恐見人過也今子不察於禮而責人不亦遠乎孟子遂留其婦
孟子妻獨居踞孟子入戶視之白其母曰婦無禮請去之母曰何也曰踞其母曰何知之孟子曰我親見之母曰乃汝無禮也非婦無禮禮不云乎將入門問孰存將上堂聲

必揚將入戶視必下不掩人不備也今汝往燕私之處入戶不有聲令人踞而視之是汝之無禮也非婦無禮也於是孟子自責不敢去婦
孟子處齊而有憂色孟母見之曰子若有憂色何也孟子曰不敏異日閑居擁楹而嘆孟母見之曰鄉見子有憂色曰不敏也今擁楹而嘆何也孟子對曰軻聞之君子稱身而就位不為苟得而受賞不貪榮祿諸侯不聽則不達其上聽而不用則不踐其朝今道不用於齊願行而母老是

以憂也孟母曰蓋婦人之禮精伍飯冪酒漿養姑舅縫衣裳而已故有閨內之修而無境外之志易曰在中饋無攸遂詩曰無非無儀惟酒食是議以言婦人無擅制之義而有三從之道也故年少則從乎母出嫁則從乎夫夫死則從乎子禮也今子成人也我老矣子行乎子義吾行乎吾禮

師授

孟子長初受業孔子之孫子思



孟子車尚幼請見子思子思見之甚悅其志命子上侍坐焉禮敬子車甚崇子上不願也客退子上請曰白聞士無介不見女無媒不嫁孟孺子無介而見大人悅而敬之白也未諭敢問子思曰然吾昔從夫子于郯遇程子于途傾蓋而語終日而別命子路將束帛贈焉以其道同于君子也今孟子車孺子也言稱堯舜性樂仁義世所希有也事之猶可況加敬乎非爾所及也

孟子問牧民何先子思曰先利之曰君子之所以教民亦仁義固所以利之乎子思曰上不仁則下不得其所上不義則樂爲亂也此爲不利大矣故易曰利者義之和也又曰利用安身以崇德也此皆利之大者也

孟子問子思堯舜文武之道可力而致乎子思曰彼人也我人也稱其言履其行夜思之晝行之孳孳爲汲汲爲如農之趨時商之趨利惡有不至者哉

子思謂孟子曰自大而不修其所以大不大矣自異而不修其所以異不異矣禮接于人人不敢慢辭交于人人不敢侮其惟高遠乎



按孟子親受業於子思自班固漢書趙氏註應劭風俗通以及孔叢子史記索隱諸書皆然而吳程曰孟子自魏惠王三十五年遊梁至哀王七年而燕人畔齊距孔子蓋一百六十七年是爲周赧王之三年而孟子著書之成固猶在其後也況孔子夢奠時伯魚之沒已六載子思固長不然亦非幼矣子思享年六十有二去孔子四十五年而卒孟子始生其不得親受業可見故孟子

但曰私淑諸人而集註以爲子思之徒於論語序說止稱門人當以此說爲是其言若辯乃考闕里世系云子思在衛縕袍無裏三旬九食田子方遺以狐白裘不受己而復返於魯教授其徒數百人而道卒傳於孟子年及百餘歲卒又據史子思言苟變於衛侯時在安王之一十五年安王在位二十六年子烈王嗣烈王之四年孟子生則孟子長而知學之時去子思十餘年耳其親受業於子思益確然無可疑矣



佚文

孟子三見齊王而不言事弟子問曰何爲不言曰我先攻其邪心 荀子

高子問於孟子曰夫嫁娶者非已所自親也衛女何以得編於詩也孟子曰有衛女之志則可無衛女之志則怠若伊尹放太甲有伊尹之志則可無伊尹之志則篡夫道二常之爲經變之爲權懷其常道挾其變權乃得爲賢夫衛女行中孝慮中聖權如之何詩曰既不我嘉不能旋反覩爾不臧我思不遠 韓詩外傳

孟子曰人皆知以食愈饑莫知以學愈愚 說苑

孟子曰人知糞其田莫知糞其心糞田莫過利苗得粟糞心易行而得其所欲何謂糞心博學多聞何謂易行一性止淫也 說苑

孟子曰夫有意而不至者有矣未有無意而至者也 法言

孟子曰堯舜之道非遠人也而人不思之耳 鹽鐵論

孟子曰紂貴爲天子死曾不如匹夫是紂先自絕久矣非



死之日天去之也 漢書

孟子曰堯舜不勝其美桀紂不勝其惡傳言失指圖景失形 風俗通

孟子曰千年一聖謂之連步 拾遺記

孟子曰今人之於爵祿得之若其生失之若其死 梁史

孟子曰戰者危事也 北堂書鈔

孟子曰由意事貴脅肩所尊俗之情也 後漢書注

孟子曰矯枉者過其正 後漢書注

孟子曰太山之高參天入雲文選注

孟子曰有人道我善者是吾賊也道吾惡者是吾師也文選注

孟子曰千年一聖五百年一賢賢聖未出其間有命世者文選注

孟子說齊宣王而不說淳于髡侍孟子曰今日說公之君公之君不說意者其未知善之爲善乎淳于髡曰夫子亦誠無善耳昔者狐巴鼓瑟而潛魚出聽伯牙鼓琴而六馬



仰秣魚馬猶知善之爲善而況君人者也孟子曰夫電雷之起也破竹折木震驚天下而不能使聾者卒有聞日月之明徧照天下而不能使盲者卒有見今公之君若此也淳于髡曰不然昔者揖封生高商齊人好歌杞梁之妻悲哭莒人稱詠夫聲無細而不聞行無隱而不形夫子苟賢居魯而魯國之削何也孟子曰不用賢削何有也吞舟之魚不居潛澤度量之士不居汙世夫蕪冬至必彫吾亦時矣詩曰不自我先不自我後非遭彫世者歟韓詩外傳

惠王三十五年數敗于軍旅卑禮厚幣以招賢者鄒衍淳于髡孟子皆至梁梁惠王曰寡人不佞兵三折於外太子虜上將死國以空虛無以修先君宗廟社稷寡人甚醜之叟不遠千里辱幸至敝邑之庭將何以利吾國孟子曰君不可言利若君欲利則大夫欲利大夫欲利則庶人欲利上下欲利則國危矣爲人君仁義而已矣何以利爲史記

梁惠王謀欲攻趙孟子稱太王去邠史記

魯平公與齊宣王會於鳧繹山下樂克備道孟子於平公



曰孟子私淑孔子其德輔世長民其道發政施仁君何爲不見乎廣文選

孟子曰滕文公卒葬有日矣天大雨雪甚至于牛目羣臣請弛期太子不許惠子諫曰昔王季葬渦山之尾欒水齧其墓見棺前和文王曰先君欲見羣臣百姓矣乃出爲帳三日后葬今先王欲小留而撫社稷故使雪甚弛期而更爲日此文王之義也藝文類聚

秦攻梁惠王謂孟子曰先生不遠千里辱幸敝邑今秦攻

梁先生何以禦乎孟子對曰昔太王居邠狄人攻之事之以玉帛不可太王不欲傷其民乃去邠之岐今王奚不去梁乎惠王不悅新論

謹按孟子書祖德以下四篇並三遷志所載當其修志時外書尚未出故依孔叢子以爲受業於子思而不知性善辯篇答曼卬不擇之問明言學於子思之子曰子上是以得聖人之傳則舊說相沿亦不攻而自破矣又佚文二十二條多散見於外書四篇中今外書已顯而猶錄此篇者乃不沒前人之功且以見外書爲漢唐來引用之書確乎三代法物淺見者更無庸置喙也道光壬辰嘉平月崇川後學馮雲鵷謹識





# 孟子書外篇

崇川馮雲鵷校刊

## 性善辯

孫卿子自楚至齊見孟子而論性孟子曰有善無惡天也有善有惡人也孫卿子曰有善有惡天也有善無惡人也

孟子曰率天下之人而迷性本者必自子始矣

孟子曰虎狼知父子蜂蟻知君臣而況於人乎故人之性善今人之性不善皆失喪其性故也

孟子曰性善也堯舜不勝其美習不善也桀紂不勝其惡性無不善而欲害之水無不清而物污之是豈水性也哉

曼卬不擇問於孟子曰夫子焉學孟子曰魯有聖人曰孔子曾子學於孔子子思學於曾子子思孔子之孫伯魚之子也子思之子曰子上軻嘗學焉是以得聖人之傳也

孟子曰舜生於姚墟禹生於石紐湯生於蒲南文王生於台疆千年一聖猶旦暮也

孟子曰太山之高參天入雲而瞽者莫之見也黃河之濤衝擊如雷而聾者莫之聞也甚矣人不可不學也

孟子三歲而孤孟母賢擕孟子以居始舍近墓孟子幼嬉戲爲墓間事踴躍築埋孟母曰此非所以居我子也乃去舍市又嬉戲爲賈衒事孟母曰此亦非所以居我子也徙學旁乃設俎豆揖讓進退孟母曰此眞可以居我子矣

孟子幼誦其母方織孟子輟乃復誦母知其諠也呼而問之曰何爲輟對曰如有失復得母乃引刀斷其織以此戒之自後孟子不復諠矣

孟子妻獨居踞孟子入戶視之白其母曰婦無禮請去之



母曰何也曰踞母曰何以知之曰我親見之母曰乃汝無禮也禮不云乎將入門言必聞將上堂聲必揚將入戶視必下不掩人不備今汝往燕私之室入戶不有聲令人踞而視之是汝之無禮也非婦無禮也孟子自責不敢去婦

孟子處齊爲客卿居常有憂色擁楹而歎孟母見曰子擁楹而嘆若有憂色何也對曰軻聞之君子稱身而正位不爲苟得而受賞不貪榮祿今道不用於齊願行而母老是以憂也孟母曰婦人之禮精五飯羃酒漿縫衣裳而已故有閨內之修而無境外之志易曰无攸遂在中饋詩曰無非無儀惟酒食是議以言婦人無擅制之義而有三從之道也故幼則從乎父母嫁則從乎夫夫死則從乎子今子成人也我老矣子行乎子義吾行乎吾禮子何憂也

孟子游於莒有曾子講堂焉孟子登堂彈琴而歌二三子和之莒父老曰久矣夫不聞此音也聖人之徒也

孟子曰人皆知以食愈饑莫知以學愈愚人皆知糞其田莫知糞其心糞田莫過利苗得粟糞心易行而得所欲何



謂糞心博學多聞何謂易行一性止淫也

孟子謂子石曰卵有毛信乎子石曰信孟子曰何爲其然也子石曰卵無毛雞無毛孟子曰雞而烹人可食然則子腹亦有雞與

孟子曰管敬仲仁故齊威公亦仁管敬仲義故齊威公亦義吾於河廣知德之王也

徐辟將之秦孟子曰秦虎狼之國也子何遊焉徐辟對曰山東之國無可與者蘇子來招故將必往孟子曰夫蘇子

天下之至無信人也天下之大不義人也子何交焉徐辟對曰辟之祖自南州遷於郯鄒今五世矣於蘇爲睦且辟蘇之自出也孟子曰然則姑贈子以言不約縱不連横不爲威屈不爲利疚以守子義以全子生斯可矣

文說

孟子曰文其說不若文其心文勝者不陋質勝者可久

孟子曰君子爲已小人爲人爲己者逸而泰爲人者勞而危



孟子曰人不可以不知天凡事可以對天則知天矣

孟子問於子上曰敢問聖人之教子上曰言仁不言暴言義不言利言禮不言邪言信不言詐此聖人之教也

子上謂孟子曰舜之誥禹曰人心惟危道心惟微惟精惟一允執厥中子其識之

公明高問於孟子曰詩云不敢暴虎不敢馮河又云如臨深淵如履薄冰何謂也孟子曰君子之學敬而已矣

孟子曰言不可不愼也言巧則天刑之言肆則人害之大雅云無言不讎無德不報

梁襄王問戰於孟子孟子曰戰危事也臣未之聞也

孟子去梁梁襄王追之及諸東桑孟子曰爲吾謝梁王勿忘先王之禮遇也再拜登車而去

萬章從遊於牛山之上孟子喟然嘆曰此齊景公流涕之所也而其骨已朽矣萬章曰古之人何以不朽孟子曰太上有立德其次有立功其次有立言此之謂三不朽古之人皆有死君子雖死而求其不死者若小人則未死而已



死矣

陳仲子卒孟子誄之曰吁嗟仲子廉潔以保貞兮求名而得名兮數齊國之高士舍仲子而誰稱兮惟山高而水流千古一於陵兮吁嗟仲子名長存兮可慰於九泉兮

靈龜隱於萊孟子使人問之以書且遺之粟曰介士也

萬章問曰子庚何人也孟子曰古之高人也上不臣天子下不事諸侯易曰不事王侯高尚其志

子叔問曰文王囚於羑里孔子厄於陳蔡何以繫易也孟

子曰夫易憂患之書也安樂而不知易君子吉小人凶憂患而不知易小人吉君子凶是以君子不可以不知易也

孟子去齊宿於晝王蠋請見孟子見之王蠋曰夫子何以久於齊也孟子曰久於齊非我志也蠋曰我固知非夫子之志也齊王外好善而心不好夫子去國亂將至矣蠋是以憂也孟子去數年而齊國果亂

滕文公卒葬有日矣天大雨雪及牛目羣臣請弛期太子不許惠子諫曰昔者王季葬渦山之尾欒水齧其墓見棺



之前和文王曰先君欲見羣臣百姓矣乃出爲帳三日後葬今先公欲小留而撫社稷故使雪甚弛期而更爲日此文王之志也孟子曰禮也

孟子書外篇

孝經　　榮川馮雲鵷校刊

孟子曰孝經者曾子傳於孔子諸弟子不得而聞也

孟子曰曾子之孝士之孝也故孔子先以事親事君立身告之

孟子曰天子之孝文王也諸侯之孝魯莊公也卿大夫之孝孟莊子也士之孝曾子輿也庶人之孝大連少連也

孟子曰舜生五十而不失其孺子之心



孟子曰孝者順德也父子親兄弟睦夫婦和人人齊其家而天下平矣

孟子曰樂正子春生孝也茅蕢死孝也

樂正子春年九十矣使其孫克學於孟子孟子告之曰昔者聖人之門顏子以仁曾子以孝季路以勇伯顓以智各以所得聞於天下傳於後世汝往矣庶幾其有一得乎

孟母之喪門弟子各治其事陳臻治貨季孫郊治車咸邱蒙治器萬章治纕充虞治櫬公都或治餼陳代治牲樂正

克治儀公孫丑治賓客孟子三日不食哭不止門弟子請曰古者五十不毀孟子曰五十也乎哉吾母死吾猶孺子也蹁子弔見之流涕自責曰今而知聖人之道遂棄墨而歸儒

孟子曰傳言失指圖景失形言治者尚覈實

梁惠王曰先王用李悝盡地利至於今賴之孟子曰非古也古莫善於莇莇者般法雖周亦莇也地有餘利則民有餘地無餘利則君有餘損下以益上非古也



孟子三見齊宣王而不言事丑子曰夫子何以三見齊王而不言事孟子曰我先攻其邪心邪心去則無不正矣書曰格其非心

孟子去齊子敖餞於犨門再舉觴孟子辭而去子敖曰夫子盍賦詩孟子曰子大夫欲我賦詩乎不曰堅乎磨而不磷不曰白乎涅而不緇

屋廬子曰無爲而治何如孟子曰有心於無爲非無爲也虞舜先勞而後逸者也

孟子曰矯枉不可過直

孟子曰天下有道諸侯有王東遷以後天下無王五伯之罪也

孟子曰有遠慮者無遺策無深謀者有敗機

孟子曰敬老愛幼推心於民天下如運掌中也

齊人伐趙桃應將問於孟子孟子曰毋嗜殺將心也勿爭功將才也與士卒同甘苦將道也

孟子說齊宣王而不說淳于髡侍孟子曰今日說公之君



公之君不說意者未知善之爲善乎淳于髡曰夫子亦誠無善耳昔者瓠巴鼓瑟而潛魚出聽伯牙鼓琴而六馬仰秣魚馬猶知善之爲善而況君人者也孟子曰夫電雷之起也破竹折木震驚天下而不能使聾者卒有聞日月之明徧照天下而不能使盲者卒有見今公之君若此也淳于髡曰不然昔者揖封生高商而齊人好歌杞梁之妻悲哭而莒人稱詠夫聲無細而不聞行無隱而不形夫子苟賢居魯而魯國之削何也孟子曰不用賢削何有也吞舟

之魚不居潛澤度量之士不居汙世夫蘞冬生必彫吾亦
時矣詩曰不自我先不自我後非遭彫世者歟
騶衍請受業於孟子孟子曰吾老矣不能偕子遊於九州
之外也

爲正

孟子曰爲正以心爲邪以心心之所之邪正因之故君子
存心而不放

孟子曰道不遠人人之爲道而遠人不可以爲道堯舜之



道非遠人也人自不思之爾

孟子曰人謂孟嘗君好士吾不信也

高子問於孟仲子曰詩曰維天之命於穆不已何謂也孟
仲子曰大哉天命之無極而美周之禮也孟子曰否不然
維天之命於穆不已蓋曰天之所以爲天也於乎不顯文
王之德之純蓋曰文王之所以爲文也純亦不已

高子問於孟子曰夫嫁者非己所自親也衛女何以得編
於詩也孟子曰有衛女之志則可無衛女之志則殆夫道

二常謂之經變謂之權懷其常道而挾其變乃得爲賢衛
女行中孝慮中聖權如之何

邾婁繆公問政於孟子曰爲政之道奚先孟子曰省刑罰
薄稅斂愛民之政也非是則無所爲政也君其無信倖臣
之言

孟子過鄒見鄒莊公孟子道性善言必稱文王莊公曰聞
夫子之言昭若發蒙矣

孟子老於騶燕昭王使樂間迎之孟子不往或問曰夫子



何以不往孟子曰以吾愛齊士之知是以不往也且燕王
霸才也亦非王天下之主也

孟子曰夫有意而不至者有之矣未有無意而至者也

孟子曰今人之於爵祿得之若其生失之若其死

孟子曰紂貴爲天子而死曾不若匹夫是紂先自絕久矣
非死之日天去之矣

梁惠王謂孟子曰秦攻梁何以禦乎孟子對曰昔太王居
邠狄人攻之太王不欲傷其民乃去邠之岐爲王奚不去

梁平王不悦

魯平公與齊王會於鳧繹樂正克道孟子於平公曰孟子私淑仲尼其德輔世長民其道發政施仁君何爲不見乎

孟子曰道吾善者吾賊也道吾惡者吾師也

附録

或問爲學之道孟子曰靜然後虛使良心不汨于欲頽然後會使良知不誘於物則道之章徵析妙罕不解矣此學之道也說苑



孟子曰居今之朝不易其俗而成千乘之勢不能一朝居也寧窮饑於陋巷安能變己而從俗也鹽鐵論

孟子曰强其君所不能爲忠也量其君所不能爲賊也袁宏漢記

孟子曰人之所知不如人之所不知信矣梁書

孟子曰江海異於行潦者深廣也太山別於丘陵者高大也若深不異於行潦則孺子浴其淵高不出於丘陵則跛羊步其顛僞英璣珠

謹按孟子外書崇明施氏刻本有逸文十六條乃內外十一篇所不載者竊嘗考之如孟子曰六十四黍爲一圭十圭爲一合一條乃孟康注漢志不失圭撮之語廣韻注誤引之並非孟子逸文又白羽性輕白雪性消白玉性貞一條乃趙岐孟子注與李善文選雪賦注引劉熙注畧同而馬總意林直引作孟子語亦非又後漢書注引孟子曰阿意苟容欽肩所尊俗之情也與內篇引曾子語小異又孟子曰正枉必過



其直與外書畧同荀子引孟子曰人之學者其性善也蕭子良書引孟子曰君王無好知君王無好勇勇知之道生乎禍患所遵正當仁義爲本拾遺記引孟子曰千年一聖謂之連步此皆櫽括孟子本文袁宏漢記云六國之際取獸者有罪傷槐者被誅孟子謂梁惠王極陳其事風俗通云孟子絶糧於鄒薛困殆甚退與萬章之徒作書中外十一篇此又傳聞之誤考孟子生平並無絶糧之事也又呂氏春秋引孟子

曰王者師臣也史記索隱引孟子謂之寄君文義不
全且以他書誤入故不敢濫載而附錄于此道光壬
辰嘉平月崇川後學馮雲鵷謹識







## 祠墓古蹟

崇川馮雲鵷校刊

亞聖孟子廟在鄒縣城南道左宋孔道輔知兖州訪孟子墓得於鄒縣東三十里四基山因於墓旁建廟政和四年奉詔重修賜祭田百畝以給守者後以距城遼遠徙建東門之外宣和四年縣令朱乍又徙今地金太和甲戌燬於兵元元貞間縣尹司居敬重修元末復燬於兵明初知縣桂孟與宗子思諒復鼎建焉宏治十年詔巡撫熊翀大加



修建萬歷九年縣令許守恩重修

廟制南爲櫺星門爲亞聖廟坊左坊曰繼往聖右坊曰開來學北爲儀門三間次爲承聖門三間左側爲鍾靈門三間有碑亭右側爲毓秀門三間通官道自承聖門入中爲正殿七間殿內祀

亞聖孟子以樂正克配左右兩廡各七間分祀公孫丑以下十二人後爲寢殿祀

亞聖夫人廟左爲啟賢門北爲

邾國公殿後爲
孟母宣獻夫人殿廟右爲致敬門北爲致嚴堂三間後爲
孟氏家廟三間倉庫齋廚俱備廟西路右爲博士宅宗子
居焉春秋仲月上丁博士主祭
亞聖廟祀田五十一頃一十五畝皆不起科又佃戶三十
二戶優免雜差禮生額設五十六名又設八名賛相禮儀
廟戶二十五戶門子五名俱優免雜差
孟母祠在鄒縣城南子思書院之右傳爲孟子故居有臺



高丈許世稱爲孟子曝書臺元縣尹司居敬又於臺西建
斷機堂元僉憲楊國憲重葺學士李泂記 以上四條見山東通志
亞聖孟子墓在鄒縣東北二十五里四基山下宋兖州守
孔道輔始爲立廟于墓之西南後廟移于縣廟改爲墓祠
四基山亦稱孟子山云
鄒本古邾國至繆公時改爲鄒城東南隅有岡曰文賢有
溝曰因利水自巽方來此山川之秀孟子後孔子三十五

年而生卒葬于四基山之陽郭璞云邾城東南有嶧山嶧
山北有牙山牙山北有唐口山唐口山北有陽山陽山北
有孟子塚在焉今四基山者是
孟母墓在鄒縣北二十五里馬鞍山之陽延祐三年追封
孟子父爲邾國公母爲邾國宣獻夫人
萬章墓在鄒縣城西南八里地曰萬村公孫丑墓在縣城
西北十五里地名南公孫盎其地即以二賢得名也
鄒縣治東有子思講堂相傳思孟授受於此縣東南隅曬



書臺世傳爲孟子故宅因建子思祠于臺東曰中庸精舍
曰淵源堂實爲書院之始又建講堂于後曰率性堂設山
長以司祭祀及教事後徙書院于暴書臺東與斷機祠相
值 以上四條見三遷志
馬鞍山在鄒縣東北距城二十五里其北麓即孟母墓下
有孟母泉
斷機堂在南門外子思書院右相傳即孟子故居也今因
利橋旁尚有石碑載孟母斷機處 以上二條見鄒志

孟子故宅在鄒縣南門外東約數十步世傳三徙學宮傍也即今暴書臺下

暴書臺高二丈方三丈在斷機堂東

故鄒城在今縣東南二十五里嶧山之陽周廻三十餘里邾文公始遷于此至穆公改邾爲鄒故嶧山亦名鄒山泰漢縣治在焉孟子居鄒蓋此鄒也後人訛呼爲紀王城又以今治爲古地誤

古檜三二在寢殿前一在殿後高數丈徑十餘圍枝盤曲



如龍蛇狀宣和中檀甚有古意

孟母故宅在馬鞍山之西即孟子所生地也今名付村

孟母池在故宅前大數畝水冬夏不涸

望嶧亭在孟母墓傍元碑有之今廢

亞聖祠在四基山南元紫陽楊奐嘗遊之今廢

三家塚在四基山南世傳即孟孫叔孫季孫三家塚也又傍古塚纍纍居人不記所自或三家之爲正卿者并會葬于此

孟子廟一在茌平縣東北孟家庄相傳孟子遊齊梁時嘗經此後人因立祠

孟館在茌平縣治東世傳孟子遊齊梁館此

孟止亭在萊蕪縣孟子反齊止于嬴嬴萊蕪也

孟母廟在陽穀縣東北四十里世傳孟母祈禱之所

孟母故宅在山西太原府榆次縣本志云母并人也其地有三徙鄉

休城在滕縣西二十五里孟子去齊居休即此地也



雪宮在青州府齊宣王館孟子即此

平陸即今之汶上縣

任城即今之濟寧州

故范城在壽張縣西二十里

孟子祠在吳地乃十九代孟忠厚扈從南遷賜第姑蘇因建家祠

范縣今屬濮州邑西南二十里有碑刻孟子避鄒魯之難居此故至今其地有孟子廟孟子臺孟子河云

古滕國卽今之滕縣也縣西有滕城內有滕文公古臺
故薛城在滕縣南四十里
孟社在沂水縣社有孟母祠
上宮在滕縣城外東南隅文公館孟子於此
性善祠在河南歸德府商邱縣
性善書院在滕縣儒學之左元時創建列於學宮內有存
心堂
遊梁祠在河南蕭縣



遊梁書院在河南開封府創于宋修于明至順治乙未始
附于學宮 以上二十九條見三遷志
靈邱城在滕縣東四十里明水河之南城周八里內有子
城舊志云齊下邑卽蚳鼃所辭者
東平陸城在汶上縣北桃城之西南戰國時爲齊邑孟子
之平陸卽此
杞梁故里在益都縣西北一十五里
莊嶽里在臨淄縣治南街孟子所謂莊嶽之間也

晝邑城在臨淄縣西北三十里卽澅中一名棘邑又名戟
里世傳王蠋所居史記燕昭王令樂毅伐齊臨晝邑禁不
入境孟子作晝風俗通齊大夫晝氏邑孟子宿處也
瑯琊臺在諸城縣東南一百五十里瑯琊山下三面環海
惟西通陸齊景公所謂遵海而南放于瑯琊是也
轉附在掖縣北境齊景公所謂觀於轉附卽此也
伯夷待淸處在濰縣西十五里孤山下孟子伯夷避紂居
北海之濱卽此



太公堂在濰縣東南釣磯上周太公望避紂所居處
棠鄉在昌邑縣南八十里甘棠社左傳襄公六年圍棠杜
預注棠國也在都昌孟子國人皆以夫子將復爲發棠亦
此地也
蓋城在沂水縣西北七十里齊陳仲子兄戴食邑于此
周明堂遺址在泰安縣東北四十里
都君庄在肥城縣西南四十里相傳卽帝舜成都之處
姚墟在荷澤縣東北六十里有諸馮村

嬴邑在萊蕪縣西北境齊邑也左傳桓公三年會于嬴又吳季札葬子于嬴博之閒孟子止于嬴皆此地也

孟子臺在范縣東南二十里孟子自范之齊即此

雪宮在青州府治濁水北舊城隍廟西昔齊宣王見孟子於雪宮即此地也寰宇記云在臨淄縣東北六里曹村 以上十七條見山東通志

姚墟在曹州府北百二十里濮州一云在河東縣

石紐在四川茂州汶川縣西北有石紐村華陽國志云禹



生於石紐夷人營其地方百里不敢居牧有過逃其野中不敢追云畏禹神桓寬鹽鐵論禹出西羌是矣

蒲南蒲與薄通蒙爲北亳湯葬於北薄之南故云蒲南

台即后稷邑在今陝西乾州西南六十五里武功縣文王所生之岐州在今鳳翔府東五十里之岐山縣東北去台不百里故云台疆

郟鄏在洛陽縣西即郟山也亦曰郇山

東桑未詳按杞縣西有空桑城在大梁東不及百里疑即此

牛山一名南郊山天齊淵出焉在今臨淄縣南十里

於陵齊城東有長白山陳仲子夫妻所隱處在鄒平縣南二十里

萊國名後屬齊今萊州

晝邑以澅水得名邑城在臨淄縣西北三十里或疑非去齊所經不知故臨淄在今縣北八里孟子宿於晝亦不必在邑城故耕野之王蠋見之王蠋墓在臨淄西三十里愚



公山是在故臨淄西南境矣 以上十條見施氏質疑

孟子書　　崇川馮雲鵷校刊

陪祀

亞聖廟配享

樂正子克從祀孔廟宋政和五年封利國侯

亞聖廟從祀

公孫丑從祀孔廟宋政和五年封壽光伯

萬章從祀孔廟宋政和五年封博興伯

浩生不害齊人宋政和五年封東阿伯



孟仲子孟子之子見三遷志宋政和五年封新泰伯

陳臻齊人宋政和五年封蓬萊伯

充虞宋政和二年封昌樂伯

屋廬連晉人嘗著書言彭聃之法宋政和五年封奉符伯

徐辟宋政和五年封仙源伯

陳代宋政和五年封沂水伯

彭更宋政和五年封雷澤伯

公都子從祀孔廟宋政和五年封平陰伯

高子齊人宋政和五年封泗水伯又鄉人以韓愈孔道輔

附祀孟廟 山東通志

桃應宋政和五年封膠水伯

盆成括宋政和五年封萊陽伯

季孫宋政和五年封豐伯 一作豐城一作豐陽

子叔宋政和五年封丞伯 一作承陽一作丞陽

正殿

樂正子 金制凡配享者皆南面樂正子舊亦南面元元貞中縣令司居敬始改西向云



東廡九人

公孫丑　浩生不害　陳臻　屋廬連　陳代

公都子　高子　盆成括　子叔

西廡八人

萬章　孟仲子　充虞　徐辟　彭更　咸丘蒙

桃應　季孫

東廡

昌黎伯韓愈

西廡

宋司空孔道輔

三遷志云宋宣和四年邑令朱𡷊修孟廟以楊雄韓愈有推尊之功立祠於正殿之西元元貞初邑令司居敬始附二子於東西廡而雄之罷祀則無可考按洪武二十九年從行人司副楊砥議罷雄從祀孔廟意此後因而罷孟廟祀也孔道輔從祀不詳所始考孟廟兩廡元季燬于兵明永樂三年鄒令朱珽始修復之意此時罷



楊成都以孔公有功孟氏因附之以補十九人之闕耳

謹按三遷志陪祀之議有四一曰訂稱號之失一曰正冒祀之謬一曰進當祀之賢一曰增配食之位蓋以明世宗釐正祀典孔門弟子並罷封爵止稱先賢宜以近例改之一也季孫子叔趙注以二人皆門人今既遵朱子以爲引言則非弟子祀之何爲二也趙太常刱爲傳注尊以亞聖孫宣公忝考羣說彙成正義有明錢唐捐軀以諫崇而祀之以報其功三也韓退之功德在孟門爲具體章丑所不敢望升之堂上與樂正配四也考四事中三條俱極允當惟槩季孫子叔爲非門人則未見外書之故今攷性善篇有曼卯不擇文說篇有公明高孝經篇有黼子皆宜增入從祀之列非獨季孫子叔二人宜從其舊也道光壬辰嘉平月崇川後學馮雲鵷謹識

孟子書　　崇川馮雲鵷校刊

宗子世表

二代孟仲子嘗從學於公孫丑昔孔子以詩授卜商商爲
之序以授魯人曾申曾申授魏人李克李克授魯人
孟仲子孟仲子授根牟子今詩傳猶時引其說爲趙
岐以爲孟子之從昆弟未深考也宋政和五年追封
新泰伯子睾
三代孟睾隱居不仕子寓



四代孟寓韓召不受子舒
五代孟舒字子懐漢高祖時爲雲中太守子之後
六代孟之後隱居不仕子昭
七代孟昭漢博士子但
八代孟但善易道漢武帝時爲太子門大夫子卿
九代孟卿善禮春秋子喜
十代孟喜字長卿舉孝廉爲郎遷曲臺署長子鉞
十一代孟鉞抱道不仕子興

十二代孟興仕爲漢尚書子嘗
十三代孟嘗字伯周漢合浦太守子展
十四代孟展字君誠子觥
十五代孟觥漢靈帝時爲太尉子敏
十六代孟敏字叔達爲新郡太守子光
十七代孟光字孝裕蜀議郎爲符節令屯騎校尉長樂少
府遷大司農子康
十八代孟康字公休魏散騎侍郎宏農太守封廣陵亭侯



子宗
十九代孟宗字恭武爲豫章守子揖
二十代孟揖晉廬陵太守子觀
二十一代孟觀字淑時晉殿中中郎拜右將軍子嘉
二十二代孟嘉字萬年爲江州别駕子懐玉
二十三代孟懐玉宋平南將軍子表
二十四代孟表字武達齊馬頭太守子斌
二十五代孟斌魏右丞子威

二十六代孟威魏城門校尉子恂
二十七代孟恂字修仁周太子太傅子儒
二十八代孟儒字敬業齊東郡太守子景
二十九代孟景隋鷹揚郎將子善誼
三十代孟善誼隋河内通守子詵
三十一代孟詵唐高宗擢進士第遷鳳閣舍人子大融
三十二代孟大融唐元宗時屢召不就隱于王屋山子浩
然



三十三代孟浩然處士好節義隱鹿門山子雲卿庭玢
三十四代孟雲卿唐肅宗時爲校書郎子華
三十五代孟華字幾道唐德宗時爲侍御史失傳
三十六代孟常謙爲孟郊之子庭玢之孫也唐朝議大夫
柳子厚誌其墓子遵慶
三十七代孟遵慶子琯
三十八代孟琯屢薦不仕子方立
三十九代孟方立唐昭義節度使子承誨

四十代孟承誨晉太府卿子漢卿
四十一代孟漢卿周羽林大將軍子貫
四十二代孟貫工詩子昶
四十三代孟昶隱居不仕子公齊
四十四代孟公齊勵行不仕避亂東山子寧
四十五代孟寧宋仁宗四年以孔道輔薦特授鄒縣主簿
奉祀爲中興祖子堅
四十六代孟堅徐州知州子寬



四十七代孟寬子欽
四十八代孟欽子津
四十九代孟津子德義
五十代孟德義登進士第授魚臺縣尹辭不仕子允祖
五十一代孟允祖子惟恭
五十二代孟惟恭字彥適子之訓
五十三代孟之訓字曾甫元至正間爲單父教諭陞莒州
學正値兵興避地蔚州而卒子思諒

五十四代孟思諒字友道明洪武元年詔授鄒縣主簿子
克仁
五十五代克仁字信夫贈翰林院五經博士子希文
五十六代孟希文字士煥景泰二年詔授世襲翰林院五
經博士主奉祀事二子元亨
五十七代孟元字長伯宏治二年承襲翰林院五經博士
主奉祀事子公榮
五十八代孟公肇字先文亨之子嘉靖二年代襲翰林院



五經博士主奉祀事及從弟公榮長謝職致仕
五十八代孟公榮字棨文嘉靖十二年承襲翰林院五經
博士主奉祀事子彥璞
五十九代孟彥璞字朝璽隆慶元年承襲翰林院五經博
士主奉祀事子承光
六十代孟承光字永觀萬歷二十九年承襲翰林院五經
博士主奉祀事天啟二年遭妖賊亂同子宏略死節
贈太僕寺少卿

六十一代孟宏略字振揚天啟三年代襲翰林院五經博
士主奉祀事崇禎二年姪聞玉長讓職改授世襲錦
衣衛千戶
六十二代孟聞玉字龍甫崇禎二年承襲翰林院五經博
士主奉祀事無嗣
六十二代孟聞璽字龍華宏略子承襲翰林院五經博士
主奉祀事子貞仁
六十三代孟貞仁字靜若順治元年承襲翰林院五經博
士主奉祀事三年改授內翰林國史院世襲五經博



士子尚桂
六十四代孟尚桂字播馨康熙五十五年承襲翰林院五
經博士主奉祀事子衍泰
六十五代孟衍泰字懋東康熙五十九年承襲翰林院五
經博士主奉祀事子興銑
六十六代孟興銑字起燿未襲卒子毓瀚
六十七代孟毓瀚字鍾北乾隆十六年承襲翰林院五經

博士主奉祀事無子以堂弟毓瀠長子傳樾爲嗣
六十八代孟傳樾字國模乾隆四十五年承襲翰林院五
經博士主奉祀事子繼烺
六十九代孟繼烺字體耀又字照亭嘉慶二十年承襲翰
林院五經博士主奉祀事子廣均
七十代孟廣均字京華又字胥雲戊子科舉人道光十三
年承襲翰林院五經博士主奉祀事子昭銓

孟子書　卷

# 孟子日記二卷

清 王巡泰撰

清道光十五年安康張氏來鹿堂刻本

道光乙未年新鐫



# 四書日記

來鹿堂藏板

# 零川先生四書日記序

四書日記吾師　零川先生所手著而化與及門諸君子分較之而錄之者也不曰講義而曰日記者先生不以講義自居而謂姑存其說以俟訂正於將來猶薛文清公所謂讀書錄許魯齋先生所謂讀書私言也竊惟士人束髮受書必先讀四書

國家鄉會取士首以四書命題蓋以文者言之精也而以言闡四書則猶文之精者亦以其醇乎理而已理明則辭無不達而發爲文章必有心得之言即一生之功名事業道術都從此可卜焉自學者不知尋思體認徒埋沒故紙堆中則先儒之說雖汗牛充棟而閱之不能別緇素即以學爲八股其能洞達者鮮

矣況進於此者乎先生自幼嗜學讀書不倘訓詁凡經成誦必求所以然而於四書尤匯歸所得手有心得輒劄記[illegible][illegible]者三十年於茲矣甲申先生謁詮至都應同鄉衛侯之聘主講吾邑堯台書院甫三月即除知山西五寨縣事惟時化年未及壯領先生緊誨一時未能即解而合邑士子方以不得終承先生之教爲憾客歲甲午先生以應補需次乘間來望客太學生張君家化等竊幸天假之緣復得朝夕相從而先生亦不棄舊遊而樂教因取向所爲日記者重訂焉增易約十之六七爲化等口授指畫諄復再三凡日間所講論亦必與書旨相隱括而務使人皆實體於日用居處間不得徒以耳食了事蓋先生之學以主

敬爲根柢以小學近思錄爲入門自居鄉以至服官辭受進退咸凜凜有法度所著制藝古文皆以發明書理爲要罔不與日記相表裏而教人步步有實地凡講舉業亦即日記之精義以相授受嘗謂學者書理透則文章自精而一言一動胸中自有成竹今取所爲日記者而合前後讀之章章有特講句句有確解字字有真銓至天命心性存誠主敬有關學術處尤必析及毫芒不肯一字含糊如畫沙印泥入可一見了然學者誠能從事於斯而籌愚有得則以爲舉業之筌蹄可也即以爲正學之梯梯可也化雖不敏竊願與同志共勉也夫

乾隆乙未仲冬長至日受業望都閻成化百拜謹序

# 四書日記序

張子曰心開即記不思則還塞之矣益人功候所至而心之開蔽因之體認有淺深見解有是非議論有得失不可假也一人有一人之體認而一時之見解議論因之不可强也就一人之心之所開而記之可借證於人人就一時之心之所開而記之可待證於異時此薛文清公讀書録以張子劄記之法爲讀書法也余自束髮從先大人學即好研四子書凡經指授一時不得於心輒終夕不寐繼從華陰史五勻武功孫酉峰兩先生遊後先領受多所啟悟或有所得隨即手劄記之日積既多令及門諸子逐類鈔録藏之一櫝中今二十年矣自知學疏見淺無所

發明不敢示人客歲甲午以應補需次僑寓望都之别館與舊遊諸生講舉子業明牕淨几之暇因復取向所謂日記者重訂焉或與諸生討論或自反覆尋究嘗有一字一句盤桓數日而後已視舊本删改十之三四其增入者約十之六七自客歲迄今凡再周寒暑而卒業陸稼書云四書自考亭朱子集諸儒之大成章句集註或問而外有輯畧有精義文集語類其後西山眞氏金山仁氏諸先儒又各自著書以發明考亭之意幾無餘蘊矣後之學者但取其說而心領之身體之不待講矣況余末學無識又何能復講哉然有一人之體認則有一人之見解有一人之議論不記之則或淺或深一時無以辨也爲是爲非爲

得爲失他時無所據以考也故余凡有所見輒記之不必所見之果是也一時見以爲是一時輒記之不必他時卽以其是爲是也其或言之足與先儒相發明者期明白易曉不以嫌於雷同而不記也其或自抒所見不盡與先儒合者卽以所見記之不以嫌於立異而不記也其或旁見側出借書以發深省而不必與書相檃括者亦卽以他說記之不以非書之旨而不記也此余日記之所由名也他日明牕淨几之暇或與同人重加討論或再自反覆參究正其迷謬芟其煩冗視今所見或幸有進焉未可知也其以今之記[illegible]可也

乾隆乙未年十月望後二日臨潼王巡泰識

# 重訂四書日記序

余讀四子書每有省悟輒手劄記之以期就正於有道以俟訂正於異時原委詳前望都序中不備述許魯齋先生云吾於四書敬信如神明於此有得雖他書不治無憾也旨哉斯言非謂他書可以不治蓋千聖六經之蘊備於四書四書明則六經之義理無不明而他書之已治者皆得有所折衷其未治者亦得曲暢旁通而以次遞及由是見之言則皆有物發爲文則可以載道而非徒輪轅之飾不明此雖博通淹貫無益也余以部曹需次應聘主講晋之解梁書院解志呂文簡公以言事謫判解州四方學者日眾御史大夫爲闢解梁書院以居之文簡係吾

鄉理學大儒以佐理之紛不廢講學前賢風旨宛然如在末學無識叨主講習不能提唱宗風與多士努力景行愧孰甚焉因課舉子業復取向所爲劄記者重加訂正命門人喬世哲及姪允宗錄存之凡得若干卷視前增易不及十分之三迷謬或少汰焉自悔少不知學半生精力汨没時藝中今雖稍稍窺見津涯年望七十未老而衰方欲肆意搜羅而艱於記誦窘於目力徒增望洋之嘆惟於諸生課誦之暇屏心靜坐手拈一編毎毎紬繹舊聞而冀其新得或遇一知半解則如皓月當空身心俱泰可以忘憂可以娛老所恃桑榆之補惟此而已昔文清云四書須刻不可不讀益有味乎其言之也願與同志者共勉之

乾隆丙午十一月乙未臨溜王巡泰岱宗甫書

孟子日記梁惠王上　凡七章

臨潼王巡泰岱山宗著　安康後學張鵬翂補山校刊

梁惠章

梁王卑禮厚幣全是為利起見孟子至梁總是為仁義作緣仁義一章之大旨其實七篇之大旨也　梁王開口便說利孟子開口便道仁義真當頭一棒　國危則不利莫大焉其實自欲利始　西峯夫子曰、仁者必愛其親然君必仁而後成其親、義者必急其君然君必義而後成其君

王立章

賢者亦樂此乎不敢承認賢者尚自信得能樂孟子不說他不

賢却明說他不樂奇甚　劈頭一句似貼穩梁王轉身便推入不賢窠臼奇甚警甚　雖有此不樂真令梁王猛省　引靈臺靈沼靈囿俱從沼上二字點梁麀鹿白鳥魚鼈俱從鴻雁麋鹿四字設色王在靈囿王在靈沼俱爲王立王顧寫照章法精絕

上章仁義下面富教是借樂之實　梁王只圖能樂孟子却教他能賢不能賢便不能樂

盡心章

移民移粟後必不可繼其始已不足觀矣　王道之始便非盡心者不能　勿奪其時與不違農時同只連百畝之田讀便見得法制之詳　西峯夫子曰衣帛食肉二句兼教養在內蓋老

少有別郎是孝弟之風　知檢是平日事知發是當下事不知檢不知發罪歲之念蔽之也不罪歲方能自罪方能知檢知發

承教章

殺人以政率獸食人都是奇語未經人道都是實情實理　王之民不死於梃不死於刃而死於政以政殺人視梃與刃爲更慘矣　西峯夫子曰爲民父母率獸食人此八字實是難堪梁王聞之稍有羞惡之心當愧殺稍有惻隱之心當痛殺　說到無後眞罵盡萬世之以政殺人者不獨令梁王色駭也

晉國章

知恥近乎勇知恥之莫如爲仁　王知敗于秦楚之可恥而不

知不行仁政之可恥如之何則可　齊秦楚梁王之敵也仁者必有勇何敵之有　王說寡人恥之實是可耻以其耻而報怨則怨益衆以其恥而施仁政則無敵　地方百里而可以王王不能王王之恥也仁者無敵王不能仁不能無敵王之耻也徒曰寡人耻之無耻甚矣

襄王章

天下之不一由於民之不歸民之不歸由於上之嗜殺　天下之一不難於民歸而難於不嗜殺不嗜殺則必施仁政於民矣故民歸之　孰能與之以與之權予君莫不與也以與之權予民　禦之者多由於歸之者不誠歸之者不誠由於望之者不

切　直將百四十餘字都納在出語八日四字中抑揚縱橫出入意表眞是千古奇文

齊宣章

問齊桓之事是要求大欲仍是利國之見　開口便道仲尼足見所學之正　是心即保民之心故足王足以二字妙知其足而察識之者是心因其足而擴充之者亦是心　惻隱之心仁之端也以羊易牛即仁之術　本仁之端全仁之術擴仁之量足以及禽獸即足以及百姓足以保民而王　由末反本然後由本而推之於末方盡得仁之術方全得不忍之心　明君也即仁人也　不忍一牛是恩用不忍之心以保百姓則其功大

矣　大過人卽保民而王也　不忍之心仁也善推其所爲便
有義在　西峯夫子曰、權則知輕重度則知長短卽心之制事
之宜義也以不忍之心行不忍之政非義不可然仁中自有義
也　王說節註云反其本而推之本是指心而言蓋亦反其本
是反其王天下之本則盍反其本是反其發政施仁之本　民
之于君不能顯怒而能隱恨故曰欲疾欲人心之隱也欲疾其
君則貞疾其君矣　罔民是不仁爲罔民便不知明君以知行
其人也仁人從上不忍說起明君對上惛字生出　罔民既不
可爲則宜知所以保民矣制民之產所以保民也明君卽能保
民而王者也　仁心非仁政不行故必發政以施其仁

# 孟子日記梁惠王下凡十六章

莊暴章

樂民之樂者民亦樂其樂方謂之同樂方謂之好樂甚樂者樂也　今王鼓樂二節是真情是妙文田間苦樂光景如畫自古繪圖入告莫精於此

文囿章

與民同囿則平日之同樂可知　芻蕘往雉兔往何容問禁何容説箇敢不敢真是王民皞皞氣象與偕樂章參看　殺麋鹿如殺人則齊之不能省刑亦甚矣

交鄰章

鄰一日不睦則民一日不安交鄰字下得妥但宣王之問却不爲安民起見　事大事小處是交鄰當怒而怒亦是交鄰事小是仁事大是知一怒安民是勇　西峯夫子曰仁知非勇不成能以大事小能以小事大兩能字内卽含得大勇在　問交鄰便是好勇之心好勇而不得爲大勇不仁不知也其實只是不能安民　保天下保其國其安民一也　文王之勇仁者必有勇也勇本乎仁故爲大勇　王之怒多矣安民則未也故不得爲大勇　民惟恐王之不好勇惟恐王之不仁也

雪宮章

爲民上三字宜重讀是通章着眼處　樂民之樂便是以民樂

爲其樂憂民之憂便是以民憂爲其憂　樂以天下二句又將民字其字打成一團和盤托出渾是太和景象　述景公晏子已事爲已與齊王活畫出一個影象來機關妙絶　無非事者四字千秋金鑑　今也不然景公時此今齊王時亦此今也　流連荒亡四字刻心刺骨對面藥石却又是局外閒説妙妙　與發補不足是齊王當務之急　樂民之樂先須憂民之憂與發補不足爲民之憂也

明堂章

王者之堂即行王政之堂也欲行王政則勿毁爲是不行王政則毁之非勿毁亦非也王將何以處此哉　引文王引公劉太

王皆是以諸侯行王政者　王政仁政也耕者五項皆仁政之要鰥寡孤獨尤王政之所先也　王好貨便說公劉好貨王好色便說太王好色奇甚警甚妙在能穩　行王政處總在與民同之上好貨好色時便有王政王政何難之有　與民同之文王發政施仁亦不外此　看孟子與齊王言道理極正議論奇創太王好色公劉好貨都是奇語未經人道從來引君當道無精於此

有託章

章內數王字宜着眼孟子之謂謂王也曰棄之者王也曰已之者亦王也顧左右言他者亦王也王其謂之何哉　王於友於

士則能如之何矣於已則不曰如之何孟子亦末如之何也已矣

故國章

與君同休戚方能與國同休戚其實只是與民同休戚而已民即國之脈也慎於進賢總是爲民起見　如此然後可以爲民父母如此然後可以有世臣有故國也

湯放章

不言經而言傳不可爲經也　君之道只是仁義賊仁賊義則非君矣故曰一夫　湯武之放伐仁義而已　未聞弒君千古之臣道正矣後之無君者豈得藉口

巨室章

幼學壯行所以勝國家之任也如何舍得　萬鎰以價值之多言　教玉人教字即作使字解何以異與則何如一側看都是唤醒語不是疑問詞

齊人章

宣王欲信天孟子却只教他問人人心即天意也未有不得乎人而能獲天者王說不取必有天殃正恐取之必有天殃矣

伐燕章

曰何以待之則王之畏甚矣　為政於天下只是能行仁政于天下而已　天下信之在當時所以信處在平日惟信故說　怨

其不來故望其來其實只是望其仁而已　惟弔其民方可誅其君弔其民故民說　曰我后則眞以爲君矣烏得不悅　湯一日不至則民一日不安故后來便蘇　行仁政方可慰燕民慰燕民方可服諸侯王之畏畏諸侯却不知只是民不悅民悅則何畏之有　王速出令改過貴速也亦是勢不得不速

## 鄒鬨章

曰吾有司而不曰吾民公之尤民甚矣　君之民三字有精神正從吾有司一吾字生來慢上殘下君與有司打成一團民眞膜外矣　有司死者三十三人而君恤之民之死與散者幾千人而君不問也君尚尤民乎哉　莫以告莫之死兩莫字緊應

今而後三字活畫　君之尤民正是寬有司孟子責有司實所以責君故下直接君行仁政　君行仁政則真其上也真其長也能親所以能死親在平日死在臨時

## 小國章

民爲邦本遷國惟民守國惟民死國亦惟民也　與民守之大有事在非坐而待斃也　民弗去正從與民守之一與字得來守義必須愛民

## 築薛章

孟子告公全在爲善二字不以遷與守異也　太王遷岐時是爲善居邠時亦只是爲善非擇而取之爲善則無入而不可也

太王以小事大亦只是能爲善彊爲善彊字着力創業垂統非彊不能

竭力章

遷國圖存是權守正俟死是義權不離義　遷國圖存非仁人不能守正俟死亦只守之以愛民之仁而巳　何患乎無君君字宜渾說有民必有君也

平公章

曰將出曰將見何等遲疑一諾字何等決絕正不勝邪久矣樂正之告必非一日嬖人之沮只是一言豈非天哉　不果來而果於不來有臧倉之沮固不來即無臧倉亦未必果來也只

將見孟子一將字已授變人以柄矣

孟子日記公孫丑上　凡九章

公孫章

仲尼之徒無道桓文之事者丑于管晏津津樂道之故曰齊人

仲尼之徒不肯道孟子便不肯爲所學一也　王猶反手孟子惓惓齊梁只爲這個而齊尤急　以齊王猶反手不外仁義二字　孟子處文王之時未必能爲文王之事而德足以埒之文王較肅穆孟子較發揚　行仁政即德也管晏未嘗無政算不得行仁政便算不得德

動心章首節至守氣節

孔子四十而不惑孟子四十不動心此即願學得力處　守氣循理不同其爲中有主一心孟施舍之所養勇所守是從上文連及之辭　能無懼去聖人之臨事而懼遠矣　舍似曾子黝似子夏告子似孟子其實絕不相似辨其似正存其眞也　自反而縮四字是曾子得統于孔子處即孟子得統于曾子處　縮直也以理言即生理本直之直以氣言即浩然之氣所以不動心之本也　以必勝爲主以無懼爲主皆不知自反皆不得謂之縮告子之勿求亦是不自反亦不得謂之能縮　曾子一生本領只是守約二字

敢問節至惡乎節

不得於言勿求於心如何能知言不得於心勿求於氣如何能養浩然之氣　馮少墟曰顏子四勿不可無告子二勿不可有持志卽大學之正心養氣卽大學之修身知言卽大學之格致　聖學工夫全在持志　養氣離不得持志知言在持志之先其實亦離不了持志　怒至於過喜至於流皆暴其氣也顏子之不遷怒方是無暴其氣　動志動氣動字俱兼善惡說蹶趨是暴其氣亦是志不持處但此處只歸重氣上　不得於言正是不知言告子病坐不知言而氣之不養因之　馮少墟曰黝之養勇以必勝舍之養勇以無懼皆是不善養氣底孟子曰我善養善字須體會　守氣之氣只是客氣浩然之氣方是

與氣　天地之塞吾其體即浩然之氣也　氣不離理方是浩然之氣　文清公曰凡聖賢論內外存養之功皆養浩然之氣也　我不動心我知之我善養數我字皆自命之辭直一眼注定孔子上

難言節至末節

人與天地只是這個氣一滾流出原自充塞無間只無虧欠便是塞乎天地者即其充乎體者也　文清公曰至大是氣之盛大而無外大而不合細而一塵無非其所充周至剛則貫崖石而草木生透金鐵而繡澁出是氣之流行而無間也　至大是徹邊徹岸騰滿都是氣至剛是透表透裏密匝都是氣　文清

公曰仁義禮智皆道也義則裁制是道使合宜耳下文止言集義蓋事事合宜卽道之合宜也　道是凡言天地間公共之道義則自人心裁制者名之也道字大義字精道虛而義實道泛而義切道近天而義近人道無爲而義有力故下文只就義說而道在其中　義集則氣自充氣充則義與道皆賴以行是合而有助也　合而有助是氣與理打成一團更無分別故曰合凡道義之所當行處氣皆襯貼得起故有助　文清公曰忘與助學者之通患而勿忘尤急　勿忘是持志勿助是無暴其氣

論語第二十篇末云不知言無以知人也孟子曰我知言是針鋒縈對處　文清公曰不知言爲異端惑爲小人罔爲俗學

既知言則無此矣　孔子之耳順只是知言　大而未化仍是大有不盡處故曰微　伯夷三子皆古聖人皆有浩然之氣者至孔子則又太和元氣矣浩然不足以盡之　賢于堯舜生民未有竟成千古定論非真實見得如何說得到此

以力章

德得于心者仁則自心而及于人者也仁可假德不可假　以力假仁正欲以力服人耳人非仁不服也　惟悅故服中心悅則其服誠矣非心服便不是誠服其實只是不悅

仁榮章

貴德尊士正爲强仁起見明其政刑乃强仁之實也仁即在政

刑上　大國必畏無敢侮之者則其榮可知已故曰福　及是時三字發人深省　能治其國家亦只是能仁　永言配命之理即仁也自求多福亦即求之以仁而已

尊賢章

先王於市治之以法而佐之以廛必不繼之以征後世法或不行而廛無不行征尤無不行　夫家之征白文只有一夫字註雖兼一家力役之征說不必添出　五悅字生出五願字五願字合成一仰字　以其厚民而言曰父母以其奉天而言則爲天吏西峯夫子曰能爲民父母方能爲天吏

不忍章

入字重讀　一有字生下數有字對下四無字無則非人故人則皆有也　西峯夫子曰怵惕是驚動貌惻隱之心即在驚動裏面非先怵惕而後惻隱也惻隱亦是心之動只乍見孺子入井與尋常惻隱不同故加怵惕二字　端字妙擴者因端而擴充者因端而充知皆擴而充之句充字即在擴字裏面苟能充句擴字又在充字裏面　足以字即從上有字生來惟其皆有故無不足也

矢人章

仁義禮智皆天爵仁統四德故爲天之尊爵　天地之大德曰生仁而已矣人之生以仁故得之最先　義禮智皆因仁而後

有故仁爲先　知耻之莫知爲仁是因其羞惡之心而進之以是非之明也知仁之當爲便是知　爲仁由己正是知處

子路章

聞過喜則其樂于遷善可知拜善言是樂于拜與舜之樂大小不同其樂善一也其誠一也　舜與人一滚在善字中如魚之樂水而忘乎水一般舍己從人是知有善不知有己樂取於人是見爲善不見爲人　與人爲善即在取字裏面不是對說君子即指舜言却要揚開說不必粘定　莫大大字即應有大焉大字舜將人己打成一團以善本只是一團也　總註由禹與舜合說彼此即指人己與人爲善是舜之及於人由禹皆有以

裕于已卽皆有以及于人也細玩自見得

伯夷章

此章可作伯夷柳下惠合傳讀伯夷節分明畫出一個隘字柳下惠節分明畫出一個不恭敘次入神　必以其道正是不隱賢處道賢人之實也　夷惠未嘗稱聖孟子獨稱爲聖却從夷之清看出個隘從惠之和看出箇不恭皆是特識特膽　非實見得是隘如何敢說他个隘非實見得不恭如何敢說他个不恭奇甚確甚看君子不由四字是將孔子來在胸中作把柄方敢說夷惠個隘不恭不是妄下的

## 孟子日記　公孫丑下　凡十四章

天時章

臨事而懼好謀而成是孔門兵法天時不如地利三句是孟子兵法孔子曰我戰則克孟子謂戰必勝其揆一也 人和二字是兵法即是治法 得道是人和之本非謂得人和之道 看天下順之是甚氣象何天時地利之足云

朝王章

辭疾出弔全是孔子家法願學孔子眞善學孔子者矣 明日出弔眞是離奇變化令人驚殺 昔者疾二語卻又說得平穩聖賢極奇底作用都是極常底道理人自理會不來 使人問疾王眞呆甚孟仲子尤呆 仁義之道堯舜之道也陳堯舜之道

是敬王不應召亦是敬王　西峯夫子曰王召孟子是慢孟子不應召却是敬處　仁無欲故與富對義不屈故與貴對　輔世長民所謂不召之臣也　德即輔世長民之德道德之實也與有爲與字屬臣説君將大有爲必須與有爲者　不爲管仲所爲者堯舜之道而已矣

陳臻章

處物爲義在宋有遠行在薛有戒心皆是有處於齊未有處是於義上無所處也不受處却是義故曰皆是　在物爲理處物爲義有遠行有戒心皆是在物有其理我方能有處物之義也於齊未有處故以不受處之

平陸章

平陸齊地其大夫齊臣謂其大夫罪其大夫也其字須着眼凶年飢歲切以民食言年凶則歲飢矣　子之民三字罪之本也立視其死慘痛之極後之司牧者豈但立視其死且多方以速之死牧牛羊者不愛人之牛羊有牛羊者並不自愛其牛羊豈不痛煞　爲王誦之諫法妙絕文法亦妙絕

惟孔距心一惟字合齊廷愧甚合王尤愧甚　知罪非無罪也尚不多得齊之爲齊可知矣

蚳鼃章

數月二句是敎之言不是諷之去言不用便當去故蚳鼃之諫

善去亦善也　綽綽寬貌裕寬意有寬意方有寬貌上二則字

正不得自寬處

爲卿章

朝暮見相接之時不爲疎矣此意接在不爲近矣之下極妥

未嘗二字極自然極和平嚴處在此不惡處亦在此

自齊章

盡于人心則悅悅則恔　人子生事塟祭只有盡于人心四字

無財不得雖不可爲悅未嘗無人心儉其親則人心亡矣如

何能悅如何能校又有全爲觀美而心實不盡者亦不得謂之

能悅不得謂之恔

沈同章

孟子曰可通章議論都從此出　燕實可伐故孟子曰可齊却不可伐燕故孟子不勸齊孟子曰可一可字就燕定非就齊定也

陳賈章

燕人之畔王之過也曰吾甚慙有改機矣賈乃順之而爲之辭何哉　王之慙是羞惡之本心賈之請解無是非並無羞惡矣　賈之對王可謂巧辯見孟子可謂巧問適足以見笑而自黜耳　周公之過無可改處亦不必改　民皆見之不肯爲之辭民皆仰之亦不必爲之辭　賈見孟子意氣揚揚甚自得也經

孟子一折便俛首喪氣無處置喙不能自解倘爲王解哉

爲臣章

孟子在齊雖不受祿猶然爲臣不受祿者以道不行也爲臣者猶冀其道之得行也　不敢請耳二句妙絕亦是世情應酧語却有無限蘊藉在　曰時子惡知其不可便見王之不知其不可也　使已爲政作君使說與下用字一例　壟斷二字形容酷刻賤丈夫評斷確切眞令欲富貴者汗顏無地

去齊章

爲王留行非王留行也故絕之　坐而言必有爲長者慮之言故下文云云

尹士章

予所欲欲王爲湯武也不得已不能舍王也下猶以爲速予日望之俱含在内　天下之安不安係乎孟子之反不反係乎王之改不改烏得不日日望之　日日望王之改日日望民之安也如何得已　讀此章對尹士語纏綿悱惻欲歌欲泣泰山巖巖氣象此處又成煦日和風矣如見其情如聞其聲　聲聲呼王聲聲叫予如泣如訴眞是凄絶　小丈夫固是量小亦是所見者小本無愛君澤民之誠也　酉峯夫子曰仕途中丈夫之品有三戀戀于富貴者賤丈夫也悻悻而去者小丈夫也樂則行之憂則違之斯爲大丈夫　予不得已予日望之聖賢去就

菩薩心腸

充虞章

不怨天未嘗不悲天不尤人未嘗不憫人彼一時不怨不尤此一時亦不得謂之怨尤　兩必有重名世之必有必于王者之興王者之必有必于天之欲平治天下而天之欲平治與否即決于我之用與不用　名世之責自已任之王者之興自天主之天不欲平治天下則王者必不興王者不興則名世之望亦虛矣故有不豫然在天者不可必在已者無不可必在已者可必則在天者亦非終不可必矣何爲不豫哉

居休章

有去志非我志志字宜看　久于齊非我志其實去齊亦非我志也久于齊而道得行於齊則眞我志矣　不欲變只是王不肯變

孟子日記滕文公上凡五章

性善章

孟子一生學問只性善二字一生告君亦只性善二字　性善二字在當時眞漆室一燈其聞而疑之者多矣　世子非有心性善之旨必不反見道卽率性之道也故下只言道而性在其中　於齊曰王猶足用爲善于滕謂猶可以爲善皆是惓惓責望善于引君當道處

滕定章

齊梁之君聞孟子之言過而輒忘者多矣於心終不忘便是過人處　父兄不悅引志作証從來狥私忘禮執經背古往往如是　歠粥面深墨哀已甚矣莫敢不哀此不敢之心生于不忍卽性善之發而爲情者也　上有好者好字內卽藏得個甚字在下必有甚焉者甚字前卽帶着箇好字來　酉峯夫子曰上有所好本于性發于情已到十分但恐下所好未必如是之甚耳然以性感性以情感情決無不甚之理故曰下必有甚焉者矣　可謂曰知猶言可叫箇知禮也可字另讀謂曰知連讀前父兄百官皆不欲則謂之知禮必不以爲可矣至此則無不可

也　看世子勤于切問誠于自責勇于從善賢于齊梁之君遠矣

爲國章

開口便道民事千秋左券　制民產必使之有恆取之有制方能恆　三代之君賢君也卽仁人也不罔民未嘗不取民　貢只是以下供上尙無公私名目助如今就田分租一般公田自公田私田自私田徹則公田亦攤在私田中與助法但藉其力者不同　西峯夫子曰貢所以別上下也助所以別公私也徹所以聯君民爲一體也貢法弊則公私不得其平故殷人行助助法弊則人不急公故周人行徹徹法弊則勤惰莫分故孟子又

勸滕行助總之法久必弊在賢君隨時變通耳　授田畝數從來聚訟看後面分明說出此其大畧也不必過泥　殷爲井田固有溝塗封植之界但未盡詳備且經辛受暴虐之後取民無制經界必廢壞至周不得不整頓一番其授田多寡亦是酌時度勢非故爲更張也　夏時只得用貢且以賢君爲之亦必無不善龍子只就後來流弊處說　滕只行世祿而不行助法其實助法廢世祿亦非其舊矣　經界有多少經綸在敬則立慢則廢人君行政大抵一慢字最害事　田由界而有定分故不離于分田賦因田有而有定法故不離于制祿　九一而助什一自賦可見先王立法原自參得活亦是孟子酌度得如此

西峯夫子曰野九一國中什一即周之徹法也可見勸滕行助仍是行徹　商之助是井六百三十畝周之徹是井九百畝其授田之數則取之周其耕與歛則法乎助故曰周之助法

神農章

孟子言必稱堯舜而許行則爲神農之言神農之道即堯舜之道而爲神農之言則非堯舜之道並非神農之道神農以耕教天下而許行以並耕亂天下者也　許行謬處只在並字不在耕字孟子層層辨駁亦不是破他耕字只是破他並字　種粟五項出奇無端不妙于擒而妙于縱明極快極　何不爲陶冶連下三何字奇甚一直趕出他一個固字來其實只是窮他一

個並字　禹疏九河三句當云疏九河瀹濟漯排淮江而注之海決汝泗而注之淮決漢而注之江按水道原自是如此作文只宜依本文說　人之所以異於禽獸者以其有道也有道即有親義序別信之道也下五字從此一有字生來　自得在民使之自得仍在司徒得之即得其所有之道也　門人相嚮而哭是何等裏腸子貢獨居又是何等裏腸三子欲以所事孔子事之是何等心曾子不可又是何等心眞是情之至義之盡眞是心悅誠服千秋師弟此爲極則　江漢三句是絕妙孔子贊像千載如生　並耕是欲齊人不二價是欲齊物人不可齊物亦不可齊　許子之道無君從許子之道並無師只有一箇僞字

墨者章

夷子厚葬之心即中心達于面目之誠仁也　始字不錯只錯在無差等三字施即施其無差等之愛耳豈得不錯　使之一本理一在此分殊亦在此　西峯夫子曰凡物皆生于天地是凡物共一本也凡物皆本於父母是凡物各一本也　睨而不視不視而却睨正是一本之愛不能自已處　非爲人泚四字痛切打動夷子厚葬之本心故憮然　夷之憮然之心即一本之愛中心達于面目之誠爲之也　許行之教無君夷子之教無父無君不義無父不仁孟子之言其命之矣

孟子曰記滕文公下凡十章

陳代章

宜若小然宜若可爲總是利合智昏故所見影響若此　範則以爲賤詭則以爲良千古同慨　不可二字有力不可故弗爲弗爲也三字與宜若可爲亦可爲與呼應緊切　枉已不能直人是透頂語眞功利一流人之當頭棒也　良工二字固是確評但從詭遇之後方見得則深可羞耳一羞字悚切

景春章

居廣居節眞是浩然之氣眞是配道義塞天地泰山巖巖氣象非孟子自道不能逼眞如此

周霄章

仕以行道故必由其道方可仕　通章只是君子難仕惡不由道二語却從急仕說入純用反勢到底離奇險變可知文法妙處全在用逆也　自古之君子仕乎至未嘗聞仕如此其急句純在空際盤旋點睛只一二句便了妙絶奇絶

彭更章

戰國縱橫之徒貢傳食之流也更乃以之律孟子可乎　無事既不得食有事又不當食自相矛盾　入則孝三句與居天下之廣居節參看是那處底骨子　於此有人句宜着眼入孝出弟守先待後有這樣人方算得箇有人

王政章

宋王將行仁政其實只是欲富天下耳　湯之待葛眞是仁之至義之盡葛乃不以爲德而以爲仇仇餉即仇湯也　悅字從上怨字望字生來　我周王親之至大邑周尊之至取其殘正是見休處不行王政句斷得定苟行王政句聳得起旋折處筆力萬鈞

## 戴不章

格君之非如孟子戴不勝尚不能知一薛居州何益哉　一咻字最害事君子當慎與之自古爲傳者常少爲咻者常多不得莊嶽而處之往往入于不善之途而不自知也孰咻孰傳幾不辨矣可不愼哉

不見章

不見諸侯孟子養之有素矣　干木泄柳皆已甚仲尼則不爲已甚者也　干木泄柳守義孔子循禮其實迫則可見不迫必不可見先則可見不先必不可見循禮處正是守義處　養之之至莫知孔子養之之始須學于木泄柳　世無文侯則垣可踰世無繆公則門可閉世無先施之陽貨則權門必不可入過之者傷于激切不及者淪于卑污寧傷于激切此孟子守不見之義所以爲善學孔子而與曾子子路同養也

戴盈章

非義便不仁不知其非義是不知知其非義而不速已是不勇

誤政莫如待去弊莫如速　君子改過遷善大抵一速字得力

好辨章

天下之生生字宜着眼雖衰且亂而生理未嘗亡也　氣化盛衰卽干人事得失驗之不能爲者氣化能爲者人事聖賢不得已處以人事挽氣化也　堯舜聖人堯舜之治卽聖人之道

邪說是辨言亂政者暴行害民之行也飛廉等正邪說暴行者

周之治文始之武承之周公成之在文爲謨謀也在武爲烈業也文之顯得公益顯武之承與公俱承文武之佑啟皆公佑啟之正公正之無缺公全之也　周之邪說在亂政上其罪顯春秋之邪說在誤道上其惡微　懼是所以不得已處聖賢撥亂

反治本領全在一懼字　孔子作春秋遂成千古鐵案眞是奇事故有知者有罪者　弒父未嘗無父弒君未嘗無君充塞仁義則君父之倫自此滅矣故曰大亂　弒父弒君亂在人倫仁義充塞亂中人心不待見于弒而後知也　率楊墨之道以惑人是率獸食人人相迷惑是人相食其惡愈微其禍愈烈故曰大亂　一懼字是孟子得統于孔子處閑先聖之道是孟子一生本領息邪說是七篇大旨　淫詞即楊墨之詞邪說即楊墨爲淫詞之說也　昔者一節總收一段筆力奇橫接下我亦欲三字分外精神極伸縮變化之妙　作于其心故必先正人心作于其心然後行于其說見于其行甚乎其辭而害及政與事也

息距放總歸于一正正人心是孟子特地喫苦處　今日之害道莫甚于楊墨故今日之閑道莫急于距楊墨　能言距楊墨便是有不得已于辨者便是欲閑先聖之道者故曰聖人之徒　孟子只辭好字不是辭辨字七篇皆孟子之辨也如人心不待辨而正何不可已之有

匡章章

西山之饑義也於陵之居不義也非義即非廉　伯夷之義義于全倫非義于餓仲子以不食學伯夷之餓而不能于兄母學伯夷之全倫正伯夷之罪人也　西山之薇可以千古井上之李徒苦一時必避兄離母而後爲廉廉之爲害大矣　仲子不

與人爭而與物爭能辭萬鍾之粟而不能郄井上之李人以爲廉螬必不以爲廉矣　以仲子爲巨擘則齊國之爲齊固可知矣閒中有眼　仲子以不食而滅倫卽使所居之室皆伯夷之所築所食之粟皆伯夷之所樹於廉固無與也况必不能耶鶂鶂之肉與井上之李異乎否耶廢耳目之用而全一巨擘之稱絕兄母之親以恥一國之士仲子亦愚矣哉　看此章仲子是奇人仲子事是奇事文亦是奇文其實仲子只是個呆人事是呆事文郄是妙文趣文

孟子日記離婁上　凡二十八章

臨潼王巡泰岱宗著　安康後學張鵬翂補山校刊

## 離婁章

仁政非仁心不可但在當時、仁政之亡已久只空談仁心無益故歸重仁政上須從實際處下手方有把握不是抹却仁心正所以廣其仁心也　堯舜之道即堯舜之仁心所以平治天下者也要知不以仁政便非堯舜之道　聖人二字作頭下三段平看　繼字妙聖人之耳目心思不可留而法可留從繼之者而知其既竭從既竭而信其足繼聖人本心力以繼之法後人因其法方能各竭其心與力　事君無義三句只是寫泄泄不

是寫沓沓　恭意思較濶大敬意思較實確陳善閉邪正是責難之實責難是就君身上說陳善閉邪是就自己着實做工夫說

規矩章

至字有造極立極二意　聖人人倫之至只是仁之至而已盡道故至至故可法　法堯舜只是法其仁

三代章

得仁失不仁千秋金鑑　惡醉强酒喻法精甚趣甚眼前語卻成妙語

愛人章

行有不得者皆反求諸己真座右之箴銘身世之龜鑑也　其身正三字宜重讀而字宜縮上讀下四字宜急讀

恆言章

人有恆言亦其言之可恆也　只恆言四字一拆開讀便得知許精義連環而下妙語解人　只一个本字搜剔出來一部大學精蘊俱括中庸九經亦不外此　天下國家四字已是千古陳言一經指點便覺精理妙蘊得未曾有奇絶

巨室章

戰國時、巨室之爲患甚矣其實只是君之身不修耳不得罪處不外欽誠二字　天下慕之只是慕巨室之所慕非因巨室之

慕而始慕也

有道章

通章只是要人修德不是要人受命　受命是順天修德正是順天　不修德只得受命恥受命必須修德　恥受命這恥字不錯錯在師大國　世無大德大賢則小德小賢亦是爲政于天下不修德而役大役強雖受命無益也　師文王只是師其仁　知恥近乎勇不修德而恥受命適足以召禍不修德而甘于受命則眞可恥矣

不仁章

所以亡處只是不仁與言卽告之以仁也　安利樂正是自取

處　從俚言便會得一个本字從孺子歌便會出一个自取只轉一二字便指出絶妙註疏讀書眞種子即此可見　存亡之著禍福是也得失之幾仁不仁是也

桀紂章

君之仁本於志而成於好民之歸仁原於欲而甚於敺　一敺字形容刻酷　則得民不仁則敺民千古烱鑒

自暴章

暴自暴棄自棄眞可愧汗　人之安宅人之正路非由外鑠我也曠之舍之豈非自暴自棄　兩人字宜重讀從上兩自字結胎

道在章

道字重讀事即體道之事兩在字有現在即在二意上兩而字側下讀下一而字縮上讀　兩其字對天下看正見得邇處易處

居下章

身與親本一脈關切一有不誠則一身之行險僥倖皆吾親之疾痛疴癢也如何得悅　中庸天道人道開說此處合說　思誠即在事親信友等項上體認明善是思字入手處誠身是思字實落處

伯夷章

善養老善字內有政在　二老者其年老其識老其學老舉天下之治亂得失無一不包羅胸中故爲大老　天下之父四字奇

求也章

戰國君臣其惡極於戰而根於富故須從富字說起其欲原於富而甚於戰故須就戰字作結　善戰服上刑令人驚悚

眸子章

正則瞭不正則眊誠之不可掩如此夫惟誠故良　夫子視以觀由察安是就平日說其法精觀其眸子是就臨時說其法捷若偶爾與俱迫不及待必視觀察而後定則覿面失之者多矣

恭儉章

實在是恭儉自然從中流出聲音確是恭儉之聲音笑貌確是恭儉之笑貌侮奪與恭儉正相反却要從外面討得个恭儉如何討得來

淳于章

以禮故而使嫂棄於井中則禮之爲害大矣　權即禮之妙用非有加于禮也

教子章

觀教必以正則不得以責善之戒弛義方之訓易子而教亦非以趨庭之命徒諉諸庸師之誤也此中大有本領在　觀夫子

教我正二句則修身方可教家信然

事親章

曾子之養志有守身工夫在　事親若曾子者可也亦守身若曾子者可也守身不若曾子即如曾子之婉顏承順抑未也

格君章

子嘗諭親于道臣須格君之非其義一也

不虞章

修已者二有字須平易讀是恆有之有觀人者二有字須鄭重讀是竟有之有

易言章

庸言之謹何待人責然尚有被責而猶易其言者

八患章

慮以下八其心虛好爲人師其志滿謝上蔡二十年只去得一矜字其所學可知矣

樂正章

從于子敖之齊書法嚴正從子敖之齊是爲因失其親　孔子公山可召佛肸可往孟子王驩不可與言況樂正子乎

子之章

正子一從子敖便以徒餔啜責之聖賢一舉足而不敢忘道有如此　徒餔啜三字實是難當　戰國說士大抵皆徒餔啜者

也以上子而不免其爲罪大矣　戰國縱横之時古道淪亡久矣孟子守先王之道中流之砥柱也以子敖累之可乎

不孝章

總是明舜之孝不是辨舜之不告權而得中非舜不能　人只宜學舜之孝不當襲舜之不告舜之孝可常可變舜之不告可獨而不可共者也

仁義章

實訓精實對華言不是名實事實之實　有子以孝弟爲爲仁之本是專言之仁仁統義說孟子以事親屬仁從兄屬義是偏言之仁仁對義說　樂則生矣生字正根實字來實是生底種

子、知重在知樂、又要到不知處、禮重在節文、樂則並非節文所可拘矣、其實手舞足蹈是無節之節乃爲眞節、無文之文乃爲眞文

天下章

不得乎親四句、可作千古藥石、令不孝者通身愧汗　舜盡事親之道、盡是十分滿足毫無欠缺、只到九分九釐處不可以盡瞽瞍底豫、則無不可底豫之父矣、瞽瞍之豫總根于舜之樂、看底豫一豫字、則舜之手舞足蹈可知

孟子日記離婁下　凡三十三章

舜生章

舜與文合處不在得志不得志易地皆然　得志若合符節以其志本合于符節也　揆即道揆之揆是動字作靜字用　揆本乎志其揆一其志一也

子產章

政無不平則惠無不徧惠無不徧則民無不濟民無不濟則人無不悅雖行避人而人悅矣　徒杠成與梁成只王政之一端是甚氣象

舊君章

孔子之言菩薩低眉孟子之言金剛怒目親言君臣處氣象逈別　諫字切言字寬諫不行言不聽即去之故也　然後收其

田里何等眷戀一遂字何等決絕非君也直寇仇矣禮爲舊君有服未聞爲寇仇有服也

無罪章

全在兩可以字見其見幾之明非爲懼禍苟免者藉口也

君仁章

前篇莫不仁義指君之用人行政說對心言此處就臣民感化說對君言

非禮章

重讀禮字義字便見難辨意重讀非禮非義便見不當爲爲者

只見得禮義不見兩非字大人只見兩非字不見禮義弗爲處明故斷也

中也章

養字妙不能養而欲敎之非繼之以怒則棄之而已敬敷五敎在寬養之謂也　養不中養不才非自已有養者不能　子弟之樂由于父兄之賢賢在能養上見

人有章

有不爲處是知可以有爲是勇人字另讀兩有字着力是實有之有

言人章

聞人之過口不可得言況不善乎自古黨類相傾多由於此

仲尼章

已甚不得抹倒自古非常之士矯志厲節大抵皆爲已甚者也

聖人憑心行出自恰尺恰寸絲毫溢出便爲已甚　不爲已甚君子中庸也

大人章

必即毋意毋必之必大人未有不信不果者但必信必果便多不合義處

赤子章

人皆有赤子之心是人皆可以爲大人也不失二字内有工夫

在。

養生章

不是爲養生者竟其限只是爲送死者重其責也二句發入深省

深造章

道即大學之道三綱領八條目是也深造有勿助勿忘工夫三則字效驗一齊俱有工夫却非一時便了總不外習之熟一熟字 原即天命之性資之深立天下之大本也左右逢原即一以貫之之妙 朱子謂道理只是熟到得熟後顛來倒去無非這个不熟時雖勉强安排終不濟事

博學章

天下之理本是約底須從博處理會由博處反說到約然後守約可以施博此知行合一之妙也　約底妙處即在博裏面必須詳說方見得

以善章

此又從前篇以德服人中分出公私來以德服人重讀德字對力字說以善服人重讀服字對養字說　養人養字妙以善如何養人當熟味之　以善養人便是王象

言無章

公叔文子可以爲文臧文仲譏其竊位蔽賢不蔽賢之異也

水哉章

知聲聞過情之可恥則知沒世無稱之疾爲不容已矣　有本無本爲已爲人兩途畫沙印泥　涸可立待眞徐子之當頭一棒

幾希章

幾希二字發人深省　望道未見乃是眞見　能見得不合處方可以法聖　後世泥經背古總是不思思則其理自出先聖後聖其揆一也思即揆之謂

王者章

王迹之盛以其義盛雅詩之作以其義作故其熄與亡也必以

其義維之　義即在事與文上但非有取之者則祗見爲事而不見其義祗見爲文而不知其義與王迹何與焉　孔子一生作用不外春秋一義字一生心傳不外論語一仁字　孔子不能執法而能存義義明而法定矣故曰定百王之大法　亂臣賊子有不畏法未有不知義者取其義則齊桓晉文之事皆孔子維義之事史之文皆孔子存義之文也

君子章

孟子一生精力盡于私淑二字七篇所著皆私淑之精義也

可以章

從一箇可字即在初一箇可字裏面却從初一箇可字翻轉過

來方見那可字是捕風捉影這可字乃披沙得金也

## 逢蒙章

此章見取友當愼亦見持已貴端意　蒙忍人也不端甚矣其實自羿之不端召之　羿不端羿所取之蒙亦不端則盡道殺不盡道亦殺愈已殺不愈已亦殺也　端人取友必端千古確論　罪羿處在取蒙其實總在已不端

## 西子章

二則字捷于桴鼓書置座右亦思齊內省之一法也

## 言性章

通章重故而已矣句利字卽在故字裏面註用然字、又必字者

舍利無所爲故也　智者之鑿不利莫甚焉其實只是不肯爲其故末節結到故字上利在其中矣　可坐而致行所無事也

註若所謂天下之故即易所謂感而遂通天下之故也

公行章

小人之悅人以言君子之持己以禮禮在則言無敢苟焉　看入門二項紛紛藉藉如蟻附羶眞是可笑　不與右師言從右師眼中見得只他口中一皆字獨字冷熱分途亦寫得孟子身分峻厲明是雞羣之鶴　聖賢之待小人不惡而嚴只是一禮若諸君子皆與驩言無禮甚矣　禮朝廷數句詞嚴義正却自和平坦易令右師一腔熱腸頓冷亦使一時喧譁等輩汗顔無

地

## 存心章

三自反是君子爲己實學書置座右則心境自平學問自進自反二字最省事亦可養得浩然之氣不挫折 有憂是籠侗說所憂是指實說 未免爲鄕人無以異于人矣如舜只是如其仁禮 爲與行跟存心來自反方能不校學顏子之不校須從自反學去 谿田馬先生曰學曾子之三省體顏子之四勿行有不得則如孟子之三自反聖賢工夫之要不踰乎此

## 禹稷章

易地皆然非見得用舍行藏家法不能論世精切如此

匡章章

匡章行事說他孝不得謂他不孝又太甚是則章子一句眞是矣貼　不許仲子之廉是觀理之精不斥章子不孝是論人之恕

武城章

曾子居武城是千古師道定範子思居衛是千古臣道極則如伋去君誰與守眞是居官格言人臣處變之鐵券也

儲子章

人字宜着眼孟子一人也堯舜亦一人也人皆可以爲堯舜何異之有

齊人章

此章是一篇齊人傳次節其贊也太史公列傳有其篇絜無其靈妙　而良人未之知也二句寫照如生眞合求富貴利達者汙顏無地　由君子觀之是以觀齊人者觀求富貴利達者也看此章叙次法似莊似謔如畫如話眞是奇絶

孟子日記萬章上 九九章

舜往章

怨慕二字合併看怨正慕之迫切處即在慕字裏面　舜終身只是慕親慕親故必欲得乎親欲得乎親而不得故怨怨巳之不得乎親則益慕親千回百折只是一慕　熱中二字新刻

終身慕父母不失其赤子之心也

娶妻章

告似順親因告而廢倫便是懟親　瞽瞍之令不行于君而得行于舜舜之孝必從乎父而不從乎君不得娶在舜不在瞽瞍也　象憂亦憂象喜亦喜卽終身慕父母之心　聖人終身一誠愛父母此誠愛弟亦此誠誠于愛父母故終身怨慕誠于愛弟故信而喜之喜從信信生信自誠來

象日章

於父母只一怨慕於弟只一親愛人倫之至也怨慕之誠貫于終身親愛之極必欲常見　象之殺舜烈風疾雨舜之待象自

日青天　象之殺舜真是千古餘恨舜知象殺已只如紅爐點雪朗鏡照形毫無停留看象憂亦憂象喜亦喜真是不藏怒不宿怨眞是親愛

盛德章

以意逆志聖賢讀書俱不外此　永言孝思此思字即怨慕之慕也　舜終身得親不外一慕字終身順親不外一祇字

堯以章

看天與之人與之二句人與之總歸于天與之天與之只決于人與之故引泰誓總結

人有章

合上章見聖賢舉動皆天爲之着一毫私意不得　丹朱之不肖只是一傲字般賢只是一敬字傳賢傳子總傳之以敬而已

匹夫有天下節至末賓主錯落變幻不測只發明其義一也一句不必側注益上都須處處有一益在眼中方是　通章只重一義字義之所在即天之所在聖賢奉天處只是守義

伊尹章

此伊尹一副真行狀　只看耕于有莘之野而樂堯舜之道是如何胸襟如何氣象武侯躬耕南陽庶幾似之　須看耕有莘時堯舜之道果是如何樂堯舜之道果是如何樂法一一推勘得便是隱居求志　弗顧弗視是何等眼界不與不取是何等

操持須知有一介不苟之操，方能有千駟弗顧之量。堯舜之道只爭一介。馮少墟曰：志伊尹之志，須從一介志去。今人居恆如何便有天下，便有千駟，只就一介上驗之，其人自見。一介不取難，一介不與尤難，非道義到十分透徹不能。堯舜之道在我，堯舜之澤亦在我。道在我，則不容一民之不覺；澤在我，則不容一夫之不獲矣。

孔子章

有必以禮進以義退而不得，不以禮進以義退便得者，亦有必以禮義而未嘗不得，不以禮義而未必盡得者。孔子只守禮義，便是安命，只論進退，不論得

百里章

看虞公不可諫節一意翻作數層往復縈迴一句一轉讀者最宜潛玩

孟子日記萬章下凡九章

伯夷章

此章可作四聖合傳讀清任和時四字評斷奇確眞是尚友鉅識　從四子分開每人各得一字合四聖心帖合看每人都有一字却低昂分明　金聲玉振重讀金玉二字始條理終條理又須重讀兩條理樂必有始而合條理以爲始方是大成之始樂必有終而合條理以爲終方是大成之終　智之事聖之事

實指孔子說下節聖智都不必粘定孔子看註謂三子智不足未嘗無智只不如孔子之智之至故其聖亦偏不得如孔子之行之盡古來節義中人多是力有餘而智不足不獨夷尹惠三子也聖智兼備惟時中者能之　大學首知至即智之事也

北宮章

周室二字宜着眼列國諸侯不知有天子久矣只是不知有周室周室存則天子亦存周室者天子之室也　春秋書天子孟子首天子總之維周室耳　列國諸侯僭王裂地自予幾乎諸侯有爵而天子無爵諸侯有祿而天子無祿矣章內三提天子足以悚之　等字差字鄭重分明絲毫不可僭越者也　天子

之制宜頓起地字另讀方字連下讀方百里曲直縱橫各百里也　其祿以是爲差見得極瑣碎處都是先王絕大經綸處

問友章

友友其德此所以得列于五倫之一也　當時諸侯不能友士總是挾貴之一念中之故下特發明不挾貴之意　是天子而友匹夫句是天子宜一須　友德一句千古嚶鳴指南車也只看得德字重則挾之見自化

交際章

此章只是論交際後面及事道亦是因交際論起但聖賢婉轉交際處無非爲事道起見只是一事　句句說孔子句句影自

已辨獵較總是辨交際　終三年淹句是以二字緊貼而後說

爲貧章

爲當時居尊富而託言爲貧者說既爲貧則不當居尊富居尊富便非爲貧爲貧亦自有當盡之職況本非爲貧者乎　句句是爲爲貧者說話句句是爲居尊富者儆砭罪字顯恥字微罪字淺恥字深罪字入少恥字入多

不託章

不敢二字極重凡入蕩禮蔑義都從敢心肆起爲賢爲君子總從不敢做成　敢于不悅不敢于違禮敢于應舉却不敢于受賜士賢者也君子也守禮者也非禮則不敢正所以當尊處

君子不受其賜未嘗不望其舉能舉則能養可知不能舉則不養非也即能養亦無足取　摽使者出是何等壁立氣概再拜稽首又何等從容氣象始終一禮　堯之於舜以友德論方盡得友道以尊賢論方盡得君道

不見章

士多聞者也賢者也爲臣則官不爲臣則師也友也庶人也義路禮門是千古賢人鐵券所以不見之符也

友善章

首節六句通有爲未足三字在　孟子七篇皆尚論之書也願學孔子是孟子尚友之實　頌其詩讀其書不知其人千古章

句之箴砭也　孟子一生底本領在尙友尙友底實際在尙論知知人論世方是眞能頌詩讀書者方是眞能友善者

問卿章

反覆諫之不聽、則易位是何等擔當則去是何等節操卿豈易言　知卿之所係如此則君之處卿者不可苟矣君之自處者尤宜省矣

孟子日記告子上　凡二十章

杞柳章

告子之言如發人善訟孟子之答如老吏善斷　以戕賊字替

他爲字竒戕賊人三字尤竒

湍水章

看水信無分二句只就話駁話並不另起爐竈眞是哀梨之爽

并剪之快

生之章

生之理謂性只加一理字便是　性字從生從心是生來具是

理於心方名曰性　舍生無所謂作却不可即以生謂性　程

子謂生之謂生是就理不離氣者言之告子生之謂性則專以氣言矣　仁義禮智離不得知覺運動却要見得分別處　湍水章是當頭一棍方去分解此章則純用鉤距法也　凡三反覆如層崖斷岸文勢奇險

食色章

告子謂義外是不識義謂仁內並未嘗識仁　仁者心之德愛之理告子只見得一愛字並不知有理義者心之制事之宜告子只見得一宜字並不解所謂制字告子愈狡愈屈孟子愈明愈快　看孟子辨性數章所謂知言者是也

孟季章

行吾敬三字精極庸敬二句道理都括其中　行吾敬句精深庸敬二句曉暢　彼將曰在位故也二句辨駁絕妙令人心氣俱爽。

公都章

前三說言性只是言个才字並未嘗道着情字　性是心之理情是性之動才是情之會那如此者　情與才一套流出情可爲善才則能爲善情之始終皆才爲之伊川言才與孟子小異而語意尤密但此處才字只宜就孟子說前章人之可使爲不善二句則兼程子之說也　薛文清曰以有一物必有一理而言謂之則以秉執此常理而言謂之秉彝以是理之美得于一

心而言謂懿德則也彝也德也皆理也理即道也故曰爲此詩者其知道乎此道即率性之道　孔子說詩只就詩詞畧加一二字便成妙諦最宜玩味

富歲章

陷溺其心是所以不能盡其才處　心之同然處只是性善也理義之悅我心陷溺者烏足以知之　理義之悅我心情之善也　理義之悅我心亦猶芻豢之悅我口然知者鮮矣　此章反覆比喻及正意如駿馬下峻坂高屋建瓴水勢不可遏只至于心獨無所同然一句斡轉筆力萬鈞

牛山章

文清公曰夜氣如泉源淆之數亦不能清矣是君子貴乎存息也又曰平旦虛明氣象最可觀有難以語人者　馮少墟曰夜氣乃浩然之氣之端倪也能存夜氣方可養浩然之氣　操則存存則得其養心得其養則夜氣無不存矣　馮少墟曰操字工夫最要善用故孟子有必有事焉而勿正心勿忘勿助長之說勿忘勿助都是在操字上說有事是操處勿忘勿助是操之妙處離有事焉說不得勿忘勿助　出入無時二語寫心字曲盡操則存三字聖學之妙已盡乎此

## 無或章

文清公曰一暴十寒之喻是孟子格心之學　有萌即智之端

無如有萌何即無如王之不智何　吾如有萌焉何哉正欲王在萌處着力也　今夫奕秋一節一勤一惰寫畫如生眞學者座右之銘　收處意已了而語未畢蘊藉風流妙不可言

魚我章

孔子言殺身成仁孟子言舍生取義義之盡者仁之至也失其本心則不仁甚矣只是不能全義　人皆有之之心本心也禮也義也不待辨而明者也無小無大無常無變不可失也　無禮無義之萬鍾即是嘑蹴受無禮無義之萬鍾即是受嘑蹴賢者豈爲之哉　不受萬鍾只不肯失其爲我　鄉爲今爲幾番喚醒如暮鼓晨鐘發人深省

仁人章

仁人心二句精極心是活底物此活處便仁也義人路亦不外心說　馮少墟曰、上言失其本心此言求放心求放心者求不失此本心也　又曰求放心乃孟子三字符也　大學言正心孟子言養心言存心又言求放心求然後存存然後正正然後養　求放心工夫不外操則存一操字　求放心千古學問眞脈一言道破　學問多端總爲求放心求放心然後學問有把柄處

今有章

心不若人只是心放如惡之莫知求放心　心不若人則眞疾

痛害事矣不知類是無是非不知惡是無羞惡無是非便無羞
惡

拱把章

所以養之者亦不外求放心求放心則必知所以養其心矣養
心便是養身便是愛身

人之章

善養方算得能愛養其大者方算得善養方算得兼所愛 養
小則必失大養大則其小亦養矣即飲食之養亦大也

公都章

從小體則 大体失而小體亦餒從大體則小體亦各得其官兩

耳聽目明無不立矣　思則得不思則不得故思者聖功之本
論語君子有九思皆從心之官則思一思字做起思字工夫卽
在立字裏面正所以立處

天爵章

修天爵以要人爵可見人爵非天爵不能得亦終必亡可見人
爵非天爵不能保孟子時去古未遠故如此

欲貴章

人人有貴于己者仁義是也仁義之爵爲天爵仁義之貴爲良
貴　己字重仁義己之仁義也知此者爲良知能此者爲良能
有此者爲良貴　飽仁義飽字奇卽欲貴欲字爲之也惟欲故

飽　弗思二字喚醒多少迷夢

仁之章

今之爲仁者五字有無限惋惜在不爲仁者無足道矣爲仁者亦終必亡豈不可慨

五穀章

天下事只有一个熟字最妙五穀不熟不如荑稗豈荑稗傲五穀哉只是惜美種之不熟非爲荑稗左袒也　熟字工夫只是操則存一操字

羿教章

大學三綱領八條目卽吾道之彀與規矩也四必字極重

孟子日記告子下凡十六章

任人章

禮是身世纖務食色如何較得以禮食則飢而死有寧飢而死而必以禮食者親迎則不得妻有寧不得妻而必親迎者不待紾兄之臂摟東家子然後見禮之重也

曹交章

食粟而已能不愧這四字方算得有爲　交淺人故只與他淺說道理却只如此　亦爲之而已語極斬快足以振怯起懦三人行必有我師子歸而求之有餘師師無在而不有也都是奇語未經人道都是至理實理

小弁章

此章、只是論詩不是論平王是論詩之當怨不是論平王能怨知有母而不知有父正少這怨字親親仁也一句足以打動其良心　磯、是水磯于石水喻子石喻母也　親親是怨之本仁、又是親親之本不孝處總因不仁　五十而慕孝之至仁之至也

宋牼章

當時利之見中于人心言其不利亦是息戰妙訣却不知戰之原實生于利以利息戰必至以利釀戰此仁義之說似迂而實確也

居鄒章

連得閒一閒字妙甚讀書只若無閒屋廬子之悅正從閒字得來人不難于悅而難于得閒所讀之書能句句得閒則句句必有可悅處從中出矣　聖賢行事正在參差不齊處見得因心付物之妙非善學人理會不得　儀字兼情文而言即含志字在内但不宜徑露

淳于章

髡言有則髡必識之孟子謂君子所爲衆人固不識也髡亦衆人也其于孟子所謂交臂失之日接膝而不相知者也不識是不識其仁　賢者必仁孔子不以女樂去而以燔肉去仁之至

也。

五霸章

三項判斷精確足使霸者心帖今之諸侯大夫尤宜首肯　逢君之惡四字醞刻令容悅一輩人真汗顏無地

慎子章

魯之伐齊不當道矣只是未嘗志仁　殃民則不仁堯舜仁者也如何容得他

今之章

引君當道志仁則真良臣也以民賊而謂爲良臣則其君可知矣。古之所謂民賊以其殃民也今之所謂良臣以其能逢君

之惡也

白圭章

堯舜之道總是稱得停只從巳見做來便多畸輕畸重處爲貉不得必至爲桀故亟正之

治水章

惟不矜莫與爭能惟不伐莫與爭功只看他說愈禹全是矜伐底聲口知何做得事　知水之道則知治水之道矣丹之治水而不知水是不智也以鄰國爲壑則不仁甚矣故仁人惡之

君子章

亮與諒同都兼得那正而固意非不擇是非而一于信之謂也

樂正章

盆成括仕齊則憂其見殺樂正子爲政則喜而不寐好善不好善之異也善即所謂君子之道

陳子章

孔子言辟地辟色辟言孟子言所就三所去三其揆一也

舜發章

張子言貧賤憂戚玉汝于成與此章之言相發明　能如舜說諸人之才與德即長富貴亦自動忍增益不能如舜說諸人之動忍增益即長貧賤於大任何與　當憂患而圖安樂則速其死當安樂而不忘憂患則常遂其生　生於憂患當知所以生

死于安樂當求免于死

多術章

教亦多術而尚有不能教者可慨也夫　能受不屑之教誨則亦可以教誨矣多術有苦心有妙用　教亦多術故有教無類

## 孟子日記盡心上　凡四十六章

盡心章

心性天命都付于一身盡知存養總歸于一修　知性知天是一滚事不到知天處算不得知性性者天之理而具于心故用功在性與天而操存則在心　殀壽不貳全從知性知天得力修身以俟只從存心養性做起立命句已將下章精神打通

命以義理之命言其實義理之命即兼氣數之命非二命也

順受章

莫非命也一句喚醒多少迷夢　凡行險僥倖之徒皆巖墻之下也　盡其道正順受其正處桎梏死是不能盡道者非專以犯刑爲非正也　不盡道則生爲罔之生死即桎梏死矣

求則章

同是个求有有益有無益則必爲其有益者有在我有在外則必擇其在我者指點親切淺語入妙

萬物章

萬物皆備于我總不外一箇仁字　馮少墟曰楊氏爲我是離

萬物言我墨氏兼愛是離我言萬物　反身而誠誠即仁也仁者以天地萬物爲一體只是誠　誠是仁之實處如一塊銀是仁其十分精實無一點夾雜處便是誠　到得仁後恕即仁之施未能仁則恕然後仁　西銘一篇只說个萬物皆備于我通書一篇只求箇反身而誠

行之章

行習正由之之實其道即行習之道著察是所以知處衆也二字是惋惜正是激勵

無恥章

知恥近乎勇故能無恥　人字重頓無羞惡之心非人也故不

可以無恥

恥之章

無所用恥只是一巧字害事

賢王章

此章是爲士標氣節實是爲臣士者下箴砭也兩古之字慨想深切

句踐章

無欲故自得囂囂只以貌言　孟子一生本領只尊德樂義四字　不失義義字兼德不離道道字兼德義　得志不得志二句開説各有一囂囂窮則達則二則字遍説總是一囂囂　此

章與居天下之廣居節參看足令學人揚眉吐氣

待文章

人爲善不勇病總坐一待字　無文王猶興與待文王後興與底意象自是不侔非但興與不興有別也

附之章

自視欿然只是見得超　要曉得所以欿然處在我不在韓魏也

佚道章

以佚道使民以生道殺民千古創論雖勞不怨雖死不怨殺者爲從來寃民洗白多少　便民、殺民、如何便是生道佚道非以

德行仁之主不能見得

王民章

三篇以德行仁是此章骨子　王道蕩蕩故王民皡皡　存神不在過化之外亦不是主宰是存這事這事便來應故曰神如從欲以治是也　與天地同流是君子之德業彌綸布濩眞與上天下地一滚流出渾是皡皡氣象非配合之謂

仁言章

仁聲、即善政善教之及于民而民感之者善政善教正仁之實政而曰善亦是少不得底只是歸重善教不是抹却善政但在當時祗知有政而不知有敎故特分別言之　愛是悅其敎

得心則復其恒心而化于教也須有分別

良能章

良能良知離不得學與慮　良能良知才也親愛敬兄情也仁義性也有是性故有是情有是情故有是才　人皆有是仁義故愛敬達之天下即達之天下可決其有是仁義無他二字宜如此說

深山章

舜之異于人人知之矣方其居深山之中所居所遊幾無以異于人矣其所以異于人者幾希耳人亦無以知其異矣及其聞善言見善行乃大異于人也其實若決江河即從幾希流出沛

然莫禦即此幾希之全體爲之也及其一字從幾希喚起實從所以伏脉

無爲章

所不爲所不欲是羞惡之心義之端也無爲無欲即義之盡

德慧章

恆存乎疢疾恆字活恆存乎疢疾非專靠疢疾也重在操心慮患上　能操心危慮患深不必疢疾亦達也不能操心慮患雖疢疾何益

事君章

事君人是不足臣而人之大人是不可臣而人之

三樂章

不愧不怍方能不怨不尤故樂

廣土章

論語言切切偲偲怡怡此言睟面盎背施四體皆善爲形容處

註清和潤澤尤爲精確作文亦須有四字方妙

伯夷章

伯夷太公仁人也商周之大老也其不輕有所歸明矣而聞文王作則皆歸之可見不難于仁人之歸而難于善養老天下有善養老則仁人自無不歸矣　次節文王善養老不越乎治岐之政而已試以治岐之政言之　三節知文王治岐之政即可

以知文王養老之善矣所謂西伯云云

易其章

昏暮叩人之門戶求水火無弗與者求菽粟則未必與水火足而菽粟不足也　昏暮叩人之門戶求菽粟無弗與者則仁矣

仁字宜淺看不宜倒提

孔子章

聖人渾身是道故大聖人之門道所從出之門也故遊者難爲言　本卽天命之性也本不可見故須從可見處討來　註、源與明卽是本瀾與照皆于用處知其本聖人川流原于敦化卽水由原而生瀾也光輝根于篤實卽日月之由明而生照也

看大學三綱領八條日眞是成章後達

雞鳴章

一間字危甚人所不知處卽是獨其念之初動處卽是幾其善惡初分界處謂之間　舜與蹠之分人知之其所以分處人不及知也一知字着力

楊子章

楊子執爲我是一　墨子執兼愛是一　子莫執得中間並不靠兩邊四旁亦是一　子莫底病不在執字只在錯認中字　權是所以中者不可卽以權字當中字

飢者章

人過人處只爭此心不及人處亦只是心人亦知憂不及人而不能不以飢渴之害爲心害是猶畏影而疾走日中也豈不可惜　人心亦皆有飢渴之害貧賤者人心之飢渴也以貧賤之故而累其心是以飢渴之害爲心害矣兩節過峽處宜如此說

柳下章

惠是聖之和所以聖處却是介和易見介難見　學柳下惠只須學其介

有爲章

學之逢源處猶井之及泉也能及九軔而不能及泉則不得謂之有爲可知矣有爲者三字宜重讀　不及泉不字便是棄

堯舜章

性之身之假之評斷精確　堯舜湯武不肯爲假霸主却不能爲假　所以霸處以其能假所以止于霸處以其是假性之身之皆有之也假之則非有矣　性之反之雖有而不自以爲有假之非有而却不自知其非有

伊尹章

不狎猶言不慣　反時民說易放時民說難放時說信伊尹反時說兼信太甲　放太甲大說可見民亦不狎於不順也　伊尹之志志于公天下不志于放君志伊尹之志只宜志其公天下不宜志其放君伊尹之志民之所以悅也

素餐章

彭更謂士無事而食丑疑君子素餐皆是未信得君子皆是所見者小孰大于是大字宜着眼　君子之志大其事亦大則其所謂不素餐處亦大若以君子而爲小人之所爲雖自食其力而所謂不素餐者亦藐乎小矣

王子章

士之事只從一志字做出　大人之事備備于一志而已得大人之位則大人之事由此出即未得大人之位而大人之事亦以此備　居仁由義二句逼眞泰山巖巖氣象

仲子章

古之義士有寧可無國而必不可以無親戚君臣上下者其所見者大也仲子惟不能爲其大者故斤斤于其小者人遂以其小者信其大者可乎

桃應章

親未得其所舜如窮人無所歸親一得其所便訢然樂而忘天下大孝終身慕父母也

自范章

養字卽在居字裏面故下只就居說　呼于垤澤是君呼從者氣從聲出故卽聲可以驗氣此處却只要引出箇居字來不必粘泥





原缺第三十四葉

恭敬章

實字即指恭敬言恭敬而無實便是不恭敬故曰虛拘　恭敬者幣之未將只是一个實字幣之未將時此實則幣之方將時即無非此實此其所以爲恭敬也

形色章

形色天性一滚流出粘連不開色即在形上見故下只言踐形　形色離性便是个空殼子踐者實其形使不虛充其形使不餒性之理十分滿足有一分欠缺處不得爲踐

齊宣章

欲終而不得雖加一日愈于已雖不加一日未嘗已也得終而

不欲雖爲朞之喪庸愈于已雖爲三年之喪亦未嘗不已也只那爲便已

## 教者章

君子之教有五而尚有不得與聞君子之教者豈不可惜

## 公孫章

陳亢疑教有可私公孫丑疑道有可貶皆因不能起見　引而不發三句形容絕妙躍如之妙惟能者能見之故中道而立惟能者從之

## 有道章

殉字奇　殉身者固不必殉人殉道者亦不肯殉人以道殉乎

人卽是以身殉乎人耳未嘗聞之而已嘗見之眞令人扼腕

滕更章

從來受教不誠都是一挾字害事　有挾而欲問有問而仍挾自相矛盾雖答何益不答處卽是教處

於不章

三項開說都是就當下斷得不是從後來定得

君子章

弗仁方全得个愛弗親方全得个仁親親仁民愛物其流得到處只是稱得停　親親二字宜重頓

知者章

堯舜之知方算得个知者堯舜之仁方算得箇仁者不偏物所以所不知不偏愛人所以無不愛總是箇知務四急字正從知務一知字得來

孟子日記盡心下凡三十八章

不仁章

仁者總成得箇愛不仁者總歸于不愛是梁惠王鐵案卽是千秋烱鑒

春秋章

梁王之不仁總由不義春秋明義之書也彼善于此謂之善終不得謂之義

盡信章

武城取二三策眞是讀書鉅眼但此章正旨不是爲讀書者說法只是爲好戰者拔本也

有人章

我善爲陳我善爲戰意氣揚揚甚自得也方自以爲功而不知其爲罪惜哉　大罪只因不仁

梓匠章

與人規矩即是與以巧處因而使之則不能耳故有一師之業而巧拙分途者

舜之章

若將終身若固有之只是一个舜舜心中只是一个理無窮達一也　聖人天理爛熟自無不樂樂故不以窮達異其心

今而章

天道好還從古如斯說得危悚可懼令好殺者心戰神悚

爲闢章

以禦暴者而爲暴是古人之法適所以便今人之計也千古同慨豈獨爲闢哉

行道章

道是身世鐵券行已使人都靠這个不行于妻子而他何望乎

周于章

凶年不能殺方算得周于利邪世不能亂方算得周于德周字大是難事

好名章

能讓千乘之國而不能不失色于簞豆名之不可以襲取也有如是

仁賢章

三段開說就尹註看以首節作主亦妥無仁賢則其無禮義政事可知

不仁章

得國得天下都以仁爲左契不仁而得天下未之有即得國亦

倖也

民貴章

民爲貴三句議論奇確一時說士何能道得隻字　諸侯無道只是不能仁民社稷不靈只是不能福民兩變字宜着眼諸侯社稷眞有變時惟民不可變此民之所以貴也

聖人章

當孟子時頑懦薄鄙接踵而起不可救藥故景仰夷惠斷然推之以爲聖人而信其爲百世之師也　末結到親炙上曲終韻遠慨想情深

仁也章

此處與中庸不同中庸以人字解仁字謂仁只是人此處却是以仁字粘到人上說謂仁是人之所以爲人處　上古聖人授受恆多言道而不聞言仁後世曲學乃往往不敢言道而敢于言仁其實不識所謂道只是不識所謂仁不識得箇仁只是未嘗合仁與人而言之耳只歸重一个人字

孔子章

去魯去齊只是一箇道提出孔子來爲千古去就定則

君子章

無上下之交故厄孟子在齊梁之間亦如是故特言之

貉稽章

士字重頓稽之間是疑其有傷却不知自反其爲士　士能爲
文王爲孔子卽多口何傷不能爲文王爲孔子則多口宜也非
過也亦何傷

賢者章

以其昭昭使人昭昭所謂明明德于天下者也不賢者反是

山徑章

茅塞一句凛然誅盡萬世之廢學者能免得這一句則不及人
不爲憂矣

高子章

高子論樂固是識淺亦由心粗故特與粗言之樂之高下姑無

論也○

齊饑章

此章事淺味深意在語言之外非以流俗人之訕笑定君子之行止也

口之章

不謂性始能制性始可以全仁義禮智天道之性不謂命始能立命始可以順口鼻耳目四肢之命　性命二字分見側出議論奇闢得未曾有

浩生章

有諸已是把得牢充實是塡得滿　夷惠伊尹雖是一偏但各

造其極卽各到化處只尚可知若孔子則不可知矣　程註非
聖人之上又有一等神人只恐錯認這神字不是把聖神竟作
一人解也看聖之至妙四字何等分明

逃墨章

孔子謂與其潔孟子謂歸斯受之家法本合所謂有教無類者
也

有布章

征是從來有的君子如何無得只一調停間便造得無窮生活
是如何用心法

諸侯章

實珠玉只是爲其身耳而不知適以殃其身得土地人民政事而寶之則尊富安樂立至矣其爲身計孰若焉

盆成章

小有才三字評斷確切千古多少英傑都只喫虧這箇此所以于盆成括之死若雞占而龜卜也　道所以善其才者也有君子之大道則其才亦大矣

之滕章

往不追四句眞聖賢立教之公心或人乃能見之亦奇矣故雖以莫知誰何之人而談言有中能與聖經賢傳不朽千古也乃有日接滕而不相知者何哉

人皆章

五人字見人皆可能也惟其皆有是以皆能　當時縱横之徒抵掌入國只有言不言兩端一餂字肺肝如見仁義之心盡喪矣是皆穿窬尙言士哉眞令人愧汗

言近章

言近道本無不近也指遠道無不可遠也一部大學只是个守約施博

堯舜章

自其率性而言則曰性之指其人而言故曰性者皆以靜字作動字用也　身之兼用功而言反之則擧成功而言惟其能身

之所以能反之也反之之字卽承上句性字言　性外無德得之卽爲德德外無禮履之卽爲禮禮是德之體動容周旋卽德之符　中禮與中道不同中道所指甚廣中禮舉一身而言聖人動處便是禮非求中也

大人章

能藐與否只分于所志得志亦只爲其巍巍者而已不得志便畏如何能藐　藐大人正從畏大人一畏字得來畏非畏其巍巍也

養心章

於養氣養性外揭出養心道理較實於操心存心內指明養心

工夫較細養心二字須提起　夫子言窒慾孟子言寡欲周子又言無欲無由于寡寡而于窒

曾晳章

不忍二字全從一嗜字感懷實從一獨字入想

在陳章

道不外一中中根于性發于情得之心爲德居之爲忠信行之爲廉潔散見于人倫而確然不易則爲經　經固有正而無邪者也堯舜傳之庶民由之而鄉愿賊之故君子不得不與狂狷正之　故思其次專指狂者孔子本兼狂狷說孟子只引以答思狂士一問也　非是概舉其失刺是切指之也　論語言利

口即佞也此處須分別不信理曰義佞即詭得有理故亂義利口是以舌快似乎內外如一明白欺人而人不知故亂信

由堯章

孟子一生精力盡于見知二字七篇所著皆見知之旨也由孔子而來至于今八字何等精神何等踴躍真有迫不能已之情無有乎爾二句尤見惓懷直從二千年以上呼起有宋數大儒而付以堯舜湯文孔子之薪傳也偉哉

# 四書因論二卷

清 許桂林撰

清道光十五年刻本

敘

自元延祐中以四書取士而義疏繁興大率因集註章句引而伸之今

文淵閣著錄者凡七百三十二卷其錄於

四庫存目者又一千三百九十六卷此外之駢枝別子僂數難終類以利於場屋爲指趣其能自抒心得有所發明者亦尠矣許月南孝廉著四書因論十二篇融貫全經因此論彼四通八闢不襲陳言主於輔世長民爲有用之學其實未嘗不利於場屋斯善用因者乎吾友石華大令書來徵敘余識月南久矣循覽遺文猶憶從

容往復時篇中卓識偉論能發先儒未發之覆至第十篇中不廢果報之說意在鍼頑砭愚輔翼世教與明儒萬尚烈四書測中旁涉梵宗者迥別善讀其書者自能辨之

道光乙未歲孟夏之月上澣通州白鎔小迂甫譔

# 四書因論十二篇

## 上篇目次



## 下篇目次

聖人之敎曰仁曰智曰勇爲德之總名恭寬敏惠忠信公直敬愼剛毅之屬皆該焉而統之以誠不誠者不能入德其入德者有過不及之分於是又示以至善之歸曰中曰庸曰平曰權曰時曰義名雖殊而理實一皆所以定其極也聖

人之言反覆分明而賢智愚不肖者猶失之過不及不及者無論矣其賢智者以己之成見讀聖人之書見東失西一誤百信乃以中人庸才平平無奇之稱用爲鄙夷之詞使恒人居之而以時爲逢迎阿容之稱以權爲機械變詐之稱竟推之於小人惟義之名君子據之以自雄於是遂謂愚不肖者萬不足與於道卽有不自暴棄者必以勉强鄙之而斥絶小人一以嚴厲但矜性之剛正不計事之成敗其所爲義者有過而無不及又斷斷不肯降心以求其中以爲如是

乃異於平庸也。三代以下之君子，以此成名者多矣。以此貽害者亦不少矣。謹闡聖言，以求至善。意在愛君子，且以勵中才。諒不見薄於來哲歟。海州許桂林

# 四書因論上篇一

海州許桂林譔

## 因勉强論曲直第一

時論於粗暴妄行之人或恕之曰某不失爲直也於謹篤循禮之人或苛之曰某無乃出於勉强乎此非聖賢立教之義而有害於世道人心之說也夫倫紀名分凛乎其不可干也秩然其不可紊也然而忤子逆臣不絶於世彼亦自以爲直者耳人之生也五性雖具五欲亦具欲之勢常勝性先王之立教也有勸有防有懲不可勸不可防不可懲者則必直情徑行之人自非上智從容中道者幾何其因勸而善因防與懲而不敢不善者

皆不敢直行其心而曲以自制者也。是故安而行之爲聖人。利而行之。可勸者卽賢人。勉强而行之。可防可懲者。皆善人。既曲以自制而勉而不已。則擇善固執。習慣而成自然。勉强而行。其成功與聖人等。故曰其次致曲。曲能有誠。其義正如此。率性之謂道。性可率。情不可率。而其率性也。必戒懼擇執以求其中焉。修道之謂敎。道不修。則患其直而不可爲敎。葢率其性之善而以直行之。忠孝之過。聖人重其人。而不欲以爲天下式。若率其情之未善而亦以直行之。則悖妄何所不至哉。嗚呼。自君子好爲過高之論。而天下之善人。氣爲頓挫。天下之小人路乃大啓故孔子於論直最詳曰直而無禮則絞曰好直不好學其蔽也絞曰父爲子隱子爲父隱直在其中矣曰惡訐以爲直者誠慮後世託此名以飾非而害理耳曰仁曰義曰禮曰信託其名猶近君子託直之名而小人恣矣故小人得志以直自鳴舉君子而加以僞之一字而君子遂窮子曰論篤是與君子者乎色莊者乎此言惟論之篤非行之篤是爲色莊非君子也子曰色取仁而行違居之不疑此言行違於仁乃爲色取仁也葢誠僞之辨徵於其行有言無行爲小人能言能行爲君子爲君子之行而曰僞則將爲小人之行而轉

爲誠乎或曰人之生也直罔之生也幸而免此何說也曰子固明以罔對直言之罔之言欺也以無爲有也欺則誠不如直而曲以自致其不敢自欺之心則直正以曲而成矣子曰視其所以觀其所由察其所安此言視其所用者君子則君子所用者小人則小人謂在上之人也觀其所從者君子則君子所從者小人則小人謂在下之人也察其所安則上有父兄未嘗酬酢不觀行而觀志故孔子論人貴行而輕言一則曰聽其言而觀其行再則曰不以言舉人至孟子乃有聽言觀眸子之說夫精神衰者目亦眊機械多者目亦瞭又狷潔自好

者往往色易動而姦詐之尤者心與貌恒不相應惟孔子之言乎情而有實效焉天不曲則日月無以出也地不曲則江河無以入也人不曲則仁義禮智信不能成而父子兄弟夫婦朋友不相得也禮以曲爲名樂亦以曲爲名豈無意乎得此說而天下之勉强以自成其德者可以興矣孟子曰强爲善又云强恕而行孟子之見亦如此也故心謂之心曲而能自曲直以赴禮者謂之成人直之可貴以其平也以其正也稍不得其正而任情以行者皆不得託於直曲之可惡以其詐也以其險也若欲爲不善而用力自制與欲爲善而奮志自勸者

皆君子也才偏氣猛動多乖失而以直自解害道德者也顧惜名節勉强爲善而以僞相疑害教化者也桂林別有說詳見易確第十五卷曲成萬物條下

董子對策謂勉强學問則聞見博而知益明勉强行道則德日起而大有功眞西山謂知行二端發爲學之要桂林則謂勉强二字最得聖人立教之心也

桂林又案視其所以謂視其所爲爲善者爲君子雖勉强可也觀其所由有由誠而明者有由明而誠者所以觀學知利行之人也察其所安則安而行之矣三等之人皆君子不能安又不能勉則小人也故曰

人焉廋哉。

劉謨孫曰：矢之直也，非弓之曲，不能發而中，可證吾

師此說之精。

海州許桂林譔

## 因誠論欺妄第二

任情以行者不得其正而以直自解非直也此其人必不誠蓋既任情則情動於不誠亦惟其不誠之所爲矣夫誠近於直不誠近於曲而其是非得失之辨惟以理爲準子爲父隱父爲子隱似亦不誠而誠慈誠孝則得於理者多耳隱人之惡未爲不誠隱已之惡則爲不誠故毋自欺之謂誠以誠自治則已之德進以誠待人亦已德之進也至於誠之至而無不可感動變化之人則誠之用神矣今之不誠者必曰人情之詐吾不以詐與

爲應。則有所不行。夫自欺本無與於人。此失計之大者也。欺人亦必爲人所欺。又失計之甚者也。我曰我善爲欺人。亦曰我善爲欺。以欺相與。不必我盡能欺人而人不能欺我也。其人之見欺於我者。或不知我之欺之而彼方坦然其自得。則我之欺之無益也。或知我之欺之而彼偏淡然而不動。則我之欺之足愧也。或知我之欺之而忿然其相報。甚且有狡焉以相愚者。則我之欺之適以自困也。然而善詐之人往往自以爲善察。謂人必不能我欺。此聖人所不能也。故曰君子可欺不可罔。罪疑惟輕。功疑惟重。堯舜之智何所不照。而有疑焉。則固不能保人之不欺特能準其理於功罪之間耳古之君子窮理盡性深知人之情僞而猶詳審之而猶博訪之故其决獄也兼五聽以相參更勤三刺以相訊其有疑竇不敢斷焉今一以意測之一以事度之苟有端倪不難憑空而譔一案之境是亦豈不或中偶有一二之符益以自喜則流弊不可言矣昔宋太宗時都市有丐者喧於賈人之門不可以理諭環觀者漸多俄有挺刃刺丐者遺刀而去有司大索不得諭旨嚴切無何而案定有刺者主名矣獄上天子欲觀其刀尹亟以進則刀室在御前取刀納之拂袖而起中外悚然此一事也列子

有之昔有失鈇者疑其鄰之子鄰之子偶來觀其言動無非竊鈇者既而自得其鈇復遇鄰之子其言動無似竊鈇者此又一事也吾願喜測事而以爲人不能欺者少留意焉庶幾有臨民之誠而少寃民歟蓋欺人者其害在一身自困者也不必深戒而自將有懲謂人不可欺之者其害在人故重戒焉抑謂人不能欺之亦祇良善之人受其害而善爲欺者則必因其自謂不可欺而巧以欺之此尤察察者所宜憬然也若夫無欺之誠不如無妄之誠證父攘羊訐以爲直可謂無欺不可謂無妄必以理爲斷而誠之道乃得焉不誠之人大則誣罔

小則夸詐始未嘗不可揜飾而未有不終歸敗露者忠而見疑其終必白欺而見信其終必敗要其終則知所從矣昔王沂公嘗誦楊文公之言以爲人之操履無若誠實執之不渝夷險可以一致信夫

四書因論上篇三

海州許桂林譔

因平與中論成見第三

聖賢之學術事業皆期於得其平而已堯舜禹湯文武周公以執中相授受孔子言中庸中卽平也洪範言無偏無陂無反無側無黨無偏皆歸於平大學終於平天下平而正心修身之所戒曰不得其正曰辟惡其不平也中矣猶患執中無權而平能兼中和之義所謂時中也故平之義尤精蓋賢智之過愚不肖之不及雖皆君子之流而皆失道德之正而足以致亂彼反常悖理無忌憚之小人不足言矣惟其本無惡心而或有成見或不

明理則制行處事往往不得其平害德僨事幾將與小人等此聖人所懼也大約賢智多失於有成見愚不肖多失於不明理而以成見制事必不能適合於理猶之不明理也不明於理則率意以行猶之有成見也故君子之學以窮理爲本大學之致知格物中庸之擇善固執與書所謂惟精惟一皆謂窮理也既窮理矣學愈精才愈大而心則愈虛靜以察之不敢以浮躁爲能也恕以體之不敢以苛刻爲明也喜怒哀樂慶賞刑威各如其分以與之則心平而天下平矣夫聖賢之學期於天下平而以我治天下必先自治自治以格致誠正修之

功其所以戒慎恐懼以爲謹獨之學者非有元之又元者爲衆妙之門也平其心平其氣於心氣之未動而養之以平於心氣之將動而察其有不平焉爾豈如高僧入定道士煉已者哉既養之以平又窮理以得其平之所在而後遇事可得其平矣人之有才能者往往挾成見以應事接物夫寒暑天氣也覺寒則益寒覺暑則益暑澄心自制稍定而寒暑亦稍減焉然則以詐疑人而人果若詐以欺疑人而人果若欺又烏能得其平哉譬如鏡然置鏡於中本無留影而後能照物形之變置之一隅內先有影則左而不見右右而不見左能照物形

之變乎余觀大寒之時缶水澄然偶未凝冰以梃攪之梃方入而冰已生又觀夫猛犬吠人叱之益厲杖之愈奮凝立不動而犬卒不敢前噬以是知靜之能自養與靜之能制物也挾成見則心氣先動矣又譬如鏡然置鏡不動而後能得物形之眞明鏡在手一抑之一揚之能見物形之實乎不得其人與事之實而以成見測之旣而其實得白則吾之測之爲徒自勞也不幸而其實不得竟以吾意處置之及其終白悔亦無益也其竟不白則且仍以自喜更不可言矣此其人皆必有窮理之明而未盡養心氣之道故其失與不窮理者同要仍爲

理之未窮耳更窮理而養心氣虛以待之靜以衡之庶幾學術正而事業可成葢寬猛當因人而施又當因時而異出處當因時而應亦當因人而殊故可仕可止無適無莫可立可權無意無必皆不可有成見之說也孔子言好仁好智好剛好勇好直好信皆有所蔽好即有成見之謂必以好學救之蔽可去而美可成斯爲善矣故孟子以好善爲優於天下好善則其極功能止於至善而何不能平其心氣以成天下平之效乎中庸曰篤恭而天下平篤恭即無成見之謂惟恐一物之不得所不敢曰此莫能逃吾鑒也惟恐一事之不合理不敢曰

此不足煩吾慮也。惟恐一舉措之有違於聖賢，不敢曰我自用我法也。子曰敬事，又曰執事敬，又曰無衆寡無小大無敢慢，而堯舜禹湯文武周公無不以敬慎爲主。蓋惟敬慎可以得其中，惟敬慎可以得其平，是故中與平至善之稱也，而後世以爲鄙夷之稱，宜乎不得其中不得其平者多矣。

歸震川卓行錄序云：子思作中庸，其爲論甚精，而其法尤嚴，使世之賢者稍不合於中，皆爲聖人之所棄，而鄉原之徒反得竊其近似以惑亂於世。此震川之謬論也。中庸明言雖愚必明，雖柔必强，困勉之人許其可以爲聖而其功不過戒懼。震川之說爲宋儒中庸之解所蔀而不善讀子思之中庸也。

# 四書因論上篇四

## 因權論平第四

海州許桂林譔

子曰可與立未可與權易八卦獨巽言權曰巽以行權巽稱而隱又爲處憂患之道後人因疑權爲權變之權近於權術權謀非聖人不可行權而權之義不明矣易之言權在謙大象曰裒多益寡稱物平施稱卽權之名平乃權之用全易之道皆權也孟子言權獨詳世以嫂溺手援不告而娶之類益疑權爲權時應變且疑孟子頗參權術不知孟子言權之至明者曰權然後知輕重度然後知長短物皆然心爲甚權猶度耳度以量物長

短尙可有所隱占而權尤不可欺以輕重置權於此以稱百物必稱其物而定其輕重少有過不及則竟不得其平故聖人特以權言而不以度言權者時中之謂中爲經隨時而處其中卽爲權善爲經隨事而擇其善則爲權故曰過猶不及又曰執中無權猶執一也過者如稱一鈞而置權於百斤則亢矣不及者如稱百斤而置權於一鈞則弱矣執中者如以手捧衡定權於鈞將使百斤與一鈞同重又安可乎嫂溺之援舜之不告而娶正以適得事理之平而謂之權非反經之謂權也權之爲物期於適得其平而權之爲義後人乃以爲善用其

變由是小人託之以爲變詐而君子反避之以成拘執字義不明而害於學術政事者甚大夫天下之事各有至當不易之理惟精義者能隨事而得其平故曰無適無莫義之與比不必信果惟義所在皆權之說卽皆求至善大中以得其平之說也後之君子有執一理以應事者定權於斤何以稱石定權於石何以稱斤銖兩之差抑又多矣有卽萬事以辨理者識權之斤至石而失識權之石至斤而失銖兩之差亦不免矣是故未可與權卽不得中行與中庸鮮能之說也故權之名宜正權之道至精格物致知正心修身博學審問愼思明辨而

後隨時得中止於至善斯謂可與權乃或甘執一之守避行權之名自謂守正而猶不得其正自謂好善而猶未盡於善敏則失之躁剛則失之暴誠則失之戇直則失之絞論道則失之無實立身則失之無用皆由於無權而已知權變權術權謀權詐之不可爲權其與聖人之所謂權如薰蕕黑白之相反而後消除成見勉强而求中平之道庶能以理制欲而不入於佛老以道制小人而不至爲小人所制也嗟乎小人但有詐而已矣聖人好謀而小人有權謀聖人變化而小人有權變聖人言術智言仁術而小人言權術君子不審辨之因從而

加之又自爲避之夫小人之籠絡君子也亦動言寛大矣其戕害君子也亦必曰斷决矣君子務避小人之所假名者彼假仁義吾亦避之乎漢唐以來之君子亦或以寛大處小人或以斷决處小人而往往無以制小人或反爲小人所制皆可立而未可權者歟論權之誤葢自孟子以後公羊傳曰權者反於經然後有善者也公羊以祭仲爲行權則其言權可知矣後漢書論周章曰孔子稱可與立未可與權權也者反常者也將從反常之事必資非常之會使夫舉無違妄志行名全是權爲反常沿誤已久然曰舉無違妄志行名全則亦非權詐

矣。

陸宣公有言權之爲義取類權衡若重其所輕輕其所重謂之權也不亦反乎孔孟後言權者惟此得之

四書因論上篇五　　海州許桂林譔

## 因剛論和第五

天爲剛德君子法之以自强不息而子曰吾未見剛者葢剛之難言也三代以下之君子多失之於太剛失在不剛以自治而剛以治小人也必心無偏勝事能有成理協於中氣得其平斯謂之剛若夫疾惡如風誠爲盛德然攻訐太苛彈劾太激欲去一小人而先責君以不可受之詞欲去一小人而並責衆君子以不同力之咎欲去一小人而先大聲疾呼以示衆小人不可容之情狀往往小人未去衆君子先去小人未去身乃先去去

則小人益恣而已則以爲吾道已盡矣甚則衆君子受其禍已亦受其禍則小人益恣而已猶曰吾道固正也其道云何曰剛也此未深思孔子之言也子曰好剛不好學其蔽也狂人而不仁疾之已甚亂也邦無道危行言孫此言若出於宋明之季必將斥爲氣不浩然志不確然不知君子之道期於能制小人而莫患乎其爲小人所制孔子之於桓魋微服避之於陽貨則曰諾據理答之不爲峻拒直折之詞何也力能制小人則制之不能亦不爲小人所制君子之制小人也其道當同於戰故易稱戰乎乾乾惟二五君子用事潛則勿用夕猶惕

若躍以自試亢則有悔皆制小人之道其義甚明夬之
象曰揚于王庭謂特除王庭之小人也孚號有厲則臨
事而懼告自邑不利卽戎則好謀而成彼撫劍疾視暴
虎馮河豈臨事而懼好謀而成之道哉金不從則不能
革木不曲則不能直剛當以柔劑之內剛外柔所以去
小人而成泰交也宋明士氣甚剛而竟以挫折此聖人
之所痛也於論語明示之更於易詳示之而後之君子
猶或蹈壯頄之凶致觸藩之艱不占而已矣甯羸歎陽
處父之已剛猶知此意何君子之不悟乎盖謂心欲圖
之口乃不言外與周旋內思竄殛比於匿怨而友不誠

可恥乎不知言必信行必果謂之硜硜理不可以一端論否則仁義禮信列爲四德無爲貴智矣三代下君子之於小人非疾之已甚則趨而避之亦非聖人意也思所以除小人之策思所以退小人之方言期有益不在猛厲事期有濟不在矯激不審發之必中遽以一攻一擊了吾職事一不得當悻悻然去則窮日之力以爲見幾而作豈知見小人有可去之幾作而乘之應時而成亦見幾而作之義乎故上交不諂下交不瀆但不諂瀆而不曰上交相抗下交相陵渾默之中誾誾有侃侃之用其靜也介如石其動也不終日靜則微而柔動則章

而剛故能消去小人爲萬夫之望肥遯之利果哉未難一人之貞何萬夫之望乎易之遯言小人當遯而君子之處小人以不惡而嚴爲遯藏剛氣於中而外不激遯之義也剝言小人之長而以順而止之爲處小人之道蓋小人之盛當順而止勿逆而攻苟不至事勢大不可爲君子未肯奉身而退以天下委之小人也自剛之義不明有犯小人之鋒以致禍者有避小人之鋒以圖全者皆剛而未能好學耳明季說經者至以亢龍有悔爲亢所宜亢悔所宜悔明與孔子之傳相乖而不自悟讀書而不求聖人之本義不得其正不得其平不得其中

好剛而有蔽。雖自以爲剛。孔子必猶有未見之歎。蓋嘗論之。剛必以和濟之。易曰利物足以和義。又曰保合太和。乃利貞。獨於利義言和而六十四卦惟兌言和。秋氣主殺。剛莫甚焉。而聖人以和爲用。故曰發而皆中節謂之和。宋明之君子疾惡而不能勝小人。殆有怒不中節以自貽伊慼者歟。若夫和而不同。和而不流。則又以防知和而和之弊。至於同流。亦不足爲和矣。是故剛之用在和。和之用在中。

# 四書因論上篇六

海州許桂林譔

## 因敏論緩第六

子曰敏則有功敏於事好古敏以求之凡爲學爲政以敏爲本不息之謂敏不惰之謂敏故曰學如不及猶恐失之曰未之能行惟恐有聞爲學期無愒時則日知所亡月無忘所能爲政期無廢事則先之勞之益以無倦皆敏之效也然勵精圖治爲敏非輕舉妄動爲敏古之君子有以緩告後進者矣遇事了然應之不失從心所欲而不踰矩孔子年七十而後能之否則一時自以爲如此既而知其不必如此也一時自以爲可行既而知

其竟不可行也應幾而發發則難悔是故義之正理之明者可卽爲之其有兩端不定特以吾智計料之者則以緩爲宜古之智士亦或有度而遲與其言而悔不如默而悔與其行而悔不如止而悔本不必言不必行者少遼緩之吾心平吾神清則能適得事理之中不致執一時意見自生紛擾之端所消弭於無形者不少曰孔子但言敏於行此邪乃非聖人之教乎曰此聖人之教也多聞闕疑愼言其餘多見闕殆愼行其餘愼者緩之意也多聞擇其善者而從之擇者緩之意也學問思辨之後乃及於行則爲所必當行者乃可以敏篤行卽敏

行也行不已緩乎靜而后能安安而后能慮慮而后能
得安非緩之說乎事從容則有餘味人從容則有餘年
是故人之涉世酬酢事物皆當平心審慮其或有形迹
可疑之處尤不可逆億而遽發之靜以待其眞徐以觀
其變夫然後應之以道而不失其正可以全交可以遠
害可以省事機可以增智識可以宏度量可以益知世
事人情可以養氣存心而入德夫敏爲進德修業之道
緩則怠惰緩爲應事處物之宜緩則詳審怠惰之於詳
審其相去遠矣世之燕燕居息載笑載言而不治其事
者不得以緩自解也蓋緩者從容不卽發正求其發而

中節耳呂氏春秋曰力貴突智貴卒余以爲智不足而卒如力不足而突其敗必矣少遼緩之孔子所謂如之何如之何者正如此嗟乎聖人言仁而人以姑息爲仁聖人言義而人以粗豪爲義聖人言智而人以機械爲智聖人言信而人以淺固爲信聖人言直而人以矯妄爲直聖人言剛而人以叫躁爲剛聖人言敏而人以輕卒爲敏聖人言愼而人以退縮爲愼此伊川程子所謂與賢語如扶醉人左起而右倒者也蓋聖人言中言平而後人好偏好勝此所由自以爲是不復求之於理日讀聖人之書而常不得其意則皆已有成見爲之也夫

有成見不可以讀聖人之書不足以任天下之事既以其成見讀聖人之書則其成見終不可化所以任天下之事而益用其成見也而且自謂吾據聖人之書以治事豈知聖人之見本不如此仍其一人之成見哉吾故表而論之庶幾讀書之時先消其成見異時出而任事或不無小補云

# 四書因論下篇一

海州許桂林譔

因性天不可聞中人以下不可語上論下學第七

子貢曰夫子之文章可得而聞也夫子之言性與天道不可得而聞也顔師古匡謬正俗以爲夫子删詩書定禮樂贊易道修春秋所有文章並可聞見至於言性命之事及言天道不可得而聞之而以罕言不語及問事鬼神問死三事證之是也夫子言易詩書禮教人之道備矣若更以空言性命高語天道求之夫子不可得也故子曰下學而上達知我者其天乎明卽天之知我惟有下學之法也湛淵静語述先儒之説曰加我數年五

十以學易可以無大過矣子所雅言此謂雅言易也詩書執禮皆雅言也謂詩書執禮與易皆雅言也於理於詞斯爲兩合乾之九三君子以乾惕无咎即無大過之義夫子數言攺過所謂懼以終始其要无咎故爲子所雅言與詩書執禮皆文章之可聞也子曰中人以上可以語上也中人以下不可以語上也中人者君子小人之界以上爲君子故可語上是能上達者也以下爲小人是欲下達者也上達之人語以上達之道在於下學則能從焉故曰可下達之人語以上達之道在於下學猶困而不學焉民斯爲下故曰不可奚以明其然也顏

子中人以上也子語之曰非禮勿視聽言動而已仲弓
中人以上也子之語之曰敬曰恕而已然則顏子之歎
如有所立卓爾者何謂乎曰精一也中庸也從心所欲
不踰矩也故欲罷不能既竭吾才者博文約禮二事而
已高堅以喻道前後以言道之時中至善尤難識也既
識之矣而三月之久或尚小有出入大而未化一間未
達是則所謂欲從末由者豈有虛無微妙之端以爲道
哉故子之言性曰性相近也習相遠也惟上智與下愚
不移而已子思作中庸欲人順相近之性慎相遠之習
苟不至於下愚皆可戒懼慎獨擇善固執以自同於上

智子於天道則絕不言子思曰誠者天之道也則天道之實而不虛明矣且能盡人道以合之固可以不言矣或曰天道非卽天命乎曰可子言天命曰知天命曰畏天命子思曰天命之謂性性之得於天者本自中中卽天命知者知其中畏者畏其或不中知其中而時措咸宜斯爲知故曰五十而知天命畏其不中則過猶不及將愚不肖之歸非所以事天之道矣小人不知而不畏故曰小人之反中庸也小人而無忌憚也聖賢之言輾轉自證明白如此然則性與天道卽中庸也聞其可聞之文章其不可得而聞者本不必言也困知勉行下學

上達中人以上皆可以誠之而合乎天道之誠葢語以下學謂之語上及其上達乃益知不可聞者之無待於言也明乎此則知聖人之道本無私故子思曰夫婦可以與知能孟子曰人皆可以爲堯舜

四書因論下篇二

海州許桂林譔

因爲己爲人論公私第八

子曰古之學者爲己今之學者爲人憤俗之士或易其言曰古之學者爲人今之學者爲己此雖戲言然亦學者所宜省也孔子之言爲己盡心盡性成物亦成己之所推祇自完其所當爲耳其言爲人務爲聲譽與務爲阿諛也今之爲己則無事不思利己所謂放於利而行者所謂爲人則以天下爲己任一夫不獲爲己憂欲立而立人欲達而達人也要而言之古今學術心術之分公私而已矣然不必分以古今也古亦有君子小人今

亦有君子小人存乎其人之自立耳營私逞欲阿容苟且古今皆謂之小人不足論矣若夫有志聖賢以立身濟物爲心者則皆君子自宋以來好爲過高之論謂聖學有微妙不可知者吾以爲聖人但有謹慎之學無微妙之學也喜怒哀樂各得其平三德九經其道咸備此其見理甚明也謂之惟精視聽言動各得其正造次顛沛與道相依此其存心甚純也謂之惟一喜怒哀樂視聽言動心身家國天下之務盡之矣無不平正是之謂中此在堯舜固所謂從容中道者而堯舜之自言則亦曰執中執者慎守之謂卽擇善固執之執聖人之心未

# 四書因論下篇二

海州許桂林譔

## 因爲己爲人論公私第八

子曰古之學者爲己今之學者爲人憤俗之士或易其言曰古之學者爲人今之學者爲己此雖戲言然亦學者所宜省也孔子之言爲己盡心盡性成物亦成己之所推祇自完其所當爲耳其言爲人務爲聲譽與務爲阿諛也今之爲己則無事不思利己所謂放於利而行者所謂爲人則以天下爲己任一夫不獲爲己憂欲立而立人欲達而達人也要而言之古今學術心術之分公私而已矣然不必分以古今也古亦有君子小人今

亦有君子小人存乎其人之自立耳營私逞欲阿容苟且古今皆謂之小人不足論矣若夫有志聖賢以立身濟物爲心者則皆君子自宋以來好爲過高之論謂聖學有微妙不可知者吾以爲聖人但有謹慎之學無微妙之學也喜怒哀樂各得其平三德九經其道咸備此其見理甚明也謂之惟精視聽言動各得其正造次顚沛與道相依此其存心甚純也謂之惟一喜怒哀樂視聽言動心身家國天下之務盡之矣無不平正是之謂中此在堯舜固所謂從容中道者而堯舜之自言則亦曰執中執者慎守之謂卽擇善固執之執聖人之心未

嘗自恃而自恕故其學若甚平易而難於言微妙者萬倍中庸之書以聖人之學示天下天下多智愚賢不肖而少聖人故以擇善固執示之使皆由此以入聖然聖之所以為聖實亦止有此法耳誠能戒慎於所不睹恐懼於所不聞則意誠心正誠能博學審問慎思明辨則物格知致於焉而篤行之有不在家而家齊在國而國治在天下而天下平乎至誠至善其效必至於莫不尊親莫不變化故曰所過者化所存者神化而不可知之謂神言其感化之非常情所測也非聖人有不可測之一道秘以自奇愚天下而使之驚歎也誠有秘不可知

之道則亦私矣。此宋以來儒者之説。三代聖人未嘗有此。一貫之説，宋儒以爲授受之微妙者也。一貫之説，惟曾子知之。曾子曰：忠恕而已矣。大學以恕爲平治之要，中庸以忠恕爲子臣弟友之要。孔子又嘗言忠則之夷狄不可棄，恕則終身可行。此豈復有加於忠恕之上不可以言語形容之秘術哉？鳶魚之説，宋儒以爲指點之微妙者也。此以喻實理，非以掉虛機。鳶必飛，魚必躍，如臣必忠，子必孝，非愚不肖可與知能者乎？而忠孝之至，聖人固猶慮有所未至矣。天地不能無憾，聖人自不以有所不知不能爲病，而豈別有妙諦如禪宗之頓悟哉？

無聲無臭之說尤宋儒所稱爲形容微妙之至者也中庸之說本至平實其曰不顯惟德言德豈不顯乎非幽深元遠也其以聲色化民爲末謂道以政齊以刑張皇補苴成見不化不能喜怒哀樂皆得其中故爲末惟中爲大本也其曰德輶如毛毛猶有倫此言庸也卽所謂道不遠人也執柯伐柯睨視猶遠之喩正與此同上天之載無聲無臭卽所謂喜怒哀樂之未發謂之中也未發之時不偏不倚發而如其未發之中斯爲中節斯爲率性而與天命相合上天之載卽天命之性無聲無臭卽未發之中此之謂至此之謂庸故曰中庸其至豈有

最爲微妙而猶曰無之者哉無聲無臭言聖人之道在戒懼於不睹不聞之中堯曰精一執中舜曰時幾勅命此物此志也至於費隱之義則中庸本以費贊道之實非以隱贊道之妙故索隱弗爲君子之道必費而隱也隱即戒懼慎獨費則達道達德九經可以配天而天下平也儒者多以隱贊聖人不知聖人之勝二氏者在費彼如來至妙慧六通四無畏洵幽深元遠矣而不可以治天下則費不如聖人也蓋始於戒懼慎獨而後能終於博厚高明悠久聖學不明至以人心惟危之危爲高大文王之心宜高大而詩乃以小心頌之乎孔子以巍

巍稱堯舜堯舜惟有兢兢業業而已孟子言操心存心養心求放心於下學上達之功實爲精密陸象山心卽理王陽明至善心之本體之說亦尚未乖性善之本義楊慈湖專以心之精神是謂聖爲主宰而以不起一念爲工夫是以生安之聖自居並望學者皆生安之聖也且生安之聖其堯舜周孔乎堯曰文思舜曰予欲旣不能不起一念孔子言九思而不思則罔至與不學則殆同譏焉朱陸相爭學者調停其同異其實二家之說皆失之高而不平虛而不實得古人之一端執成見而不化耳聖學之易淆於二氏莫如中庸故明辨之明乎此

而聖人之道庶可見乎要而言之聖人以天下爲心其道惟在於自治故爲爲己之學而其心與道皆大公後儒以己之道非天下所能共知爲心其道欲傲人以所難知則雖爲爲己之學而其心與道似近於私矣淳熙十五年朱子奏事延和殿言一念之頃必察夫天理人欲果天理耶則敬以充之而不使少有壅閼果人欲耶則敬以克之而不使少有凝滯推而至於言語動作之間用人處事之際無不以是裁之言頗切實與大學中庸之旨相合其註大學極平實而註中庸頗入元虛艮爲可惜朱子以大學語孟中庸爲入道之序意以中庸

爲至精。亦未思庸字之義。已決非微妙也。

# 四書因論下篇三

海州許桂林譔

## 因性論習第九

孔子言性不曰善但曰相近其相遠則曰習又以上智下愚不移言其變性之說莫明於此後之君子言性善者意主淑世與孔子之意不乖言性惡者意主憤世與孔子之言相悖告子言以人性爲仁義猶以杞柳爲桮棬卻與孔子不異董子性禾善米之喻亦正如此杞柳可爲桮棬若性可爲仁義故切磋琢磨可以喻學克已復禮豈無功力孟子則因循率性之說而持人皆可爲堯舜之見太堅耳夫困勉學利皆有功力豈能人人上

智哉習於善而後善亦是學問之益不能卽以良知爲成德故習相遠者正以學不學而相遠也孟子旣駁告子告子乃變爲湍水之說亦與習相遠之旨不悖孟子又駁之乃變爲生之謂性之說則陋甚矣故君子持論不可不平告子在戰國時亦矯矯者因其說而善誘之可進於道力辨斥之而告子又不得於言勿求於心者也遂變而益繆此與周子拒王安石遂自成堅僻之學正同孟子又言口之於味目之於色耳之於聲鼻之於臭四肢之於安佚性也有命焉君子不謂性也雖抑揚其詞然卽生之謂性之說於言性不無所累與中庸率

性盡性孔子性相近之說皆有所礙其言仁義爲命也有性焉語勢尤失輕重故孟子言性善猶得盡性之理言性也有命命也有性彌失率性之意蓋孟子不善言性言性必當以孔子爲定天下人知性相近則有希賢之志無善無不善之說小變而失者也知習相遠則有力學之事性可爲善可爲不善之說亦小變而失者也而公都子言性第三說固所謂不移者九等之人雖及下中猶不甘以下愚自處則孔子一言而所全多矣以堯爲父而有丹朱安能使人不疑性善之非疑性善之非則必不敢希堯而以賢於丹朱自解雖日勸以可爲

堯舜必謂欺之也。故聖人之教人也。使人不疑。乃能使之信。不平則不信。是以不執偏滯之見。不爲矯激之言。惟孔子能持平。即論性見之矣。

震川有性不移說。言小人雖遇堯舜。但革面耳。此亦譯孔子之義者。孟子所謂人皆可以爲堯舜。人字內獨當畫出下愚也。

# 四書因論下篇四

海州許桂林譔

## 因命論死生鬼神第十

聖人言命。分爲二說。富貴死生。則曰有命在天。仁義禮智信。則曰天以命我。孟子不善言性。而善言命。其言有益於得。則求在我。無益於得。爲求在外。至爲分明。君子之爲君子。如是而已。故曰不知命無以爲君子也。其不以富貴死生介意。曰受命。其以仁義禮智信爲事。曰立命。至於治民。則教之以善。戒之以不善。明示意向。賞罰隨之。更不與言命如何也。故曰民可使由之。不可使知之。後之君子不明乎此。以數言命。則一切皆曰天命。一飲一啄。莫非前定。術士小數。時有奇驗。又驚而信之。於是有靜以待命一無所爲者。卽有一切諉之於命將無所不爲者。而以理言命。又非仁義禮智信求則得之之實而以爲微妙之至不可名言。於是有觀空悟寂之學。故孔子罕言命。葢以數言命。則人無志。以理言命。則人無事。懼其流弊無窮也。至於福善禍淫。聖人所以順天立教之意。本如此。而報應有無。不銖兩而計較之。故貧賤自安。殀壽不貳。示天下人以但當爲善。自應得福。卽其無福。於道則合。使人不測其究竟。而但遵法度以爲善人也。後世計較報應。太明而有時禍至於善。福至於淫。不得不爲因果之說要亦鍼愚砭頑之苦心也論因果而兼三生甚且至於多生使奸惡之人知卽福壽終身不免殃罪在後。又因以解善而無福或爲前生餘罪惡而無禍或爲前生餘善於理無傷於教有助然至子之不孝婦之不良亦曰前世孽報則其害道與前定之說同故惟聖人立教不深求不盡言卻爲至善今世果報之說頗足警策愚蒙爲世道人心之維繫君子但當分別而引之於義如不孝不良則悚以後必罹禍善禍淫福則解以後必有報葢君子之學正而識精自能不惑韓子以來闢二氏者已備不必更以攻擊異端見長也苟有益於世道人心但因事以爲教可矣雖地獄輪迴之說不必深辨聖人不廢巫祝亦卽此意後賢言數則震驚夫前知而小人以爲天使我爲此凶暴矣後賢言理則力辨夫果報而小人以爲死則同盡我何爲不惟吾所欲爲矣皆賢智之過但自喜其高明而不爲世道人心計者也子路問死子曰未知生焉知死問事鬼神子曰未能事人焉能事鬼以子路之學而夫子之言如此卽所謂不知爲不知也事有不必知者則不知之乃正所以爲知後之賢者自覺賢於子路而著書立說張皇幽渺且欲胥天下而知其理毋乃謂孔子不告子

路。有所吝乎。聖人知死生之說則曰朝聞道夕死可矣。知鬼神之情狀。則曰敬而遠之。後之言死生鬼神者其說甚高。吾以孔子之言卜之。意者後人以不知爲知也歟。

前定之說。至爲害道。唐德宗時。桑道茂預言將有離宮之厄。其後建中四年之亂。德宗以爲天命。胡致堂謂德宗於李懷光之反。奔梁州。若術士所定之言。可信。未有預請修治梁州城者。而亦以獲濟。豈非道茂多言而偶中乎。語可解頤矣。

德宗在播遷中。與陸贄語亂乃天命。非由人事。贄上書言自頃征討頗頻刑網稍密物力竭耗人心驚疑上自朝列下達烝黎日夕族黨聚謀咸憂必有變故旋屬涇原叛卒果如衆庶所虞京師之人動逾億計固非悉知算術皆曉占書則明致寇之由未必盡關天命言至明切至貞元五年李泌論盧杞致亂德宗仍云天命蓋前定之說惑人如此

四書因論下篇五　　海州許桂林譔

因名論虛第十一

自儒者喜爲高論並以好名者爲小人夫聲聞過情君子恥之苟非過情固無惡於聲聞也色取仁而行違故聞不如達誠僞之辨不可不明而非名之不可貴也孔子曰君子疾沒世而名不稱焉孟子曰令聞廣譽施於身名者聖人立教之權君子立身之準思名義守名分不得罪於名教而後名可成焉好名則好學學可不好乎好名則好善善可不好乎故好名者必君子也雖然有學者以我爲學人有善者以我爲善人斯學與善之

名稱其實可好也。阿諛之說流俗之評不足好也。我誠有學而見許於大有學者。有善而見稱於大有善者。則雖忌者毀之。愚者笑之。可也。蓋名之所辨在虛實。不在好不好也。且夫以直爲名。而有率情自喜者矣。有矯情訐人者矣。以誠爲名。而有坦易太甚者矣。有城府太深者矣。此其名皆必敗。故必養其心以適理之平。窮夫理以益心之智。而後名可立。好名豈易言乎。夫名不稱實。倖得之亦必不久。而名之恒與實相應者。天之常道。人之公心。有不能不然者也。故惡常有惡名。善常有善名。其善之或過或不及。亦常因其分量而名之大小定焉。

然則爲善而過爲善而不及猶未足爲好名也必如堯舜而後爲好名如周孔而後爲好名甚矣好名之難也

孟子曰好名之人能讓千乘之國苟非其人簞食豆羹見於色漢晉舊解皆以爲二人極言其心境之迥異而宋儒以爲一人持論甚高而無當夫廉讓爲好名則不廉不讓甚易耳孝弟爲好名則不孝不弟甚易耳好名不足尚之說出則爲其所甚易得其所甚欲而無好名之誚焉爲人何爲而不爲小人也故惟名可以輔教中人以名故不敢爲惡而勉爲善小人猶以名故可誘以減其惡而進於善至有號於衆者曰吾欲五鼎烹吾將遺

臭萬年此眞不好名矣雖聖人無以處之不敎而誅者此耳夫惟以理爲歸則父爲子隱子爲父隱而有直之名以義爲主則言不必信行不必果而有誠之名自修身以至於平天下依中庸止至善而天下萬世之名歸焉聖人不必好名亦未有必不好名者勳華之美必在堯舜雅頌之作必在文武師儒之尊必在孔孟以其大者推其小者好一善之名則必勉爲此一善之行好一學之名則必勉用此一學之功勗人以好學好善而戒人以好名不達之論也夫亦戒之以毋好虛名則可

四書因論下篇六　　海州許桂林譔

## 因用論實第十二

心曰實心事曰實事故聖人之德曰允塞曰允恭曰允迪曰允蹈爲之以勤敏守之以敬愼在心則修已五倫有實道五常有實性在事則安人六典有實政六藝有實教葢虛則無用實則有用聖人患人之無用也故曰飽食終日無所用心難矣哉甚言心之不可不用戒懼格致皆用心之學也誦詩讀書又皆用心之學也孔子至七十乃曰從心所欲不踰矩則七十以前爲存心爲養心亦如孟子之所云未有悠悠然任其所之冥冥然

歸於無有者也。子曰：苟有用我者，期月而已可也。聖人無時不以用世爲事，養以安百姓之身家，教以範百姓於義理，有用之事也。君子則敎之以協於中，小人則化之以歸於善，此又有用之事也。夫仕宦者或苟以自榮而已，甚則苟以自利而已。士之事、民之事、吏之事，或忘焉，或廢焉，或惟吾所爲而莫之審愼焉。國安用此臣乎？民安用此官乎？此誠無用之人也。亦有廉靜寡欲，飲酒賦詩，而五字之吟未安，兩造之詞弗訊，千鍾之飲雖樂，十杖之寃亦苦，則猶之無用而已。凡此皆不求諸實之過也。日不明，雨不潤，則萬物不生。日之明，雨之潤，天地之心也。日不出雨不降。則四時不成。日之出雨之降。天地之事也。自天地不能無心也。不能無事也。彼苟營榮利者。其識本卑。其行本汙。心非心事非事者也。獨怪夫識高行潔者。談心學則以無心爲妙。談世務則以好事爲譏。夫玩太極之圖。衍先天之說。妙義環生。心靈獨照。微妙之至。若與造化相參。於吾身吾家吾君吾民有何用乎。若夫冥然靜坐。一念不生。靜則如槁木。寂然盡息。動將如傾水。紛然亂流。卽使神充意得。淩雲一笑。列仙之儒。亦爲至矣。能化小人爲君子。措天下於太平乎。故天實象也。日月風雷是也。地實境也。山川水土是也。人實體也。耳目口身是也。日月之迭運風雷之相與。以生物爲事。以生物爲心也。山川水土之發育亦然。耳聽天下之言。目視天下之人。以言教天下而以身勤之。以生物爲心。以生物爲事。此人所以與天地參也。其始也用心以玩理。而後能止於至善。以制天下之事。其終也。即吾力之所至以有濟於斯人。而後成吾心之用。自古君子未有不如是者。宋儒好言高妙。而考亭象山。本皆有用之才。特其好語精微之習如此。而於吾身之實理。天下之實事。固皆用實心以求之矣。以古聖賢之學爲學。而不以古聖賢之言爲言。好高競勝之心。蔽之耳。吾故曰不得其平不歸諸實不可以爲學爲其學之必有蔽也自宋儒之說出而高明之士以無心無用致自域於空寂之中不昌其才者有之矣嗟乎有實心則事必成有實事則功必立本不繫乎論說也然而論說不得其實則知者賢者困於其精微之說相率而歸於無用可惜也愚者不肖者託於其精微之說相率而樂於無用可閔也而况好名不足尚勉强爲善不足美之說能阻天下君子爲善之機而長天下中材自棄之氣尤可懼也吾故終言之有斯世斯民之責者可不致謹於議論之際乎執平而無成見秉公而無阿私敏而能愼剛而

能渾誠而能无妄以名勸天下而以實責之庶幾天下之智愚賢不肖者相率而安命復性下學上達雖不能卽至於中而能勉於庸行也雖不能卽造其至而能勉於爲善也夫然後五倫有實道五常有實性六典有實政六藝有實教其斯爲有用之學歟

受業姪裕謹校刊

# 四書緯（孟子）一卷

清　常增撰

清道光十六年刻本

壻未冠時汎覽載籍遇有與四子書相發明者閒錄數則於章句之上然性懶多不隨時摘抄而過眼雲烟又不暇重搜蠹簡雖有妙義往往得而復失故所錄者卒寥寥無幾也嘗彙爲小帙名之曰四書緯棄之篋中蓋三十年於兹矣昔夾漈注爾雅謂名物爲經義理爲緯名物應釋義理不應釋嘗誚後之箋注家舍經而從緯然則從事於緯者特其箋解虛言者耳曩以天資迂闊幼喜讀濂洛諸書私幸聞道最早獨愧於聲音訓故之學毫未有得而亦非其性之所近若瑣瑣蟲魚定非余落所屑爲故於夾漈之所謂緯余則視之爲經夾漈之

所謂經余則視之爲緯遂覺百家之言率皆支流餘裔凡所采輯未敢妄參經義此緯之所由名也今春三月間課徒之暇偶爲及門諸子參考集注古注因得復理舊業推闡之餘時有觸發不揣狂僭漫筆於書積十餘日共得若干條旋以攜兒存恭應郡試此事暫輟歸又俗學糾纏未遑爲此一生因循之誤所由百無一成也良可慨矣夏六月適剞劂舊識自高郵來請梓余詩及門勸其先之以此匆匆相授未及細校姑以舊所錄者別置卷首而以今之管窺所及綜爲四卷自慚新得瑣碎不專義理而漸及訓詁似可逃漁仲之譏而舍經從

緯終吾之所不辭也爰仍其舊名云
道光丙申七月一日泰州常增自書於古士鄉之一松
樓

四書緯卷四

泰州常增學

孟子

史記孟軻鄒人也趙注孟子鄒人也名軻字則未聞也案此史記不紀其字趙云字則未聞當是孟子之字本不傳故正義曰後世或云字子輿集注序說載後漢書注云字子車一說字子輿蓋亦未定之辭趙氏謂此書孟子所作故總謂之孟子亦本史記昌黎謂非軻自著蓋唐有林慎思續孟子書二卷謂孟子七篇非軻自著乃弟子共記其言故韓亦云然耳似

不足據趙又云孟子垂憲言以詒後人於是退而論
集所與高第弟子公孫丑萬章之徒難疑答問又自
撰其法度之言著書七篇二百六十一章三萬四千
六百八十五字增案孟子之文雄偉閎潤秉正驅邪
斷爲孟子自著當不誣也惟疏云篇所以七者蓋天
以七紀璇璣運度七政分離聖以布曜故法之也章
所以二百六十一者三時之日數也不敢比易當期
之數故取於三時者成歲之要時故法之也三萬四
千六百八十五字者可以行五常之道施七政之紀
故法五七之數而不敢盈也已說似近鑿不值一噱

嗚呼孟子之書此豈有戍心哉後人疑孫疏爲僞其

以此種也歟

五畝之宅

釋地載講曰書隨筆四五畝之宅說者皆云古者受宅二畝半在田二畝半在邑此說之極不通者古今皆習聞而莫知其非可笑也謂匠人營國不過方九里統計七萬二千九百畝其中有王宫左祖右社面朝後市又道涂九經九緯每經涂濶九軌又六卿三百六十官各有公署自公卿以至上中下士各有館舍又有賓館神祠作坊倉庫獄囚諸項處於王國之

中必三分去二所存不過二三萬畝耳而六卿之民已七萬五千家工商各不下萬家卽人受半畝勢必不給況二畝半乎孟子云頒受一廛而爲氓禮記云儒有一畝之宮參觀之足知二畝半之說爲妄矣以今世數目驗之民有地二十步卽可造屋三四間足以成家矣則古者一畝百步之地當必容四五家二畝半之地當必容十餘家也閻氏亦謂此說煞是可疑存之以待博雅君子增按匠人營國方九里注云營國治也方九里以徑言週三十六里也旁三門一方三門總十二門也九軌涂可容九車也左祖右社

面朝後市王宮在中也朝市一夫言朝會官史市聚
商賈必得一夫百畝之地也此皆專卽王居而言非
包王畿而言其中惟以百畝之地爲市朝之地市得
入者先王立市不使雜於閭里故設於朝之後國之
陰也閽人注云皐門庫門臣民皆得入雉門以內非
臣不得妄入故以閽人守之然則入且不得況能與
民並域而居乎至於王城之門所謂國門則司門掌
授管鍵以啓閉譏出入不物者出入且譏而能與民
並居乎蓋內有九室九嬪居之外有九室九卿朝焉
九分其國以爲九分九卿治之此所謂國謂天子宮

城也營沓週圍治之也然則此九里中皆不容有民居觀洛誥澗水東瀍水西王城也此朝會之城瀍水東下都也處商民之地王城在瀍澗之間下都在瀍水之外可知王城祇爲王居下都乃居民之地雖成王未嘗居洛此亦僅處商之頑民而營建王城之制必當如是與夫凡民之必不得居王城之内可以類推史氏漸謂周公於澗瀍之中龜兆告吉遂營王城以建王宮定郊社宗廟是爲郟鄏之地又循之左越瀍水之東龜復告吉遂營下都以居殷民二城相距十有八里則王城即王宮之所在曾是王宮郊社宗

廟之地而容民雜沓錯處其間乎觀大司徒以土圭之法乃建王國制其畿方千里而封樹之國與畿分而言之則國即匠人營國方九里之國畿自千里之畿畿則惟民所止而王城可居乎然則民雖欲於其中分一廛爲氓萬不可得何容以六鄉居民入此計之而謂八即受牛畝勢必不給乎考王畿方千里中間爲王城四面各九里即所謂國也此中無民居者也王城之外謂之郊其地置六鄉鄭衆費誓注云王國百里爲郊鄉在郊內遂在郊外鄉之民分在四郊之內遂之民分在四郊之外鄉遂之民分在國之四

四書緼卷四

面然則國外四面乃民居之地王門十二在六鄉之內十二關門則臨畿上所謂境土之門也郊在王城四圍容四萬井三十六萬夫故近郊有宅田謂農夫城宅之田有廛里謂民居之隙地有塲圃謂宅畔之餘地據載師任地而言民不但一夫可受二畝半之宅且有餘地矣其外仍有士田賈田遠郊則有官田牛田賞田牧田鄉大夫掌之而比長閭胥族師黨正州長皆其屬焉安得誤於九里之中計其不足乎鄭康成曰王畿內方千里九百萬夫之地也有山陵林麓川澤溝瀆城郭宮室涂巷三分去一餘六百萬夫

又以田不易一易再易上中下相通定受田者三百萬家也遠郊之內地居四同三十六萬夫之地也三分去一其餘二十四萬夫六鄉之民七萬五千家通不易一易再易一家受二夫則十五萬之地其餘九萬夫廛里場圃宅士賈官牛賞牧田九者亦通受一夫焉則半農夫也定受田十二萬家據此康成以畿內千里計之僅定受田者三百萬家而六鄉之七萬五千家尚在遠郊之內何竟誤算於營國方九里中哉易氏曰近郊之民王之內地遠郊之民王之外地然則郊共百里內地近郊尚名爲畿外地遠郊卽爲

畿外之地遂又在郊外故遂人掌邦之野謂甸稍縣都從二百里至五百里皆名野注云鄉民廛宅接比遂民野處四散制保伍以定民居與制井田以起軍賦不同井田以四起數民居以五起數比天下之居用保伍法井天下之田用邱甸法故曰地不里居田不井授終苟道也孟子五畝之宅與百畝之田並舉是卽井授邱甸法言之非卽比居保伍法言之書周官云司空掌邦土居四民集傳謂冬官卿主國空土以居士農工商四民王氏樵曰空土者凡土之曠田之未授者也然則雖在六鄉居民猶必以空土而謂

營國九里之內可居乎禹貢五服通畿內周制五服
在王畿外多士云宅爾邑繼爾居集傳云邑四井爲
邑之邑陳氏師凱曰四井三十二家也又案遂大夫
令爲邑者注謂爲邑者自里以上皆謂之邑在邦甸
則爲公邑在家稍則爲家邑在六都則爲都邑皆有
吏焉故遂大夫令之與甿者於甿中舉其賢能也縣
正掌徵比以須田里以分職事注謂縣正六遂之縣
正其長也徵徵召比案比須田里卽夫一廛田百晦
分職卽九職據此則邑卽六遂井授須田里卽夫一
廛田百晦而言若六鄉之內大司徒主之則五家爲

一比二十五家爲一閭一百家爲一族五百家爲一黨二千五百家爲一州萬二千五百家爲一鄉皆不以里以邑計故皆不名之爲里爲邑安得謂此言在邑乃在王城內乎王氏禹昭曰鄉遂之制始於五家之寡而終於萬有二千五百家之衆陳氏汲曰此古者什伍之法至小司徒井牧田野則主治野井田之法蓋衍沃之地則爲井隰皐之地則爲牧牧者二牧而當一井也故有以田夫名者九夫爲井是也有以地里名者方里爲井是也九夫特以通率備言之耳地有山川林麓不可以盡井者安得九百畮皆平地

乎故以九百概言之其實仍八家也蓋里以一井言
即九百畝之地實八家之地以地里而名則遂人所
謂五家爲鄰五鄰爲里故又以二十五家爲里四里
爲一酇五酇爲一鄙五鄙爲一縣五縣爲一遂此又
以五起數異於井授所以定民居也遂之鄰里酇鄙
縣遂猶郊內之比閭族黨州鄉也以田夫而名則小
司徒所謂九夫爲一井四井爲一邑四邑爲一邱四
邱爲一甸四甸爲一縣四縣爲一都蓋用邱甸法井
授一夫百畮里惟九夫實八家用保伍法定民居一
里二十五家二法兼用者經畫有不同也至於族師

之五家爲比十家爲聯五人爲伍十人爲聯四閭爲
族八閭爲聯此又邦比之法使之相保相受者也必
又合爲一聯者便於以時校登也由是因井田以制
軍賦則稍人所謂掌令邱乘之政令注謂兵出於井
邑邱甸縣都但言邱乘者以一邱出一馬四邱出一
乘故舉以爲名也易氏祓曰每乘當用七十五人四
邱爲甸甸爲井六十有四其爲夫者凡五百七十有
六家出一人爲正卒每次調發則五百七十六家共
出七十五人并一革車其餘未調發者可應數次調
發所謂萬二千五百人爲一軍者乃合諸邱之乘共

爲一軍也漢書刑法志所云方一里爲一井井十爲
通通十爲成成方十里成十爲終終十爲同同方百
里賦以足兵者亦本四井爲邑四邑爲邱邱十六井
甸六十四井而計之所謂乘馬之法也在周禮無通
成終同之名言此者班氏也周禮寓兵於農惟有五
人爲伍五伍爲兩四兩爲卒五卒爲旅五旅爲師五
師爲軍所謂預備以待使令者也若夫因井邑以定
水道則遂人之夫間有遂遂上有徑十夫有溝溝上
有畛百夫有洫洫上有涂千夫有澮澮上有道萬夫
有川川上有路皆所以通水於川而其上各有徑涂

道路可以達於王畿也云達畿者明此井邑之在畿外也葢井田既畫軍賦由此出溝洫由此通而又於六鄉以賓興於六遂以興甿言甿者明其爲在野井邑之民也其有宅不毛田不耕者則又有里布屋粟之罰所以勸宅勸耕也其自國以及野之道則十里有廬三十里有宿五十里有市明由國至野道路之遠不可無憩息之所也然則由國以至遠郊相隔百里由郊內六鄉以至六遂相隔百里中間且爲茶亭候館以慰行道之勞此所謂二畝半在邑者即六遂井邑公邑家邑都邑而言其去國之遠何之公邑則

相隔二百里稍之家邑則相隔三百里縣之小都邑則相隔四百里畺之大都邑則相隔五百里而謂統在王城乎觀遂人次於司關掌節之後明遂在關外也載師所謂國宅無征者以六鄉爲國中也里宰之掌比其邑者即井邑也故曰以歲時合耦於鋤所謂合耦者即孟子之八家同養公田詩之十千維耦也然則此云在邑在田之宅謂王國乎謂郊甸乎漢食貨志云井田方一里八家共之各受私田百畝公田十畝是爲八百八十畝餘二十畝爲廬舍趙注云廬井邑居各二畝半以爲宅各入保城二畝半故爲五

畝也正義亦以周禮之井牧九夫爲井四井爲邑及遂人掌邦之野疏之據此則集註所云本於趙注證諸疏說其爲卽六遂井邑言之也無疑証諸漢志則二畝半在田亦確有可據且說文廬寄也秋冬去春夏居從广盧聲力居切蓋古農夫必使家有二宅當春夏耕耘有事之時則出居於廬自秋穫之後至冬農隙則入居在邑之宅所謂夫一廛者也故在田曰廬詩邠風乘屋鄭箋云治野廬之屋其始播百穀謂期來年百穀于公社此尤可爲二畝半在田之證以餘公田二十畝八家分之故每家得二畝半也其在

邑之定民居亦當各以二十畝之地八家分之故亦
各得二畝半也是爲五畝之宅所謂以田里安甿明
田有宅里亦有宅也此並先王定制而可目爲極不
通之說乎遂人明言上地中地下地夫一廛田百畮
即此注在邑在田確證惟其夫一廛則二畝半在邑
無疑也惟其田百畝則二畝半在田無疑出此皆六
遂之制爲遂人所掌且明言凡治野明言辨其野之
土所謂此不在野而在國乎且小司徒井牧特言治
野之法故鄭注造都鄙也則非通指畿內爲井下文
分地域鄭又謂建邦國造都鄙制鄉遂者以井授在

四書緯卷四　十

遂而又疑遠郊亦井故兼言鄉也觀旅師掌聚野之鋤粟鄭注野謂遠郊之外也鋤粟民相助作一井之中所出九夫之稅粟也則遠郊有井田矣康成此注所云如此故於小司徒井牧旣云造都鄙而又於分地域兼指鄉遂也葢鄭又謂畿內千里三分去一上中下相通定受田者三百萬家鄉在郊內故疑遠郊亦井也不知遂始言須田百畝經文可據則自郊門以內鄉民皆用比法計口而授如上地家七八中地家六八下地家五八皆口衆者授之肥口少者授之瘠不必定用邱甸法也夫鄭旣注野謂遠郊之外是

遠郊之外有井田何又云遠郊有井田也郊外曰野可以郊内爲野乎夫郊外卽遂也賈疏云六鄉六遂皆爲溝洫法三等采地乃爲井田此以遂人十夫有溝疑其用貢不知遂與匠人九夫爲井同法非采地乃爲井田也黄氏度曰一井十夫其中爲遂而溝環之田占九夫而兼溝實有十夫之地故曰十夫也陳氏祥道曰遂人所言者積數也匠人所言者方法也積數則計其所有言之方法則積其所圍之内言之其實一制也據此遂爲井授乃爲治野固無俟繁引卽畺卽遂人一廛百晦之語則知孟子所云五畝之

宅百畝之田定爲指野而言則其誤認爲王國九里之中而妄爲之說者萬無可逃其謬矣較之古今習聞先王之制先儒之說確不可易者果孰爲可笑乎吾不知爲此說者仲恭爲何許人而獨異百詩先生號稱博雅何獨於此條亦以爲煞是可疑而毫莫之辨也至所云二畝半之地當容十餘家尤爲可笑不足與辨不知古必二畝半者井竈葱韭之所取具也

無道桓文之事

集注引董子之言案荀子非相篇云仲尼之門五尺豎子羞稱五伯是何也曰彼以讓飾爭依乎仁而

蹈利者也小人之傑也彼固曷足稱乎大君子之門哉在董子前故此疏舍董而引荀為證

不贍

集注云贍足也本小爾雅案說文贍給也不贍即不給觀晏子補不足助不給分別言之蓋不給尤迫於不足不足猶匱乏之謂不給非僅不足也說文給相足也國語注多有訓給為足者然考晉語豫而後給注云給及也竊意救死而恐不贍者仍所謂救死而恐不及也似較訓足尤合此經趙氏以不給釋之而正義亦云不足則疏說不知趙注之精

水滸

毛詁滸水涯也箋云循西水涯涯溼水側也趙注亦云滸水涯也循西方水滸不詳所涉何水集注本此釋地謂程大昌雍錄云渭水實在梁山之南循渭西上可以達岐較本紀以水滸之水爲漆沮尤確說似可據但以孟子去邠踰梁山之文證之竊疑渭水在梁山南自邠抵岐二百五十餘里梁山界乎其間取徑東南未必循渭而西恐仍以渡漆沮爲確增按鄭氏譜曰豳地今屬右扶風栒邑其封域在禹貢雍州岐山之北徐廣曰漆縣東北有豳亭郡縣志古豳城

在邠州三水縣西三十里公劉始都之處杜預云豳
在新平漆縣東北括地志邠州新平縣即漢漆縣詩
豳國禹貢雍州漆沮既從寰宇記漆水自耀州同官
縣東北界來經華原縣合沮水沮水自坊州昇平縣
北子午嶺出俗號子午水下合榆谷慈馬等川遂爲
沮水至耀州華原縣合漆水至同州朝邑縣東南入
渭二水相敵故並言之既從者從於渭也據此漆沮
之水與渭相通至同州乃東南入渭邠即漢漆縣地
以漆水得名古公去邠宜度漆沮故史記敘渡漆沮
於踰梁山之上葢梁山既踰便止岐下此固明言走

馬非若汎舟之役也雍錄所謂循渭西上可以達岐者當即泛舟言之耳又宋氏曰漆沮在西都畿內涇渭之北所謂洛水段氏曰書所謂漆沮在澧水涇水之東爲渭之下流吉曰漆沮乃會於東都繼田獵之後宜爲下流之漆沮李氏曰禹貢東過漆沮即此漆沮孔氏傳在涇水之東一名洛水與自土漆沮者別也此職方氏所謂雍州其浸渭洛非河南之洛也史記正義括地志云洛水源出慶州洛源縣此非古公所度漆沮也詳此下流之漆沮遠歷鄜坊北之東都然則古公之度漆沮也此亦其證矣釋地此條葢偶

見雍錄所云故新其說遂謂與滎沮無干耳其實非也

天時

趙注天時謂時日支干五行旺相孤虛之屬也集注本此節去五行二字又倒孤虛於旺相之上云天時謂時日支干孤虛王相之屬也案正義曰時日支干者子丑寅卯辰巳午未申酉戌亥是爲支甲乙丙丁戊己庚辛壬癸是爲干干支所以配時日而用之也云五行旺相孤虛之屬者五行金木水火土是也金旺在巳午未申酉木旺在亥子丑寅卯水旺在申酉

戌亥子火旺在寅卯辰巳午土旺在申酉戌亥孤虛者蓋孤虛之法以一畫爲孤無畫爲虛二畫爲實以六十甲子日定東西南北四方然後占其孤虛實而向背之郎知吉凶矣據此所謂孤虛乃占法也五行旺相四字連文䟽又云如周武王犯歲星以伐商魏太祖以甲子日破慕容凡用師之道有太史以抱天時太師之執同律之類是也竊意此注五行字似可不節孤虛字亦似可不倒恐仍以趙注爲是又此䟽云古之用兵者莫不布策挾龜迎日計月望雲占風觀星候氣以察吉凶以明利害然則所謂天時亦不

僅時日支干五行旺相孤虛而已也故云之屬

山谿之險

案周禮掌固注主封疆之固者浚溝之土以爲城鑿池之土以爲郭溝池深於外則城郭固於內渠又在外所以出水植木其上亦所以使固也司險注主山谿之險者在國曰固在野曰險險言山兼言谿者統山林川澤而言王氏應電所謂遂溝洫澮川以通水道即以限我馬者也然則以先王之制而言亦豈得謂封疆之界山谿之險可盡廢哉不知先王懷保俖和宏其怙冒耿光大烈本於畢心其在德不在險者

已足建不拔之基而後以制度宏猷體國經野夫是以同民心而出治道內外交修而苞桑永固也後世井田學校之議一切不講第以攘奪爲心至使民凍餒離散轉徙溝壑救死不贍而在上者專務兼并逞其豪强爭地爭城殺人盈野以求遂其囊括并包之舉所恃者惟封疆之界耳山谿之險耳兵革之利耳卒至衆畔親離人心盡失當時目擊之者安知非痛心疾首而爲此論也孟子引此正爲當時諸侯王痛下針砭耳善乎南軒之說曰孟子之言以當時皆重末而忘其本也玩故曰二字此數語或孟子得於傳

聞非孟子之言

且比化者

集注比猶爲也近人謂比爲周亦見古訓但棺周於身此何待言增案比義爲訓極多爾雅釋詁比訓俌郭注俌猶輔詩其比如櫛比訓密禮比禮比樂比訓合以及訓及訓至皆各有取爾也竊考周禮夏官形方氏小國事大國大國比小國注比猶親也又地官大司徒五家爲比使之相保益比訓親亦兼有保義此經比字當謂人以棺之美親厚其親能保化者不至如棺椁之薄使之土易親膚庶幾無憾於心耳

夏畦

集注謂夏月治畦之人增案說文田三十畝曰畹田五十畝曰畦竊謂夏畦者夏日治五十畝之人乃人之極勞者故病莫病於此而側媚者其勞過之故曰病於夏畦圭田五十畝似亦从畦取義以其爲五十畝故曰圭集注訓圭爲潔則又因圭字而爲之說耳

公輸子

趙注謂魯之巧人或以爲魯昭公之子惟段成式酉陽雜俎云魯般燉煌人未詳年代巧侔造化考燉煌今廢沙州水經注所謂黑水出張掖雞山南至燉煌

過三危山南流入海者也通典曰沙州古流沙地皇
輿表張掖縣今甘州衛地里今釋云流沙在今嘉峪
關外東至賀蘭山西至廢沙州界幾南北千餘里三
危山在今陝西岷州衛塞外雲南麗江府北據此張
掖燉煌雖尚在内地皆禹貢雍州之域其非魯境可
知未詳𡩜段說何據案說文石部磑云䃺也从石豈聲
古者公輸班作磑五對切渾言古者不定爲何時人
亦不定指爲魯人觀其創始作磑後世賴之已可想
見其巧不必紛紛木鳶雲梯之談矣

規矩準繩

案書傳法度之制始於權權與物鈞而生衡衡運生規規圓生矩矩方生繩繩直生準準是權衡者法度之所自出也據此則規矩準繩皆自權衡而出陳氏師凱曰規矩繩權衡謂之五則準繩連體權衡合德百工繇焉以定法式韋氏昭曰立準以望繩以水爲平也然則準平繩直卽平以驗直所謂準繩連體也太史公曰禹聲爲律身爲度左準繩右規矩則規矩準繩之明自禹之時而已然矣故曰聖人旣竭目力焉繼之以規矩準繩尸子曰陳繩則木之枉者有辠措準則地之廢者有辠則繩以驗木準以測地書曰從

繩史記曰平準有規矩安得無準繩乎

名之曰幽厲

考謚法動靜亂常曰幽殺僇無辜曰厲孟子第即謚之最惡者懸空言之以爲懲戒見謚法有此二謚後之爲君者不可蹈此謚也不必定指幽王厲王戰國之時雖列國分爭天王猶爲周也烏得遽斥本朝之天子以爲戒乎且孟子生於烈王之時去幽厲之世雖隔平王五十一年桓王二十三年莊王十五年僖王五年惠王二十五年襄王三十三年頃王六年匡王六年亦不過百有餘年之久周鼎未革安得以昭

四書緯卷四　十八

代爲口實也且厲王子爲宣王宣王子爲幽王若指幽王厲王孟子當曰名之曰厲幽不應顛倒世次而曰幽厲即本句已可證其爲即惡謚而言斷非意指幽王厲王也必泥幽厲爲幽王厲王彼魯煬公之後何嘗不有幽公魏公之後何嘗不有厲公推之齊武公之後亦有厲公謚幽厲者獨幽王厲王哉故集注謂幽暗厲虐皆惡謚也不从趙注指幽王厲王最精

滄浪之水

滄浪之水四字成文未可直曰滄浪集注以滄浪爲水名釋地謂其殊非盍地名也竊考武當縣西北四

十里漢水中有洲名曰滄浪據此滄浪本洲名耳

走壙

集注謂壙廣野也蓋本趙注獸樂廣野之文儈案說文壙塹穴也又塹云坑也考葬者甫窆亦云開壙漢書云不入虎穴焉得虎子據此則壙之爲窞爲坑爲穴無疑皆獸所藏匿之處上句水之就下卽水之所歸而言此云走壙謂獸走壙穴亦卽其所歸而言故走音奏猶歸也與奔走之走讀上聲者不同故孟子以爲歸仁之喻若訓廣野則獸方馳逐奔竄無所底止反成茫無所歸之象矣何以喻歸仁乎又周禮攷

蟄獸以穴氏掌注謂蟄獸如熊羆之屬此亦獸壙爲穴之證

被髮纓冠

趙註纓冠者以冠纓貫頭也正義纓冠於頭集注謂不暇束髮而結纓往救增案內則韜髮用縱即纚也纚六尺古人不露髮必韜而結之繞爲髻所謂韜訖爲紒也乃著冠今曰被髮則是不暇束髮矣纓冠者謂但以纓結於頷下使冠與首相著而已更不暇垂緌爲飾也故曰言急也考雜記曰大白緇布之冠不緌緌纓飾故其緌也孔子曰吾未之聞也蓋緇布冠

有缺項後不合有繩結之元冠則不用缺項而纓屬於武故纓所以固冠也緇布冠有纓無緌至元冠用黑繒縞冠用生絹皆垂緌爲飾禮惟尊者有緌孔子時已有緌者故玉藻云垂緌五寸惰游之士也至孟子時當無不垂緌爲飾今日纓冠第如居冠屬武而已故爲急也屬武謂結纓而武屬於首古者燕居去飾不尚威儀故不加緌有事然後緌今之纓冠爲不暇緌也

墦間

趙注郭外冢間也葢墦非卽冢統指郭外冢間之地

故趙以四字釋墦閒也集注省文曰塚增案說文土部有塋有墓有墳有壟四字相連而無墦字釆部番字云獸之足曰番从釆田象其掌與鼠部鼺皆附袁切讀若樊林部大部皆無樊字林部云平土有叢木曰林凡林之屬从林竊疑樊爲荊榛叢雜之地墦爲狐鼠奔竄之地似非墦即爲冢邑部鄱从番謂鄱陽亦當以空曠得名古兆域曰墓因封曰墳戰國時或曰壟如死士之壟是惟山海經載帝王之睃多曰冢郭璞云絕域之人各自祭醊起土爲冢是以所在有焉說文勹部冢高墳也又冃部冡覆也从冃豕又巾

部幪云蓋衣也皆莫紅切月部冐云冢而前也據此冡本爲覆冐之義時綿之篇冢土謂大社禹貢嶓冢嶓謂梁州之嶓亦从番冢謂山之似冢蓋謂山之重覆如冢後之名墳爲冢者亦當取象於此孔子曰古者墓而不墳殷周以前安得遽名冢乎至皇覽曰文王武王冢在京兆秦武王冢在扶風此又以一王之墓爲冢趙曰冢間亦據塋地而言而又以墦非一人一家之塋地所在故又統以郭外二字知趙當非以墦爲冢且封建曰屏藩籬曰籓籬皆附袁切以此推之應皆寥廓之區有一匡之義說文肉部無膰字火

部燔爇也炙部繙云宗廟火孰肉引春秋傳云天子有事繙焉以饋同姓諸侯意者廟肉曰繙因以郭外狐鼠奔竄之地爲上冢時祭者之所羣集即名之曰墦閒歟不解集注何以不从趙注僅訓爲塚竊觀周禮有冢人有墓大夫葢冢統先王及羣臣之葬地而言墓大夫掌國民族葬之地墓單指墓地而言故曰使皆有私地域似冢與墓亦有別葢墓地曰墓羣墓所在曰冢故太宰稱冢宰以其統百官也長子稱冢子以其統庶子也皆以覆冒之大言朱子其有取於此因節其文意謂一字可該其義歟然塚與墦究應

有辨竊謂冢爲羣墓所在固非單墓曰冢亦仍以羣
墓得名墦又包塚地而言當以空曠得名總之冢大
於墓墦又大於塚也故曰郭外也似趙注仍不可易
先儒皆謂古不墓祭程子曰嘉禮不野合則死不墓
祭燕享祭祀皆宮室中事也後世習俗廢始有墓祭
張子曰墓祭非古也體魄則降智氣在上故立之主
以祀之考靈臺碑載堯祠母慶都之墓以文選黃屋
非堯心推之似不足據曾子曰椎牛而祭不如雞豚
之逮親存也一本無墓字周本紀謂武王上祭于畢
下至於孟津畢文王墓地此當因興師而祭周禮凡

祭墓爲尸此爲墓成之祭盖甫竁有祭開壙祭后土墓成有祭祭所蓋者由是有拜掃之禮猶非卽寒食祭墓之謂故此墦間之祭始爲祭墓切證至漢寵公始曰清明上冢至唐開元中始勅民間寒食上墓禮經無文宜同拜掃禮至後唐莊宗每年寒食出祭始焚紙錢見五代史近代以來遂以成俗

少艾

集注艾美好也楚辭戰國策所謂幼艾義與此同增案爾雅釋詁艾凡四訓一曰耆艾正伯長也注引曲禮五十曰艾六十曰耆一曰艾歷也鄭注謂長者更

歷多矣一曰艾歷覞胥相也鄭注謂艾即乂也察乂
治也歷徧閱也皆有相規之義一曰頤艾育養也注
引方言云汝潁梁宋之間曰艾據此艾皆即年長者
而言故曲禮五十曰艾亦訓艾髮之蒼白如艾之色
魯頌俾爾耆而艾義同詳少艾之謂似謂較艾爲少
者耳故曰少艾幼艾同蓋謂人情知好色則慕年少
於艾者有妻子則慕妻子此承上好色而言見人情
多厭老而慕少至仕則慕君此承上富貴而言見人
情多慕盛而厭衰故足一語云不得於君則熱中見
人不分心於好色即分心於富貴極言終身慕父母

之難其人也此舜之五十而慕所以爲大孝也艾主年齒言似正對終身之訓而言恐非美好之謂又自怨自艾集注謂艾治也引說文王芟草也案今說文艾惟指氷臺鄭注爾雅艾氷臺謂今艾蒿也又集注所引楚辭卽少司命云竦長劍兮擁幼艾今按王注言司命持長劍以誅凶惡擁護萬民長少使各得其命也是幼謂少艾謂長乃指萬民之少者老者耳並不作一人解由此推之國策魏牟之所謂幼艾亦安知非謂不以予工而與老者少者乎或言老者少者皆無用之人也又或云古謂男色爲艾葢緣誤解艾

豭而云然耳不知艾豭之艾杜亦訓老釋地謂楚辭㓜艾指女色國策㓜艾指男色似尤可笑竊謂如釋地載隨筆所云艾主男色將謂人知好色則慕男色可乎此必不可爲訓者也謬孰甚焉集注本趙注亦不知僞疏已疑趙爲誤云不知何據矣

使治朕棲

萬章論舜完廩浚井之事據象曰二嫂則已在釐降之後曰弤朕有琱弓之賜當在受禪之後是時舜既爲天子不知瞽瞍曾有完浚之使時人所傳焉知不與咸邱蒙所問同爲齊東野語也然據上章孟子謂

舜貴爲天子而不足以解憂則亦難斷其必無是事矣孟子亦姑就其說論舜愛弟之心其事之有無不暇辨也惟二嫂使治朕棲集注棲牀也象欲使爲己妻也本趙注棲牀也二嫂娥皇女英使治牀欲以爲妻也竊疑象之二嫂爲堯之二女斯時堯猶在上象何敢遽爲此語且舜攝政時年已五十計英皇之齒未必不與舜相當即英皇未老象雖傲豈眞不識倫常者何至遂萌此欲且見乎辭況舜已娶象爲舜異母弟即以三十而娶論之象亦當早有室象爲瞍之愛子豈獨使之有鰥在下哉象又豈肯廢大倫以懟

父母哉象自有妻安得又欲以嫂爲妻竊意婁當爲妻字之訛葢欲二嫂治其巳妻如姑之教婦刑于其妻亦猶舜之欲使治其臣庶也程子曰堯妻舜而不告者以君治之而巳如今之官府治民之私者亦多焉治亦當同此意古嫂作㛮義取三老五更說文嫂从女叜聲皆有老而比母之義故欲使治其妻以爲彈壓也古棲多作栖惟詩今本作雞棲亦音西論語作栖栖今齊韻有栖無棲此章妻字凡三見有妻子則慕妻子娶妻如之何恐此亦妻之訛也棲謂之牀出自廣雅似亦不足據考方言齊魯之間謂之簀陳

楚之間謂之第北燕朝鮮之間謂之樹自關而西秦晉之間謂之杠南楚之趙東齊海岱之間謂之梓其上板衛之北郊趙魏之間謂之牒象與舜同爲冀州之人以生諸馮而論據方言秦晉之間當謂牀爲杠以遷負夏而論負夏衛地當謂牀爲牒即以封有庫而論一統志云有庫在今永州零陵郡據方言陳楚之間亦當謂牀爲第似象皆不至名牀曰棲也

父母使舜完廩

象欲以牛羊倉廩分於父母是其時有父兼有母也考舜母早死瞽瞍更娶妻而生象象殺舜之舉象與父

母同謀然則所謂母嚚者當指象母非舜母之據登氏也舜之五十而慕亦爲孝於繼母矣

鬱陶

鬱陶集注謂思之甚而氣不得伸也如此則象特自言其鬱而孟子何所據而曰象喜耶爾雅鬱陶繇喜也鄭注檀弓云人喜則斯陶陶斯詠詠斯猶猶即繇也注云陶鬱陶也據此則象所謂鬱陶蓋自言其喜而思君耳故孟子據此而斷舜曰象喜亦喜集注謂氣不得伸者蓋本五子之歌鬱陶乎予心顔厚有忸怩而未免誤會其文耳蔡傳又承朱子孟子此注

之訓故書傳在鬱陶遂以爲哀思也竊以爲五子所
謂鬱陶乎予心者亦謂太康之心喜於遊畋至此亦
宜其愧故接云顏厚有忸怩而終之曰弗慎厥德雖
悔不可追也上曰嗚呼曷歸予懷之悲萬姓仇予予
將疇依葢謂太康爲君至於無地可歸無人可依其
所以至此者皆由鬱陶乎予心喜於逸豫至今日豈
不顏厚有忸怩乎蔡傳不詳乎此惟承曷歸疇依之
文順文釋之漫以爲哀思也考諸古訓陶皆訓喜故
後世用陶陶曰陶然曰陶情皆主喜言觀檀弓注陶
郎鬱陶不得以鬱字爲疑葢鬱與陶散文則異連文

則從陶爲訓言鬱者蓋形容其喜之叢耳說文鬱字本義木叢生者檀弓疏云心初悅而未暢之意鬱陶之情暢則口歌咏之也又祭義陶陶遂遂注謂陶陶言思親之心存乎內遂遂言思親之心達乎外則陶爲繇喜兼有思義故象以鬱陶思君連文

微服

趙注變更微服而過宋近人謂變更微服非聖人所爲耳桓司馬素識孔子雖變更微服亦安必不遭其害引說文彳部云微隱行也此云微服服亦訓行也尙書盤庚先王有服康誥子弗祗服厥父事孔傳皆

訓服爲行文十八年左傳服讒蒐慝注亦云服行也

葢孔子過宋恐桓害已故微行而過之或又引詩七

月遵彼微行證之意孔子從小路過宋不由大過也

增案微服卽小路最確然無俟旁徵博考也史記定

十四年齊陳女樂馬於魯城南高門外季桓子微服

往觀再三將受乃語魯君爲周道遊往觀終日怠於

政事觀微服朝與周道對言此微服爲小路之確證

葢桓子先從小路往觀再三至將受時乃語魯君爲

周道遊觀也據此可益知趙注之非

澢水

趙注波圖正義謂波圖瀠洄之貌集注本此案說文湍疾瀨也瀨水流沙上也又案枚叔七發曰湍流遡波又澹淡之文選注云遡波逆流之波也澹淡搖蕩之貌也據此湍當爲逆流搖蕩之貌又郭景純江賦一云涌湍疊躍一曰峻湍崔嵬又可想見其涌而疊躍峻而崔嵬爲何如之駭浪懸騰驚波屹崒哉故淮南注謂湍爲水行疾較確旋流當爲渦水故曰盤渦非湍也

而有微子啓王子比干

集注謂按此文則微子比干皆紂之叔父而書稱微

子爲商王元子疑此或有誤字竊按書曰父師少師指箕子比干皆紂之諸父孟子詎不知之或微本作箕傳寫者因當路章武丁朝諸侯節云又有微子微仲王子比干與此文相似遂於此亦訛箕爲微耳後未有更正者遂承其謬此似無可疑

芻豢

集注謂草食曰芻牛羊是也穀食曰豢犬豕是也按此以孟子之文徵之今有受人之牛羊而爲之牧之者則必求芻與牧故知芻指牛羊以少儀不食圂腴注圂與豢同犬豕也之文徵之故知豢指犬豕皆舉

其所食而括其物也猶芻豢之悅我口即猶牛羊犬豕之悅我口荀子禮論篇云芻豢稻粱所以養口也孰知夫禮義文理之所以養情也意亦同此而養情語較粗所以爲荀子之言

稽大不理於口

不理於口似謂人多以非理訕之趙氏蓋以理爲俚而訓爲賴耳充嫌多一轉折士憎茲多口似謂士多爲衆口所憎亦不必改字近人考異據離騷爲理注今之以通辭理謂稽云不理蓋自病其言之無文又據潛夫論士貴有辭亦憎多口謂孟子云憎多口即

禦人口給屢憎於人之意謂徒理於口亦爲士君子所憎惡惟能以文王孔子之道理其身心卽有憎其口之不理者特羣小輩耳於己之聲問無隕越也引詩斷章取兩慍字申達憎義案此似好異之談近於曲說恐非

麋鹿補

麋鹿以山澤判以陰陽判不以大小判也釋名云麋澤獸也埤雅云麋澤獸鹿林獸增案麋爲澤獸確有可證哀十四年逢澤有介麋焉方言無耦曰介介亦不僅訓大也本作麋一本作麋此猶澤之有麋難定

其爲麋也案宣十二年楚樂伯致師射麋麗龜其時晋師在敖鄗之間杜注滎陽京縣東北有管城敖鄗二山在滎陽縣西北晋魏錡請戰而還及滎澤見六麋射一麋杜注滎澤在滎陽縣東僖三十三年鄭有原圃猶秦有具囿吾子取其麋鹿杜注滎陽中牟縣西有圃田澤此皆麋爲澤獸之證

# 孟子章句考年五卷
# 首年表一卷

清　蔣一鑑撰

清道光十七年刻本

敘

孟子七篇自考亭朱子集諸儒之大成發明其義昭若日星迨嘉定初天台陳壽老箸孟子紀蒙十四卷厥後元之蘭谿金華明之河津餘干咸有闡解以羽翼其閒至矣備矣惟自趙氏迄今攷孟子事蹟者舛錯紛紜迄尠定說夫賢者於古今名德碩人之事蹟猶將萃諸簡編按年詳考正其舛譌以爲表式況傳道之功不在禹下之亞聖孟子吾儒終身誦習其書心維身體而不足者其事蹟歲月曷可不博考是正以補先儒之未備也史記孟子列傳不書其生卒歲月余觀孟氏譜云孟子周定王三十七年四月

二日生赧王二十六年正月十五日卒壽八十四小司馬索隱留青日札聽雨紀譚諸書俱謂孟子生在定王時蓋皆本孟氏譜之説而沿其誤耳不知周定王在位二十八年無三十七年若云二十七年之訛則是年己亥至赧王十六年壬戌即八十四矣安得至二十六年虖今距孟子卒二千一百三十餘年邠卿之注已無全文孫奭之疏又係僞託近代作者如釣臺楚望孺山鳳石百詩寅谷均有纂述咸稱該博然其間罅漏孔多爬梳尚少舛訛失攷者雖閻氏之博綜羣典亦所不免如潛邱劄記云集註所載陳氏乃陳者卿不知朱子卒於慶元六年者卿後於朱子

恐無由取其說也諸家仍誤未易臚陳非學博而思深者
尠能薈羣籍而折其衷無爲蔣子存齋晉孟子章句考年
一編來乞弁言余觀其書紀年書事博采羣言右事昭晳
癥結具通考定孟子生於周烈王四年四月初二日卒於
赧王二十六年正月十五日其言差爲可據它如據孟子
外書而知孟子師於孔子之四世子上歷攷其年以證趙
氏諸家孟子親受業子思之說殊不合以孟子生於魯之
陬邑而遷於攷郰爲鄒之鄒國具有卓識又余觀孟氏譜
以孟仲子爲孟子之子謂嘗見一書於嶧山道人云公孫
子內有仲子問一篇乃知仲子實孟子之子嘗從學於公

孫丑者王圻稗史亦采之今据孟子外書以證仲子非孟子之子益足徵考亭朱子从趙氏以仲子爲孟子從弟攷覈之當皆學人所不可不知者余故臯爲序之

道光柔兆涒灘病月長沙陶澍

序

孟子七篇趙邠卿以爲孟子所自作或云門弟子如萬章公孫丑輩作皆不知所據其書奥衍閎深獨標宗旨不斤斤於爲文而文章已超乎千古其闡發仁義性道使二帝三王周孔之業燦然大明韓子所謂功不禹下者也或以爲非孟子自作不能而生平之所游歷先鄒次任次齊次宋次薛次滕次梁又次齊及宋卒由魯歸鄒其事迹俱有脉絡可尋而一時與時君相問答之言皆對症施藥崇仁黜霸與夫分田制祿絕大本領按之當時情事一一皆可見諸實行惜當時不用也較之鄒衍荀列輩空言無補者

奚啻天淵韓子又云故求觀聖人之道者必自孟子始大名崔東壁先生曰孔子以後唯顏子或可相埒其餘未見可抗行者也今之學者終日佔畢徒爲科名計尋章摘句不求甚解故童而習之白首而不知其故者有矣蔣子存齋讀書嗜古治經之暇著有孟子章句考年源清委晰証之史記世本竹書而得其眞所謂有功于孟氏者矣其中據外書以爲孟子乃子上之門人尤爲確論云

道光丁酉孟夏既望漢州漁篁張懷溎

古今考孟子事蹟者自太史公列傳趙臺卿孟子注外不啻數十種要皆先後參差紛紛訟說靡有適從予向執諸儒先受業子思一言遵甘氏馭麟所引謂孟子生於安王七年卒於赧王三年屬稿數年矣既思客游歲月多與七篇章句相戾欿然者久之癸巳春於近世吳稷堂藝海珠塵得孟子外書四篇暨崇明施彥士樸齋孟子外書集證讀孟質疑二書乃知孟子師於孔子之四世子上而生於安七之說果不足恃諸儒先生於周烈四之說大可憑矣婁一均鄒縣志史氏鄂孟子年表任釣臺孟子考畧郝楚望孟子遺事姜孺山孟子篇敘陳鳳石孟子時事考徵皆

主生烈四壽八十四之說而能薈萃羣言擇精語詳莫如曹寅谷孟子年譜如指激公仉氏爲合葬之平陸必由去任屬告子辨性於初至宋齊威宣之立務遵通鑑以信七篇客游所以必之齊魏而不之韓趙秦楚與燕凡終居鄒之日皆可稱著書之年折衷至是洵非諸家所可及惜未見孟子外書其閒罅漏待縫未可枚指如魯人鄒人之辨未明見諸侯不見諸侯之義誤解毋仉氏不言所由孟仲子疑爲所生先後兩至齊以於崇爲初至既混賓師於客卿復以客卿爲上卿且謂初至不受祿繼此爲卿受祿越數年之久遂使孟子王齊反手與由此霸王不動心之言

比於蘇張誕譎者流爲大言以欺世者而齊田嬰之封下與號孟嘗君同歲宣王辟疆不言卒湣王地不書元皆其舛之大者他如出弔何以必爲滕文充虞何以言敦匠事牛山何以嘆其木美居休何以必屬歸鄒公孫丑徐辟之來學何時屋廬子既之鄒旋往應所之何地滕更之在門在滕何日曹交之假館居鄒何年私淑泥執爲泛語好辨非兼指作書薛餽遷隷諸田文燕聘不知有樂閒凡此數端闕畧俱不憚研精心力準以外書旁采衆說爲之融貫補苴綜計子車氏畢生里居則生魯遷鄒長鄒而老於鄒客游則先鄒次任次齊次宋次薛次滕次梁又次齊及宋

卒之魯反鄒總之以年表先之以周史編年紀事次之以孟子按年分考分考之內必引七篇章句以實之而分章摘句之中要皆根據儒先諸說間亦參以鄙見非故爲是膠柱而鼓瑟刻舟以求劍也亦以援孟子之章句考孟子之年實事求是庶不昧以經證經之要旨云

道光十四年歲次甲午孟春人日無爲後學蔣一鑑存齋氏自敘於種學山房

# 孟子章句考年凡例

一年表表孟子生卒出處不遵史記世表橫排惟遵徐圃臣排章紀年表直用六甲順敘便核數也始甲辰以烈王四年爲甲辰六年之己酉且接前孔子卒後之甲午也迄始皇二十六年爲甲戌七年之庚辰終秦繼周也

一孟子爲魯公族初生於魯後遷於鄒長於鄒而老於鄒魯世次可考而鄒世次無考故以周史編年而以列國諸君之年繫於下先魯尊宗國也次齊魏宋志游也終秦宗繼統也鄒及滕任薛不紀世舊史失之

也

一周史編年後凡列國時事足與孟子相發明者即本國策史記竹書通鑑摘書之並擇原文簡要者備錄於下其有綱而無目者亦必載明所出何書以示徵信無關要義者不載

一史年紀事後即爲孟子按年書事其體例亦遵通鑑先綱後目全局分三大段自始生至四十爲生魯遷鄒受學設教事自四十一至六十四爲中閒游歷列國事自六十五至八十四爲終居鄒作書任道事顧考孟子事蹟者聚訟紛紛迄無定論茲生卒壽數一

以孟氏譜史氏鶚孟子年表三遷志婁一攷鄒縣志任釣臺孟子考畧郝楚望孟子遺事譚梁生孟子編年畧姜孺山孟子篇叙陳鳳石孟子時事考徵施樸齋讀孟質疑諸書生於烈王四年卒於赧王二十六年壽八十四之說爲準其客游先後次第一以曹寅谷孟子年譜爲準未愜諸處更參之史鑑國策及諸儒先之說正之未敢沿訛襲陋焉

一孟子原有中書七篇外書四篇兹按年詳考事蹟仍以七篇章句爲主其有一句數句一節數節一章數章確信爲某年事者摘出列於是年其不能定在是

年只宜渾列於是年前後數年或數十年者即附載是年章句前後若七篇未載而外書彰明可据者亦於是年備錄之仍用孟子之章句考孟子庶完以經證經之義

一考古必兼明地輿乃可知人論世兹於列國書事及各年所引章句地名關孟子生徒出處者必詳考備載餘概從畧

一周史編年每閲一年眉端標以紀年二字其下列國諸君之年惟孟子客游所至必舉其年詳書之餘惟薨立改元易號讓國攝錄更移大節列國書事及孟

予按年引証必視周史編年及孟子紀年低一格書之爲一鑑總按更低二格書之七篇章句能確指某年者眉端標以章句二字其不能定爲某年只宜渾列於是年前後數年或數十年者眉端標以章句附三字凡所引書必方圈以清界畫其爲鄙見一按再按或分注或總論亦必畫以方圈不使或淆前籍

一孟子章句考年前仍有三編初編計五卷本通鑑自盤古三皇至周平王四十九年次編計四卷本春秋三傳自周平王四十九年至孔子生前之靈王二十年三編計六卷本春秋參史記家語闕里志江愼修

孔子年譜諸書自靈王二十一年孔子生至敬王四十一年孔子卒又本左傳通鑑自孔子卒後及孟子生前之烈王三年四編爲此五卷紀年書事體例一準乎此屬稿成已數載統名曰四書章句考年篇幅甚夥先録茲編餘事續出

一編內凡孟子生前上距三皇七篇所言君臣世系人物地輿典禮制度諸考据已按年歷詳前三編者不複載

# 孟子章句考年卷首

無爲蔣一鑑存齋氏輯

## 孟子年表

此遵徐圃臣排章紀年表直從六甲便核數也始安王二十五年之甲辰以烈王四年爲甲辰六年之己酉且接前四書章句考年孔子卒後之甲午也迄始皇二十六年爲甲戌七年之庚辰終秦繼周也表孟子而必終戰國之局以孟子爲戰國晰關係之一人孟子卒未七十年而周與六國相隨殄滅秦雖兼并亦未延百年之久也○孟子生於烈王四年上距武王十三年革殷六百七十九年距平王四十九年入春秋三百四十九年距孔子卒於敬王四十一年一百零八年卒於赧王二十六年後三十四年赧王盡獻地於秦歸而卒次年西周亡四十一年東周亡六十九年秦并天下八十四年子嬰降於漢秦亡

甲辰

安王二十
五年
蜀伐楚

安王二十
六年崩
魯共公元
韓哀侯元
年

烈王元年
韓滅鄭自
陽翟徙都
之

烈王二年
趙成侯元
年
魏觴諸侯
於范臺

烈王三年
魯魏伐齊

烈王四年
魯共公五
齊威王因
齊七魏武
侯十五宋
辟公元韓
哀侯五趙
成侯三楚

烈王五年
魏取楚魯
陽韓嚴遂
弑其君
孟子二歲

烈王六年
魏惠成王
元韓懿侯
元年
齊侯朝周
封即墨大
夫烹阿大
夫

烈王七年顯王元年
崩　宋君齊取魏觀
剔成元楚趙韓攻周
宣王元年韓改稱鄭
魏敗韓馬孟子五歲
陵敗趙懷自此約數
○此梁惠年孟母三
好戰之始遷居鄒國

甲寅

肅王九燕桓公元秦獻公十三年衛取齊薛陵趙取衛都鄙七十三四月初二日孟子生於魯陬邑

孟子三歲父激公卒葬魯陬邑馬鞍山陽

孟子四歲

顯王二年韓趙分周為東西雨金櫟陽孟子六歲

顯王三年秦敗韓魏於洛陽孟子七歲

顯王四年魏發逢忌之藪賜民取宋儀臺趙取衛甄孟子八歲

顯王五年趙改號邯鄲雨碧於郢秦敗三晉於石門孟子九歲

顯王六年雨黍於齊魏取趙皮牢孟子十歲約是年出就學師於子上

顯王七年秦敗魏師於少梁虜其將公孫痤孟子十一歲

顯王八年燕文公元秦孝公元年彗見西方衛公孫鞅入秦孟子十二歲

顯王九年周致胙於秦孟子十三歲

顯王十年三晉遷其君於端氏秦以衛鞅為左庶長定變法之令孟子十四歲

顯王十一年韓昭侯元年魏伐韓執其君既而歸之秦敗韓於西山孟子十五歲

甲子

顯王十二顯王十三顯王十四顯王十五顯王十六顯王十七顯王十八顯王十九顯王二十顯王二十一

年　年　年　年魯康公年　年　年　年　年趙肅侯一年

齊封騶忌魯衛宋韓　齊魏會田元年　韓取東周諸侯圍魏秦城商塞秦徙都咸元年　秦更賦稅

爲成侯魏朝魏　於郊魏與秦敗魏元二邑魏克襄陵魏築衛鞅圍固陽始廢井秦初爲縣法韓君胡

與趙會鄗孟子十七秦會杜平里取少梁邯鄲拔之長城塞固陽降之魏田魏與秦有秋史趙秦

孟子十六歲　孟子十八〇此梁惠齊救趙敗陽秦衛鞅歸邯鄲盟會彤　奪晉君端孟子二十

歲　歲　喪地於秦魏桂陵楚圍魏安邑漳水上韓孟子二十氏地徙處五歲

始　魏圍取魏雎濊降之以申不害三歲　屯留〇自

邯鄲〇無之閒〇此孟子二十爲相　是晉絕不

隙伐趙所卽梁惠之一歲　孟子二十　祀

由重靡爛大敗也　二歲　孟子二十

其民之禍孟子二十　四歲

孟子十九歲約是年

歲　前後娶田

氏冠而字

甲戌

顯王二十顯王二十顯王二十顯王二十顯王二十顯王二十顯王二十顯王二十顯王三十顯王三十

二年　三年　四年魯景五年　六年　七年　八年　九年　年楚威王一年

魏侵楚入趙君朝周公元年　諸侯會京致伯於秦齊田盼及魏復伐韓邳遷於薛元年　秦人誅衛

三戸郛楚衛貶號曰魏敗韓馬師趙拔齊諸侯賀之宋剮魏平及趙齊救秦衛鞅誘秦與梁戰鞅滅其家

伐徐州　侯服屬三陵　高唐　秦使公子陽趙圍魏韓趙敗魏執魏將公岸門虜其孟子三十

孟子二十六歲
晉　孟子二十七歲
孟子二十八歲
孟子二十九歲
少官會諸侯朝周　孟子三十歲約此前數年教授弟子
北鄙　孟子三十一歲
馬陵殺其將龐涓虜太子申○此梁惠東敗於齊事　孟子三十二歲
子卬而敗之封鞅爲商君魏徙都大梁改號梁　孟子三十三歲
將魏錯　孟子三十四歲
五歲蘇秦招徐辟遊秦贈言警之

甲申

顯王三十二年秦惠文王元年韓中不害卒楚韓趙蜀朝秦　孟子三十六歲
顯王三十三年天子賀秦齊與梁會平阿南宋太邱社亡韓趙圍梁襄陵　孟子三十七歲
顯王三十四年梁惠王三十六年改元稱一年齊梁會諸侯於徐州以相王　孟子三十八歲
顯王三十五年周致胙於秦　孟子三十九歲
顯王三十六年趙築長城復號趙楚滅越秦以公孫衍爲大良造取梁雕陰六國擯秦蘇秦爲從約長　孟子四十歲自三遷
顯王三十七年齊宣王元韓宣惠王元燕易王元年秦公孫衍欺齊梁伐趙蘇秦去趙適燕從約皆解齊伐燕喪取十城既而歸之
顯王三十八年秦定義渠　孟子四十二歲仍客鄒
顯王三十九年秦圍梁焦曲沃梁獻河西於秦　孟子四十三歲由鄒之任
顯王四十年梁伐楚喪取陘山○此南辱之根梁與秦會應獻焦秦又取梁汾陰皮氏　孟子四十四歲去任之齊平陸
顯王四十一年齊宣王五年宋君偃元楚懷王元年秦客卿張儀伐梁梁盡入上郡十五縣以謝○此梁惠合前數年喪地約七百里

至此皆居鄒國

孟子四十一歲始客鄒國都

秦相張犀首歸梁 孟子四十五歲由平陸之齊爲齊賓師

## 甲午

| |
|---|
| 顯王四十二年齊宣王六年九鼎淪於泗秦縣義渠歸梁焦曲沃 孟子四十六歲仍爲齊賓師 |
| 顯王四十三年齊宣王七宋君偃三年秦初臘會龍門 孟子四十七歲去齊之宋 |
| 顯王四十四年宋君偃四趙武靈王元年秦初稱王韓亦爲王梁敗趙護齊梁敗韓舉於桑邱 孟子四十八歲去宋適薛自薛反鄒 |
| 顯王四十五年秦惠文十四年改元稱一年蘇秦自燕奔齊秦張儀伐梁取陜 孟子四十九歲居鄒滕世子使問喪禮既葬禮聘至 |
| 顯王四十六年四月齊封田嬰於薛十月城薛楚敗梁襄陵取八邑○此梁惠南辱於楚事燕君爲王秦張儀會齊楚於齧桑還免相 |
| 顯王四十七年張儀相梁犀首弗利梁有女子化爲丈夫秦取梁曲沃平周 孟子五十一歲去滕反鄒 |
| 顯王四十八年崩齊號薛公田文爲孟嘗君 孟子五十二歲居鄒 |
| 慎靚王元年梁惠王後元十六年燕王噲元年衛更貶號曰君 孟子五十三歲由鄒至梁 |
| 慎靚王二年齊宣王十四梁惠後元十七年卒子襄王赫立秦取韓鄢楚城廣陵 孟子五十四歲去梁自范適齊王使迎之於崇命爲客卿仕不 |
| 慎靚王三年齊宣王十五梁襄王元宋君偃十一年六國伐秦攻函谷關秦開關延敵六國皆敗走宋自立爲王 孟子五十五歲仕齊客卿迎母 |

甲辰

滕　孟子五十　受祿　仉氏養於
歲在滕　齊
愼靚王四愼靚王五愼靚王六赧王元年赧王二年赧王三年赧王四年赧王五年赧王六年赧王七年
年齊宣王年　年崩　齊魯平公元齊宣王二齊宣王二齊湣王元魯平公五　魯平公六　楞里疾相
十六年　犀首行三宣王十八齊宣王十十年　十一年卒宋王偃十宋王偃十年　韓秦甘茂
齊大夫殺國相事秦年　九燕王噲秦張儀敗燕立太子八韓襄王九秦武王秦初置丞擊韓宜陽
蘇秦宋與取蜀楚齊梁城陽向七年　救燕之謀平畔齊秦元燕昭王元年　相張儀死犀首入相
齊敗梁觀爭長秦取秦取韓石秦楞里疾楞里疾虜敗楚丹陽元年　張儀復出於魏趙爲秦佩五國
津敗趙觀趙中都西章　拔梁二邑趙將軍莊虜屈匄取秦張儀說相魏秦使野臺　相印
澤梁因張陽燕噲讓孟子五十　其將犀首豹張儀欺漢中楚復楚韓齊趙甘茂誅蜀孟子六十　孟子六十
儀成於秦國於相子八歲免喪　走齊伐燕楚絕齊交襲秦秦又燕連衡事相壯　四歲之魯　五歲自此
犀首相儀之　反齊　取之醢子相楚楚屈大敗於藍秦秦封儀孟子六十　魯君將因　終居鄒以
歸復相秦孟子五十　之殺故燕匄伐秦梁田韓魏襲爲武信君三歲自宋　樂克以見　道不行與
孟子五十七歲在鄒　君噲趙與復號魏　楚楚割兩秦王卒諸反鄒魯用　臧倉止之　萬章之徒
六歲母卒居喪　楚魏謀救孟子六十　城以和秦侯復合從樂克　終反鄒　作孟子七
於齊歸柩　燕秦得義歲仍仕齊　孟子六十魏拔衛二　篇其徒又
於魯合葬　渠廿五城客卿　一歲致齊城秦取楚　爲述外書
父激公墓　孟子五十　客卿歸鄒召陵〇此　四篇
九歲辭齊　〇自武王合上年丹
客卿適齊　壬辰草殷陽藍田之

甲寅

赧王八年秦拔韓宜陽秦君卒弟稷立以舅魏冉爲將軍趙始胡服孟子六十六歲

赧王九年秦昭襄王元年樗里疾復相秦擊魏皮氏秦復與韓武遂甘茂出之魏楚齊韓合從孟子六十七歲

赧王十年彗星見趙取中山數邑中山復獻四邑以和秦魏冉弒其君之嫡母出其故君之妃歸於魏孟子六十八歲

赧王十一年秦楚盟於黃棘秦復與楚上庸孟子六十九歲

伐燕不果辭仍不受祿

赧王十二年彗星見秦取魏蒲坂晉陽封陵取韓武遂齊韓魏伐楚楚質太子橫於秦秦救之孟子七十歲

赧王十三年秦魏會於臨晉秦復與魏蒲坂楚太子橫亡歸孟子七十一歲

至此七百三十八年故曰七百餘歲

赧王十四年日食晝晦秦取韓穰蜀守叛誅之秦韓魏齊伐楚殺其將唐昧取重邱趙伐中山中山君奔齊孟子七十二歲

敗所謂秦楚搆兵也孟子六十三歲自鄒復如宋

赧王十五年秦質涇陽君於齊樗里疾卒魏冉相秦芊戎大敗楚師殺其將景缺取襄城楚質太子橫於齊以請平孟子七十三歲

赧王十六年魏襄王二十年卒子昭王遬立趙武靈王傳國於少子何自號主父秦取楚八城誘楚君槐執於武關齊歸太子橫立之秦以齊田文爲丞相

赧王十七年趙惠文王元楚頃襄王元年田文自秦逃歸相齊秦取楚十六城齊韓魏伐秦敗秦軍函谷關河渭絕一日秦割河東三城以和趙相公子勝封

甲子

| | |
|---|---|
| 赧王十八年 | 楚君槐自秦走趙秦追及之以歸三閭大夫屈原自投汨羅以死孟子七十六歲 |
| 赧王十九年 | 楚懷王卒於秦來歸葬孟子七十七歲 |
| 赧王二十年 | 魯湣公元魏昭王免喪稱元韓釐王元年趙主父滅中山故太子章作亂公子成李兌誅之遂弒主父秦以魏冉爲丞相孟子七十八歲 |
| 赧王二十一年 | 燕昭王十八年齊田甲劫王田文出奔尋召歸秦使任鄙爲漢中守樂毅去魏仕燕孟子七十九歲燕使樂閒來聘辭不往 |
| 赧王二十二年 | 韓魏伐秦秦左更白起敗之拔五城孟子八十歲 |
| 赧王二十三年 | 秦楚復平秦大良造白起取魏垣取韓宛魏冉病免以客卿壽燭爲相孟子八十一歲 |
| 赧王二十四年 | 秦左更錯取魏軹及鄧封魏冉爲穰侯公子市爲宛侯公子悝爲鄧侯孟子八十二歲 |
| 赧王二十五年 | 東周君朝秦秦伐魏魏入河東韓入武遂於秦孟子八十三歲 |
| 赧王二十六年 | 秦白起伐魏取六十一城秦稱西帝遣使立齊爲東帝已而皆去之孟子八十四歲正月十五日卒於鄒國墓在今鄒縣東三十里四基山之陽 |
| 赧王二十七年 | 秦拔趙梗陽以後附孟子卒後至秦繼周 |

孟子七十四歲

平原君

孟子七十五歲

甲戌

赧王二十赧王二十赧王三十赧王三十赧王三十赧王三十赧王三十赧王三十赧王三十赧王三十
八年九年宋王年一年二年齊襄三年四年五年六年七年燕惠
秦拔魏新偃四十七秦拔齊九燕樂毅以王元年秦拔趙兩秦拔趙石秦取趙代秦取楚鄢王元年
垣曲陽年城齊殺狐秦魏韓趙齊討淖齒城城光狼城拔鄧西陵會秦白起拔
齊滅宋魏垣陳舉燕伐齊入臨立其君之楚黔中楚趙澠池燕楚郢燒夷
納安邑及使亞卿樂淄齊君地子法章保獻漢北上君平卒樂毅楚徙都
河內於秦毅如趙走其相淖莒城趙使庸於秦毅奔趙齊陳秦置南
齒殺之毅藺相如獻田單盡復郡封起爲
下齊七十璧於秦衛齊地齊君武安君
餘城燕封君卒入臨淄封
爲昌國君單爲安平
君趙封毅
爲望諸君

甲申

赧王三十赧王三十赧王四十赧王四十赧王四十赧王四十赧王四十赧王四十赧王四十赧王四十
八年九年魏安年一年二年魯頃三年韓桓四年燕武五年六年七年
秦置黔中釐王元年秦伐魏魏復與齊公元年惠王元年成王元年秦圍趙閼秦攻趙閼秦拔魏懷
郡秦拔魏兩納八城於合從秦拔趙魏伐韓楚太子完與趙奢擊與不拔
城楚復取秦秦復圍魏四城秦救之魏質於秦却之趙封
江南十五大梁魏又割南陽以奢爲馬服
邑魏封公割溫以和和君秦滅義

甲午

了無忌爲　渠以范雎
信陵君　爲客卿
赧王四十　赧王四十　赧王五十　赧王五十　赧王五十　赧王五十　赧王五十　赧王五十　赧王五十　赧王五十
八年　九年　年趙孝成一年齊王二年　三年楚考四年　五年　六年　七年
秦太子質秦拔魏邢王元年　建元年　秦取韓南烈王元年　秦王齕拔秦拔趙武秦圍趙邯
於魏而卒卯廢其君秦伐趙取秦白起伐陽攻絶太楚納州於　趙上黨白安皮牢定鄲公子勝
毋華氏不三城齊救韓取九城行道楚太秦秦拔野　起代將大太原上黨如楚乞師
治事逐四却之遂取　子完自秦王上黨降　破趙軍殺韓趙又割楚救趙魏
貴以范雎燕中陽取　逃歸君橫趙　其將趙括地以和魏晉鄙救趙
爲丞相封韓注人齊　卒完立以　坑降卒四以孔斌爲亥鄭公子
應侯趙以君法章卒　黄歇爲相　十萬　相尋病死無忌襲殺
公子勝爲子建立其　封春申君　秦誘執公鄙奪其軍
相　母太史氏　子勝既而以進
決國事　歸之

甲辰

赧王五十　赧王五十　東周君　東周君　東周君　東周君　東周君　東周君　東周君　秦莊襄王
八年燕孝九年崩　秦丞相范燕王喜元秦王刻見魏人殺衛秦昭襄王秦孝文王秦莊襄王二年
王元年　秦昭襄王雎免楚以年　上帝於雍君而立其稷五十六柱元年薨元年　秦伐趙定
秦殺白起五十一年荀況爲蘭韓王入朝楚遷於鉅弟　年薨韓王燕伐齊拔秦以呂不太原取三
魏公子無秦伐韓趙陵令周民於秦　陽　衰絰入弔聊城齊伐韋爲相國十七城
忌大破秦王命討之東亡秦遷　祠　取之　封文信侯　以後附

甲寅

軍邯鄲下秦入寇王西周公於盡獻地於愚狐聚楚秦歸而卒遷魯於莒○距孟子卒三十四年○是歲西周亡自丙午後悉以甲子附紀

秦滅東周取韓榮陽成皐置三川郡楚滅魯○周亡距孟子卒四十一年

載秦紀

秦莊襄王三年薨　秦拔上黨諸城置太原郡伐魏魏公子無忌帥五國之師敗之追至函谷而還

秦王政元年　秦鑿涇水爲渠

秦王政二年　趙王薨廉頗奔魏

秦王政三年趙悼襄王元年　秦取韓十二城趙李牧伐燕取武遂

秦王政四年　秦取魏暘有詭秋蝗疫令民納聚拜爵

秦王政五年魏景閔王元年　秦取魏十二城置東郡

秦王政六年　楚趙魏韓衛合從伐秦至函谷皆敗走○時楚爲從長　楚遷於壽春秦拔魏朝歌及衛濮陽衛從居野王

秦王政七年　秦伐魏取汲

秦王政八年　秦伐魏取魏與趙鄴

秦王政九年韓王安元年　秦取魏垣蒲衍氏嫪毐作亂伏誅遷太后於雍楚王完薨盜殺黃歇

甲子

秦王政十年楚幽王元年
秦相國呂不韋以罪免出就國
秦大索逐客客卿李斯上書復故官除其令

秦王政十一年
趙取燕貍陽秦取趙九城

秦王政十二年趙幽繆王元年
秦呂不韋徙蜀自殺

秦王政十三年
秦伐趙殺其將扈輒
趙以李牧爲大將軍復戰宜安秦師敗績

秦王政十四年
秦取趙宜安平陽武城
韓遣使稱藩於秦

秦王政十五年
秦伐趙取狼孟番吾過李牧而還
燕太子丹自秦亡歸

秦王政十六年
韓獻南陽地於秦

秦王政十七年韓王安九年
秦滅韓虜王安置潁川郡

秦王政十八年
秦王翦伐趙下井陘
趙殺其大將軍李牧

秦王政十九年趙幽繆王遷八年
秦滅趙虜王遷趙公子嘉自立爲代王與燕合兵軍上谷

甲戌

秦王政二十年楚王負芻元魏王假元代王嘉元年
燕太子丹使盜劫秦王不克秦遂擊破燕

秦王政二十一年
秦拔薊燕王走遼東斬其太子丹以獻於秦
秦李信伐楚

秦王政二十二年魏王假三年
秦伐魏引河溝灌其城王假降殺之遂滅
魏楚大敗秦軍李信

秦王政二十三年
秦王翦大敗楚軍殺其將項燕

秦王政二十四年楚王負芻五年
秦滅楚虜王負芻置楚郡

秦王政二十五年燕王喜三十三年代王嘉六年
秦王賁滅燕虜王喜還滅代虜王嘉王翦

秦始皇帝二十六年齊王建四十四年
王賁襲齊王建降遂滅齊并天下更號皇帝○距孟

代兵圍薊

齊還王[illegible]代之

遂定江[illegible][illegible]降百越置會稽郡

九年始皇三十七年崩子胡亥立爲二世皇帝元年山東豪傑並起三年漢高入武關趙高弒二世立子嬰次年漢高至霸上子嬰降秦亡距孟子卒八十四年

# 孟子章句考年卷一

無爲蔣一鑑存齋



紀年

己酉 周烈王四年 魯共公五年齊威王因齊七年魏武侯十五年宋辟公元年燕桓公元年韓哀侯五年趙成侯三年楚肅王元年秦獻公十三年

史記衛伐齊取薛陵田齊世家 通鑑趙伐衛取都鄙七十

三 魏敗趙於北藺

孟子始歲四月初二日生於魯陬邑

曹寅谷孟子年譜魯自伯禽就國九世而爲桓公桓公子四長爲莊公其次庶子慶父叔牙季友是爲三桓慶父之後初號仲孫其後更稱孟孫示不敢伯仲莊公也

趙臺卿曰孟子魯公族孟孫之後皇甫謐曰孟子父名激字公宜鄭樵通志氏族畧季友之後傳家則稱季孫不傳家則去孫稱季叔牙之後傳家則稱叔孫不傳家則去孫稱叔故曰以族系為氏激公宜孟孫之後去孫稱孟者不傳家也田齊世家田太公相齊宣公宣公四十八年取魯之郕郕孟氏邑也孟氏之不傳家久矣要其子孫度亦不失為士〇或云公宜一名彥璞誤彥璞乃孟子五十九代襲職五經博士者非孟子父名風俗通孟子之母姓仉氏陳士元補傳姓苑孟母仉氏出梁四公子之後或云魏公子仉脊女也孟子年表周烈王四年已酉四月初二日孟子生三遷志孟氏譜聖門志鄒縣志生年僉同任釣臺郝楚望譚梁生任文田姜孺山曹寅谷陳鳳石施樸齋俱從之春秋演孔圖孟子母夢神人乘雲攀龍鳳自泰山來將止嶧按嶧殊與孟子後遷之里近此云止嶧恐誤詳後凝視久

之忽見片雲墜而寤時閭巷皆見五色雲覆孟氏居而孟子生焉闕里志同史記孟軻騶人也朱子集註騶亦作鄒本邾國也趙氏題辭邾至孟子時改爲鄒張爾公大全辨孟子所生之鄒非戰國穆公之鄒乃春秋孔子之鄒邑據索隱經書自齊葬魯實孟子爲魯人之一証譚貞默孟子編年畧史傳本云孟子鄒人不云孟子鄒國人如云子路卞人曾子武城人不言魯明乎卞武城皆魯下邑也

按孟子生於魯陬邑陬一作聊又作鄹又騶鄒皆通史記言孟軻騶人集註云騶本邾國而張氏譚氏以爲魯鄒邑曹氏寅谷更有五辨極言爲鄒邑非鄒國詳孟子年譜一鑑則

兩言斷之曰由後言之孟子生長俱在今鄒縣由前言之孟子則生於魯之陬邑而遷於改邾爲鄒之鄒國也何以徵之以魯陬邑故鄒國皆隷今山東鄒縣据山東通志徵之也考山東通志郰邑在鄒縣北三十餘里聖父叔梁氏所宰邑謂之叔梁城昌平鄉以山得名在鄒縣東四十里孔子生於昌平鄉卽此史記云孔子生於魯昌平鄉陬邑是陬邑屬昌平鄉志云孔子生昌平鄉實生昌平鄉之陬邑孟子故里在縣北三十里傳村三遷志亦云鄒城北二十五里馬鞍山下有傳村卽孟子所生地前臨白馬河孟母泉出焉據此則今鄒縣東北爲古魯境孟子所生去孔子僅數里同居魯陬邑內故曰近聖人

之居若此其甚闕氏謂祖云遊聖人之居若云生聖人之鄉殆未究若此其甚甚字卽含有生同鄉之意又考通志孟子故里一在鄒縣南門外世傳三徙學宮旁也有曝書臺三遷志亦云鄒城南崇教門外左側有中庸精舍世傳卽孟母三遷之地是孟子生於傳村而三遷在今鄒縣治南今之鄒縣城爲故鄒國西北境考通志故鄒國在鄒縣東南二十六里嶧山之陽鄒縣東北爲魯昌平鄉境東南爲嶧山之陽嶧山卽繹山也魯頌曰保有鳧繹左傳文公時邾遷於繹哀公時邾眾保於繹是魯與邾接壤於繹卽由今鄒縣東北直接東南縣距鄒國祇二十六里則今鄒縣必隸故鄒國惟隸故鄒國故後世沿其名曰鄒縣故曰孟子之生長由後言之皆在今鄒縣由前言之則生曾陬邑而遷故鄒國

孟子章句考年　卷一　一歲　三

也孟子惟生於魯陬邑故母卒於齊以父先葬魯仍歸柩合葬於魯（詳後三歲父卒及母卒葬魯條）惟還於改邾爲鄒之鄒國因之長於鄒老於鄒故七篇無與魯君問答語而於鄒君前與穆公有君行仁政之勸（外書亦載邾婁繆公問政）

（孟子無與魯君問答）後有曹交得見鄒君可以假館云云而七篇所書居鄒由鄒之鄒固皆指所遷之鄒國也史傳第云騶人（不繫以魯）集註云鄒本邾國自皆據所遷之地言之究未詳所生何地玆於孟子始歲特書生魯陬邑爲著父母之邦且不使淆於後遷之鄒國云

由孔子而來至於今百有餘歲去聖人之世若此其未遠

也〔按〕此章蓋孟子[illegible]下逮孟子任道時當一百七八十年若上計孟子初生時則百有八年故日百有餘歲

近聖人之居若此其甚也〔按〕孟子生於傳村同居孔子昌平鄉之陬邑初固相去甚近卽據後遷今鄒治南計之相距祗三十里亦可曰若此其甚

紀年

庚戌　烈王五年　魏武侯擊十六年卒子惠成王罃立韓哀侯六年被弒子懿侯立

〔史記〕魏敗楚取魯陽六國表楚魏世家〔通鑑〕韓嚴遂弒其君哀侯以韓廆爲相而愛嚴遂二人相害遂刺廆於朝而並中哀侯　魏侯擊卒武侯不立太子至是子罃與公中緩爭立國內亂

孟子二歲

紀年

辛亥　烈王六年　魏惠王元年宋辟公辟兵三年卒子剔成立韓懿侯元年楚肅王臧十一年卒弟宣王熊

良夫

立

史記趙伐齊甄六國表　趙世家通鑑齊侯來朝時周室微弱諸侯莫朝而齊朝之天下以此賢威王齊封即墨大夫烹阿大夫威王召即墨大夫語之曰自子之居即墨也毀言日至吾使人視即墨田野闢人民給官無事東方以寧是子不事左右以求助也封之萬家召阿大夫語之曰自子守阿譽言日至吾使人視阿田野不闢人民貧餒趙攻鄄子不救衛取薛陵子不知是子厚幣事吾左右以求譽也是日烹阿大夫及左右嘗譽者於是羣臣悚懼莫敢飾詐務盡其情齊國大治彊於天下史記韓趙伐魏敗濁澤六國表

## 孟子三歲父激公卒葬於曾聊邑

外書性善辯第一孟子三歲而孤列女傳孟子三歲喪父本此鄒縣志同

按或據樂正子云前以士謂孟子前喪當在孟子中

年若僅三歲則喪祭一切皆其母主之樂正氏何不爲孟子辨竊意果如所云則孟子幼時激公未喪何孟母三遷勗學竟似無父之人曹寅谷曰樂正子言前以士者謂葬以士也其初母以士葬之其旣孟子亦祇以士祭之至爲卿於齊母氏卒而後易三鼎爲五鼎此正禮義由賢者出也據此益信孟子三歲喪父其說不謬列女傳鄒縣志可疑外書固孟子外書不可疑也再按任氏云古者族葬昭穆各以其班閻百詩釋葬於魯云孟子蓋魯公族適鄒遂爲鄒人猶反葬於魯者太公子孫反葬於周之義也切考孟母

墓在鄒縣馬鞍山陽馬鞍山下卽傳村屬魯耶邑境元張須重修墓記以碑止題鄒公墳廟爲疑曹寅谷謂孟子於母卒亦從周人合葬之禮故只題鄒公墳廟碑詳後母卒歲內据此則孟子父卒其母必已葬激公於魯陬邑營墓馬鞍山之陽

紀年

壬子烈王七年崩弟顯王扁立宋君剔成元年楚宣王元年

〔史記〕魏敗韓馬陵六國表敗趙懷魏世家〔曹寅谷曰〕此惠王好戰之始報濁澤也

孟子四歲

紀年

癸丑顯王元年韓懿侯三十年改稱鄭

史記齊伐魏取觀六國表魏世家趙侵齊至長城六國表魏世家與韓攻周趙世家韓改號稱鄭烈王元年韓滅鄭自陽翟徙都之至是改國號稱鄭

○按韓改號鄭趙改號邯鄲魏改號梁而史記通鑑書事多仍舊號惟孟子七篇孟子在魏當魏改號之後未復故號之先始終稱梁

孟子五歲自此約數年孟母三遷居鄒國

按鄒縣志云孟子四歲有三遷等事施樸齋云在五歲後數年竊意施說可從以孟母攜子三遷必在免喪後也

外書第一孟子三歲而孤孟母賢攜孟子以居始舍近墓孟子幼嬉戲爲墓間事踴躍築埋孟母曰此非所以

居我子也乃去舍市又嬉戲爲賈衒事孟母曰此亦非所以居我子也徙學旁乃設俎豆揖讓進退孟母曰此眞可以居我子矣又孟子幼誦其母方織孟子輟乃復誦母知其諠也呼而問之曰何爲輟對曰如有失復得母乃引刀斷其織以此戒之自後孟子不復諠矣劉向列女傳載此二事稍詳俱本此韓詩外傳孟子少時東家殺豚孟子問其母曰東家殺豚何爲曰欲啖女其母自悔而言曰吾懷姙是子席不正不坐割不正不食胎教之也今適有知而欺之是教之不信也乃買東家豚以食明不欺也三遷志孟子斷機祠在[illegible]隅[illegible]書臺西山東通志

孟子故里一在鄒縣南門外世傳三徙學宮旁也闕里志延祐三年六月追封亞聖鄒國公父爲邾國公母爲邾國宣獻夫人制曰由孔子至於孟子百有餘歲而道統獨得其正雖命世亞聖之才亦資父母教養之方也其父夙喪母以三遷之教勵天下後世推原所自功莫大焉

按孟子生於今鄒縣北傅村屬魯陬邑境卒踰三十里而遷鄒國當今鄒縣治南以學宮在焉故也

廣輿記孟母故宅在太原榆次母并人也其地有三徙鄉太原今山西太原府陽曲縣

按太原魏地其地亦有三徙鄉蓋以孟子母爲梁四公子之後即魏公子仉脣女母出於魏而其子德成亞聖紹統尼山後人追頌母氏之賢因名其所生之

鄉以示異歟

紀年

甲寅　顯王二年

〔史記〕韓趙分周爲東西趙世家○〔任氏考畧云〕國策分東西周始此王居東周故先東周鮑彪易之大謬〔曹寅谷曰〕戰國無君之禍吾必以兩家稱首惡焉

雨金櫟陽秦本紀

孟子六歲

紀年

乙卯　顯王三年

〔史記〕魏與韓會於宅陽韓魏世家　秦敗韓魏於洛陽六國表

趙與齊戰阿下趙世家

孟子七歲

紀年

丙辰　顯王四年

竹書魏發逢忌之藪以賜民曹寅谷曰惠王察鄰國之政無如寡人之用心者此類是也趙岐引謚法云愛人好與曰惠其斯之謂歟史記魏伐宋取儀臺六國表魏世家趙攻衛取甄趙世家

按竹書於是年書魏徙都大梁索隱曰史記惠成王三十一年當周顯王二十九年秦用商君東地至河而齊趙又數破魏於是徙治大梁若顯王四年衛鞅未相魏卬未虜地不割秦不偪何遽遷都以避之紀年誤也

孟子八歲

丁巳顯王五年趙成侯十一年改號邯鄲

紀年

〔竹書〕雨碧於郢 〔通鑑〕秦敗三晉之師於石門賜以黼黻之服〔綱目書法〕賜服不書此何以書前年秦兵至洛黼黻之賜周之所以自免者未矣書悲之也

趙改號邯鄲 趙世家敬侯十一年遷都邯鄲至是改國號稱邯鄲

孟子九歲

戊午 顯王十六年

〔竹書〕雨黍於齊 魏敗鄭及邯鄲之師於澮取皮牢 皮牢趙地○〔按〕梁惠王及寡人之身云云則晉國天下莫強自指其先世言而當惠王初年甘茂言梁君伐楚勝齊制韓趙之兵蘇秦言魏君擁土千里帶甲二十六萬恃其強而攻邯鄲從十二諸侯以朝天子以西謀秦則其時尤稱全盛云

孟子十歲　約是年出就學師於子上

〔按〕聖門志云孟子十五歲就學於魯蓋據孔子十五志學之文推之也其實孟母擇鄰斷機教子勗學之般必不遲至十有五歲準內則十年出就外傳計之故約書就學於是年

〔外書第二〕曼邱不擇問於孟子曰夫子焉學孟子曰曾有聖人曰孔子曾子學於孔子子思學於曾子子思孔子之孫伯魚之子也子思之子曰子上軻嘗學焉是以得聖人之傳也宋劉熙畤子注曼邱姓不擇名齊人也〔外書第二〕孟子問於子上曰敢問聖人之教子上曰言仁不言暴言義不

言利言禮不言邪言信不言詐此聖人之教也〔又〕子上謂孟子曰舜之誥禹曰人心惟危道心惟微惟精惟一允執厥中子其識之〔劉氏曰〕此心傳也

〔按〕向據趙氏岐孟子題辭孔叢子列女傳孔穎達春秋序正義家語後序韓昌黎送王塤序王君懋讀書記子程子序中庸精舍記闕里志諸書謂孟子親受業子思及核子思孟子相距一百三十餘年其年誠不相接孟子生於烈四距孔子卒百有八年加以子思能爲孔子喪主据或云生於魯哀二年則孔子卒時巳十有五歲孟子受學又準以古人就傳之十年相距實百三十餘年闕里志雖言子思傳道孟子年百餘歲而百三十餘年則非百餘二字可該矣乃信蔡氏清謂諸書凡

載思孟問答者直欲湊成思孟一段授受而受業子思之說殊不可據也然史記但云孟子受業子思之門人集注於私淑諸人句祇云人謂子思之徒均不言所師何人竊意孟子傳道大儒其所師之姓名必不與腐草同泯及閱孟子外書載有孟子師子上數條乃悟孟子師子上孟子固自言之矣其歷敘羣聖周孔終以自任之重曰君子之澤五世而斬小人之澤五世而斬此澤字注謂流風餘韻端毅王公嘗駁之曰聖人之風百世興起幽厲雖孝慈百世不能改均非可斬於五世且孟子專爲孔子言孔子之道萬

世如一日何流風餘韻之足云而小人直遺臭耳又何流風餘韻之有蓋澤言邑澤即禮所謂手澤口澤也夫五世之內曾見其人者猶有存也其形容音響尙有稱述之者至於五世則見其人者亦皆已歿而形容音響不復可知矣王氏說詳四書釋地觀此孟子正以身當孔子五世子上距孔子仍屬四世不惟手口之澤目覩能言即形容音響得諸親見者之傳述俱可爲嚮慕者詳詔之故復明揭曰予未得爲孔子徒也予私淑諸人也言雖未親見孔子猶幸私竊其善於其五世內得所傳述之人也蓋私淑諸人句人字緊承

五世呼出自切指孔子後人而外書言師子上方當孔子四世將大聖人形容音響所恃以口耳摹繪幾幾乎斬於五世而猶未至於斬者固深幸有四世子上其人也人指子上確無可疑信乎孟子之師孟子非自言之歟或云人字既指孔子後人可言子上何不可言子思不知孔子子思去孔子僅三世孟子如師子思則孟子自明私淑有人啓口不得言君子小人之澤五世而斬若爲時僅將斬者危而又以巳之猶際未斬爲深幸也然子上於時年已八九十餘亦以孟子十歲就學與子思逮事孔子十餘歲共百三十餘年計之子思卽於年四五十餘生子上子上是時不下八九十餘歲〇觀此知受業子思益不合親孟子初師子上要不過數年故語曼邱氏曰輒嘗學焉則追憶之辭也學僅數年而

所以願學孔子者早篤於聖䄢提撕英年啓悟固不僅言仁不言暴與人心惟危數語衍尼父之心源故又切述聞道之大日是以得聖人之傳也此孟子私淑諸人之顯証也

**幼而學之**

**君子之澤五世而斬　予未得爲孔子徒也予私淑諸人也**

按予私淑諸人句緊接上文五世呼出自指四世子上言但子上時年已老孟子受業僅數年子上歿此後推廣私淑之義或亦如孔子之無常師○或疑孟子師子上後既亦如孔子無常師則此章人字集注謂子思之徒似宜貶孔子四傳子思徒中凡爲孟子之師說不知孟子既以子上歿而無常師則所師不必皆子思之徒要其所師者無論子思之徒與否皆無可名者也子上孔子四世且親承庭訓爲子思之子亦即爲子思之徒

外書云爲孟子師有據者也無名者可眩豈有據者不可先屬乎此章原孟子晚年任道自述師承語先列此數句於此特就私淑之鑿鑿可據者先屬之

紀年

己未　顯王七年　燕桓公十一年卒子文公立秦獻公師隰二十二年卒子孝公渠良立

史記秦敗魏師於少梁虜其將公孫痤　秦本紀魏世家

曹寅谷曰閻百詩謂六國表秦云虜其太子魏云虜我太子此太子卽名申後死於齊者必虜後復歸魏爲太子復令之將龐涓兵余以爲不然按秦本紀與魏世家是年皆云虜其將公孫痤痤是魏相卽衞公孫鞅所事者故明年痤卒而鞅乃奔秦表悞爲太子耳然卽是太子亦是痤不是申趙世家所謂秦獻公使庶長國伐魏少梁虜其太子痤是也

閻說誤已

孟子十一歲

紀年

庚申　顯王八年　燕文公元年秦孝公元年

十歲至十二歲

十二

孟子章句考證　卷一

竹書魏引河水於圃田　邯鄲與鄭攻秦〔曹寅谷曰〕韓趙方服於魏攻秦報少梁也

通鑑彗見西方衛公孫鞅入秦　孝公立是時河山以東強國六淮泗之閒小國十餘楚魏與秦接界魏築長城自鄭濱洛以北有上郡楚自漢中南有巴黔中秦僻在雍州皆以夷狄遇之不得與中國之會盟孝公發憤修政欲以彊秦於是衛公孫鞅聞之乃西入秦因嬖臣景監以求見說以富國強兵之術孝公大悅與議國事〔綱目發明〕天人相應之機至不可誣也自聖經災異之書絕筆於獲麟之後泯泯棼棼至於戰國亂離瘼矣天變於上民病於下不可一端舉也今也上書彗星見西方下書衛鞅入秦何哉蓋秦自用鞅之後奮其餘烈日肆虎狼之毒吞噬列國凡上世神明之胄掃殄無遺原野厭人之肉川谷流人之血災變之形孰有大於此者不惟是也廢井田開阡陌罷封建置守宰舉先王之典籍盡畀之烈焰之中自昔三代數聖人良法美意掃地不存其爲彗也大矣星變之烈豈偶然哉然則鞅乃西方之彗出而掃滅宇內者耳

外書云爲孟子師有據者也無名者可賅豈有據者不可先屬乎此章原孟子晚年任道自述師承語先列此數句於此特就私淑之鑿鑿可據者先屬之

紀年

己未　顯王七年　燕桓公十一年卒子文公立秦獻公師隰二十二年卒子孝公渠梁立

史記秦敗魏師於少梁虜其將公孫痤秦本紀魏世家曹寅谷曰閻百詩謂六國表秦云虜其太子魏云虜我太子此太子卽名申後死於齊者必虜後復歸魏爲太子復令之將龐涓兵余以爲不然按秦本紀與魏世家是年皆云虜其將公孫痤是魏相卽衛公孫鞅所事者故明年痤卒而鞅乃奔秦表悞爲太子耳然卽是太子亦是痤不是申趙世家所謂秦獻公使庶長國伐魏少梁虜其太子痤是也閻說誤已

孟子十一歲

紀年

庚申　顯王八年　燕文公元年秦孝公元年

十歲至十二歲

十二

竹書魏引河水於圃田　邯鄲與鄭攻秦〔曹寅谷曰〕韓趙方服於魏攻秦報少梁也

〔通鑑〕彗見西方衛公孫鞅入秦孝公立是時河山以東強國六淮泗之間小國十餘楚魏與秦接界魏築長城自鄭濱洛以北有上郡楚自漢中南有巴黔中秦僻在雍州皆以夷狄遇之不得與中國之會盟孝公發憤修政欲以彊秦於是衛公孫鞅聞之乃西入秦因嬖臣景監以求見說以富國強兵之術孝公大悅與議國事〔綱目發明〕天人相應之機至不可誣也自聖經災異之書絕筆於獲麟之後泯泯棼棼至於戰國亂離瘼矣天變於上民病於下不可一端舉也今也上書彗星見西方下書衛鞅入秦何哉蓋秦自用鞅之後奮其餘烈日肆虎狼之毒吞噬列國凡上世神明之胄掃殄無遺原野厭人之肉川谷流人之血災變之形孰有大於此者不惟是也廢井田開阡陌罷封建置守宰舉先王之典籍盡畀之烈焰之中自昔三代數聖人良法美意掃地不存其爲彗也大矣星變之烈豈偶然哉然則鞅乃西方之彗出而掃滅宇內者耳

孟子十二歲

紀年

辛酉顯王九年

史記周致胙於秦六國表周秦本紀　竹書秦師伐鄭次於懷

孟子十三歲

紀年

壬戌顯王十年韓懿侯十二年卒子昭侯立

史記星晝隕於魏有聲　三晉盡取晉君屯留地遷之

端氏趙世家○曹寅谷曰韓趙前與魏不和故桓公之遷魏無與焉顯王三年桓公卒子倶酒立是爲靜公至是三家乃共取屯留地封以端氏　通鑑秦以衛鞅爲左庶長定變

法之令孝公既用衛鞅鞅欲變法秦人不悅公乃以鞅爲左庶長卒定變法之令令民爲什伍而相收司連坐不告姦者腰斬告姦者與斬敵同賞匿姦者與降敵同罰民有二男以上不分異者倍其賦有軍功者

各以率受上爵爲私鬭者各以輕重被刑大小僇力本業耕織致粟帛多者復其身事末利及怠而貧者舉以爲收孥宗室非有軍功論不得爲屬籍明尊卑爵秩等級各以差次名田宅臣妾衣服以家次有功者顯榮無功者雖富無所芬華令既具未布恐民之不信乃立三丈之木於國都市南門募民有能徙置北門者予五十金有一人徙之輒予五十金以明不欺卒下令令行朞年民言不便者以千數於是太子犯法鞅曰法之不行自上犯之太子君嗣也不可刑刑其傅公子虔黥其師公孫賈明日秦人皆趨令行之十年道不拾遺山無盜賊家給人足勇於公戰怯於私鬭鄉邑大治其後民莫敢議令〔綱目書法〕書變法何罪首變古也

〔竹書〕楚師出河水以水魏長垣之外

孟子十四歲

〔紀年〕癸亥 顯王十一年 韓昭侯元年

〔竹書〕魏伐鄭執其君既而歸之

〔史記〕秦敗韓師於西

山六國表韓世家

孟子十五歲

紀年

甲子顯王十二年

史記齊封騶忌爲成侯六國表田齊世家○前年以鼓瑟見威王今封

魏與邯鄲會鄗六國表魏世家

宋魏伐鄭韓世家宋取黃池魏取朱

孟子十六歲

紀年

乙丑顯王十三年

史記魯衛宋韓朝魏魏世家

趙與齊宋會平陸齊趙世家

與燕會阿六國表

孟子十七歲

紀年

丙寅　顯王十四年　魯共公奮二十二年卒子康公屯立

史記齊與魏會田於郊田齊世家○二國於是論寶　魏與秦會杜平秦本紀魏世家　侵宋黃池魏世家

孟子十八歲

紀年

丁卯　顯王十五年　魯康公元年

史記秦敗魏師於元里取少梁魏世家○按此喪地於秦七百里之始集注引此爲證又因少梁無七百里故日後又數獻於秦　魏圍邯鄲魏世家○曹寅谷曰趙與魏無隙惠王見敗於秦而遂思賈禍於趙孟子所謂以土地之故糜爛其民而戰之者是也

孟子十九歲

紀年

戊辰　顯王十六年

史記韓朝魏伐東周取陵觀廩邱韓世家通鑑齊伐魏以救趙魏克邯鄲還戰敗於桂陵初孫臏與龐涓俱學兵法涓仕魏爲將軍自以能不及臏乃召之至則斷其兩足而黥之欲使終身廢棄齊使者至魏臏陰見之使者竊載以歸田忌客之進之威王問兵法遂以爲師至是謀救趙乃使田忌爲將孫子爲師居輜車中坐爲計謀忌欲引兵之趙孫子曰夫解雜亂糾紛者不控拳救鬭者不搏撠批亢擣虛形格勢禁則自爲解耳今梁之輕兵銳卒竭於外而老弱疲於內若引兵疾走其都彼必釋趙是我一舉解趙之圍而收獘於魏也忌從之十月邯鄲降魏魏師還與齊戰於桂陵魏師大敗楚策楚使景舍救趙邯鄲拔楚取睢濊之間

按睢濊之取包少丞通考年譜即以此當梁惠之南辱於楚不知梁此後連年伐楚取楚上蔡灉陽則此

二十歲　十五

辱似非梁惠之不可洒者且惠以南辱叙東敗西喪之後則見辱於楚之大當以顯王四十六年楚敗梁襄陵取八邑爲是

孟子二十歲　約是年前後娶田氏既冠而字

〔按〕孟子娶妻之年不可考今約書娶田氏於是年前後以孔子十九娶开官氏準之也

〔聖門志〕孟子娶田氏三遷志同〔外書第一〕孟子妻獨居踞孟子入戶視之白其母曰婦無禮請去之母曰何也曰踞母曰何以知之曰我親見之母曰乃汝無禮也禮不云乎將入門言必聞將上堂聲必揚將入戶視必下不掩

人不備也今汝往燕私之室入戶不有聲令人踞而視之是汝之無禮也非婦無禮也孟子自責不敢去婦韓詩外傳列女傳俱本此○按荀子云孟子惡敗而出妻即据此文其實孟子雖以無禮請去其妻卒以母責不敢去

王子雍聖證論孟子名軻字子車

按孟子少孤無父既冠命字於母必亦如孔子故事惟其字言人人殊王氏云字子車廣韻云字子居傅休奕曰字子輿又一作子與一作子輿陳士元孟子雜記云宜從廣韻居貧轗軻之義字子居車居音同輿與輿字譌也竊準陳氏宜從居貧轗軻之義又以軻從車可聲當以王氏字子車爲正或曰必以車聲取義既可字子車安知

不字子輿曰子輿曾子之字也曾子三傳至孟子孟子安敢襲曾子之字爲字耶必不然矣

章句　梁惠王以土地之故糜爛其民而戰之大敗（按）以土地糜爛其民即指前年無釁而爭邯鄲大敗即指此年齊救趙桂陵之敗合下數語詳後五十五歲曹氏說

紀年　己巳　顯王十七年

（史記）諸侯圍魏襄陵魏築長城塞固陽魏世家○（按）秦本紀孝公元年當梁惠十年魏已築長城魏世家云在此年未知孰是

秦以衛鞅爲大良造將兵圍魏安邑降之魏世家

孟子二十一歲

紀年　庚午　顯王十八年

史記秦城商塞衛鞅圍固陽降之攻趙藺六國表趙世家魏歸邯鄲盟漳水上六國表趙魏世家

通鑑韓以申不害爲相申不害者京人也故鄭之賤臣學術以干韓昭侯用爲相內修政教外應諸侯十五年終申子之身國治兵彊無侵韓者申子之學本於黃老而主刑名著書二篇號曰申子

孟子二十二歲

辛未 顯王十九年趙成侯種二十五年卒子肅侯語立

通鑑秦徙都咸陽始廢井田衛鞅築冀闕宮庭於咸陽徙都之令民父子兄弟同室內息者爲禁并諸小鄉聚集爲一縣縣置令丞凡三十一縣廢井田開阡陌平斗斛權衡丈尺

史記魏與秦遇於彤六國表魏世家

孟子二十三歲

紀年

壬申 顯王二十年 趙肅侯元年

史記秦初爲縣有秩史 六國表 趙奪晉君端氏地徙處屯留 趙世家○按此晉世家所云靜公遷爲家人晉絕不祀是也六國表則紀三晉廢靖公爲家人而分其地於安王二十六年未知孰是

紀年

孟子二十四歲

癸酉 顯王二十一年

史記秦更賦稅法 六國表 秦本紀 魏與趙遇陰晉 趙世家 韓君朝秦 六國表 韓世家

紀年

孟子二十五歲

甲戌 顯王二十二年

紀年

竹書魏侵楚入三戶郛　楚伐徐州

孟子二十六歲

乙亥　顯王二十三年　魯康公屯九年卒子景公匽立

史記趙君朝周趙世家　竹書魏鄭伐楚魏章取上蔡孫何取灑陽○曹寅谷曰楚北魏西與秦相接惠王不得志於秦連年伐楚卒致辱焉非不幸也　通鑑衛貶之號曰侯服屬三晉綱目書法衛故侯爵也不書曰復而曰貶何著其心也自卑以求媚於人聞下曰足以言復矣○按通鑑此條下有子思與衛侯論苟[illegible]及問答語殊悞是時子上年已百有餘歲子思安能請考至是

紀年

孟子二十七歲

丙子　顯王二十四年　魯景公元年

竹書魏敗鄭馬陵

孟子二十八歲

紀年 丁丑 顯王二十五年

史記諸侯會於京師六國表　趙攻齊拔高唐趙世家

孟子二十九歲

紀年 戊寅 顯王二十六年

通鑑致伯於秦諸侯賀之秦使公子少官帥師會諸侯來朝　史記中山君相魏魏世家○索隱曰魏文侯滅中山使子擊守之後尋復國至是始令相魏其中山後又爲趙所滅　趙攻魏首垣趙世家

孟子三十歲　約此前數年教授弟子

按約書孟子教授弟子於三十歲前統居二十餘歲後以孔子年二十二即教闕里準之也

## 公孫丑曰高子曰小弁小人之詩也章

按詩絲衣傳高子曰靈星之尸也疏曰高子子夏門人後又學於孟子嘗著詩傳其年長於孟子故孟子曰高叟之爲詩據此則子夏少孔子四十四歲生於敬王十三年至爲魏文侯師時即以文始年計之已八十四歲高子師子夏即十餘歲即當文侯始年師子夏時而文侯初立至孟子生時又五十三年加逮事子夏十餘年及孟子三十歲前設教高子年已九十內外以年滿九十之遐齡未必遽受學於未及壯年之孟子然考外書高子與孟仲子論詩維天之命篇及問衛女何以得編於詩皆折衷於孟子可見高子遂心詩教誠有不憚忘年而請誨者孟子因其年長且耄故重呼之爲叟而公孫丑於孟子初設教時即舉高子論詩以問則丑之來學最早可知又按王伯厚曰小弁章高子孟子以叟稱之與去齊以尹士語告者當另一人因考尹士章趙注云高子學於孟子向道未明去而學

三十歲

十九

他術據此則山徑之蹊間章孟子呼高子不曰叟而曰子又顯斥以茅塞其心此固即趙注去學他術而爲尹士章之高子禹之聲章與山徑章連記兩章

高子自是一人　當在後數年又爲一高子事時見外書　〔外書爲正第四〕高子問於孟仲子曰

## 孟仲子

詩曰維天之命於穆不已何謂也孟仲子曰大哉天命之無極而美周之禮也蓋曰天之所以爲天也於乎不顯文王之德之純蓋曰文王之所以爲文也純亦不已○〔按〕孟仲子趙岐注謂孟子從弟學於孟子集註因之三遷志云孟子生子名仲子孟氏譜云仲子名睪孟子之子則又以仲子爲孟子之子今考孟子年三十內初設教時高子年已九十內外仲子與論維天之命詩同折衷於孟子則仲子信如趙氏云爲孟子從弟斷非孟子之子〔又按〕詩傳序錄穪子夏傳曾申申傳魏人李克克傳魯人孟仲子此孟仲子王厚齋謂與公孫丑篇所載當是二人蓋亦以此篇仲子爲孟子之子故疑其年不相接竊意高子詢詩孟子其年已耄而公孫丑篇之孟仲子既爲孟子從弟其年稍後於孟子安知不可與高子言詩能言詩必深於詩則公孫丑篇之孟仲子固即詩傳子夏三傳之孟仲子何二人之可疑高子

舊師子夏而詢詩孟子不必如詩疏言受學孟子仲子舊師李克而趙注又云學於孟子則必以孟子長於詩敎遂以兄事兼師事也

附孟子所生考按于文定府志原謂孟子子名睪從公孫丑學自以孟仲子爲孟子子者或卽以睪當仲子而孟子世譜及三遷志旣以仲子爲二代又以睪爲三代訟說紛紛迄無定論今據高子論詩旣遵趙注斷仲子爲孟子從弟則孟子之子自名睪決無可疑

壯而欲行之

己卯 顯王二十七年 齊威王三十七年○曹寅谷曰史記田齊世家三十六年威王卒子宣王辟彊

三十至三十二歲

立年表並同則是年當爲宣王之元年也通鑑則於威王之世增十年於湣王之世減十年此蓋欲以伐燕事屬諸宣王以信孟子夫宣王伐燕經文也此斷不可改者伐燕在宣王之十九年當周赧王之元年而威王在位自有四十六年譜從通鑑故特書之

〔竹書〕齊田肦及宋人伐魏圍平陽　邯鄲伐魏北鄙

孟子三十一歲

〔紀年〕庚辰顯王二十八年

〔史記〕魏復伐趙韓與趙共擊魏不利請救於齊齊伐魏以救韓趙敗魏馬陵殺其將龐涓虜太子申　魏伐趙趙與韓親共擊魏趙不利戰於南梁韓氏告急於齊齊用孫子計陰告韓使者而遣之韓因恃齊五戰不勝而東委國於齊齊因起兵使田忌田嬰將孫子爲師救韓趙以擊魏直走大梁魏遂大興師使龐涓將而令太子申爲上將軍

過外黃外黃徐子謂太子曰臣有百戰百勝之術太子曰可得聞乎客曰太子自將攻齊大勝并莒富不過有魏貴不益爲王若戰不勝齊則萬世無魏矣此臣之百戰百勝之術也太子曰諾請必從公之言而還客曰彼勸太子戰攻欲毀汁者衆太子雖欲還恐不得矣龐涓夫韓而歸齊軍已過而西孫子謂田忌曰彼三晉之兵素悍勇而輕齊齊號爲怯善戰者因其勢而利導之使齊軍入魏地爲十萬竈明日爲五萬竈又明日爲三萬竈龐涓行三日大喜曰我固知齊軍怯入吾地三日士卒亡者過半矣乃棄其步軍與其輕鋭倍日并行逐之度其行暮當至馬陵馬陵道狹而旁多阻隘可伏兵乃斫大樹白而書之曰龐涓死此樹下於是令齊軍善射者萬弩夾道而伏期曰暮見火舉而俱發龐涓果夜至斫木下見白書乃鑽火燭之讀未畢齊軍萬弩俱發魏軍大亂相失龐涓自知智窮兵敗乃自剄曰遂成豎子之名齊因乘勝盡破其軍虜魏太子申以歸○[按]梁惠馬陵之敗魏世家田齊世家孫吳列傳文俱互異當以兩世家爲正

孟子三十二歲



三十二歲

將復之恐不能勝故驅其所愛子弟以殉之詳下曹氏說

及寡人之身東敗於齊長子死焉〔曹寅谷曰〕孟子曰梁惠王以土地之故糜爛其民而戰之大敗將復之恐不能勝故驅其所愛子弟以殉之集注子弟謂太子申也明指梁惠王東敗於齊長子死焉一事但云大敗云云復之孟子當日何指按周顯王十五年魏圍邯鄲十六年邯鄲降魏齊使田忌孫臏伐魏敗魏桂陵時惠王十六年也惠王初立郎與二家不和後遂相讐靡已曩者邯鄲垂拔中北於齊史稱大破梁軍圍無日不圖報復者至三十年又令太子申為上將軍以伐趙惟其為趙也故曰復惟其在桂陵之敗之後也故曰大敗將復之外黃徐子謂勸太子戰攻欲啜汁者衆太子雖欲還恐不得矣夫非惠王驅之而誰驅之者此孟子之經之明注也又按田齊世家威王二十六年使田忌孫臏伐魏三十五年田忌求成侯不勝而奔至是召復故位又使為將而孫子為師此孟子列傳所謂當是之時齊用孫子田忌之徒而諸侯東面朝齊者是也然皆在威王之世並非宣王且孟子尚未出遊史亦泛言夫時事耳○〔按〕魏齊世家均以敗魏馬陵

屬齊宣王故曹氏辨及之

紀年

辛巳

顯王二十九年

魏惠王三十一年徙都改號梁楚宣王熊良夫卒子威王熊商立

〔竹書〕邳遷於薛〔曹寅谷曰〕薛之皇祖奚仲居薛爲夏車正奚仲遷於邳仲虺居薛爲湯左相仲虺奚仲之後齊威王二十二年封騶忌於下邳蓋奚仲之祀忽諸矣威王至是復遷邳於薛以邳薛爲同姓國耳

〔史記〕秦衛鞅伐魏誘執其將公子卬而敗之秦封鞅爲商君魏徙都大梁〔商君列傳〕衛鞅說孝公曰秦之與魏譬若人有腹心之疾非魏并秦即秦并魏何者魏居嶺阨之西都安邑與秦界河而獨擅山東之利利則西侵秦病則東收地今以君之賢聖國賴以盛而魏往年大破於齊諸侯畔之可因此時伐魏魏不支秦必東徙東徙秦據河山之固東鄉以制諸侯此帝王之業也公從之使鞅伐魏魏使公子卬將而擊之軍既相距鞅遺卬書曰吾始與公子驩今俱爲兩國將不忍相攻可與公子面相見樂飲而罷兵以安秦魏卬以爲然會盟已飲而衛鞅伏甲士而襲虜卬

三十三歲

二十二

因攻其軍盡破之以歸秦魏國內空日以削恐遂去安邑徙都大梁衛鞅既破魏還秦封之商於十五邑號曰商君

（竹書）梁爲大溝於北郛以行圃田之水

（按）魏於是年改號爲梁閻百詩曰蘇子曰周之失計未有如東遷之甚者也余亦曰魏之失計未有如都大梁之甚者也去河山之險而就平衍四達之地棄文侯武侯二代之霸迹而爲新造之邦當是時使早聘孟子必爲王定不遷之計有如後世所謂天子守邊者君誠守於邊則一國之人心繫於此一國之甲兵財賦聚於此秦雖彊烏能以一口氣而吞安邑哉惟安邑既去後五十四年遂獻安邑於秦未幾而秦

伐我圍大梁矣蔿賈曰我能往寇亦能往者不信然乎蓋始也不過偷旦夕之安卒不振以底於亡故於魏號爲梁之日卽謂畢萬之後已滅不待徵諸河水灌王假降之日矣

孟子三十三歲

壬午 顯王三十年 楚威王元年

史記梁立公子赫爲太子六國表秦與梁戰岸門虜其將魏錯秦本紀

孟子三十四歲

癸未 顯王三十一年 秦孝公渠良二十四年卒子惠文王立

三十三至三十五歲

二十三

〔史記〕秦人誅衛鞅滅其家〔商君列傳〕孝公卒太子立公子虔之徒告商君欲反發吏捕商君商君亡至關下欲舍客舍舍人不知其是商君也曰商君之法舍人無驗者坐之商君歎曰爲法之弊一至此哉去之魏魏人弗受遂內秦秦攻殺之惠王車裂以徇滅其家〔綱目發明〕吳起亦鞅之流也起書殺而鞅書誅是不惟楚羣臣有射中王尸之罪而起鞅之輕重亦可知矣蓋起之少恩足以亡其軀而鞅之詐力至於貽禍無窮固非起之比也然秦之於鞅用其詐以滅六國亦以自滅其國鞅之於秦用其詐以滅秦國亦以自滅其家明書於册所以示天下萬世之戒嚴矣後之欲治商鞅之術者可不鑒諸

孟子三十五歲蘇秦招其徒徐辟遊秦贈言警之

〔外書第一〕徐辟將之秦孟子曰秦虎狼之國也子何遊焉徐辟對曰山東之國無可與者蘇子來招故將必往孟子曰夫蘇子天下之至無信人也天下之大不義人

也子何麥焉徐辟對曰辟之祖自南州遷於郟鄏今五世矣於蘇爲睦且辟蘇之自出也孟子曰然則姑贈子以言不約縱不連横不爲威屈不爲利疚以守子義以全子生斯可矣〔劉氏注〕蘇子蘇秦南州徐國郟鄏洛陽也〔施樸齋曰〕史記蘇秦西至秦孝公卒乃說惠王王方誅商鞅疾辨士蘇之招辟殆入秦之初欲與之共事秦乎事在周顯王三十一年孟子贈辟以言所以警之者至矣

〔按〕蘇秦始將連横說秦惠王說秦數年不得始變而爲約從斯時秦召徐子正以連横說秦之初孟子何遽以不約從爲徐子警考吳起傳起相楚明法審令破馳說之言從横者起之卒先孟子之生十年孟子

三十五歲

時早巳無起（綱目周安王二十一年庚子書楚君類卒楚人殺吳起）可見從橫之說巳起於孟子未生以前儀秦之流特習是術而能簡練揣摩以要其成者故孟子合舉以戒徐子再按蘇秦招辟之年孟子甫三十五歲而辟巳能遊秦則徐辟於孟門亦從學最早而其年且長者

紀年 甲申 顯王三十二年（秦惠文王元年）

通鑑韓申不害卒 新序申子之書言人主當執術無刑因循以督責臣下其責深刻故號曰術商鞅所爲書號曰法皆曰刑名故號曰刑名法術之書傳稱終申子之身無侵韓者 索隱曰按紀年韓昭侯之世兵寇屢交異乎此言 曹寅谷曰申子之學本於黃老不用兵之爲清淨專一而用之爲刻薄少恩昭侯之惜敝袴而作高門皆不害有以啟之也爲相十五年而韓終以不振雖同一刑名之害申之學不且遜於商哉

紀年

史記楚韓趙蜀皆朝於秦六國表 秦本紀

孟子三十六歲

乙酉 顯王三十三年梁惠王三十五年

史記天子賀秦周本紀 秦本紀 齊與梁會平阿南六國表 齊魏世家

宋太邱社亡六國表○索隱曰社主亡也 竹書鄭與邯鄲圍梁襄陵

孟子三十七歲

按通鑑於是年書孟軻至魏蓋本史記魏世家曹寅谷辨之曰孟子至梁梁王已稱曰叟趙岐注叟長老之稱猶父也孟子去齊老而之魏王尊禮之曰父若

在是年則孟子止三十七歲耳惠王年長以倍而父之乎且列傳謂孟子道既通遊事齊宣王宣王不能用適梁若記至梁於已酉而游齊已在其先則孟子年不過三十五六何以公孫丑問夫子加齊之卿相而曰我四十不動心是初至齊未爲卿之時已在四十之外也與孟子經文不合然則孟子實先齊後梁邠卿老而之魏之說信也況魏世家載梁惠王曰寡人不佞兵三折於外太子虜上將死國以空虛以羞先君宗廟社稷寡人甚醜之叟不遠千里辱幸至敝邑之廷將何以利吾國語與孟子見梁惠王篇及晉

國天下莫強焉章意同試思三折於外惠王當日何指將東雖敗而西固未喪地七百里南亦未辱也余故謂孟子至梁當在梁惠王後元十六年無疑者

紀年

丙戌

顯王三十四年梁惠王改其三十六年爲一年○按世家年表並云三十六年惠王卒子襄王立竹書則云魏惠成王立三十六年改元稱一年又十七年卒茲從竹書書梁惠改元固信於是年與齊會諸侯相王之事亦以此後數年史鑑所記多與孟子符合也

史記齊梁會於甄六國表田齊世家○謀相王也

竹書齊梁會諸侯於徐州以相王按梁惠惟稱王故改元六國表紀此條於顯王三十五年誤

越伐

楚

附考七國稱王次第姜孺山曰楚春秋時已稱王顯

三十七至四十歲

二十六

王三十四年梁惠齊宣稱王按齊宣當云齊威四十五年秦惠改元稱王四十六年韓燕中山稱王時趙稱君不王而愼靚二年爲武靈十一年趙世家書王召公子職則亦稱王又愼靚王三年宋亦稱王也

紀年

孟子三十八歲

丁亥顯王三十五年

史記周致胙於秦六國表周秦本紀

紀年

孟子三十九歲

戊子顯王三十六年齊威王因齊四十六年卒子宣王辟疆立韓昭侯二十六年卒子宣惠王立燕文公二十九年卒子易王立

趙肅侯十七年復國故號

史記趙築長城趙世家○是年邯鄲復國號曰趙楚圍齊於徐州六國表齊楚世家遂滅越越世家越王無彊伐齊齊說之使伐楚大敗之殺無彊盡取故吳地至浙江而越以此散諸族子爭立或爲王或爲君濱於海上服朝於楚秦以公孫衍爲大良造六國表秦本紀並云陰晉人犀首爲大良造犀首魏官名若今虎牙將軍取梁雕陰魏世家

通鑑燕趙韓魏齊楚合從以擯秦以蘇秦爲從約長并相六國初洛陽人蘇秦說秦以兼天下之術不用乃去說燕文公曰燕所以不被兵者以趙之蔽其南也且秦攻燕戰於千里之外計無過於此者願王與趙從親天下爲一則燕必無患矣文公從之資秦車馬以說趙肅侯曰當今之世山東之國莫強於趙秦之所害亦莫如趙而秦不敢舉兵伐趙者畏韓魏之議其後也秦攻韓魏無名山大川之限稍蠶食之傅國都而止韓魏不能支秦必入臣於秦秦無韓魏之規禍必中於趙矣臣以天下之圖按諸侯之地五倍於秦料諸侯之卒十倍於秦而衡人日夜務以秦權恐喝諸侯使之



四十歲　二十七

割地以事秦秦成則其身富榮國被秦患而不與其憂故臣竊爲大王計莫如一韓魏齊楚燕趙爲從親以擯秦令其將相會盟洹水之上約曰秦攻一國則五國各出銳師以撓秦或救之有不如約者五國共伐之則以秦甲必不敢出函谷以害山東矣肅侯大悅厚賜賚之以約諸侯乃說韓宣惠王曰韓地方九百餘里帶甲數十萬天下之強弓勁弩利劍皆從韓出以韓卒之勇被堅甲蹠勁弩帶利劍一人當百不足言也大王事秦秦必求宜陽成皋今茲效之明年又求割地與則無地以給之不與則棄前功受後禍且韓地有盡而秦求無已以有盡之地逆無已之求此所謂市怨結禍者也不戰而地已削矣鄙諺曰寧爲雞口無爲牛後今西面交臂而事秦何異於牛後乎夫以大王之賢挾強韓之兵而有牛後之名竊爲大王羞之韓王從其言又說魏惠王曰大王之地方千里地名雖小而人民甚衆武士蒼頭奮擊各二十萬厮徒十萬車六百乘騎五千匹乃聽於羣臣之說而欲臣事秦臣願大王孰計之也魏王聽之又說齊王曰齊四塞之國也地方二千餘里帶甲數十萬粟如邱山臨淄之中七萬戶下戶三男子即有軍役不待發於遠縣而臨淄之衆已二十一萬矣夫韓魏之所

四十歲　二十八

以重畏秦者爲與秦接境也兵出而相當不十日而存亡之機決矣幸而勝則兵半折四境不守不勝則國已危亡隨其後矣秦之攻齊則不然倍韓魏過陽晉經亢父之險車不得方軌騎不得比行百人守險千人不敢過也秦欲深入則狼顧恐韓魏之議其後是故恫疑虛喝驕矜而不敢進則秦之不能害齊亦明矣不深料此而欲西面事之是羣臣之計過也願大王少留意計之齊王許之乃說楚威王曰楚天下之強國也地方六千餘里帶甲百萬車千乘騎萬匹粟支十年此霸王之資也故秦之所害莫如楚楚之與秦其勢不兩立從親則諸侯割地以事楚衡合則楚割地以事秦此兩策者相去遠矣大王何居焉楚王亦許之於是蘇秦爲從約長并相六國比報趙車騎輜重擬於王者○〔綱目書法〕以爲長何著六國之志也從衡之說童子羞之此何以書見從之不可恃也〔曹寅谷曰〕或問合從何以王趙曰近秦者韓魏也遠秦者燕齊也國大而幾與秦相埒者楚也近秦則不敢爲王遠秦則不急爲王與秦相埒則無樂乎爲王矣趙氏中央之國也其與秦介遠近之間而其受秦害在不緩不急之際故安民擇交之說進而洹水之盟不旋踵而成此天下大勢季子所期年揣摩而

得者也

孟子四十歲 自三遷至此皆居鄒 係鄒國邑非國都

按孟子年四十以前皆居鄒四十以後則客游之始也曹寅谷曰史記孟軻列傳曰當是之時天下方務於合從連橫以攻伐爲賢按關東地長爲從楚燕趙魏韓齊六國居之關西地廣爲衡秦獨居之以六攻一爲從以一離六爲衡故從曰合衡曰連國策開頭蘇秦始將連衡說秦惠王則合從亦非秦本心也昔蘇軾有言蘇秦之爲從也合天下之異以爲同聯六姓之疏以爲親以爲事之甚難者當是時秦人併吞

四十歲

之勢已形六國之君皆不能如孟子所謂行仁政修忠信以撻其堅甲利兵則爲目前救急之計舍合從之外亦未有他策從横之說已起於孟子未生之前至是儀秦犀首之徒皆以術游說諸侯致位富貴其說始熾而其害日深孟子周流憂世之心實權輿於是矣古之爲臣者不四十不祿不五十不爵不七十不致仕故禮四十日强而仕孟子曰我四十不動心集註謂四十强仕君子道明德立之時孔子四十而不惑亦不動心之謂也余謂孟子願學孔子誦詩讀書教授弟子必在博學無方强立不反之日其見諸

侯則四十以後事也孟子見諸侯雖在四十以後要之以禮聘則見不以禮聘卽四十後仍不見詳後再至宋不見諸侯章姜氏駁譚氏說

**我四十不動心**

**禹稷當平世章**〔按〕此章自是孟子隱居求志尚未客游時語

**公孫衍張儀**見史記〔按〕此年六國表秦以公孫衍爲大良造蘇秦列傳秦惠王使犀首攻魏禽將龍賈取魏之雕陰且欲東兵蘇秦恐秦兵之至趙也乃激怒張儀入之於秦於是說韓魏齊楚從合而并力焉据此則儀之入秦與犀首仕秦相距不遠

**任人有問屋廬子曰章**〔四書釋地〕任國名太皥之後風姓今濟臨州東任城廢縣是去古鄒城僅百二三十里宜屋廬子明日卽可往問禮稱宰我無宿問速不誠有子之風哉〔施樸齋曰〕洪稚存地志濟臨州東至鄒縣界泗河四十里縣志泗河至縣治三十五里又東南二十六里嶧山之陽卽故鄒國使屋廬子

之今鄒治南孟子故宅不過七十五里卽之故鄒國亦僅百里釋地似誤〔按〕据此則洪稚存地志所載較釋地言相去百二三十里尤爲省便自當主地志爲是而去鄒治南七十五里較去鄒國百里尤減二十五里更宜主孟子故宅爲是因考屋廬子見七篇僅二章俱載告子下篇此章聞任人之難不能荅則學力猶淺也後章見兩以幣交一見一不見卽喜得閒而問旣問而悅因或之疑遲斷曰季子不得之鄒儲子得之平陸則所造已深也統兩章計之任人章自應在幣交章前而明年孟子始客鄒鄒君太鄒國都鄒國去任百里連誠善問未必如是不憚跋涉故此章既斷在幣交章前尤宜定在孟子仍居故宅未客鄒國都前則兩地相去僅七十五里連一舉足可不終日至不必以區區辨難之般致煩百里舂糧之宿或亦善學者所更樂也故渾附此章於此前數年〔又按〕通志氏族畧屋廬子晉賢人嘗著書學彭聃之法而甘馭麟則云旣學於孟子不應以淸淨之言著書當另是一人切考外書載屋廬子曰無爲而治何如孟子曰有心於無爲非無爲也虞舜先勞而後逸者也劉氏曰屋廬子初爲黄老之學故以淸淨無爲爲問孟子恐其有流弊也舉虞舜以告之据此則通志謂

連學彭聃之法似非無據惟施樸齋曰黄帝彭聃孔子嘗稱之其流爲清靜爲導引及符籙特後世方士之矯誣耳非彭聃之法本然也秦符伯祖此即或不能無偏然竟云另是一人泥矣〔姜孺山曰〕孟子在鄒而屋廬子在任既之鄒旋任應且季任事亦屋廬子來問豈屋廬子即任國人歟

# 孟子章句考年卷二

無爲蔣一鑑存齋氏輯

紀年

己丑 顯王三十七年 齊宣王元年韓宣惠王元年燕易王元年

通鑑魏以陰晉和於秦 曹寅谷曰梁西偪於秦而敗約自梁先受禍遂自梁始自是而後地日以削蘇秦所謂兵未用而國已虧也

秦以齊魏之師伐趙蘇秦去趙適燕從約皆解 秦使公孫衍欺齊魏共伐趙趙決河水灌之乃去趙肅侯讓蘇秦秦恐請使燕必報齊乃去趙而從約皆解

史記齊伐燕喪取十城既而歸之 蘇秦列傳秦惠王以其女爲燕太子婦是歲文侯卒太子立是爲燕易王易王初立齊宣王因燕喪伐燕取十城易王謂蘇秦曰往者先生至燕而先王資先生見趙遂約六國從今齊先伐趙次至燕以先生之故爲天下笑先生能爲燕得侵地乎蘇秦大慙說齊王歸燕之十城

四十一歲

按黄氏日抄以此年齊伐燕即孟子梁惠王篇所云齊人伐燕事不知是時孟子尚未至齊且齊地方三千里取燕僅十城何得即曰取燕曰舉萬乘之國曰倍地燕十城雖失易王王燕如故何必曰置君而去時從約初解齊魏伐趙而韓燕楚不之救則齊伐燕而韓趙魏楚亦必不之救况蘇秦即說齊歸燕侵地又安得曰諸侯將謀救燕諸侯多謀伐寡人曰動天下之兵可見七篇所云伐燕皆後此赧王元年燕噲讓國致亂事不得遽以茲之取十城當之也參汪武曹曹寅谷說

孟子四十一歲始客鄒國都爲鄒君穆公敬禮也

曹寅谷曰季氏圖譜謂孟子居鄒四十年間無所考見其歷聘之迹必隱居尚志已能不動於心譚氏編年畧謂孟子四十以前教授弟子講記游歷諸侯自四十一歲始然曷知孟子之游自鄒始也葢授徒講學大約居魯之日多而曹交得聞人皆可以爲堯舜之說遂願假館鄒君則此時在鄒也鄒若是孟子本國則來學者受業於門何待假館且曰得見曰願留又明是異邦人語故曰孟子魯人非鄒人經曰由鄒之任由平陸之齊之齊在之鄒之後故孟子之見諸侯自鄒始不自齊始

按曹寅谷據季氏譜氏謂孟子客游在四十歲外且謂即始於鄒其說誠不可易惟援曹交章假館二字以證孟子曾入非鄒人而謂孟子客鄒乃由魯之鄒是猶認孟子三遷仍居魯境也不知三遷屬鄒非魯前既詳言之矣且假館二字可作交爲異邦之證不可即作孟子爲異邦之證蓋交所謂假館未必非假己之館如樂正子言舍館未定之館固未明言假孟子之館也據曹交章稱烏獲獲仕秦武王始以力顯武王在位四年當赧王五年八年間則此章宜在後數十年爲孟子終居鄒事惟孟子始居鄒邑就學授徒遷於斯長於斯至是道既過穆公閭而尊禮之乃由鄒邑

至鄒國都則其始所謂客鄒國見客於本國之鄒君非如曹氏謂由魯客鄒也而据曹交言得見鄒君假館受業及孟子與諸門人問答多在道塗列國則孟子客游之時皆不廢講學之日也

章句

**鄒與魯鬨穆公問曰章** 閻百詩曰鄒本邾也當魯隱公元年猶爲附庸以從覇主獎王室王命爲子是其爵次於魯者僅二等耳哀公七年魯貢八百乘之賦於吳邾亦六百乘是其賦減於魯者二百乘耳故以比鄒搆怨勢不下魯竟與春秋相終始何怪至孟子時猶有與魯鬨之事哉

紀年

庚寅 顯王三十八年

史記秦定義渠 秦本紀○括地志義渠古西戎地周先公劉不窋居之

**孟子**四十二歲**仍客鄒國都**

紀年

辛卯顯王三十九年

史記秦圍魏焦曲沃魏獻河西地於秦按六國表河西上有少梁二字誤顯王十五年秦已取魏少梁何由再獻

孟子四十三歲由鄒之任

按劉向新序及賈誼新書載穆公行政愛民民戴鄒君不獨戰國未聞亦三代盛時所僅見劉向新序刺奢篇穆公有令食鳧雁必以粃無得以粟於是倉無粃而求易于民二石粟而得一石粃吏以爲費請以粟易之穆公曰去非汝所知也夫百姓飽牛而耕暴背而耘勤而不惰者豈爲鳥獸哉粟米人之上食奈何其以養鳥且爾知小計不知大會周諺曰囊漏貯中而獨不聞歟夫君者民之父母取倉之粟移之于民此非吾之粟乎鳥苟食鄒之粃不害鄒之粟也粟之在倉與在民於吾何擇鄒民聞之皆知私積與公家爲一體也

此謂之富邦（賈誼新書春秋篇）楚王欲淫鄒君乃遺之伎樂美女四人穆公朝觀而夕畢以妻死事之孤故婦人年弗稱者人弗畜節于身而弗衆也王與不衣皮帛御馬不食禾菽無淫僻之事無驕燕之行食不重味衣不雜采自刻以廣民親賢以定國親民如子鄒國之治路不拾遺臣下順從若手之役心是故以鄒子之細魯衛不敢輕齊楚不能脇穆公死鄒之百姓若失慈父行哭三月四境之鄰于鄒者士民向方而道哭抱手而憂行酤家不售其酒屠者罷列而歸傲僮不謳歌舂築不相杵婦女投珠瑱丈夫釋玦靬琴瑟無音期年而後始復　故說者遂謂穆公因孟子愛出者愛反福往者福來

教諫於是發憤行仁致此巨烈所以終穆公之世羈鄒境至穆公卒乃出之他國（四語見任氏約旨）竊意孟子髫齔遷鄒鄒亦可稱父母之國未必不遲遲吾行卽穆公聞行仁政之諫安知不內生愧悔然謂穆公悔過

旼政鄒民潛消疾視之萌可也必若二書所載民與公爲一體又鄒國之治路不拾遺云云及穆公死百姓若喪慈父云云雖古聖人立行來和生榮死哀亦不是過予恐二書欲彰孟子過化之神而不知誇詡穆公失之誣也故謂孟子於鄒僑寓之親數戀不去則可謂鄒因孟子化民如是之神則未可曹寅谷於

孟子客鄒三年當四十三歲始書由鄒之任茲從之

**孟子居鄒季任爲任處守以幣交受之而不報**

**他日由鄒之任見季子**按季任既以禮來交孟子不報不過不即報耳而他日由鄒之任與季任幣交時要之不甚相遠必不待處平陸見齊儲子亦以幣交始憶及季任之幣而回鄒先往荅禮復回平

陸又往齊答禮也所謂他日者猶云幣交之他日耳實各有一他日而止一稱者特因屋廬子得間之間而爲事後追述之省文也有以居鄒處平陸之任之問挨次泥分四年者殊謬○[曹寅谷曰]任國在齊楚之間孟子去鄒即將之齊其中間之任者見季子也經有鄒君無任君唐林愼思續孟屋廬子問昔夫子居鄒任君嘗以幣交之夫子受之今之任任君復以祿一授之夫子不受託辭也亦別無與季任問答語孟子蓋一至即去耳

壬辰

顯王四十年 宋剔成四十一年弟偃攻襲剔成奔齊自立楚威王熊商十一年卒子懷王熊槐立

[史記]魏伐楚取陘山 楚世家○魏伐楚喪此南鄙之根 楚使景鯉於

秦 謀報梁也[鮑彪曰]五國之聽蘇子也革面而已非能深究橫從之利害也唯威王雅有難秦之心念之熟矣乃梁惠首敗從約至是又伐楚喪秦難未已復與楚仇追楚合秦以謀梁而支秦不益急耶 魏及

秦會於應獻焦邑於秦懼楚合秦也 秦取魏汾陰皮氏

孟子四十四歲 去任之齊平陸

四十三至四十四歲

五

〔曹寅谷曰〕李白任城縣廳壁記在禹貢則南徐之分當成周乃東魯之邦東盤瑯琊西控鉅野北走厥固南馳互鄉路史云厥亭即平陸故城應劭曰古厥國也然則平陸在任城之北此孟子由鄒之任由任之平陸之齊之明據也〔又曰〕孟子去任之齊而由平陸者平陸齊邊邑漢屬東平國國西南爲致密城即孔子宰中都地爾時屬齊即今汶上縣在兗州府西北九十里〔按〕此徐廣所謂東平陸也齊世家康公十五年魯敗我平陸即此又西與大梁接界漢書郊祀志蚩尤在東平陸監鄉齊之西境國策蘇子代曰有陰平陸則梁門不啓魯仲連遺燕將書曰楚攻南陽魏攻平陸齊無南面之心皆以此平陸爲齊西邊邑與屬山西平陽府爲又一平陸者不同齊魯之界以汶分孟子所謂臣始至於境者當

卽指此邑大夫孔距心與孟子有舊處於平陸依距心

也

章句

臣始至於境問國之大禁至如殺人之罪

孟子之平陸謂其大夫曰三節

處於平陸儲子爲相以幣交受之而不報按經言儲子爲相明非季任處守可比

紀年

癸巳顯王四十一年齊宣王五年宋君偃元年楚懷王元年

史記秦客卿張儀伐梁取蒲陽既而歸之梁盡入上郡十五縣以謝秦以儀爲相犀首歸梁○秦本紀張儀列傳張儀者魏人與蘇秦俱事鬼谷先生學縱橫之術游諸侯無所遇蘇秦召而辱之儀怒入秦秦王悅之以爲客卿至是將兵伐

四十四至四十五歲

魏取蒲陽言於秦王請復以與魏而使公子繇質焉儀因說魏王曰秦之遇魏甚厚魏不可以無禮於秦魏因入上郡十五縣以謝焉儀歸而相秦○曹寅谷曰張儀嘗與蘇秦俱事鬼谷先生學術秦自以爲不及儀初秦相六國欲得儀以固從約乃激怒儀使入秦所謂蘇君之時儀何敢言者也至是入秦已六年而始相者前此惠王蓋以爲客卿也儀相而趙魏韓楚世家並書見儀之用亦六國存亡之關也又曰魏前獻河西地北自華州北至同州一帶並無七百里惟盡入上郡則自丹鄜延綏等州北至固陽而所爲築長城以界秦者都委棄之而秦乃可以東鄉也蓋梁地自河西逶迤而至河南幾將二千里蘇秦言地方千里者從長而橫不足截長補短算也明年秦歸梁焦曲沃垂陜州地惠王蓋約畧計之曰西喪地七百里耳非謂河東之地止十餘其三也故他日張儀之言曰魏地方不至千里

秦敗趙疵於河西趙世家

孟子四十五歲　由平陸之齊爲齊賓師

按集註范氏謂孟子在齊處賓師之位玆書孟子爲

齊賓師於此年遵曹氏年譜也但曹氏據孟子正義及程沙隨以繼而有師命句爲作賓師之證竊意國君於賢尊之爲師卽不可制之以命且是章合上去齊三章連記自是後此再去齊情事故朱子嘗攺舊說爲師旅之命知不可以是語證賓師也今於孟子兩至齊一爲賓師一爲客卿卽據七篇經文各按辭義地理證之不敢稍參臆說分詳此後數年兩至齊去齊各章句內

由平陸之齊 [按]曹寅谷曰史載齊宣王喜文學游說之士自如騶衍淳于髡田駢接子愼到之徒七十六人皆賜列第爲上大夫不治而議論是以齊稷下學士復盛且數百千人余意齊宣好大喜功此必其初年

四十五歲

孟子四十七歲去齊之宋

淳于髡曰男女授受不親章按此章問答閻百詩謂似相值於梁惠王朝曹寅谷則曰

集註稱髡齊之辯士傳曰齊人又曰齊之贅壻當威王初年數使諸侯時騶忌爲相髡往以微言語之禮踞則名位必與相埒及宣王賜列第爲上大夫而孟子至齊矣孟子再至齊爲卿淳于髡謂夫子在三卿之中則髡之於齊實與孟子相始終者孟子初至齊位賓師無官守言責嫂溺援手之喻當在此時據此故附此章於孟子初至齊爲賓師時且援手援天下語義知齊宣是時信道弗篤藉手無由因發是論則此章更宜附於爲賓師將去時

孟子謂蚳鼃曰章按靈邱趙註但云齊下邑施樸齋曰齊邊邑有靈邱趙世家敬侯二年敗齊於靈邱田齊世家威王元年三晉因齊喪伐我靈邱趙惠文王十四年相國樂毅將趙秦韓魏燕攻齊取靈邱是非邊邑要地何爲數數被兵而數千年來究莫知其所在按魏收地形志鉅鹿郡鄡縣有靈邱南連大陸北界

滹沱西接中山徒駭河逕其下東鹿巖峙其右外臨內廣至容千餘人東南至齊高唐三百餘里洵青齊之門戶中夏之屏藩也據此則靈邱誠齊邊境要地蚳鼃殆自度不勝折衝之任堪膺弼教之權故辭靈邱而請士師〔又按〕齊人譏孟子不去孟子既自明曰我無官守我無言責則吾進退豈不綽綽然有餘裕斯時見幾之决殆有欲稍爲留而不得者矣○附考〔外書第二〕蝨鼃隱於萊孟子使人問之以書且遺之粟曰介士也丁氏公著云蝨古蚳字萊國名後屬齊今萊州也隱居當在致爲臣而去之後

於齊王餽兼金一百而不受

若於齊則未有處也無處而餽之是貨之也焉有君子而可以貨取乎〔按〕未有處言賓師無官守言責也

當在宋也〔按〕據陳臻於宋繼於齊而問則去齊自是如宋○孟子兩至宋此至宋緊接於齊未有處乃當偃立數年未稱王之先後至宋孟子屢稱宋爲王自當偃十一年既稱王之後○七雄不數宋是時偃尚未欲

四十七歲

行王政孟子必如宋者或以其爲王者之後故往觀歟

孟子謂宋句踐曰章〔按〕滕文公下篇萬章問宋將行王政及謂戴不勝戴盈之數章孟子稱宋爲王而數章又合記一處自是孟子再至宋語此章集註謂宋姓句踐名而孫奭疏則謂句踐宋人自亦是孟子在宋語孤文散見姑列於孟子初至宋時

滕文公爲世子將之楚過宋而見孟子章〔金仁山曰〕自滕而西南過宋三百五十餘里〔周理衷曰〕是時楚都於郢郢在今湖北襄陽府宜城縣西南九十里宋都商邱在今河南歸德府商邱縣滕在今山東兖州府滕縣西南四十里自滕之楚而取道商邱路稍迴遠顧麟士謂非世子迂道來見固謬閻百詩謂是時楚地久廣至泗上滕南與楚鄰一舉足即入其境亦未明悉

告子曰性猶杞柳也章

告子曰性猶湍水也章

告子曰生之謂性章

告子曰食色性也章〔按〕季氏圖譜云郜爲宋滅其子孫爲告曹氏謂如郕之後去邑氏成邾之後去邑氏朱是也告子之相見疑即此時故統列此數章於此年餘孟子惟初至宋與告子論性故後此再至齊與公孫丑論加齊卿相曰我四十不動心告子先我不動心又曰告子未嘗知義以其外之也

孟季子問公都子曰章〔按〕公都子名或見外書此章季子深入乎告子之言者故連記之孟季子集註謂孟仲子昆弟若趙註季子亦爲義外也是無孟字孫疏季子即下卷季任四書考異謂可見當日經文實未嘗有孟字也則非孟子弟子不然何不親問而煩公都子轉詢且政和封號何以無孟季子耶姜孺山曰孟子三言彼字固是指斥外人語氣然則孟字必因南宋雜本而致誤耳據此則集註疑孟季子爲孟仲子昆弟固因本文業有孟字而以仲季之序爲疑實未有的據也

公都子曰告子曰章此亦因問告子之言類附之

四十七至四十八歲

丙申顯王四十四年宋君偃四年趙武靈王元年

〔史記〕秦初稱王表六國韓亦爲王秦本紀○〔曹寅谷曰〕紀於是年書魏君爲王韓亦爲王年表且獨書魏君爲王按前此顯王三十四年齊魏爲王則魏稱王者十一年矣紀表恐皆誤

梁敗趙護六國表齊梁敗韓舉於桑邱六國表韓世家○〔曹寅谷曰〕魏罃日削地於秦猶不思厚韓親趙一年而連敗兩家不自撤其藩蔽也哉

孟子四十八歲去宋適薛自薛反鄒

於宋餽七十鎰而受〔按〕孟子兩至宋綜計所與往來有句踐告子戴不勝諸人不勝邢疏云卽盈之孟子初至宋經雖未載與接語必斯時已與句踐告子同爲孟子上下之交七十鎰之餽或卽廷臣國士爲之揄揚故其君特隆贐賢之禮歟

予將有遠行行者必以贐辭曰餽贐予何爲不受〔按〕遠行据陳臻

問次去宋自是如薛薛在宋東距鄒不遠之薛將以反鄒也同一客游而於宋適薛曰將有遠行亦萍踪無定者自此之彼之通稱耳

**嘗在薛也**

**於薛餽五十鎰而受**

**予有戒心辭曰聞戒故爲兵餽之予何爲不受**時有惡人欲害孟子如桓魋於孔子之類孟子實有戒心故薛君聞戒而爲兵餽○按譚氏編年畧謂孟子受薛餽時薛爲孟嘗君不知竹書顯王四十年齊封田嬰于薛通鑑顯王四十八年齊號薛公田文爲孟嘗君則斯時嬰尚未封孟嘗君安得有薛且考書載孟子言人謂孟嘗好士孟吾不信也良以孟嘗君散財養士招及有罪亡人所好必無眞士也故論世者謂雞鳴狗盜之出其門士之所以不至使孟子在薛若值田文斷無肯受其餽之理考顯王十二年齊封鄒忌于下邳時邳已爲齊滅二十九年齊復遷邳于薛以邳薛皆同姓仍以諸任奉奚仲之祀

則孟子斯時所適之薛猶諸任世守之薛非靖郭君父子代封之薛也譚氏未之深考〔又按〕孟子在宋與句踐告子諸人論遊論性且楚都距宋城幾二千里滕世子之楚往反皆獲迂道來見知在宋必歷年餘而在薛七篇僉無與薛人問答知必因有戒心一過即去去薛自是反鄒

〔按〕去薛何以知即反鄒以明年然友爲滕世子之鄒問禮知之也然友之鄒何以知即在此年餘以孟子居滕先後約三年次年齊人將築薛適當顯王四十六年田嬰城薛知之也

**陳臻問曰前日於齊章**〔按〕此章自是自薛反鄒途中問答故列於此

紀年

丁酉　顯王四十五年　秦惠文王改其十四年爲一年○初稱王改元也〔按〕戰國稱王改元惟梁惠成王秦惠文王二君餘無聞

〔通鑑〕蘇秦自燕奔齊蘇秦通於燕文公之夫人恐得罪說易王曰臣居燕不能使燕重而在齊則燕重王許之乃僞得罪於燕而奔齊齊王以爲客卿秦說齊王高宮室大苑囿以明得意欲以敝齊而爲燕〔綱目書法〕此僞奔也曷爲以奔書其奔則僞其所以奔則實書奔所以著秦之隱惡也〔史記〕

秦張儀伐梁取陝

孟子四十九歲居鄒滕世子使問喪禮既葬禮聘至滕

滕定公薨世子謂然友章〔閻百詩曰〕故滕國城在今縣西南十五里故鄒城在今鄒縣東南二十六里兩國相去僅百里宜然友朝發滕而暮至鄒朝見孟子而暮復命文公也

孟子之滕館於上宮章〔按〕趙註館舍也上宮樓也孟子舍止賓客所館之樓上也此蓋滕定既葬滕文禮聘孟子至滕冀得瞑眩之說以爲善國也

滕文公問爲國章〔曹寅谷曰〕春秋衰世喪禮久廢馬貴與謂孟子雖誨文公以三年之喪而文公

僅能五月未葬之前守諒陰之制然亦當時所無余謂五月居廬亦猶行古之道所爲事莫大於奉禮孝莫大於哀慟從善如流文公之謂也蓋自過宋聞性善之旨其虛左以待孟子亦已有日不幸至於大故未有命成禮賢之典不遑焉至葬後始聘孟子至滕館於上宮百官有司總已以聽觀畢戰問井地可見而文公自三年終制爲國一問亦求所爲瞑眩之說耳非僅能五月不言也閭百詩曰春秋公羊傳君存稱世子君葬稱子其既葬稱子踰年稱公左氏則未葬偁子既葬稱君此二傳之同異也孟子則又有異滕文公爲世子是君存稱世子也滕定公甍世子謂然友是君甍亦稱世子也至於子之身而反之是未葬稱子也若所稱子力行之則又在既葬之後肯至踰年改元然後兩稱爲君曰君如彼何哉曰君請擇於斯二者而孟子於滕行蹤歲月亦畧可覩矣

按曹氏茲閻氏說知孟子受聘至滕畢問爲國與井地實在滕定既葬之後未踰年改元之先再按孟子

引龍子莫不善於貢云云胡朏明夏氏僎並謂禹立貢法殊善龍子特救戰國之失指託貢法以文過者言閭百詩深贊所解之妙胡朏明曰某謂貢異於助唯無公田耳其取民之制雖於一夫五十畝中稅其五畝之所收然亦每歲各視其豐凶以為所入之多寡與助法無異非上之人科定此五畝者出穀若干以為常也藉令樂歲不多取凶年必取盈賦何以有上上錯乎夏氏僎曰戰國諸侯重斂掊克立定法以取民不能因豐凶而損益且託貢法以文過故龍子有激而云其所謂不善者特救戰國之失耳禹法實不然也因意周末取民易公田而為不易之貢法一壞於春秋之稅畝再壞於戰國之廢井田考顯王十九年祇書秦廢井田他國無聞乃至是未三十年滕文竟舉井地以問知當日閭風效尤爭藉

四十九歲　十六、

曰夏后氏之貢法以取民不惟典籍盡去卽井田遺制亦蕩無復存辟草萊任土地罪僅次連諸侯一等故孟子引龍子之說舉當時之貢法痛懲之復因問井地而詳告之明知滕限弱小無能爲役而絕長補短將五十里請野九一而助國中什一使自賦使復井田之制並使通助法之窮此厥疾瞑眩之藥大人勞心之事所以使之强爲善庶得猶可以爲善國也井地之復孟子殆不容已於滕歟

戊戌　顯王四十六年　齊宣王十年○曹氏曰史記是年書齊湣王元年茲從通鑑特書宣王之十年者信孟子也

竹書四月齊封田嬰於薛［齊策］齊將封田嬰於薛楚王
聞之大怒將伐齊齊王有輟
志公孫閈曰封之成與否非在齊也又將在楚閈說楚
王令其欲封公也又甚於齊嬰子曰願委之於子公孫
閈謂楚王曰魯宋事楚而齊不事者齊大而魯宋小王
獨利魯宋之小不惡齊之大何也夫齊之削地而封田嬰
是其所以弱也願勿止楚王曰善因不止［又］靖郭君將
城薛客多以諫靖郭君謂謁者無為客通齊人有請者
曰臣請三言而已矣益一言臣請烹靖郭君因見之客
趨而進曰海大魚因反走君曰客有於此客曰鄙臣不
敢以死為戲君曰亡更言之對曰君不聞大魚乎網不
能止鉤不能牽蕩而失水則螻蟻得意焉今夫齊亦君
之水也君長齊奚以薛為失齊雖隆薛之城到於天猶
之無益也君曰善乃輟城薛○［後漢書志］薛本國六國
時曰徐州在今滕縣之南［索隱曰］說文鄒邾之下邑在
魯東徐與鄒俞音舒今讀為禹貢徐州之徐者非○［按］
曹氏言譜遵史記書齊封田嬰於顯王四十八
年則與號其子田文為孟嘗君同歲矣不可據

十月

齊城薛［按］嬰初封即欲城薛以客海大魚之諫而止十月卒城之

［史記］楚敗梁於

四十九至五十歲

一二

襄陵取八邑〔楚世家〕懷王六年使柱國昭陽將兵攻魏破之於襄陵得八邑○此即梁惠南辱於楚事

燕君爲王〔燕世家〕十年燕君爲王〔索隱曰〕上言易王者後追書謚也〔綱目書法〕於是趙武靈王不肯稱王令國人謂已曰君則何以不書常事也而五國之罪著矣

秦張儀與齊楚大臣會於齧桑還秦免相六國表秦本紀○〔曹寅谷曰〕張儀於秦惠之五年入秦十年始相此年儀免則相秦者於茲六年矣

孟子五十歲在滕

南辱於楚〔按〕梁惠南辱專指此年襄陵之敗言乃見辱於楚之大者楚世家云得八邑魏策昭陽爲楚伐魏覆軍殺將亦云得八城集註云七邑別據古本

有爲神農之言者許行章〔按〕井里之設溝澮川洫與徒鳩役非朝夕事今許行陳相自宋自楚相繼之滕則必孟子爲滕文已復井制大畧所由遠方之人聞風爭來爲氓故列此章於在滕之次年〔又

按閻氏以將築薛二章君如彼何哉君請擇於斯二者證滕文踰年稱君今既列許行章於次年則此章聞君行仁政聞君行聖人之政滕君則誠賢君亦可爲踰年稱君之證

**滕文公問曰滕小國也間於齊楚章**滕逼近楚之正北齊之西南故曰間於齊楚○按滕文初問孟子惟以與民共守效死弗去勉之欲終復井制也

**滕文公問曰齊人將築薛吾甚恐章**按滕文再問孟子初引太王遷岐以慰之復言彊爲善以勉之爲善向井地學校諸仁政是能彊爲善則亦自爲其可繼者耳意仍王於效死勿去而不欲其輕徙也再按築薛卽此年田嬰城薛也山東通志古薛城在滕縣南三十里薛河之北城周二十八里齊滅薛封靖郭君田嬰於此更築其城據此則薛之有城自是田嬰所更築而續漢書輿地志乃云河北有大城田文所築蓋以田文處薛較其父田嬰爲久且嬰築薛時亦係文王家政故以城薛屬之耳閻百詩曰孟獻城虎牢而鄭人懼晏弱城東陽而萊子服文公焉得而不恐哉

己亥 顯王四十七年

〔史記〕張儀相梁犀首弗利〔張儀列傳〕儀與齊楚之相會齧桑還而免相相魏以爲秦欲令魏先事秦而諸侯效之魏王不肯聽儀秦王怒伐取魏之曲沃平周復陰厚張儀益甚〔綱目發明〕四十一年書張儀伐魏取蒲陽矣四十五年又書張儀取陝矣今焉免相於秦乃出而相魏以儀之反覆固不足責爲魏國者不亦愚之甚耶彼親用兵以伐我既與我之父皃子弟交鋒接刃力爲仇敵今乃舉國聽之幾何而不亡哉惟夫合綱目前後所書觀之然後知儀之爲反覆小人而魏之爲削弱不能自立也卒斃於秦不亦宜乎〔曹寅谷曰〕顯王三十六年秦以犀首爲大良造四十一年張儀相秦犀首歸魏至是年儀爲秦之魏魏相之而犀首弗利小人眞同而不和哉

梁有女子化爲丈夫秦取梁曲沃平周六國表又詳上張儀列傳

梁鄭太子朝秦秦本紀

趙鄭會於區鼠六國表趙世家韓

孟子五十一歲去滕反鄒

滕文公問曰滕小國也竭力以事大國章[按]滕文三問竭力以事則不得免情形此章自去築薛更歷數時故分列於將去滕之年○[曹寅谷曰]滕介齊楚兩大之間欲息肩於一國而不得於是有竭力以事不得免焉諸問孟子設爲遷國效死二策以告之此皆憂國之心所迫而出焉者而遂責其免喪以聽政者誣也[按]滕文崇信孟子奮發有爲無如壤地褊小且攝兩大之間故孟子前此許其可爲善國後僅許其亦以新子之國與在齊梁宋直策以與王不同兹勉行仁政年餘遠方來者甚衆大國益加毒忌迫脅擾害使不得力於爲善孟子前陳二策猶重死守而輕遷徙兹因復有竭力以事則不得免之問知國勢益不可爲遂詳引太王遷岐之事以告之而效死勿去一策祇記諸或說以勉之知孟子所以處滕者固有在矣信乎齊人有言曰雖有智慧不如乘勢雖有鎡基不如待時滕有其時而無其勢道之不行其歸一也去滕之機所由決歟○附考滕集註本國策宋滅滕春秋正義滕三十世爲楚所滅杜氏釋例春秋後六世而齊

滅之。竹書於越滅滕，通志魯隱公以下春秋後至公邱二十一世爲秦所滅，迄無定說。今據滕文閒於齊楚及齊人將築薛云云，丞考古薛城距今滕縣南僅三十里，則後此見滅於齊未可知。

按孟子去滕，自仍反鄒，以母年漸老，必隨時歸省也。

## 公都子曰滕更之在門也章

按滕更，趙注云滕君之弟來學者也。曹氏因叙於許行章後，的指此章爲在滕中間事。竊意滕君既行三年之喪，則孟子在滕前二年，其弟亦同處三年喪內。君子居喪三年不爲禮樂，律以子夏子張既除喪而見，非除喪且不見夫子，則未除喪安能從師受學。禮三年之喪二十五月而畢，孟子居滕末年，滕文想已除喪，滕更來學，自在將去滕時，而公都子之問似尤在去滕之後。蓋孟子言五不可挾，滕更有二，更長賢勳勞一無足恃，所可挾者必貴爲滕君之弟，與孟子當日曾受其國禮遇之隆，而與更有故耳。故附此章於去滕後。

紀年

庚子

顯王四十八年崩，子愼靚王定立。

燕易王十二年卒，子噲立。

〔通鑑〕齊號薛公田文爲孟嘗君初齊王封田嬰於薛號曰靖郭君嬰言於齊王曰五官之計不可不日聽而數覽也王從之已而厭之悉以委嬰嬰由是得專齊權嬰有子四十餘人其賤妾之子曰文通儻饒智畧說靖郭君以散財養士靖郭君使文主家待賓客賓客爭歸其美請以文爲嗣嬰卒文嗣立號孟嘗君招致諸侯遊士及有罪亡人食客嘗數千人名重天下〔綱目書法〕書賜號始此○〔山東通志〕嘗許二邑俱在滕縣南薛城左右魯頌居嘗與許是也田文號孟嘗君以此今之孟嘗集即古嘗邑

孟子五十二歲居鄒

# 孟子章句考年卷三

無爲蔣一鑑存齋氏輯

〔紀年〕

辛丑 慎靚王元年 梁惠王後元十六年 燕王噲元年

〔通鑑〕衛更貶號曰君〔書法〕趙武靈王令國人謂已曰君不書此何以書誅心也不知守國自貶以求媚於人其褻王爵卑先祖甚矣綱目前書曰貶號爲侯此書曰更貶號曰君甚之也

## 孟子 五十三歲 由鄒至梁

〔通鑑〕孟軻至魏曰魏惠王卑禮厚幣以招賢者於是孟軻至梁〔書法〕至無事不書此書何特筆也鄒人也不書鄒天下之辭也 通鑑書此條於顯王三十三年當梁惠王三十五年今移書此年詳下再按

〔按〕孟子何爲至梁金仁山曰春秋之所憂在秦尹起

華曰王澤之斬自秦併天下始秦併天下自三家分晉而力不足以禦秦始嘗觀蘇秦要約六國攻守形勢具見蘇氏謂天下之所重者莫如韓魏意亦本此其實梁之地小於趙而大於韓賈誼過秦論言秦孝公據殽函之固擁雍州之地拱手而取西河之外秦之強實自梁始故曰孟子不之韓之趙而之魏者拔腹心也再按孟子至梁何以知必在梁惠後元十六年當慎靚王元年任釣臺曰史稱惠王三十五年卑禮厚幣以招賢者而孟子至梁二年即去是時孟子年僅三十有七惠王年長以倍安得尊之曰叟且梁

惠未嘗南辱於楚，卽喪地於秦亦未至七百里之多
也。若孟子至襄王乃去，則孟子在梁歷十八年，不應
與惠王問答止五章，且道不行而淹留若此之久也。
且如其說，則齊人築薛時孟子在梁，何緣有與滕文
公問答語？蓋史不知惠王有後十七年，而但繫之惠
王之前二年，故誤也。曹寅谷、姜孺山、陳鳳石、任文田俱主此說。据此，故移

書孟子至梁於此年

孟子見梁惠王王曰叟章 劉熙曰：叟，長老之稱。孟子時年五十有三，故惠王稱之曰叟。

孟子見梁惠王王立於沼上章

梁惠王曰寡人之於國也章 按：寡人之民不加多，卽指梁地屢削言。〇姜孺山曰：梁本


五十三歲

有河西地至上郡而王不言者則以改元末年已喪於秦也史記正義曰古帝都多在河東河北故呼河北爲河内河南爲河外又曰河從龍門南至華陰東至衛州東北入海曲繞冀州故言河内蓋大河以北總謂之河内也至惠王所言河内則平陽府境魏舊都安邑今析解州所言河内則自蒲州以東至懷衛也自惠王之前六年徙都大梁是已去河東而地尚隸梁至襄王子昭王六年予秦河東地四百里而後失河東又至安釐王二年割温和秦四年割南陽和秦九年秦拔懷景湣王二年秦伐朝歌三年拔汲則河内亦至是乃失也又梁有河外蘇秦於惠後二年說梁稱梁北有河外卷衍酸棗是已酸棗正與汲南北相對者○懷衛今懷慶衛輝二府温今懷慶府温縣南陽今懷慶修武縣朝歌今衛輝府汲今衛輝淇縣卷衍二城在今開封府西北原武縣酸棗在今開封西北延津縣

## 梁惠王曰寡人願安承教章

## 梁惠王曰晉國天下莫强焉章

陳鳳石曰三家分晉魏得晉之故都故梁惠王與周

胥並自稱晉國
而韓趙則否

按史記列傳言孟子道既通游事齊宣王宣王不能用適梁趙氏題辭去之先齊後梁特舉七雄之大者言其實游齊後尚有之宋之滕諸游歷在之梁先曹寅谷曰孟子客游先齊後梁而建篇先梁者欲以仁義爲首篇也魏環溪曰孔子開口便說學而時習之是孔子一生大本領大願力看十五志學一章五十學易一章甚矣吾衰一章自少至壯至老何嘗一時不習即一部論語又何嘗一件不是時習之學願學孔子者須學此孟子開口便說何必曰利亦有仁義而已矣是孟子一生大本領大願力看梁惠王一章景丑氏一章宋牼一章王子墊一章告君告臣告王子何嘗一處離了仁義即七篇孟子又何嘗一句不是仁義之言願學孟子者須學此季氏圖譜言惠王一見孟子而首有利國之問既有鴻鴈麋鹿之問

五十三至五十四歲　三

既又因歲凶而有民不加多之問孟子皆以仁義之道啓之而惠王之志在於報怨乃欲雪齊秦楚之耻非愛民之仁也故孟子歎其不仁而他日爲公孫丑言之居魏而與之論仕者又僅有周霄焉則魏可知已

紀年

壬寅慎靚王二年齊宣王十四年梁惠王罃後元十七年卒子襄王赫立○按史記載梁惠王三十六年卒子襄王立十六年卒僉惠襄爲五十二年子哀王立兹從竹書紀梁惠改元十七年卒惠立先後共五十二年而以竹書所稱惠王子今王爲襄王信孟子故信魏史也

史記秦擊韓取鄢六國表韓世家楚城廣陵六國表

孟子五十四歲去梁自范適齊王使迎之於崇命爲客卿仕不

受祿

章句

**陳代曰不見諸侯章**〔姜孺山曰〕首篇梁惠王五章是與王言者陳代四章又雜記在梁事此章乃是孟子見而不仕之故章內言枉道在見之外非一卽以見爲枉道也陳代意以不見諸侯原是小節今既一見之矣既見則當可霸王而仍落落不偶者或者不知所變通乎故以且字另提而以枉尺直尋諷也孟子則以不見原非小節豈可不待其招而往言外卽以明已於梁亦是因其招賢所以可見也至所云枉尺直尋則大不可故亦以且大提起而決言之王良一節明是可以見而不可枉影子如但言必不可見則當引沈淵詵耳閉門踰垣等作例何以述王良之與乘若近若遠者乎下節結出不枉道從彼從字較見字爲細一見不可卽謂爲從若竟以見爲枉道從彼則孟子固云不待其招而往非云招亦不可往也卽如梁惠王固招而往矣何嘗以一見卽爲枉道哉

**景春曰公孫衍張儀章**〔姜孺山曰〕此章亦是孟子在梁適儀衍爲相故景春修言以諷也〔任

氏約〔旨〕儀衍皆魏人景春亦魏人故止知儀衍儀之相魏皆秦使之故劫魏人使必事秦者儀也衍之相魏總以仇儀故說魏使必事秦者衍也當時衍去則儀來儀逃則衍貴然儀非眞爲秦也秦武王立而儀以計出相魏且說齊使不攻魏矣衍非眞惡秦也儀死而衍入相秦且佩五國相印使皆事秦矣〔曹寅谷曰〕周顯王三十七年秦大良造公孫衍欺齊魏以伐趙四十一年秦相張儀降魏蒲陽四十五年又取魏陜儀衍始皆魏人與魏難至是乃比肩並事眞所謂無恥之尤者而魏自庚子辛丑壬寅數年中不被兵故景春曰一怒而諸侯懼安居而天

下熄

**周霄問曰章**〔集註〕周霄魏人〔姜濡山曰〕此章亦以孟子在魏不仕而問也國策魏文子田需周霄相善欲罪犀首犀首勸相文子以倍田需周霄然則霄結文傾衍時與孟子相際故宜以仕問

**彭更問曰章**〔姜濡山曰〕此彭更激孟子以仕不是直以爲泰也亦應是在魏時蓋由三章連類記來殆因孟子不枉道不仕故以無事諷耳

〈通鑑〉魏君罃卒孟子去魏適齊〈書法〉上書魏君罃卒下書孟軻去魏譏在嗣君矣

孟子見梁襄王章〈曹寅谷〉曰孟子與惠王語止五章觀願安承教一言亦被孟子漸漸引入惜其遽亡耳新君初服注目共瞻不謂出乃考下遠甚綱目上書魏君罃卒下書孟軻去魏譏在嗣君是也君子居是邦不非其大夫况其君乎當日出而語人直是爲天下萬世之人牧告非故貶襄王也然亦一見而决去故其辭如此

〈外書第二〉梁襄王問戰於孟子孟子對曰戰危事也臣末之聞也北堂書鈔亦引孟子此二語孟子去梁梁襄王追之及諸東桑孟子曰爲吾謝梁王勿忘先王之禮遇也再拜登車而去施樸齋曰東桑淇雅存地志開封府杞縣西有空桑城在大梁東界疑即東桑

（按）孟子何爲決於去梁曹寅谷曰時張儀相梁羣首弗利儀相梁已四年儀衍皆魏人又僉事魏戰國縱橫者流孟子皆辭而闢之前者蘇秦入齊而孟子因以去今者張儀相魏而孟子豈能留乎以知孟子之不久於梁雖曰譏在嗣君其臣亦與有罪焉

## 孟子自范之齊章

（按）范趙注齊邑王庶子所封食閻百詩曰范本晉大夫士會所食采春秋之際范氏叛晉齊衛助之范遂入齊爲邑齊王之子季氏疑郎王子墊郝氏謂爲湣王譚氏謂即湣王子法章陳鳳石曰總不若趙注泛指王庶子爲合孟子在范閻氏云殆猶靖郭君孟嘗君之於薛不然王子豈容在入百里下邑而爲孟子望見乎垤澤之門郎左傳澤門之皙之門杜氏注宋城南門也

（按）孟子去梁何以必復之齊曹寅谷曰任氏約旨謂

齊宣與梁惠質地不同勢局亦異梁惠小齊宣大梁惠浮齊宣實梁惠在位四十餘年習染已深齊宣卽位未幾天機猶在看梁惠只想報仇雪耻齊宣便想莅夏撫夷梁惠喪敗尙詡盡心齊宣自知動稱有疾梁惠許多警發尙難動其哀痛之心齊宣只就易牛一事提撕便能滅戚此其質地不同也梁國小而逼於秦齊居海岱之間國安而民富此其勢局亦不同也王有足用之資國有易王之勢故孟子望齊尤倍於梁於是復之齊而知其自范者經文也按廣輿記東昌府禹貢兗州之域春秋齊西鄙聊攝地戰國魏

五十四歲

孟子□□考　卷二　六

齊趙三國之境范即今東昌府濮州范縣是孟子去梁之齊所經之塗也山東通志范縣孟望臺在縣東南二十里孟子自范之齊卽此

於崇吾得見王退而有去志不欲變故不受也方之玒云崇爲崇武今東昌府聊城縣崇武驛古聊攝地也在范邑東北百餘里○玒音拱

按於崇見王何以知必在自范之齊後据廣輿記東昌爲齊西鄙聊攝地范在今東昌府濮州方之玒以崇亦古聊攝地在今東昌府聊城縣去范邑東北百餘里此亦自范之齊必經之地竊意齊宣自孟子去後屢思復見孟子而孟子去齊數年數見他國諸侯王均不若王足用爲善亦常馳念不忘茲王行邊至

崇聞孟子由梁復至因使禮迎而孟子亦殷然晉見兩情交慰懽逾前兹故他日王語孟子曰前日願見而不可得得侍同朝甚喜孟子亦告公孫丑曰於崇吾得見王吾得見者亦猶王得侍甚喜之辭也而見王何以知王命孟子爲客卿卽以此下退而有去志不欲變故不受三言知之也蓋孟子所謂不受卽答丑仕不受祿之問耳而以言乎祿則不受以言乎仕則客卿也曹寅谷亦曰得侍同朝甚喜是就孟子現爲卿言但未審卿乃客卿耳客卿何以不受祿曰孟子之復至齊原冀王大改前非力圖新政庶幾委國以聽吾之道不行於前時可行於

繼此也乃一見虛隆禮貌祗受以客卿之命則雖處三卿之中實無當路之權行道之責大與初心刺謬故甫退卽有去志未肯以虛拘遠受卿祿迫遲之又久齊王用予之實終不聞由是去齊之志不欲變故雖仕仍不受祿也

紀年

癸卯 愼靚王三年 齊宣王十五年梁襄王元年宋君偃十一年

史記楚趙梁鄭燕齊伐秦攻函谷關秦開關延敵六國皆敗走 楚世家懷王十一年蘇秦約從山東六國兵攻秦楚懷王爲從約長至函谷關秦出兵擊六國六國兵皆引而歸齊獨後 曹寅谷曰顯王三十七年蘇秦去趙適燕從約皆解四十五年自燕奔齊齊宣王以爲客卿至是者七年矣復約六國兵攻秦以齊師後五國勝則進不勝則退斯亦可見秦之詐也○按史書擊

秦六國表有楚無齊秦本紀有齊無楚惟楚世家兼有之當以爲正而賈誼過秦論謂當時攻秦者尚有宋衞中山凡九國世家祇稱六國蓋舉其大者言之也

宋自立爲王宋世家君偃十一年自立爲王

義渠襲秦

公孫衍傳犀首謂義渠君曰中國無事秦得燒掇焚杅君之國有事秦將輕使重幣事君之國其後五國伐秦陳軫謂秦王曰義渠君者蠻夷之賢者也不如賂之以撫其志秦王曰善乃以文繡千純婦女百人遺義渠君義渠君致羣臣而謀曰此公孫衍所謂耶乃起兵襲秦秦大敗秦人李伯之下○索隱李伯或邑號戰國策作帛

## 孟子五十五歲仕齊客卿迎母仉氏養於齊

孟子年表五十五歲在齊迎母仉氏就養

按孟子仕齊既不受祿猶必迎母就養者竊意迎母之役必在有去志之後不欲變之前蓋前此雖有去

志而見王既命爲客卿未必終無用予之日親年既
邁色衰久疏遂使人迎母至齊以篤終身之慕乃母
既至齊卒以道不可行不欲變而不受祿此他日願
行而母老不禁以擁楹之嘆憂色之形動賢母之切
問歟

## 孟子爲卿於齊出弔於滕章

（按）弔滕自是滕文公卒王重滕文之賢因使孟子往弔以盡大事小交鄰之誼而孟子亦藉君有命於以答其生前禮遇之隆故爲之出弔於滕乃王使蓋大夫亦以卿位而爲輔行非重滕文也王固深王驩之愛隆孟子之賢俾驩得朝暮接見與商使事庶增倖幸光寵也詎知自往而反卒未與之言行事孟子之待小人固不惡而嚴哉（再按）外書滕文公卒葬有日矣天大雨雪及牛目羣臣請弛期太子不許惠子諫弛期而更爲日孟子曰禮也夫以滕文葬事載於孟子外書孟子又以弛期更

曰稱之爲禮自是當日在滕親見此事則此章出弔於滕斷斷爲滕文之喪無疑【閻】百詩曰自臨淄抵滕不滿五百里路不爲遠而一往一反將千里路亦不爲近朝暮接焉未一及使事故丑以爲疑

【按】經文明書孟子爲卿於齊何以斷其爲客卿也曰戰國三卿之制不盡如古制古制司徒司馬司空三卿並設或曰一卿是相一卿是將一卿是客卿見周理衷典故辨正將相二卿自皆有當國之責惟客卿名爲卿而實則客無事不可任而究無專任且不能有所大任故張儀前爲秦客卿及伐梁梁盡入上郡以謝秦乃以儀爲相赧王二十三年秦又以客卿壽燭爲相則客卿之遜於相久矣即此年孟子以客卿出弔於滕驩以齊相而爲

輔行蓋無關輕重之權客卿有時比隆左右師甚且駕而上之而究語委國以聽不能也此孟子所以雖仕卒不甘受祿也而此外語孟子爲客卿有據乎曰有不獨七篇更有此後在齊去齊數章句堪爲左証詳後去齊前數年內外書亦孟子外書也擁楹而嘆之章固有明白無疑者矣是章云孟子處齊爲客卿詳次年

公孫丑問曰夫子當路於齊章按丑設言夫子當路於齊以孟子雖爲齊卿實客卿而非當路之卿故尤切以當路於齊望夫子孟子則言當路雖管晏不足爲以齊王由反手因丑疑言王太易更反覆曉示遞引齊人孔子之言以實王齊反手之喻孟子蓋自信幼學壯行固具有平治天下舍我其誰一段大本領而又適値此飢食渴飲有地有民大時勢故確然言王齊之甚易使以經書孟子爲卿非客卿而爲

當路之卿則孟子此次仕齊合居母喪先後約六年餘當路不爲不久王齊之手何如是難反耶倒懸之解所謂事半功必倍者安在耶吾恐孟子不惟無解於丑且無解於管仲晏子之功矣○曾西曾參之子申之字也御案申字子西孟註曾子之孫誤

公孫丑問曰夫子加齊之卿相得行道焉章 按公孫丑復以加齊之卿相問知孟子於齊不惟當局以道不行爲憂即其徒亦汲汲以行道望其師也其曰加齊卿相得行道焉者謂夫子欲行道於齊非加齊之卿而且相不可也蓋戰國一卿是相之卿分言之曰卿曰相合言之統稱卿相也由此霸王不動心孟子自言我四十已然使經書爲卿非客卿則齊之卿相加矣行道而王此其時矣而孟子仕齊數年道之所行安在耶王齊不動心者固如是寂然耶有以當路之卿謚孟子者還以孟子之言質之○孟賁帝王世紀云齊之力士能生拔牛角秦武王好多力士賁往歸之姜孺山曰秦武王以報王四年立八年羆賁之歸秦固在此時而由慎靚初年至報王四年不出十年人之以勇力見者要在壯盛一二十年閔斯時

五十五歲

丑言孟子之不動心開口卽言過孟賁遠矣知必當賁年正盛以多力著名之時○告子卽與孟子前在宋論性者其持志專以不得於言勿求於心爲王故曰告子先我不動心

## 公行子有子之喪右師往弔章

〔按〕觀右師入門諸與言之情形益知驩與孟子同一爲卿實有當路不當路之別諸與言之目中但有右師右師目中祇有孟子孟子目中惟有朝廷之禮嚴嚴氣象殊令小人不可逼視岔然曰孟子獨不與驩言是簡驩也蓋因今之不與言岔憶及前此弔滕時往與反之未嘗與言也積岔生忌鉗制陰行此孟子於齊所由終無當路之日歟○有子之喪顧亭林以爲喪子袁了凡則謂子職之喪言卽其親喪也姜孺山曰必爲親喪始得如注所云職喪溢其禁令序其事而孟子可云朝廷也然以親喪而謂子職之喪古無其說使喪子而子亦卿大夫又安在不可有重禮哉

紀年

甲辰 愼靚王四年 齊宣王十六年

〔通鑑〕齊大夫殺蘇秦〔蘇秦列傳〕齊大夫多與蘇秦爭寵者使人刺蘇秦不死殊而走齊王

使人求賊不得蘇秦且死謂齊王曰臣即死車裂臣以徇於市曰蘇秦爲燕作亂於齊如此則臣之賊必得矣於是如其言而殺蘇秦者果自出齊王因而誅之〔綱目書法〕兩下相殺不書此何以書以爲秦之讒足以殺其身而已矣書以爲世戒也

〔史記〕宋與齊敗梁觀津六國表田齊世家敗趙觀澤趙世家

梁因張儀請成於秦犀首相〔張儀列傳〕於是張儀陰令秦伐魏魏與秦戰敗明年齊又來敗魏於觀津秦復攻魏先敗韓申差軍斬首八萬諸侯震恐而張儀復說魏敗從約而因儀請成於秦〔通鑑〕張儀說魏王曰梁地方不至千里卒不過三十萬地四平無名山大川之限卒從戍四境者不下十萬梁之地勢固戰場也夫諸侯之約從盟洹水之上結爲兄弟以相堅也今親兄弟同父母尚有爭錢財相殺傷而欲恃反覆蘇秦之餘謀其不可成亦明矣大王不事秦秦下兵攻河外據卷衍酸棗劫衛取陽晉則趙不南梁不北梁不北而從道絕矣大王之國雖欲無危不可得矣魏王乃倍從約而因儀以請成於秦儀復歸相秦〔曹寅谷曰〕儀秦本同門友初秦相六國激怒儀使入秦至是秦死而儀即爲梁請成於秦卒敗從約

五十六歲

十一

陳潛室謂其平日師友之間未嘗用情故臨事不可以情告彼此以術牢籠諒哉

〔通鑑〕張儀歸復相秦詳上〇〔書法〕張儀出入綱目悉書之特筆也秦之譎張儀爲之然則秦能用儀矣其亦書相秦何儀魏人也相秦而書曰歸所以著前之出爲秦謀而非果免也今乃歸而復其位焉耳不書秦以非新命也

孟子五十六歲母仉氏卒於齊歸柩於魯合葬父激公墓

〔外書第二〕孟子處齊爲客卿居常有憂色擁楹而嘆孟母見曰子擁楹而嘆若有憂色何也對曰軻聞之君子稱身而正位不爲苟得而受賞不貪榮祿今道不用於齊願行而母老是以憂也孟母曰婦人之禮精五飯冪酒漿縫衣裳而已故有閫內之修而無境外之志易曰

无攸遂在中饋詩曰無非無儀惟酒食是議以言婦人無擅制之義而有三從之道也故幼則從乎父母嫁則從乎夫夫死則從乎子子今子成人也而我老矣子行乎子義吾行乎吾禮子何憂也列女傳亦載此條自本外書惟易客卿爲上卿殊謬

〔按〕外書明言孟子處齊爲客卿則知七篇祇書爲卿者固據在三卿之中而渾言之也既爲客卿仍憂道不用願行而母老以客卿殊異當路之卿也惟不能當路行道故雖仕而不受祿其語母氏曰君子稱身而正位不爲苟得而受賞不貪榮祿孟子蓋自明不受祿之由矣而世猶以孟子爲卿非客卿者則列女

傳譌之也列女傳爲漢劉中壘所撰其載孟母數條如三遷斷織責去婦俱本外書而大同之中輒多小異此條變客卿爲上卿固以同屬三卿不妨隨手拈易豈知其實大有當路不當路之別而孟子之受祿不受祿辨乎此客卿可以不受祿上卿則未有不受祿孟子之能解於王齊反手不動心與不能解亦視乎此彼泥執上卿以誣孟子者殆見有列女傳而未見外書歟施樸齋謂宋王伯厚史繩祖明陳士元皆以不獲見孟子外書爲恨予於近世任釣臺顧亭林閻百詩周理衷曹寅谷諸前哲亦云

或問客卿與賓師不同乎曰不同賓師者賓全乎師師何尊也客卿者客兼乎卿卿則臣也觀孟子初在齊

王及儲子皆尊曰夫子而孟子亦自言未有處無官守言責賓至乎師也繼在齊王數見一無所稱退語其臣秪曰孟子吾甚慙於孟子我欲中國而授孟子室景子以同僚習處且直呼曰子丑見王之敬子也而孟子亦自言宜受祿以故不受自言將朝王致爲臣客兼乎卿也明乎此不獨賓師客卿二者判然不侔卽孟子兩於齊事蹟且較然矣而不明於賓師客卿之分者遂於孟子在齊事蹟或一或再都不分曉蚔鼃章注范氏曰孟子居賓師之位閻百詩曰孟子時爲客卿謂孟子一至齊者不分曉仕而不受祿章明係再至齊爲客卿惟客卿可言仕惟仕可言受祿或以故不受可言朝王爲臣而曹寅谷遵孟子正義及程沙隨謂此章在初至齊時而以繼而有師命當

賓師之命似賓師亦可言仕既仕亦可言未有處可言無官守言責以繼此之客卿混初至之賓師則謂孟子再至齊者亦不分曉惟周理衷答或問曰客卿自客卿賓師自賓師當下何等斬截惜其所以解孟子者謂孟子於齊爲客卿王高其德望以賓師禮之則仍混二者無別且合孟子兩於齊而一之而使在齊事蹟終不分曉也

〔外書孝經第三〕孟母之喪門弟子各治其事陳臻治貨季孫郊治車咸丘蒙治器萬章治縗充虞治櫬公都或治饌陳代治牲樂正克治儀公孫丑治賓客孟子三日不食哭不止門人弟子請曰古者五十不毀孟子時已五十有六

孟子曰五十也乎哉吾母猶孺子也顓子弔見之流涕自責曰今而知聖人之道遂棄壘而歸儒施僕齋曰孟子云云千載下猶令人感動宜墨者顓了流涕自責歸於儒視私淑之夷之益加切矣○顓他端反

孟子年表孟子五十六歲母仉氏卒於齊扶柩歸葬於魯山川志孟母墓在鄒縣東北二十里馬鞍山麓馬鞍山在今鄒縣北二十五里原屬魯邨邑境詳前始生按內元張須重修孟子母墓記地在鄒縣馬鞍山之陽馬鬣其封隆然岡阜千六百餘年片石在旁題曰鄒公墳廟碑於孟母之德或畧莫釋其疑曹寅谷曰孟子夙喪其父則前喪自必其母爲之至是有母之喪乃歸葬於父墓也後人因題曰鄒公墳廟碑從

章句

乎周人所謂合葬之禮也

孟子之後喪踰前喪　謂棺槨衣衾之美也〔按〕外書記孟子之喪諸弟子各治其事前喪之踰當不僅棺槨衣衾之美

使虞敦匠事外書充虞治櫬　得之爲有財古之人皆用之吾何爲獨不然

後以大夫　後以五鼎〔按〕周禮父爲士子爲大夫葬以士祭以大夫孟子父爲士葬母自依士禮後以大夫二語則祭禮也外書公都或治饌陳代治牲槃正克治儀公孫丑治賓客皆祭禮所有事

孟子自齊葬於魯〔按〕爲合葬父墓故歸柩於魯也

紀年

乙巳慎靚王五年

〔史記〕犀首行三國相事〔張儀列傳〕秦惠王終相張儀而陳軫奔楚楚未之重也而使陳

軫使於秦過梁見犀首曰田需約諸侯從親楚王疑之未信也公謂於王曰臣與燕趙之王有故願謁行於王請所多車以車三十乘可陳之於廷明言之燕趙燕趙客聞之馳車告其王使人迎犀首楚王聞之大怒曰田需與寡人約而犀首之燕趙是欺我也怒而不聽其事齊聞犀首之北使人以事委焉犀首遂行三國相事皆斷於犀首

秦伐蜀取之 張儀列傳○司馬錯之謀也秦以益彊富厚輕諸侯按秦之憂在六國楚於六國最強曹氏謂伐蜀則楚在掌中矣白起所以再戰而燒夷陵也

楚與齊爭長

秦取趙中都西陽 六國表

通鑑 燕君噲以國讓其相子之 燕相子之與蘇秦之弟代昏欲得燕權蘇代使齊而歸燕王問曰齊王其霸乎對曰不能王曰何故對曰不信其臣於是燕王專任子之鹿毛壽謂燕王曰人謂堯賢者以其能讓天下也今王以國讓子之是王與堯同名也燕王因屬國於子之或曰禹薦益而以啓人爲吏及老傳天下於益而實令啓自取之今王言屬國於子之而吏無非太子人者是名屬子之而實太子用事王因收印綬三百石吏已上而效之子之子之南

五十七至五十八歲

十五

面行王事而噲老不聽政顧爲臣〔書法〕書以國讓何罪噲也以者不當以者也故以失地名之

**孟子**五十七歲**在鄒居喪**

丙午 慎靚王六年 崩子赧王延立 魯景公偃三十一年 年卒子平公叔立 齊宣王十八年

〔竹書〕梁城陽向

〔史記〕秦取鄭石章 秦本紀 又敗趙將軍英 六國表

**孟子**五十八歲**免喪反齊**

**反於齊止於嬴充虞路問曰**至**章末**〔按〕反齊止嬴郝京山據士喪禮以爲葬後拜君賜顧亭林以爲改葬周理喪據家語以爲卒哭而致事義俱未安惟閻百詩曰此蓋孟子終三年喪復至齊也果爾何以爲前日解曰孟子書有以昔與今對言者昔者似在所遠而亦有指昨日者昔者辭以疾是也以前日與今對言前日似在所近而亦有指最遠者前日願見而不可得是也充虞蓄一疑於心至三年孟子

免喪反齊舍於逆旅乃追憶自齊歸葬之始一論匠事
以論匠事於止嬴日故繫止於嬴亦猶與公孫丑論不
受祿於居休日故繫以居休豈必別有義在乎（再按）充
虞初治櫬事木若美然乃當日奉命於師不敢違而於
心有不安者因憶當時墨道大行墨之治喪以薄託
禹法桐棺三寸制喪三日孟子遵古制以殯母喪非爲
距墨而然乃求所以恔其心也而及門如充虞猶不免
於疑墨而致問蓋幾幾爲墨道所染其視夷子憮然受命
踹子流涕自責逃墨而歸儒者多慙德矣○嬴齊南邑
在今泰安府萊蕪縣西北四十里汶水之北去齊都臨
淄三百
餘里

（按）孟子年表於是年書反齊齊王以爲客卿夫爲客
卿誠是顧客卿之爲已爲於去梁再至齊之日不爲
於終喪反齊之年而終喪反齊則仍繼前爲客卿也
前此爲齊客卿既以道不用而不受祿願行而母老

是以久留於齊今曷仍反而爲客卿蓋前者猝遭大故未致爲臣今茲終養慈闈去來可以自定使齊果翻然大用加以上卿授之國政王齊反手報稱無難非然則還秩於君請從此逝乃至齊適遇伐燕之役君若臣往復問計爭致挽留孟子因欲藉道其君於湯武之行仁不忍使水深火熱之民聽其益深益熱此所以欲辭客卿而不果且是年還齊必免喪而後啓行歲將幾終卽辭卿無暇也

紀年

丁未 赧王元年 魯平公元年齊宣王十九年燕王噲七年及相子之皆死

〔史記〕秦右更樗里子疾拔梁焦曲沃其將犀首走樗里子列

〔傳〕樗里子者秦惠王之弟也滑稽多智秦人號曰智囊惠王八年爵樗里子右更使將而伐曲沃取其城〔按〕顯王四十二年秦歸梁曲沃四十七年又取梁曲沃平周則曲沃已爲秦有此又云拔焦曲沃疑有誤又敗鄭師於岸門六國表韓魏世家

〔通鑑〕齊伐燕取之醢子之殺故燕君噲〔書法〕於是子之爲王三年矣書子之何不成之爲君也故噲得稱爲燕君書取書醢書殺甚齊也〔齊策〕韓齊爲與國張儀以秦魏伐韓齊王將救之田臣思曰不如聽之子噲與子之國百姓不戴諸侯弗與秦伐韓楚趙必救之是天以燕賜我也王曰善因起兵攻燕三十日而舉燕國〔燕策〕子之三年燕國大亂將軍市被太子平謀將攻子之儲子謂齊宣王因而仆之破燕必矣王因令人謂太子平曰寡人聞太子之義將廢私而立公飭君臣之義正父子之位寡人之國小不足先後惟太子所以令之太子因率黨聚衆將軍市被圍公宮攻子之不克市被反攻太子平市被死搆難數月死者數萬燕人恫怨百姓離意王因令章子將五都之兵因北地之衆以伐燕士卒不戰城門不閉燕王噲死齊大勝燕子之亡○〔索隱〕曰五都即齊也臨淄是

五都之一〔國策〕趙與楚魏謀救燕〔趙策〕齊破燕趙欲存之樂毅謂趙王曰今無約而攻齊齊必仇趙不如請以河東易燕地於齊趙有河北齊有河東燕趙必不爭矣是二國親也以河東之地强齊以燕以趙輔之天下憎之必皆事王以伐齊是因天下以破齊也王曰善乃以河東易齊楚魏憎之令淖滑惠施之趙請伐齊而存燕〔按〕趙世家武靈王聞燕亂召公子職於韓立以爲燕王使樂池送之竟不就夫欲立公子職爲燕王郎趙策所云趙欲存之也事竟不就郎聽樂毅之謀欲親齊以重楚魏之怒不徒恃公子職以制齊也

〔史記〕秦侵義渠得二十五城報李伯也

孟子五十九歲辭齊客卿適齊伐燕王數問計不果辭仍不受祿繼而有師命不可以請〔按〕孟子此次至齊斷無不請辭客卿未有母在道不用而願行母卒道仍不用而轉留也惟王因燕亂時秦魏伐韓楚趙救韓田臣思謂天意以燕賜齊王遂決取燕之計適孟子

終喪初反國興大師甚賴賢客卿藉資碩畫故後此勝燕則問諸侯謀救燕則問茲雖請辭維殷而君有後命未許逍遙旋孟子方思用予有機藉遂千里見王之初願亦何忍遽棄而歸也故曰繼而有師命不可以請〔再按〕師命朱子從趙注原以爲師旅之命但渾言師旅未有專屬竊考七篇孟子在齊齊王伐燕此外未聞更諸兵事以經證經斷其必指伐燕且上文孟子言退有去志復甚之曰不欲變故不受則初時不受祿已非一日自屬未居喪之前言卒曰繼而有師命不可以請繼而云者非終喪復至齊何無端繼而之有惟繼而有伐燕師旅之命辭卿而卿不可辭受祿仍祿不甘受觀望徘徊歲時屢易此他日去齊所由告時子曰辭十萬告公孫氏曰久於齊非我志也歟

**沈同以其私問曰章**〔按〕齊王定計伐燕沈同初亦不安於心故以其私問及孟子謂燕可伐同不知再問可伐之人其心殆祇利有燕並不知齊亦可伐之燕也或人勸齊之問自是沈同以所問得半之道告其君若臣齊君臣皆同類也聞同轉述之言遂益以伐燕爲不可緩此所以有勸齊伐燕之疑

**樂正子從於子敖之齊章**〔按〕樂正子魯樂正子春之孫子春年九十使克學於孟子詳孟子外書前年孟母之喪樂正克爲治賓容孟子歸葬於魯克自偕充虞輩從之還魯去年孟子反齊克未及從適王驩以事適魯故從之之齊〔再按〕王驩見七篇凡四章以書法敘之弔滕章書蓋大夫王驩官與姓與名並舉也以驩位齊卿之位也公行子章祇書右師以右師卿也只舉其官知即前之稱齊卿之位蓋大夫王驩也此章不書其官並不書其姓與名僅字之曰子敖知子敖固前書右師時孟子所稱以我爲簡之子敖也書法益畧其人益卑矣下章則因此章連及之

**孟子謂樂正子曰子之從於子敖來章**此與上章自一時語故類記之

**齊人伐燕勝之章**〔按〕齊以萬乘伐萬乘五旬即可舉燕非齊眞湯武之師也良以燕君臣搆難數月死者萬衆靡不恫怨離意故聞齊師至遂卒不戰城不閉且簞食壺漿以迎王師焉要之燕民避燕而向齊特以水深火熱激於一時之忿如殺父兄累子弟毁廟遷器逕取燕爲已有燕民必有大不然者乃王中於田

臣思天賜齊燕之說妄度舉燕爲天意踰以取不敢並問其意固專在取燕孟子知取之燕必不悅爰舉武王文王之所行使之衡量燕民以決所從事王庶幾反其本哉

## 齊人伐燕取之章

〔按〕王不審燕民之悅與不悅逕自取燕王固利燕所有亦廷臣沈同陳賈輩逢其惡也當時倡救燕之謀惟趙始欲召公子職立而送之嗣以樂毅之謀激怒楚魏楚魏遂相與之趙請伐齊而存燕此誠動天下之兵也何以待之一問孟子因王有畏心不惜反覆數十言導引曉勸爲畫兩全之策明知王病中貪燕既得斷難復失而知無不言言無不盡固臣人之分宜然亦所以報其諄切挽留之意耳

紀年

戊申　赧王二年齊宣王二十年梁襄王六年復號魏〇〔按〕曹寅谷曰通鑑書齊宣元年後史記十年而其書在位十九年並同則是年當爲湣王地元年譜特書宣王二十年者亦信孟子也今從之

〔國策〕秦張儀敗救燕之謀〔魏策〕楚許魏六城與之伐齊而存燕張儀欲敗之謂魏王曰齊畏三國之合必反燕地以下楚楚必聽之而不與魏六城是王失謀於楚而樹怨於齊秦也魏王懼伐燕

五十九至六十歲

之事遂敗○此篇多不可解僅錄首尾大畧〔按〕據此知齊不聽王速出令之謀而諸侯卒未聞救燕者固張儀敗之也

〔史記〕魏與秦會臨晉六國表秦本紀魏世家

秦樗里疾擊藺陽虜趙將軍莊豹樗里子傳

張儀相楚〔楚世家〕秦欲伐齊而楚與齊從親秦惠王患之乃宣言張儀免相使南見楚王王曰敝邑之王所甚悅者無先大王所甚憎者無先齊王王爲儀閉關而絕齊今使使者從儀西取故秦所分楚商於之地六百里如是則齊弱矣是北弱齊西得於秦私商於以爲富此一計而三利俱至也懷王大悅乃置相璽於張儀〔按〕楚前欲與魏伐齊既又與齊從親今復絕約於齊甚矣楚君槐變詐多端宜卒受張儀之欺而隕身辱國也

楚屈匄伐秦〔通鑑〕楚王乃厚賜張儀而閉關絕約於齊使一將軍隨張儀至秦儀佯墮車不朝三月楚王聞之曰儀以寡人絕齊未甚耶乃使勇士宋遺借宋之符北罵齊王齊王大怒折節而事秦齊秦之交合儀乃朝見楚使者曰子何不受地自某至某廣袤六里使者還報楚王大怒使屈匄帥師伐秦秦亦發兵使庶長章擊之

梁復號

曰魏時孟子去梁已六年故終七篇只稱梁

**孟子**六十歲 **仍仕齊客卿**

〔按〕此年諸侯救燕之謀既爲張儀所敗是孟子所言不信動天下之兵與速出令至猶可及止數言安可爲齊留乎然諸侯救燕之謀雖寢而燕勢蠕蠕欲動也安能聽孟子遽去哉以此見王憚於用孟子猶未敢輕遠孟子王由足用爲善孟子故亦不忍輕舍而去歟〔姜〕孺山曰四書翼注論孟子所以惓惓於齊之故謂以他日形勢言之秦暴楚昏不可與語燕敗亡之後韓趙魏迫於秦勢不久存惟齊依太山表東海形勝得十二上接冀雍下連荆揚旁聯徐豫可以中天下而立也云云據此論自不當輕言去齊矣

匡章曰陳仲子章（按）匡章趙注齊人於陵閭百詩曰齊城東有長白山陳仲子夫妻所隱處唐張說石泉驛詩自注於陵仲子宅詩云長白臨江上於陵入濟東我行弔遺跡感嘆石泉空石泉非孟子所謂井者耶江繡江發源長白山南今章邱縣清河是訃於陵仲子家離其母居幾二百里矣○盜蹠莊子云柳下惠之弟焦袁熹四書說云蹠是秦盜又惠爲展氏之季蹠非其弟可知据此則師古云此亦莊子寓言信然

孟子曰仲子不義與之齊國而弗受章此因於陵章論仲子類記之切言與之齊國因以仲子齊人亦自是在齊論齊事

公都子曰匡章通國皆稱不孝焉章（按）威王時秦攻齊齊已使章子將而迎之及宣王伐燕又令章子將五都之兵則章子自是宿將齒爵俱優孟子處齊先後通爲章子用齊之時故與之遊惟威王已言章子不欺死父則國人稱其得罪於父爲不孝孟子言其子父責善乃追論事親之往事又按匡章名章其稱子者閻百詩曰國策齊宣王與羣臣皆稱章子蓋人名下係以子字當時有此稱謂田盼爲盼

子田嬰爲嬰子田文爲文子秦魏冉亦稱冉子皆此類或曰七篇書匡章與國策祇書章子未有匡字當二人未知孰是要以趙注匡章齊人其論陳仲子及孟子與之遊皆孟子在齊事故渾附此二章於兩至齊內

**孟子曰牛山之木嘗美矣章** 〔按〕此亦在齊言一齊事故類附之牛山水經注一名南郊山天齊淵出焉齊以此得名吳文園曰牛山目驗在今臨淄縣南一十里在唐臨淄縣南二十一里故列子與晏子春秋皆云景公遊於牛山北臨其國而流涕集注依趙氏云齊東南山方向少錯○〔外書第二〕萬章從遊於牛山之上孟子喟然嘆曰此齊景公流涕之所也而其骨已朽矣萬章曰古之人何以不朽孟子曰太上有立德其次有立功其次有立言此之謂三不朽古之人皆有死君子雖死而求其不死者若小人則未死而已死矣〔按〕据此則孟子稱牛山之木嘗美而又云若彼濯濯者皆嘗親歷其境語

**孟子曰無或乎王之不智也章** 〔按〕吾見亦罕頗爲孟子終喪復仕齊情事王之不智料應非一而七篇所載莫顯於伐燕一事蓋孟子勸王勿取燕王未能聽必欲取之以致燕民不悅諸侯多謀

伐齊此王不智之大者也然王能誨留孟子勝燕則問救燕則問王皆猶足用爲善之萌奈孟子退而沈同陳賈寒之者紛至欲不取燕惡能不取燕其如王爲善之萌何哉取燕章曰倍地而不行仁政警王以不仁此章惜王以不智故明年燕畔王慙陳賈卽以周公旦未盡仁智解之

## 孟子將朝王王使人來曰章

按此章的爲仕齊客卿不受祿事並知的在終喪復仕齊後蓋孟子如仍前至齊爲賓師則天子不召師王固不敢召孟子孟子亦斷不肯往朝惟仕齊客卿孟子故將朝王景子故不如前此王與儲子尊爲大夫子以僚誼直稱王曰子且數以君臣主敬君召無諾之禮繩孟子惟仕齊客卿不受祿孟子故不辨景子所繩之非如前答公都子我無官守言責云云第引曾子薄晉楚之富數言以彼之富爵謂不及吾仁義且以古不可召之臣自處若曰吾仕而受祿臣可召吾仕不受祿非臣其所教者比臣不可召也何以知必在終喪復仕齊後也禮親在恒言不稱老孟子於母殁尚泣曰吾猶孺子若未居喪前仕齊仍夫人在堂孟子且時以母老爲憂何忍自以齒一傲齊王惟終喪復仕齊孟子年屆六十故因王

來召遂以齒德達尊之二抗齊王達尊之一然王既以有其一而慢其二孟子去齊之心益不能已矣

紀年

己酉 赧王三年 齊宣王辟疆二十一年卒子湣王地立韓宣惠王二十一年卒子襄王倉立燕共立太子平爲昭王〇按通鑑於赧王元年當齊宣十九年書齊宣卒曹寅谷以燕世家齊既取燕之二年畔齊又以孟子燕畔當齊宣王故於赧王二年仍書齊宣二十年所以信孟子而此後齊宣不書卒齊湣不書元殊失所據考元張須重修孟子墓碑記謂其去齊也辟疆卒而地立固知齊宣之卒即當孟子去齊之年張氏必有所本故於是年書齊宣王二十一年卒

史記 魏與秦擊燕魏世家秦大敗楚師於丹陽虜屈匄遂取漢中楚復襲秦又大敗於藍田韓魏襲楚楚割兩城以和於秦楚世家懷王十七年春與秦戰丹陽大敗我軍斬甲士八萬虜我大將軍屈匄裨將軍逢侯丑等七十餘人遂取漢中之郡懷王大怒乃悉國兵復襲秦戰於藍田大敗楚軍韓魏聞楚之困乃南

襄至於鄧楚聞乃引兵歸〔張儀列傳〕於是楚割兩城以與秦平

燕人共立太子平畔

齊〔燕世家〕子之亡二年燕人共立太子平是爲昭王○〔索隱〕曰上文太子平謀攻子之而年表又云君噲及太子相子之皆死紀年又云子之殺公子平今此文云太子平則年表紀年爲謬也

孟子六十一歲致齊客卿歸鄒

〔按〕江慎修羣經補義孟子去齊在燕人畔之後當周赧王三年曹氏年譜遵其說

燕人畔王曰吾甚慙於孟子章

〔按〕齊不聽孟子速出令之謀爲燕置君而去是年燕遂共立太子平以畔齊王始知燕民咸大不悅而曰甚慙孟子亦猶足爲善之端乃陳賈非徒順之又從而爲之辭故曰吾如有萌焉何○黃氏日抄以梁惠王篇伐燕取之二章經書宣王屬宣王取十城事此章王不稱諡遂以與上沈同章伐燕噲事屬湣王謂孟子卒時湣王未歿故不稱諡也姜孺山曰梁惠公孫二篇所載本

一事惟前篇是爲齊王言此篇是爲齊臣言兩篇各以類敘益非有兩事也如以不稱謚屬湣王則前篇莊暴章無寔字豈得謂亦屬湣王耶

**孟子致爲臣而歸**〔任氏約旨曰〕是時燕民在水火中使齊能誅子之安集燕國則齊雖非湯武而是舉猶庶幾湯武之師乃齊不能耽耽其欲遂欲取燕此一誤也諸侯謀救燕矣苟齊悔改如孟子反旄倪云云則雖行暴於前究施仁於後猶爲救敗之策而齊又不能戀戀不舍此再誤也燕已立君燕人皆畔王有慚心則旋師而反司空致地司徒致民發不罪已之言與燕更始猶可收桑榆之效而齊又不能取不成取舍不成舍是三誤也孟子去齊之志於是決矣〔按〕致爲臣致客卿之職於君也始書自范之齊繼書爲卿於齊三書自齊葬於魯反於齊此書致爲臣而歸孟子再至齊仕齊之蹟彰彰甚明然致爲臣而歸不過曰還職於君從此歸耳實則去齊歸鄒尚在他日以後故此後方四書孟子去齊

**王就見孟子曰節**〔按〕前日願見而不可得以孟子既去思見孟子也得侍同朝甚喜言得見孟子

六十一歲

二十三

於崇遂命之爲客卿今又棄寡人而歸以前此曾去齊也不識可以繼此得見則今此不留孟子明矣王既不留孟子孟子亦安肯輕於數至曰不敢請耳固所願也殆亦窺其意而善答之歟○不識可以繼此得見姜擕山曰孟子是年去而王亦是年卒則固不繼見也令人發身世蒼茫之感

**齊饑陳臻問曰章**（按）集註云疑此時齊王已不能用孟子而孟子亦將去矣故其言如此竊意此章自是既致爲臣而未歸時語蓋孟子前爲客卿雖不能當路行道尚有官守言責茲既致爲臣而將歸則發棠之舉齊君臣任之非吾事也故陳臻既以殆不可復爲疑孟子亦以馮婦之搏虎自警○棠即萊邑閻百詩曰靈公滅萊邑爲齊有左傳襄二十五年齊有棠公爲棠邑大夫孟子爲發棠即此今即墨縣有甘棠鄉姜擩山曰當時即墨爲齊之大都倉廩在焉亦從可知也

**他日王謂時子曰**至**章末**（按）欲授孟子室而養以萬鍾是欲其辭客卿而仍爲賓師也孟于既以道不能行安忍復受此虛拘之養其云辭十萬者閻百詩謂通計仕齊所辭祿數非一歲所有也蓋孟

子自五十四歲去魏適齊爲客卿迨兒喪反齊先後七年閻氏所謂祿少倍於陳戴者是故逼計辭祿約有十萬○曹寅谷曰孟子前後兩至齊皆館於雪宫故王曰我欲中國而授孟子室曰欲授則未授室也曰中國明雪宫之不在國中也○季孫及子叔趙氏以爲孟子弟子季孫知孟子意不欲受萬鍾而心欲使孟子就之故曰異哉弟子之所聞也子叔心疑惑之亦以爲可就爲政以下則孟子之言也蓋趙氏據外書有子叔問易及季孫郊治車事故疏以此章二人爲弟子厥後朱彝宗從太常議遂贈季孫豐城伯子叔承陽伯元吳萊立夫氏著孟子弟子列傳序稱十九人亦列季孫子叔在內而集註則云孟子引季孫語季孫子叔疑不知何時人大與趙說相左闕以俟考

**孟子告齊宣王曰君之視臣如手足章** 按此章自是孟子致爲臣而將歸故貽是語以警王王既憚用孟子復惓惓以舊君有服問知王朝不及夕之兆已見

**淳于髡問曰先名實者爲人也章** 按淳于髡爲齊贅壻與孟子在齊相始終前在

齊以孟子爲賓師而不仕故以嫂溺不援諷孟子此以孟子既仕而歸故以名實未加譏孟子其言在三卿之中固以客卿權不重於三卿位則埒於三卿也有卿之名必盡卿之實乃無愧爲人之仁者豈知孟子名雖爲卿實客卿而非爲相之卿況卿祿所願悉辭不受既不能當路而行道何由反手以王齊髡之譏誠不識君子之所爲者宜孟子反覆援引以曉之○〔再按〕髡言曾繆公時子柳子思爲臣殊謬辨詳前三編魯繆公元年

**孟子去齊**〔外書第三〕孟子去齊子敖餞於犖門再舉觴孟子辭而去子敖曰夫子盍賦詩孟子曰子大夫欲我賦詩乎不曰堅乎磨而不磷不曰白乎涅而不淄〔按〕王驩屢見拒孟子猶施禮於其師若弟惟以竊附聖賢爲幸而以不獲包容爲恥殆小人之狡猾者歟○〔程氏曾曰〕犖門齊南門

**宿於晝有欲爲王留行者**至**章末**〔按〕欲爲王留行則非王之使留可知書集註齊西南近邑闕白詩云當作畫孟子考異水經注澅水出時水東去臨淄十八里所謂澅中也俗以澅水爲宿留水以孟子三宿出澅而變名也○〔外書第二〕孟子去齊宿於晝王蠋請見孟子見之王蠋曰夫子何以久於齊

也孟子曰久於齊非我志也蠋曰我固知非夫子之志也齊王外好善而心不好夫子去國亂將至矣蠋是以憂也孟子去數年而齊國果亂（按）蠋齊之賢人綱目赧王三十一年燕樂毅入齊聞畫邑人王蠋賢令軍中環畫邑三十里無入使人謂蠋曰不來吾且屠畫蠋曰齊王不用吾謀吾退耕於野國破君亡吾不能存而又欲刼之以兵遂自經死自是燕遂破齊不用賢則亡孟子去數年而齊果大亂蠋之先見殆非淳于髡輩所可同年語歟○（姜）孺山（曰）自此章以下迭記孟子去齊要各有義此章以宿於晝言雖作至而宿已有再宿三宿義在尹士章之去齊是初出晝情事充虞章之去齊是出晝後在路情事末章之去齊係以居休是去齊而有所居矣

## 孟子去齊尹士語人曰章

（按）識其不可然且至謂初至齊已知其不可猶必復至也千里見王謂由大梁至臨淄千有餘里也高子集註云齊人孟子弟子與小弁章之高子不同已詳上攷之集註云必指一事而言今不可考閻氏謂即前章過則改之攷恐指燕人事鄒仲輿亦曰取燕一事猶不改與兵搆

怨之習燕人已畔而邪臣猶爲文飾孟子知齊禍始此故致臣去王能改圖援止猶可而不悟焉殆哉

**孟子去齊充虞路問曰章**按五百年必有王者興趙氏惠曰堯在位九十八年舜在位五十年禹至桀十七王四百三十二年爲商是堯舜至湯共五百八十年湯至紂三十王共六百二十八年而周興据此則孟子云五百年特舉大數約言之又按七百有餘歲据漢書歷志及綱鑑前編周武王伐殷己卯至赧王三年己酉已八百一十一年與孟子不合近世江愼修羣經補義據竹書所紀武王以下厲王以上諸年數復據魯世家推出共和庚申以前誤衍七十二年實得七百三十九年故稱七百餘歲漢志及綱目多衍之年則承莽國師劉歆歷譜之誤也○五百年乃泛言歷代王者故堯舜至湯五百八十年湯至紂六百二十八年俱可渾言五百年七百餘歲乃專指由周而來既切言七百有餘則劉氏歷譜誤衍爲八百一十一年不可不辨

**孟子去齊居休章**按居休閻百詩曰孟子去齊歸鄒中間經過地名休者稍憩焉休故休城在今

兗州府滕縣北一十五里距孟子家約百里○孟子答丑數語已歷詳前數年

按大事記於孟子致爲臣而歸之後書自齊之宋曹寅谷從之蓋據路史以休在潁川屬宋境而不知滕縣北五十里距孟子家約百里亦有故休城也果如大事記云自齊至宋則經書致爲臣而歸歸字無著孟子母歿猶孺子時孟母葬已數年去齊歸覲親墓殆客游之亞聖所不容已歟

曹寅谷曰秦之虎視天下士依以恐喝諸侯則易以爲功蘇秦固爲衡不成始以從說者秦在則儀爲秦用秦死則秦爲儀用所謂轉丸騁其巧辭飛鉗伏其精術二

人不洵有傾河塡海移山之力哉當時七國惟秦魏最密邇儀之反復欺魏凡以爲秦也三晉魏惠王尤彊是亦有爲之君乃不思西扼秦衡合從之謀首自我敗梁民內死於賦者半外死於兵者亦半孟子至梁國已日削王不用仁義之言而相詐僞之張儀此孟子所以去也孟子去梁而梁已亡識者謂秦灌大梁猶後已且秦之兼併六國在范雎遠交近攻之策以故韓梁更出迭入無靖歲而數十年不敢過陽晉之道徑亢父之險以深入齊齊之所以獨後亡也宣王當世之賢辟使率此不被秦害之民修井田立學校繕甲兵庶幾成孟子反

手之烈惜乎兩至不用再去不留豈眞天方令秦平海內歟前者蘇秦來而孟子去今者孟子去而張儀又來明年張儀說齊連衡以事秦先之後之莫非此從人衡人之徒國欲毋危其可得耶然則齊之亡亦不亡於王建松栢之謠而亡於孟子三宿出晝之日也蓋至是而天下其無邦矣

**盆成括仕於齊章**按盆成括趙氏注云嘗欲學於孟子問道未達而去宋徽宗封爲萊陽伯以爲孟子弟子故也括之仕齊自在孟子去齊後且據孟子及門人問答語義似亦非在齊時所論故渾附此章於再去齊後○風俗通盆成括仕齊其子避難改氏成

# 孟子章句考年卷四

無爲蔣一鑑存齋氏輯

紀年

庚戌　赧王四年　齊湣王地元年宋王偃十八年韓襄王元年　燕昭王元年秦惠王後元十四年卒子蕩立

通鑑秦使張儀說楚韓齊趙燕連衡以事秦秦封儀爲武信君秦王卒諸侯復合從　秦惠王使告楚懷王請以武關之外易黔中地楚王曰不願願得張儀而獻黔中儀請行善其嬖臣靳尚尚得事幸姬鄭袖楚王囚將殺之尚謂袖曰秦王甚愛張儀將以六縣及美女贖之王重地尊秦秦女必貴而夫人斥矣於是袖日夜泣於王曰臣各爲其主耳今殺張儀秦必大怒妾請母子俱遷江南毋爲秦所魚肉也王乃赦儀而厚禮之儀因說曰夫爲從者無異於驅羣羊而攻猛虎不格明矣今王不事秦秦劫韓驅梁而攻楚則楚危矣又自巴蜀治船積粟浮岷江而下一日行三百餘里不十日而距扞關扞關驚則黔中巫郡非王之有又舉甲而出武關則北地絕夫秦之攻楚危難在三

六十二歲

月之內而楚待諸侯之救在半歲之外此臣所爲大王
患也大王誠聽臣請令秦楚長爲兄弟之國楚王已得
儀而重出地乃許之儀遂說韓王曰韓地險惡山居
無二歲之食見卒不過二十萬而秦兵百餘萬山東之
士被甲蒙冑而會戰秦人捐甲徒裼以趨敵此無異垂
千鈞於鳥卵之上必無幸矣大王不事秦秦下甲據宜
陽塞成皐則王之國分矣爲大王計莫如事秦而攻楚
以轉禍而悅秦韓王許之儀歸報秦封以六邑號武信
君復使東說齊王曰從人說大王者必曰齊蔽於三晉
地廣民衆兵強士勇雖有百秦將奈齊何大王賢其說
而不計其實今秦楚嫁娶韓獻宜陽梁效河外趙割河
間大王不事秦秦驅韓梁攻南地悉趙兵指博關臨淄
卽墨非王有也齊王許之儀西說趙王曰大王收率天
下以擯秦秦兵不敢出函谷者十五年惟大王有意督
過之也今以大王之力舉巴蜀併漢中包兩周守白馬
之津秦雖僻遠然心含忿怒之日久矣今有敝甲凋兵
軍於澠池願渡河踰漳據番吾會邯鄲之下以甲子合
戰正殷紂之事謹使使臣先聞左右今楚與秦爲昆弟
韓梁稱藩臣齊獻魚鹽之地此斷趙之右肩也夫斷右
肩而與人鬭失其黨而孤居求欲毋危得乎臣爲大王

計莫若與秦約爲兄弟之國趙王許之儀北說燕王曰今趙已事秦大王不事秦秦下甲雲中九原驅趙攻燕則易水長城非王之有矣燕王請獻常山之尾五城以和儀歸報未至而惠王薨子武王立武王自爲太子不悅儀諸侯聞之皆畔衡復合從【書法】上書連衡以事秦下書諸侯復合從所以著連衡之不足恃也【司馬溫公曰】從衡之說雖反覆百端然大要合從者六國之利也昔先王建萬國親諸侯使之朝聘以相交饗燕以相樂會盟以相結者無他欲其同心戮力以保家國也鄉使六國能以信義相親則秦雖強暴安得而亡之哉夫三晉者齊楚之藩蔽齊楚者三晉之根柢形勢相資表裏相依故以三晉而攻齊楚者自絕其根柢也以齊楚而攻三晉者自撤其藩蔽也安有撤其藩蔽以媚盜曰盜將愛我而不攻豈不悖哉杜氏曰滅六國者六國也其信然乎

【史記】秦伐楚取召陵 秦本紀○【按】此合上年丹陽藍田之敗所謂秦楚搆兵也

魏翟章伐衛 魏世家○拔衛列城二

丹犂臣蜀相壯殺蜀侯降秦 秦本紀○丹犂二戎號

**孟子**六十二歲**自鄒復如宋**

**宋牼將之楚孟子遇於石丘章**〔按〕宋牼趙氏注宋人宋孫奭疏牼齊宣王時人石邱宋國地闕百詩曰荀子非十二子篇宋鈃注宋鈃與牼同宋人與孟子尹文子彭蒙慎到同時又漢藝文志尹文子一篇注云說齊宣王劉向曰與宋鈃俱游稷下余因悟齊宣王喜文學游說之士自如騶衍淳于髡田駢接子慎到環淵之徒七十六人皆賜列第爲上大夫孟子嘗與牼有雅故於齊別去久之忽邂逅石邱呼以先生請其所之殆非未同而言者比也集注莊子書有宋鈃者禁攻寢兵救世之戰上說下教強聒不舍又莊子逍遥篇有宋榮子之宋與鈃據此則牼亦名鈃字榮子自是孟子之宋遇石邱曹寅谷曰上年楚一敗丹陽再挫藍田今年秦又取召陵秦楚搆兵莫此爲甚獨怪牼聞墨子之風而悅之作爲華山冠以自表是亦夷之之流歟孟子告以仁義之道使知休兵息民有無庸強聒而不舍者亦距墨之意云爾

**萬章問曰宋小國也章**〔按〕宋君偃於十一年稱王國策及宋世家載其淫酗肆虐傚紂所爲

此必在取齊楚魏地數百里得志以後始爲此貫盈極惡故在位四十七年當赧王二十九年齊乘衆怒民怨始興師滅宋若初稱王數年已如是長惡不悛天下早目爲桀宋孟子必絕跡不往惟初將志切爲善能用善士薛居州故萬章既言將行王政而孟子始勉以湯武之行仁政使識其不可以爲湯武決不肯强效桀紂者以萬不能爲之事繼復謂戴不勝欲王之善而盈之復計及什一去關市之征大異富桀者所爲可見斯時宋君臣用人行政尚有可觀

孟子所由聞風而往觀歟

**孟子謂戴不勝曰章**（曹寅谷曰）孟子前至宋當君偃之三年及十一年自立爲王至是稱王者八年矣故孟子與戴不勝語稱宋王

**公孫丑曰不見諸侯何義章**（按）此章季氏本因上下章連記亦繫之在宋時蓋孟子在宋無面與宋王語其因王未禮見故守古不爲臣之義不一見可知（再按）經義考載譚貞默謂孟子不爲見諸侯是四十以前居鄒教授弟子時事非在齊梁間語也又分本國不見他國則見曹寅谷力主此說姜孺山則謂

孟子不見特不欲曳裾干謁耳若以禮聘則固可見其不見者卽四十以後亦然如在宋薛亦不見故此章所言迫斯可以見先豈得不見卽見之義不爲臣不見君子之所養卽不見之義至四十以前之事直不待言

戴盈之曰什一去關市之征章〔邢氏疏〕戴盈之卽戴不勝字盈之也

按宋偃欲行王政惜在廷之長幼卑尊皆非薛居州而孟子在國亦從未禮見卽盈之輕賦一問猶必請待來年是其君若臣之爲善皆浮慕不實此孟子所以居宋不久復反鄒歟

紀年

辛亥 赧王五年魯平公五年宋王偃十九年秦武王蕩元年

〔史記〕張儀復出相魏〔秦策〕秦惠王死公孫衍欲窮張儀李讎謂公孫衍曰不如召甘茂於魏召公孫顯於韓起樗里子於國三人者皆張子之仇也公用之則諸侯必見張子之無秦矣〔樗里子傳〕太子

章句　紀年

武王立逐張儀魏章（張儀列傳）秦武王元年羣臣日夜惡張儀未已而齊讓又至張儀懼誅乃求入魏相魏一歲卒於魏地

魏與秦會臨晉（六國表）

秦使甘茂誅蜀相壯（索隱曰相壯姓陳即陳莊也）伐義渠丹犂

孟子六十三歲自宋反鄒魯用樂克

陳明卿備考魯平公五年用樂正子爲政

魯欲使樂正子爲政章（按）欲使爲政欲之云者將然未然之辭未即使爲政也孟子旋聞之而喜則鄒與魯密邇故也觀明年克告孟子於魯君而君將來見自是是年即使爲政故陳氏備考云然

王子赧王六年魯平公六年

史記秦初置丞相　張儀死於魏（秦本紀）武王二年初置丞相樗里疾甘茂爲左右丞相張儀死於魏（太史公曰）張儀之行事甚於蘇秦然世惡蘇秦者以其先死而儀振暴其短以扶其

孟子章句考年　六十三至六十四歲

說成其衡道要之此兩人者眞傾危之士哉

趙爲野臺徐廣曰野一作望趙世家十七年王出九門爲野臺以望齊中山之境是也

孟子六十四歲之魯魯君將因樂克以見臧倉止之終反鄒

〔外書第四〕魯平公與齊王會於鳧繹樂正克道孟子於平公曰孟子私淑仲尼其德輔世長民其道發政施仁君何爲不見乎廣文選亦載此事卽本外書逕以王爲宣王殊誤〔陳明卿備考〕平公六年將因樂正子以見孟子嬖人臧倉止之

魯平公將出章〔唐林愼思續孟〕樂正子見孟子曰吾聞君嘗耽酒嗜音俾俗不治克欲以治道諫之夫子何以教克孟子曰魯君耽嗜與民同之則其庶幾乎他日魯平公備尊罍之器陳金石之音樂正子曰君獨好此致魯俗不治不若與民同之則其庶幾乎平公遂召致魯民率命尊罍俱執使金石咸奏魯民大酣他

日俗益不治樂正子復見孟子告之孟子曰吾昔教子諫魯君耽嗜與民同之君若反是賠民之怨豈謂與民同耶且禽必棲於木魚必泳於川使易禽於籠孰若木之安乎移魚於沼孰若川之樂乎民居魯國若禽之在木魚之在川也魯君耽嗜召民於側是猶易禽於籠移魚於沼也使民且恐且懼豈暇耽嗜而與民同乎吾所謂與民同者均役於民使民力不乏均賦於民使民用常足然後君有餘而宴樂民有餘而歌詠夫若此豈不謂與民同耶詩云假樂君子顯顯令德宜民宜人受祿於天此之謂也樂正子復以是諫平公平公不悅臧倉曰克之所陳孟軻之言也曩君欲乘輿出見孟子臣嘗諫之今孟子怨君不見故教克惑君君惡信是哉平公怒他日有人告於孟子孟子曰天富道於予魯國之君其能窮予乎[按]此亦可爲克告於君及臧倉沮君增一左證

## 魯欲使慎子爲將軍章

[按]滑釐集注慎子名史記慎到趙人也學黃老道德之術著十二篇徐廣曰今慎子劉向所定有四十六篇是慎子即慎到矣到與宋牼當孟子稷下之游曾與有舊故在魯值其

六十四歲

五

欲使爲將軍因以當道志仁之言明喻之蓋亦距墨之意也而愼子聞宋鈃之風而悅之稍稍以禁攻寢兵爲尚故伐齊之事旋亦中止○〔人物備考〕愼子學於墨子弟子禽滑釐之術魯平公因齊湣王之亂欲使愼子伐取南陽孟子曰不可愼子曰此則滑釐所不識也蓋禽滑釐其所尊尚故云按墨子門有禽子漢書作禽屈釐莊子作禽骨釐呂覽作禽滑黎不必竟作滑釐況以弟直呼其師之名於理不協而齊湣王之亂猶在赧王三十一年孟子已卒於赧王二十六年是時安得有孟子與愼子語其謬不待言矣○〔姜孺山曰〕南陽史記魯仲連傳索隱注卽齊淮上泗上地然則非有實指地名故趙注謂山南曰陽蓋泛言泰山之陽耳而齊之南卽魯之北也又曰齊魯封百里當以孟子之言爲定周禮侯方四百里不可爲據至明堂位七百里更屬誇言孟子魯公族豈故隘言魯之封域且所言非實有不慮愼子之反脣相稽者哉今魯方百里者五注謂并吞小國而得之如左傳之始尚有費伯後滅之以賜季友及取鄟取邾滅項皆見於經可證

〔按〕任氏約旨云就魯而論則平雖孱弱能使樂正子

爲政而樂正子又進孟子果舉國以聽未必不可有爲蓋魯雖較齊梁爲甚小而較之鄒滕猶差大也孟子云今魯方百里者五則魯勢已過滕十倍其大於鄒益可知就孟子論則不遇於梁不遇於齊天之未欲平治天下久知之矣豈待臧倉之沮而後知哉故此章直作決絕語與如欲平治一轉不同老而更無所遇則孟子之終於不遇也故曰孟子之遊自魯平公終也据此則孟子去魯自是終反鄒再按孔子居魯魯論屢書定公哀公問答孟子中外書祇載鄒穆公問誅民與爲政二事並無魯君問答語益信孟子雖生於魯實遷於鄒長於鄒而

六十四歲

終老於鄒也

統附孟子游歷列國諸章凡勸戒諸侯王行政用人未指明某國某君諸章不備載

孟子曰伯夷非其君不事章公孫丑上篇○按此章乃孟子自明於列國所就所去之故非論夷惠也

萬章問曰敢問友章

萬章問曰敢問交際何心也章

萬章曰敢問不見諸侯何義也章按曹寅谷據在國在野往役往見云云謂此章屬在本國言是也惟執譚貞默編次孟子行事專指在四十以前未免過泥孟子義不枉見諸侯姜氏謂郎四十以後亦然誠爲通論故此章宜渾列於初居鄒爲客游燮反鄒爲是又以此章與上數章連記故亦統附於

游歷列國中

陳子曰古之君子何如則仕章

孟子曰伯夷避紂章離婁篇○〔按〕此章末節諸侯有行文王之政者云云自是孟子晚游列國其年已老故以伯夷太公稱天下之太老自比而以文王之善養老望諸侯王至盡心篇避紂章較此章語尤詳則又歸鄒後纏述文王之善養老以教天下後世此章喻己意重故直言速效以歆當世諸侯盡心篇教人意重故借陳古政使人得所觀法細繹二義自見

孟子曰君子之戹於陳蔡之閒章〔姜〕孺山〔曰〕此章孟子慨歎孔子當有自寓意史記孟子列傳以孔子菜色陳蔡孟子厄於齊梁並稱蓋亦推見此章大旨而爲言也

紀年

癸丑 赧王七年

史記秦魏會於應六國表韓與秦會臨晉樗里疾相韓

六十四至六十五歲

韓世家○疾本韓出故也

秦使甘茂擊韓宜陽秦本紀

犀首入相秦佩五國相印〔公孫衍傳〕張儀已卒之後犀首入相秦當佩五國之相印爲約長○〔曹寅谷曰〕按綱鑑儀與秦皆以縱橫之術遊說諸侯致位富貴天下爭慕效之又有魏人公孫衍者號犀首及秦弟代厲又周最樓緩之徒紛紜徧於天下務以辯詐相尚不可勝紀而儀秦衍最著嗚呼此孟子之所以老於行也

孟子六十五歲自此終居鄒以道不行與萬章之徒作孟子七篇其徒又爲述外書四篇

史記孟子列傳當是之時秦用商鞅楚魏用吳起齊用孫子田忌此特綜戰國百餘年大勢言之不必盡當孟子游歷時天下方務於合從連衡以攻伐爲賢而孟軻乃述唐虞三代之德是以所如者不合退而與萬章之徒序詩書述仲尼之意作

孟子七篇風俗通孟子作書中外十一篇漢書藝文志

孟子十一篇按吳沖之曰孟子中外十一篇中猶漢儒林傳言中文中古文蓋秘閣藏本卽今趙氏章句本其外書四篇曰性善辨曰文說曰孝經曰爲正則當時學官本民閒行本而趙氏不爲之章句者也曹寅谷曰劉歆趙岐應劭皆云孟子中外共十一篇今所存中篇耳四篇亡馬廷鸞曰孟子外書趙臺卿不取故不顯於世近世吳稷堂藝海珠塵載有孟子外書四篇宋熙時子劉貢父作注施彥士樸齋爲作外書集證謂中書七篇孟子與萬章之徒作外書四篇殆萬章之徒所述

按孟子年表於孟子六十七歲云列國不能用退與萬章之徒序詩書紹唐虞三代之德作孟子七篇以詔來世曹寅谷則謂孟子退居之日皆其著書之年不能確指何時也茲故以孟子作書七篇與其徒爲

六十五歲

述外書四篇渾書於終居鄒後再按困學紀聞云孟子集注序說引史記列傳以爲孟子之書孟子自作韓子曰軻之書非自著謂史記近是而滕文公首章道性善注則曰門人不能盡記其詞又第四章決汝漢注曰記者之誤吳伯豐以問朱文公答曰前說是後兩處失之熟讀七篇觀其筆勢如鎔鑄而成非綴緝所就也閻百詩曰孟子道不行歸而作七篇論語成於門人之手故記聖人容貌甚悉七篇成於已手故但記言語或出處耳據此則孟子七篇誠孟子自作門人特贊成之其外書四篇洵萬章之徒所述何

以知之於諸侯王既卒稱謚知之也考齊宣卒於赧王初年梁襄卒於赧王十六年魯平公卒於赧王十九年故七篇稱謚皆孟子與其徒所加其未加者當日或連記一處或分記而同爲一事而因此自可見彼如莊暴章前後皆稱宣王此章秖稱王伐燕一事梁惠篇稱宣王公孫丑篇秖稱王不加謚之類有謂公孫丑篇伐燕不書謚屬湣王殊誤若宋康王國滅見殺於赧二十九年實在孟子卒後故七篇從不稱謚門人亦仍其舊而未之加此益知七篇爲孟子手訂也若燕昭王卒於赧三十六年亦在孟子卒後外書載燕昭王使聘孟子昭既稱謚則外書四篇自爲其門人先後所

綴緝施氏云殆萬章之徒所述信非臆論

曹交問曰人皆可以爲堯舜章（按）交言得見鄒君云云自是孟子居鄒時語顧何以知必在孟子終居鄒時以章內言舉烏獲之任知之也以考通鑑赧王八年爲秦武王四年是年綜載武王好以力戲力士任鄙烏獲孟說皆至大官王舉鼎絶脈而薨則烏獲之任大官必即在此四年中獲於是時始以力顯則孟子引以答曹交亦必即在此年餘當終居鄒時

○曹交（集注）趙氏曰曹君之弟（姜濡山曰）春秋哀八年宋公入曹以曹伯陽歸　御案孟子時猶有曹交爲曹君之弟則戰國時曹尚未亡蓋滅而復存如陳蔡許之類遵此可正王伯厚曹亡久矣之說或泗上十二小諸侯內未必無曹也

統附孟子距楊墨諸章　凡邪說詖行不出爲我爲人兩端者皆距楊墨內事詳後

好辨章
郝氏說

孟子曰楊子取爲我章（按）楊子名朱莊子釋文楊朱或曰姓陽名戎字子居其爲我事詳載

莊子雜篇及列子楊子篇墨子名翟呂氏春秋魯人史記注宋之大夫通志氏族畧墨台氏所改藝文志墨子七十一篇其兼愛事詳載墨子所染兼愛二篇及莊子天下章俱彙見四書經注集證孟子好辨及取爲我二章子莫集注曾之賢人莊子曰將處夫材與不材之間此子莫之執中也

**墨者夷之因徐辟而求見孟子章**

**孟子曰逃墨必歸於楊章**（集注）此章見聖賢之於異端拒之甚嚴而待之甚恕拒之嚴故人知彼說之爲邪待之恕故人知此道之可反仁之至義之盡也

**萬章上篇全篇**（四書考異）此篇總論云戰國時處士橫議蔑人倫廢禮義以爲親可怨弟可放夫婦可苟合也竊威福之柄萌篡逆之心以爲君臣無定位禪繼無定命也枉己辱身營營富貴利祿之途以爲苟賤可甘近倖可援也爰是造爲事端託諸舜禹伊孔謂聖人且有然者孟子故特撤抉其藩籬而好辨之旨於此篇詳盡見之

萬章問曰孔子在陳章〔按〕後數節力詆鄉愿亦所以距詖行

孟子曰求也爲季氏宰章末節〔闕〕百詩云連諸侯是封建之將盡也辟草萊任土地是井地之將盡也有此二盡戰國烏能久存哉故孟子卒未百年而天下并於秦○〔集注〕善戰如孫臏吳起之徒連結諸侯如蘇秦張儀之類任土地如商鞅李悝之類〔按〕諸人惟秦儀與孟子在齊梁時先後相值餘如李悝爲魏文侯盡地力當威烈王吳起被殺當周安王皆當孟子未生時即田忌於顯王二十八年破龎涓後遂入楚愛封商鞅車裂於顯王三十一年孟子亦尚未客游可見〔注〕只泛摭其人不在〔按〕切時事〔姜〕孺山云史記孟子列傳謂當時用商鞅吳起孫子田忌者亦是年次參差不過約畧言之信然

孟子曰存乎人者莫良於眸子章〔李〕雯曰此章講王頎危之士邀遊天下言〔姜〕孺山曰此本上章連諸侯說來則直指游說者之目動言肆而發次節聽言正謂其游說時也蓋孟子示爲君者以觀人之法耳

孟子曰不仁哉梁惠王也章（姜孺山曰）此下四章皆論戰征之事不重論惠王特爲下數章論戰作緣起耳

孟子曰春秋無義戰章（姜孺山曰）此借春秋以甚戰國也

孟子曰盡信書章

孟子曰有人曰我善爲陳章此上四章皆鬪強戰之事故類記之

孟子曰五霸者三王之罪人也章（姜孺山曰）此章重在今之大夫今之諸侯之罪人二句上仇滄柱所謂以當強發其端以威武挑其釁是也當合後富強戰章看

孟子曰今之事君者章（姜孺山曰）富之強戰已見第四篇冉子賦粟章此章實爲上五霸愼子二章結穴

白圭曰吾欲二十而取一章（姜孺山曰）白圭趙氏謂卽貨殖傳之白圭而集注林氏復

六十五歲

仲其說至四書釋地力辨是兩人以魏文侯之白圭則韓非書謂白圭相魏鄒陽書謂白圭爲魏取中山者計癸酉至乙酉七十三年爲周國將相豈能存於此時爲國治水然竊以爲魏文侯時周自白圭而太史公貨殖傳之白圭則並不言是魏文侯時人蓋傳白圭周人也一句已斷下云當魏文侯時李悝務盡地力是以魏文侯屬李悝言不連白圭在內下接而白圭云云乃是言白圭史記未嘗明其爲何時人安在非指孟子時之白圭哉不然安得云治生如孫吳用兵商鞅明法哉〔按〕据此則孟子之白圭自是貨殖傳之白圭非魏文侯時之白此圭至國策魏昭王時又有白圭論新城君及成陽君者魏昭元年當赧王二十年孟子於赧二十六年卒則此白圭所論猶在孟子未卒之先亦自是孟子之白圭故趙氏仍謂周人鮑彪非趙氏而注曰魏人殊誤○〔輔〕慶源曰周衰王制盡廢兼併之俗起而貧富遂以不均白圭謹身節用樂觀時變知取知予以此居積致富其犯先王之禁大矣顧乃創爲輕賦之說欲以其治生之術施之國家〔張彥陵曰〕圭欲二十取一意在嬌當時重歛之弊〔周理衷曰〕觀其築隄壅水原是個不仁底人渠何嘗惡重歛之虐民而欲嬌之以上下章連類參觀意其

足國之術必出於富桀者之所爲故孟子以
桀相形而又與上章連類記之非無故也

白圭曰丹之治水也愈於禹章（韓非子）圭行隄也塞其穴是以無水難（姜孺山曰）國策東周欲爲稻西周不下水而白圭固周人豈周人善壅泉又善激水耶○（按）此上數章或言強戰或言富國皆距楊墨內事詳下郝氏說

公都子曰外人皆稱夫子好辯章（四書考異曰）楊以放蕩禮法縱恣情慾爲宗豈
尚有與我相似處若墨子妄自尊大儼與聖門各豎旗
鼓肆爲非儒之說抵觸聖人當時惑者遂以孔墨並稱
則墨翟實異端之渠魁宜天下之言不歸楊則歸墨也
而孟子闢之殆有先墨於楊者耶（郝氏敬曰）孟子自謂
距楊墨而楊墨之死已久矣七篇中與楊墨辨者無
幾而謂距楊墨何攻不仁不義之流而指其害仁害義
之端也二子未嘗不言仁義而天下不仁不義必歸焉
淳于髡非楊非墨而其言曰先名實者爲人此即墨之
言也後名實者自爲此即楊之言也凡富貴利達之謀
縱橫強戰之事以至弒父弒君莫不生於有所爲故夫

六十五歲　一二

楊墨之害非必二人害之歸者共害之亦非必以其道歸之而各以其邪說詖行歸之也如兕行之誕謾蘇張之險譎孫吳之戰陳莊惠之悠謬申韓之慘刻究其端皆起於爲我爲人其禍總底於無父無君則同謂之楊墨而已矣七篇中性善之旨入孝出弟之實安居廣居之喻惻隱羞惡之端知言養氣之學發政施仁之畧孰非與楊墨辨者何但與夷之言厚葬與子莫言執中而後謂距楊墨也哉以是知闢許行譏仲子斥儀衍皆所以閑先聖之道即皆所以距楊墨也

按鄒氏統論孟子距楊墨凡邪說詖行不出爲我爲人兩端者悉賅之以楊墨之教誠通論也一鑑於許行告子陳仲子景春淳于髡宋牼慎子諸章已分詳前數年其有辭而闢之無年可屬者故亦皆彙列距楊墨內再按公都子云外人皆稱好辯實渾括孟子

所作七篇大指而言故孟子既歷言禹抑洪水周公兼夷狄驅猛獸孔子成春秋末二節復自明我亦欲正人心云云夫孟子所以正人心息邪說距詖行以承三聖者舍七篇而何以也而所謂能言距楊墨者非專指與楊墨言之人益謂立言垂訓者也故以距楊墨諸章渾附於終居鄒作七篇時七篇距楊墨諸章已歷詳上至外書與孫卿子論性譬徐辟遊秦與屋廬子論無爲諸章亦皆距楊墨事已散見前後此外更有與梁惠論用李悝止騶衍受業二章亦七篇闕畱桀放淫辭類也未備録

附考異端世次姜孺山曰中庸序所言異端指老莊列楊墨老子與孔子同時莊子與孟子同時列子則

柳宗元據所言鄭殺其相駟子楊句証爲鄭繻公二十四年當魯穆公十年則列子與子思同時列子載楊朱數條內有見梁王之文則楊子固在威烈王二十三年命魏爲侯之後矣國策載墨子與公輸盤論攻宋事係在景公按景公元年爲魯昭公二十六年故後人有墨子並孔子之說然本篇未指實景公葢鮑注以策有大尹遂附會左傳大尹立啓事謬以景公標目耳索隱以墨子言文子謂文子是曾子弟子而証爲在七十子後今更以墨子楚越戰於江公輸作鈎強証之如其在春秋年閒越豈得與楚戰此當

據吳越春秋所載句踐四傳而及無彊及史記越王無彊西伐楚之文可見是已及戰國而後越與楚戰公輸乃爲之作戰具也然則輸攻墨守亦必戰國時或不過剔成之元年而墨子自當如漢書注謂在孔子後蓋楊墨是先於孟子至孟子時尤熾云爾

**孟子曰人之所以異於禽獸者四章** 末章〔集注〕此又承上三章歷叙舜禹至於周孔而以是終之其辭雖謙然所以自任之重亦有不得而辭者矣

〔按〕此四章歷叙羣聖三章言孔子過人欲於横流存天理於既滅所以綜述治統者在春秋末章卽自言私淑孔子於其五世以内之人夫孟子所以私淑孔

子莫大於七篇之作蓋七篇言仁義言性善稱堯舜距楊墨無非遏人欲而存天理足上質孔子之春秋者始也客游列邦欲以此道施諸世今旣見擯不用則惟舉所以私淑諸人者筆之七篇以紹孔子所綜述之治統焉爾好辯章因公都子之問告之以曉外人此則歷敘治統自任以示來者故此數章亦統附於終居鄒作七篇時

紀年 甲寅 赧王八年 秦武王蕩四年卒弟昭襄王稷立

史記 秦拔韓宜陽 秦本紀 通鑑 秦君卒弟稷立母芊氏治國事以舅魏冉爲將軍 秦武王好以力戲力士任鄙烏獲孟說皆至大官與孟說

舉鼎絶脈而薨無子諸弟爭立異母弟稷質於燕其母芈八子之異父弟魏冉自惠王武王時任職用事與國人迎而立之稷年少太后治事以魏冉爲將軍衛咸陽（書法）魏冉書舅譏私也

趙始胡服招騎射

孟子六十六歲○以下皆居鄒

孟子之年無事則不書例也

乙卯 赧王九年 秦昭襄王稷元年

〔史記〕趙畧中山及胡地（趙世家） 樗里疾復相秦伐魏擊皮氏未拔而解（秦本紀）○秦復與韓武遂甘茂出之魏（甘茂列傳）○與鄭武遂甘茂之言也向壽公孫奭爭之不能得遂怨讒甘茂茂亡秦奔齊卒之魏後竟死於魏

楚齊韓合從（楚世家）遺齊湣王欲爲從長惡楚之與秦合使使遺楚王書曰寡人患楚之不察於尊名也王何不與寡人并力收韓魏燕趙與爲從而尊周室以案兵息民令於天下莫敢不樂聽則王名成矣王率諸侯並



六十六至六十九歲

伐破秦必矣懷王許之竟不合秦而合齊以善韓

孟子六十七歲

紀年

丙辰 赧王十年

通鑑彗星見 趙伐中山取數邑中山復獻四邑以和

秦魏冉弑其君之嫡母出其故君之妃歸於魏秦庶長壯及大臣諸公子作亂魏冉誅之及惠文后皆不得良死而悼武后出歸於魏王兄弟不善者悉滅之遂爲政威震秦國

孟子六十八歲

紀年

丁巳 赧王十一年

史記秦楚盟於黃棘秦復與楚上庸六國表秦本紀

紀年

孟子六十九歲

戊午赧王十二年

通鑑彗星見〔書法〕十年書彗見矣於是閒一歲耳彗復見焉綱目書彗十有七未有一世再見者一世再見惟赧而已然則周之終於赧也決矣　秦取魏蒲阪晉陽封陵取韓武遂　齊韓魏伐楚以楚負從約故楚使太子橫質於秦秦救之

紀年

孟子七十歲

己未赧王十三年

通鑑秦魏會於臨晉秦復與魏蒲阪　楚太子橫殺秦大夫亡歸

紀年

庚申　赧王十四年

孟子七十一歲

〔通鑑〕日食晝晦〔書法〕日食至於晝晦非小變也凡日食既爲甚星晝見次之晝晦又次之終綱目書日食三百六十七而書晝晦者三安王二十年是年漢呂氏庚申年周末居二焉周安得不亡哉

秦取韓穰蜀守叛秦秦誅之　秦韓魏齊伐楚殺其將唐昧取重邱　趙伐中山中山君奔齊

紀年

辛酉　赧王十五年

孟子七十二歲

〔通鑑〕秦使涇陽君悝公子質於齊樗里疾卒〔樗里子傳〕樗里子卒葬於渭南章臺之東曰後百歲是當有天子之宮夾我墓至漢興長樂宮在其東未央宮在其西武庫正直其墓秦

人諺曰力則任鄙智則樗里　魏冉相　秦芈戎大敗楚師殺其將景缺取襄城楚使太子橫質於齊以請平

孟子七十三歲

〔紀年〕

壬戌赧王十六年魏襄王薨二十年卒子昭王遬立趙武靈王傳國於少子何是爲惠文王楚懷王槐三十年入秦齊歸楚太子橫立之是爲頃襄王○曹寅谷曰史記魏世家之哀王即紀年之今王通鑑之襄王也史記哀王二十三年卒而譜從紀年今王終二十者信魏史也

〔通鑑〕趙君廢其太子章而傳國於少子何自號主父

齊魏會於韓　秦伐楚取八城遂誘楚君槐於武關執之而歸楚人立太子橫秦伐楚取八城秦王乃遺楚王書曰願與君王會武關面相約結盟而去楚王欲往恐見欺欲不往恐秦怒昭睢屈平曰毋行而發兵自守耳秦虎狼也有并諸侯之心不可

　七十三至七十五歲　

信也王稚子子蘭勸王行王乃入秦秦王令一將軍詐爲王伏兵武關劫之與西至咸陽朝章臺如藩臣禮要以割巫黔中郡楚王怒不許遂留之時楚太子橫方質於齊昭雎詐赴於齊齊歸楚太子楚人立之 秦以齊田文爲丞相 秦王聞文賢使請於齊以爲相

孟子七十四歲

癸亥 赧王十七年 趙惠文王元年 楚頃襄王元年

通鑑 田文自秦逃歸相齊 或謂秦王曰文相秦必先齊而後秦秦其危哉王囚文欲殺之使人求解於王之幸姬姬欲得其狐白裘而文先以獻於秦王矣文客有善爲狗盜者盜裘以獻姬言於王而遣之王後悔使追之文至關關法鷄鳴乃出客時尚蚤追者將至客有善爲鷄鳴者野鷄皆應之文乃得脫歸 秦伐楚取十六城 楚人告於秦曰賴社稷神靈國有王矣秦王怒伐之取十六城

齊韓魏伐秦敗其軍於函谷關河渭絕一日秦割河

紀年

東三城以和三國乃退〔曹寅谷曰〕綱目不書三國爲楚討秦何田文懷怒秦之私借楚爲詞而叉行之不力故特書割河東三城以和則見其没於利而不反於義非眞能討伐者書法若此所以見師出不可無名爲義不可不竟

趙以公子勝爲相封平原君平原君好士食客嘗數千人有公孫龍者善爲堅白同異之辨平原君客之孔子之元孫穿自魯適趙與論臧三耳龍辨甚析穿弗應平原君問之穿曰幾能令臧三耳矣然謂三耳甚難而實非也謂兩耳甚易而實是也不知君將從易而是者乎其亦從難而非者乎平原君謂龍曰公無復與孔子高辨事也其人理勝於辭公辭勝於理終必受詘

孟子七十五歲

甲子 赧王十八年

〔通鑑〕楚君槐自秦走趙不納秦追及之以歸 三閭大

夫屈原自投汨羅以死初屈原爲懷王左徒志潔行廉明於治體王甚任之後以讒見疏而睠顧不忘作離騷之辭以自怨尚冀王之一悟而王終不寤也其後子蘭又譖之於頃襄王王怒遷之於江南遂懷石自投汨羅以死○〔姜〕孺山〔曰〕宋晁補之謂梁惠王三十五年是楚威王四年後七年而楚懷王始立魯平公元年則楚懷王十五年云云此以孟子所歷之年合之屈子所歷之年也今按懷王怒疏屈平乃作離騷在獻商於之前當秦楚搆兵時離騷已作孟子容可見之至懷王卒於秦是赧王十九年原懷石投江是赧王十八年事孟子以赧王二十六年卒則固閱屈子生平也

紀年

孟子七十六歲

乙丑 赧王十九年 魯平公叔十九年卒子湣公賈立韓襄王倉十六年卒子釐王咎立

〔通鑑〕楚懷王卒於秦來歸葬懷王發病薨於秦秦人歸其喪楚人憐之如悲親戚諸侯咸不直秦

紀年

孟子 七十七歲

丙寅 赧王二十年 魯湣公元年魏昭王元年韓釐王元年○索隱曰汲冢紀年魏昭王三年喪畢始稱元年也

通鑑 趙主父以燕齊之師滅中山歸大赦酺五日因封長子章爲代安陽君○曹氏曰中山即鮮虞其種乃白狄至春秋之末已有中山之名入七國滅於魏而復興卒并於趙

趙故太子章作亂公子成李兌誅之遂弒主父於沙邱

綱目發明 章已廢矣而書故太子者不予主父之廢也既書故太子矣而不免於二臣之誅者作亂故也二臣已討亂矣而不免於弒君之名者君臣之分不可廢也至於主父以強趙之君雄蓋一時而亦終於見及者廢嫡立少故也推原禍始特一吳娃耳自古溺愛衽席若此類者甚多前車覆後車進有天下國家者胡不觀之以爲永鑒哉

秦以魏冉爲丞相 樓緩免故

七十七至七十九歲

孟子七十八歲

丁卯　赧王二十一年　燕昭王十八年

史記　齊田甲劫王，田文出奔，尋召歸。六國表　秦敗魏師於解。六國表　秦使任鄙爲漢中守。秦本紀　樂毅去魏仕燕。燕世家　昭王於破燕後即位，卑身厚幣以招賢者，謂郭隗曰：「齊因孤之國亂而襲破燕，孤極知燕小力少，不足以報，然誠得賢士共國以雪先王之恥，孤之願也。先生視可者，得身事之。」郭隗曰：「古之人君有以千金使涓人求千里馬者，馬已死，買其骨五百金，而千里馬至者三。今王必欲致士，先從隗始，況賢於隗者，豈遠千里哉？」於是昭王爲隗改築宮而師事之。樂毅自魏往，騶衍自齊往，劇辛自趙往，士爭趨燕。燕王弔死問孤，與百姓同甘苦。燕國殷富，士卒樂軼輕戰。樂毅傳　樂毅賢，好兵，趙人舉之。及武靈王有沙邱之亂，乃去趙適魏。聞燕昭王怨齊，未嘗一日忘報，於是爲魏昭王使於燕，燕王以客禮待之，遂委質爲臣。

孟子七十九歲燕使樂閒來聘辭不往

外書第四孟子老於騶燕昭王使樂閒迎之孟子不往或問曰夫子何以不往孟子曰以吾受齊王之知是以不往也且燕王霸才也亦非王天下之主也

按施樸齋曰樂閒乃毅子毅之投燕實假魏昭王節魏昭王立於周赧王二十年丙寅歲孟子年已七十八矣是年趙有沙邱之亂樂毅始去趙適魏復假節以通燕閒不過一歲孟子亦且七十九矣而燕方使毅子樂閒迎之或且以孟子不往而疑之何歟蓋百里奚以七十餘相秦太公以七十遇文王九十三且

鷹揚牧野使燕昭可進以王道則命世若亞聖之才於天下事不猶大可爲哉而惟事報齊初無遠志此不忘齊王之知而卒老於鄒也歟而孟子之年猶因是以可考說者疑孟子卒於赧王初年惜其未見外書而切究之据此則閻百詩論燕志在仇齊孟子故終不至燕雖不知燕昭王迎孟子事而持論固與外書暗合也閻氏云或疑當時之賢君未有愈於燕昭者也雖志趣或殊然騶衍自齊往矣劇辛自趙往矣樂毅自魏往矣紛紛皆見尊禮何孟子裹足而不一至燕乎曰燕昭之禮士以復讐也復讐則於齊矣孟子嘗爲齊卿豈雖薨而湣尚存所謂復得罪在他國終身不敢謀趙之奴隸況子孫乎故雖終不遇而不一至燕也歟

戊辰 赧王二十二年

通鑑 韓魏伐秦秦左更白起敗之拔五城 韓魏伐秦魏冉薦左更白起將兵敗韓魏於伊闕斬首二十四萬拔五城魏使公孫衍割地講和秦以起爲國尉○按此年秦敗魏伊闕魏使公孫衍割地講秦此去顯王三十六年爲大良造時其四十二年衍壽當已六七十餘而韓非子載魏王誅犀首豈衍卒爲魏所殺耶

孟子 八十歲



己巳 赧王二十三年

通鑑 楚君迎婦於秦秦楚復平 秦王遺楚王書曰楚倍秦秦且率諸侯伐楚願飭士卒得一樂戰楚王患之乃復與秦和親司馬溫公曰甚哉秦之無道也殺其父而劫其子楚之不競也恐其父而婚其讐

史記 秦大良造白起攻魏取垣攻韓取宛 秦本

紀

魏冉謝病免以客卿壽燭爲相秦本紀

孟子八十一歲

（年紀）庚午 赧王二十四年

史記 秦左更錯取魏軹及鄧秦本紀 秦封魏冉爲穰侯公子市爲宛侯公子悝爲鄧侯秦本紀○穰侯列傳壽燭爲相明年燭免復相冉乃封魏冉於穰復益封陶號曰穰侯

孟子八十二歲

（年紀）辛未 赧王二十五年

通鑑 東周君朝秦 秦魏冉伐魏魏入河東韓入武遂於秦魏地四百里韓地二百里

附章句

孟子 八十三歲

孟子曰由堯舜至於湯章 集注 於篇終歷叙羣聖之統而終之以此所以明其傳之有在而又以俟後聖於無窮也其旨深哉 張敬夫曰 孟子於孔子實聞而知之言無有乎爾非遂無也蓋疑之也○ 按 此孟子晚年任道語明年孟子卒矣故附此章於此數年百有餘歲及近聖人之居已詳初生年內

紀年

壬申 赧王二十六年

史記 秦大良造白起伐魏取六十一城 魏世家白起列傳 通鑑 秦君稱西帝遣使立齊君爲東帝已而皆去之 齊王問於蘇代秦使致帝何如對曰願王受之而勿稱以收天下之望所謂以卑爲尊也齊王從之稱帝二日而復歸之秦亦去帝號○ 按 通鑑書此條於明年而趙世家繫之惠文王十年則當在是年今從之

孟子 八十四歲 正月十五日卒於鄒國

〔孟子年表〕孟子八十四歲周赧王二十六年十一月十五日卒

〔按〕年表稱孟子卒於是年壽八十四孟氏譜史鶚三遷志婁一均鄒縣志任釣臺孟子考畧郝楚望孟子遺事譚梁生孟子編年畧姜孺山孟子篇敘曹寅谷孟子年譜陳鳳石孟子時事考徵施樸齋讀孟質疑並同小司馬索隱留青日札聽雨紀談卒年壽數亦並同獨其生年俱謂在定王時誤甚蓋緣君薨然後稱謚魯平公卒於赧十九年七篇稱謚宋康王偃卒於赧二十九年七篇不稱謚又據外書孟子老於騶燕昭王使樂閒來聘辭不往施樸齋謂當

赧王二十一年以赧王二十一年孟子猶在二十九年宋偃卒已不及見此諸書卒於赧王二十六年壽八十四之說信可據也

孟氏譜正月十五日卒古碑云孟子卒於冬至日騶人因哭孟子而廢冬至之禮遂以成俗

按孟子時周正建子其冬至正在正月年表云十一月者主後世所從夏正言也

闕里志孟子墓在四基山之陽山東通志亞聖孟子廟在鄒縣城南道左宋孔道輔知兗州訪孟子墓得於鄒縣東三十里四基山因於墓旁建廟政和四年奉詔重修賜祭田百畝以給守者後以距城遼遠徙建東門之外宣和四年縣令朱岳又從今地金太和甲戌燬於兵元元貞間縣尹司居敬

八十四歲

重修元末復燬於兵明初知縣桂孟與宗子恩諒復鼎
建焉宏治十年詔巡撫熊翀大加修建萬歷九年許守
恩重
修

# 孟子章句考年卷五

無爲蔣一鑑存齋氏輯

附孟子卒後至秦繼周 年綱書事悉遵通鑑

癸酉 赧王二十七年

秦攻趙拔梗陽

甲戌 赧王二十八年

秦攻魏拔新垣曲陽

乙亥 赧王二十九年 宋王偃四十七年國滅見殺

魏納安邑及河內於秦 齊滅宋 國策宋有雀生鸇史占之康王大喜於是滅滕伐薛取淮北之地愈自信欲霸之速成故射天笞地斬社稷而焚滅之罵國老諫臣剖傴之背鍥朝涉之

脛國人大駭齊聞而伐之民散城不守王逃倪侯之館
遂死〔宋世家〕君偃十一年自稱爲王東敗齊取五城南
敗楚取地三百里西敗魏軍盛血以囊懸而射之命曰
射天淫於酒婦人羣臣諫者輒射之於是諸侯皆曰桀
宋宋其復爲紂不可不誅王偃立四十七年齊湣王與
魏楚伐宋殺王偃而分其地〔通鑑〕宋有雀生鸇史占之
曰吉小而生巨必霸天下康王喜起兵東敗齊取五城
南敗楚取地三百里西敗魏軍乃愈自信其霸欲霸之
速故射天笞地斬社稷而焚滅之爲長夜之飲於室中
室中人呼萬歲則堂上之人應之堂下之人應之門外
之人應之至於國中無敢不呼者〔按〕國策史鑑言宋敗
齊楚魏取地數百里於是射天笞地罪惡貫盈致齊覆
宋國滅身死乃稱王後十年爲孟子去宋以後事諸書
特舉宋滅致滅之故終言之耳曹寅谷曰惟齊滅宋在孟
子卒後之三年故康王之謚不見於七
篇〔又按〕滕非宋滅國策云宋滅滕誤

丙子

赧王三十年

秦蒙武擊齊拔九城　齊殺狐咺陳舉燕使亞卿樂毅

如趙齊湣王滅宋而驕乃侵楚及三晉欲并二周爲天子狐咺正議陳舉直言皆殺之燕昭王日夜撫循其人益以富實乃謀伐齊使樂毅約趙昭秦連楚及魏諸侯害齊王之驕暴皆許之

丁丑　赧王三十一年齊湣王被殺子襄王法章立

燕上將軍樂毅以秦魏韓趙之師伐齊入臨淄齊君地出走其相淖齒殺之毅下齊七十餘城燕封毅爲昌國君燕悉起兵使樂毅爲上將軍并將秦魏韓趙之師以伐齊齊戰於濟西齊師大敗湣王出走毅入臨淄取寶物祭器輸之於燕燕王封毅爲昌國君齊王走莒楚使淖齒將兵救齊因爲齊相淖齒欲與燕分齊地遂殺王於鼓里樂毅聞畫邑人王蠋賢令軍中環畫三十里無入使人請蠋曰不來吾且屠畫蠋曰吾聞忠臣不事二君烈女不更二夫齊王不用吾諫吾退耕於野國破君亡吾不能存又欲刦之以兵與其不義而生不若死遂自經死毅整軍禁侵掠禮逸民寬賦斂除暴令修舊政齊民喜悅祀桓公管仲於郊封王蠋之墓六月之間下

齊七十餘城爲郡縣

秦魏韓會於京師

戊寅　赧王三十二年　齊襄王元年

齊人討殺淖齒而立其君之子法章保莒城　淖齒之亂湣王子法章變姓名爲莒太史敫家傭從者王孫賈失王處而歸其母曰汝朝出而晚來則吾倚門而望汝暮出而不還則吾倚閭而望汝今事王王走汝不知其處汝尚何歸焉賈乃入市呼從者四百人攻淖齒殺之求湣王子法章立以爲齊王保莒城以拒燕

趙使藺相如獻璧於秦　趙得楚和氏璧秦王請以十五城易之藺相如既獻璧視秦無意償城乃紿取璧遣從者懷之間行歸趙而以身待命秦王賢而歸之趙以爲上大夫

衛君卒

己卯　赧王三十三年

秦伐趙拔兩城

庚辰

赧王三十四年

秦伐趙拔石城　楚謀入寇王使東周公喻止之東周武公謂令尹昭子言楚得西周之地利小名惡而禍速楚遂止

附鄒滅考　姜孺山曰史記楚射者有見鳥六雙之說其言以秦魏燕趙爲騏鴈齊魯韓爲青首鄒費郯邳爲羅鸗此事在頃襄王十八年而赧王三十四年也可見是時尚有鄒至宋則已滅故言大宋方與二郡則鄒之滅在滕薛宋後而孟子固得終老於鄒也趙氏謂鄒爲魯併又云楚併要之自此至春申滅魯時已不過二十餘年

辛巳 赧王三十五年

秦伐趙取代光狼城司馬錯因蜀伐楚拔黔中楚獻漢北上庸於秦

壬午 赧王三十六年 燕昭王平三十三年卒子惠王立

秦白起伐楚取鄢鄧西陵 秦趙會於澠池 王及飲酒秦王請趙王鼓瑟趙王鼓之藺相如請秦王擊缶秦王不肯相如曰五步之內臣請得以頸血濺大王矣左右欲刃相如相如張目叱之左右皆靡秦王乃一擊缶罷酒秦終不能有加於趙趙王歸以相如爲上卿位廉頗右頗曰我必辱之每朝輒引車避匿其舍人皆以爲恥相如曰夫以秦王之威而相如廷叱之相如雖駑獨畏廉將軍哉顧吾念之秦所以不敢加兵於趙徒以吾兩人在也今兩虎共鬭其勢不俱生吾所以爲此者先國家之急而後私讎也頗聞之肉袒負荊至門謝罪遂爲刎頸交 燕君平卒樂毅奔趙齊田

單襲破燕軍盡復齊地齊君入臨淄封單爲安平君趙封樂毅爲望諸君時齊地皆已屬燕獨莒即墨未下樂毅圍二邑期年不克乃令解圍去城九里而爲壘三年猶未下或讒之於昭王王引言者斬之遣國相立毅爲齊王毅惶恐不受拜書以死自誓由是齊人服其義諸侯畏其信莫敢復有謀者頃之昭王薨惠王自爲太子時不快於樂毅田單乃縱反閒王即使騎刼代將毅遂奔趙將士由是憤惋不和田單乃遣使約降燕軍益懈單收城中得牛千餘灌脂束葦於其尾夜縱牛燒葦端壯士五千人隨之牛熱怒奔燕軍城中鼓譟從之燒燕軍燕軍敗走齊人殺騎刼追亡逐北至河上七十餘城皆復爲齊乃迎王自莒入臨淄以單爲相封安平君○趙欲與樂毅謀伐燕毅泣曰臣昔之事昭王猶今日之事大王也若復得罪在他國終身不敢謀趙之奴隷況子孫乎趙王乃止而封毅於觀津號望諸君燕惠王恐趙用之以乘其敝乃使人讓毅且謝之毅報書自明乃復以毅子閒爲昌國君而毅往來復通燕竟卒於趙

薛公田文卒初齊湣王既滅宋欲去孟嘗君孟嘗君奔魏魏以爲相與諸侯共伐

破齊襄王復國而孟嘗君中立爲諸侯無所屬襄王畏之與連和至是卒諸子爭立齊魏共滅之

癸未　赧王三十七年　燕惠王元年

秦白起伐楚拔郢燒夷陵楚徙都陳秦置南郡封起爲武安君

甲申　赧王三十八年　魏昭王遫十九年卒子安釐王立

秦置黔中郡

乙酉　赧王三十九年　魏安釐王元年

秦白起伐魏拔兩城　楚復取江南十五邑　魏封公子無忌爲信陵君

丙戌　赧王四十年

秦魏冉伐魏韓救之大敗魏納八城於秦秦復伐魏圍

大梁魏又割溫以和

丁亥　赧王四十一年　魯湣公賈二十四年卒

魏復與齊合從秦魏冉伐魏拔四城

戊子　赧王四十二年　魯頃公元年韓釐王二十三年卒

趙魏伐韓秦救之大破其軍魏割南陽以和

己丑　赧王四十三年　韓桓惠王元年燕惠王八年卒

楚太子完質於秦　秦聽楚使黃歇之言約親於楚也

庚寅　赧王四十四年　燕武成王元年

辛卯　赧王四十五年

秦伐趙圍閼與趙奢擊却之趙封奢爲馬服君　秦伐

齊取剛壽　秦滅義渠　秦以范雎爲客卿魏人范雎從須賈使於齊齊王聞其辨口私賜之金賈以雎以國陰事告也歸告其相魏齊齊怒笞擊雎折脅摺齒置廁中雎佯死得出魏人鄭安平得雎亡匿更姓名曰張祿秦謁者王稽使魏載與俱歸薦之王王見之離宮雎佯爲不知永巷而入其中王來而宦者怒逐之曰王至雎謬曰秦安得王獨有太后穰侯耳王微聞其言乃屏左右跽而請曰先生何以幸教寡人對曰唯唯如是者三王曰先生卒不幸教寡人耶雎曰非敢然也臣羈旅之臣也交疏於王而所願陳者皆匡君之事處人骨肉之間願效愚忠而未知王之心也此所以王三問而不敢對也王跽曰何言也事無大小上及太后下至大臣願先生悉以教寡人無疑寡人也雎見左右多竊聽者未敢言內先言外事因進曰穰侯越韓魏而攻齊非計也今王不如遠交而近攻得寸則王之寸也得尺亦王之尺也今夫韓魏中國之處而天下之樞也王若欲霸必親中國以爲天下樞而威楚趙則齊附而韓魏固可虜矣王曰善

乃以雎爲客卿與謀兵事

壬辰　赧王四十六年

秦攻趙閼與不拔

癸巳　赧王四十七年

秦伐魏拔懷始用范雎之謀也

甲午　赧王四十八年

秦太子質於魏而卒

乙未　赧王四十九年趙惠文王三十三年卒子孝成王丹立

秦拔魏邢丘　秦君廢其母不治事逐魏冉穰侯芈戎華陽君公子市高陵君公子悝涇陽君所謂四貴用事也以范雎爲丞相封

應侯　趙以公子勝爲相

丙申　赧王五十年齊襄王法章十九年卒子建立趙孝成王元年

秦君母芈氏以憂卒　秦伐趙取三城趙求救於齊以長安君爲質

齊救却之遂以趙師伐燕取中陽伐韓取注人　齊君

法章卒子建立國事皆決於其母太史氏建年少故

丁酉　赧王五十一年齊王建元年

秦白起伐韓取九城

戊戌　赧王五十二年楚頃襄王三十二年卒子烈王完立

秦白起伐韓取南陽攻絕太行道　楚太子完自秦逃

歸黃歇之謀也　楚君横卒完立以黃歇爲相封春申君

己亥 赧王五十三年 楚考烈王元年

楚納州於秦　秦白起拔野王上黨降趙

庚子 赧王五十四年

辛丑 赧王五十五年

秦王齕攻趙上黨拔之白起代將大破趙軍殺其將趙括坑降卒四十萬 趙以趙括代廉頗將括母上書極言括不可用不聽許無隨坐由信秦反間之深也

壬寅 赧王五十六年

秦攻趙拔武安皮牢定太原上黨韓趙又割地以和 聽韓趙割地以和應侯信蘇代之謀懼武安君功成而爲三公也武安君由是與應侯有隙

魏以孔

斌爲相尋以病死魏王聞子順賢聘以爲相固請乃之魏不用乃以病致仕遂寢於家喟然嘆曰病死無良醫不出二十年天下遂爲秦乎及秦伐趙諸大夫皆曰於我何損斌曰不然先人有言燕雀處屋子母相哺喣喣相樂自以爲安矣竈突炎上棟宇將焚燕雀顏不變不知禍之將及己也今子不悟趙破而禍將及己可以人而同於燕雀乎

秦誘執公子勝既而歸之秦王欲爲應侯必報其仇乃誘平原君至而執之欲以易魏齊首齊窮抵虞卿卿棄相印與偕亡走魏信陵君意難見之齊怒自殺趙王取其首與秦秦乃歸平原君睢言王稽王以爲河東守又任鄭安平王以爲將軍睢散家財物以報所嘗困厄者一飯之德必償睚眦之讐必報云

癸卯

赧王五十七年燕武成王十四年卒

秦伐趙圍邯鄲使白起代王陵將起言邯鄲未易攻卒辭不行乃以王齕代趙公子勝如楚乞師楚黃歇帥師救趙平原君門下客毛遂自薦與十九人俱往與楚

歃血定從而歸因以遂爲上客而楚使春申君將兵救趙

魏晉鄙帥師救趙次於鄴魏王畏秦止晉鄙壁鄴又使新垣衍說趙其尊秦爲帝魏魯仲連義不帝秦見衍說之以利害衍起再拜不敢復言帝秦

公子無忌襲殺鄙奪其軍以進無忌愛人下士以隱士侯嬴家貧爲夷門監者常尊禮之趙平原君夫人無忌姊也求援於公子公子數請魏王勑晉鄙救趙不聽侯生爲公子計奪鄙兵符使客朱亥袖鐵椎椎殺鄙將之而進

甲辰

赧王五十八年燕孝王元年

秦殺白起王齕戰不利武安君曰不聽吾計今何如矣王聞之怒强起之武安君稱病篤乃免爲士伍遷之陰密行至杜郵應侯復譖之王乃使賜之劍自殺秦人憐之應侯乃任鄭安平使將擊趙

魏公子無忌大破秦軍邯鄲下信陵君大破秦軍王齕解圍走鄭安平以二萬人降趙信陵君不敢歸魏使將將其軍以還趙王欲以五城封公子以公子退讓竟不忍言平原君欲封魯仲連連

孟子時事考徵　卷五

亦不愛乃以千金爲壽連笑曰所貴爲天下之士者爲人排患難解紛亂而無取也卽有取者是商賈之事連不忍爲也遂辭去終身不復見

秦太子卽孝文王之子異人卽莊襄王自趙逃歸秦太子妃華陽夫人無子夏姬生子異人質於趙秦數伐趙趙不禮之因不得意陽翟大賈呂不韋見之曰此奇貨可居因爲計使華陽夫人立異人爲嗣更名楚又娶邯鄲姬絕美者知其有娠獻於異人生子政異人遂以爲夫人

乙巳　赧王五十九年崩秦昭襄王五十一年○是年周盡獻地於秦距孟子卒三十四年

秦伐韓趙王命諸侯討之秦遂入寇王入秦盡獻其地歸而卒秦伐韓取陽城負黍斬首四萬伐趙取二十餘縣斬首九萬赧王恐倍秦與諸侯約從欲伐秦秦將軍摎攻西周赧王入秦頓首受罪盡獻其邑三十六口三萬秦受其獻而歸赧王於周是歲卒

東周君考王封弟揭於河南以續周公之職是爲桓公桓公卒子威公立威公卒子惠公立惠公立長子曰

西周公又封少子於鞏仍襲父號曰東周惠公於是又
稱東西二周赧王入秦秦遷西周君於𢠸狐聚而河南
亡莊襄元年遷東周君於
陽人聚而洛陽之鞏亡

丙午 秦昭襄王五十二年楚考烈王八年燕孝王三年魏
安釐王二十二年趙孝成王十一年韓桓惠王十八
年齊王建十年凡七國○〔綱目書法〕按通鑑是歲揭秦
紀而大書之蓋周既亡而以秦繼也此其與列國分注
何天下未一也天下未一秦亦列國耳必至於始皇二
十六年秦并天下始以正統大書之此綱目所以大一
統也○自此年丙午至始皇二十六年庚辰凡
閱三十五年綱目悉以甲子附紀是年西周亡

秦丞相范雎免 雎悅燕客蔡澤澤之言薦澤於王因
謝病免王悅蔡澤計以爲相數月免 楚

以荀況爲蘭陵令〔書法〕綱目非大封拜不書此令耳何
以書録賢也而以之者爲可識矣止
以爲令非其所矣〔外書第二〕孫卿子自楚至齊見孟子
而論性孟子曰有善無惡天也有善有惡人也孫卿子
曰有善有惡天也有善無惡人也孟子曰率天下之人
而迷本性者必自子始矣〔劉氏注〕荀卿楚人避漢諱易

荀爲孫〔史記列傳〕荀卿趙人年五十始來游學於齊至襄王時荀卿最爲老師齊尙修列大夫之缺而荀卿三爲祭酒焉齊人或讒荀卿荀卿適楚而春申君以爲蘭陵令春申君死而荀卿廢因家蘭陵李斯嘗爲弟子荀卿嫉濁世之政亡國亂君相屬不遂大道而營於巫祝信禨祥鄙儒小拘如莊周等又滑稽亂俗於是推儒墨道德之行事序列著書數萬言而卒因葬蘭陵〔按〕荀卿史記云趙人而宋劉氏則云楚人據外書言孫卿子自楚至齊則況生於楚未可知〔再按〕荀卿至齊見孟子論性切考孟子嘗兩至齊其至齊論性即以孟子再至齊時言之孟子再至齊當愼靚王二年統居喪先後約七年餘去齊當赧王三年孟子已六十一歲赧王三下逮赧卒之次年幾六十年則由卿此年爲令上推至齊論性孟子直呼爲子其年必甚少於孟子史記謂年五十始來游學於齊者誤也顧是時齊屬宣王更歷湣王襄王卿之年必漸老故史記曰至襄王時荀卿最爲老師三爲祭酒今又歷襄王至王建十年始爲楚蘭陵令旋以廢死卿之享年視孟子固有羸無減而道之不行殆先後一轍云

周民東亡秦取其寶器遷西周公於𢠸狐之

聚在河南府城外

楚人遷魯於莒今山東青州府莒州而取其地

丁未秦昭襄王五十三年燕王喜元年

韓王入朝於秦〔書法〕書入朝何秦益強也自威烈至周亡韓未嘗書來朝於是書入朝於秦罪韓也六國韓最先朝於秦而秦亦最先滅之然則自卑以媚於敵者果不足以自免矣自是七國始書王周已亡也魏舉國聽令於秦

戊申秦昭襄王五十四年

己酉秦昭襄王五十五年

秦王郊見上帝於雍著僭侈也

楚遷於鉅陽

魏人殺衛君而立其弟

庚戌秦昭襄王五十六年薨子孝文王柱立

秋秦王稷薨太子柱立［書法］七國始書薨周亡也韓王衰絰入弔祠

辛亥秦孝文王元年薨子莊襄王楚立

冬十月秦王薨子楚立孝文即位三月而薨子楚立尊華陽夫人爲華陽太后夏姬爲夏太后

燕伐齊拔聊城齊伐取之燕將拔聊城或譖之燕王遂保聊城不敢歸齊田單攻之歲餘不下魯仲連乃爲書約之矢以射城中遺燕將燕將見書泣三日遂自殺聊城亂田單克之歸言仲連於齊王欲爵之仲連逃之海上魏王問天下之高士於子順子順曰世無其人也抑可以爲次其魯仲連乎

壬子秦莊襄王元年○是年魯滅

秦以呂不韋爲相國封文信侯　秦滅東周遷其君於陽人聚東周君與諸侯謀伐秦王使相國帥師滅之遷東周君於陽人聚周遂不祀周比亡凡七邑○

陽人聚在河南汝州城之西

秦伐韓取滎陽成皐置三川郡　楚滅魯遷其君於下爲家人按是年周亡而後魯滅考衛世家秦并天下二世始廢衛角爲庶人衛絕祀是衛滅尤在周亡之後周與同姓受封五十國獨魯衛後亡盆信周公康叔之澤長矣

右周三十七王并東周君計八百七十三年　距孟子卒四十一年

附載秦紀

癸丑　秦莊襄王二年楚考烈王十五年燕王喜七年魏安釐王二十九年趙孝成王十八年韓桓惠王二十五年齊王建十七年

秦伐趙定太原取三十七城

甲寅　秦莊襄王三年薨子政立

秦恐拔上黨諸城置太原郡 秦伐魏魏公子無忌帥五國之師敗之追至函谷而還蒙驁伐魏取高都信陵君以客毛公薛公之言趣駕還魏魏王以為上將軍諸侯聞之皆遣兵救魏信陵君遂帥五國之師敗蒙驁於河外追至函谷關而還書法追至函谷何惡秦也自昭襄以來山東之得志有三田文之伐晉河渭絕無忌之救書大破秦軍於是書追至函谷雖終無救於亡而綱目亟書書之則亦惡秦而已矣

五月秦王薨子政立政生十三年矣國事皆委於文信侯號仲父○胡氏曰孝文莊襄二王死蓋皆不韋之所為也

乙卯 秦王政元年

秦鑿涇水為渠 韓欲疲秦使無東伐乃使水工鄭國為間於秦鑿涇水為渠中作而覺欲殺之國曰臣為韓延數年之命然渠成亦秦萬世之利也乃使卒為之秦益富饒

丙辰 秦王政二年趙孝成王二十一年薨

趙王薨廉頗奔魏趙使廉頗伐魏悼襄王立使樂乘代頗頗怒攻之遂出奔魏魏不能用趙師數困王復思之使視頗尚可用否頗之仇郭開多與使者金令毀之頗見使者一飯斗米肉十斤被甲上馬以示可用使者還報曰廉將軍老尚善飯然與臣坐頃之三遺矢矣王遂不召楚人迎之頗爲將無功曰我思用趙人遂卒於楚

丁巳秦王政三年趙悼襄王元年

秦伐韓取十二城

趙李牧伐燕取武遂李牧者趙之北邊良將也嘗居代鴈門備匈奴以便宜置吏於是大破匈奴十餘萬騎單于奔走十餘歲不敢近趙邊

戊午秦王政四年魏安釐王三十四年薨

秦伐魏取暘有詭

秋七月秦蝗疫令民納粟拜爵始鬻爵也

己未秦王政五年魏景閔王元年

秦伐魏取十二城置東郡

庚申秦王政六年

楚趙魏韓衛合從以伐秦至函谷皆敗走楚爲從長楚遷於

壽春秦拔魏朝歌及衛濮陽衛徙居野王

辛酉秦王政七年

秦伐魏取汲

壬戌秦王政八年

魏與趙鄴

癸亥秦王政九年韓王安元年楚考烈王完二十五年薨

秦伐魏取垣蒲衍氏　夏四月秦大寒民有凍死者

秦嫪毐作亂伏誅夷三族秦王遷其太后於雍〔書法〕上書嫪毐作亂伏誅繼書遷其太后於雍則太后之遷爲有名而非芊氏無罪之比矣茅焦進諫復爲母子綱目削去而不書者所以著其得罪宗祧之意云爾　楚王完薨盜殺黃歇楚王無子趙人李園進其妹於春申君既有娠乃出之謹舍言諸王召幸之遂生男立爲太子園妹爲后貴用事恐春申君泄其語王薨伏死士刺之滅其家太子立

甲子秦王政十年楚幽王元年

秦相國呂不韋以罪免出就國　秦大索逐客客卿李斯上書召復故官除其令〔書法〕書召復故官何譏也秦并天下李斯力也何譏并天下者李斯也促秦亡者亦李斯也　齊趙入秦置酒

乙丑 秦王政十一年趙孝成王丹二十九年薨

趙伐燕取貍陽秦伐趙取九城

丙寅 秦王政十二年趙幽繆王元年

秦呂不韋徙蜀自殺

丁卯 秦王政十三年

秦伐趙殺其將扈輒趙以李牧爲大將軍復戰宜安秦師敗績

戊辰 秦王政十四年

秦伐趙取宜安平陽武城 韓遣使稱藩於秦 初韓諸公子非善刑名法術之學以韓不用於是作孤憤五蠹說難等篇十餘萬言至是王使納地效璽於秦請爲藩臣因說

秦王王悅之未用李斯譖之下吏令自殺

己巳秦王政十五年

秦伐趙取狼孟番吾遇李牧而還　燕太子丹自秦亡

歸質於秦王不禮故

庚午秦王政十六年

韓獻南陽地於秦

辛未秦王政十七年韓王安九年○是歲韓滅凡六國

秦內史勝滅韓虜王安置穎川郡治河南開封府許州

壬申秦王政十八年

秦王翦伐趙下井陘趙殺其大將軍李牧信郭開爲秦反閒之讒

癸酉　秦王政十九年楚幽王悍十年薨魏景閔王增十四年薨趙幽繆王遷八年○是歲趙亡凡五國

秦滅趙虜王遷秦王如邯鄲　秦軍屯中山以臨燕

趙公子嘉自立爲代王與燕合兵軍上谷

甲戌　秦王政二十年楚王負芻元年魏王假元年代王嘉元年○舊國五新國一

燕太子丹使盜刼秦王不克秦遂擊破燕代兵進圍薊

乙亥　秦王政二十一年

冬十月秦拔薊燕王走遼東斬其太子丹以獻於秦

秦李信伐楚

丙子　秦王政二十二年魏王假三年○是歲魏亡凡五國

秦王賁伐魏引河溝以灌其城魏王假降殺之遂滅魏

書法伐未有書方畧者書引灌何始開河隙也據漢平
帝元始四年王横言自後決處遂大不可復補後六十
年始書
河決矣　楚人大敗秦軍李信奔還秦王翦代之

丁丑　秦王政二十三年

秦王翦大敗楚軍殺其將項燕

戊寅　秦王政二十四年楚王負芻五年○是歲楚亡凡四國

秦滅楚虜王負芻置楚郡 治江南鳳陽府壽州

己卯　秦王政二十五年燕王喜三十三年代王嘉六年○是歲燕代亡凡二國

秦王賁滅燕虜王喜還滅代虜王嘉　秦王翦遂定江
南降百越置會稽郡 治江南蘇州府

庚辰　秦始皇帝二十六年 齊王建四十四年○是歲齊亡秦并天下始以正統例大書之○距

孟子卒六十九年

王賁襲齊王建降遂滅齊后勝相齊與賓客多受秦閒金勸王朝秦不修戰備不助五國攻秦秦以故得滅五國至是王賁自燕南攻齊猝入臨淄民莫敢格者建遂降秦遷之共處之松柏之間餓死齊人怨建聽姦人賓客不蚤與諸侯合從以亡其國歌之曰松耶柏耶住建共者客耶疾建用客之不詳也

王初并天下更號皇帝秦政立二十六年號皇帝三十七年崩立少子胡亥爲二世皇帝元年山東豪傑竝起三年漢高入武關趙高弒二世立子嬰次年漢高至霸上子嬰降秦亡距孟子卒八十四年

按孟子語梁襄王曰天下惡乎定曰定於一孰能一之曰不嗜殺人者能一之孰能與之曰天下莫不與也乃孟子卒未七十年秦不以不嗜殺爲天下與徑

以嗜殺取天下似孟子之言無驗不知秦取天下天下可一而不可定蓋一非不嗜殺之一非眞能一者也故始皇正位既立二十六年正位閱十二年崩至二世在位三年十五年間築長城改封建銷鋒鑄鐻焚書坑儒擾擾紛紛所以防其不一者無虛日而可恃以稍稍安定者卒未有時一戍奮呼中原逐鹿高帝入關告諭約法三章天下易嬴而劉四百年一統之業於以底定惟不嗜殺人之一而後能定於一孟子之言固百世以俟聖而不惑歟

先生承
淶嶼太夫子篤訓歲丙子隨侍天津館邸手輯是書六閱寒暑歸里復數載數易其稿先成是編編成又推孟子生前上溯孔子又推孔子上自周初又自三皇五帝至夏殷爲三編凡一章一句審其爲何時者皆按年分屬之其中如后稷之生有邰之封舜崩蒼梧禹既崩之三年古公之歷年伯夷太公之辟紂歸周武王之生年周公之居東二年東征伐奄三年與洛誥篇末之誕保文武受命惟七年成王之免喪親政伯禽之就國孟懿子兄弟之生前人種種事跡舊編紛紜錯謬　先生細心推勘事訛者正訛年舛者正舛皆發前

人所未發而其尤要者莫如檀弓孔子少孤章解聖門四世出妻諸辨千古鉅冤　先生俱反覆數百言力爲湔雪他如孔子適齊適周仕魯去魯佛肸之召公山之召主司城貞子爲陳侯周臣諸考下逮魏文初年師子夏子柳子思均未爲魯臣於聖賢出處大閑皆詳辨以衷一是洵聖教之干城後學之汲引也合前編三是編一計共二十卷統名曰四書章句考年是編五卷計十萬餘字　先生昆季傾篋先刊質諸同好前三編計三十餘萬字力綿中止予　輩幸有力必爲　先生卒成之庶不負　先生推闡聖心津逮後人之摯意也

受業
慈谿 鄭穉　盧江 陳克鈴
錢塘 錢受均　錢受埴
同里 高傳道　高傳薪
全識
江廷烈　姻弟 張士杰
表弟 侯午　侯淇
侯辛　侯戊
侯丙
胞弟 一鎧　一鈞
男 家湛　家澤

東森　家滙

姪家澧　家治

家泗　家滏全校字

南陵可齋氏葉恆[illegible]刊

# 來宧堂講義（孟子）四卷

清　丁大椿撰

道光二十年刻《來宧堂全書》本

# 來夏堂孟子古本

道光庚子之
歲鐫於金陵

來夏堂孟子古本

道光庚子之
歲鐫於金陵

古諸丁大椿

## 孟子内篇上

告子曰性此却指吾儒所言之性猶杞柳也義猶桮棬也以人性着一以字便就外邊說爲仁義罪坐一爲字猶以杞柳爲桮棬孟子曰子能順杞柳之性而以爲桮棬乎將戕賊杞柳而後以爲桮棬也告子只囫圇說爲字孟子便從爲字抉出戕賊二字如將戕賊杞柳而以爲桮棬則亦將戕賊人以爲仁義與一縱一擒爲字之說已破率天下之人而禍仁義者必子之言夫告子何足辨只怕禍仁義耳

性不可見而見諸仁義天下知仁義爲性之所固有而虧之卽不可以爲人於是有所畏而不敢爲惡有所慕而不忍爲惡今以仁義爲爲之物適所以束縛斯人而非其性也誰復肯有爲仁義者其爲生民禍豈淺鮮哉

孟子言予豈好辯哉予不得已也吁觀於此益信

仁義二字天德王道一以貫之認定仁義卽性則性有專屬不得謂仁義有善不善卽不得謂性有善不善不得謂仁義無善無不善卽不得謂性無善無不善不得以仁義可以爲善可以爲不善卽不得謂性可以爲善可以爲不善而或者謂性兼氣質人固有之豈牛與犬獨無氣質而何以別乎孟子一生只是仁義認得諦當

列邦之駕本先適齊而開部以梁始以提出仁義爲王道主名除此更無治統則此告子言性必先言生之謂性次食色次杞柳次湍水而建篇首杞柳者亦以提出仁義爲性字主名除此更無道統

告子曰性猶湍水也決諸東方則東流決諸西方則西流人性之無分於善不善也猶水之無分於東西也忽然又將性說個空孟子曰水信無分於東西無分於上下乎醒快人性之善也重振猶水之就下也人無有不善水無有不下爽當今夫水搏而躍之可使過顙激而行之可使在山是豈水之性哉其勢則然也一振一落人之可使爲不善其性亦猶是也

前此杞柳之喻將善字劃出性外此言湍水却又將善不善併入性中絕無把握且所謂決若東方上則決諸東偏不東流西方上則決諸西偏不西流並此亦不之知亦太夢夢矣孟子上下兩字應兹而倒

告子曰生之謂性此方是他之所謂性　孟子曰生之謂性也猶白之謂白與曰然白羽之白也猶白雪之白白雪之白猶白玉之白與曰然然則犬之性猶牛之性牛之性猶人之性與

李安溪劄記生非性其所以得生者性也然苐曰生之謂性則或指其所以得生者未可知也詰之曰猶白之謂白而應曰然則即生即性矣生與性不別矣然或別

之於其生亦未可知也又詰之以白羽白雪白玉之白皆同而又曰然則凡生皆性矣生與生不分矣此告子論性之旨既當衆自供而孟子犬牛之喻乃一折而服

告子曰食色性也仍即所謂生之謂性仁內也非外也義外也非內也孟子曰何以謂仁內義外也最要看以字曰彼長所以外義只是泥定這彼字而我長之非有長於我也猶彼白而我白之從其白於外也故應以字謂之外也曰白馬之白也無以異於白人之白也不識長馬之長也無以異於長人之長與且謂長者義乎長之者義乎曰吾弟則愛之秦人之弟則不愛也是以我爲悅者也故謂之內長楚人之長亦長吾之長是以長爲悅者也故謂之外

也曰耆秦人之炙無以異於耆吾炙妙即從食字起喻夫物則亦有然者也然則耆炙亦有外與

没奈何承認個仁字終劃出義字妙得何以謂仁內義外一問幸其巳謂仁之在內令其再思義之何以在外而不謂其罅漏百出也○事在外制事之心在內此等道理有何難知孟子言告子無求於心即此可見

告子言性凡四而所以禍仁義亦有加無巳始言爲以仁義爲外鑠繼言可善可惡則謂不足勸而惡不足懲究其故同人性於犬牛而尤莫甚於義外一語夫飲食男女人之大欲存焉而羞惡之心即寓乎此所由以義裁之今曰食色性也仁內也義外也則且恣吾甘食悅

色之性而不復知紾兄踰墻之不可爲敗常亂俗自此
始矣故告子不亞於夷狄猛獸而孟子之功不在禹下
孟季子問公都子曰何以謂義内也曰行吾敬故謂之内
也鄉人長於伯兄一歲則誰敬曰敬兄酌則誰先曰先酌
鄉人所敬在此所長在彼果在外非由内也公都子不能
答以告孟子孟子曰敬叔父乎敬弟乎彼將曰敬叔父曰
弟爲尸則誰敬彼將曰敬弟子曰惡在其敬叔父也彼將
曰在位故也子亦曰在位故也庸敬在兄斯須之敬在鄉
人季子聞之曰敬叔父則敬敬弟則敬果在外非由内也
公都子曰冬日則飲湯夏日則飲水然則飲食亦在外也
所敬在此所長在彼豈不即是因時制宜乃反説果在

外非由内不識盧山眞面目只緣身在此山中可爲一哂

公都子曰告子曰性無善無不善也或曰性可以爲善可以爲不善是故文武興則民好善幽厲興則民好暴或曰有性善有性不善是故以堯爲君而有象以瞽瞍爲父而有舜以紂爲兄之子且以爲君而有微子啟王子比干今曰性善然則彼皆非與孟子曰乃若其情則可以爲善矣乃所謂善也若夫爲不善非才之罪也惻隱之心人皆有之羞惡之心人皆有之恭敬之心人皆有之是非之心人皆有之惻隱之心仁也羞惡之心義也恭敬之心禮也是非之心智也仁義禮智非由外鑠我也我固有之也弗思

耳矣故曰求則得之舍則失之或相倍蓰而無算者不能盡其才者也詩曰天生蒸民有物有則民之秉夷好是懿德孔子曰爲此詩者其知道乎故有物必有則民之秉夷也故好是懿德

性即未發之中情即已發之和才即所以發此情者譬之種是性芽是情所以發此芽之氣力即是才

先大人曰古今聖賢之學無他盡性而已惟盡性斯能踐形知性則知天聖人所以與天合德也古今帝王之治無他亦盡性而已惟盡其性斯能盡人物之性至誠所以參天也人稟天之氣以生亦一小天在天爲春夏秋冬在人爲仁義禮知天不可名而名之以春夏秋冬

性不可見而見之於仁義禮知孰是天而無春夏秋冬
卽孰是人而無仁義禮知惟天有陰陽而春夏秋冬分
於其候惟人有氣質而仁義禮知附於其中惟陰陽容
有偏勝之不同而春夏秋冬之分其候者自在惟氣質
容有純襍之不同而仁義禮知之具於心者自在終古
此春夏秋冬卽終古此天人人此仁義禮知卽人人此
性書言惟皇降衷厥有恒性中庸言天命之謂性詩言
天生蒸民有物有則性字從心從生未生以前此仁義
禮知之全依然在天既生以後此仁義禮知之全盡畀
之人人無不受天之氣以生卽無不秉天之理以爲心
故曰性善無知愚皆然也何謂從心而生見孺子而怵

惕豈他人使之怵惕遇呼蹴而不屑豈他人使之不屑
遇傲慢而忿嫉豈他人使之忿嫉遇禍患而遠避豈他
人使之遠避而試問天下有不憐孺子惡呼蹴嫉傲慢
避禍患之人乎特淺深各别巧拙不同耳是則天下未
有無心之人卽未有無性之人天下未有不同乎人心
之人卽未有不性善之人性之大原出於天今曰天無
四時無無四時也此笑話也又或曰天可以有四時可
以無四時也此更笑話又曰有有四時之天有無四時
之天雖赤子亦知其妄矣而又何異於人乎性不可見
而見之仁義禮知仁義禮知亦不可見而見之惻隱羞
惡恭敬是非卽事而發卽心而生故善言性者莫切於

情善言性之本者莫眞於天堯舜以人心爲情道心爲性至孔子始性習分言迄乎戰國怪物迭出幸得孟子爲之力辨未及百年荀卿楊雄異論紛紜昌黎性有三品邪說與告子等而尤莫甚於性兼氣質之說夫性一而已尙可隨口杜譔今謂性更有氣質宜乎言性者之紛紛也性從心從生性字內只有四德亦曾有氣質乎性猶水天一所生不能不麗於地性稟於天不能不麗於氣質性理也氣質形也氣質所以載性而不可以言性猶地載水而不可並地而亦言水但人有氣質淸濁之分猶地有沙石汚泥之辨人性本善而爲至濁之氣質所掩如在山泉淸出山泉濁然性之本體終不可得

而没求則得之猶水無不可澄之使清也僭拈是說用質高明

又案吳因之曰此篇言性多端亦可一言以蔽之曰性即仁義然性本善而亦不可不察識而擴充之故繼之以人心得養失養之分一暴十寒之喻究竟於舍生取義之眞反復乎宮室妻妾外誘之感辨析乎養大體養小體之孰輕孰重以歸之實踐盡性性善斯可父使慈子使孝天地以位人極以立此孟子所以有大功於萬世也

孟子曰富歲子弟多賴凶歲子弟多暴非天之降才爾殊也下數同字俱証明非殊其所以陷溺其心者然也一語

喝破 今夫麰麥播種而耰之其地同樹之時又同浡然而生至於日至之時皆熟矣此証降才不殊連醒同字雖有不同則地有肥磽雨露之養人事之不齊也此証陷溺其不同處正是同故凡同類者舉相似也總一筆束上生下何獨至於人而疑之從物遞到人以此一至於字趕下四至於聖人與我同類者驀地先透出聖人一篇之骨故龍子曰不知足而爲屨我知其不爲蕢也屨之相似天下之足同也是足同口之於味有同耆也易牙先得我口之所耆者也已爲聖人先得我心作楔子如使口之於味也其性與人殊若犬馬之與我不同類也二十二字句則天下何耆皆從易牙之於味也至於味天下皆期於易牙是天下

之口相似也是口同○因求以芻豢悅口作結故此凡用五筆惟耳亦然至於聲天下期於師曠是天下之耳相似也是耳同惟目亦然至於子都天下莫不知其姣也不知子都之姣者無目者也是目同故曰口之於味也有同耆焉耳之於聲也有同聽焉目之於色也有同美焉以上歷言小體之同以証心之無不同都將上文再總一筆作高屋建瓴駿馬下阪之勢至於心獨無所同然乎字字抽筋篪肋而出是大結穴與首節心字應心之所同然者何也謂理也鄭重出之義也鄭重出之聖人先得我心之所同然耳撲一筆應上與我同類故理義之悅我心猶芻豢之悅我口拈出悅字可見性所固有

此申乃若其情則可以爲善即物引到人即人引到聖
人以下層層即小體之同以見大體之無不同所以說
性相近而其相遠則習而已通篇一意到底其於味色
獨詳言之者以當時即以食色爲性故特就其所通者
曉之

孟子曰牛山之木嘗美矣以其郊於大國也斧斤伐之可
以爲美乎是其日夜之所息雨露之所潤非無萌蘖之生
焉牛羊又從而牧之是以若彼濯濯也人見其濯濯也以
爲未嘗有材焉此豈山之性也哉就喻點睛雖存乎人者
此人字指惡一邊說豈無仁義之心哉其所以放其良心
者亦猶斧斤之於木也旦旦而伐之可以爲美乎其日夜

之所息平旦之氣其好惡與人相近也者幾希此人字指好一邊說則其旦晝之所爲有梏亡之矣梏之反覆則其夜氣不足以存夜氣不足以存則其違禽獸不遠矣至此並不得言人人見其禽獸也而以爲未嘗有才焉者是豈人之情也哉正意點睛故苟得其養無物不長苟失其養無物不消又作喻束孔子曰操是之謂養則存舍則亡出入無時莫知其鄉惟心之謂與引此以見養之不可失

此中若夫爲不善非才之罪

孟子曰無或乎王之不智也智字特提雖有天下易生之物也一日暴之十日寒之未有能生者也吾見亦罕矣吾退而寒之者至矣吾如有萌焉何哉今夫奕之爲數小數

也不專心致志則不得也奕秋通國之善奕者也使奕秋誨二人奕其一人專心致志惟奕秋之爲聽一人雖聽之一心以爲有鴻鵠將至思援弓繳而射之雖與之俱學弗若之矣爲是其智智字應弗若與曰非然也

此用借言承上養字最重專心致志四字即平旦之氣無不可充之以至於聖賢只爭操與不操耳

孟子曰魚我所欲也熊掌亦我所欲也二者不可得兼舍魚而取熊掌者也生亦我所欲也義亦我所欲也二者不可得兼舍生而取義者也此專言陷溺故緊從欲字說入生亦我所欲所欲有甚於生者故不爲苟得也死亦我所惡所惡有甚於死者故患有所不避也一段言所以舍生

取義如使人之所欲莫甚於生則凡可以得生者何不用也使人之所惡莫甚於死者則凡可以辟患者何不爲也一段忽反掉以見舍義之非由是則生而有不用也由是則可以辟患而有不爲也急轉取義是故所欲有甚於生者所惡有甚於死者非獨賢者有是心也提出心字是欲所從生人皆有之喚得醒賢者能勿喪耳束上起下一篇中權一簞食一豆羹得之則生弗得則死嘑爾而與之行道之人弗受蹴爾而與之乞人不屑也即行道乞人弗受弗屑則所謂人皆有之益信萬鍾特從一簞食一豆羹轉出則不辨禮義而受之忽倒着筆緊從不受不屑突地跌出然後知簞豆之不受不屑只是不足動其欲耳所謂以

瓦注巧以金注昏

萬鍾於我何加焉爲宮室之美妻妾之奉所識窮乏者得我與是陷溺病原鄉爲身死而不受今爲宮室之美爲之鄉爲身死而不受今爲妻妾之奉爲之鄉爲身死而不受今爲所識窮乏者得我而爲之是亦不可以已乎無限提喚此之謂失其本心結出本心二字當頭一棒

此中人之所以陷溺其心

孟子曰仁人心也義人路也舍其路而弗由放其心而不知求哀哉人有鷄犬放則知求之有放心而不知求學問之道無他求其放心而已矣

此更爲失其本心者痛下針砭

孟子曰今有無名之指屈而不信非疾痛害事也如有能信之者則不遠秦楚之路爲指之不若人也指不若人則知惡之心不若人則不知惡此之謂不知類也

跟上心字即爲下三章不可養小失大作提頭

孟子曰拱把之桐梓人苟欲生之皆知所以養之者至於身而不知所以養之者豈愛身不若桐梓哉弗思甚也

此專承心不若人則不知惡而示之以知所養

孟子曰人之於身也兼所愛兼所愛則兼所養也無尺寸之膚不愛焉則無尺寸之膚不養也所以考其善不善者豈有他哉於己取之而已矣（最重兼愛二字且無尺寸之膚不養況可失其大）體有貴賤有小大（即從兼所愛別之

無以小害大無以賤害貴即從兼所養勘之養其小者爲小人如此則不善養其大者爲大人如此則善今有場師舍其梧檟養其樲棘則爲賤場師焉忽用側筆單卸到養小體養其一指而失其肩背而不知也則爲狼疾人也上用喻此正說飲食之人所謂養小則人賤之矣應賤字爲其養小以失大也是之謂未嘗考飲食之人再提無有失也則口腹豈適爲尺寸之膚哉轉策愈緊

此承上養身而示之以知所養

公都子問曰鈞是人也或爲大人或爲小人何也孟子曰從其大體爲大人從其小體爲小人曰鈞是人也或從其大體或從其小體何也曰耳目之官不思而蔽於物物交

物則引之而已矣心之官則思思則得之不思則不得也此天之所與我者先立乎其大者則其小者不能奪也此爲大人而已矣

此承上勿養小失大而特鄭重於大小之分

孟子曰盡其心者知其性也知其性則知天矣存其心養其性所以事天也殀壽不貳修身以俟之所以立命也

性具於心而命於天故言性而不言天則性無本言盡性而不言心則性亦無着此孟子專示人以存養之功而以知命端其趨凡聖賢做頂真工夫無不於此判人鬼關也

公孫丑問曰夫子亦是着意推尊加齊之卿相易動心之

位得行道焉易動心之勢雖由此霸王不異矣故作開宕如此重抑則動心否乎意在必動孟子曰否信得過斷得定數十年知言養氣一向極有把握乃許說此一字我知言養氣之我可以自信亦可共信不但非告子之比抑孔子以下均所姑舍四十幾年知言幾年養氣早不比告子寔心度日不動心三字正言不動心之難非誇不動心之易曰若是單承不動心則夫子過孟賁遠矣豈但過孟賁即與夷尹顏閔較尚非所安曰是亦只單承過孟賁不難告子先我不動心不問所以不動心之故只要不動心亦有何難○因他說一不倫的人亦尋出一不倫的人來早將道字呼之欲出曰不動心有道乎亦知不動心甚難而

於所以不動心都未曾理會 曰有北宮黝 驀地引出一人是孟賁小照 之養勇也 孟子養氣若輩只養勇孟子學大勇若輩只養小勇恰好得此無數陪客無數反照 不膚撓不目逃 不動心只此 思以一毫挫於人若撻之於市朝 由事而推之心 不受於褐寬博亦不受於萬乘之君視刺萬乘之君若刺褐夫無嚴諸侯 由小而推之大 惡聲至必反之 更由大而極之小○此以必勝爲主而黝之不動心其道如是 孟施舍 又引一人孟賁已不及此矣 之所養勇也曰視不勝猶勝也 不動心又只此 量敵而後進慮勝而後會是畏三軍者也舍豈能爲必勝哉能無懼而已矣 此以無懼爲主而舍之不動心其道如是○連寫二子一味強

項並不曾自反皆告子小照而合通篇則北宮又即告子

小照孟施舍又即顔閔冉曾小照兩下皆以孔子作定盤

星是文章極有段落處　孟施舍似曾子　忽逗出曾子、北宮

黝似子夏　並講子夏作陪　夫二子之勇未知其孰賢然而

孟施舍守約也　先作安放　昔者曾子　特醒曾子亦是介紹

謂子襄曰子好勇乎　此段原只就養勇說　吾嘗聞大勇於

夫子矣　是大勇○特醒夫子方是主　自反　須要自反而不

縮　即餒樣子　雖褐寬博　不必萬乘之君　吾不惴焉　一筆開

自反而縮　即塞天地樣子　雖千萬人　豈但三軍　吾往矣　一

筆合○此段只就養勇講不動心之有道而說來已括通

章　孟施舍之守　句　氣　句　又不如曾子之守　句　約也　抹倒孟

施舍則過孟賁自不待言以上但即養勇明不動心之亦有其道耳○此與孟施舍似曾子節皆本段關鍵然就本段論前是賓此是主合通篇論則前是賓中賓此亦主中賓孟子不動心正面尚在下文祇因丑引一勇士索性先即養勇明不動心之亦有其道最重吾嘗聞大勇於夫子句即養勇論亦是要以孔子爲宗也讀此篇不可不先認定賓主

曰敢問夫子 此還是意中之夫子之不動心與告子之不動心可得聞與 以下撇開養勇單就告子明不動心之道

告子曰不得於言勿求於心不得於心勿求於氣 此告子不動心之道

不得於心勿求於氣可 以下申論特作開宕

不得於言勿求於心不可 抹倒

夫志氣之帥也氣

體之充也夫志至焉氣次焉故曰持其志重在持志勿暴其氣並重養氣既曰志至焉氣次焉又曰持其志勿暴其氣者何也曰志壹則動氣氣壹則動志也今夫蹶者趨者是氣也而反動其心妙即以提筆作收科文氣一振○以上斷定告子固未嘗養氣亦未嘗持志敢問夫子纔另眼看夫子惡乎長曰我句知言是知言我句○連醒二我字俛視衆山皆培塿善養吾浩然之氣是善養氣○只此即道字正面敢問何謂浩然之氣曰難言也三字起下其為氣也指本然之氣至大橫說至剛竪說以直養上承善字下注集義而無害上承善字下注勿忘勿助則塞於天地之間是浩然氣象其為氣也指養成後之氣配義與道無

是餒也○此二節先懸空摹擬浩然之氣與所以浩然之理是謂虛領是指浩然集義所生者此之謂配非義襲而取之也再反足一句行有不慊於心便不能配則餒矣應一筆我故曰告子未嘗知義說不到集以其外之也並未能襲○以上講直養畢必有事焉而勿正心勿忘勿助長也以下實詮無害無若宋人然斗然入喻宋人有閔其苗之不長而揠之者芒芒然歸謂其人曰、日病矣余助苗長矣憨心憨事憨狀憨話寫來宛、其子趨而往視之苗則槁矣此餒更甚天下之不助苗長者寡矣斗筆唱歎以爲無益而舍之者忽斷○與上忘字不耘苗者也告子是也助之長者忽鎖揠苗者也北宮輩是也非徒無益而又害之妙即純用喻筆借講無害合上同註我善養吾浩然之氣畢 何謂知言 以下問知言 曰詖詞知其所蔽 必我心先有所不蔽 淫詞知其所陷 必我心先有所不陷 邪詞知其所離 必我心先有所不離 遁詞知其所窮 必我心先有所不窮 生於其心害於其政發於其政害於其事 總束一筆爲知字尋源究委 聖人復起必從吾言矣 寫不動心酣暢之極以上論知言畢○此自敢問夫子之不動心至此發明不動心之道是正文而申言我善養吾浩然之氣純用烘雲托月法申言知言則筆筆實寫各極淋漓 宰我子貢善爲說辭冉牛閔子顔淵善言德行孔子兼之曰我於辭命則不能也然則夫子既聖矣乎 這纔認得夫子這纔

不敢以孟賁相儗矣○以下遂接問大勇於夫子而以願學孔子作主是不動心真傳曰惡是何言也昔者子貢問於孔子曰夫子聖矣乎孔子曰聖則吾不能我學不厭而教不倦也子貢曰學不厭智也教不倦仁也仁且智夫子既聖矣夫聖孔子不居是何言也不敢自居於聖亦卽是學孔子昔者竊聞之子夏子游子張皆有聖人之一體冉牛閔子顏淵則具體而微因不敢當孔子却又尋出多人總是没主見敢問所安曰姑舍是然丑向者且以孟賁儗之陋甚陋甚曰伯夷伊尹因舍冉閔却又尋出兩人總是没主見何如更不敢以孟賁相儗矣曰不同道非其君不事非其民不使治則進亂則退伯夷也何事非君何使非

民治亦進，亂亦進，伊尹也。可以仕則仕，可以止則止，可以久則久，可以速則速，孔子也。寫出不同道 皆古聖人也。總贊一句 吾未能有行焉，先出一筆 乃所願則學孔子也。通篇點睛○前面接引許多支分派別，至此結歸孔子，千山萬壑赴荆門 伯夷、伊尹於孔子，若是班乎？亦只囫圇認定皆古聖人句 曰：否。自有生民以來，未有孔子也。推尊孔子正得眞我 曰：然則有同與？到底囫圇認定皆古聖人句 曰：有。得百里之地而君之，皆能以朝諸侯有天下。行一不義，殺一不辜而得天下，皆不爲也。連醒二皆字 是則同。只此同 曰：敢問其所以異。繞問其所以異 曰：宰我、子貢、有若，智足以知聖人，汙不至阿其所好。本可直述宰我以下三段郝先着此一節極力出色寫孔子即極力出色寫願學宰我曰以予觀於夫子賢於堯舜遠矣此功業莫如夫子子貢曰見其禮而知其政聞其樂而知其德由百世之後等百世之王莫之能違也自生民以來未有夫子也此學問莫如夫子有若曰豈惟民哉麒麟之於走獸鳳凰之於飛鳥泰山之於丘垤河海之於行潦類也聖人之於民亦類也出於其類拔乎其萃二句單說聖人自生民以來未有盛於孔子也此品詣莫如孔子○孔子爲千古第一人則願學孔子亦即千古第一眞我筆勢如三峯插天遥與提處相應局樣一新

通章只不動心是綱知言養氣是條目配道集義是功

夫願學孔子是結束

此自篇首至不如曾子守約作一段讀孟子不動心正面本在第二段因丑不倫不類下個贊語一路借賓定主即養勇而論已自與人不同最重自反而縮四字即此不動心正旨已透並願學孔子意亦見

集註以孟施舍施發語聲則孟之反獨之武豈皆姓名中着一虛字耶魯有少施氏安見當時必無孟施氏

自敢問夫子之不動心至必從吾言矣又爲一段是不動心正着筆關鍵在持其志勿暴其氣二句配義與道是持志也勿忘勿助是勿暴也道義貫志氣二者以道義持志而志有定準知言所自始也以道義養氣而氣

得常伸浩然所以可言也合并寫來絶好自反而縮眞

樣子

如告子之不動心直是寘頑不揭出他所以不動心之

非則不動心正旨不出時解多謂孟子意重在氣與上

文養勇闗照不知本文志至氣次已自明曉試問除却

道義用何持志卽除却配義與道又氣是何氣告子本

未嘗持志何論養氣第卽其重志輕氣言之明明暴了

這氣則必先輕棄其志可知故孟子並言氣之不可輕

卽因丑問一發從養氣説人其實持志是根知言卽持

志之驗也

不得於言謂不得於他人之言孟子知言亦謂知他人

之言張惕菴辨之甚悉
知言尤養氣之原非時時事事以道義衷於心者不能
張彥陵云四言皆談道之言四言之病皆見道之病惟
精於道義始能辨之毫釐蘇文忠謂李斯禍秦由於荀
卿卽其徵也王莽使劉歆改竄周官以濟其私王安石
不知爲邪詞以之禍宋當大任而不動心固必自知言
始
告子一味寘頑孟子只援來爲不動心辨眞種子非與
告子較短長也只不求心求氣便開發已了時解必節
節拌說殊覺多事
自宰我子貢至末又爲一段以願學孔子作主雖文義

不必與前相蒙而知言養氣淵源一堂與前聞大勇於夫子一鼻孔中

此論不動心反覆如千言文勢如萬斛泉湧余尤喜前云聞大勇於夫子早爲願學孔子伏脉又前言曾子以黝舍爲引子夏爲陪後言孔子以顔閔諸賢爲引伯夷伊尹爲陪自成絶妙章法

孔子時中之聖始見此篇如此四可字四則字即不動心眞種全從配道集義持志養氣得來蓋非以道義持志如何審量得這四可以字銖毫不爽非以道義養氣如何似這四則字居無顧瞻此所以爲大勇

孟子曰人之所以異於禽獸者幾希庶民去之君子存之

一篇提綱舜一君子明於庶物察於人倫由仁義行非行
仁義也一樣存法孟子曰禹又一君子惡旨酒而好善言
此好惡即是存湯又一君子執中立賢無方此執中立賢
即是存文王又一君子視民如傷望道而未之見此愛民
望道即是存武王又一君子不泄邇不忘遠此不泄不忘
又即是存周公又一君子思兼三王以施四事其有不合
者仰而思之夜以繼日幸而得之坐以待旦此仰思待旦
又即是存孟子曰王者之迹息而詩亡詩亡然後春秋作
此將爲孔子存之却先着一論斷筆法變換晉之乘楚之
檮杌魯之春秋一也以乘與檮杌楔出春秋其事則齊桓
晉文其文則史又從事文楔出義字孔子又一君子是此

不必與前相蒙而知言養氣淵源一堂與前聞大勇於夫子一鼻孔中

此論不動心反覆如千言文勢如萬斛泉湧余尤喜前云聞大勇於夫子早爲願學孔子伏脉又前言曾子以勦舍爲引子夏爲陪後言孔子以顔閔諸賢爲引伯夷伊尹爲陪自成絶妙章法

孔子時中之聖始見此篇如此四可字四則字即不動心真種全從配道集義持志養氣得來蓋非以道義持志如何審量得這四可以字銖毫不爽非以道義養氣如何似這四則字君無顧瞻此所以爲大勇

孟子曰人之所以異於禽獸者幾希庶民去之君子存之

一篇提綱舜一君子明於庶物察於人倫由仁義行非行仁義也一樣存法孟子曰禹又一君子惡旨酒而好善言此好惡即是存湯又一君子執中立賢無方此執中立賢即是存文王又一君子視民如傷望道而未之見此愛民望道即是存武王又一君子不泄邇不忘遠此不泄不忘又即是存周公又一君子思兼三王以施四事其有不合者仰而思之夜以繼日幸而得之坐以待旦此仰思待旦又即是存孟子曰王者之迹息而詩亡詩亡然後春秋作此將爲孔子存之却先着一論斷筆法變换晉之乘楚之檮杌魯之春秋一也以乘與檮杌楔出春秋其事則齊桓晉文其文則史又從事文楔出義字孔子又一君子是此

篇主人翁曰其義則丘竊取之矣此取義又是存孟子曰君子之澤五世而斬小人之澤五世而斬四句引起予歷敘諸聖只爲一予字引起未得爲孔子徒也予子字再提私淑諸人也此私淑亦即是存孔子而後孟子之功不在舜禹諸聖下

此自人之所以異於禽獸至私淑節來路甚窄結束甚大自舜至孔子皆君子盛德大業掀揭於天地而實則仁義之外未嘗有加孔子而後接列聖之傳者孟子一人而已

人何至與禽獸爭此些字須識得幾希二字幾危詞也希少詞也人有形禽獸亦有形人有氣禽獸亦有氣人

能甘食悅色趨利避害與夫一切知覺運動人之所能皆非禽獸之所不能獨此一點道心判成人禽之界看來隔如霄壤實則只爭毫釐所謂人心惟危道心惟微惟其微是以危也然則危即幾而微即希之謂今或以幾希二字作實字謂存此幾希之統竟不曉是何事不知所謂幾希即指道心道心即人倫人倫即仁義其人倫中藹然相接者爲仁秩然有序者爲義自舜禹至孔子皆行仁義也即皆明物察倫也孟子繼先聖之統學問事功無非仁義此千古眞道脉不可糢糊讀過

趙氏以頌聲不作爲詩亡何休公羊傳序謂降小雅爲黍離齊王德於邦君而以無雅爲詩亡並以迹熄當平

王東遷詩亡卽此時愚竊以爲不然春秋之作所以誅
亂賊扶大義夫子何人而降王於國風亂賊且躬蹈之
而反誅人之亂賊耶且以黍離爲孔子所降周公述王
政而作豳風王之名風又誰降之耶況子删詩在哀十
一年則降王於風宜在此時然考襄二十九年季札觀
樂已爲之歌王此在孔子未删詩之前則王非孔子所
降亦明矣然則王之爲風何義也風之體也詩有三體
曰風曰雅曰頌猶今之歌行各有其體此王自是風體
何關升降至以雅亡卽詩亡而以平王東遷當之今考
小雅褎姒艷妻日蹙國百里詎非東遷時詩乎宋儒並
云風亦亡則自邶以下且自魯隱以來至於陳靈又安

知陳靈之後不猶有詩猶西狩獲麟之後仍有春秋也而謂當平王時即决然斷其詩亡耶茲余且暢其說先王所以維持天下者有三曰謚曰詩曰史謚有美惡詩有美刺史則記其行事以聞於列國皆所以存是非示勸懲俾有所懼而不敢自恣然謚猶待彰之于後日詩與史則在當時故當其盛莫重於詩而及其衰猶幸有史周之初禮樂征伐自天子出乃命太史陳詩以觀民風國之政治於是乎見天子慶讓於是乎行所謂王跡也東遷以後王政雖不行於天下而迹猶留今所讀詩固多東遷以後如擊鼓之詩以從孫子仲爲怨則亂賊之黨猶未盛無衣之詩待天子之命而後安則篡奪之

惡猶有懼他如齊襄之瀆倫魯莊之忘仇陳靈之淫褻
秦穆之殘殺忠良確然爲隱公以降之詩者皆得以昭
其惡而彰其罪則匹夫匹婦清議之力爲不可没矣然
微當時猶據其跡采之太師貢之天子何自而編入三
百也昭定而下無此事矣謂之迹熄由此篇什之作亦
無由達謂之詩亡詩本不亡以上不采詩下不陳詩即
謂之詩亡耳亡則風雅俱亡亦必無獨亡雅之理解者
不知詩亡然後春秋作蓋指筆削春秋之時而誤以爲
春秋之所始謬矣夫有詩則慶讓雖不行而是非猶未
泯詩亡則天下無是非即安得有人心至於邪暴交作
子弑父臣弑君春秋之作所由不得已也春秋作而天

下采詩之官廢天下之公好公惡固未嘗廢春秋之襃貶卽詩人之美刺有王者起按籍而稽則卽以春秋繼王迹也可斷自隱公惠以上無取焉所謂迹而不作也隱以下則筆其可存者削其可去者用以繼詩而昭王迹人之異於禽獸者幾希春秋其界限提防也

國語申叔時告楚子使士亹傅太子教之春秋司馬侯告晉悼公羊舌肸習於春秋是晉楚亦有春秋也孔頡達以爲凡上之天子皆名春秋其曰乘曰檮杌則皆本國之名乘古字作椉承聲載也如車之無所不載今縣志猶曰邑乘家譜曰家乘皆讀如承聲是其証也檮說文斷木本作檮從木從壽取永久之義杌字從兀玉篇

木無枝類篇刑餘木今案檮杌二字合讀當是斷木爲
版置之几上用垂久遠古書竹曰簡木曰版故字從木
或曰檮壽木以記善杌刑餘木以記惡茲合云者統善
惡之詞義尤爽截而解者音乘去聲檮杌惡獸名豈晉
史專志車乘田賦之事而楚則第記惡人乎况以檮杌
爲惡獸特本左傳杜註不知檮杌皆斷木不可大用故
以喻不才子而以爲惡獸然觀周語惠王十五年内史
過曰周之興也檮杌次於丕山不又以爲瑞獸乎
春秋未修之前不過國史與晉乘楚檮杌等耳既修之
後乃有以繼詩而昭王迹此義字正遥與迹字應

來夏堂講義三冊下

古諸丁大椿

孟子內篇下

齊人句有一妻一妾而處室者儘可不必交顯者其良人出即從妻妾眼中歷數則必饜酒肉而後反亦即從妻妾眼中見得其妻夫也不良獨爲人妻者偏留心偏關情問所所字應讀如居其所之所下墦間即應此字與飲食者並問與飲食之人下祭者即應此四字則盡富貴也齊人打誆不知作何醜態則字也字眞繪聲之筆其妻告其妾曰良人出則必饜酒肉而後反問其與飲食者盡富貴也想此時還是喜而未嘗有顯者來惟其喜之是以疑之吾

將瞯良人之所之也高興蚤起齊人蚤起其妻卽不得不蚤起○王敬夫曰古人祭必於日未出時此齊人爲乞祭餘烏得不蚤不然富貴之家方甘同夢早去將何爲耶施從良人之所之苦極徧國中三字妙卽從其妻心中目中歷歷數之此時其妻心力目力足力一時都竭而喜心疑心躁心至此又欲死心一一傳出無與立談者不但顯者不屑與交卒要知墦間原是齊人熟地當出門時早是除此別無所之只其妻初不打算到此當此徧國中無與立談此失望之心與不可解之心聚而相廹不得不看其卒也讀者切無以此字專爲齊人之東郭墦間五字合句此處烏有富貴耶其妻應一發不解之祭者乞其餘六字合

句不足句又顧而之他描寫盡致此其爲饜足之道也受
了多會的驕至此才恍然其妻歸去何高興來何跟蹌告
其妾是訴原委曰因之發論良人者只三字罵煞然已嗚
咽出之矣所仰望而終身也拾得高罵得煞今若此纔知
道耶嗚咽而出幾不成語與其妾訕其良人可訕而相泣
於中庭可泣而良人未之知也果然不知尚有可原強似
今天下人假做不知施施從外來比乞餘時揚氣多矣此
人頗在場面上走慣的自然會做這樣驕其妻妾只一驕
字描盡醜態但未識妻妾此時作何嘴臉由君子觀之驀
地轉出君子如天上下將軍則人之所以求富貴利達者
所以可羞處即在所以求三字包盡許多醜事醜態其妻

妾不羞也而不相泣者幾希矣　醒出立言本指

牟平橋以此連上王使人瞯夫子爲一章好奇者多可其說余斷不以爲然此孟子專爲求富貴利達者皆昏夜哀求可耻可憐特把齊人作一小照其時聞之必有嘲者罵者笑者孟子由他一一嘲畢罵畢笑畢輕輕扯過臉來說出由君子觀之云云一時嘲者罵者笑者個個色冷氣阻閧然而散

孟子曰伯夷　健筆直起　非其君不事　卽此已隘　非其友不友　卽此已隘　不立於惡人之朝　不但非君不事隘極　不與惡人言　不但非友不友隘極　立於惡人之朝與惡人言　推其心　如以朝衣朝冠坐於塗炭　惡之之甚隘極　推惡惡之

心更推其心之心思與鄉人立鄉人非惡矣其冠不正倘非惡望望然此隘容去之然且不肯就若將浼焉此隘心是故諸侯又高於鄉人矣雖有善其辭命而至者並非冠不正不受也然亦不肯就不受也者是亦不屑就已不屑二字特醒○逐層繪得隘字出柳下惠不羞汙君即爾爲爾意不恭之極不卑小官即我爲我意不恭之極進不隱賢此是介處然合不卑小官看來却是不恭必以其道即不隱賢之實遺佚而不怨阨窮而不憫此樂天知命有七分輕世肆志倒有三分故曰爾爲爾我爲我總一筆雖袒裼裸裎於我側再進一步爾焉能浼我哉再跌一步到底是爾爲爾我爲我不恭之極故由由然不恭之容與之偕

不恭之心而不自失焉証明不恭出於居心援而止之而止無往而非不恭援而止之而止者是亦不屑去已不屑二字亦特醒○逐層繪得不恭出孟子曰伯夷隘斷定夷柳下惠不恭斷定惠隘與不恭君子不由也以君子作定盤星通篇結穴

此孟子自表其去就之正而以孔子作主若夷之去只是隘惠之就只是不恭孟子遨遊人國則去就固必有道也

張惕菴云伯夷只是清清到極處則隘矣柳下惠只是和和到極處卽不恭矣非是清和之外另有隘不恭

孟子謂蚔鼃曰子之辭靈丘而請士師明有官守似也爲

其可以言也明有言責今既數月矣未可以言與激之使言蚳鼃諫於王而不用所謂不得其職不得其言致爲臣而去去得是齊人曰惹動齊人所以爲蚳鼃則善矣所以自爲則吾不知也竟將孟子蚳鼃一例看公都子以告曰吾聞之也有官守者不得其職則去有言責者不得其言則去兩則字反對綽綽我無官守我無言責也孟子之不必去只此是鉄案則吾進退豈不綽綽然有餘裕哉

前半冷語熱腸後半揮洒從容只中間夾出齊人無知村談眞好笑塲

彭更問曰後車數十乘從者數百人以傳食於諸侯不以泰乎已有士無事而食不可句在其喉中孟子曰非其道

提道字作權衡　則一簞食不可受於人　況以數十乘數百人傳食　如其道則舜受堯之天下　何論傳食　不以爲泰子以爲泰乎曰否士　學者之通稱也　無事　何嘗無事惟彭更不識孟子爲何如人自不識孟子爲何如事耳　而食不可也　所以爲泰　曰子不通功易事以羨補不足則農有餘粟女有餘布子如通之則梓匠輪輿皆得食於子　此通字即是道於此　二字重讀此無父無君之時　有人焉　彭更只認孟子是士孟子便自認是輔世長民之人說得人字有身分有字自關緊要　入則孝出則弟守先王之道　此事何如是從古眞學問從古眞治術　以待後之學者　並吸下功字而不得食於子　反掉　子何尊梓匠輪輿而輕爲仁義者哉

曰梓匠輪輿其志將以求食也偏地又撰出個志字與事字反對君子之為道也亦即用道字反唇其志亦將以求食與此彭更即從輕尊二字撥轉曰子何以其志為哉其有功於子彭更從事字撰出志字孟子却從事字撰出功字可食只要審可與不可而食之矣且子食志乎食功乎曰食志遁詞曰有人於此於此有人焉是何等人此又是何等人毀瓦畫墁其志將以求食也則子食之乎曰否曰然則子非食志也食功也守先待後其功何如即其事何如無其事而食不可此有其事而食奈何謂之泰

或問孟子之學大矣何止孝弟曰此正學問之道不明直將孝弟看作常談不知仁義二字是聖賢真學問即

千古眞治術而仁之實事親義之實從兄人人親其親長其長而天下平豈有他道哉

逢蒙學射於羿是親受學盡羿之道并不待再傳思誅其心天下惟羿爲愈己罪案可笑於是殺羿忍極○以上立案孟子曰是亦羿有罪焉陡判出人意外公明儀曰宜若無罪焉放寬一筆妙曰薄乎云爾惡得無罪懸空判斷試掩下文眞猜不出鄭人忽撇蒙羿借事發揮使子濯孺子侵衛衛使庾公之斯追之鄭以孺子善射使侵衛衛即擇一善射者當之兩使字好看煞人子濯孺子曰今日我疾作不可以執弓吾死矣夫極寫孺子喫驚覷得下文一喜問其僕曰追我者誰也無聊之至其僕曰庾公之斯也鄭

重說出不特僕人張皇即讀者至今猶爲孺子捏一把汗曰吾生矣天外奇談不但僕人想不到即讀者亦想不到不但讀者想不到便令孺子當時亦想不到孟子論羿亦有罪是出人意外語眞不可無此出人意外事爲之映照其僕曰庾公之斯衛之善射者也即假僕人口中補出善射有此一贊下跌得愈有勢夫子曰吾生眞奇談何謂也極寫僕人惶恐即極寫孺子胸有成竹曰庾公之斯學射於尹公之他干孺子甚事尹公之他學射於我亦干庾公甚事夫尹公之他端人也特地醒出雄雞一唱天下明其取友必端矣說來所以不死只仗一端字極寫尹公取友之端即極寫孺子取友之端庾公之斯至緊接曰夫子其

來夏堂講義三冊　旡

聲藹然何爲不執弓其聲藹然曰今日我疾作不可以執弓只老實說寫孺子到底是端曰小人其聲藹然學射於尹公之他尹公之他學射於夫子果不出孺子一套話極寫庾公仍極寫孺子我不忍是不忍以夫子之道反害夫子於是殺羿者是誠何心寫庾公仍極寫孺子雖然今日之事君事也我不敢廢其聲藹然寫庾公到底是端抽矢扣輪去其金全私情發乘矢而後反盡公事○看來庾公到底是端寫庾公仍極寫孺子○咄然而止更不回結妙妙

孟子文章之妙無過此篇寫子濯孺子純是反寫羿寫庾公之斯純是反寫蒙又細看其極寫庾公到底是極

寫孺子此極寫孺子到底仍是極反寫羿尤妙在極寫逢蒙處卽納於以極寫庾公寫孺子中而說來蒙之罪固不待言羿之罪眞無可逭只此一案一斷一引事更無回結令人比較而自斷之老吏辣境文章化境用筆仙境

撇開蒙羿証以他事妙在不着一斷而神理宛然尤妙在處處極寫孺子却是處處極寫羿然亦不是極寫羿凡取友或如孺子或如羿一時俱在腕下其寫庾公到底是極寫孺子而蒙之罪與凡類於蒙者亦俱赴腕下取友端是此章骨子然必自已端方能取友端又骨中之骨孺子從尹公之端認其取友必端則孺子以端人

而後能取尹公之他卽在孺子口中一筆作兩筆合之孟子立言本旨則又一筆作三筆眞大奇事

解者或謂庾公以私廢公夫惟無所不端斯謂之端使苐顧一己之私恩而廢國家之公義何以爲端人乎且以不忠於君之人而信其爲端恐此取友者先已不端矣今觀孺子特侵衞而已曰追之明是孺子已遁卽引窮寇勿追之義庾公已不得謂廢公況更發乘矢而反耶或曰子之說然矣使當孺子未退兩軍對壘而孺子疾作此不得不戰之時庾公將若何曰敗其軍而逸孺子誰曰不可且殺三人亦足以反命矣

公都子曰外人皆稱夫子好辯敢問何也孟子曰予 三聖

而後並無他人豈好辯哉先辨明非好筆帶欲歇予不得已也一篇骨子天下之生久矣聖賢全是爲天下一治一亂總提當堯之時水逆行氾濫於中國蛇龍居之比今禽獸紊若民于古聖賢無非爲民計無所定徧地洪水徧地龍蛇雖欲定而無其所下者只此是所爲巢只此算定上者又只此是所爲營窟又只此筭定○以民而居巢窟褋於禽獸矣然禽獸其跡未至禽獸其心是猶勝於後世處

書曰洚水警余警余二字好凡有心世道者皆不得謝其責洚水者洪水也此堯之亂在洪水與亂在道者不同故特標出使禹治之特提禹禹掘地而注之海驅蛇龍而放之菹水由地中行江淮河漢是也險阻既遠鳥獸之害人

者消然後人得平土而居之然後二字最吃緊此可見禹之不得已堯舜旣沒聖人之道衰勁筆特提只聖人之道衰五字從此古今治亂判然兩事暴君代作壞宮室以爲汙地民聖賢總是爲民計無所安息棄田以爲園囿使民不得衣食邪說暴行又作園囿汙池沛澤多而禽獸至是眞禽獸不比蛇龍矣孰知此後更有人而禽獸者及紂之身天下又大亂中藏夏桀一代周公相武王特提周公誅紂伐奄三年討其君驅飛廉於海隅而戮之滅國者五十驅虎豹犀象而遠之如今天下人人飛廉人人犀象虎豹將奈何天下大悅此可見周公之不得已書曰丕顯哉文王謨丕承哉武王烈佑啓我後人咸以正無缺世衰道微

又勁筆特提邪說暴行有作此則不只暴君矣臣弑其君者有之子弑其父者有之逆寫有之尚不比此時人人無君人人無父孔子特提孔子懼此直起下吾爲此懼懼字禹周有權孔孟惟懼而已孔子因懼而作春秋孟子因懼而闢邪説無位之事功只可如是作春秋春秋天子之事也是故孔子曰知我者其惟春秋乎罪我者其惟春秋乎此未便是治得此一番防閑而亂臣賊子未治在一時而治在千萬世所以説賢於堯舜遠也聖王不作諸侯放恣處士橫議三句挨説楊朱墨翟之言盈天下此專從橫議句抽出天下之言不歸楊則歸墨此之謂盈天下楊氏爲我是無君也墨氏兼愛是無父也無父無君是禽獸也歷

來夏堂講義三冊　三十二

言楊墨之害禽獸二字點睛公明儀曰庖有肥肉廄有肥馬民有饑色野有餓莩此率獸而食人也引公明儀最重率字楊墨之道不息孔子之道不著二句末上起下是指楊墨邪說誣民總是爲民計充塞仁義也充字承上盈字塞字承上不著揭出仁義此孔子之道即千古聖聖相承之道仁義充塞則率獸食人人將相食結上即爲下作引吾一路赶出吾字除此更無他人爲此懼緊承孔子懼來閑先聖之道距楊墨放淫辭邪說者不得作作於其心害於其事作於其事害於其政看來如何得已聖人復起不易吾言矣此通篇過渡最重吾爲此懼四字○先大人云某看來閑先聖之道三句緊跟懼字虛說赶出邪說者不

得作以下反接甚言作之之害正明其不可不懼時解竟將距放說實則我亦欲正人心節豈非複語

昔者禹抑洪水而天下平周公兼夷狄驅猛獸而百姓寧孔子成春秋而亂臣賊子懼 再縱筆總上三聖單爲我亦二字作引起

詩云戎狄是膺荊舒是懲則莫我敢承無父無君是周公所膺也 再引此頂上楊墨之道單爲下息距放三字作引起我特醒

亦欲 特醒 正人心 特醒○通篇正文 息邪說距詖行放淫辭 三句正人心之實 以承三聖者 上從三聖順拖到我此從我歸到三聖 豈好辯哉予不得已也 前總冒此特結

能言距楊墨者 更屬望外人越不得已 聖人之徒也 上句爲予字添毫此更爲承三聖添毫

此在諸篇爲第一緊要文字只一子字上承列聖此外更無一人能分其責

春秋何爲而作也孔子時禮教蕩然欲述古以明其義而嫌於空言無徵也乃即當時諸侯大夫行事之實比義類明是非折而衷之以立教而諸侯之大夫行事備載國史孔子曰我欲觀夏道是故之杞而不足徵也我欲觀殷道是故之宋而不足徵也我觀周道幽厲傷之吾舍魯何適矣魯秉周禮其是是非非猶有周公之遺法故魯之春秋雖與晉乘楚檮杌並稱而信以傳信疑以傳疑可以述往聖詔後世孔子獨有取焉惟其事則齊桓晉文其文則史孔子乃起而筆削焉故曰其義則

某竊取之矣其義即魯春秋之義春秋本自有義孔子以筆削取之故曰取義蓋屬辭比事春秋教也據事直書其義自見而說經者且謂孔子作春秋假魯史以譏貶當世不亦誣哉或曰若是則孔子直抄襲魯史耳何以謂之作曰魯史以勸懲舉王法春秋以筆削彰聖教取義之旨寄於筆削故曰作魯史舉法而是春秋特筆之以彰其是如趙盾之忠與州吁宋督之弒同書許止之孝與商臣蔡般之弒同書孔子並取之此義明而亂臣賊子之黨無所逃其誅魯史舉法而非春秋特削之以彰其非如魯翬公之錫命則書王使召伯廖賜齊侯命王子虎策命晉侯則不書蓋孔子削之此義明而假

仁襲義之奸無敢僭其賞然則誅賞者法也是非者教也法非天子不敢設教雖庶人亦可明春秋天子之事也筆削之春秋庶人明天子之事也今自集註取胡氏之說而孔子遂無以大白於天下後世矣

萬章問曰孔子在陳曰盍歸乎來吾黨之士狂簡進取不忘其初孔子在陳何思魯之狂士何思者疑不足思也看來萬章亦是看低狂士而以鄉愿爲中行孟子曰孔子不得中道而與之必也狂獧乎狂者進取獧者有所不爲也所以思狂士孔子豈不欲得中道哉再振一句不可必得故思其次也因不得中行而思其次則次僅次於中行此狂士身分原高敢問何如斯可謂狂矣這才另眼看待狂

士曰如琴張曾晳牧皮者孔子之所謂狂矣 先實其人何以謂之狂也曰其志嘐嘐然曰古之人古之人 便不肯同流合汚闒然媚世 夷考其行而不掩焉者也 不自掩正其光明處較闒然者何如合上釋狂字畢 狂者又不可得 狂字身分愈高 欲得不屑不潔之士而與之是獧也 不屑不潔亦斷不肯闒媚 是又其次也 此獧字身分亦高○狂者既有其人何云又不可得要知此特爲必也二字疏明來歷 孔子曰過我門而不入我室我不憾焉者 不但不思 其惟鄉原乎 折出鄉原用異樣醜罵之筆 鄉原德之賊也 斷一句罵死 曰何如斯可謂之鄉原矣曰何以是嘐嘐也言不顧行行不顧言則曰古之人古之人 此譏狂 行何爲踽

踽涼涼此譏猥生斯世也爲斯世也善斯可矣閹然媚於世也者是鄉原也只一媚字寫鄉原醜態萬章曰一鄉皆稱原人焉無所往而不爲原人孔子以爲德之賊何哉曰非之無舉也刺之無刺也同乎流俗合乎汙世居之似忠信行之似廉潔鄉原本領衆即流汚之衆皆悅之自以爲是而不可與入堯舜之道故曰德之賊也德之賊一結孔子曰惡似而非者一句綱惡莠恐其亂苗也惡佞恐其亂義也惡利口恐其亂信也惡鄭聲恐其亂雅樂也惡紫恐其亂朱也惡鄉原恐其亂德也如何不可惡君子反經而已矣經正則庶民興庶民興斯無邪慝矣

聖人之道若日月之經天江河之麗地自邪說交作楊

墨之徒首倡大亂告子又從而甚之孟子以一身肩先
聖之傳所以距楊墨闢異端者無所不至而兹於鄉原
尤加防焉夫以鄉原與楊墨較則鄉原似在所輕而實
則更甚者何也楊墨之與吾黨若黑白之不相蒙有志
者皆能辨之惟此彌近理而大亂眞尤易惑人終七篇
而以是大聲疾呼反覆辨論所以為吾道之閑者至矣

孟子曰由堯舜至於湯五百有餘歲若禹皋陶則見而知
之若湯則聞而知之由湯至於文王五百有餘歲若伊尹
萊朱則見而知之若文王則聞而知之由文王至於孔子
五百有餘歲若太公望散宜生則見而知之若孔子則聞
而知之由孔子而來至於今百有餘歲去聖人之世若此

來夏堂講義三冊　　　　　　　　　　　　　　　　奚

其未遠也近聖人之居若此其甚也然而無有乎爾則亦無有乎爾

論語終堯曰篇此敘道統之傳亦爲七篇總結最重聞知一邊蓋以道自任也湯文孔子去見知各五百餘歲猶能聞而知況去聖人之世若此其未遠近聖人之居若此其甚乎孔子而後膺斯道之眞傳者獨一孟子孟子而後且磨滅以至於今起而任之抑又誰之責與

# 來夏堂講義四冊

古諸丁大椿

## 孟子外篇上

孟子句見梁惠王特筆王曰叟不遠千里而來是欣幸語亦將有以利吾國乎戰國好尚游士經濟一句託出孟子對曰不比游士答話王大聲呼之何必曰利劈手捺倒亦有仁着力寫義着力寫而已矣除此更無妙策王曰何以利吾國一句領原來要後義先利大夫曰何以利吾家士庶人曰何以利吾身十七字連讀早寫出遺親後君樣子上下交征利總一筆醒征字而國危矣妙以危字替利字束上起下萬乘之國弒其君者必千乘之家千乘之國弒

其君者必百乘之家寶疏危字○畧任下掀翻再起萬取
千焉焉字押千取百焉焉字押不爲不多矣斷一句○忽
從百忙中閒閒着評全爲不饜作反宕文筆愈曲文勢愈
緊苟爲後義而先利重跌不奪不饜重拍○承何以利則
曰征承弑君則云奪統爲遺親後君加倍寫○讀此可知
上文兩必字不是懸空說話○以上申何必曰利凡五筆
未有仁而遺其親者也未有義而後其君者也轉到仁義
如許便宜而已矣三字十分透醒○以上申亦有仁義句
只一筆王亦曰仁義而已矣何必曰利只將上文一倒意
足神完而賓主亦分明

此開部第一孟子　先大人謂孟子一生只是仁義二

字認得眞又孝出弟卽守先王之道不遺不後卽王天
下之本孔子而後膺道統治統之傳者孟子一人而已
曳裾侯門踰墻鑽穴卒之枉己者未有能直人者也孟
子抱道自重惟可見斯斯見最是大操守
孟子先適齊而七篇以梁首曹寅谷以梁爲東諸侯之
藪梁能抗秦則秦不得入中國此特經生說話戰國時
人類幾絶只此利字牢繫於心而不可解除却仁義固
別無起死囘方也孟子膺聖學眞傳只是仁義所以撥
亂世反之正亦只是仁義此所以冠全部而七篇之旨
莫能外是
祇知有己不知有人此專利聲口也惠王開口便道吾

國聲情如揭
孟子對曰王字一頓一半詫異一半竊笑總要他鄭重
想來隱然有上好下甚一段道理在他身上然此且虛
喝
何必二字須拆讀當時皆以利爲必應計較的事偏孟
子劈手捺倒試說到交征弑奪而人顧必欲言之千載
下我亦索解不得也
除了仁義本無第二件看到未有仁而遺其親未有義
而後其君果是無第二件亦有而已爽截乃爾
仁義二字全部提綱此是大源頭其發端爲惻隱爲羞
惡其實事爲親親爲敬長其實效則極之萬物得所涵

育汪洋不言利而利已普然此亦且虚提
王字再醒所謂大夫士庶之倡也上好下斯甚吾身吾
家各自爲謀早將遺親後君寫到十分何以二字更曲
曲打算交言之日征質言之則奪而其端實開之自上
如響應聲眞可怕人
上下交征總點一筆蘇張之所挾以遨遊世主之所誇
爲勝算却被孟子一口道破而國危句東上郎以起下
字挾全力却極迴風跳舞冷眼指點之神
危字情勢甚夥弒奪特其大者學者試合不奪不饜讀
之而知其必然也
後於所先禍且如此況不知有仁義哉得此加倍寫法

不特何必意醒即結末所以倒提亦有句在前早已伏胎
不極道利字之害何必之意不醒不合仁義未嘗不利何必之義亦不全即亦有而已之理亦不出惟將何必講透亦有五字自力透紙背
以仁義易利七篇大旨皆是則此仁義主也利客也而何言利之害凡五筆言仁義只一筆葢論道理不先破其所好即與言仁義終不肯聽論文法仁義之利不即於危字反面託出亦說不透看此言交征言弒奪何一非不遺不後反對此借賓定主法而起手先捺倒利用重筆提出仁義末即接說仁義後繳到利賓主又何嘗

不分明也

附孟子年譜辨○孟氏譜周定王三十七年己酉四月二日孟子生周赧王二十六年壬申正月十五日孟子卒壽八十四曹寅谷案竹書定王只二十八年無三十七年定王自癸酉元年至庚子王陟有己亥無己酉若自定王己亥至赧王壬申則孟子年當百五十四歲尤必無之事陳氏士元曰孟子當生安王時定乃安字之誤曹寅谷又案安王自庚辰元年至乙巳王陟凡二十六年亦有己亥無己酉若生於安王之己亥則孟子年亦當九十四皆與譜不合惟自赧王之二十六年逆遡至烈王四年己酉適八十有四孟子明云由孔子而來

百有餘歲孔子卒於敬王壬戌距烈王己酉一百八年與孟子合然則孟子之年卽以七篇斷之孟子之遊亦卽以七篇徵之而已史稱孟子前後凡兩至齊中間適魏據公孫丑問夫子加齊之卿相而曰我四十不動心明爲四十後之言也充虞問夫子而曰由周而來七百有餘歲又明爲八百歲前之言矣是孟子前客齊當在周顯王三十七年己丑至四十五年丁酉九年之間去齊乃之宋之薛以陳臻問餽知之去薛乃由鄒之滕以世子過宋然友反之鄒知之然合之亦不過一二年周顯王四十八年齊封田嬰於薛而孟子在滕矣明年爲愼靚王之元年辛丑孟子至梁惠王稱之以叟明年惠

王卒襄王立而孟子去梁復之齊爲客卿又自齊葬母於魯居三年反於齊而當齊人伐燕至周赧王三年己酉燕人畔而孟子再去齊計前後在齊者又閲七八年矣夫然而復之宋稱君偃宋王則是在僭王後也夫然而卒之魯觀臧倉言後喪踰前喪則更在葬母反齊後也年葢六十四而轍跡終焉後二十年爲退齋著書之日則譜稱八十四之說亦言之可信者今案曹氏此論甚晰但必確指爲某年則終不可信皇極經世本據史記竹書不知竹書已不足憑史記更多剌謬即如伐燕史記以爲湣王孟子以爲宣王而燕世家載噲初立有齊宣王復用蘇氏之文是噲又與宣同時矣其矛盾處

多類此夫自古聖賢不幸而不得其生年卒日誠學者一大憾事然與其妄爲附會則又不若闕之之爲得也孟子年果八十四否果生於周定王三十七年四月二日卒於赧王二十六年正月十五抑或如曹氏生於烈王之四年否余未敢定然據君薨稱謚之例梁襄魯平並卒於周赧王時孟子皆及書之則其生於烈王之世而卒於赧王之時亦可以意斷耳惟先遊事齊後適梁去梁復之齊前後在齊凡二次則確有可據孟子鄒人由鄒至梁僅六百餘里由鄒至齊亦僅六百餘里而在梁則惠云不遠千里在齊則自云千里而見王蓋惟齊梁相距始有此數況據宣王云今又棄寡人而歸若使

一至齊又字從何說起

附孟子鄒人辨○趙氏題辭孟子鄒人也鄒本春秋邾子國至孟子時始改爲鄒閻百詩主之惟張爾公大全辨載一說曰孟子所生之鄒非穆公之鄒國乃卽孔子所生之鄹邑也今案此說甚確孟子本魯公族孟孫後據鄭樵通志氏族畧季友之後傳家稱季孫不傳家則去孫稱季叔牙之後傳家稱叔孫不傳家則去孫稱叔然則孟孫之後去孫稱孟者不傳家也孟子父激公宣一名彥璞母仉氏不知何時失家要爲魯人無疑卽使孟子所生卽春秋邾國禮士於本國雖不仕亦稱臣觀孟子於齊稱臣於梁不稱臣仕不仕之分也而對鄒穆

公與在梁不稱臣同又況孟母殁孟子明云自齊葬於魯不言葬邾尤其確証

附孟子受業子思辨○史稱孟子受業於子思之門人而不言門人爲誰王邵解史記以人衍字因之趙岐註謂孟子親受業子思是大不然孔子卒於魯哀公十六年當周敬王四十一年又十一年哀公薨子悼公立三十七年悼公薨子元公立二十一年元公薨子穆公立三十三年穆公薨子共公立當周烈王時而孟子生距孔子卒已百餘歲考伯魚先孔子卒則當孟子學時子思已不下百二十歲此必無事也況據孟子予未得爲孔子徒予私淑諸人使果受業子思何槩云諸人哉

附孟子見梁惠王考○史記魏世家惠王三十五年孟子至梁集註因之然考孟子生周烈王時而惠之立適當烈王六年果爾則惠王三十五年孟子纔三十六七歲不應稱之以叟况惠王薨襄王立而孟子卽去通鑑旣從竹書惠王在位五十二年則三十五年孟子至梁中間十七年不聞孟子久於其國也惟邠卿謂孟子老而至梁曹寅谷亦謂當在惠王後元十六年明年見襄王而去頗爲可信

孟子見梁惠王（着意再見）王立於沼上（獨樂之地）顧鴻雁麋鹿（獨樂之事）曰賢者亦樂此乎（獨樂人語）孟子對曰賢者（須是賢者）而後樂此（要看而後字）不賢者（怕是不賢者）

雖有此要看雖字不樂也陡筆斷定○此與前篇同一先斷後申法而前逆折此順遞前一捺一提此一正一反詩云引証經始靈臺經之營之庶民攻之不日成之經始勿亟庶民子來王在靈囿麀鹿攸伏麀鹿濯濯白鳥鶴鶴王在靈沼於牣魚躍一路閒閒引証文王句以民力爲臺爲沼忽擲筆空中字字掀翻而民緊跌歡是歡樂且是樂之郎歡樂此爲臺沼謂其臺曰靈臺謂其沼曰靈沼樂其有麋鹿魚鼈合上而民歡樂二十四字連句陡跌陡住妙從對面加倍寫古之人重拍與民偕樂一路敲擊只要醒出這四字故畧頓爲而後字頰上添毫能樂也能字點睛○一段申賢者句而後字用暗醒湯誓曰亦引証時日曷喪

予及汝偕亡亦是陡住民總要驗之民○前從主位反振
而入此却從對面順說文筆變換欲與之偕亡亦是從對
面加倍寫雖有臺池鳥獸前反振正跌此正接反若豈能
獨樂哉奚落得妙○一段申不賢者句雖字用明點

此孟子見梁惠王須處處跟定首章戒王言利利即獨
也吾國吾家吾身實是獨勸王行仁義仁義即偕樂也
不遺不後實是樂但初次談及此番正須重申
賢者而後樂此迎面陡斷偏又從賢者轉到不賢咄咄
逼人
樂不樂只分能不能而所以能不能則偕樂不偕樂之
故即賢不賢之實電掣雷轟方斯筆力

講家以不日成之謂臺成然下文何又言經始勿亟也
案經始始謀爲之經營卽召誥厥既得卜則經營攻字
字卽攻位洛汭之攻而成字卽甲寅位成之成也固知
此時尚未興築
民所最靳者力而文以之民其謂文何況爲在臺沼也
爲所不必爲卽以所不當以字字掀翻極爲一跌作勢
而民歡樂硬筆陡跌歡在面上樂更在心裏之字尤宜
着眼卽樂此臺沼之爲看似文王之民極杲極癡一路
拶出與民偕樂四字如土委地
靈臺之詩何嘗說民如何樂偏得孟子從兩靈字勘出
民不任勞意卽爲樂其有三字恰作確証

用意本就民樂其樂烘出偕樂然文王主也民賓也看
此先從文王跌到民中間撇開文王句句宜民樂然後
用重筆醒出文王此之謂賓主清楚
硬筆下文欲與之偕亡六字此桀之獨樂亦即從民烘
出最重欲字人情好生而惡死口頭詛咒已是無聊至
實之曰欲眞有生不如死之心與之二字尤沉痛爲君
殉難本忠孝事夏桀何人至欲與偕亡寫苦惱逼眞苦
惱
豈能獨樂分明即梁惠結局妙不稍溢一辭賢者如彼
不賢者如此只自裁便了
梁惠何知賢者只口頭說話耳孟子便說同樂即賢者

獨樂卽不賢者分明爽當千古定案

偕樂用特醒獨樂只帶說其實獨樂之禍至民欲與之偕亡任人千言萬語總說不到這痛切

梁惠王曰寡人之於國也無限低徊自負之至盡心焉耳矣拍案叫絕自負之至河內凶看他單從歲凶說則移其民於河東移其粟於河內河東凶亦然寫盡心已足察鄰國之政無如寡人之用心者這纔信得是寡人之於國這纔信得是盡心到十分鄰國之民不加少寡人之民不加多勁折不用虛字何也筆帶餘憤孟子對曰王好戰陡喻請以戰喻塡然鼓之兵刃既接怕極那顧得笑棄甲曳兵句而走慌極那顧得笑或百步而後止喘極那顧得笑

或五十步而後止想亦喘極那顧得笑以五十步笑百步偏地笑問笑之何以則以五十步則何如妙令自斷曰不可接口斷定直不百步耳揶揄得妙是句亦走也跌倒得妙曰王如知此陡令則無望民之多於鄰國也陡斷○一段先答所以民不加多下撤翻另起不違農時穀不可勝食也數罟不入洿池魚鼈不可勝食也斧斤以時入山林材木不可勝用也連用三也字押脚軒軒霞舉穀與魚鼈不可勝食材木不可勝用陡筆總是使民養生喪死無憾也振一句仍用也字押脚軒軒霞舉養生喪死無憾再總如錢塘之潮湧一步吞一步具挾雷轟濤怒之勢王道之始也到底用也字押脚軒軒霞舉○一段先示以心之當

盡在此不在彼 五畝之宅樹之以桑五十者可以衣帛矣雞豚狗彘之畜無失其時七十者可以食肉矣百畝之田勿奪其時數口之家可以無饑矣謹庠序之教申之以孝弟之義頒白者不負戴於道路矣 連用四矣字押脚前是軒軒霞擧此則洋洋盈耳 七十者衣帛食肉黎民不饑不寒 亦是陡筆以總作振然 然字承上而字轉下凡然而兩字連用皆凖此 而不王者未之有也 豈但民加多○隨振隨落色飛眉舞○一段實疏如此纔算盡心 狗 是狗彘是彘 食人食 是食人食 而不知檢 妙是不知 塗有餓莩 逼於凶又逼於移徙那得不餓莩 而不知發 妙是不知○以上轉入梁惠不用虛字裝頭 人死 只此消耗已盡何從不加

多則曰非我也（爲不盡心人口角如生）歲也（明明罪歲是重讀）何異於刺人而殺之曰非我也兵也（隨手作喻與好戰遙應）王（重呼之）無罪歲（重折）斯天下之民至焉（豈但加多鄰國〇一段兜轉梁惠不曾盡心作收場）

此盡心是綱移民移粟不得連讀只河內凶移其民於河東早從十分盡心得來忽然又想到河內老幼忽然又生出移粟一策眞所謂無義不搜

移民移粟此盡心實事也即察鄰國二句亦是加倍寫蓋非計出苟創不足爲盡心非有我獨行之而他人不能亦不足爲盡心之極

只說盡心耳凡作三整筆而盡心正面又凡作三碎筆

最好數虛字說到酸心處捶床搗枕說到得意處昂首伸眉說到細切處條分縷析一路頓挫却只爲民不加多寫來絕倒

不先責他不盡心亦不即教他盡心且先把罪民一段公案借喻開發而梁惠之未曾盡心與鄰國等亦即從喻義醒出

以戰喻矣特着一好字尤是追魂奪魄語孟子言不仁哉梁惠王也糜爛其民而戰之此肝腦塗地即不得已而用亦應惻然此好字直非人心更那裏說到盡得此加倍寫法罪案已定而後文引兵作喻亦即與此一線相承

妙是一接便走並不曾盡力與王未盡心一般

棄甲以利走曳兵以自衛想走者亦從盡心得來然只得如此可嘆可笑

一路引喻趕出王如知此四字則字直接眞可不煩言而解

孟子但就他較量鄰國故取譬如此其實梁惠之罪尚不僅走五十步者之比鄰國膜視斯民然被災之區死亡枕藉未災之處猶幸安堵若梁惠移民移粟不但河内凶並未凶之河東亦告匱矣又况流離遷徙散者不可復聚而徵發之煩擾亂之苦更甚於啼饑多多哉

梁惠盡心處正其賊民處也豈知民生有自然之利只

此不要忽過了最重不可勝三字樂歲終身飽凶年免於死亡原不須移民移粟之紛紛

他處言入口之家此言數口者據實也井地既廢農無上中下之分故統言之

孝弟即教中事而必申之者最重之義兩字葢必示以孝之義而始知不可不孝示以弟之義而始知不可不弟今只口頭說話宜皆目爲常談也

王虛舟云最好將此二節安放中間具有天馬行空之勢若俗手定倒在後矣讀此可得布局法

所謂盡心仁民而已梁惠何足云只狗彘食人食以下十七字寫出狠心狗肺

最重不知二字試問盡得甚心說來辣極以餓莩作死人何下文又云人死案後漢書引作殍通作捊又作摽落也謂逃亡流落故云塗有王只要加多鄰國孟子便以王天下期之且以天下之民至歛之卽從他所極滿望處作收科絕好用意絕好用筆

梁惠王曰寡人願安承教孟子對曰殺人 仍從殺人說入 以梃與刃 此是賓 有以異乎曰無以異也 此無異王知之 以刃與政 此是主 有以異乎曰無以異也 此無異王又知之 曰庖 句 有肥肉 何來的 廄 句 有肥馬 何來的 民 句 有饑色 這個自然 野 句 有餓莩 這個自然 此 頓讀 率獸而食人

也斷得着〇轉入梁惠殺人之政勢如駿馬下坂且煞住
下掀翻再起獸句相食此獸相食且人惡之且可惡爲民
父母四字擡高煞對上獸字又罵煞行政政字特應不免
於率獸而食人比相食何如惡在其爲民父母也筆帶痛
哭仲尼曰前引喻此引証始作俑者只作俑其無後乎已
無後爲其象人而用之也然尚是象人如之何欲語先低
徊其使斯民明明斯民饑而死也筆帶痛哭
語意似當連上爲一篇只塗有餓莩而不知發八字已
明定爰書此更淋漓發揮
率獸食人卽殺人之政也前三節醒出殺人之政四節
言率獸食人之决非人情末節言率獸食人之必無善

報一動之一警之
惟庖有肥肉廄有肥馬因之民有饑色野有餓莩此即
所謂率獸而食人
不幸悮民於死咎已難辭明明使之更不可解讀到如
之何句眞令人鼻酸
梁惠王曰晉國天下莫強焉津唖猶香叟句之所知也廝
他自說及寡人之身跌出掃與東句敗於齊掃與長子死
焉掃與西句喪地於秦七百里掃與南句辱於楚掃與寡
人恥之恥得好願比死者一洒之願得好如之何則可看
來亦只要陷溺其民孟子對曰地方即從地方說入百里
不必晉國之強亦無慮喪地之多而可以王奚但洒恥○

驚地睨對不惟梁惠想不到即讀者至今亦想不到王特

提如施仁政於民只施仁政是良策省刑罰薄税斂即此

是仁政深耕易耨承省薄壯者抽出言之以暇日承深耕

易耨修其孝弟忠信此亦是仁政人句以即以此孝弟事

其父兄此孝弟之驗出句以即以此忠信事其長上此忠

信之驗可使制梃以撻秦楚之堅甲利兵矣如此則可○

一段理有可信所以無敵用暗醒彼並提彼奪其民時使

不得耕耨以養其父母父母凍餓兄弟妻子離散此彼不

行仁政彼陷溺其民總一筆王轉到王往而征之夫誰與

王敵所以制梃可撻○此言勢有可恃所以無敵用明醒

故曰引証仁者惟行仁政纔是仁者無敵惟無與敵故無

敵王請勿疑特筆丁寧回織可以
讀書須分綱目如此洒恥是綱王則綱中之綱也恥之
是目行仁政則目中之目也徒恥而不行仁政無如齊
秦楚何即如無恥何行仁政而撻齊秦楚則無敵於齊
秦楚即無敵於天下所以然者以行仁政之王加不行
仁政之彼理旣可信勢又足恃末引古語尤足使虛處
皆實
本魏國耳而邈名於晉今敗類子孫每誇其先世皆守
梁惠衣鉢
强字說得驚天動地及字方跌得酸心刺鼻東敗西喪
南辱即强字反對其日於齊於秦於楚又即天下二字

反對也恥字固跟東敗西喪南辱然實從首句導竅益

非有昔時之強則此猶未足十分着惱

最重彼陷溺其民句特拙一總彼惟陷溺其民故可制

梃撻之則梁之陷溺其民宜乎一蹶不振也可知仁政

不容不施此雙管齊下法

孟子見梁襄王不能行於其父猶望於其子出包得將出

未出情事語人曰不爲語人此篇原可不記望之是乍見

不似人君妙罵就之是既見而不見所畏焉妙罵卒然問

曰粗莽活像天下惡乎定卒然聲口吾對曰定於一此答

賓孰能一之粗莽活像對曰不嗜殺人者能一之此答主

孰能與之粗莽活像對曰天下莫不與也說不了是誰王

句知夫苗乎看來梁襄一向不解只是無知七八月之間

旱則苗槁矣天此時所望者獨天耳油然作雲沛然下雨

望得着則苗浡然興之矣浡然二字妙其如是孰能禦之

百忙中忽作喻筆文勢寬綽今夫天下之人牧要知此篇

原只爲今天下之人牧說妙以掀翻揷入字字飛鳴未有

不嗜殺人者也殺人已可恠嗜則更不知其何心如有不

嗜殺人者卽從未有不三字鄭重轉出則天下之民皆引

領而望之矣極寫望字爲莫不與三字補髓誠如是也持

筆來今之以王道爲迂濶者皆有愧此句民歸之果是與

由水之就下又隨手作喻與起手遥應沛然微頓連上讀

誰能禦之果是莫不與

不嗜殺人者能一之最是千古定論梁赫一粗弁漢何
足言只當時未有不嗜殺人者恰好作普聲喚醒
齊宣王問曰齊桓鄭重出之晉文鄭重出之之事鄭重出
之可得聞乎心痒之至足見大欲孟子對曰仲尼之徒原
本仲尼是崇王黜伯嫡派無道桓文之事者說來猥甚是
以後世無傳焉臣緊承仲尼之徒未之聞也以得開起以
未聞結只此是一段無以特轉則王乎較桓文何加曰德
不止是事何如則可以王矣看得甚難曰保民只此○其
實事爲制產爲驅善其實心爲不忍爲推恩而王莫之能
禦也說來何易曰若寡人者可以保民乎哉到底動了大
欲曰可滿許之早爲緣木求魚作反照曰何由知吾可也

便要詢明來歷是大欲不是贍怯　曰臣聞之胡齕曰王坐於堂上有牽牛而過堂下者王見之　牛之就死大抵皆無罪牛之無罪就死大抵皆觳觫何獨不忍於釁鐘之牛則以王見之也解此可知下文見牛未見羊句最是筋節　曰牛何之對曰將以釁鐘王曰舍之吾不忍其觳觫若無罪而就死地　胥天下好生惡死之情那個不託於王之不忍　對曰然則廢釁鐘與　偏有此詰然不如此亦逼不出那仁術來　曰何可廢也以羊易之　可謂不虛所見○以上述事畢　不識有諸　要他察識　曰有之　應得响　曰是心　不說是事專言是心通篇眼目　足以王矣　再滿許之總爲緣木求魚作反照○以王起以王結只此又一段　百姓皆以王爲愛

也掀翻另起陡然送難臣句固知王之不忍也陡然解鈴
王曰然誠有百姓者是不察識人說話齊國重讀雖褊句
小句○故作開宕吾急轉何愛一牛即不忍其觳觫若無
罪而就死地故以羊易之也一味說現成話總是不察識
曰王大聲呼之無異於百姓之以王爲愛也一句喝起以
小易大四字爰書彼惡知之開出百姓是賓筆王再開之
若隱其無罪而就死地則牛羊何擇焉此却單就不忍送
難是主筆王笑曰悟矣是牛羊何擇即已亦道不出不是
只一字寫癡笑如生誠何心哉剛說即不忍其觳觫忽然
不得於心我到底是我非愛其財只此是他自信而易之
以羊也疾轉宜乎百姓之謂我愛也疾落曰無傷也急解

是即此以小易大乃仁術也急醒○先解非愛見牛未見
羊也次解牛羊何擇君子之於禽獸也隨手排開見其生
不忍見其死緊撿見字連醒不忍聞其聲並推到聞不忍
食其肉是以君子遠庖廚也仁術二字更推廣言之○文
勢至此已抑而不振得此聚精會神羣山萬壑赴荊門有
斯奇觀王說曰前是笑此是說寫呆像呆寫快像快詩云
他人有心予忖度之夫子之謂也贊得快活天指前事我
乃行之反而求之不得吾心夫子言之於我心有戚戚焉
送難解難只此又一段此心緊從心字另轉直承是心此
隔段遥接法之所以合於王者何也頓又高與總是大欲
曰有復於王者曰吾力足以舉百鈞而不足以舉一羽明

足以察秋毫之末而不見輿薪則王許之乎 忽作離筆空中閃射絕好文情 曰否今恩足以及禽獸而功不至於百姓者獨何與 忽然打轉絕好提綴 然則一羽之不舉爲不用力焉輿薪之不見爲不用明焉百姓之不見保爲不用恩焉 連用三焉字一氣趕出不用恩如駿馬下坂 故王之不王不爲也 勁束 非不能也 並託一句全爲緣木求魚作反照 曰不爲者與不能者之形何以異 到底憒 曰挾泰山以超北海語人曰我不能是誠不能也爲長者折枝語人曰我不能是不爲也非不能也 忽又用喻寫形字如分水犀 故王之不王非挾泰山以超北海之類也王之不王是折枝之類也 再合全爲緣木求魚作反照 老吾老以及人

之老只此幼吾幼以及人之幼只此天下可運於掌便如此○最要看以及二字寫推字如畫詩云引證刑于寡妻至于兄弟以御于家邦合三句寫以及兩字原委貫澈言舉斯心須有此心加諸彼而已明釋以及即醒下推字故推恩突出推字不須另解足以保四海說得有關係不推恩無以保妻子反足一句文勢益振○看到後必有究則此句眞即齊宣結果古之人重唱所以大過人者實是大過人無他焉却是無他善推其所爲而已矣再醒一筆起下○此段只重一推字言其法即舉此加彼實其事即老及人老幼及人幼合之只寫得用恩二字今恩足以及禽獸而功不至於百姓者獨何與只是不推○又復打轉作

來夏堂講義四冊　九

結十分精神○先大人云吾讀前兩喻筆情恣肆到此發出正論浩如江河重如山嶽是中權得力文字權然後知輕重度然後知長短又用喻作離筆物句皆然心特醒爲甚王請度之卽從獨何與抑定心字醒出度字爲今恩二句作收科而已爲下一轉提頭只此又一段抑王興甲兵危士臣搆怨於諸侯然後快於心與陡然轉出單爲鈎引大欲作提頭文勢至此又一光景○此快心卽不忍之反雖故作挑逗亦必一線相承如此王曰否吾卽不忍一牛之吾何快於是將以求吾所大欲也原只要拶出這兩字曰王之所大欲可得聞與故問之笑又笑起來而不言前是呆於心此則溢於口曰爲肥甘不足於口與輕煖不

足於體與抑爲采色不足視於目與聲音不足聽於耳與便嬖不足使令於前與故猜之○文筆如雨打芭蕉文情則緩帶輕裘王之諸臣皆足以供之足以王者問是心足以供者問諸臣惡極冷極而王豈爲是哉自說自解極駘宕之妙曰否吾不爲是也果然曰然則王之所大欲可知已一落千丈強欲辟土地一朝秦楚二莅中國三而撫四夷也四○說來熱鬧之至以若所爲忽然打轉與危搆怨一筆求若所欲忽然兜轉求吾所大欲一筆○妙以二句橫亘在此讀者試摘下文竟不知作何說話猶緣木而求魚也撲地一捧不怕嚇煞王曰若是其甚與眞出意外曰殆有甚焉急急再進一棒緣木求魚雖不得魚無後災偏

鬆一步以若所爲求若所欲再擠盡心力更兼盡心力而爲之並如許費手後必有災却只博個後災○自抑王與甲兵交勢如游龍戲空呼吸變化至此則鐵馬疾馳撞鐘伐鼓驚海內有此奇觀曰可得聞與着怕口吻曰鄒人與楚人戰又用喻作離筆文勢一緩則王以爲孰勝曰楚人勝果然曰然然字承上則字趯下凡然則二字連用皆此例則小固不可以敵大寡固不可以敵衆弱固不可以敵強最要看不可字尤妙用整筆前後俱振海內之地方千里者九以上勢如建瓴須得此亘筆齊句集所謂截長補短有其一還須集纔有其一以一句服八大小衆寡強弱說來如掌中紋何以異於鄒敵楚哉陡合喻義醒出所以

不可敵最是亢爽之筆蓋疑即盡字之誤亦反其本矣只

一筆飛繳保民束上提下令自須及今改圖王發政施仁

緊拈反本演出發施二字是推字替身即用恩正面使天

下合中國四夷皆該在內仕者皆欲立於王之朝耕者皆

欲耕於王之野商賈皆欲藏於王之市行旅皆欲出於王

之塗連寫欲字對面着筆天下再醒之欲疾其君者皆欲

赴愬於王欲字再總○君有欲人亦有欲惟合天下之欲

以爲欲乃真大欲看來孟子亦正要就這欲字作激勸而

用筆如驚風驟雨一時猋至其若是孰能禦之勁筆回結

而王莫之能禦○只此又一段點大欲而進之王通身局

面○剛說緣木求魚又說後必有災一連兩棒早使齊宣

來㝊堂講義四冊　　　　　　　　　　　　　　主

氣沮看此又極力慫恿且不說如何發施都先將這功效數得如許熱閙不由他不再高興眞好用筆 王曰吾惛實話 不能進於是矣 亦實話 願夫子輔吾志明以教我 亦是從夫子言之二句來 我雖不敏請嘗試之 以下於齊宣爲大欲餘波於孟子爲保民實政收束之妙得未曾有 曰無恒產而有恒心者惟士爲能 倒句有力 若民則無恒產因無恒心苟無恒心放辟邪侈無不爲已 極道其弊 及陷於罪然後從而刑之 何不忍其無罪而就死地 是罔民也 妙罵 焉有仁人在位罔民而可爲也 即因其不忍之心動之○欲正先反最是行文上乘孟子尤善用此法 是故 直轉明君 對惛字 制民之產必使仰足以事父母俯足以畜妻

子樂歲終身飽凶年免於死亡此有恆產之效然後驅而之善故民之從之也輕如此便不陷於罪令也制民之産仰不足以事父母俯不足以畜妻子樂歲終身苦凶年不免於死亡此惟救死而恐不贍奚暇治禮義哉所以放辟邪侈則令之陷罪而死者謂皆無罪而就死也可王欲行之則盍反其本矣復一句仍是束上提下篇法絕妙五畝之宅樹之以桑五十者可以衣帛矣雞豚狗彘之畜無失其時七十者可以食肉矣百畝之田勿奪其時八口之家可以無饑矣以上制産是推恩謹庠序之教申之以孝悌之義頒白者不負戴於道路矣以上驅善亦是推恩○此篇如許長文得竅在先將推恩反復擒拏到此實詮只寥

參數語而已淋漓盡致老者衣帛食肉黎民不饑不寒勁
筆一總然而不王者未之有也千里來龍到此結穴
篇內只爭德事兩字事則如興兵搆怨辟朝莅撫德則
推恩制産諸大端爲桓文則只事其事而王則非德不
可
此王問桓文時已將大欲合盤托出後來孟子一口猜
着不如此時早已了了最亟之事兩字五霸不僅桓文
而辟朝莅撫則惟此兩君能之可得聞乎着實意痒
有所傳斯有所聞有道之者斯有所傳孟子文不但筆
墨好即字法層次亦不苟如此
此孟子第一篇作意文字齊宣滿腔大欲妙即接口捺

倒緊把那大欲索性引得愈大這王字豈不比霸更好
一路從恿直待高興極時然後輕輕搜出病源另換重
筆前用奚落後直嚇煞今人只將緣木求魚竟可作初
對時話不惟文字無生色且早打了他興頭安能使知
大欲之斷不可行而求進於王也
無以非虛辭則字衡口直說王字鄭重而出乎字躊躇
滿志眼覷其神心印其心向大欲人直揭胷窩聲情如
揭
霸只做些事而王則必以德德字从心下數心字不忍
字恩字皆德字甲裏也他日孟子言王猶足用爲善即
此知王天下之必以德尚非十分膿包而其不爲非不

能亦卽是可見
大欲人動了興頭不覺色飛肴舞終是没做過並無人
敢說過未免氣餒若寡人者已是扯到自己身上偏只
作大槩說可以保民乎哉十分熱中却又十分膽怯最
是寫生之筆
保民而王許得他極大却証一件最瑣的事早爲興兵
搆怨作反照
王天下是何等事而說來不但可實是足不須疑直信
得煞固爲若寡人者可以保民乎哉數虛字針鋒相對
亦實見得此事眞不比緣木求魚此草蛇灰線法
不曰是事而曰是心已將保民金針普度矣不曰是心

足王而曰足以王固知有是心還須以之做去此下文
推恩用恩發施等字皆以字實事也
自古推恩百姓無非由於不忍之一心所謂有不忍人
之心斯有不忍人之政也然不察識而擴充之則亦乍
見之惻隱耳宣王不忍一牛此心實足爲致王之本特
偶然感觸未知此心於何起又烏知此心於何止百姓
皆以王爲愛也明是欲其自剖良心臣固知王之不忍
即要他証明本懷最是本段扼要
誠有百姓猶言任他便了不知察識人聲口逼肖何愛
一牛亦是實話他方要辟土地朝秦楚莅中國撫四夷
一牛何惜焉不知孟子亦豈真疑其愛者不過假百姓

之言挑其見牛未見羊之心使知仁術之不假遠求耳

何事抵死苦辨

百姓皆以王爲愛是冷着筆王無異於百姓之以王爲愛則大動聲色語既旁敲側擊之不明不得不正言駁辨以小易大何解於愛他又是百姓更何足異只此已扳倒齊王却又換筆輕輕撰出牛羊何擇一駁逼得見牛未見羊隱隱在喉中可惜齊宣總省不得

反而求之不得吾心只王笑曰三字寫呆狀如畫是字斷讀即承牛羊何擇句誠何心哉另轉所謂不得吾心也看他且頓住口忽然又將舊事懸空一斷我非愛其財力坐實地而字轉下十六字爲一句與誠有百姓句

畧作呼應

篇中特寫王笑曰王說曰王笑而不言亦是一篇設色處

此時王已惛極恰得孟子無傷也一句渡出迷津是乃仁術雄鷄一唱天下明見牛未見羊醍醐灌頂無此爽快

仁術二字須拆讀仁在心而推而行之則有術總揭之曰推恩詳言之則制産樹畜泛言仁術愛人愛物皆在其中統言仁術大小廣狹隨事可用

就本事讀之見牛未見羊是正着筆合是心足王與推恩百姓讀之則仁術二字尤爲正文然非見牛未見羊

仁術精義亦不出得此一番察識此後擴而充之耳二句本相承說下君子之於禽獸更作推廣通醒不忍益使本位不寂寞絕好文境

張惕菴云凡人忍不忍只爭見不見見其宛轉篳楚之下號呼刀鋸之側則必不忍煩刑矣見其稱貸無門賣妻鬻子則必不忍重歛矣見其鵠形鳩面傴仆溝壑則必不忍立視其死矣蘇文忠公代張方平諫用兵書戰勝之後陛下可得而知者凱旋捷奏拜表稱賀赫然耳目之觀耳至於遠方之民肝腦塗於白刃筋骨絕於餽餉流離破產鬻賣男女薰眼折臂自經之狀陛下必不得而見也慈父孝子孤兒寡婦之哭聲陛下必不得而

間也譬如屠牛羊刲魚鼈以爲膳羞食者甚美死者甚苦蘇氏家學得力孟子遂爲萬世之格言

前是笑顔可醜此又喜容如畫夫子言之四字拍手歡笑莫名感激矣

前二段俱是孟子接頭再說此偏是他自己扯起妙妙

要知齊宣自孟子許以足王便急欲証明此心之所以合於王却被孟子牽纏問難到此不禁湧出看來此句本直接是心足王句下而中間却隔十數行文字斷續之妙無以復加

一路引喻逼出今恩足以及禽獸而功不至於百姓節要他擴而充之然未有不察識而能擴充者讀此始知

是心足王段下所以必先使察識而不遽以推恩之說告之爲第一關隘也

以若所爲求若所欲比之緣木求魚雖欲爲之而不能保民而王天下則非不能而實不爲兩兩映照俱見匠心

已從喻意透出不用恩却因王問不爲與不能之形又輕輕疊說一段然後用重筆孤蕭推恩便不直矣而此輕輕一段中又用挾山折枝兩喻文境便不枯寂養局之妙設色之工應推此種

用恩二字已於上文點出而用之之法卽善推其所爲此老吾老以及人之老幼吾幼以及人之幼卽推字確義

一段但說推恩足以保四海却夾不推恩無以保妻子句分明直刺齊王然只暗地一椎所謂聞之者心驚言之者無罪讀孟子文並可得進言法

前言獨何與起下不用恩此言獨何與結上不推恩而結上又即以起下一筆兩用此法獨孟子能之

百忙中忽夾權然後知輕重節全爲今恩足以及禽獸而功不至於百姓作收科却早爲下一轉提頭今時文家兩截轉捩法即此

欲已引得漸大功又說得至易此時王早熱了八分終是他本來大欲牢繫於心趁此當頭一棒操縱之妙吾見亦罕矣

然則王之所大欲可知已勢若建瓴辟朝滋撫自是他
發問桓文本願至此方醒郤又從孟子口中代爲拈出
妙絶
歷數大欲說來熱熱鬧鬧此時齊宣不知作何與頭偏
頓住口忽然着一評語又妙不直說先用重筆勒出以
若所爲四字畧押住又用特筆兜到求若所欲四字亦
畧押住然後猛力換霹靂筆跌出萬不可得之勢與萬
不可得之理至比之緣木求魚頓令齊宣如水澆背如
棒當頭眞好筆陣
若是其甚與不但從前没計較到並不曾半分見料一
料傳神之筆如聞其聲

他已是嚇煞了索性愈嚇他一嚇他已是聞言不信索
性愈叫他不信他已是半信半疑索性愈叫他半信半
疑殆有甚焉舌鋒之快我猶畏之
不但言甚且言殆甚不但不與言甚且將甚處更開一
步愈鬆愈緊
古今事勢不同辟朝莅撫桓文能之而有餘齊宣爲之
則不足非齊宣之勢小於桓文也春秋猶七十二國力
分則勢不敵國多則心不齊故桓文能乘其勢而圖之
至戰國七雄並峙而欲以一人力而致之難已以一服
八無異鄒敵楚雖強項亦當心折
孟子文最喜用襯筆本說民先說士本說今先說明君

筆筆疏勁筆筆沉痛作長篇文正不可無此後勁即從事父母畜妻子立論到底不脫老老幼幼是謂一線

則盡反其本矣前是起下此是束上而束上亦即以起下與上兩言獨何與同一用筆此局陣天然對待處自蓋亦反其本以前全用攻擊只老吾老節是正着筆此自今王發政施仁以下一路提唱然後結穴如長江大河百折而入於海力增千鈞光吐萬丈

莊暴見孟子曰暴見於王王語暴以好樂暴未有以對也閒適曰好樂何如開問孟子曰王之好樂甚則齊國其庶幾乎驀空斗贊出人意外他日見於王遙與暴見於王應

曰王嘗語莊子以好樂有諸 便非閒閒一問 王變乎色慚

極 曰寡人非能好先王之樂也直好世俗之樂耳曰王之

好樂甚則齊其庶幾乎 仍用答莊子語妙今之樂猶古之

樂也 分獨同不分古今卽此大旨已定 曰可得聞與 想此

時變慚而喜矣 曰獨樂樂與人樂樂孰樂曰不若與人曰

與少樂樂與衆樂樂孰樂曰不若與衆 中權挽要 臣請爲

王言樂 此一句明明提下不知亦是結上提下則隔節提

第二個今王鼓樂於此結上亦隔節結由古之樂尤妙在

無意中遥與暴未有以對反映 今王鼓樂於此百姓聞王

鐘鼓之聲管籥之音 不使他聞偏他聞之舉疾首蹙頞而

相告曰吾王之好鼓樂夫何使我至於此極也父子不相

見兄弟妻子離散寫百姓苦惱今王田獵於此百姓聞王車馬之音見羽旄之美舉疾首蹙頞而相告曰吾王之好田獵兩吾王之好說得分分明明合是獨樂夫何使我至於此極也父子不相見兄弟妻子離散此無他不與民同樂也點睛○此獨樂與少樂之不樂今王猶是王而適爲今之王鼓樂於此只是不得不鼓樂不得不鼓樂於此百姓聞王鐘鼓之聲管籥之音樂得聞舉欣欣然有喜色而相告曰吾王愛吾王之甚庶幾無疾病與何以能鼓樂也寫百姓樂極今王田獵於此亦只是不得不田獵不得不田獵於此百姓聞王車馬之音見羽旄之美舉欣欣然有喜色而相告曰吾王庶幾無疾病與何以能田獵也寫百

姓樂極此無佗與民同樂也點睛○此與人樂與衆樂之
足樂○以上二段波瀾雖大都是急湍只要滾到末節今
王重折與百姓同樂則王矣庶幾二字至此收足
誰不解此章以同樂作主不知好字尤通體根株樂雖
可樂不能強不好者而解其趣天下有眞好樂者必眞
知獨樂之不若與人少樂之不若與衆齊王何有焉其
所謂人與衆不過妾御耳便嬖耳未嘗同之民則猶是
獨也即猶是不好也特暴既以王之好樂述王又以好
樂自任正須趂此誘之孟子文那許粗心人讀
此另是一種筆畧導王同樂是主妙以異樣出奇之筆
陡贊一句不由他不高興然却不直疏先証明獨樂之

不若同樂然後轉入正文繳足庶幾此通篇局勢也余
九愛其開口一贊爲正着筆而只是虛喝中間証明獨
樂之不若同樂明明庶幾之所以然亦只借齊王口中
拈出至後折入同樂却先將獨樂細摹句句寫得齊王
病痛句句寫來不是與人與衆而其言獨樂言同樂又
單從百姓一面託出只煞尾點睛不曾一語實疏直至
末節硬筆結住不但通體皆振且使虛處俱實眞好用
筆
齊宣不與民同樂正其好之不甚處然猶知獨樂之不
若同樂又其所自以爲好也此孟子欲導之同樂使不
先証明獨樂之非樂雖與言同樂而不解故知獨樂樂

與人樂樂節最是前後關鍵

閭百詩四書釋地謂此除鼓樂之樂如字餘俱讀音洛

今案之甚是

齊宣王問曰文王之囿方七十里有諸孟子對曰於傳有之 竟不諱言 曰若是其大乎 偏他嫌大惡極 曰民猶以爲小也 偏民嫌小妙極 曰寡人之囿 居然與文囿並稱 方四十里 說來小甚 民猶以爲大何也 怪不得他不服 曰文王之囿 此是囿 方七十里芻蕘者往焉雉兔者往焉 寫敢字出色明明無禁 與民同之 然則謂之民囿也可 民以爲小不亦宜乎 果應嫌小臣 此段寫民以爲大之故妙從臣說入 始至於境問國之大禁 特醒禁字 然後敢入 寫出惴惴

形情臣仍只就臣說聞郊關之内只一聞字震得耳響○
問之誰問之民也聞之誰亦聞之民也句句從孟子口裏
說語語寫民以爲大有囿方四十里四十里重寫○只一
有字驚煞人殺其麋鹿者如殺人之罪實寫大禁至今使
我心悸則是方四十里四十里再重寫爲阱於國中是阱
不是囿民以爲大不亦宜乎果應嫌大
此齊宣先有民以四十里囿爲大懷憤在心故援文囿
來說偏他先怪其大等孟子說個小字則四十里之囿
民以爲大眞怪不得他着惱矣傳神之筆作態之文
只民以爲小民以爲大是此篇正文而說來民以爲小
眞應嫌小民以爲大眞應嫌大板板兩段各極淋漓

此自以同民不同民作定盤針然與民同者文王都從
對面寫不與民同者齊宣亦只就旁面說從對面是加
倍寫於齊囿並不敢從對面寫則加倍之中又加倍也
以七十里爲囿不爲小以七十里爲民囿則眞不大矣
以四十里爲囿大小尚有可辨以四十里爲阱大莫與
京矣解此加倍用筆何患無寫生文字
一段寫民以爲小一段寫民以爲大何等整齊而寫文
王之囿只一筆寫齊囿凡三筆寫文囿只就民說寫齊
囿並不敢就民說寫文囿明醒與民同之寫齊囿更不
須醒寫參差於整齊好看煞人
說民以爲小特冠文王之囿四字說民以爲大但云爲

阩國中讀此則齊宣以寡人之囿文王之囿對稱孟子並不之許也

齊宣王問曰交鄰國有道乎恰是好勇人說話孟子對曰有惟仁者是仁者爲能以大事小此非好勇人所能故須仁者是故湯事葛文王事昆夷惟智者是智者爲能以小事大亦非好勇人所能故須智者故太王事獯鬻勾踐事吴以大事小者樂天者也以小事大者畏天者也即承大小字轉樂天者保天下畏天者保其國即承畏樂字轉詩云畏天之威于時保之畏保雙結以上言交鄰之道畢王曰大哉言矣寡人有疾寡人好勇點出好勇前後關鍵對曰王請無好小勇偏嫌地好的小作怪之極夫撫劍疾視

曰彼惡敢當我哉此匹夫之勇敵一人者也先駁倒小勇
王請大之重落大字詩云王赫斯怒何止疾視爰整其旅
何止撫劍以遏徂莒以篤周祜以對于天下何止彼我此
文王之勇也醒文王一怒而安天下之民何止敵一人書
曰天降下民作之君作之師惟曰其助上帝寵之四方有
罪無罪惟我在天下曷敢有越厥志一人衡行於天下武
王恥之此武王之勇也醒而武王亦一怒而安天下之民
亦何止敵一人○說大勇亦引二証與前引文王太王章
法相配今王落亦一怒而安天下之民民惟恐王之不好
勇也一發作怪

此篇分兩半讀前半論交鄰仁智是正意後半論安天

下大勇是正意而總以寡人有疾寡人好勇爲前後關鍵齊宣不忍一憤其問交鄰當下已挾一寡人有疾寡人好勇兩言在其喉中樂天畏天勇者如何幹得孟子亦知齊宣素有好勇之疾言此正所以醫之及他明說出好勇却又就勢導之猛所以針其憤嫉之小勇此等用意此等着筆後人如何想到

前半智仁筆筆對後半文王之勇武王之勇亦筆筆對前以畏保束後以民惟恐不好勇結何等整齊而前以交鄰爲上半主文即爲下安天下始基後以安天下爲下半主文即爲上交鄰結局又前言交鄰而道在仁智後言安天下而道在大勇相反而成亦相濟爲用天衣

無縫又豈時下專講板對者所可同日語

徐敬紘謂苟仁專恤小不顧養亂以殘民則仁反貽害

智專事大不思自強以立國則智必受辱反不仁不智

矣則是勇者不惟不妨仁智且適以濟仁智之窮文自

兩半理自一貫

附密阮共考○毛氏曰國有密須氏呂氏春秋密須之

民自縛其主而與文王地理志安定郡陰密縣卽詩密

人國括地志陰密故城在涇州鶉觚縣西其東接縣城

卽古密國

張氏曰阮國名共阮國之地名皆在今涇州氏族畧阮

商諸侯國在岐渭閒鄭氏曰阮也徂也共也三國犯周

而文王伐之孔氏曰魯詩亦以阮徂共皆國名今案詩
明言密人不共敢距大邦侵阮徂共是阮徂共且受其
侵而何言三國犯周而文伐之乎惟　先大人云孟子
引詩多有異字如此詩作按孟子作遏詩作旅孟子作
莒然詩本句上已有爰整其旅旅字此又有旅字恐不
然則孟子作莒似爲可憑此詩先言救阮故云以篤周
祜以對于天下至第七八章方言伐崇則詩作按又似
可信白起傳趙軍長平以按據上黨民註屯兵以據援
此文當從詩作按從孟子作莒方與上下文義悉貫則
徂莒爲國名無疑矣而共之爲國卽亦未敢遽斷其非
是也

齊宣王見孟子於雪宮 據說苑即景公見晏子處 王曰賢者亦樂此樂乎 先王無留連之樂 孟子對曰有 偏說有人總要想到人 不得則非其上矣 疾折 不得而非其上者非也 急開一筆 爲民上 疾轉 而不與民同樂者亦非也 疾落 樂民之樂者 轉到同樂 民亦樂其樂 誰肯非上 憂民之憂者 又從樂轉到憂○ 惟憂民憂纔肯樂民樂 民亦憂其憂 須得民憂其憂纔樂得安穩 樂以天下憂以天下 非賢者獨有此樂 然而不王者未之有也 即此是正文 昔者 以下引証 齊景公 即齊賢者 問於晏子曰吾欲觀於轉附朝儛遵海而南放於琅邪 樂甚 吾何修而可以比於先王觀也 此亦居心要做賢者 晏子對曰善哉問也天子適諸侯曰

巡狩巡狩者巡所狩也諸侯朝於天子曰述職述職者述所職也隨手自注無非事者束一筆○以上域外之觀春省耕而補不足秋省斂而助不給以上域內之觀夏諺曰以下單承域內之觀賓主犁然吾王不遊吾何以休吾王不豫吾何以助一遊一豫為諸侯度此之謂樂以天下憂以天下今也言之嗚咽不然師行而糧食饑者弗食勞者弗息睊睊胥讒民乃作慝叶音匿此食息慝為一韻方命虐民飲食若流流連荒亡為諸侯憂此流憂為一韻○此之謂人不得則非其上○以上夏諺畢以下晏子釋詞從流下而忘反謂之流從流上而忘反謂之連從獸無厭謂之荒樂酒無厭謂之亡一段釋流連荒亡先王結醒先王

無流連之樂荒亡之行總束有力○不爲流連荒亡便爲
省耕省斂此一筆作兩筆用惟君所行也應上吾何修作
結大海迴波景公説特醒大戒於國出舍於郊暗與居雪
宮反映於是始興發補不足不使民不得矣召太師曰爲
我作君臣相説之樂特結説字以上引齊事畢蓋徵招角
招是也但徵實作樂其詩曰畜君何尤但徵實詩詞畜君
者好君也但釋詩詞
此篇有頂真妙義不於無字句處求之便不可曉孟子
文無不作收拾者獨此自然而不王以上上爲正文以下
但述晏子答景公畢卽咄然而止更無回結而煞末特
寫景公説一筆特寫爲我作君臣相説之樂一筆特寫

齊君何尤一筆某即於此得解案王問賢者亦有此樂
大旨與梁惠同而孟子遽云人不得則非其上此時王
必有不説之意孟子葢微窺之快將民不當非其上作
一句開發然後换重筆到底歸罪齊王祇樂民之樂一
聯寫得君民一體完過正意下乃單引晏子顯得齊宣
全是流連荒亡所謂人不得則非其上並非過火語通
身趕出景公説三字全爲齊宣不説於孟子之言作反
照尤妙在諫者齊臣説者齊君孟子不過代述一番獨
於畜君何尤畧作詮釋却只冷着筆看似不作收拾而
實則無一不收拾
又案張惕菴云古凡事皆用民力君行師從五百人爲

師一切車乘牛馬糗糧之屬悉供自民轉輸奔走較之行役尤爲勞苦則此弗食弗息胥讒作慝定指供此糧食之人若扈從在軍則有司供帳漿酒藿肉所云飲食若流也而解者乃專指人君殊覺非是

齊宣王問曰人渾得妙皆謂我毀明堂毀諸先開一筆已乎急轉孟子對曰夫明堂者只開口便要他循名核實王者之堂也重扼王重跌○尚非王者欲行王政則勿毀之矣必行王政纔可勿毀○說個王者之堂所以爲萬世正名分說出行王政則勿毀又即爲天下求民主王曰王政可得聞與此老欲坐明堂久矣自應高興對曰昔者文王此即諸侯行王政者之治岐也耕者九一仕者世祿關市

義而不征澤梁無禁罪人不孥歷敘王政只是同民下更
揣出言之老而無妻曰鰥老而無夫曰寡老而無子曰獨
幼而無父曰孤此四者天下之窮民而無告者又窮又無
告文王發政施仁必先斯四者詩云哿矣富人哀此煢獨
○只七十九字耳王政規模王政先後無不瞭如指掌而
又揷以詮釋間以議論參以引証色色具備王曰善哉言
乎口頭贊揚曰王如善之則何爲不行重挖行字與上王
欲行王政行字緊應作聯貫王曰寡人有疾寡人好貨所
以不能行對曰昔者又一昔者公劉又一能行王政者好
貨妙妙誰曾說他好貨來詩云乃積乃倉乃裹餱糧于橐
于囊思戢用光弓矢斯張干戈戚揚爰方啓行引詩畢故

居者有積倉行者有裹糧也然後可以爰方啟行說求梁是好貨此好貨以意想得之王如好貨與百姓同之說了半天只要同民於王何有總以這王字歆動他王欲行王政則勿毀之決得此結束尤見整齊下同此王曰寡人有疾寡人好色憑得許多疾對曰昔者又一昔者太王又一能行王政者好色妙妙誰肯說他好色來愛厥妃偏能指貨詩云古公亶父來朝走馬率西水滸至於岐下爰及姜女聿來胥宇引詩畢當是時也內無怨女外無曠夫上節好貨虛擬到底虛擬此好色實疏到底實疏王如好色與百姓同之於王何有

此篇文法最變最整變者其局而不變者其意齊宣欲

坐明堂只孟子教以王天下而王天下必行王政此正
意也而說來行王政似一截下因王好貨好色而導以
同民又似一截且此兩截又各咄然而止使人幾不解
爲一篇文字此局變也不知除却同民別無王政文王
治岐即是同民孟子言王政畢便當歸結王字緣王遽
以好色好貨亂其詞索性將貨色歸到同民亦即是王
政趂便結醒王字局樣一新而主意不換如此
不特主意一線即行文至變之中亦未嘗不至整論局
面絕似兩橛而首言王政一昔者一文王一詩云下亦
兩言昔者兩引古人兩引詩云而總以行字爲前後關
索王字作大起結特制局一新人不及覺耳

或曰孟子在當時專教世主王天下奈周室何曰此不通之論也天下者天下人之天下非一人所得私必謂任其暴殄不當復有吊伐之人爲民請命於理何當或曰使孔子在孟子時亦必不爲孟子之言曰是又何見得孔子時周德雖衰天命未改繼世以有天下天之所廢必若桀紂者也至戰國生民無聊此誠引領望雨之時有能行王政而王即孔子亦不得不拭目俟之矣特不行仁政而妄冀神器斯見擯於名教耳

孟子謂齊宣王曰王之臣有託其妻子於其友而之楚遊者者比其反也則凍餒其妻子則如之何使之自斷王曰棄之斷得着曰士師不能治士則如之何使之自斷王曰已

之斷得着曰四境之內不治凍餒不上一人失刑不止一

官[illegible]如之何這也易斷王顧左右而言他竟不着斷

此篇音節最峭最古另是一種雋悍文字

孟子見齊宣王曰所謂故國者重喝非謂有喬木之謂也

撇一句有世臣之謂也重跌王無親臣矣託一句昔者不

堪回首所進原沒留慎今日真堪悲惋不知其亡也非去

即殺之王曰吾何以識其不才而舍之偏逆要端本澄源

却只就舍上說早是輕於去殺曰國君最難當此二字是

國君即民父母進賢便不打算舍如不得已四字扼要將

使卑踰尊疏踰戚何嘗要去殺可不慎與特醒慎字左右

皆曰賢未可也何如其慎諸大夫皆曰賢未可也何如其

慎國人皆曰賢然後察之何如其慎見賢焉總以見爲憑然後用之何如其慎左右皆曰不可勿聽諸大夫皆曰不可勿聽國人皆曰不可然後察之見不可焉然後去之即識其不才而舍亦不可輕易左右皆曰可殺勿聽諸大夫皆曰可殺勿聽國人皆曰可殺然後察之見可殺焉然後殺之一發離不得慎故曰國人殺之也可見王說吾何以識其不才而舍只是猶己如此然後可以爲民父母醒

前路筆筆倒注一句一折一折一意入後筆筆聳頓讀之如風雨颯颯結末另筆一收通篇皆振

王之無世臣由於無親臣王之無親臣由於輕去輕殺而實則進賢之始原未嘗慎徒豕交於一時將獸散而

不顧於此而欲長享其國難矣孟子此言固千古用賢定論而於齊宣恣意去殺尤爲對症之藥

只如不得已四字爲千古進賢第一義不是其難其慎正要至公至明

齊宣王問曰湯放桀武王伐紂有諸 我聞其聲 孟子對曰於傳有之 明明見於尙書而掇之維世之衷正不顧道之津津 曰臣弒其君可乎 我聞其聲 曰賊仁者謂之賊賊義者謂之殘殘賊之人謂之一夫聞誅一夫紂矣未聞弒君也

文有可以疾讀可以緩讀者有可以一連讀可以抑揚讀者亦有可作豺聲讀可作曼聲讀者獨此篇賊仁者

以下緩讀之而不得其妙疾讀之而其妙乃出抑揚讀之而不得其妙一連讀之而其妙乃愈出曼聲讀之而不覺其妙豺聲讀之而其妙乃盡出只緣作者意思全要寫出半點不放鬆神理也

滕文公問曰滕小國也此對齊楚說間於齊楚事齊乎事楚乎作難之至孟子對曰是謀亦頗費沉吟非吾所能及也坐實是謀不可恃無已轉則有一焉鑿斯池也築斯城也與民守之總須與民守效死而民弗去總須民弗去則是可爲也是謀非所及是則猶可爲此以呼應作結法

滕文公問曰齊人將築薛至此守亦不易吾甚恐如之何則可孟子對曰昔者大王居邠狄人侵之去之岐山之下

居焉非擇而取之不得已也詳敘遷邠只不得已三字苟爲善忽擲筆空際輪囷勃欝聖賢謀人家國皆是肝膈說話○此爲善二字是骨後世子孫原非爲目前必有王者矣要看必字君子創業垂統爲可繼也綰一筆束上三句若夫成功則天也推一筆單承王字君如彼何哉再綰一筆起下彊爲善而已矣着重在強字妙今之有初鮮終者皆是少此字

滕文公問曰滕小國也此對大國說竭力以事大國則不得免焉如之何則可孟子對曰昔者大王居邠仍引大王狄人侵之事之以皮幣不得免焉事之以犬馬不得免焉事之以珠玉不得免焉底是竭力底是不免乃屬其耆老

而告之曰（屬去聲聚也）狄人之所欲者吾土地也（今大國豈不亦此是欲）吾聞之也君子不以其所以養人者害人（仁人見地）二三子何患乎無君（仁人胸襟）我將去之（只我要去）去邠踰梁山邑于岐山之下居焉邠人曰仁人也（點睛）不可失也從之者如歸市（一段去）或曰世守也非身之所能爲也效死勿去（一段勿去）君請擇於斯二者

此自是三篇然讀者須合併看來方知孟子策滕乃不易之至論最要以中篇作主試問滕以小國而間齊楚此専事之不可並事之又不可非固守以圖存將若之何至築薛則直逼之矣至竭力事之而不得免則大國之所欲實惟土地矣與其效死之無濟何如避之遷之

之爲得特不強爲善於平日則雖鑿池築城誰與爲守棄舊圖新誰與從遷尤妙在說得極平實極確切傾肝吐肺任是甚人至此不能不放聲大哭不能不陡發氣憤

孟子曰尊賢使能俊傑在位則天下之士皆悅而願立於其朝矣市廛而不征法而不廛則天下之商皆悅而願藏於其市矣關譏而不征則天下之旅皆悅而願出於其路矣耕者助而不稅則天下之農皆悅而願耕於其野矣廛無夫里之布則天下之民皆悅而願爲之氓矣斗筆直抒如五峯插天信能行此五者極力跌出則鄰國之民仰之若父母矣是悅願實際率其子弟攻其父母即承仰若父

母作轉　自生民以來未有能濟者也如此則無敵於天下
卽承未有能濟再轉　無敵於天下者天吏也　卽承無敵再
轉　然而不王者未之有也　一筆斷定
王道以得人心爲本果使天下無思不服自然無敵何
須爭戰最重願悅兩字惟悅斯願惟悅願而後誠服仰
若父母所由來也以對民言曰父母以對天言則曰天
吏
周禮司關國凶札則無關門之征猶譏又云凡貨不出
於關者舉其貨罰其人是周禮關本有征司市國凶荒
則市無征而作布明乎非凶荒則必征也而明堂章及
此並言不征張惕菴從任氏說周禮所言常法孟子通

其變不知周禮襍於漢儒者頗多未容據此作鑾屬之門惟云宅不毛者有里布此經當是原文惜鄭氏錯注而朱氏誤引之耳孟子明云天下之民皆悅而願為之氓氓字从亡从民本指流亡之民占籍他國如許行自楚至滕願授一廛而為氓此等旣無里居而民間五畝之宅又各有定額故須以民廛待之此廛字斷指民廛非市廛周禮所謂宅不毛者有里布謂宅不種桑麻罰使出里布里居宅也里布即屋租也古人謂錢曰布夫家之征亦以布當之者猶今丁錢

公孫丑問曰夫子正惟擡高夫子纔比管晏當路於齊還須當路非是尚不敢為夫子期也管仲鄭重出之晏子鄭

重出之之功鄭重出之可復許乎擡夫子正擡管晏孟子曰子誠齊人也妙罵知管仲晏子而已矣妙罵捺倒丑即捺倒管晏或忽從旁說入問乎曾西曰吾子與子路孰賢曾西蹴然曰吾先子之所畏也加倍陪曰然則吾子與管仲孰賢看然則二字或人已有低昂曾西艴然不悅曰爾何曾比予於管仲此正文妙用極不當要子語管仲得君如彼其專也一〇這當路何如行乎國政如彼其久也二〇這當路何如兩句極力一振功烈如彼其卑也一句跌〇看來管晏原無功可許爾何曾比予於是複一句極不當要子曰管仲曾西之所不爲也而子爲我願之乎擡高曾西益擡高自己即益捺倒管晏曰管仲到底鄭重出之

來夏堂講義四冊　罟

以其君霸是以其君霸晏子到底鄭重出之以其君顯是
以其君顯○看他更將功字實敘力爲卑字翻案管仲晏
子到底鄭重出之猶不足爲與到底擡高管晏不信曾西
之所不爲即不信功烈如此其卑曰以齊王較霸顯何如
即看這所以何如由反手也較專且久何如即看這所爲
何如○二句上半結局即下半提頭曰若是頓句則弟子
之惑滋甚擡管晏不得此後只覈反手且以文王一聖人
之德兼是有德百年而後崩猶未洽於天下武王又一聖
人周公又一聖人繼之且是繼然後大行寫文王難極今
言王若易然醒易字回撲反手則文王不足法與管晏不
足爲且饒你說文王不足爲怕說不出此孟子尋出曾西

爲管晏出醜看他更尋出文王越爲管晏爭氣曰文王只管晏耳那好扯此老作幫襯何可當也一句扯開由湯句至於武丁賢聖之君六七作天下歸殷久矣久則難變也主句武丁朝諸侯有天下猶運之掌也豈不是反手紂之去武丁未久也難一其故家遺俗流風善政猶有存者難二又有微子微仲王子比干箕子膠鬲皆賢人也不比管晏輩相與輔相之難三故久而後失之也連上三難反伏時字尺地是尺地莫非其有也一民是一民莫非其臣也再振二句一發難極反伏勢字然而文王猶方百里起寫文王出色是以難也勁筆結醒其難處正不可當處齊人子誠齊人郎引齊人妙妙有言曰雖有智慧不如乘勢借

來夏堂講義四册　四三

醒勢字雖有鎡基不如待時借醒時字今時則易然也單落時字明拆易然是文家緊字訣夏后殷周之盛地未有過千里者也而齊有其地矣已與尺地莫非其有不同雖鳴狗吠相聞而達乎四境而齊有其民矣已與一民莫非其臣不同地不改闢矣民不改聚矣再振二句行仁政行仁政一醒而王莫之能禦也一段單承勢字○合下段讀之言但以勢論已王齊不難況時又可爲此以輕証重法覩下用且字可見尤愛其文勢如萬馬奔鳴瞬息千里且王者之不作未有疏於此時者也時字一醒與賢聖六七作不同民之憔悴於虐政未有甚於此時者也時字再醒與善政流風猶存不同饑者易爲食渴者易爲飲總束妙

用喻筆連醒易字　孔子曰　原本聖門即引聖言妙妙　德之流行　總要這德字是仁政之本　速於置郵而傳命　絶好反手註脚　當今之時　緊承時字用重扼　萬乘之國　并帶說勢字不要寂寞了地不改闢民不改聚一段　行仁政　行仁政再醒　民之悦之猶解倒懸也　反承憔悴於虐政　故事半古之人　到底不脫文王　功　回結功字　必倍之　且倍古人何况管晏　惟此時爲然　單結時字遥應齊人有言節下半結穴即上半收束

此篇有頁眞妙諦謂薄管晏而不爲是也然第爲薄管晏起見亦何足汚大賢筆墨須知當時全被這管仲晏子之功六字害盡天下蒼生我能爲君闢土地充府庫

戰攻勝取因而時君艷於霸顯遂將王道看得甚迂孟子雖屢言之亦無肯聽者而如管晏輩則任之專而信之篤生民安得不塗炭乎看此前半極力捺倒管晏卽在他霸顯而不行仁政以致王後半扼定時勢極言王天下之易只行仁政已耳終以事半功倍加倍寫管晏不足爲憫世深念救世婆心

讀孟子文須讀其謹嚴尤須讀其整齊益惟整齊斯能謹嚴也看此篇處處對待無筆不齊無筆不整尤愛其養局之妙提綴之工而亦以對待見長如言是以難也完結文王何可當一語卽可直寫夏后殷周兩節偏且頓住忽引齊語醒出勢時二字於上文爲應於下文爲

提說到饑者易食渴者易飲即可接說當今之時一節
偏又擱訖且引孔子醒德字爲救虐民方即爲行仁政
引起醒速字爲反手切証即爲事半功倍引起而應上
亦即以提下至引齊人即從子誠齊人起波引孔子即
從聖門薄管仲引線亦無不相映成趣
引齊言引子言俱夾縫中關合而引齊言勢時已於上
文何可當節反面伏線是謂暗伏明醒引子言德言速
即下行仁政事半功倍是謂明提暗應至整之中又未
嘗不至變也
時解謂勢時平重非也觀論文王先伏時字凡三筆後
伏勢字只一筆入正文則從勢折到時而醒處雙提單

落末只帶説單結賓主固自分明

滕文公問爲國 便與梁問利國齊慕桓文不同 孟子曰民事 只二字是國本不可緩也 只不緩即是爲字正義 詩云晝爾于茅宵爾索綯亟其乘屋其始播百穀 此即民之不自緩其事而有以知民事之不可緩 民句之爲道也 即從民説 有恒產者有恒心無恒產者無恒心苟無恒心放辟邪侈無不爲已 所以民事首在制產 及陷乎罪然後從而刑之是罔民也 反落 焉有仁人在位罔民而可爲也 振一句醒出仁字是故賢君 即承制產説到取民 必恭儉 二字最要惟此是澄本清源 禮下 承恭字起下世祿 取於民有制 承儉字起下行助 陽虎曰爲富不仁矣爲仁不富矣 且

不直入取民，郑先引陽虎重扼仁字，早爲下爲民父母伏胎。破除俗見，發其天良，最是扼要處。

夏后氏五十夏恒產而貢夏取民之制，殷人七十殷恒產而助殷取民之制，周人百畝周恒產而徹周取民之制，其實皆什一也。準此爲制，方不至畸輕畸重。徹者，徹也；助者，藉也。以上言三代取民之制。貢、助、徹平提，至註釋處獨去貢一層，卽爲莫不善伏根。

龍子曰：治地莫善於助，莫不善於貢。貢者，較數歲之中以爲常。樂歲粒米狼戾，多取之而不爲虐，則寡取之；凶年糞其田而不足，則必取盈焉。爲民父母，使民盻盻然，將終歲勤動，不得以養其父母，又稱貸而益之，使老稚轉乎溝壑，惡在其爲民父母也？痛說貢法之弊，爲行助作楔。夫世祿滕固行之矣不寂寞禮下一層以撤爲補詩云雨我公田遂及我私惟助爲有公田由此觀之雖周亦助也此教之行助即以爲取民之制是本章正文設爲庠序學校以教之庠者養也校者教也序者射也夏曰校殷曰序周曰庠學則三代共之皆所以明人倫也人倫亦民事言歷代取民之制而以皆什一斷定言歷代設教之法而以皆所以明人倫斷定人倫明於上小民親於下所以要教有王者起必來取法是爲王者師也束上起下詩云周雖舊邦其命維新文王之謂也子王未葬曰小童公侯曰子力行之要在力行亦以新子之國結醒爲國

此教之行助是主仁不仁是眼目恭儉是關鍵行世祿

是引起而總以力行作收科

貢助徹皆法也三代取民之制如是貢法本易曉助之言藉藉民耕公田法亦易曉獨孟子解徹第曰徹者徹也而不言徹爲何法今案徹通也授地則通地之美惡人之多寡而通百畝通什一計賦則通邦國用貢都鄙用助而通貢助通什一此義已於下論年饑章拈出惟此言歷代取民之制尤當以兼通貢助通什一爲主而五十畝七十畝百畝則聚說紛紛迄無定解大病只是泥定漢儒井田圖如棋枰死局不知授田之法以井起數井言其法非言其形故可五十畝亦可七十畝百畝也說詳下篇方里而井解

附世祿說　頒祿之法數起於下士下士起於農夫百畝由百畝而上計之下士得一井中士二井上士四井大夫八井卿三十二井君得三百二十井次國卿二十四井君得二百四十井小國卿十六井君得百六十井此周頒祿之定制也而左昭五年傳十家九縣長轂九百又曰韓賦七邑皆成縣也哀元年傳上大夫受縣襄二十七年傳免餘曰臣六十矣論語駢邑三百易頌卦其邑人三百戶詩伐檀胡取禾三百廛皆與孟子所言制祿不合竊意自諸侯去籍大國地方數圻已不守分土惟三之制則卿大夫之祿亦無常格可知況春秋更多賞邑如哀元年傳云克敵者受縣受郡受十萬皆是

預設貲格以勵軍吏由是推之曲禮言問大夫之富數馬以對大夫皆有貳車如其命數馬卽駕正車貳車之馬車既有定數而馬何以數爲則其以數言者自因大夫采地時有多寡或隨其功過而增損之無定制也且卽所言亦必非實數漢三公號歲食萬石實月俸三百五十斛漢時去古未遠疑自春秋至於戰國皆從其所號若干而言此論語大學孟子皆言百乘卽此之謂惟孟子頒爵祿章則除虛數言之耳

使畢戰問井地足見當時井地已廢孟子曰子之君先責重君將行仁政仁政二字綱選是選擇是擇而使子兩層詳寫一使字子必勉之亦責重子未語先丁寧早爲結句

來夏堂講義四冊　　五十

伏根夫仁政仁政再提必自經界始特醒經界不正井地不均穀祿不平所以經界不可不正先以反筆託出是故暴君汙吏子君雙襯必慢其經界經界既正分田制祿可坐而定也所以仁政自經界始○以上劈分二層鄭重說入以悚其聽夫滕入滕壤地褊小開一句將爲君子焉將爲野人焉無君子莫治野人所以要制祿無野人莫養君子所以要分田○此承上即爲井地引起請野九一而助此行助即井地國中再說國中什一使自賦並要行貢以濟井田之不及○以上分田卿以下必有圭田圭田五十畝制祿已在助法內此補言圭田以盡制祿之變餘夫二十五畝更盡分田之變死徙無出鄉鄉田同井出

入相友守望相助疾病相扶持則百姓親睦分田制祿須晝井地此承上極贊井地之美下乃詳言同井之法最是中藏扼要方里而井井九百畝其中爲公田只三句井地正面八家皆私百畝同養公田寫出助字字樣公事畢然後敢治私事所以別野人也拈一別字便有君子一面所謂無小人莫養君子此一虛一實法此其大畧也總束若夫潤澤之則在君與子矣到底不放過君與子

道理全在夫仁政必自經界始句暴君汙吏只一漫字稱盡着生巡行之時慢不省視爭訟之下不即處分曰久無形可據貧弱者田少而賦多豪強者弱肉而強食暴君於民何厚薄多爲汙吏所愚耳

## 經界說

曹寅谷云：孟子所謂經界，即阡陌之謂也。漢書食貨志商君壞井田開阡陌，顏師古曰阡陌田間之道也。張晏曰商鞅開立阡陌，令民各有常制。吳斗南謂張說誤也。阡陌開而井田壞，正以無常制耳。董仲舒曰商鞅除井田，民得買賣，富者田連阡陌，貧者至無立錐，蓋傷之也。案井田之制，受之於公，一夫所耕不出百畝，所以均民力。至秦而不然，民田既得買賣，又戰得甲首者益田宅，五甲首而隸役五家，兼并之患自是而起。民田多者以千畝爲畔，少者乃百畝爲畔，無復限制，而井田壞矣。是則阡陌者，因田之疆畔，制其廣狹，辨其縱橫，以通人物之往來，所以正經界，止侵奪，時蓄洩，備水旱爲承久之計此其水陸占地不得爲田者頗多商君以急刻之心行苟且之政又當世衰法壞歸授之際必有煩擾欺隱陰據自私之姦是以盡開阡陌悉除禁限此其爲計正猶楊炎疾浮戶之弊破租庸爲兩税蓋一時之害雖除而千古聖賢傳授之精意於此盡矣在易之師寓兵於農伏險於順取下坎上坤之象其成也自禹至周非一人之力及其壞也自周至秦亦非一日之積先儒謂井田壞而戎馬入中國如入無人之境可悲也夫

方里而井說　此卽孟子所謂正經界也每里一井每井方九百畝天下之地寬平者少墳陵廣下者多如之

何盡方也程氏謂地不必盡寬平可以畫井只用算法
折計授民張氏謂先須正南北假如地有寬狹尖斜先
就得井地爲井不能成就處或五七夫三四夫一夫即
不成一夫亦可計百畝之數授之是則稍寬處當如張
氏說極尖斜當如程氏說蓋方是法不是形古之九數
第一曰方田如今之法横五尺縱五尺謂之一步何嘗
不方横七丈七尺五寸縱亦如之謂之一畝何嘗不方
然究其所謂方者乃以東西並折半南北並折半而以
縱與廣交乘之算方而田不方故謂之方田耳任氏曰
或疑古井田未及江南此江南法不可以論古則齊魯
燕趙晉魏諸境余亦嘗歷之其高高下下與江南無異

而江南之圩田其平廣且更勝於北蓋從古此地即從古此山川山水之性皆以高而善走即廣野平疇其脉必自山出大抵中出者必中高邊出者必邊高斷未有百十里直如絲平如砥者孟子方里云云亦特舉一方者例之非果如漢儒溝洫圖只是畫個硬局與棋枰相似也抑余更有欲暢其說者井田之制自唐虞以來皆行之而其言井田書但言濬畎澮論語但言盡力溝洫詩但言信彼南山維禹田之我疆我理南東其畝又曰中田有廬疆場有瓜公劉之詩言度其隰原徹田爲糧如斯而已至周禮始有遂人匠人之法直將田地都畫成井形然考岐邑不改井夏井五十畝畫井分溝豈一

日之故哉何一旦而盡改之削平夷塞更畫爲七十畝亦豈一日之故哉何一旦而周又改之自周初至戰國不過七百餘歳耳亦何至毫無影跡使議者莽彷彿其說耶竊意古者約數井之田或數十井不等環以溝澮以達於川與今陂陀相同第法各別耳陂陀寬狹不一第能備旱澇而止溝澮受以尋尺縱横卽法中閒之田多少不能限數今一陂陀大者灌田數十百頃小亦數百頃數十頃不等况溝澮深廣綿長奈何僅盡一井之用夫今之地卽古之地寧有今多於古必無古多於今者以今天下戸口計之卽使再行古法以地授民以民實地吾恐人已浮於地而謂此一井之田畫成井形溝

凡廣尺深尺且除去道塗遂徑每井不下除溝洫道路等地四百畝計十井即不下除地四千畝積而至百井更不下除地四萬畝豈其然乎余故謂古來溝洫內所環之田多少不能限數而授地之法則曰井井言其法非言其形言其形而虛之爲法非制爲法而實之於形也蓋井九孔八環其外一居其中象拱極之義而此四面與中又皆均平方正免侵漁杜爭競地勢可爲井者井之不能爲井者用開方法方之惟是每井之田經界最要此井以內九百畝固須正經界即井以外與他井相連而別爲一井者尤須經界明析其經界即阡陌也大約此百畝横彼百畝即縱而封表與之横縱焉是則

授地之法曰井而方里里字即經界之所由起三代以來授地多少可以互異而溝洫定形斷不能易夏五十畝即夏井田法殷七十即殷井田法周百畝即周井田法今解者必泥定方里而井是實形每井一孔百畝是實數每井溝洫深廣如遂人匠人而議者遂紛紛矣

孟子曰離婁之明公輸子之巧不以規矩不能成方員巧且如此師曠之聰不以六律不能正五音聰且如此堯舜之道重入不以仁政不能平治天下堯舜且然○一節即凡事之必有法興起為治之不可無法今忽反跌入今有仁心仁聞先提仁字而民不被其澤說不到覆天下不可法於後世者說不到使人率由不行先王之道也重醒○

妙從對面醒出法字從反面醒出行字關節靈通故曰徒善不足以爲政 最重此句所以當法先王徒法不能以自行 更追進一筆早透得遵字因字之義起○一段故曰結言治天下不可無法 詩云不愆不忘率由舊章 引詩實詮法字遵先王之法 又重醒從先王所以平治天下而言謂之道從先王爲法於後世而言謂之法 而過者反掉未之有也 較喪亡何如爲何不法○引詩提起上下關鍵 聖人驀空斗提 既竭目力焉繼之以規矩準繩以爲方員平直不可勝用也既竭耳力焉繼之以六律正五音不可勝用也 此規矩準繩六律是法而特從竭力之後繼之以此明明道揆所以可法妙用與體與起手遥應作章法 既竭心

思焉繼之以不忍人之政道字法字一一寫足而仁覆天
下矣何僅被澤○只一竭字一繼字盡善無弊此先王之
法之所以當遵遵之之所以無過而不遵之不得爲智此
本段扼要處故曰爲高必因邱陵爲下必因川澤仍用興
體連醒因字章法絶妙○王雪山云按其章程曰遵踵其
事功曰因最要看兩必字爲政撲到爲政又用反掉不因
先王之道又重醒可謂智乎不卽結不仁却先說不智爲
不仁加倍着鞭辟○又一故曰結言法不可不遵是以惟
仁者陡折不仁先用陪筆宜在高位不仁非惟不知實是
不仁○雖有仁心仁聞而民不被其澤終是不仁況明知
先王之法而不遵則尤居心之不仁孟子於若輩每不肯

放鬆如是　而在高位是播其惡於衆也　播字妙即承高位說字法新警二句總提下兩節　上無道揆也下無法守也　道法總應　朝不信道工不信度　從無道揆二句推出君子犯義小人犯刑　從朝不信道二句轉出○此合上君子小人總發揮得一個衆字　國之所存者幸也　甚言播惡於衆之禍而以幸存惕之當與遵先王之法而過反看　故曰城郭不完兵甲不多非國之災也田野不闢貨財不聚非國之害也　即從不仁所豔羨者一路剩入失其所恃　上無禮下無學　更從無道揆四句總推其弊如此　賊民興　更從無禮無學推究之而知其必然　喪無日矣　硬筆特結國之所存者幸一句試合遵先王之法而無過看來則先王之法

之不可不遵也益信○又一故日結言爲君而不遵先王必不能保其國 詩曰 又引詩直起與次段覗 天之方蹶 卽從喪無日引起 無然泄泄泄泄猶沓沓也事君無義進退無禮 賓句 言則非先王之道者 主句○先王之道又重醒猶沓沓也故曰責難於君謂之恭陳善閉邪謂之敬 賓 吾君不能謂之賊 正文○又一故日結責臣當以遵先王之法教其君

通篇分四段每段用故曰結關鍵在徒善不足以爲政二句戰國之君惟知完城郭修甲兵闢土地充府庫其臣亦以是教之而卒之喪亡無日孟子一片婆心教他法先王首段從工師引起不可無法揭出法字行字次

段言所以當法而以遵字因字爲行字實疏三段言不法則不仁終亦必亡而已益以見先王之不可不法四段責臣不以先王之道導其君層次井井

孟子文無呆筆只堯舜之道三句是正文却用離婁公輸二項引起爲政因先王是正文却用爲高二句引起不仁不可居高位是正文却用仁者陪起吾君不能謂之賊是正文却從陳善閉邪陪起而引離婁作與中段亦即用竭目力耳力相映成章次段引詩直起末亦引詩直起作配其整飭如此至通篇本以行先王之法作主而法字先從反面揭出行字從對面揭出其行之之實曰遵曰因而遵字亦以反掉出之因字亦以借筆醒

之分明說不仁而以不智作引以仁者作陪分明說言
非先王之道吾君不能謂之賊而以事君進退作引以
恭敬作陪
桀紂之性不多見然卽如桀紂而其臣皆龍逢比干之
流誰與爲不善戰國之君尚不至如桀紂而爲之臣者
則無非逢惡孟子篇終責之亦卽所以警時君也
孟子曰規矩方員之至也聖人人倫之至也借喻陡唱欲
爲君盡君道欲爲臣盡臣道二者皆法堯舜而已矣堯舜
卽聖人所以當法亦不可不法不以舜之所以事堯事君
不敬其君者也此臣當法不以堯之所以治民治民賊其
民者也此君當法○看此忽倒筆側重君一邊卽爲下仁

不仁爲様　孔子曰道二仁與不仁而已矣東上起下暴其民句○即𠅘賊民甚則身弑國亡甚字連句與不甚句相對成文不甚則身危國削名之曰幽厲雖孝子慈孫百世不能改也甚言不仁之禍　詩云殷鑒不遠在夏后之世此之謂也不仁亦有榜様章法完整

大旨重法堯舜而以聖人人倫之至喝起不可不法亦不能不法不法聖人則必爲幽厲聖人爲人倫之至幽厲即不仁之至法聖人則仁而堯舜其明徵法幽厲則不仁而桀紂其前鑒何等分明

孟子曰爲政不難不得罪於巨室巨室之所慕一國慕之一國之所慕天下慕之故沛然德教溢乎四海

陸稼書云春秋之時巨室之權患太重至戰國則巨室之權又患太輕葢自三卿分晉田氏簒齊各以尾大不掉恐其厲己策士乘之以投其說立談而取卿相諸侯王亦遂以其易於駕馭而信之不知此傾危之士朝秦暮楚以人國爲傳舍巨室世受國恩豈盡無天良者視吾有以服之耳此孟子正鑒策士之弊而思以巨室鎮之愚謂是說固然其實孟子此論乃千古爲政之準小民只依着巨室眞是巨室之所慕一國慕之至問其何以可慕巨室能道其所以然而小民不能道也葢巨室有功名有身家只巨室肯說官長好小民即以信巨室者信之而天下又即以信國人者信之特不得罪巨室

此本源之地大是難事過於施恩則易於縱過於用威則易滋怨所謂不得罪全在至公至正非是巨室不罪我乃我無得罪之處後世專事要結終不成政體固藉口孟子不得

來瞏堂講義四冊　

來夏堂講義四冊下

古諸丁大椿

孟子外篇下

萬章問曰人有言是人有言至於禹而德衰不傳於賢而傳於子直似自操其權有諸孟子曰否不然也天與賢則與賢天與子則與子分風劈流卓識卓論昔者入事舜薦禹於天十有七年舜崩三年之喪畢禹避舜之子於陽城天下之民從之若堯崩之後不從堯之子而從舜也此見天與賢禹薦益於天與舜薦禹同七年禹崩三年之喪畢益避禹之子於箕山之陰與禹避舜之子同朝覲訟獄者不之益而之啟曰吾君之子也謳歌者不謳歌益而謳歌

啟曰吾君之子也此見天與子丹朱之不肖舜之子亦不肖再就君之子提開說此不肖即是天舜之相堯禹之相舜也歷年多施澤於民久再將十有七年提開說此歷年多即是天啟賢能敬承繼禹之道由丹朱舜之子皆不肖觀之則啟賢又即是天益之相禹也歷年少施澤於民未久由歷年多觀之則此僅七年又即是天舜禹益相去久遠其子之賢不肖皆天也大筆一總醒出天字非人之所能爲也再足一句莫之爲而爲者天也釋天字莫之致而至者命也釋與字○以上詮天與賢則與賢天與子則與子畢匹夫而有天下者德必若舜禹而又有天子薦之者故仲尼不有天下以下換筆申明所以與賢與子之故直

趨其義一句而先言薦人於天原非常事繼世以有天下天之所廢必若桀紂者也故益伊尹周公不有天下此更言天原不輕廢繼世以此節是主故下即單承此節伊尹相湯以王於天下湯崩太丁未立外丙二年仲壬四年似天下宜歸之尹太甲顛覆湯之典刑伊尹放之於桐三年似天下尤宜歸尹太甲悔過自怨自艾於桐處仁遷義三年以聽伊尹之訓已也復歸於亳可見天不欲廢繼世周公之不有天下猶益之於夏伊尹之於殷也言此以見薦薦者且如此况不爲天子所薦益知天之不欲廢繼世也孔子曰唐虞禪夏后殷周繼其義一也通篇結穴最重義字有與賢之義則與賢不啻與子即有與子之義而與子

來夏堂講義四冊　卆

猶之與賢孟子道其實孔子道其所以然○章述人言孟子引孔子亦是章法

此篇爲古今第一義自來無人説出與賢與子皆出天意自當以前半篇爲主而與賢與子之所以然與與禹之後不復更有所與之所以然則自以後半篇爲主得此洗發而前半道理愈有實據余嘗作禪繼論大畧言天之立君以爲民也非有所私也民有大灾大難則用大賢以救之其無事則中材之君可以安之天之眷佑繼世以安民也不幸如桀紂不得不更用大賢此湯武所以征誅也禪讓從來未有創於唐虞變局也夏商傳子由變而之常也變可偶不可常今自開闢以來禪讓

僅兩姓耳而莽操之徒至今藉口若以禪讓爲常勢必人人賢人人爭爭之而不勝干戈隨之爭之而勝而爭者又接踵焉天下之民不困於兵燹無不困於紛更禍亂之等安可究詰然則堯之時何以禪曰堯之時洪水爲災又時當開創非大聖人不能拯萬世不能拯之禍創萬世不能創之規而又非一聖人所能任一聖人之時所能兼堯禪舜舜禪禹天所以救萬世也偶一爲之也禹之時已定矣繼世以安天下民之所願天必從之故曰傳賢以救民也傳子以安民也其義一也救民一時事安民萬世事桀紂之亂等於洪水湯武革命猶之揖讓舜禹之救民以揖讓見湯武之救民亦即以征誅

見
北宮錡問曰周室班爵祿也是問周室所班如之何可見
當時爵祿皆非周室所班孟子曰其詳不可得聞也無限
惋惜諸侯惡其害己也字字誅心而皆去其籍所以不可
得聞然而軻也嘗聞其畧也亦堪傷心亦足自慰天子一
位公一位侯一位伯一位子男同一位凡五等也此爵之
班於天下者君一位卿一位大夫一位上士一位中士一
位下士一位凡六等此爵之班於國中者○統王畿侯國
而言天子之制地方千里公侯皆方百里伯七十里子男
五十里凡四等不能五十里不達於天子附於諸侯曰附
庸以下言班祿由天子而及諸侯天子之卿受地視侯大

夫受地視伯元士受地視子男此班王朝卿以下之祿大國地方百里君十卿祿卿祿四大夫大夫倍上士上士倍中士中士倍下士下士與庶人在官者同祿祿足以代其耕也此班大國之祿次國地方七十里君十卿祿卿祿三大夫大夫倍上士上士倍中士中士倍下士下士與庶人在官者同祿祿足以代其耕也此班次國之祿小國地方五十里君十卿祿卿祿二大夫大夫倍上士上士倍中士中士倍下士下士與庶人在官者同祿祿足以代其耕也此班小國之祿耕者之所獲一夫百畝百畝之糞上農夫食九人上次食八人中食七人中次食六人下食五人庶人在官者其祿以是爲差結出制祿之法

吾讀孟子而知千古制爵祿之義也爵定自天始於天子祿出自民起於農夫天子位在德元此天子一位也一人不能獨理而分寄之公侯伯子男則公侯伯子男亦君也君出令臣受令自王朝卿大夫士以至諸侯卿大夫士則均爲卿大夫士均各一位也其方伯之職孟子雖不言而亦當與公齒至於制祿天子不私其土田以封之人而天子自食千里諸侯各食其封數而以其土物貢之王其制外國之祿則由卿而上三等之國異由大夫以下三等之國同蓋卿之祿厚不從殺則國不足以供大夫以下其祿薄薄而遞減之則不足於用而一以祿足以代其耕起義制祿之法起於農夫即庶人

在官之準此而諸侯卿大夫之無不準此可知而諸侯

卿大夫之不能治事卽有愧於農夫之耕而食又可知

齊宣王問卿孟子曰王何卿之問也王曰卿不同乎曰不

同有貴戚之卿有異姓之卿王曰請問貴戚之卿曰君有

大過則諫反覆之而不聽則易位王勃然變乎色曰王勿

異也王問臣臣不敢不以正對王色定然後請問異姓之

卿曰君有過則諫反覆之而不聽則去

關鍵在齊宣王問卿一句謂侯國也大國三卿皆命於

天子是則命卿者卽天子之所使以監其國其君無道

異姓之卿可以去爲義貴戚則與國同休戚而隱忍以

待是上廢王命下絶血食非義也故可告之天子而易

之認定是侯國之卿本受命天子則此所言絶無疑義